Rechtstheorie · Legal Theory

herausgegeben von

Thomas Gutmann, Tatjana Hörnle und Matthias Jestaedt

2

Roman Kaiser

Das Mehrheitsprinzip in der Judikative

Mohr Siebeck

Roman Kaiser, geboren 1990; Studium der Rechtswissenschaft in München und Oxford; 2016 Erste Juristische Prüfung; Wissenschaftlicher Mitarbeiter am Lehrstuhl für Öffentliches Recht, Medizinrecht und Rechtsphilosophie der Universität Augsburg; 2019 Promotion; seit 2019 Rechtsreferendar in München.
orcid.org/0000-0002-0301-1907

Zugleich Dissertation, Universität Augsburg, 2019.

ISBN 978-3-16-159407-6 / eISBN 978-3-16-159408-3
DOI 10.1628/978-3-16-159408-3

ISSN 2629-723X / eISSN 2629-7248 (Rechtstheorie · Legal Theory)

Die Deutsche Nationalbibliothek verzeichnet diese Publikation in der Deutschen Nationalbibliographie; detaillierte bibliographische Daten sind über *http://dnb.dnb.de* abrufbar.

Das Buch wurde von epline in Böblingen aus der Times gesetzt, von Gulde Druck in Tübingen auf alterungsbeständiges Werkdruckpapier gedruckt und von der Buchbinderei Spinner in Ottersweier gebunden.

Printed in Germany.

The judge asked the jury, ›What possible excuse
can you have for acquitting this defendant?‹
The foreman replied, ›Insanity.‹
The judge said, ›All twelve of you?‹

Vorwort

Das Mehrheitsprinzip fasziniert durch seine Kombination aus schlichter Eleganz und erhabenem Anspruch. Sie spiegelt sich wider in der Forschung zu kollektiven Entscheidungen, die zwischen Normativität und Formalität oszilliert. Die vorliegende Arbeit, die im Wintersemester 2019/20 als Doktorarbeit an der Juristischen Fakultät der Universität Augsburg angenommen und für die Drucklegung leicht überarbeitet sowie auf den Stand von März 2020 gebracht wurde, erforscht das Faszinosum Mehrheitsprinzip für den besonderen Bereich der Judikative. Sie geht von einer einfachen Beobachtung aus, die Fragen provoziert: Gerichte entscheiden mit Mehrheit. Warum? Gilt das immer? Und ist es stets unproblematisch möglich?

Eine Untersuchung, die versucht, Antworten auf diese Fragen zu finden, kann – obgleich ihr Gegenstand dem Rechtssystem entstammt und sie einem rechtswissenschaftlichen Interesse dient – keine rein rechtswissenschaftliche sein. Wer sich mit kollektiven Entscheidungen befasst, ist von Haus aus auf einem interdisziplinär angelegten Forschungsfeld tätig. Deshalb habe ich, obwohl ich (leider) kein Philosoph, (gottlob) kein Ökonom und (schmerzlicherweise) kein Mathematiker bin, Konzepte und Erkenntnisse dieser Wissenschaften herangezogen, um das Mehrheitsprinzip in der Judikative zu untersuchen. Die Frage, ob mein Versuch geglückt ist, darf ich dem Urteil des Lesers anvertrauen.

Bedanken möchte ich mich zuvorderst bei dem Betreuer der Arbeit, meinem Doktorvater und akademischen Lehrer, Professor Dr. Josef Franz Lindner. Er hat mich von Anfang an in der Wahl und Ausrichtung meines Themas bestärkt und mir die Freiheit gegeben, nicht nur die Promotion in einem überschaubaren Zeitraum abschließen, sondern währenddessen auch anderweitig publizieren zu können. Mein Dank gilt ferner Professor Dr. Jörg Neuner für die zügige Erstellung des Zweitgutachtens. Der Studienstiftung des deutschen Volkes danke ich für die ideelle Förderung durch ein Promotionsstipendium, der Johanna und Fritz Buch Gedächtnis-Stiftung für die Gewährung eines großzügigen Druckkostenzuschusses.

Zu danken habe ich schließlich meiner Familie sowie meinen Freunden und Kollegen, die auf die eine oder andere Weise zum Gelingen dieser Arbeit beigetragen haben. Mein größter Dank gilt Anna-Sophia Mutter, ohne die in den letzten Jahren nicht nur die Promotion nicht möglich gewesen wäre.

Gewidmet ist das Buch meinen Eltern, deren Rückhalt, Unterstützung und Generosität mir lange Jahre Bildung und Ausbildung ermöglicht haben. Eltern sind immer schuld – auch an den folgenden Seiten.

München, im Mai 2020 Roman Kaiser

Inhaltsübersicht

Inhaltsverzeichnis

Tabellen- und Grafikverzeichnis

Formelverzeichnis

Formel B. 1: $$P_n = \sum_{h=m}^{n} \binom{n}{h} p^h (1-p)^{n-h}$$

Beispiel dazu: $$P_3 = \sum_{h=2}^{3} \binom{3}{h} 0,6^h 0,4^{3-h} = \left[\binom{3}{2} 0,6^2 0,4^1\right] + \left[\binom{3}{3} 0,6^3 0,4^0\right] =$$
$$(3 \times 0,36 \times 0,4) + (1 \times 0,216 \times 1) = 0,432 + 0,216 = 0,648$$

Formel B.2: $$P_n = \sum_{\substack{S \subset N \\ s \geq m}} \prod_{i \in S} p_i \prod_{i \notin S} (1-p_i)$$

Beispiel dazu: $$P_n = (0,4 \times 0,6 \times [1-0,8]) + (0,6 \times 0,8 \times [1-0,4]) + (0,4 \times 0,8 \times [1-0,6])$$
$$+ (0,4 \times 0,6 \times 0,8) = 0,048 + 0,288 + 0,128 + 0,192 = 0,656$$

Formel C.1: $$P(H|E) = \frac{P(H)P(E|H)}{P(E)} = \frac{P(H)P(E|H)}{P(H)P(E|H) + P(\neg H)P(E|\neg H)}$$

Formel C.2: $$P(H|E) = \frac{r\sum_{h>n/2} \binom{n}{h} p^h (1-p)^{n-h}}{r\sum_{h>n/2} \binom{n}{h} p^h (1-p)^{n-h} + (1-r)\sum_{h>n/2} \binom{n}{h} p^h (1-p)^{n-h}}$$

Formel C.3: $$P(H|E) = \frac{rp^m}{rp^m + (1-r)(1-p)^m} = \frac{r}{r + (1-r)(1/p-1)^m}$$

Formel C.4: $$P(H|E) = \frac{p^{h-k}}{p^{h-k} + (1-p)^{h-k}}$$

Symbolverzeichnis

$\wedge$	Konjunktion
$\vee$	Disjunktion
$\rightarrow$	Implikation
$\leftrightarrow$	Bikonditional
$\neg$	Negation
$\sum$	Summe
$\prod$	Produkt
lim	Limes (Grenzwert)
$\surd$	Wurzel
$<$	kleiner als
$>$	größer als
$\geq$	größer als oder gleich
$\succ$	Präferenzrelation
$\vdash$	Ableitungsrelation
e	Eulersche Zahl
∞	unendlich
$\{a, b, \ldots\}$	Menge bestehend aus den Elementen *a*, *b* usw.
$\{a : T(a)\}$	Menge der Elemente *a*, die die Bedingung *T(a)* erfüllen
$\subset$	Teilmenge
$\subseteq$	Echte Teilmenge
$\in$	Element
$\cap$	Schnittmenge
$\cup$	Vereinigungsmenge
$\|\|$	Mächtigkeit (Anzahl der Elemente)

Abkürzungsverzeichnis

Die Abkürzungen folgen für englischsprachige Zeitschriften dem internationalen Standard ISO 4.

a. A.	andere Ansicht
a. a. O.	am angegebenen Ort
Abs.	Absatz
Abschn.	Abschnitt
Abt.	Abteilung
AcP	Archiv für die civilistische Praxis
Adv. Appl. Math.	Advances in Applied Mathematics (Z)
AEUV	Vertrag über die Arbeitsweise der Europäischen Union
a. F.	alter Fassung
AG	Amtsgericht
AK	Alternativkommentar
Akt.	Aktualisierung
AktG	Aktiengesetz
AL	Aufbaulieferung
Alt.	Alternative
Am. Econ. Rev.	American Economic Review
Am. J. Comp. Law	American Journal of Comparative Law
Am. J. Jurisprudence	American Journal of Jurisprudence
Am. J. Political Sci.	American Journal of Political Science
Am. Political Sci. Rev.	American Political Science Review
Am. Stat.	The American Statistician (Z)
Anm.	Anmerkung
Annu. Rev. Political Sci.	Annual Review of Political Science
Ant. Ab.	Antike und Abendland (Z)
AO	Abgabenordnung
AöR	Archiv des öffentlichen Rechts
APuZ	Aus Politik und Zeitgeschichte (Z)
ArbG	Arbeitsgericht
ArbGG	Arbeitsgerichtsgesetz
Aristot. Soc. Suppl. Vol.	Aristotelian Society Supplementary Volume
ARSP	Archiv für Rechts- und Sozialphilosophie
Art.	Artikel
Aufl.	Auflage
Australas. J. Philos.	Australasian Journal of Philosophy
BauGB	Baugesetzbuch
BayGO	Gemeindeordnung für den Freistaat Bayern

BayObLG	Bayerisches Oberstes Landesgericht
BayVBl.	Bayerische Verwaltungsblätter
BayVerfGH	Bayerischer Verfassungsgerichtshof
BayVerfGHG	Gesetz über den Bayerischen Verfassungsgerichtshof
BB	Betriebs-Berater (Z)
BbgVerfGG	Gesetz über das Verfassungsgericht des Landes Brandenburg
Bd.	Band, Bände
BDO	Bundesdisziplinarordnung
BeckOK	Beck'scher Online-Kommentar
BeckRS	Beck-Rechtsprechung
Begr., begr.	Begründer, begründet
Behav. Sci.	Behavioral Science (Z)
Beschl.	Beschluss
BFH	Bundesfinanzhof
BFHE	Sammlung der Entscheidungen des Bundesfinanzhofs
BGB	Bürgerliches Gesetzbuch
BGBl.	Bundesgesetzblatt
BGH	Bundesgerichtshof
BGHSt	Sammlung der Entscheidungen des Bundesgerichtshofs in Strafsachen
BGHZ	Sammlung der Entscheidungen des Bundesgerichtshofs in Zivilsachen
BlnVerfGH	Verfassungsgerichtshof des Landes Berlin
BlnVerfGHG	Gesetz über den Verfassungsgerichtshof (Berlin)
BMJ	Bundesministerium der Justiz
BNotK	Bundesnotarkammer
BNotO	Bundesnotarordnung
Boston Univ. Law Rev.	Boston University Law Review
BPatG	Bundespatentgericht
BRAK	Bundesrechtsanwaltskammer
BRAO	Bundesrechtsanwaltsordnung
BremStGH	Staatsgerichtshof der Freien Hansestadt Bremen
BremStGHG	Gesetz über den Staatsgerichtshof (Bremen)
Br. J. Philos. Sci.	British Journal for the Philosophy of Science
Br. J. Political Sci.	British Journal of Political Science
BSG	Bundessozialgericht
BSGE	Sammlung der Entscheidungen des Bundessozialgerichts
bspw.	beispielsweise
BT-Drs.	Drucksache des Deutschen Bundestages
BT-PlProt.	Plenarprotokoll des Deutschen Bundestages
Bull. Sci. Technol. Soc.	Bulletin of Science, Technology & Society
BVerfG	Bundesverfassungsgericht
BVerfGE	Sammlung der Entscheidungen des Bundesverfassungsgerichts
BVerfGG	Gesetz über das Bundesverfassungsgericht
BVerfGK	Sammlung der Kammerentscheidungen des Bundesverfassungsgerichts
BVerwG	Bundesverwaltungsgericht

BWGBl.	Gesetzblatt für Baden-Württemberg
BWVBl.	Baden-Württembergisches Verwaltungsblatt
BWVerfGHG	Gesetz über den Verfassungsgerichtshof (Baden-Württemberg)
BWVGG	Gesetz über die Verwaltungsgerichtsbarkeit in Baden-Württemberg
bzw.	beziehungsweise
Calif. Law Rev.	California Law Review
Camb. Law J.	Cambridge Law Journal
Can. J. Law Jurisprudence	Canadian Journal of Law and Jurisprudence
Can. J. Philos.	Canadian Journal of Philosophy
Can. J. Political Sci.	Canadian Journal of Political Science
Cardozo Law Rev.	Cardozo Law Review
Case West. Reserve Law Rev.	Case Western Reserve Law Review
CDU	Christlich Demokratische Union Deutschlands
Columbia Law Rev.	Columbia Law Review
Conn.	Connecticut
Cornell Law Q.	Cornell Law Quarterly
Cornell Law Rev.	Cornell Law Review
Corp.	Corporation
Crim. Law Philos.	Criminal Law and Philosophy (Z)
CSU	Christlich-Soziale Union in Bayern
D.	Digesta Iustiniani
ders.	derselbe
d. h.	das heißt
dies.	dieselbe(n)
Diss.	Dissertation
DJ	Deutsche Justiz (Z)
DLZ	Deutsche Literaturzeitung
DNA	Deoxyribonucleic acid
DÖV	Die Öffentliche Verwaltung (Z)
DRiG	Deutsches Richtergesetz
DRiZ	Deutsche Richterzeitung
DStR	Deutsches Steuerrecht (Z)
dt.	deutsch
DVBl.	Deutsches Verwaltungsblatt
DZPhil	Deutsche Zeitschrift für Philosophie
ebd.	ebenda
Econ. Lett.	Economics Letters (Z)
Econ. Philos.	Economics and Philosophy (Z)
EGMR	Europäischer Gerichtshof für Menschenrechte
EGMRVerfO	Verfahrensordnung des Europäischen Gerichtshofs für Menschenrechte
Einl.	Einleitung
EL	Ergänzungslieferung
Elem. Math.	Elemente der Mathematik (Z)
Emory Law J.	Emory Law Journal
EMRK	Europäische Menschenrechtskonvention

En.	Endnote
Environ. Res. Lett.	Environmental Research Letters (Z)
Erasmus J. Philos. Econ.	Erasmus Journal for Philosophy and Economics
Erl.	Erläuterung
erw.	erweitert
EU	Europäische Union
EuG	Europäisches Gericht erster Instanz
EuGH	Europäischer Gerichtshof
EuGH-Satzung	Protokoll über die Satzung des Gerichtshofs der Europäischen Union
EuGHVfO	Verfahrensordnung des Europäischen Gerichtshofs
EuGRZ	Europäische Grundrechte-Zeitschrift
EuGVfO	Verfahrensordnung des Europäischen Gerichts
Eur. J. Political Econ.	European Journal of Political Economy
EUV	Vertrag über die Europäische Union
EWE	Erwägen Wissen Ethik (Z)
f., ff.	folgende
FDP	Freie Demokratische Partei
FG	Festgabe
FGO	Finanzgerichtsordnung
FinG	Finanzgericht
Fla. State Univ. Law Rev.	Florida State University Law Review
Fn.	Fußnote
FS	Festschrift
GA	Goltdammer's Archiv für Strafrecht
Ga. Law Rev.	Georgia Law Review
Games Econ. Behav.	Games and Economic Behavior (Z)
Georget. Law J.	Georgetown Law Journal
Ger. Law J.	German Law Journal
GG	Grundgesetz
ggf.	gegebenenfalls
GOBT	Geschäftsordnung des Deutschen Bundestages
GOBVerfG	Geschäftsordnung des Bundesverfassungsgerichts
GOEP	Geschäftsordnung des Europäischen Parlaments
Good Soc.	The Good Society (Z)
Group Decis. Negot.	Group Decision and Negotiation (Z)
GRUR	Gewerblicher Rechtsschutz und Urheberrecht (Z)
GS	Gedächtnisschrift
GVG	Gerichtsverfassungsgesetz
GWB	Gesetz gegen Wettbewerbsbeschränkungen
Habil.	Habilitation
Harv. Civ. Rights-Civ. Liberties Law Rev.	Harvard Civil Rights-Civil Liberties Law Review
Harv. J. Law Public Policy	Harvard Journal of Law and Public Policy
Harv. Law Rev.	Harvard Law Review
Hbd.	Halbband
Herv.	Hervorhebung
HessRBesG	Hessisches Richterbesoldungsgesetz
HessStGHG	Gesetz über den Staatsgerichtshof (Hessen)

HessVGH	Hessischer Verwaltungsgerichtshof
h. M.	herrschende Meinung
HmbVerfGG	Gesetz über das Hamburgische Verfassungsgericht
Hofstra Law Rev.	Hofstra Law Review
HRG	Handwörterbuch zur deutschen Rechtsgeschichte
Hrsg., hrsg.	Herausgeber, herausgegeben
HStR	Handbuch des Staatsrechts der Bundesrepublik Deutschland
HWPh	Historisches Wörterbuch der Philosophie
i. d. F.	in der Fassung
insb.	insbesondere
Int. Econ. Rev.	International Economic Review
Int. J. Forecast.	International Journal of Forecasting
Int. Rev. Law Econ.	International Review of Law and Economics
i. O.	im Original
Iowa Law Rev.	Iowa Law Review
Ir. Political Stud.	Irish Political Studies (Z)
i. S.	im Sinne
IStGH	Internationaler Strafgerichtshof
i. V. m.	in Verbindung mit
JA	Juristische Arbeitsblätter (Z)
J. Am. Stat. Assoc.	Journal of the American Statistical Association
J. Artif. Intell. Res.	Journal of Artificial Intelligence Research
JbRSoz	Jahrbuch für Rechtssoziologie und Rechtstheorie
J. Contemp. Leg. Issues	Journal of Contemporary Legal Issues
J. Econ. Behav. Organ.	Journal of Economic Behavior & Organization
J. Econ. Perspect.	Journal of Economic Perspectives
J. Econ. Theory	Journal of Economic Theory
JGG	Jugendgerichtsgesetz
J. Interdiscip. Hist.	Journal of Interdisciplinary History
JJahrb	Juristen-Jahrbuch
J. Law Courts	Journal of Law and Courts
J. Law Econ. Organ.	Journal of Law, Economics & Organization
J. Leg. Anal.	Journal of Legal Analysis
J. Leg. Stud.	Journal of Legal Studies
J. Log. Comput.	Journal of Logic and Computation
jM	juris – Die Monatszeitschrift
J. Mod. Hist.	Journal of Modern History
JöR	Jahrbuch des öffentlichen Rechts der Gegenwart
J. Philos. Log.	Journal of Philosophical Logic
J. Political Econ.	Journal of Political Economy
J. Political Philos.	Journal of Political Philosophy
J. Politics	Journal of Politics
JR	Juristische Rundschau
J. Risk Uncertain.	Journal of Risk and Uncertainty
J. Supreme Court Hist.	Journal of Supreme Court History
J. Theor. Politics	Journal of Theoretical Politics
Jura	Juristische Ausbildung (Z)
JurA	Juristische Analysen (Z)

Juridica Int.	Juridica International (Z)
JuS	Juristische Schulung (Z)
JW	Juristische Wochenschrift
JZ	Juristenzeitung
K	Kammer (des Bundesverfassungsgerichts)
Kap.	Kapitel
KPD	Kommunistische Partei Deutschlands
KritVJSchr	Kritische Vierteljahresschrift für Gesetzgebung und Rechtswissenschaft
Ky. Law J.	Kentucky Law Journal
LAG	Landesarbeitsgericht
Law Philos.	Law and Philosophy (Z)
Law Pract. Int. Courts Tribunals	The Law and Practice of International Courts and Tribunals (Z)
Law Q. Rev.	Law Quarterly Review
Leg. Theory	Legal Theory (Z)
LG	Landgericht
lit.	littera
Loyola Law Rev.	Loyola Law Review
LSALVerfGG	Gesetz über das Landesverfassungsgericht (Sachsen-Anhalt)
LVerfGE	Entscheidungen der Verfassungsgerichte der Länder
LwVG	Landwirtschaftsverfahrensgesetz
Ma.	Massachusetts
Math. Soc. Sci.	Mathematical Social Sciences (Z)
MDR	Monatsschrift für Deutsches Recht
Mich. Law Rev.	Michigan Law Review
Minn. Law Rev.	Minnesota Law Review
MittdtPatA	Mitteilungen der deutschen Patentanwälte
Mod. Law Rev.	Modern Law Review
MüKo	Münchener Kommentar
MVLVerfGG	Gesetz über das Landesverfassungsgericht Mecklenburg-Vorpommern
m. w. N.	mit weiteren Nachweisen
n. Chr.	nach Christus
NdsStGHG	Gesetz über den Staatsgerichtshof (Niedersachsen)
Neb. Law Rev.	Nebraska Law Review
NJ	Neue Justiz (Z)
NJOZ	Neue Juristische Online-Zeitschrift
NJW	Neue Juristische Wochenschrift
NJW-RR	Neue Juristische Wochenschrift – Rechtsprechungs-Report
NLMR	Newsletter Menschenrechte (Z)
No.	Number
North. Ill. Univ. Law Rev.	Northern Illinois University Law Review
NPD	Nationaldemokratische Partei Deutschlands
Nr.	Nummer
NRWVerfGHG	Gesetz über den Verfassungsgerichtshof für das Land Nordrhein-Westfalen
NStZ	Neue Zeitschrift für Strafrecht

NVwZ	Neue Zeitschrift für Verwaltungsrecht
NVwZ-RR	Neue Zeitschrift für Verwaltungsrecht – Rechtsprechungs-Report
N. Y. Univ. Law Rev.	New York University Law Review
OLG	Oberlandesgericht
o. O.	ohne Ortsangabe
Organ. Behav. Hum. Decis. Process.	Organizational Behavior and Human Decision Processes (Z)
Organ. Behav. Hum. Perform.	Organizational Behavior and Human Performance (Z)
ÖstJN	Österreichische Jurisdiktionsnorm
ÖstStPO	Österreichische Strafprozeßordnung
ÖstVerfGH	Österreichischer Verfassungsgerichtshof
o. V.	ohne Verfasser
OVG	Oberverwaltungsgericht
Oxf. J. Leg. Stud.	Oxford Journal of Legal Studies
PatG	Patentgesetz
Philos. Compass	Philosophy Compass (Z)
Philos. Explor.	Philosophical Explorations (Z)
Philos. Issues	Philosophical Issues (Z)
Philos. Stud.	Philosophical Studies (Z)
Policy Sci.	Policy Sciences (Z)
Political Res. Q.	Political Research Quarterly
Political Stud.	Political Studies (Z)
Politics Philos. Econ.	Politics, Philosophy & Economics (Z)
Proc. Am. Philos. Soc.	Proceedings of the American Philosophical Society
Proc. Natl. Acad. Sci.	Proceedings of the National Academy of Sciences
Psychol. Sci.	Psychological Science (Z)
PUAG	Gesetz zur Regelung des Rechts der Untersuchungsausschüsse des Deutschen Bundestages
PVS	Politische Vierteljahresschrift
PWP	Perspektiven der Wirtschaftspolitik (Z)
Quad. fior.	Quaderni fiorentini per la storia del pensiero giuridico moderno
R	Regina
Ration. Soc.	Rationality and Society (Z)
Rev. écon. polit.	Revue d'économie politique
Rev. eur. sci. soc.	Revue européenne des sciences sociales
Rev. hist. droit fr. étr.	Revue historique de droit français et étranger
Rev. Policy Res.	Review of Policy Research
RG	Reichsgericht
RGBl.	Reichsgesetzblatt
RGSt	Sammlung der Entscheidungen des Reichsgerichts in Strafsachen
RGZ	Sammlung der Entscheidungen des Reichsgerichts in Zivilsachen
RhPfVerfGHG	Landesgesetz über den Verfassungsgerichtshof (Rheinland-Pfalz)
Rn.	Randnummer(n)

RphZ	Rechtsphilosophie (Z)
RsprEinhG	Gesetz zur Wahrung der Einheitlichkeit der Rechtsprechung der obersten Gerichtshöfe des Bundes
RStPO	Reichsstrafprozessordnung
RuP	Recht und Politik (Z)
S.	Seite
SaarlVerfGH	Verfassungsgerichtshof des Saarlandes
SaarlVerfGHG	Gesetz über den Verfassungsgerichtshof (Saarland)
SächsVerfGHG	Gesetz über den Verfassungsgerichtshof des Freistaates Sachsen
Scand. J. Econ.	Scandinavian Journal of Economics
Schmoll. Jb.	Schmollers Jahrbuch für Gesetzgebung, Verwaltung und Volkswirtschaft im Deutschen Reiche
SGG	Sozialgerichtsgesetz
SHLVerfGG	Gesetz über das Schleswig-Holsteinische Landes-verfassungsgericht
Singap. Law Rev.	Singapore Law Review
SK	Systematischer Kommentar
Soc. Choice Welf.	Social Choice and Welfare (Z)
Soc. Epistemol.	Social Epistemology (Z)
Soc. Sci. Inf.	Social Science Information (Z)
sog.	so genannt
South. Calif. Interdiscip. Law J.	Southern California Interdisciplinary Law Journal
South. Calif. Law Rev.	Southern California Law Review
South. J. Philos.	Southern Journal of Philosophy
South. Rev.	The Southern Review
Southwest. J. Law Trade Am.	Southwestern Journal of Law and Trade in the Americas
SozG	Sozialgericht
Sp.	Spalte
SPD	Sozialdemokratische Partei Deutschlands
Stanf. Law Rev.	Stanford Law Review
Stat. Sci.	Statistical Science (Z)
StPO	Strafprozessordnung
StraFo	Strafverteidiger Forum (Z)
StV	Strafverteidiger (Z)
Suffolk Univ. Law Rev.	Suffolk University Law Review
Supreme Court Econ. Rev.	Supreme Court Economic Review
Supreme Court Rev.	Supreme Court Review
Syd. Law. Rev.	Sydney Law Review
SZ	Süddeutsche Zeitung
Tbd.	Teilband
Teilurt.	Teilurteil
Tex. Law Rev.	Texas Law Review
Tex. Law Rev. See Also	Texas Law Review See Also (Z)
Theor. Inq. Law	Theoretical Inquiries in Law (Z)
Theory Decis.	Theory and Decision (Z)
ThürVBl.	Thüringer Verwaltungsblätter

ThürVerfGHG	Gesetz über den Thüringer Verfassungsgerichtshof
u. a.	und andere
überarb.	überarbeitet
Übers.	Übersetzung
UK	United Kingdom
UKSC	Supreme Court of the United Kingdom
UN	United Nations
Univ. Calif. Davis Law Rev.	University of California Davis Law Review
Univ. Cincinnati Law Rev.	University of Cincinnati Law Review
Univ. Coll. Lond. Hum. Rights Rev.	University College London Human Rights Review
Univ. Pa. J. Const. Law	University of Pennsylvania Journal of Constitutional Law
Univ. Pa. J. Int. Law	University of Pennsylvania Journal of International Law
Univ. Pa. Law Rev.	University of Pennsylvania Law Review
Univ. San Franc. Law Rev.	University of San Francisco Law Review
Univ. Toledo Law Rev.	University of Toledo Law Review
Univ. Tor. Law J.	University of Toronto Law Journal
URL	Uniform Resource Locator
Urt.	Urteil
US, USA	United States (of America)
U. S.	United States Reports
usw.	und so weiter
v.	versus/von, vom
v. a.	vor allem
Va. Law Rev.	Virginia Law Review
Vanderbilt Law Rev.	Vanderbilt Law Review
Var.	Variante
VBlBW	Verwaltungsblätter für Baden-Württemberg
v. Chr.	vor Christus
Verf.	Verfasser
VerwArch	Verwaltungsarchiv
VerwP	Verwaltungspraxis (Z)
VerwRspr	Verwaltungsrechtsprechung in Deutschland – Sammlung obergerichtlicher Entscheidungen aus dem Verfassungs- und Verwaltungsrecht
VG	Verwaltungsgericht
vgl.	vergleiche
VRÜ	Verfassung und Recht in Übersee (Z)
VuR	Verbraucher und Recht (Z)
VVDStRL	Veröffentlichungen der Vereinigung der Deutschen Staatsrechtslehrer
VwGO	Verwaltungsgerichtsordnung
VwVfG	Verwaltungsverfahrensgesetz
Wash. Univ. Law Q.	Washington University Law Quarterly
WDO	Wehrdisziplinarordnung
William Mary Bill Rights J.	William and Mary Bill of Rights Journal
William Mary Law Rev.	William and Mary Law Review

Windsor Yearb. Access Justice	Windsor Yearbook of Access to Justice
Wis. Law Rev.	Wisconsin Law Review
WTO	World Trade Organization
Yale Law J.	Yale Law Journal
Z	Zeitschrift
z. B.	zum Beispiel
ZDRW	Zeitschrift für Didaktik der Rechtswissenschaft
ZfP	Zeitschrift für Politik
ZfRSoz	Zeitschrift für Rechtssoziologie
ZGR	Zeitschrift für Unternehmens- und Gesellschaftsrecht
ZgS	Zeitschrift für die gesamte Staatswissenschaft
ZIP	Zeitschrift für Wirtschaftsrecht
ZIS	Zeitschrift für Internationale Strafrechtsdogmatik
zit. n.	zitiert nach
ZJS	Zeitschrift für das Juristische Studium
ZParl	Zeitschrift für Parlamentsfragen
ZPO	Zivilprozessordnung
ZPol	Zeitschrift für Politikwissenschaft
ZRGGA	Zeitschrift der Savigny-Stiftung für Rechtsgeschichte; Germanistische Abteilung
ZRGKA	Zeitschrift der Savigny-Stiftung für Rechtsgeschichte; Kanonistische Abteilung
ZRGRA	Zeitschrift der Savigny-Stiftung für Rechtsgeschichte; Romanistische Abteilung
ZRP	Zeitschrift für Rechtspolitik
ZStW	Zeitschrift für die gesamte Strafrechtswissenschaft
ZZP	Zeitschrift für (deutschen) Zivilprozess

A. Grundlagen

I. Richtermehrheit als Forschungsgegenstand

Das Mehrheitsprinzip ist eine Selbstverständlichkeit. Das Mehrheitsprinzip ist aber auch ein immerwährendes Problem. Seine Anwendung als Entscheidungsregel in Kollegialgerichten gilt es wissenschaftlich zu ergründen.

1. Zwischen Selbstverständlichkeit und Problemen

Majoritäre Entscheidungen sind in unserer Gesellschaft omnipräsent. Gesetze werden von der Parlamentsmehrheit verabschiedet,[1] Aktionärsversammlungen[2] treffen ebenso Mehrheitsbeschlüsse wie der Deutsche Ethikrat,[3] und Freunde oder Arbeitskollegen entscheiden per Mehrheit, in welcher Gaststätte sie zu Mittag essen. Bereits vor mehr als hundert Jahren wurde dementsprechend festgehalten:

> Überall gilt, was die Mehrheit will, als Ausdruck des Gemeinwillens. [...] Infolge solcher allgemeinen Anerkennung nehmen wir heute das Majoritätsprinzip als etwas Selbstverständliches hin und zerbrechen uns nicht viel den Kopf darüber, warum denn hier überall der Teil so viel gilt wie das Ganze.[4]

Als besonders selbstverständlich darf die Anwendung des Mehrheitsprinzips im demokratischen Verfassungsstaat gelten.[5] Das Bundesverfassungsgericht zählt das Mehrheitsprinzip zu den fundamentalen Funktionselementen des in Art. 20 Abs. 1 und 2 GG verankerten Demokratieprinzips.[6] Im Schrifttum wird es auch zum verfassungsänderungsfesten Kern des Grundgesetzes gerechnet.[7]

---

[1] Siehe nur Art. 42 Abs. 2 Satz 1 GG.

[2] § 133 Abs. 1 AktG.

[3] § 2 Abs. 1 Satz 2 Geschäftsordnung des Deutschen Ethikrats. Für ein (besonders eklatantes) Beispiel siehe *J. F. Lindner*, Deutscher Ethikrat als praeceptor iurisdictionis?, ZRP 2017, S. 148 (148 f.).

[4] *O. v. Gierke*, Über die Geschichte des Majoritätsprinzipes, Schmoll. Jb. 39 (1915), S. 565 (565). Für die heutige Zeit vgl. etwa *C. Knauer*, Die Kollegialentscheidung im Strafrecht, 2001, S. 12: »Der dem Majoritätsprinzip unterworfene Beschluß ist auf allen Ebenen unserer modernen Gesellschaft eine Selbstverständlichkeit.«

[5] *R. Mußgnug*, Das Mehrheitsprinzip, in: Breuer u. a. (Hrsg.), FS Klein, 2013, S. 249 (251).

[6] BVerfG, Urt. v. 21.05.1952 – 2 BvH 2/52 –, BVerfGE 1, 299 (315); BVerfG, Urt. v. 23.10.1952 – 1 BvB 1/51 –, BVerfGE 2, 1 (12 f.); BVerfG, Urt. v. 17.08.1956 – 1 BvB 2/51 –,

Ganz so selbstverständlich, wie man auf den ersten Blick annehmen könnte,[8] ist das Mehrheitsprinzip aber doch nicht[9] – weder demokratietheoretisch noch verfassungsrechtlich. Es entbehrt »bis heute jener Eindeutigkeit und Einsichtigkeit, die jedes Nachfragen erübrigte.«[10] Erstens werden keineswegs alle Entscheidungen im demokratischen Verfassungsstaat Deutschlands per Mehrheit getroffen. Man denke nur an Bundestagswahlen, die grundsätzlich nach einem Verhältniswahlrecht erfolgen und damit nicht dem Mehrheitsprinzip, sondern dem Proportionalprinzip unterliegen.[11] Erst im Bundestag als dem über die Gesetzgebung entscheidenden Organ gilt das Mehrheitsprinzip. Für andere staatliche Kollegialorgane wiederum lässt sich die Geltung des Mehrheitsprinzips nicht ohne Weiteres aus dem Demokratieprinzip des Art. 20 GG ableiten.[12]

BVerfGE 5, 85 (197 ff.); BVerfG, Beschl. v. 06.10.1970 – 2 BvR 225/70 –, BVerfGE 29, 154 (165); BVerfG, Urt. v. 02.03.1977 – 2 BvE 1/76 –, BVerfGE 44, 125 (141); BVerfG, Urt. v. 08.12.2004 – 2 BvE 2/03 –, BVerfGE 112, 118 (140 f.).

[7] *C. Vismann*, in: AK GG, 3. Aufl. 2001, 2. AL 2002, Art. 79 Rn. 57; *G. Robbers*, in: Bonner Kommentar GG, 137. Akt. 2008, Art. 20 Abs. 1 Rn. 514; *H. Dreier*, in: ders. (Hrsg.), GG, Bd. II, 3. Aufl. 2015, Art. 79 Rn. 37; *M. Sachs*, in: ders. (Hrsg.), GG, 8. Aufl. 2018, Art. 79 Rn. 66; *J. Dietlein*, in: BeckOK GG, Art. 79 Rn. 39; vgl. auch *M. Herdegen*, in: Maunz/Dürig (Begr.), GG, 72. EL 2014, Art. 79 Rn. 127.

[8] *E. Benda*, Konsens und Mehrheitsprinzip im Grundgesetz und in der Rechtsprechung des Bundesverfassungsgerichts, in: Hattenhauer/Kaltefleiter (Hrsg.), Mehrheitsprinzip, Konsens und Verfassung, 1986, S. 61 (61 f.), geht so weit, die Rechtfertigungsbedürftigkeit des Mehrheitsprinzips schlechthin zu leugnen. Drastisch *W. Kendall*, The Majority Principle and the Scientific Elite, South. Rev. 4 (1938/39), S. 463 (465), nach dem man das Mehrheitsprinzip entweder für ›self-evident‹ hält oder nicht – und deshalb über seine Geltung nicht diskutieren, sondern nur darum kämpfen kann.

[9] So auch *U. K. Jacobs*, »Man soll die Stimmen wägen und nicht zählen«, NJW 1989, S. 3205 (3206).

[10] *H.-D. Horn*, Mehrheit im Plebiszit, Der Staat 38 (1999), S. 399 (400).

[11] Wenn *U. Volkmann*, in: Berliner Kommentar GG, 1. EL 2001, Art. 20 4. Teil Rn. 25, die Wahl als Beispiel für einen Bereich anführt, in dem das Mehrheitsprinzip »kraft des Demokratieprinzips« auch ohne ausdrückliche Verankerung gelte, so kann dies nur für direkte Wahlen einzelner Personen (Wahlkreisabgeordnete, Bürgermeister) zutreffen. Zum Unterschied und Verhältnis zwischen ›legislativem Mehrheitsprinzip‹ und ›elektoralem Proporzprinzip‹ ausführlich *S. Ganghof*, Politische Gleichheit und echte Mehrheitsdemokratie, ZPol 15 (2005), S. 741 ff.; vgl. auch *ders./C. Stecker*, Das institutionelle Design parlamentarischer Demokratien, in: Ganghof/Hönnige/Stecker (Hrsg.), FS Döring, 2009, S. 215 (216 ff.). Vgl. auch bereits *H. Kelsen*, Allgemeine Staatslehre, 1925, S. 346 f.; ferner *M. Jestaedt*, Demokratieprinzip und Kondominialverwaltung, 1993, S. 190, der im Zusammenhang des »Dualismus von Volkswillensbildung und Staatswillensbildung« zwischen »Wahl als Kreations- und« Mehrheitsprinzip »als Entscheidungsmethode« differenziert (ohne jedoch näher auf den Unterschied einzugehen). *P. Pernthaler*, Allgemeine Staatslehre und Verfassungslehre, 1986, S. 208, weist daraufhin, dass der »Gegensatz von Mehrheits- und Verhältnismäßigkeitsprinzip« über das Wahlrecht hinaus »auch im Regierungssystem« und »in der Zusammensetzung von Beiräten und Kollegialbehörden« virulent wird; ein gutes (wenn auch die Legislative, nicht die Exekutive betreffendes) Beispiel dafür ist der Kontrast zwischen der Besetzung von Ausschussvorsitzen im Bundestag (Fraktionsproporz, § 12 Satz 1 GOBT) und im US-Repräsentantenhaus (allein die Mehrheit kommt zum Zug, Rule X.5.(c)(1) Rules of the House of Representatives).

[12] *B. Grzeszick*, in: Maunz/Dürig (Begr.), GG, 57. EL 2010, Art. 20 II Rn. 45.

Zweitens gilt das Mehrheitsprinzip nicht uneingeschränkt. Verfassungsrechtliche Begrenzungen der demokratischen Mehrheit ergeben sich aus dem Rechtsstaatsprinzip und aus qualifizierten Mehrheitserfordernissen.[13] Drittens beschäftigt sich die Entscheidungstheorie spätestens seit dem 18. Jahrhundert und bis auf den heutigen Tag mit den technischen Problemen des Mehrheitsprinzips, vor allem mit der Frage, wie bei mehr als zwei Entscheidungsoptionen die Mehrheit festzustellen ist.[14]

Dementsprechend hat sich die deutsche Staats(rechts)wissenschaft, wenn auch erst nach langer Zurückhaltung,[15] ab den 1970er Jahren und insbesondere in den 1980er Jahren eingehend mit dem Mehrheitsprinzip in der Demokratie befasst und es auf seine Geschichte, Rechtfertigung, Voraussetzungen und Grenzen hin untersucht.[16] Wenngleich einschränkend festgehalten werden muss, dass diese Beiträge nicht durchgängig die nötige begriffliche und theo-

---

[13] Vgl. *R. Mußgnug*, Das Mehrheitsprinzip, in: Breuer u. a. (Hrsg.), FS Klein, 2013, S. 249 (252 f., 257 f.). Zur Diskussion darüber, welche Beschränkungen des Mehrheitsprinzips die Demokratie erfordert, vgl. etwa *H. McClosky*, The Fallacy of Absolute Majority Rule, J. Politics 11 (1949), S. 637 ff.; *W. Kendall*, Prolegomena to Any Future Work on Majority Rule, J. Politics 12 (1950), S. 694 ff. Allgemein zu qualifizierten Mehrheiten *J. Jaconelli*, Majority Rule and Special Majorities, Public Law 1989, S. 587 ff.

[14] Siehe noch unten II.1.

[15] Vgl. *P. Häberle*, Das Mehrheitsprinzip als Strukturelement der freiheitlich-demokratischen Grundordnung, JZ 1977, S. 241 (241). Aus vor-bundesrepublikanischer Zeit liegen, in ihrem Umfang beschränkte, Beiträge zum Mehrheitsprinzip vor von *G. Jellinek*, Das Recht der Minoritäten, 1898; *W. Starosolskyj*, Das Majoritätsprinzip, 1916; *R. Thoma*, Das Mehrheitsprinzip, DLZ 40 (1919), Sp. 761 ff.; *H. Kelsen*, Allgemeine Staatslehre, 1925, S. 322 ff.; *ders.*, Vom Wesen und Wert der Demokratie, 2. Aufl. 1929, S. 8 ff., 53 ff.; *C. Schmitt*, Verfassungsrechtliche Aufsätze, 1958, S. 284 f., 294 ff.; *ders.*, Verfassungslehre, 10. Aufl. 2010, S. 224, 278 ff.; *R. Smend*, Staatsrechtliche Abhandlungen, 2. Aufl. 1968, S. 151 f., 221. (Zu Kelsen siehe noch unten B.IV.1.) Aus der Frühzeit der Bundesrepublik relativ wenig ertragreich *H. Höpker*, Grundlagen, Entwicklung und Problematik des Mehrheitsprinzips, 1957.

[16] *U. Scheuner*, Das Mehrheitsprinzip in der Demokratie, 1973; *P. Häberle*, a. a. O., passim; *C. Gusy*, Das Mehrheitsprinzip im demokratischen Staat, AöR 106 (1981), S. 329 ff.; *W. Heun*, Das Mehrheitsprinzip in der Demokratie, 1983; *H. Dreier*, Das Majoritätsprinzip im demokratischen Verfassungsstaat, ZParl 17 (1986), S. 94 ff.; *R. Zippelius*, Zur Rechtfertigung des Mehrheitsprinzips in der Demokratie, 1987. Zur politikwissenschaftlichen Diskussion der 1980er Jahre siehe die Sammelbände von *B. Guggenberger/C. Offe* (Hrsg.), An den Grenzen der Mehrheitsdemokratie, 1984; *H. Hattenhauer/W. Kaltefleiter* (Hrsg.), Mehrheitsprinzip, Konsens und Verfassung, 1986; *A. Rauscher* (Hrsg.), Mehrheitsprinzip und Minderheitenrecht, 1988; ferner *T. Saretzki*, Das Mehrheitsprinzip – demokratisches Entscheidungsverfahren ohne Alternative?, Gegenwartskunde 1984, S. 239 ff.; *T. Helfen*, Die Kritik am Mehrheitsprinzip als Herausforderung der repräsentativen Demokratie, 2 Bd., 1992. Jüngere rechtswissenschaftliche Beiträge liegen vor von *C. Hillgruber*, Die Herrschaft der Mehrheit, AöR 127 (2002), S. 460 ff.; *ders.*, Mehrheitsprinzip, in: Kube u. a. (Hrsg.), FS Kirchhof, Bd. I, 2013, § 61; *J. Krüper*, Das Glück der größten Zahl, ZJS 2009, S. 477 ff.; *R. Mußgnug*, Das Mehrheitsprinzip, in: Breuer u. a. (Hrsg.), FS Klein, 2013, S. 249 ff. Umfassend zur Ausgestaltung des Mehrheitsprinzips im geltenden Verfassungsrecht von Bund und Ländern *N. Magsaam*, Mehrheit entscheidet, 2014. Zur Geschichte des Mehrheitsprinzips ausführlich *E. Flaig*, Die Mehrheitsentscheidung, 2013, und noch überblicksweise m. w. N. unten IV.

retische Schärfe aufweisen, so ist das Mehrheitsprinzip in der Demokratie damit jedenfalls in den Grundzügen umfassend erforscht worden.

In diesen Untersuchungen hingegen kaum beachtet, ja in der Rechtswissenschaft generell »häufig übersehen«[17] wird, dass auch Kollegialgerichte per Mehrheit entscheiden. In Texten über das Mehrheitsprinzip werden Gerichte meist nur en passant erwähnt.[18] Diese geringe Beachtung des kollegialgerichtlichen Mehrheitsprinzips überrascht, stehen doch gerade Gerichte zentral im Fokus sowohl der Rechtsphilosophie und -theorie[19] als auch der Rechtsdogmatik. Das Thema betrifft auch praktisch nicht wenige Fälle, da Kollegialgerichte im deutschen Gerichtsverfassungsrecht die Regel, Einzelrichter hingegen die Ausnahme bilden. Vom Amtsgericht bis zum Bundesverfassungsgericht werden Verfahren von Spruchkörpern entschieden, die mit mehreren Richtern besetzt sind.[20] Davon, dass diese Richterkollegien immer oder fast immer im Konsens urteilen, kann nicht ausgegangen werden. Der Streit unter Juristen ist sprichwörtlich: ›zwei Juristen, drei Meinungen‹.[21] Denn:

> Häufig oder fast immer kann man bei der Feststellung von Tatsachen wegen unterschiedlicher Bewertungskriterien und bei der Auslegung und Anwendung von Rechtsnormen verschiedener Meinung sein.[22]

Nicht erst im 19. Jahrhundert »mußte man dann auch, zumal wo eine größere Zahl von Urtheilern berufen war, die Erfahrung machen, wie selten eine vollständige Einstimmigkeit sei.«[23] Wie viele Gerichtsurteile heutzutage tatsächlich subunanim ergehen, lässt sich empirisch zwar schwer feststellen, da, außerhalb des Bundesverfassungsgerichts,[24] weder die Stimmenverhältnisse veröffentlicht

---

[17] *C. Möllers*, Die Möglichkeit der Normen, 2015, S. 45.

[18] Vgl. *U. Scheuner*, Das Mehrheitsprinzip in der Demokratie, 1973, S. 13, 25, 47 ff. Erfreulich, zumal für einen Ausbildungsaufsatz, ist die separate (letztlich aber ebenfalls nur knappe) Behandlung von Gerichten bei *J. Krüper*, Das Glück der größten Zahl, ZJS 2009, S. 477 (479, 483).

[19] *J. Waldron*, Law and Disagreement, 1999, S. 9, meint sogar, zeitgenössische Rechtsphilosophen seien »intoxicated with courts«.

[20] Siehe noch unten V.1.a).

[21] Vgl. auch *A. Hamilton*, The Federalist No. 22, in: ders./Madison/Jay, The Federalist, 2003, S. 104: »There are endless diversities in the opinions of men. We often see not only different courts, but the judges of the same court, differing from each other.«

[22] *K.-M. Ortloff*, in: Schoch/Schneider/Bier (Hrsg.), VwGO, 20. EL 2010, § 104 Rn. 77.

[23] *Abegg*, Beiträge zur Lehre von der Rechtsfindung durch Richter-Kollegien, Archiv für Preußisches Strafrecht 6 (1858), S. 738 (748).

[24] Für das BVerfG hält *R. Lamprecht*, Oligarchie in Karlsruhe, NJW 1994, S. 3272 (3272), fest: »Die Mehrheit im Gericht hängt oft genug an einer Stimme«; siehe auch *ders.*, Vom Untertan zum Bürger, NJW 2009, S. 1454 (1456). Vom BVerfG kann indes nicht auf die Judikative insgesamt geschlossen werden. Erstens wird auch beim BVerfG nicht jeder Dissens aufgedeckt. Zweitens bestehen in der Thematik der Entscheidungen deutliche Unterschiede zwischen Fach- und Verfassungsgerichtsbarkeit. Drittens läuft die Beratung und Abfassung der Urteile beim BVerfG anders ab als bei Fachgerichten.

werden noch ein Sondervotum zulässig ist.[25] Doch unabhängig davon, wie häufig sie vorkommen, sind Fälle, in denen sich die Richter eines Spruchkörpers nicht einigen, schon wegen dieses Dissenses interessant, da gerade in diesen ›hard cases‹ – den schwierigen Fällen, die allein »sowohl das wissenschaftliche wie das praktische Interesse«[26] wecken[27] – die Frage aufkommt, wie denn das Urteil des Gerichts angesichts der unterschiedlichen Ansichten der einzelnen Richter lauten soll.

Für das Mehrheitsprinzip stellen sich hier dieselben Fragen wie bei seiner Anwendung auf demokratische Entscheidungen. Erstens: Warum soll die von einer (möglicherweise nur knappen) Richtermehrheit befürwortete Entscheidung gelten? Ist sie die (vermutlich) richtige Entscheidung? Oder gilt das Mehrheitsprinzip allein aus Gründen prozeduraler Fairness? Oder ist es gar »nur ein formales Mittel, um zu einem Ergebnis zu gelangen«[28]? Zweitens: Unterliegt das Mehrheitsprinzip gewissen Grenzen, wie etwa qualifizierten Mehrheitserfordernissen für bestimmte Arten von Gerichtsurteilen? Drittens: Wie genau wird die Mehrheitsentscheidung aus den Meinungen der einzelnen Richter gewonnen? Wie wird mit weiteren Umsetzungsproblemen, etwa mit einer Stimmengleichheit, umgegangen? Die Antworten sind keineswegs notwendig dieselben wie bei demokratisch-politischen Entscheidungen, vielmehr wegen des grundsätzlich anderen Kontextes von Gerichtsentscheidungen sogar sehr wahrscheinlich andere.[29]

Im Folgenden soll deshalb diesen Fragen nach Rechtfertigung, Grenzen und Umsetzung des Mehrheitsprinzips in der Judikative nachgegangen werden. Sie sind bisher in der Rechtswissenschaft in unterschiedlichem Ausmaß behandelt worden. Die Frage nach der Rechtfertigung ist für Kollegialgerichte in Deutschland mit Ausnahme der erwähnten kurzen Bemerkungen in den Untersuchun-

---

25 Zu den Mehrheitsverhältnissen an US-amerikanischen Obergerichten vgl. *R. J. Sickels*, The Illusion of Judicial Consensus, Am. Political Sci. Rev. 59 (1965), S. 100 ff.; *S. Goldman*, Conflict and Consensus in the United States Courts of Appeals, Wis. Law Rev. 1968, S. 461 ff.; *ders.*, Voting Behavior on the United States Courts of Appeals, Am. Political Sci. Rev. 69 (1975), S. 491 ff. Zu 5:4-Entscheidungen am US Supreme Court vgl. *R. E. Riggs*, When Every Vote Counts, Hofstra Law Rev. 21 (1993), S. 667 ff.

26 *C. Schmitt*, Gesetz und Urteil, 2. Aufl. 1969, S. 5 f.

27 So statuiert *E. Benda*, ZRP-Rechtsgespräch, ZRP 1995, S. 427 (428), für das BVerfG: »Die meisten umstrittenen Entscheidungen sind Mehrheitsentscheidungen.« Gemeint sind politisch, d. h. außerhalb des Gerichts, umstrittene Entscheidungen.

28 So (explizit für Gerichte) *U. Scheuner*, Das Mehrheitsprinzip in der Demokratie, 1973, S. 47.

29 Vgl. *A. Gutmann*, Deliberative Democracy and Majority Rule, in: Koh/Slye (Hrsg.), Deliberative Democracy and Human Rights, 1999, S. 227 (231 f.): »We misleadingly speak of ›*the* majority principle‹ when we imply that the same principle, or the same justificatory grounds, justifies majority rule in the Supreme Court, majority rule in juries, majority rule in determining legislative representation, and majority rule in amending the constitution, even though the context and content of these practices and their political purposes are very different« (Herv. i. O.).

gen zum Mehrheitsprinzip in der Demokratie bisher nicht gestellt worden. In den USA wurde sie von Jeremy Waldron wiederholt aufgeworfen[30] und schließlich eigens in einem Aufsatz[31] behandelt. Grenzen des Mehrheitsprinzips sind hauptsächlich in Bezug auf erhöhte Mehrheitserfordernisse beim Bundesverfassungsgericht, insbesondere unter dem Blickwinkel einer möglichen Ausweitung, erörtert worden.[32] Am meisten behandelt wurden die Fragen der Umsetzung des Mehrheitsprinzips in seiner Anwendung auf die kollegialgerichtliche Abstimmung. Insbesondere das Problem der Abstimmungsmethode, d. h. wie genau aus den Ansichten der einzelnen Richter ein Kollegialurteil gewonnen wird, wurde vom frühen 19. Jahrhundert bis hinein ins 20. Jahrhundert diskutiert.[33] In den USA ist die kollegialgerichtliche Abstimmungsmethode unter anderen Vorzeichen ab Beginn der 1990er Jahre zum Thema geworden.[34] In den letzten Jahren ist in Deutschland ein etwas gestiegenes Interesse an der kollegialgerichtlichen Abstimmung, vor allem aus historischer und komparativer Perspektive, zu verzeichnen.[35]

---

[30] Insb. *J. Waldron*, Deliberation, Disagreement, and Voting, in: Koh/Slye (Hrsg.), a. a. O., S. 210 (214 ff.); *ders.*, The Core of the Case Against Judicial Review, Yale Law J. 115 (2006), S. 1346 (1391 ff.). Ferner *ders.*, Rights and Majorities: Rousseau Revisited, in: Chapman/Wertheimer (Hrsg.), Majorities and Minorities, 1990, S. 44 (67 f.); *ders.*, Freeman's Defense of Judicial Review, Law Philos. 13 (1994), S. 27 (31 f.); *ders.*, Law and Disagreement, 1999, S. 306; *ders.*, A Majority in the Lifeboat, Boston Univ. Law Rev. 90 (2010), S. 1043 (1044). Hintergrund ist Waldrons Kritik an ›judicial review‹, also der verfassungsrechtlichen Normenkontrolle durch den Supreme Court, eine vorgeblich ›anti-majoritarian‹, aber selbst auch nur per Mehrheit entscheidende Instanz. Dieser Umstand ist freilich auch anderen aufgefallen, von diesen aber nicht mit demselben Impetus vorgetragen worden; vgl. etwa *A. Wertheimer*, Internal Disagreements, in: Macedo (Hrsg.), Deliberative Politics, 1999, S. 170 (183 En. 12). Den Versuch einer Antwort auf Waldrons Frage unternehmen *G. Krishnamurthi u. a.*, An Elementary Defense of Judicial Majoritarianism, Tex. Law Rev. See Also 88 (2009), S. 33 ff. Vgl. auch *T. Nagel*, Waldron on Law and Politics, in: ders., Concealment and Exposure, 2002, S. 141 ff.; *R. Dworkin*, Response, Boston Univ. Law Rev. 90 (2010), S. 1059 (1085 ff.); *ders.*, Gerechtigkeit für Igel, 2014, S. 803 ff.; *T. Bustamante*, The Ongoing Search for Legitimacy, Mod. Law Rev. 78 (2015), S. 372 (381 ff., 389 ff.).

[31] *J. Waldron*, Five to Four: Why Do Bare Majorities Rule on Courts?, Yale Law J. 123 (2014), S. 1692 ff.

[32] *T. v. Danwitz*, Qualifizierte Mehrheiten für normverwerfende Entscheidungen des BVerfG?, JZ 1996, S. 481 ff.; *N. Magsaam*, Mehrheit entscheidet, 2014, S. 323 ff.

[33] Vgl. *G. Mellinghoff*, Fragestellung, Abstimmungsverfahren und Abstimmungsgeheimnis im Strafverfahren, 1988. Ausführlich unten D.I.4.d)bb)(1).

[34] Siehe nur *L. A. Kornhauser/L. G. Sager*, The One and the Many, Calif. Law Rev. 81 (1993), S. 1 ff. Siehe noch unten D.I.1.b), 4.d)bb)(3) sowie die Nachweise in D. Fn. 363.

[35] Siehe *W. Ernst*, Abstimmen über Rechtserkenntnis, JZ 2012, S. 637 ff.; *ders.*, Rechtserkenntnis durch Richtermehrheiten, 2016. Vgl. dazu auch *G. Lübbe-Wolff*, Rezension, Der Staat 56 (2017), S. 311 ff.; *R. Hyland*, Rezension, Quad. fior. 47 (2018), S. 560 ff.; *P. Oestmann*, Rezension, ZRGGA 135 (2018), S. 480 ff.

2. Ziel und Gang der Untersuchung

Das Mehrheitsprinzip in der Judikative mag, ganz ähnlich wie in der Demokratie, als Selbstverständlichkeit erscheinen. Aber es lohnt sich, es rechtsphilosophisch zu hinterfragen. Das Selbstverständliche auf den Prüfstand zu stellen ist gerade die Aufgabe der Philosophie.[36] Sie versucht dabei nicht lediglich, dem Bestehenden im Nachhinein einen Sinn abzugewinnen, sondern sie zwingt uns, das uns Vertraute neu zu sehen, unsere unausgesprochenen Annahmen offenzulegen und diese auf ihre Überzeugungsfähigkeit und Anwendbarkeit abzuklopfen; sie konfrontiert uns mit dem, was wir schon wissen, lädt uns zum Nachdenken ein und führt uns zu einer neuen Sichtweise auch auf das Altbekannte:[37] »Once the familiar turns strange, it's never quite the same again.«[38]

Demnach soll das Mehrheitsprinzip in der Judikative auf seine Rechtfertigung, Grenzen und Umsetzung hin untersucht werden. Die vorliegende Arbeit ist deshalb die normativ-rechtsphilosophische Untersuchung einer rechtlichen Institution, genauer gesagt eines Teilausschnitts der Institution ›Kollegialgericht‹, nämlich der Rechtsnormen, die das Zustandekommen der kollegialgerichtlichen Entscheidung durch Abstimmung regeln. Die Untersuchung geht dabei auf einer mittleren Abstraktionsebene vor, da sie das Mehrheitsprinzip in der Judikative nicht als universelles Phänomen, sondern stets im Kontext der deutschen Rechts- und Verfassungsordnung beleuchtet. (Gleichwohl werden viele der Überlegungen und Erkenntnisse auch auf die Gerichtsbarkeiten anderer Länder anwendbar sein.) Ihr liegt damit auch ein bestimmtes Verständnis von Gerichten zugrunde,[39] nämlich das eines deutschen Instanzgerichts, dessen Aufgabe sowohl Rechtsfindung als auch Tatsachenfindung sind. Als Paradig-

---

[36] *J. Waldron*, Five to Four: Why Do Bare Majorities Rule on Courts?, Yale Law J. 123 (2014), S. 1692 (1706). Vgl. auch *G. Abel*, Was ist und was kann Philosophie?, in: Sandkühler (Hrsg.), Philosophie, wozu?, 2008, S. 15 (20).

[37] Vgl. für die Ethik *R. Spaemann*, Glück und Wohlwollen, 5. Aufl. 2009, S. 157: »Die philosophische Reflexion hat eher die Aufgabe, dieses immer schon vorhandene Wissen auf die in ihm waltenden Prinzipien hin durchsichtig zu machen. Allerdings ist die Prinzipienreflexion nicht folgenlos. Sie hat erstens eine kritische Funktion dadurch, daß sie Widersprüche und Inkonsequenzen in unserem normalen Verhalten und auch in unseren unreflektierten sittlichen Überzeugungen aufdeckt und sie von der tieferen Einsicht aus korrigiert. […] Zweitens aber dient sie zur Orientierung in Grenzfällen oder in neuen Problemfeldern, also dort, wo traditionelle Handlungsregeln und unmittelbare Intuitionen uns im Stich lassen.« Man darf dies über die Ethik hinaus jedenfalls auf die gesamte praktische Philosophie erstrecken.

[38] Michael Sandel in Teil 1 seiner Vorlesung ›Justice: What's the Right Thing to Do?‹, abrufbar als Video auf YouTube v. 04.09.2009, URL = https://youtube.com/watch?v=kBdfcR-8hEY (18:49); zuletzt abgerufen am 15.03.2020.

[39] Es ist ein Manko vieler rechtsphilosophischer Untersuchungen, dass ihr Gerichtsverständnis nicht offengelegt wird. So schreibt bspw. *J. Waldron*, Five to Four: Why Do Bare Majorities Rule on Courts?, Yale Law J. 123 (2014), S. 1692 ff., allgemein von »courts«, hat aber offensichtlich das spezielle Bild des US Supreme Court vor Augen.

men dienen der Untersuchung zum einen der streitige Zivilprozess[40], zum anderen der Strafprozess. Daneben werden auch die Verfassungsgerichtsbarkeit, hauptsächlich[41] in Form des Bundesverfassungsgerichts,[42] sowie, im Fall von Besonderheiten, die Revisionsgerichte beleuchtet.

Diese Teil-Untersuchung der kollegialgerichtlichen Entscheidungsfindung soll zu einem besseren Verständnis richterlicher Tätigkeit beitragen, um das Verständnis für die Problematik justizieller Institutionen zu vertiefen und um ein Teilstück einer realistischen Grundlage für normative Theorien von Rechtsprechung und juristischer Begründungsmethodik zu schaffen.[43] Die Untersuchung soll so auch einen juristischen Beitrag zur Social-Choice-Theorie, der Theorie kollektiver Entscheidungen,[44] oder besser: einen social-choice-theoretischen Beitrag zur Rechtswissenschaft leisten. Wie die Social-Choice-Theorie ist die Untersuchung nicht deskriptiv, indem sie sich mit tatsächlichem Entscheidungsverhalten befasst,[45] sondern normativ, denn ihr »geht es um Kriterien: um Regeln und Strategien, um Techniken, Programme und Kalküle *richtigen* Entscheidens.«[46] Materialobjekt der Untersuchung sind also kollegialgerichtliche Abstimmungen, ihr Formalobjekt deren normative Bedingungen.[47]

Bevor in die Untersuchung eingestiegen werden kann, sollen vorab im Rest dieses Kapitels einige Grundlagen geschaffen werden. Zunächst wird das kollegialgerichtliche Urteil in einer social-choice-theoretischen Grundlegung als kollektive Entscheidung eingeordnet (II.). Darauf folgen eine begriffliche Klärung (III.) sowie ein kurzer Abriss der Geschichte des Mehrheitsprinzips mit besonderem Fokus auf die Entwicklung in der Judikative (IV.), bevor die geltenden Regelungen des deutschen und europäischen Gerichtsverfassungsrechts

[40] Dabei wird grundsätzlich davon ausgegangen, dass es sich bei beiden Parteien um Bürger handelt, also nicht auf einer Seite der Staat steht.

[41] Auf die Landesverfassungsgerichte wird eingegangen, soweit sie Besonderheiten aufweisen.

[42] Auch die Verfassungsgerichtsbarkeit umfasst sowohl Rechts- als auch Tatsachenfindung. Zur Tatsachenfindung durch das BVerfG noch unten C.I.2.b).

[43] Vgl. *K. M. Quinn*, The Academic Study of Decision Making on Multimember Courts, Calif. Law Rev. 100 (2012), S. 1493 (1497, 1501).

[44] Dazu sogleich II.1.

[45] Eine besonders interessante deskriptive Frage ist die nach psychologischen Effekten innerhalb von Kollegialgerichten. Sie ist, jenseits allgemeiner Untersuchungen zu Kleingruppenverhalten, wenig erforscht. Gewisse Ansätze finden sich im empirischen Schrifttum zu den Vor- und Nachteilen des Kollegialgerichts im Vergleich zum Einzelrichter (siehe unten B. Fn. 82). Die hiesige Untersuchung geht vereinzelt auf rechtspsychologische Erkenntnisse ein, ohne einen eigenständigen Beitrag leisten zu können.

[46] *O. Höffe*, Entscheidungstheoretische Denkfiguren und die Begründung von Recht, in: Hassemer/Kaufmann/Neumann (Hrsg.), Argumentation und Recht, 1980, S. 21 (23) (Herv. i. O.).

[47] Zu Material- und Formalobjekt siehe *D. Schlüter*, Art. »Materialobjekt/Formalobjekt«, in: Ritter/Gründer (Hrsg.), HWPh, Bd. 5, 1980, Sp. 870; *A. Kaufmann*, Rechtsphilosophie, Rechtstheorie, Rechtsdogmatik, in: Hassemer/Neumann/Saliger (Hrsg.), Einführung in die Rechtsphilosophie und Rechtstheorie der Gegenwart, 9. Aufl. 2016, S. 1 (2 f.).

für Kollegialgerichte im Hinblick auf ihre Besetzung und Entscheidungsfindung dargestellt werden (V.). Die drei Kapitel des Hauptteils versuchen, die drei Fragen nach Rechtfertigung, Grenzen und Umsetzung des Mehrheitsprinzips in der Judikative zu beantworten (B.–D.). Die Untersuchung in Kapitel B zieht, nach einer Einordnung der Rechtfertigungsfrage in die Problematik der Legitimation von Gerichtsentscheidungen (B.I.), Rechtfertigungsargumente aus der Demokratietheorie[48] heran und erörtert deren Übertragbarkeit auf die Judikative. Die Argumente lassen sich in fünf Gruppen einteilen, deren Reihenfolge relativ gut widerspiegelt, wie hoch der Anspruch ist, mit dem sie auftreten: Natürlichkeitsargumente (B.II.), materielle Argumente (B.III.), teleologische Argumente (B.VI.), prozedurale Argumente (B.V.) und schließlich das Praktikabilitätsargument (B.VII.).[49] Kapitel C untersucht die Logik der Grenzen des Mehrheitsprinzips, d. h. von super- bzw. submajoritären Entscheidungsregeln, also von qualifizierten Mehrheiten (C.I.) und Einstimmigkeitserfordernissen (C.II.) einerseits und Minderheitsquoren (C.III.) andererseits. Kapitel D widmet sich schließlich der Umsetzung des Mehrheitsprinzips in der Judikative. Hauptthema ist dabei die Abstimmungsmethode (D.I.), also die Frage, wie angesichts des Umstands, dass jeder Gerichtsentscheidung eine logische Ableitung zugrunde liegt, aus den einzelnen Ansichten der Richter unter Anwendung des Mehrheitsprinzips ein Kollegialurteil zu gewinnen ist.[50] Das Kapitel befasst sich des Weiteren mit Erweiterungen gegenüber dem kollegialgerichtlichen Standardfall[51] (D.II.), nämlich mit den Problemen einer geraden Mitgliederzahl sowie nicht-binärer Entscheidungen, und geht abschließend kurz auf Folgen des Mehrheitsprinzips für die Begründung kollegialgerichtlicher Urteile ein (D.III.). Im Schlusskapitel E wird zum einen ein Gesamtfazit gezogen, zum anderen werden die Thesen der Untersuchung zusammenfassend aufgelistet.

---

[48] Zum Überblick *M. Risse*, Arguing for Majority Rule, J. Political Philos. 12 (2004), S. 41 (44 f.).

[49] Die Untersuchung setzt dabei voraus, dass es Kollegialgerichte gibt, geht also nicht eigens der Frage nach, wie sich die Institution des Kollegialgerichts rechtfertigen lässt. Mitunter sind aber die in Kap. B behandelten Argumente nicht nur als geeignet zur Rechtfertigung des Mehrheitsprinzips, sondern auch des Kollegialgerichts denkbar. Dies gilt insb. für das Richtigkeitsargument (vgl. noch B. Fn. 82). Daneben ist auch an das Praktikabilitätsargument zu denken; die Effizienz des Kollegialgerichts, insb. der Faktor Zeit, hängt allerdings maßgeblich von der Arbeitsteilung innerhalb des Spruchkörpers ab.

[50] Während Kap. B und C, mit der Ausnahme einiger auf Wahrscheinlichkeitsrechnung basierender Überlegungen, fast gänzlich ohne Formalisierungen auskommen, zieht die Untersuchung der Abstimmungsmethode vielfach die Methode und die Erkenntnisse der axiomatisch-logisch betriebenen Forschung zur Urteilsaggregation heran. Gleichwohl ist auch hier die Untersuchung ohne diesbezügliche Vorkenntnisse verständlich.

[51] Dazu unten III.

II. Gerichtsurteile als kollektive Entscheidungen

Gerichte treffen Entscheidungen. Wo Entscheidungen getroffen werden sollen, sind drei elementare Fragen zu klären: Was (oder besser: worüber) soll entschieden werden? Wer soll entscheiden? Und wie soll entschieden werden? Für Gerichtsentscheidungen ergibt sich die Antwort auf die erste Frage aus dem Streitgegenstand des Prozesses. Die zweite Frage wird von den gerichtsverfassungsrechtlichen Regelungen über die Zuständigkeiten und die Besetzung der Gerichte beantwortet. Die dritte Frage schließlich betrifft das Zustandekommen einer Gerichtsentscheidung, also das gerichtliche Verfahren.

In Abhängigkeit von der Antwort auf die erste Frage kann die Antwort auf die zweite Frage lauten, dass der Entscheidungsträger nicht ein einzelner Richter, sondern ein Kollegialgericht ist. Die Antwort auf die dritte Frage bleibt in diesem Fall an sich unverändert. Das gerichtliche Verfahren hängt grundsätzlich nicht von der Zahl der Richter ab. Doch soll nicht ein Einzelrichter, sondern ein Richterkollegium entscheiden, müssen zusätzliche Regelungen über die Entscheidungsfindung geschaffen werden.[52] Ein einzelner Richter hat es leicht: Er fällt seine Entscheidung durch »persönliche Überlegung und Entschließung«[53] in seinem Innern,[54] verkündet sie den Parteien und begründet sie in einer schriftlichen Urteilsfassung. Bei einem Kollegialgericht hingegen stellt sich in allen drei Phasen die Frage nach der Kollegialität, dem Verhältnis der Richter zueinander.[55] Macht sich jeder Richter für sich alleine seine Gedanken oder findet eine gemeinsame Beratung statt? Wie wird danach aus den Ansichten der einzelnen Richter eine Entscheidung des Gerichts? Wie und von wem wird die Begründung geschrieben?

Die Kollegialität wirkt sich somit auf alle drei Phasen der gerichtlichen Entscheidungsfindung aus.[56] Die hiesige Untersuchung fokussiert auf den »neu-

---

[52] Deswegen enthält das GVG mit seinem Sechzehnten Titel (»Beratung und Abstimmung«) eine Reihe von Vorschriften, die ausschließlich für Kollegialgerichte gelten; vgl. *O. R. Kissel/H. Mayer*, GVG, 9. Aufl. 2018, § 192 Rn. 1; *K. Schreiber*, in: Wieczorek/Schütze (Hrsg.), ZPO, Bd. 13, Tbd. 1, 4. Aufl. 2018, vor § 192 GVG Rn. 1. Die Begründung kollegialgerichtlicher Entscheidungen wird vom deutschen Gerichtsverfassungsrecht hingegen fast gar nicht geregelt; auch insofern ist die Regelung über das Sondervotum beim BVerfG (§ 30 Abs. 2 BVerfGG) eine Ausnahme.

[53] *K. Peters*, Strafprozeß, 4. Aufl. 1985, § 53 vor I (S. 483).

[54] Vgl. BGH, Beschl. v. 22.11.1957 – 5 StR 477/57 –, BGHSt 11, 74 (79). Vgl. ferner *Abegg*, Beiträge zur Lehre von der Rechtsfindung durch Richter-Kollegien, Archiv für Preußisches Strafrecht 6 (1858), S. 738 (738 f.).

[55] Vgl. etwa die (praxisorientierte) Darstellung des kollegialgerichtlichen Entscheidungsprozesses bei *N. Michel*, Beratung, Abstimmung und Beratungsgeheimnis, DRiZ 1992, S. 263 ff. Vgl. auch die zutreffende und umfangreiche Liste von Fragen bei *G. Lübbe-Wolff*, Rezension, Der Staat 56 (2017), S. 311 (311).

[56] Hinzu kommen die Kollegialität betreffende Regelungen für das Verfahren vor der eigentlichen Entscheidungsfindung. Hier ist v. a. an die Verfahrensleitung durch den Vorsitzen-

ralgischen Kulminationspunkt«[57] der kollegialgerichtlichen Entscheidungsfindung, den Moment, in dem das Urteil durch den Spruchkörper gefällt wird: die Abstimmung.[58] Wie kann aus den individuellen Ansichten der Richter eine kollektive Entscheidung gewonnen – ›aggregiert‹[59] – werden? Warum wird das Mehrheitsprinzip als Entscheidungsregel angewendet und wie funktioniert seine Umsetzung?

1. Social-Choice-Theorie in der Rechtswissenschaft

Derartige Fragen sind Gegenstand der unter dem Namen ›Social-Choice-Theorie‹[60] betriebenen Forschung.[61] Sie befasst sich mit kollektiven Entscheidungsregeln, also mit Methoden, individuelle Inputs zu kollektiven Outputs zu aggregieren, und untersucht deren axiomatische und gleichzeitig normativ relevante Eigenschaften. Verschiedene Zweige der Social-Choice-Theorie unterscheiden sich danach, welcher Art die behandelten Inputs und Outputs sind. Klassisch

---

den zu denken (vgl. §21f GVG, §§136, 272 Abs. 2 ZPO, §§212, 213 Abs. 1, 2, §§238, 241 StPO).

[57] *W. Ernst*, Rechtserkenntnis durch Richtermehrheiten, 2016, S. 253.

[58] Die beiden Phasen der Beratung und Begründung werden an verschiedenen Stellen der Untersuchung in ihrem Verhältnis zur Abstimmung eine Rolle spielen.

[59] Gegen den Begriff der ›Aggregation‹ könnte man einwenden, dass er den Status von Kollegialgerichten als kollektiven Akteuren nicht widerspiegle, da auch die Ansichten unverbundener Individuen aggregiert werden können (Beispiel: Meinungsumfrage). Der Begriff geht insofern zwar in der Tat über den Bereich kollektiver Entscheidungen hinaus. Ob es sich jedoch bei Kollegialgerichten sozialontologisch um kollektive Akteure handelt (was keine Voraussetzung für das Vorhandensein kollektiver Entscheidungen ist), kann offenbleiben, wird aber unter D.I.4.d)ee) kurz näher behandelt.

[60] Der englische Begriff lautet ›social choice theory‹, zu deutsch ›Sozialwahltheorie‹. Beide Wortbestandteile ›Wahl‹ und ›sozial‹ treffen allerdings den Nagel nicht auf den Kopf. Besser ist der im Deutschen ebenfalls gebräuchliche Begriff ›Theorie kollektiver Entscheidungen‹ (zur Frage nach der Definition der ›kollektiven Entscheidung‹ unten Fn. 88). – Die Social-Choice-Theorie muss von der Rational-Choice- und der Public-Choice-Theorie abgegrenzt werden. Die Rational-Choice-Theorie untersucht individuelle Entscheidungen und deren kollektive Konsequenzen unter der Vorannahme des rationalen, nutzenmaximierenden Individuums (›homo oeconomicus‹), wohingegen der Social-Choice-Theorie kein solches Verhaltensmodell zugrunde liegt; vgl. zum Rationalitätsbegriff der Rational-Choice-Theorie *J. C. Harsanyi*, Rational-Choice Models of Political Behavior vs. Functionalist and Conformist Theories, World Politics 21 (1969), S. 513 ff.; *S. Hahn*, Rationalität, 2. Aufl. 2017, S. 133 ff.; zur Anwendung auf die Judikative (mit Verbindungen zur Social-Choice-Theorie) *T. Jacobi*, The Judiciary, in: Farber/O'Connell (Hrsg.), Research Handbook on Public Choice and Public Law, 2010, S. 234 ff. Die Public-Choice-Theorie (weitestgehend deckungsgleich: Neue Politische Ökonomie) ist die ökonomische Untersuchung politischer Entscheidungen; sie weist deutliche Überschneidungen zur Social-Choice-Theorie auf (die deshalb nicht selten als Unterfall der Public-Choice-Theorie behandelt wird). Vgl. *D. C. Mueller*, Public Choice, Social Choice, and Political Economy, Public Choice 163 (2015), S. 379 ff.

[61] Zum Überblick *C. List*, Art. »Social Choice Theory«, in: Zalta (Hrsg.), The Stanford Encyclopedia of Philosophy, Edition Winter 2013.

ist die Mitte des 20. Jahrhunderts von Arrow[62] und Black[63] begründete[64] Präferenzaggregation (›preference aggregation‹): Sie untersucht, wie eine Gruppe von Personen eine Auswahl unter mehreren Optionen (zum Beispiel Kandidaten für ein politisches Amt) treffen kann, indem jedes Gruppenmitglied eine Reihenfolge seiner Präferenzen aufstellt und aus diesen individuellen Präferenzordnungen eine kollektive Präferenzordnung oder Wahlentscheidung gewonnen wird. Im Rahmen der Präferenzaggregation werden verschiedene Entscheidungsverfahren und deren Probleme erörtert.[65] Von zentraler Bedeutung ist das Unmöglichkeitstheorem von Arrow[66], das zeigt, dass (bei mehr als zwei Optionen) keine Entscheidungsregel der Präferenzaggregation existiert, die bestimmte demokratische Anforderungen erfüllt und gleichzeitig die Rationalität in Form der Konsistenz der kollektiven Entscheidung garantiert.[67]

---

[62] *K. J. Arrow*, Social Choice and Individual Values, 3. Aufl. 2012. *D. A. Farber*, Positive Theory as Normative Critique, South. Calif. Law Rev. 68 (1995), S. 1565 (1573), nennt Arrow den »paterfamilias of social choice theory.«

[63] *D. Black*, The Theory of Committees and Elections, 1958.

[64] Vorläufer sind insb. Marie Jean Antoine Nicolas Caritat, Marquis de Condorcet (zu ihm noch unten B.III.2.a)) und Jean-Charles de Borda im 18. Jahrhundert sowie Charles Dodgson (alias Lewis Carroll) im 19. Jahrhundert. Siehe dazu und zu noch (deutlich) früheren Theoretikern *D. Black*, The Theory of Committees and Elections, 1958, S. 156 ff.; *I. McLean*, The Borda and Condorcet Principles, Soc. Choice Welf. 7 (1990), S. 99 ff.; *ders.*, The Strange History of Social Choice, Public Choice 163 (2015), S. 153 ff.; *A. Tangian*, Mathematical Theory of Democracy, 2014, S. 3 ff.; Textsammlung (mit ausführlicher Einleitung) bei *I. McLean/A. B. Urken* (Hrsg.), Classics of Social Choice, 1995. Insgesamt zur Geschichte der Social-Choice-Theorie (auch des 20. Jahrhunderts) anhand ihrer wichtigsten Vertreter (populärwissenschaftlich) *G. G. Szpiro*, Die verflixte Mathematik der Demokratie, 2011.

[65] Zur Einführung *E. Schlicht*, Die Theorie der kollektiven Entscheidung und der individualistische Ansatz, Leviathan 2 (1974), S. 263 ff.; *C. R. Plott*, Axiomatic Social Choice Theory, Am. J. Political Sci. 20 (1976), S. 511 ff.; *L. Kern*, Neuere Ergebnisse der Theorie kollektiver Entscheidungen, ZgS 133 (1977), S. 652 ff.; *A. Sen*, The Possibility of Social Choice, Am. Econ. Rev. 89 (1999), S. 349 ff.; *E. V. Towfigh/N. Petersen*, Public und Social Choice Theorie, in: dies (Hrsg.), Ökonomische Methoden im Recht, 2. Aufl. 2017, § 6 Rn. 370 ff. Zur Vertiefung *J. Craven*, Social Choice, 1992; *L. Kern/J. Nida-Rümelin*, Logik kollektiver Entscheidungen, 1994; *K. J. Arrow/A. Sen/K. Suzumura* (Hrsg.), Handbook of Social Choice and Welfare, Bd. 1, 2002, Bd. 2, 2010; *A. Sen*, Rationality and Freedom, 2002; *ders.*, Collective Choice and Social Welfare, 2017; *N. Tideman*, Collective Decisions and Voting, 2006; *W. Gaertner*, A Primer in Social Choice Theory, 2009; *W. Gerß*, Paradoxe Ergebnisse von Mehrheitsentscheidungen, 2016; äußert technisch *P. C. Fishburn*, The Theory of Social Choice, 1973.

[66] *K. J. Arrow*, Social Choice and Individual Values, 3. Aufl. 2012, S. 46 ff. Siehe auch *W. Popp/B. Schlink*, Präferenztheoretische Bedingungen einer sozialen Wertordnung, in: Podlech (Hrsg.), Rechnen und Entscheiden, 1977, S. 61 ff.; *A. Sen*, Rationality and Social Choice, Am. Econ. Rev. 85 (1995), S. 1 ff.; *D. E. Campbell/J. S. Kelly*, Impossibility Theorems in the Arrovian Framework, in: Arrow/Sen/Suzumura (Hrsg.), Handbook of Social Choice and Welfare, Bd. 1, 2002, S. 35 ff.

[67] Neben den Bereichen der Präferenz- und der sogleich näher zu erläuternden Urteilsaggregation gibt es weitere Bereiche, insb. die der abstrakten Aggregation (›abstract aggregation‹) und der Wahrscheinlichkeitsaggregation (›probability aggregation‹); zum Verhältnis beider zur Urteilsaggregation siehe *C. List*, The Theory of Judgment Aggregation, Synthese 187 (2012), S. 179 (202 ff.). Die Theorie der abstrakten Aggregation untersucht wie die

Die Social-Choice-Theorie ist von Haus aus ein Forschungsgebiet, das verschiedene Wissenschaften, insbesondere Philosophie, Ökonomik und Mathematik, miteinander verbindet.[68] Sie ist in doppelter Hinsicht inhärent interdisziplinär, da sie nicht nur verschiedene Disziplinen innerhalb ihrer Untersuchungen verknüpft, sondern ebenso ihre Erkenntnisse für verschiedene Disziplinen fruchtbar gemacht werden können.[69] Jenseits ihres wohlfahrtsökonomischen Anwendungsbereichs[70] ist die Social-Choice-Theorie primär in der Demokratietheorie aufgegriffen worden.[71] Sie ist aber auch für die Rechtswis-

---

Urteilsaggregation die Aggregation individueller Bewertungen, stellt diese jedoch als Vektoren da und lässt ihre logische Struktur außen vor; vgl. *R. Wilson*, On the Theory of Aggregation, J. Econ. Theory 10 (1975), S. 89 ff.; *A. Rubinstein/P. C. Fishburn*, Algebraic Aggregation Theory, J. Econ. Theory 38 (1986), S. 63 ff.; *E. Dokow/R. Holzman*, Aggregation of Binary Evaluations of Truth-Functional Agendas, Soc. Choice Welf. 32 (2009), S. 221 ff.; *dies.*, Aggregation of Binary Evaluations, J. Econ. Theory 145 (2010), S. 495 ff.; *dies.*, Aggregation of Binary Evaluations With Abstentions, J. Econ. Theory 145 (2010), S. 544 ff.; *dies.*, Aggregation of Non-Binary Evaluations, Adv. Appl. Math. 45 (2010), S. 487 ff.; *K. Nehring/C. Puppe*, Abstract Arrowian Aggregation, J. Econ. Theory 145 (2010), S. 467 ff. Das Modell der abstrakten Aggregation ist auch für die Untersuchung von Kollegialgerichten, genauer der Aufstellung von Rechtsregeln durch Common-Law-Gerichte, angewendet worden; vgl. *D. Landa/J. R. Lax*, Legal Doctrine on Collegial Courts, J. Politics 71 (2009), S. 946 ff. Die Wahrscheinlichkeitsaggregation betrifft die Aggregation individueller Wahrscheinlichkeitseinschätzungen; vgl. *K. J. McConway*, Marginalization and Linear Opinion Pools, J. Am. Stat. Assoc. 76 (1981), S. 410 ff.; *C. Genest/J. V. Zidek*, Combining Probability Distributions, Stat. Sci. 1 (1986), S. 114 ff.; *P. Mongin*, Consistent Bayesian Aggregation, J. Econ. Theory 66 (1995), S. 313 ff.

[68] Selbst zur Biologie bestehen Verbindungen, da auch Insektenkolonien in gewisser Weise kollektive Entscheidungen treffen und sich daraus Lehren für menschliche Entscheidungen ziehen lassen. Vgl. *C. List/A. Vermeule*, Independence and Interdependence: Lessons from the Hive, Ration. Soc. 26 (2014), S. 170 ff. m. w. N.

[69] Das wirft freilich alle Probleme der Interdisziplinarität auf, nicht zuletzt jenes der Übernahme von (insb. normativen) Konzepten einer anderen in die eigene Wissenschaft. Für eine rechtstheoretische Untersuchung liegt darin indes nicht dasselbe Problem wie für rechtsdogmatisches Tun, da insoweit keine Diskursebenenüberschreitung vorliegt; zur Diskursebenenüberschreitung und zum interdisziplinären Zirkel als Problemen der Rechtswissenschaft siehe *J. F. Lindner*, Rechtswissenschaft als Metaphysik, 2017, S. 50 ff., 133 ff. Gleichwohl ist stets zu hinterfragen, inwiefern social-choice-theoretische Modelle und Erkenntnisse auf den rechtstheoretischen Untersuchungsgegenstand passen.

[70] Zum doppelten Ursprung der Social-Choice-Theorie in der Wohlfahrtsökonomie einerseits und der Theorie der Wahlen und Abstimmungen andererseits *A. Sen*, Social Choice Theory, in: Arrow/Intriligator (Hrsg.), Handbook of Mathematical Economics, Bd. III, 1986, S. 1073 (1073 ff.); *K. Suzumura*, Introduction, in: Arrow/Sen/Suzumura (Hrsg.), Handbook of Social Choice and Welfare, Bd. 1, 2002, S. 1 (1 ff.). Speziell zur wohlfahrtsökonomischen Anwendung der Social-Choice-Theorie siehe *C. Blackorby/W. Bossert/D. Donaldson*, Utilitarianism and the Theory of Justice, in: Arrow/Sen/Suzumura (Hrsg.), a. a. O., S. 543 ff.; *C. d'Aspremont/L. Gevers*, Social Welfare Functionals and Interpersonal Comparability, in: Arrow/Sen/Suzumura (Hrsg.), a. a. O., S. 459 ff.

[71] Von zentraler Bedeutung ist *W. H. Riker*, Liberalism Against Populism, 1982, der aus den Erkenntnissen der Social-Choice-Theorie seine Behauptung der inhärenten Willkürlichkeit und Bedeutungslosigkeit demokratischer Wahlen herleitet. Guter Überblick bei *G. Mackie*, The Reception of Social Choice Theory by Democratic Theory, in: Novak/Elster (Hrsg.),

senschaft von Bedeutung, ist doch jede Rechtserzeugung stets ein Entscheiden, bei Gerichten nicht anders als bei Parlamenten.[72] Insofern die Rechtswissenschaft folglich (auch) Entscheidungswissenschaft ist,[73] kann die Rechtstheorie den von der Entscheidungstheorie aufgeworfenen Fragen und Problemen »nicht ausweichen«[74]. Sie muss sich sowohl damit befassen, wie ein einzelner Richter entscheidet,[75] als auch mit den Problemen auseinandersetzen, die sich ergeben, wenn mehrere Richter ein Kollegialurteil fällen. Wohlgemerkt bietet die Ent-

---

Majority Decisions, 2014, S. 77 ff. Siehe auch *R. H. Pildes/E. Anderson*, Slinging Arrows at Democracy, Columbia Law Rev. 90 (1990), S. 2121 ff.; *T. Christiano*, Social Choice and Democracy, in: Copp/Hampton/Roemer (Hrsg.), The Idea of Democracy, 1993, S. 173 ff.; *R. Hardin*, Public Choice Versus Democracy, in: Copp/Hampton/Roemer (Hrsg.), a. a. O., S. 157 ff.; *D. A. Farber*, Positive Theory as Normative Critique, South. Calif. Law Rev. 68 (1995), S. 1565 (1582 ff.).

72 Zum Überlick *M. L. Stearns*, An Introduction to Social Choice, in: Farber/O'Connell (Hrsg.), Research Handbook on Public Choice and Public Law, 2010, S. 88 ff.; grundlegend ferner *ders.*, The Misguided Renaissance of Social Choice, Yale Law J. 103 (1994), S. 1219 ff. Für social-choice-theoretische Untersuchungen parlamentarischer Abstimmungen siehe *W. Leininger*, The Fatal Vote: Berlin versus Bonn, Finanzarchiv 50 (1993), S. 1 ff.; *K. Pappenberger/J. Wahl*, Der manipulierbare Bundestag?, PVS 36 (1995), S. 630 ff.; *J. v. Oertzen*, Komplexe Abstimmungssituationen im Deutschen Bundestag, ZParl 34 (2003), S. 453 ff.; aus den USA *S. Levmore*, Parliamentary Law, Majority Decisionmaking, and the Voting Paradox, Va. Law Rev. 75 (1989), S. 971 ff.; *G. S. Strom*, The Logic of Lawmaking, 1990; *D. A. Farber/P. P. Frickey*, Law and Public Choice, 1991, S. 38 ff.; *K. A. Shepsle*, Congress Is a »They,«, Not an »It«: Legislative Intent as Oxymoron, Int. Rev. Law Econ. 12 (1992), S. 239 ff.; *A. Lupia/M. D. McCubbins*, Lost in Translation: Social Choice Theory is Misapplied Against Legislative Intent, J. Contemp. Leg. Issues 14 (2005), S. 585 ff. Siehe ferner für die Parlamentskreation *T. Lindner*, Das Bundestagswahlrecht aus Perspektive der Social Choice-Theorie, PWP 12 (2011), S. 242 ff. Neben Parlamentswahlen auch gesellschafts- und insolvenzrechtliche Abstimmungen beleuchtet *M. Auer*, Willkür rechtlicher Entscheidungsverfahren, ARSP 88 (2002), S. 1 ff. Bei *A. Vermeule*, The System of the Constitution, 2011, findet die Social-Choice-Theorie Anwendung als Teil einer umfassenderen Systemanalyse rechtlicher Institutionen und der Verfassungs- und Rechtsordnung insgesamt. *D. Luban*, Social Choice Theory as Jurisprudence, South. Calif. Law Rev. 69 (1996), S. 521 ff., behandelt die Bedeutung social-choice-theoretischer Untersuchungen für rechtsphilosophische Ideen. *B. Chapman*, Law, Morality, and the Logic of Choice, Univ. Tor. Law J. 29 (1979), S. 114 ff., sowie *J. Lee*, Legal Positivism and Economics, Singap. Law Rev. 25 (2007), S. 124 ff., ziehen Schlussfolgerungen speziell für die Bedeutung von Moral im Recht. Administrative Entscheidungen untersucht *M. L. Spitzer*, Multicriteria Choice Processes, Yale Law J. 88 (1979), S. 717 ff.

73 Für die Rechtsdogmatik vgl. *A. Hollerbach*, Art. »Rechtswissenschaft«, in: Görres-Gesellschaft (Hrsg.), Staatslexikon, Bd. 4, 7. Aufl. 1995, Sp. 751 (758); *F. Hufen*, Perspektiven des rechtswissenschaftlichen Studiums, ZDRW 2013, S. 5 (16 f.); *F. Müller/R. Christensen*, Juristische Methodik, Bd. 1, 11. Aufl. 2013, Rn. 191 f.; *M. Jestaedt*, Rechtswissenschaft als normative Disziplin, in: Kirste (Hrsg.), Interdisziplinarität in den Rechtswissenschaften, 2016, S. 104 (112 f.). In einem weiteren, hier zugrundegelegten Sinne gilt dies für die gesamte Rechtswissenschaft.

74 *O. Höffe*, Entscheidungstheoretische Denkfiguren und die Begründung von Recht, in: Hassemer/Kaufmann/Neumann (Hrsg.), Argumentation und Recht, 1980, S. 21 (22).

75 Zum Überblick *J. Schneider*, Theorie juristischen Entscheidens, in: Hassemer/Neumann/Saliger (Hrsg.), Einführung in die Rechtsphilosophie und Rechtstheorie der Gegenwart, 9. Aufl. 2016, S. 316 ff.

scheidungstheorie keine formalisierte Lösungstechnik für die Rechtsdogmatik an.[76] Sie liefert vielmehr der Rechtstheorie Erkenntnisse über die Erzeugung und Begründung von Recht.[77] Die Social-Choice-Theorie als Teilgebiet der Entscheidungstheorie[78] behandelt zwar mit Abstimmungen stets nur einen »kleinen Teil«[79], aber doch den für die Entscheidung letztverbindlichen Akt der kollektiven Rechtserzeugung. Sie kann einen nicht unerheblichen Beitrag zu einem besseren Verständnis rechtserzeugender Kollegialorgane leisten, indem sie normative Kriterien, die von der (politischen oder Rechts-)Philosophie oder dem Recht[80] an Entscheidungsregeln angelegt werden,[81] in die formale Sprache von Logik und Mathematik übersetzt und damit erst eine präzise Untersuchung der Eigenschaften dieser Regeln ermöglicht:[82] Kann das Entscheidungsverfahren unsere normativen Erwartungen erfüllen? Insbesondere: Können die Entscheidungen frei von Willkür[83] und Verfälschungen[84] ergehen? Vielleicht

---

[76] Gegenüber derartigen Versuchen zurecht kritisch *B. Schlink*, Inwieweit sind juristische Entscheidungen mit entscheidungstheoretischen Modellen theoretisch zu erfassen und praktisch zu bewältigen?, JbRSoz 2 (1972), S. 322 ff. Dabei geht es allerdings allein um die Entscheidungstheorie im engeren Sinne und die Spieltheorie (vgl. Fn. 78).

[77] Vgl. *O. Höffe*, Entscheidungstheoretische Denkfiguren und die Begründung von Recht, in: Hassemer/Kaufmann/Neumann (Hrsg.), Argumentation und Recht, 1980, S. 21 (22).

[78] Weitere Teilgebiete sind die Entscheidungstheorie im engeren Sinne, die sich mit isolierten individuellen Entscheidungen, insb. solchen unter Unsicherheit, befasst, und die Spieltheorie, die individuelle Entscheidungen im Kontext von Konkurrenz oder Kooperation mit anderen Individuen untersucht. Vgl. *O. Höffe*, a. a. O., S. 24 ff.; *M. Peterson*, An Introduction to Decision Theory, 2. Aufl. 2017, S. 8 ff. Zur Einführung in die verschiedenen Aspekte der Entscheidungstheorie siehe auch *M. Allingham*, Choice Theory, 2002; *R. Bradley*, Decision Theory, in: Hansson/Hendricks (Hrsg.), Introduction to Formal Philosophy, 2018, S. 611 ff. Zur Anwendung der Spieltheorie in der Rechtswissenschaft siehe *S. Magen*, Spieltheorie, in: Towfigh/Petersen (Hrsg.), Ökonomische Methoden im Recht, 2. Aufl. 2017, § 4; für ein konkretes Beispiel siehe *B. Schlink*, Das Spiel um den Nachlaß, in: Podlech (Hrsg.), Rechnen und Entscheiden, 1977, S. 113 ff.

[79] *O. Höffe*, a. a. O., S. 41. Dass die Social-Choice-Theorie damit »überhaupt keine spezifischen Demokratieprobleme, sondern nur allgemeine Aggregationsfragen« (ebd.) behandelt, ermöglicht zum einen eine Anwendung auch auf Kollegialgerichte und stimmt zum anderen ohnehin nicht, soweit die Social-Choice-Theorie sich mit der Realisierbarkeit spezifisch demokratischer Bedingungen befasst.

[80] Insofern liegt die interdisziplinäre Herausforderung der hiesigen Untersuchung gerade darin zu ermitteln, welche in der Social-Choice-Theorie angewandten normativen Kriterien rechtsphilosophisch und/oder (verfassungs)rechtlich für die Judikative gelten.

[81] Zur normativen Bedeutung von Entscheidungsregeln vgl. auch *P. Urfalino*, Rules and Tactics of Collective Decision, Soc. Sci. Inf. 49 (2010), S. 5 (7): »Collective decision rules are also normative rules: their properties and effects are evaluated within the framework of concept and value systems specific to the societies or institutions using them.«

[82] Vgl. *A. Hylland*, The Purpose and Significance of Social Choice Theory, in: Elster/Hylland (Hrsg.), Foundations of Social Choice Theory, 1986, S. 45 (47 ff.).

[83] Vgl. *M. Auer*, Willkür rechtlicher Entscheidungsverfahren?, ARSP 88 (2002), S. 1 (21 ff.).

[84] Vgl. *L. Kern*, Sind demokratische Entscheidungsregeln verfälschungsfrei?, PVS 20 (1979), S. 330 ff.

müssen wir unsere Erwartungen daran anpassen, wie rechtliche Entscheidungen getroffen werden – oder uns umgekehrt (rechtsdogmatisch oder -politisch) dafür einsetzen, das Entscheidungsverfahren unseren Erwartungen anzupassen, sofern das möglich ist.[85] Derartige social-choice-theoretische Untersuchungen mögen sich zwar aufgrund ihres »hohen Formalisierungsgrades einer raschen Kenntnisnahme«[86] versperren, aber hier gilt das Gleiche wie für jede Formalisierung des Rechts als methodisches Hilfsmittel des Rechtstheoretikers: »Man kann sich einarbeiten. Es lohnt sich.«[87]

2. *Gerichtsurteile als Gegenstand der Social-Choice-Theorie*

Sollen nun Urteile von Kollegialgerichten als kollektive Entscheidung[88] untersucht werden, so muss zunächst Klarheit hergestellt werden über das Wesen von In- und Output kollegialgerichtlicher Entscheidungen. Da die Präferenzaggregation nicht abbilden kann, was bei Gerichten vor sich geht,[89] ist die so genann-

---

[85] Vgl. auch *D. D. Sokol*, Explaining the Importance of Public Choice for Law, Mich. Law Rev. 109 (2011), S. 1029 (1036): »Social choice serves as a prism through which to construct various proposals for institutional reform.«

[86] *O. Höffe*, Entscheidungstheoretische Denkfiguren und die Begründung von Recht, in: Hassemer/Kaufmann/Neumann (Hrsg.), Argumentation und Recht, 1980, S. 21 (21).

[87] *K. Adomeit*, Rechtswissenschaft und Wahrheitsbegriff, JuS 1972, S. 628 (631 Fn. 22).

[88] Der Begriff der kollektiven Entscheidung wird nur selten definiert. *P. Urfalino*, Rules and Tactics of Collective Decision, Soc. Sci. Inf. 49 (2010), S. 5 (5), nennt folgende drei kumulativen Merkmale: (1) Kollektive Entscheidungen werden von einer Gruppe von Individuen erzeugt; (2) sie entstehen durch Aggregation der Stimmen aller Gruppenmitglieder, sodass jedes Individuum zumindest potenziell ein gewisses Stimmgewicht hat; (3) sie sind bindend für die Gruppe selbst oder weitergehend für eine Institution oder die ganze Gesellschaft. Insb. die Merkmale (1) und (2) sind indes nicht unproblematisch: Sowohl die Entscheidung eines Diktators als auch ein Losentscheid können als kollektive Entscheidung betrachtet werden, sofern sie Geltung als Entscheidung einer Kollektivität, z. B. des diktatorisch regierten Staates oder eines per Los entscheidenden Gremiums, beanspruchen. Merkmal (3) dient wohl v. a. der Abgrenzung relevanter Fälle und der Eingrenzung des Forschungsfelds; allerdings kann eine rechtlich nicht bindende Abstimmung äußerst relevant sein, wie etwa das Brexit-Referendum 2016 gezeigt hat (freilich kommt es damit auf die Definition von ›bindend‹ an). Kollegialgerichtliche Entscheidungen erfüllen jedenfalls alle drei Definitionsmerkmale. Weitergehend zum Unterschied kollektiver zu individuellen Entscheidungen *P. Urfalino*, Deciding as Bringing Deliberation to a Close, Soc. Sci. Inf. 49 (2010), S. 111 (112ff.).

[89] Gleichwohl ist die Rechtsprechung des US Supreme Court auch präferenztheoretisch untersucht worden. Vgl. *F. H. Easterbrook*, Ways of Critizing the Court, Harv. Law Rev. 95 (1982), S. 802 (811ff.); *G. Seyfarth*, Die Änderung der Rechtsprechung durch das Bundesverfassungsgericht, 1998, S. 75ff.; *M. L. Stearns*, Constitutional Process, 2000; *D. S. Cohen*, The Precedent-Based Voting Paradox, Boston Univ. Law Rev. 90 (2010), S. 183ff.; siehe auch *M. L. Stearns*, Standing and Social Choice: Historical Evidence, Univ. Pa. Law Rev. 144 (1995), S. 309ff.; *ders.*, Standing Back From the Forest: Justiciability and Social Choice, Calif. Law Rev. 83 (1995), S. 1309ff. Zur Anwendung der Präferenzaggregation auf die Judikative vgl. ferner *B. Chapman*, The Rational and the Reasonable, Univ. Chic. Law Rev. 61 (1994), S. 41ff. Wegen der beim Supreme Court angewendeten Abstimmungsmethode der Totalabstimmung (dazu unten D.I.4.d)bb)(3)) kann dies für bestimmte Untersuchungsfragen

te Urteilsaggregation (›judgment aggregation‹) ausgearbeitet worden, die sich in den letzten drei Jahrzehnten zu einem der wichtigsten Zweige der Social-Choice-Theorie entwickelt hat.[90]

a) Urteilsaggregation

Urteilen ist nicht dasselbe wie das Äußern einer Präferenz. Der Unterschied ist ursprünglich folgendermaßen begründet worden: Bei der Präferenz einer Person handelt es sich um eine souveräne Entscheidung, welche die Person allein nach ihren eigenen Maßstäben trifft (›Ich bevorzuge Schokoladen- gegenüber Vanilleeis‹); mit einem Urteil hingegen ist der Anspruch verbunden, dass es sich nach einem der Person externen Maßstab um eine richtige Entscheidung handelt.[91] Dieser Unterscheidungsversuch ist allerdings alles andere als unpro-

---

angebracht sein. Gleiches gilt (auch im deutschen Rechtssystem) für die Strafzumessung; vgl. unten D.II.2.b) sowie ferner beispielhaft (zu Jury-Entscheidungen über die Verhängung der Todesstrafe) *E. P. Schwartz/W. F. Schwartz*, Deciding Who Decides Who Dies, Leg. Theory 1 (1995), S. 113 ff.

[90] Den Ausgangspunkt bildet die Unterscheidung zwischen Präferenz- und Urteilsaggregation von *L. A. Kornhauser/L. G. Sager*, Unpacking the Court, Yale Law J. 96 (1986), S. 82 (84 ff.). Grundlegend für die weitere Entwicklung *P. Pettit*, Deliberative Democracy and the Discursive Dilemma, Philos. Issues 11 (2001), S. 268 ff.; *C. List/P. Pettit*, Aggregating Sets of Judgments: An Impossibility Result, Econ. Philos. 18 (2002), S. 89 ff.; *dies.*, Aggregating Sets of Judgments: Two Impossibility Results Compared, Synthese 140 (2004), S. 207 ff. Einführend zur Urteilsaggregation *C. List*, Group Knowledge and Group Rationality, Episteme 2 (2005), S. 25 ff.; *ders.*, Collective Wisdom: Lessons from the Theory of Judgment Aggregation, in: Landemore/Elster (Hrsg.), Collective Wisdom, 2012, S. 203 ff.; *ders.*, Judgment Aggregation, in: Mäki (Hrsg.), Philosophy of Economics, 2012, S. 799 ff.; *ders.*, The Theory of Judgment Aggregation, Synthese 187 (2012), S. 179 ff.; *ders./C. Puppe*, Judgment Aggregation, in: Anand/Pattanaik/Puppe (Hrsg.), The Handbook of Rational and Social Choice, 2009, S. 457 ff.; *F. Dietrich/C. List*, The Aggregation of Propositional Attitudes, in: Gendler/Hawthorne (Hrsg.), Oxford Studies in Epistemology, Bd. 3, 2010, S. 215 ff.; *C. List/B. Polak*, Introduction to Judgment Aggregation, J. Econ. Theory 145 (2010), S. 441 ff.; *P. Mongin/F. Dietrich*, Un bilan interprétatif de la théorie de l'agrégation logique, Rev. écon. polit. 120 (2010), S. 929 ff.; *F. Cariani*, Judgment Aggregation, Philos. Compass 6 (2011), S. 22 ff.; *G. Pigozzi*, The Logic of Group Decisions: Judgment Aggregation, J. Philos. Log. 44 (2015), S. 755 ff.; *P. Mongin*, Judgment Aggregation, in: Hansson/Hendricks (Hrsg.), Introduction to Formal Philosophy, 2018, S. 705 ff.; monographisch *D. Grossi/G. Pigozzi*, Judgment Aggregation, 2014. – Interessante juristische Anwendungen der (Präferenz- und) Urteilsaggregation (jenseits der hier erörterten Fragen) finden sich bei *L. Katz*, Why the Law Is So Perverse, 2011; siehe dazu auch *A. Somek*, Rechtstheorie zur Einführung, 2017, S. 180 ff. – Relevant sind auch die sozialontologischen/handlungstheoretischen Konsequenzen; vgl. *C. List/P. Pettit*, Group Agency, 2011; dazu *H. Pauer-Studer*, A Constitutive Account of Group Agency, Erkenntnis 79 (2014), S. 1623 ff.; *B. Flanagan*, What Do Aggregation Results Really Reveal About Group Agency?, Philos. Stud. 175 (2018), S. 261 ff. Dies hat auch Bedeutung für die (insb. straf-)rechtliche Frage der korporativen Verantwortung; vgl. *F. Hindriks*, Corporate Responsibility and Judgment Aggregation, Econ. Philos. 25 (2009), S. 161 ff.; *C. List/P. Pettit*, Group Agency, 2011, S. 153 ff.; *V. Chiao*, List and Pettit on Group Agency and Group Responsibility, Univ. Tor. Law J. 64 (2014), S. 753 ff.; *J. D. Ohlin*, The One or the Many, Crim. Law Philos. 9 (2015), S. 285 ff.

[91] *L. A. Kornhauser/L. G. Sager*, Unpacking the Court, Yale Law J. 96 (1986), S. 82 (84 ff.);

blematisch, denn er scheint vorauszusetzen, dass es richtige Urteile gibt. Für Gerichtsentscheidungen ist das jedoch äußerst fraglich.[92] Möglicherweise ließe sich das Argument dahingehend verstehen, dass ein Urteilender einen Anspruch auf Richtigkeit[93] zumindest derart erhebt, dass er behauptet, es sei jedenfalls möglich, sein Urteil aus einem externen Maßstab abzuleiten. Damit vereinbar wäre dann auch, dass in ein Urteil auch persönliche Wertvorstellungen des Urteilenden einfließen.

Diese Überlegung führt weg von dem Aspekt der behaupteten Richtigkeit hin zu dem maßgeblichen Gedanken der Ableitung: Der Unterschied des Urteils zur Präferenz liegt nicht darin, dass der Urteilende behauptet, sein Urteil sei richtig, sondern darin, dass er seinem Urteil zumindest im Ausgangspunkt einen externen Maßstab zugrunde legt, aus dem er sein Urteil entwickelt, auch wenn dabei subjektive Wertentscheidungen miteinfließen mögen. In diesem Sinne handelt es sich bei einem Urteil um eine nicht-souveräne, heteronome[94] Entscheidung. Anders als ein Kunde in der Eisdiele entscheidet ein Richter nicht nach Gutdünken, sondern legt seiner Entscheidung die geltende Rechtsordnung zugrunde. Ebenso entscheidet ein Arzt über die Therapieform nicht nach einer Präferenz, sondern indem er vom anerkannten Stand der medizinischen Kenntnisse[95] ausgeht.[96] Um es für die Entscheidungsfindung des Richters konkret zu machen: Er wählt nicht zwischen den verschiedenen möglichen Entscheidungen (›Schadensersatzpflicht des Beklagten in Höhe von 100 Euro‹, ›kein Schadensersatzanspruch des Klägers‹) aus, sondern unternimmt die »Herleitung […] eines Einzelfall-Urteils aus der Rechtsordnung«[97], indem er den Sachverhalt feststellt und darauf die maßgeblichen Rechtsnormen an-

---

vgl. auch *A. Chilton/D. Tingley*, The Doctrinal Paradox & International Law, Univ. Pa. J. Int. Law 34 (2012), S. 67 (77).

92 Siehe dazu noch unten B.III.2.b)cc)(1).

93 Die These, dass jede rechtliche Entscheidung den Anspruch auf Richtigkeit erhebt, wird prominent vertreten von *R. Alexy*, Begriff und Geltung des Rechts, 5. Aufl. 2011, S. 64 ff.; siehe auch *ders.*, Die Doppelnatur des Rechts, Der Staat 50 (2011), S. 389 (389 ff.).

94 Vgl. *C. Möllers*, Individuelle Legitimation: Wie rechtfertigen sich Gerichte?, in: Geis/Nullmeier/Daase (Hrsg.), Der Aufstieg der Legitimitätspolitik, 2012, S. 398 (404).

95 Vgl. § 2 Abs. 3 (Muster-)Berufsordnung für die in Deutschland tätigen Ärztinnen und Ärzte.

96 Die Zahl kollektiver Entscheidungssituationen, in denen es um Urteile und nicht um Präferenzen geht, mag deshalb größer sein, als auf den ersten Blick anzunehmen ist. Will eine Familie über den gemeinsamen Urlaub entscheiden, so ist vorstellbar, dass jeder seine Präferenz angibt (›Mit dem Auto an den Gardasee‹ – ›Mit dem Flugzeug nach London‹ – ›Mit dem Zug nach Paris.‹); es ist aber auch vorstellbar, dass alle der Entscheidung gemeinsame Kriterien, z. B. Höchstpreis, Dauer der Anreise und bestimmte Möglichkeiten vor Ort, zugrunde legen oder sogar die Kriterien zuerst erarbeiten, indem sie über diese Fragen abstimmen. Auf diese Möglichkeit eines nicht objektiv gegebenen, sondern intersubjektiv akzeptierten Maßstabs hinweisend bereits *L. A. Kornhauser/L. G. Sager*, Unpacking the Court, Yale Law J. 96 (1986), S. 82 (85 f.).

97 *B. Rüthers/C. Fischer/A. Birk*, Rechtstheorie, 10. Aufl. 2018, Rn. 657.

wendet. Wie diese Rechtsanwendung genau funktioniert, ob syllogistisch[98] oder enthymematisch[99] oder sonst wie, spielt hier keine Rolle. Entscheidend ist allein der Unterschied zwischen einer Auswahl unter Entscheidungen und der Herleitung eines Urteils anhand eines rechtlichen Maßstabs.[100] Der Richter wählt nicht die Entscheidung ›Schadensersatzpflicht des Beklagten in Höhe von 100 Euro‹ aus, sondern trifft verschiedene Einzelentscheidungen, zum Beispiel dass ein Vertrag geschlossen wurde und der Beklagte gegen diesen Vertrag verstoßen hat,[101] aus denen sich die Gesamtentscheidung logisch ergibt. In diesem Sinne setzen sich kollegialgerichtliche Entscheidungen nicht aus den Präferenzen, sondern den Urteilen der Richter zusammen. In der kollegialgerichtlichen Abstimmung werden den Richtern nicht die verschiedenen möglichen Gesamtentscheidungen zur Auswahl gestellt, sondern die Richter äußern ihre Antworten auf die relevanten Einzelfragen, aus denen sich die Entscheidung ergibt. Das heißt wohlgemerkt nicht, dass nicht auch im Rahmen der Urteilsaggregation eine kollegialgerichtliche Abstimmung allein über die Ergebnisse (im Beispiel die Schadensersatzpflicht) möglich ist; jedoch wäre eine theoretische Betrachtung unzureichend, die außer acht ließe, dass den individuellen Ergebnissen bestimmte Teilentscheidungen (im Beispiel der Vertragsschluss und die vertragswidrige Handlung) zugrunde liegen.[102]

b) Nicht-Binarität gerichtlicher Entscheidungen

Eine weitere, teils damit zusammenhängende Frage lautet, ob Gerichte binäre oder nicht-binäre Entscheidungen treffen. Im Ausgangspunkt liegt dem Rechtssystem eine dichotome Unterscheidung, nämlich ›rechtmäßig‹ – ›unrechtmäßig‹, zugrunde.[103] Prozessual drückt sich dies in der Alternative ›Klage erfolgreich‹ – ›Klage nicht erfolgreich‹ aus.[104] Schon hier wird aber manifest, dass die möglichen Entscheidungen mehr als nur zwei an der Zahl sind, denn

[98] Vgl. insb. *K. Larenz*, Methodenlehre der Rechtswissenschaft, 6. Aufl. 1991, S. 271 ff.

[99] Vgl. *J. Schapp*, Das Enthymem in der juristischen Methodenlehre, Rechtstheorie 42 (2011), S. 539 ff.

[100] Das gilt selbst dann, wenn der konkrete Maßstab erst vom Gericht selbst entwickelt werden muss.

[101] Siehe zu diesem Beispiel noch unten D.I.1.a).

[102] Auch *W. Popp*, Soziale Mathematik der Mehrheitsentscheidung, in: Podlech (Hrsg.), Rechnen und Entscheiden, 1977, S. 25 (51), betont den »Unterschied zwischen einer Abstimmung über drei Alternativen, die durch eine Präferenzordnung aufeinander bezogen sind, und über drei Meinungen, die […] aus linear unabhängigen [gemeint: nicht in einem Präferenzverhältnis zueinander stehenden] Aussagen zusammengesetzt sind.«

[103] Vgl. *N. Luhmann*, Das Recht der Gesellschaft, 6. Aufl. 2013, S. 165 ff.; ferner *J. Rödig*, Die Denkform der Alternative in der Jurisprudenz, 1969, S. 103 ff. Vgl. auch *L. A. Kornhauser*, Modeling Collegial Courts I, Int. Rev. Law Econ. 12 (1992), S. 169 (171).

[104] Vgl. bereits *Dorguth*, Ueber die Computation der Stimmen bei Entscheidungen im Civil-Prozesse, Juristische Zeitung für die königlich preußischen Staaten 1832, Sp. 608 (609). Mit der Alternative ›Klage begründet‹ – ›Klage unbegründet‹ stärker die materiell-rechtliche

sie können lauten: ›Klage zulässig und begründet‹ – ›Klage zulässig und unbegründet‹ – ›Klage unzulässig‹.[105] Zeigt sich bereits damit die Nicht-Binarität von Gerichtsentscheidungen, so entfaltet sie sich erst recht, wenn man die verschiedenen möglichen Gründe berücksichtigt, die zu demselben Ergebnis führen können. Beispielsweise kann sich derselbe Herausgabeanspruch des Klägers, der die Klage begründet macht, aus verschiedenen Anspruchsgrundlagen ergeben. Die Entscheidungsmöglichkeiten des Gerichts sind folglich vielfältig.

Nicht-binäre Entscheidungen stellen die Social-Choice-Theorie vor besondere Herausforderungen.[106] Vor allem verliert der Begriff des Mehrheitsprinzips seine Eindeutigkeit.[107] Eine eindeutige Definition der Mehrheit existiert allein für den Fall, dass eine ungerade Zahl Abstimmender[108] zwischen zwei Optionen wählt (und keine Absenzen oder Enthaltungen vorkommen[109]): Es gewinnt diejenige Option, welche die Mehrheit der Stimmen, also mehr Stimmen als die andere Option, erhält.[110] Ist hingegen über drei oder mehr Optionen zu entscheiden, wird das Mehrheitsprinzip zum »outlaw«[111]. Für diese Fälle existiert eine Vielzahl majoritärer Entscheidungstechniken. Im Bereich der Präferenzaggregation sind neben den aus dem Mehrheitswahlrecht bekannten Entscheidungsregeln, bei denen jeder Abstimmende lediglich seine erste Präferenz angibt (absolute oder relative Mehrheit[112]), solche Entscheidungsregeln zu nennen, welche die gesamten Präferenzordnungen der Abstimmenden berücksichtigen und die kollektive Entscheidung aus den ordinalen Werten der Optionen aggregieren (›Vorzugswahlen‹)[113]. Die Social-Choice-Theorie hat hier vor allem zweierlei gezeigt: Es gibt kein Entscheidungsprinzip, das bestimmte normati-

---

Seite einer Klage in den Vordergrund stellend *A. Podlech*, Mathematische Methoden in der Rechtswissenschaft, in: ders. (Hrsg.), Rechnen und Entscheiden, 1977, S. 257 (260).

[105] Ob ›Klage unzulässig‹ als eine einzige Möglichkeit angesehen oder in ›Klage unzulässig und unbegründet‹ sowie ›Klage unzulässig, aber begründet‹ unterteilt wird, spielt für das hiesige Argument keine Rolle.

[106] Vgl. auch *D. W. Rae/E. Schickler*, Majority Rule, in: Mueller (Hrsg.), Perspectives on Public Choice, 1997, S. 163 (163).

[107] Siehe noch unten III.

[108] Bei einer geraden Zahl von Abstimmenden kann Stimmengleichheit eintreten (siehe dazu unten D.II.1.).

[109] Da Richter nach § 192 Abs. 1 und § 195 GVG stets zur Stimmabgabe verpflichtet sind, wird auf das Problem der Enthaltung in dieser Untersuchung nicht weiter eingegangen; Absenzen spielen allein beim BVerfG eine Rolle (siehe dazu V.1.b), 2.a)). Hingewiesen sei auf die relativ einfache Lösung, Enthaltungen unberücksichtigt zu lassen, die nach h. M. für die Abstimmung im Bundestag gilt; vgl. *R. Kaiser*, Mehrheitserfordernisse im Staatsrecht, JuS 2017, S. 221 (223) m. w. N.

[110] Das ist der Standardfall des Mehrheitsprinzips (siehe noch unten III.).

[111] *D. W. Rae/E. Schickler*, Majority Rule, in: Mueller (Hrsg.), Perspectives on Public Choice, 1997, S. 163 (163).

[112] Zu diesen Begriffen näher unten III.

[113] Insb. zu nennen sind die Borda-Wahl und die Condorcet-Methode; zu beiden siehe *E. V. Towfigh/N. Petersen*, Public und Social Choice Theorie, in: dies (Hrsg.), Ökonomische Methoden im Recht, 2. Aufl. 2017, § 6 Rn. 378 ff.

ve Anforderungen gleichzeitig erfüllen kann (Arrows Unmöglichkeitstheorem). Und unter den verschiedenen majoritären Entscheidungsregeln kommt keiner ein normatives Primat zu. Praktisch formuliert liegt das Problem nicht-binärer Entscheidungen darin, dass nicht garantiert ist, dass eine der Optionen die (absolute) Mehrheit der ersten Präferenzen erhält. Es stellt sich dann die Frage, wie in einem solchen Fall die kollektive Entscheidung getroffen werden kann bzw. soll.

Im Rahmen der Urteilsaggregation existiert nun eine besondere Lösungsmöglichkeit: Die Entscheidung wird in eine Abfolge binärer Teilentscheidungen untergliedert.[114] Statt über die Endentscheidungen ›Klage zulässig und begründet‹ – ›Klage zulässig und unbegründet‹ – ›Klage unzulässig‹ abzustimmen, wird über die Teile Zulässigkeit und Begründetheit separat entschieden. Da es sich bei beiden Teilentscheidungen um binäre Entscheidungen handelt, ist das Zustandekommen einer Mehrheit jeweils garantiert; das Ergebnis ist dann nur noch die Zusammenführung der beiden Teile.

Mit diesem Beispiel lässt sich auch nochmals der Unterschied zwischen Präferenz- und Urteilsaggregation demonstrieren.[115] Die drei Entscheidungsoptionen ›Klage zulässig und begründet‹ – ›Klage zulässig und unbegründet‹ – ›Klage unzulässig‹ seien als x, y und z bezeichnet. Die Richter des Spruchkörpers stellen jeweils eine Präferenzordnung der drei Optionen auf. Bei drei Richtern könnte dies beispielsweise wie in Tabelle A.1 aussehen.[116] Da es an dieser Stelle nicht um Aggregationsprobleme gehen soll, wird zunächst ein Bei-

---

[114] Anders als bei der Condorcet-Methode werden nicht die Gesamtentscheidungen paarweise zur Abstimmung gestellt (›pairwise majority voting‹), sondern Teilentscheidungen, aus denen sich die Gesamtentscheidung ergibt. Indes beschäftigte sich Condorcet selbst auch zuerst mit Entscheidungen, die sich in Teile zersetzen lassen, und erst im zweiten Schritt mit Präferenzen; vgl. *W. Popp*, Soziale Mathematik der Mehrheitsentscheidung, in: Podlech (Hrsg.), Rechnen und Entscheiden, 1977, S. 25 (44 ff.). Es ist deshalb eine durchaus interessante ideenhistorische Frage, ob Condorcet nicht primär als Vertreter der Urteils- statt der Präferenzaggregation zu verstehen ist. Vieles spricht dafür, dass die Urteilsaggregation seinem Ansatz der Suche nach Wahrheit, wie er sich auch im Jury-Theorem (dazu unten B.III.2.a)) ausdrückt, besser entspricht. Zur Suche nach Wahrheit als Ziel von Condorcets gesamter Entscheidungstheorie vgl. auch *H. P. Young*, Condorcet's Theory of Voting, Am. Political Sci. Rev. 82 (1988), S. 1231 ff. Vgl. auch noch B. Fn. 79.

[115] Es sei darauf hingewiesen, dass sich Entscheidungsprobleme der Präferenzaggregation auch im Modell der Urteilsaggregation ausdrücken lassen und Ähnlichkeiten zwischen den Theoremen beider Forschungsgebiete bestehen; vgl. *C. List/P. Pettit*, Aggregating Sets of Judgments: Two Impossibility Results Compared, Synthese 140 (2004), S. 207 ff.; *F. Dietrich/C. List*, Arrow's Theorem in Judgment Aggregation, Soc. Choice Welf. 29 (2007), S. 19 ff. Hingegen die Eigenständigkeit der Urteils- gegenüber der Präferenzaggregation hervorhebend *G. Pigozzi*, Aggregation Problems and Models: What Comes First?, in: Stadler (Hrsg.), The Present Situation in the Philosophy of Science, 2010, S. 141 ff.

[116] Da Richter eben nicht auf diese Weise vorgehen, wird hier ausdrücklich auf eine Interpretation der Präferenzordnungen verzichtet. Ein passendes Beispiel wäre etwa: Drei Personen müssen entscheiden, welches Eis sie als Dessert für alle drei auswählen, und bringen deshalb die drei zur Auswahl stehenden Eissorten x, y und z jeweils in eine Reihenfolge, je nachdem wie gut sie ihnen schmecken.

spiel gewählt, bei dem *y* (›Klage zulässig und unbegründet‹) eindeutig als kollektive Entscheidung hervorgeht.

Tabelle A.1: Beispiel für Präferenzaggregation

	1	2	3
A	*y*	*x*	*z*
B	*y*	*z*	*x*
C	*x*	*y*	*z*

Das Modell der Urteilsaggregation hingegen berücksichtigt, dass jeder Richter zu einem Ergebnis kommt, indem er sich über die Teile Zulässigkeit (*p*) und Begründetheit (*q*) Gedanken macht. Tabelle A.2 zeigt, wie drei Richter über *p* und *q* sowie die möglichen Ergebnisse *x*, *y* und *z* urteilen.

Tabelle A.2: Beispiel für Urteilsaggregation

	p	q	$x\ (p \wedge q)$	$y\ (p \wedge \neg q)$	$z\ (\neg p)$
A	Ja	Nein	Nein	Ja	Nein
B	Ja	Nein	Nein	Ja	Nein
C	Ja	Ja	Ja	Nein	Nein
Mehrheit	*Ja*	*Nein*	*Nein*	*Ja*	*Nein*

Die Urteilsaggregation setzt dabei – darauf sei nochmals hingewiesen – nicht voraus, dass das Kollegialgericht über *p* und *q* abstimmt. Es ist ebenso möglich, dass ausschließlich über das Endergebnis, also über *x*, *y* und *z*, abgestimmt wird. Nicht anders als im Fall der Präferenzaggregation geht *y* in beiden Fällen der Urteilsaggregation als Sieger hervor. Aber anders als die Präferenzaggregation berücksichtigt die Urteilsaggregation, dass für die Entscheidung ein Maßstab besteht und den drei möglichen Entscheidungen deshalb eine bestimmte formale, logische Struktur zugrunde liegt. Diese Struktur wird durch Aussagen und deren logische Verknüpfungen dargestellt. Bei Urteilen handelt es sich somit um die Zustimmung (›Ja‹) zu oder Ablehnung (›Nein‹) von Aussagen.[117]

Das Beispiel wird nun geändert: Richter B ist der Ansicht, dass die Klage unzulässig ist. Die Urteile der drei Richter sehen dann so aus:

Tabelle A.3: abgewandeltes Beispiel für Urteilsaggregation

	p	q	$x\ (p \wedge q)$	$y\ (p \wedge \neg q)$	$z\ (\neg p)$
A	Ja	Nein	Nein	Ja	Nein
B	Nein	Ja/Nein	Nein	Nein	Ja
C	Ja	Ja	Ja	Nein	Nein
Mehrheit	*Ja*	*Ja/Nein*	*Nein*	*Nein*	*Nein*

117 Näher unten D.I.2., 3.b)aa).

Für keine der drei Entscheidungen *x*, *y* oder *z* besteht eine Mehrheit. Wie in einem solchen Fall die Entscheidung des Gerichts lauten soll, ist ein klassisches Problem der kollegialgerichtlichen Entscheidungsfindung, das die Rechtspraxis und -wissenschaft bereits seit der römischen Antike beschäftigt hat.[118] Die deutsche Rechtsordnung hat sich weitestgehend für die Lösung entschieden, eine Mehrheitsentscheidung durch eine Abfolge binärer Teilentscheidungen herzustellen.[119] Im Beispiel würde also zuerst über die Zulässigkeit (*p*) abgestimmt, die mehrheitlich bejaht würde. Im zweiten Schritt würde die Frage nach der Begründetheit (*q*) gestellt, die, je nachdem ob Richter B mit Ja oder Nein stimmt,[120] mehrheitlich bejaht bzw. verneint würde – mit der Folge, dass die Endentscheidung auf *x* bzw. *y* lauten würde.

Die Konsequenz dieser Lösung ist, dass Kollegialgerichte grundsätzlich binäre Entscheidungen treffen. Das ist deshalb von großer Bedeutung für die hiesige Untersuchung, weil die Argumente, die zur Rechtfertigung des Mehrheitsprinzips vorgebracht werden, fast allesamt (und insbesondere die wichtigsten Argumente) eine binäre Entscheidungssituation voraussetzen. Die Untersuchung kann also im Weiteren zugrunde legen, dass Kollegialgerichte binäre Entscheidungen treffen. Gegen Ende der Untersuchung wird dann wieder auf das Problem verbleibender nicht-binärer Entscheidungen einzugehen sein. Zu denken ist hier an quantitative Entscheidungen wie etwa das Strafmaß oder die Höhe eines Schadensersatzanspruchs.[121]

Es sei noch darauf hingewiesen, dass die beschriebene Aufteilung der Abstimmung in Teilfragen nicht zwingend mit nicht-binären Entscheidungen verbunden ist, sondern genauso bei genuin binären Rechtsentscheidungen möglich ist. Die binäre Schuldfrage (›schuldig‹ oder ›nicht schuldig‹) zum Beispiel unterteilt sich in Tatbestand, Rechtswidrigkeit und Schuld. Dies ist die Folge der Herleitung von Rechtsentscheidungen. Eine zentrale Frage der Urteilsaggregation lautet dann gerade, ob die Richter des Kollegiums diese Herleitung getrennt je für sich oder gemeinsam durch Abstimmung über die einzelnen Teile vornehmen. Das ist die Frage nach der Abstimmungsmethode.

---

[118] Vgl. *W. Ernst*, Rechtserkenntnis durch Richtermehrheiten, 2016, S. 15 ff., 34 ff., 89 ff.

[119] Nach *W. Ernst*, a. a. O., S. 192, ging bereits der Gesetzgeber des GVG 1877 davon aus, dass innerkollegiale Divergenzen »in einer Sequenz von Abstimmungen« erledigt werden, mit der Folge, dass nicht-binäre Entscheidungen die Ausnahme bilden. Vgl. auch *C. Hahn* (Hrsg.), Die gesammten Materialien zu den Reichs-Justizgesetzen, Bd. 1, Abt. 1, 2. Aufl. 1883, S. 181.

[120] Das setzt freilich voraus, dass B auch über *q* abstimmt, obwohl er bereits *p* verneint hat. Zur ›Pflicht zum Weiterstimmen‹ siehe unten D.I.4.d)cc)(3).

[121] Hier besteht auch ein mögliches Anwendungsfeld für die Theorie der Präferenzaggregation.

3. Aggregation und Deliberation

Um die Einordnung der Untersuchung kollegialgerichtlicher Abstimmungen abzuschließen, ist es noch erforderlich, auf das Verhältnis zwischen aggregativen und deliberativen Modellen und die Bedeutung des Mehrheitsprinzips innerhalb der deliberativen Demokratietheorie einzugehen. Es ist oftmals ein starker Kontrast gezeichnet worden zwischen aggregativen Demokratietheorien, die auf die Aggregation von Präferenzen durch eine Entscheidungsregel fokussieren, und deliberativen Demokratietheorien, die den idealen Diskurs hochhalten.[122] Aggregative Demokratietheorien, die von exogen feststehenden Präferenzen der Individuen ausgehen, schienen für eine positive Wirkung von Deliberation in Form einer Transformation der Präferenzen[123] keinen Platz zu haben. Umgekehrt wurde in der deliberativen Demokratietheorie, deren Ideal eines rationalen Diskurses an sich einstimmige Entscheidungen herbeiführen soll und deshalb keines Abstimmungsverfahrens bedürfte,[124] zwar die reale Notwendigkeit der Mehrheitsentscheidung anerkannt,[125] doch blieb das Verhältnis des Mehrheitsprinzips als Realverfahren zum Idealverfahren des Diskurses unklar.[126] Verschiedentlich ist inzwischen eine Annäherung vorgenommen worden, die diskursive Deliberation und aggregative Abstimmung nicht als Gegensätze, sondern als zwei aufeinander folgende und wechselseitig zusammenhängende Stufen eines demokratischen Entscheidungsverfahrens betrachtet.[127] Vereinfacht auf den Punkt gebracht: »Deliberation is no substitute for voting, and voting no substitute for deliberation.«[128]

---

[122] Vgl. grundlegend *J. Elster*, The Market and the Forum: Three Varieties of Political Theory, in: ders./Hylland (Hrsg.), Foundations of Social Choice Theory, 1986, S. 103 ff.; ferner *J. Ferejohn*, Instituting Deliberative Democracy, in: Shapiro/Macedo (Hrsg.), Designing Democratic Institutions, 2000, S. 75 (82 ff.); *P. Pasquino*, Voter et délibérer, Rev. eur. sci. soc. 45 (2007), S. 35 ff. Analysierend zu dieser Gegenüberstellung *J. Knight/J. Johnson*, Aggregation and Deliberation, Political Theory 22 (1994), S. 277 (278 ff.); *D. van Mill*, The Possibility of Rational Outcomes From Democratic Discourse and Procedures, J. Politics 58 (1996), S. 734 ff.; *S. Besson*, The Morality of Conflict, 2005, S. 243 ff.; *C. F. Zurn*, Deliberative Democracy and the Institutions of Judicial Review, 2007, S. 73 ff.; *F. Peter*, Democratic Legitimacy, 2009, S. 32 ff.; *E. Lagerspetz*, Social Choice and Democratic Values, 2016, S. 310 ff. Zur Abgrenzung von aggregativen Demokratietheorien als Teil des Ursprungs deliberativer Demokratietheorien siehe *A. Floridia*, The Origins of the Deliberative Turn, in: Bächtiger u. a. (Hrsg.), The Oxford Handbook of Deliberative Democracy, 2018, S. 35 (37 ff.).

[123] Vgl. *J. Elster*, Sour Grapes, 1983, S. 35 ff.

[124] Vgl. *J. Elster*, The Market and the Forum: Three Varieties of Political Theory, in: ders./Hylland (Hrsg.), Foundations of Social Choice Theory, 1986, S. 103 (112): »[T]here would not be any need for an aggregating mechanism, since a rational discussion would tend to produce unanimous preferences.«

[125] Vgl. *B. Manin*, On Legitimacy and Political Deliberation, Political Theory 15 (1987), S. 338 (359 ff.); *J. Cohen*, Deliberation and Democratic Legitimacy, in: Hamlin/Pettit (Hrsg.), The Good Polity, 1989, S. 17 (23); *J. Habermas*, Faktizität und Geltung, 1992, S. 351 ff.

[126] Vgl. die Diskussion bei *C. Möllers*, Die Möglichkeit der Normen, 2015, S. 44 ff.

[127] Mit Unterschieden, auf die es hier nicht ankommt: *J. Knight/J. Johnson*, Aggregation

Was folgt aus dem Ganzen für eine Untersuchung des Mehrheitsprinzips in der Judikative? Kollegialgerichte, insbesondere Verfassungsgerichte, sind verschiedentlich, weil und soweit ihre Entscheidungsfindung eine kollegiale Beratung des Falls beinhaltet, als deliberative Institutionen beschrieben worden.[129] Über eine Übertragung von Gedanken der deliberativen Demokratietheorie auf Kollegialgerichte nachzudenken liegt infolgedessen nahe. Für die hiesige Untersuchung ist indes, unabhängig von der Frage, wie realistisch oder romantisch[130] das deliberative Bild von (Verfassungs-)Rechtsprechung ist,[131] allein entscheidend, dass deliberative Theorien sich als solche nicht mit der Abstimmung befassen und deshalb nicht unmittelbar für eine Untersuchung des Mehrheitsprinzips relevant werden. Insbesondere bieten sie keine eigenständige Rechtfertigung des Mehrheitsprinzips (oder einer anderen Aggregationsregel[132]) an. Indes wird die wechselseitige Bezüglichkeit von Deliberation und Aggregation, von kollegialgerichtlicher Beratung und Abstimmung, an verschiedenen Stellen der Untersuchung eine Rolle spielen.

---

and Deliberation, Political Theory 22 (1994), S. 277 ff.; *J. Waldron*, Deliberation, Disagreement, and Voting, in: Koh/Slye (Hrsg.), Deliberative Democracy and Human Rights, 1999, S. 210 ff.; *A. Wertheimer*, Internal Disagreements, in: Macedo (Hrsg.), Deliberative Politics, 1999, S. 170 (180 ff.); *J. S. Dryzek/C. List*, Social Choice Theory and Deliberative Democracy, Br. J. Political Sci. 33 (2003), S. 1 ff.; *S. Besson*, The Morality of Conflict, 2005, S. 245 ff.; *C. Landwehr*, Deliberation, Aggregation und epistemischer Fortschritt, in: Bächtiger/Shikano/Linhart (Hrsg.), Jahrbuch für Handlungs- und Entscheidungstheorie, Bd. 9, 2015, S. 41 ff.; *J. Perote-Peña/A. Piggins*, A Model of Deliberative and Aggregative Democracy, Econ. Philos. 31 (2015), S. 93 ff.; *C. List*, Democratic Deliberation and Social Choice, in: Bächtiger u. a. (Hrsg.), The Oxford Handbook of Deliberative Democracy, 2018, S. 463 ff.; *G. Mackie*, Deliberation and Voting Entwined, in: Bächtiger u. a. (Hrsg.), a. a. O., S. 218 ff.

128 *A. Gutmann/D. Thompson*, Democratic Disagreement, in: Macedo (Hrsg.), a. a. O., S. 243 (267).

129 Vgl. *J. Ferejohn/P. Pasquino*, Constitutional Courts as Deliberative Institutions, in: Sadurski (Hrsg.), Constitutional Justice, East and West, 2002, S. 21 ff.; *dies.*, Constitutional Adjudication: Lessons From Europe, Tex. Law Rev. 82 (2004), S. 1671 (1680, 1692 ff.); *C. Hübner Mendes*, Constitutional Courts and Deliberative Democracy, 2013 (dazu *T. Bustamante*, The Ongoing Search for Legitimacy, Mod. Law Rev. 78 [2015], S. 372 ff.); vgl. auch *J. Rawls*, Politischer Liberalismus, 4. Aufl. 2013, S. 333 ff. (»Der Supreme Court als exemplarische Instanz öffentlicher Vernunft«); ferner *M. Cohen*, Ex Ante Versus Ex Post Deliberations, Am. J. Comp. Law 61 (2014), S. 951 (956 ff.). Allgemein zum Verhältnis von deliberativer Demokratietheorie und Recht *T. Tohidipur*, Deliberative Rechtstheorie, in: Buckel/Christensen/Fischer-Lescano (Hrsg.), Neue Theorien des Rechts, 2. Aufl. 2009, S. 423 ff.; *D. Ponet/E. J. Leib*, Deliberative Law, in: Bächtiger u. a. (Hrsg.), The Oxford Handbook of Deliberative Democracy, 2018, S. 612 ff.

130 Schon im Titel übertrieben etwa *B. Kogelmann*, The Supreme Court as the Fountain of Public Reason, Leg. Theory 24 (2018), S. 345 ff.

131 Kritisch etwa *C. F. Zurn*, Deliberative Democracy and the Institutions of Judicial Review, 2007, S. 163 ff.

132 Vgl. *C. Hübner Mendes*, Constitutional Courts and Deliberative Democracy, 2013, S. 168: »There is no single most deliberative method of aggregation.«

III. Begriffsklärung

Der Begriff ›Mehrheitsprinzip‹ weist eine gewisse Ambivalenz auf, die nur selten offengelegt wird, die aber auffällt, sobald man sich fragt, warum eine Entscheidungs*regel* als ›Prinzip‹ bezeichnet wird. Dieser Widerspruch ist dem Umstand geschuldet, dass die Mehrheits*regel* als Entscheidungsregel ausschließlich für einen bestimmten (Standard-)Fall wohldefiniert ist, während das Mehrheits*prinzip* verschiedene Entscheidungsregeln umfasst. Die Mehrheitsregel besagt: Stimmt eine ungerade Anzahl an Personen über eine binäre Frage ab, so siegt diejenige Option, die mehr Stimmen erhält. Die Mehrheitsregel ist demnach auf eine Situation beschränkt, in der es erstens nur zwei Optionen, zweitens eine ungerade Anzahl an Abstimmenden und drittens keine Absenzen und Enthaltungen gibt.[133] Fällt eine dieser Bedingungen, insbesondere die erste, weg, so gibt es ›die‹ Mehrheitsregel nicht. Oder anders formuliert: ›Das‹ Mehrheitsprinzip umfasst dann nicht nur eine einzige Entscheidungsregel.[134] Vielmehr sind verschiedene ›Mehrheiten‹ denkbar. Es stellen sich etwa die Frage, ob die Mehrheit auf alle Gruppenmitglieder oder nur auf die Abstimmenden bezogen werden soll, oder die Frage, ob es ausreicht, wenn eine Option die meisten Stimmen, aber nicht mehr als alle anderen Optionen zusammen erhalten hat. Theoretische Überlegungen zum Mehrheitsprinzip als solchem werden dadurch schwierig, denn mathematisch untersuchen lassen sich ausschließlich Entscheidungsregeln. Das bedeutet, dass immer nur die einzelnen vom Mehrheitsprinzip umfassten Entscheidungsregeln analysiert sowie miteinander und mit anderen Entscheidungsregeln verglichen werden können.

Hinsichtlich der verschiedenen Mehrheitsbegriffe[135], d. h. der Bezeichnung der verschiedenen Entscheidungsregeln,[136] herrscht im (insbesondere staats-)rechtswissenschaftlichen Schrifttum ein beachtlicher Wirrwarr.[137] Deshalb ist es erforderlich, zumindest die im Fortgang der Untersuchung zu verwendende Terminologie festzulegen.[138] Sie orientiert sich an § 196 GVG, denn das Gerichtsverfassungsrecht verfügt mit diesem Paragraphen über eine der wenigen Gesetzesnormen, die selbst bestimmte Mehrheitsbegriffe verwenden, anstatt die

[133] Siehe auch bereits oben II.2.b).

[134] Vgl. etwa *G. H. Kramer*, Some Procedural Aspects of Majority Rule, in: Pennock/Chapman (Hrsg.), Due Process, 1977, S. 264 (266 ff.).

[135] Zur Etymologie des Wortes ›Mehrheit‹ *A. Glomb*, Sententia plurimorum, 2008, S. 9 ff.

[136] Dabei werden von diesen Begriffen (bei mehr als zwei Optionen) nur solche Entscheidungsregeln umfasst, die lediglich auf die jeweils erste Präferenz der Abstimmenden abstellen, obwohl auch Vorzugswahlen (vgl. oben II.2.b)) unter das Mehrheitsprinzip fallen.

[137] Dazu *R. Kaiser*, Mehrheitserfordernisse im Staatsrecht, JuS 2017, S. 221 ff. Ausführlich zu den verschiedenen Formen von Mehrheiten *N. Magsaam*, Mehrheit entscheidet, 2014, S. 63 ff.

[138] Die Terminologie zur Abstimmungsmethode (›Abstimmung nach Gründen‹, ›Abstimmung nach dem Ergebnis‹ usw.) wird im Sachzusammenhang geklärt. Siehe unten D.I.4.d)bb)(2)(a).

erforderliche Mehrheit mittels Bezugszahl und Stimmenquote[139] festzulegen. Insgesamt müssen drei begriffliche Unterscheidungen getroffen werden.

Erstens muss hinsichtlich der Bezugsgröße unterschieden werden, ob sich das Mehrheitserfordernis auf die Zahl der Mitglieder des Richterkollegiums (›Mitgliedermehrheit‹), die Zahl der anwesenden Stimmen (›Anwesenheitsmehrheit‹) oder die Zahl der abgegebenen Stimmen (›Abstimmungsmehrheit‹) bezieht. Wegen der Verpflichtung aller Richter, an der Entscheidung mitzuwirken, und des Verbots einer Enthaltung[140] fallen diese drei Bezugszahlen für den Normalfall des Kollegialgerichts zusammen. Unterschiede können sich jedoch ergeben, wenn ein Spruchkörper nicht vollzählig entscheiden muss, wie es insbesondere beim Bundesverfassungsgericht der Fall ist.[141]

Zweitens: Eine ›absolute Mehrheit‹ im Sinne des § 196 Abs. 1 GVG liegt vor, wenn eine Auffassung mehr als die Hälfte der Stimmen auf sich vereinigt.[142] Sie steht demnach im Gegensatz zur ›relativen Mehrheit‹, wonach diejenige Entscheidung getroffen ist, welche die meisten Stimmen auf sich vereinigt. Es liegt auf der Hand, dass diese Unterscheidung nur dann eine Rolle spielt, wenn mehr als zwei Optionen zur Auswahl stehen. Grundsätzlich stimmen Gerichte über Fragen ab, die mit ›Ja‹ oder ›Nein‹ zu beantworten sind.[143] Ausnahmsweise sind jedoch auch qualitativ oder quantitativ nicht-binäre Entscheidungen zu treffen.[144]

Drittens muss die ›einfache Mehrheit‹ (vgl. § 196 Abs. 4 GVG), bei der die Stimmenquote ›mehr als die Hälfte‹ (eine Stimme über 50 %) beträgt, von der ›qualifizierten Mehrheit‹ mit einer erhöhten Stimmenquote[145] unterschieden werden. Wenn diese Untersuchung das Mehrheitsprinzip behandelt, so ist damit das Erfordernis einer einfachen Mehrheit gemeint. Qualifizierte Mehrheiten werden hingegen als »Einschränkungen des Majoritätsprinzips«[146] betrachtet, da sie gleichzeitig einer Minderheit ein Vetorecht[147] einräumen.

Wenn die Untersuchung im Folgenden vom ›Mehrheitsprinzip‹ spricht, dann meint sie stets die Mehrheits*regel*, also die einfache Mehrheit bei zwei Op-

---

139 Zu diesen Begriffen *R. Kaiser*, Mehrheitserfordernisse im Staatsrecht, JuS 2017, S. 221 (222).

140 Vgl. nur *O. R. Kissel/H. Mayer*, GVG, 9. Aufl. 2018, § 192 Rn. 2, § 194 Rn. 4.

141 Dazu unten V.1.b).

142 Vgl. *W. Zimmermann*, in: MüKo ZPO, Bd. 3, 5. Aufl. 2017, § 196 GVG Rn. 3; *K. Schreiber*, in: Wieczorek/Schütze (Hrsg.), ZPO, Bd. 13, Tbd. 1, 4. Aufl. 2018, § 196 GVG Rn. 2.

143 Siehe oben II.2.b).

144 Dazu unten D.II.2.

145 Die Stimmenquote wird in der Regel als Bruch (z. B. zwei Drittel) angegeben, kann aber auch in absoluten Zahlen (z. B. vier von fünf Richtern) festgelegt werden. Möglich ist ferner, einen absoluten Stimmenvorsprung (z. B. eine Mehrheit von zwei Stimmen) vorzugeben. Vgl. *J. Jaconelli*, Majority Rule and Special Majorities, Public Law 1989, S. 587 (606 f.).

146 *O. v. Gierke*, Über die Geschichte des Majoritätsprinzipes, Schmoll. Jb. 39 (1915), S. 565 (577).

147 Vgl. *E. Breetzke*, Abstimmung, Spruch, Gründe, DRiZ 1962, S. 5, zu § 263 StPO: »Hier siegt also die Minderheit, wenn sie mehr als ein Drittel der Stimmen gewinnt.«

tionen, ungerader Abstimmendenzahl und ohne Enthaltungen. Die Redeweise vom Mehrheitsprinzip wird beibehalten, weil zum einen dies der gebräuchlichere Begriff ist und zum anderen alle Abweichungen vom Standardfall sich für Kollegialgerichte als begrenzte Ausnahmen darstellen. Diese werden von der Untersuchung mitberücksichtigt, sodass sie insgesamt auch das Mehrheitsprinzip im weiteren Sinne behandelt.

IV. Geschichtlicher Abriss

1. Allgemeine Entwicklung des Mehrheitsprinzips

Die Geschichte des Mehrheitsprinzips ist leidlich erforscht.[148] Zwar ist sein allererster Ursprung unbekannt, es lassen sich aber fünf Orte der Weltgeschichte feststellen, an denen es originär zu einer Institutionalisierung von Mehrheitsentscheidungen kam:[149] in Griechenland seit dem 8. Jahrhundert v. Chr.,[150] in Rom im 4. Jahrhundert v. Chr.,[151] im Judentum des 2. Tempels (ab dem 1. Jahrhundert n. Chr.), in Indien zwischen 600 und 300 v. Chr. sowie in Island im 9. und 10. Jahrhundert n. Chr. Große Bedeutung für die weitere Entwicklung des Mehrheitsprinzips entfaltete neben dem römischen[152] das kanonische Recht.

---

[148] Umfassend *E. Flaig*, Die Mehrheitsentscheidung, 2013. Siehe außerdem *O. v. Gierke*, Über die Geschichte des Majoritätsprinzipes, Schmoll. Jb. 39 (1915), S. 565 ff.; *J. G. Heinberg*, History of the Majority Principle, Am. Political Sci. Rev. 20 (1926), S. 52 ff.; *ders.*, Theories of Majority Rule, Am. Political Sci. Rev. 26 (1932), S. 452 ff.; *F. Elsener*, Zur Geschichte des Majoritätsprinzips, ZRGKA 42 (1956), S. 73 ff.; *H. Höpker*, Grundlagen, Entwicklung und Problematik des Mehrheitsprinzips, 1957, S. 26 ff.; *T. Eschenburg*, Der Mechanismus der Mehrheitsentscheidung, 1970, S. 3 ff.; *U. Scheuner*, Das Mehrheitsprinzip in der Demokratie, 1973, S. 13 ff.; *W. Jäger*, Art. »Mehrheit, Minderheit, Majorität, Minorität«, in: Brunner/Conze/Koselleck (Hrsg.), Geschichtliche Grundbegriffe, Bd. 3, 1982, S. 1021 ff.; *H.-J. Becker*, Art. »Mehrheitsprinzip«, in: Erler/Kaufmann (Hrsg.), HRG, Bd. III, 1984, Sp. 431 ff.; *J. M. Colomer*, The Strategy and History of Electoral System Choice, in: ders. (Hrsg.), Handbook of Electoral System Choice, 2004, S. 3 (25 ff.); *P. Rosanvallon*, Demokratische Legitimität, 2010, S. 26 ff.

[149] *E. Flaig*, Die Mehrheitsentscheidung – ihre multiple Genesis und ihre kulturelle Dynamik, in: ders. (Hrsg.), Genesis und Dynamiken der Mehrheitsentscheidung, 2013, S. VII (XVIII f.); ausführlich *ders.*, Die Mehrheitsentscheidung, 2013, Abschn. III, V, IX.

[150] Der älteste Beleg für das Mehrheitsprinzip stammt aus Homers Odyssee: »So sprach er. Die aber sprangen auf mit großem Geschrei, – mehr als die Hälfte [ἡμίσεων πλείους] – die anderen aber blieben versammelt am Ort« (zit. n. *E. Flaig*, Die Mehrheitsentscheidung – ihre multiple Genesis und ihre kulturelle Dynamik, in: ders. [Hrsg.], Genesis und Dynamiken der Mehrheitsentscheidung, 2013, S. VII [XVIII]); siehe dazu *ders.*, Die Mehrheitsentscheidung, 2013, S. 178 ff., 416 ff. Zu Abstimmungen in der griechischen Antike ferner *ders.*, Die spartanische Abstimmung nach der Lautstärke, Historia 42 (1993), S. 139 ff.

[151] Zum Mehrheitsprinzip im römischen Recht *W. Ernst*, Maior pars – Mehrheitsdenken in der römischen Rechtskultur, ZRGRA 132 (2015), S. 1 ff.

[152] D.50,1,19: »Quod maior pars curiae effecit, pro eo habetur, ac si omnes egerint«; D.50,17,160,1: »Refertur ad universos, quod publice fit per maiorem partem«.

Hier wurde indes der ›pars maior‹ die ›pars sanior‹ gegenübergestellt:[153] Wurde bei kirchlichen Wahlen keine Einstimmigkeit erzielt, so sollte der Kandidat der ›besser beratenen‹ Minderheit gewählt sein, wobei die Entscheidung über die Sanioritas der Superior traf. Zusammengeführt wurden beide Gedanken später im doppelten Erfordernis der ›pars maior et sanior‹, einer Kombination, deren innere Logik von der Kanonistik nicht abschließend geklärt werden konnte.[154]

Im germanischen Recht hielt sich lange Zeit das Einstimmigkeitsprinzip. Der Gedanke, dass alle zuzustimmen hätten, realisierte sich dabei nicht in formaler Abstimmung, sondern in Akklamation, im lauten Beifall der Volksversammlung, der die schweigende oder übertönte Minderheit überstimmte. Diese Minderheit unterlag einer Folgepflicht, die jedoch nicht rechtlicher, sondern faktischer Natur war: Wer sich dem Beschluss widersetzte, trat dadurch aus der Gemeinschaft aus und wurde zu ihrem Feind.[155] Dieses Einstimmigkeitsprinzip galt viele Jahre auch bei der deutschen Königswahl und im Reichstag, wich aber zunehmend unter römisch- und kirchenrechtlichem Einfluss dem Mehrheitsprinzip[156] und wurde schließlich mit der Goldenen Bulle von 1356[157] überwunden.[158] Die Folgepflicht als »verdecktes Mehrheitsprinzip«[159] verschwand, die »offene Mehrheitsbildung«[160] mit der »Freiheit zum Dissens«[161] trat an ihre Stelle.

Seine für die Moderne maßgebliche Gestalt erlangte das Mehrheitsprinzip, als es sich von der formalen Entscheidungsregel ständisch-korporativer Vertre-

---

[153] Dazu *F. Elsener*, Zur Geschichte des Majoritätsprinzips, ZRGKA 42 (1956), S. 73 (104 ff.); *L. Moulin*, Sanior et maior pars, Rev. hist. droit fr. étr. 35 (1958), S. 368 ff., 491 ff.; *A. Glomb*, Sententia plurimorum, 2008.

[154] *F. Elsener*, a. a. O., S. 109, weist darauf hin, dass dieses doppelte Erfordernis nur handhabbar war, indem entweder die ›pars maior‹ ohne Weiteres als ›pars sanior‹ betrachtet oder die zahlenmäßig unterlegene ›pars sanior‹ zur eigentlichen ›pars maior‹ erklärt wurde. Bei der Papstwahl wurde mangels Superiors von vornherein auf eine Zweidrittelmehrheit als Gewährleistung der Sanioritas zurückgegriffen. Für einen social-choice-theoretischen Blick auf die kanonischen Abstimmungsregeln vgl. *J. M. Colomer/I. McLean*, Electing Popes: Approval Balloting and Qualified-Majority Rule, J. Interdiscip. Hist. 29 (1998), S. 1 ff.

[155] *O. v. Gierke*, Über die Geschichte des Majoritätsprinzipes, Schmoll. Jb. 39 (1915), S. 565 (568).

[156] Zum Verhältnis von Königsherrschaft und Mehrheitsprinzip im Spätmittelalter *J. F. Battenberg*, Das Römisch-Deutsche Königtum und die Legitimation mehrheitlicher Entscheidungen im Spätmittelalter, ZRGGA 103 (1986), S. 1 ff.

[157] II.4: »Postquam autem in eodem loco ipsi vel pars eorum maior numero elegerit, talis electo perinde haberi et reputari debebit, ac si foret ab ipsis omnibus nemine discrepante concorditer celebrata« / »Nachdeme daz sie adir der merer deil undir in gewelit han, die selbe wal aal gehabit sin und behaltin werdin, alse ob sie eynmudeclichin von in allen were geschehin«.

[158] Vgl. *F. Elsener*, Zur Geschichte des Majoritätsprinzips, ZRGKA 42 (1956), S. 73 (86 ff.).

[159] *W. Jäger*, Art. »Mehrheit, Mehrheitsprinzip«, in: Görres-Gesellschaft (Hrsg.), Staatslexikon, Bd. 3, 7. Aufl. 1987, Sp. 1082 (1083).

[160] *H. Dreier*, Das Majoritätsprinzip im demokratischen Verfassungsstaat, ZParl 17 (1986), S. 94 (96).

[161] *W. Heun*, Das Mehrheitsprinzip in der Demokratie, 1983, S. 264.

tungen[162] hin zum Fundamentalprinzip nationaler Repräsentation wandelte.[163] Erst durch diese neuzeitliche Entwicklung,[164] als die Mehrheitsregel nicht mehr ausschließlich für »Entscheidungsgremien gleichrangiger Träger der Macht«, sondern für die »Meinungsbildung des ganzen Volkes« Anwendung fand,[165] wurde die Mehrheitsentscheidung zu dem demokratischen Prinzip, als welches es heute, untermauert durch ein allgemeines und gleiches Wahlrecht, so unumstößlich erscheint. Gleichwohl stellt sich das Verhältnis von Mehrheitsprinzip und Demokratie keineswegs als eindeutig dar. Steht auf der einen Seite fest, dass das Mehrheitsprinzip nicht nur in demokratischen Staaten (und innerhalb solcher nicht nur in vom Demokratieprinzip bestimmten – politischen – Gremien) angewandt werden kann und wird,[166] ist die Relation auf der anderen Seite weniger zweifelsfrei bestimmt. Wird das Mehrheitsprinzip mancherorts zur Notwendigkeit jeder Demokratie erhoben, so kann nicht nur diese einfache Schlussfolgerung, sondern auch ihre mehr ausgearbeitete Version, die das Mehrheitsprinzip aus einem demokratischen Gebot politischer Gleichheit ableitet, angezweifelt werden.[167]

2. *Mehrheitsprinzip bei Gerichten*

Früh fand das Mehrheitsprinzip auch in Gerichtssachen Anwendung. Mehrheitsentscheidungen wurden von Gerichtsversammlungen in Griechenland,[168]

---

[162] Zum Mehrheitsprinzip im Reichstag *W. Schulze*, Majority Decision in the Imperial Diet of the Sixteenth and Seventeenth Centuries, J. Mod. Hist. 58 (1986), S. S46 ff.

[163] *U. Scheuner*, Das Mehrheitsprinzip in der Demokratie, 1973, S. 29 ff.

[164] Vgl. *H. J. Varain*, Die Bedeutung des Mehrheitsprinzips im Rahmen unserer politischen Ordnung, ZfP 1964, S. 239 (240): »Eine verstärkte Bedeutung gewann die Lehre vom Mehrheitsprinzip mit dem Aufkommen der Vertragstheorien in der Neuzeit. Damit wurde das Mehrheitsprinzip über den Rahmen kleinerer Gremien hinaus zu einer Entscheidungsform der staatlichen Ordnung überhaupt und erhielt somit eine weitere Dimension.« Zu den Theoretikern des Gesellschaftsvertrags, die die Grundlage des Mehrheitsprinzips in dessen einstimmiger Vereinbarung sahen, siehe auch *O. v. Gierke*, Über die Geschichte des Majoritätsprinzipes, Schmoll. Jb. 39 (1915), S. 565 (581 f.); *W. Starosolskyj*, Das Majoritätsprinzip, 1916, S. 37 ff.; *W. Jäger*, Art. »Mehrheit, Minderheit, Majorität, Minorität«, in: Brunner/Conze/Koselleck (Hrsg.), Geschichtliche Grundbegriffe, Bd. 3, 1982, S. 1021 (1028 ff.); *E. Flaig*, Die Mehrheitsentscheidung, 2013, S. 451 f.

[165] *H. Hattenhauer*, Zur Geschichte von Konsens- und Mehrheitsprinzip, in: ders./Kaltefleiter (Hrsg.), Mehrheitsprinzip, Konsens und Verfassung, 1986, S. 1 (9 f.). Als Vorreiter darf das englische Parlament gelten; dazu *N. Johnson*, The Majority Principle and Consensus in the British Constitutional Tradition, in: Hattenhauer/Kaltefleiter (Hrsg.), a. a. O., S. 151 (153 ff.).

[166] Vgl. *U. Scheuner*, Das Mehrheitsprinzip in der Demokratie, 1973, S. 13: »Die Formel der Majorität ist […] nicht an eine bestimmte Staatsform geknüpft. Mehrheitsbildung ist zunächst einmal ein formales Mittel, um bei Dissens zu einer gemeinsamen Entscheidung zu gelangen.« Vgl. auch *R. Herzog*, Art. »Mehrheitsprinzip«, in: ders. u. a. (Hrsg.), Evangelisches Staatslexikon, Bd. I, 3. Aufl. 1987, Sp. 2108 (2108).

[167] Siehe dazu noch unten B.V.2.a) vor aa).

[168] Vgl. *E. Flaig*, Die Mehrheitsentscheidung, 2013, S. 197 ff.

Rom[169] (stets einfache Mehrheit) und Island[170] (meist qualifizierte Mehrheiten) getroffen. Anders verhielt sich wiederum das germanische Recht mit seiner Folgepflicht:[171] Das Urteil der Schöffen bedurfte der Vollbort (›vulbort‹),[172] der allgemeinen Zustimmung, welche dadurch erreicht wurde, dass sich die Minderheit der Mehrheit anschloss, andernfalls die Sache je nach Region unterschiedlich entschieden wurde: durch einen gerichtlichen Zweikampf oder durch Vorlage an ein höheres Gericht.[173] Auch das Zeugnis der Geschworenen konnte nur einhellig ergehen,[174] wenngleich das Mehrheitsprinzip sich hier bereits an ersten Stellen, insbesondere im Sachsenspiegel beim Besitzzeugnis der Umsassen,[175] einen Weg bahnte. Besonders vordringen konnte es im Bereich der Schiedsgerichtsbarkeit.[176] Im 14. Jahrhundert setzte sich das Mehrheitsprinzip nördlich der Alpen vollends[177] durch[178] und wurde später beispielsweise auch für das Reichskammergericht und den Reichshofrat übernommen. 1877 wurde das Mehrheitsprinzip für die Kollegialgerichte[179] des deutschen Reichs

---

[169] Dazu ausführlich *W. Ernst*, Rechtserkenntnis durch Richtermehrheiten, 2016, S. 9 ff.; siehe auch *ders.*, Maior pars – Mehrheitsdenken in der römischen Rechtskultur, ZRGRA 132 (2015), S. 1 (5 ff.); *ders.*, Schiedsrichtermehrheiten im klassischen römischen Recht, in: Hallebeek u. a. (Hrsg.), Inter cives necnon peregrinos, 2014, S. 161 ff.

[170] Dazu *E. Flaig*, Die Mehrheitsentscheidung, 2013, S. 98 ff.

[171] Zum Folgenden *O. v. Gierke*, Über die Geschichte des Majoritätsprinzipes, Schmoll. Jb. 39 (1915), S. 565 (570 ff.); *H.-J. Becker*, Art. »Mehrheitsprinzip«, in: Erler/Kaufmann (Hrsg.), HRG, Bd. III, 1984, Sp. 431 (435).

[172] Dazu *W. Sellert*, Art. »Vollbort«, in: Erler/Kaufmann/Werkmüller (Hrsg.), HRG, Bd. V, 1998, Sp. 1023 f.

[173] Ausführlich *E. Kaufmann*, Art. »Urteilsfindung – Urteilsschelte«, in: Erler/Kaufmann/Werkmüller (Hrsg.), HRG, Bd. V, 1998, Sp. 619 ff.

[174] Daraus entwickelte sich das Einstimmigkeitserfordernis der angelsächsischen Jury. Siehe zur Geschichte der englischen Jury und der kontinentalen Schwurgerichte *I. Gundermann*, Ueber die Einstimmigkeit der Geschwornen, 1849; *W. Forsyth*, History of Trial by Jury, 1852; *Heinze*, Die Einstimmigkeit des Juryverdiktes, Archiv für Preußisches Strafrecht 13 (1865), S. 616 ff., 665 ff.; *L. W. Levy*, The Palladium of Justice, 1999; *P. Rieß*, Über das Schwurgericht im deutschen Strafprozess, in: Schöch u. a. (Hrsg.), FS Widmaier, 2008, S. 473 ff.; *W. Ernst*, Rechtserkenntnis durch Richtermehrheiten, 2016, S. 204 ff.

[175] III.21 § 1: »Sve de merren mennie an'me getüge hevet, die behalt dat gut«.

[176] Vgl. *F. Elsener*, Zur Geschichte des Majoritätsprinzips, ZRGKA 42 (1956), S. 73 (92 ff.).

[177] Dass die kirchenrechtliche Sanioritas für Gerichte nie Bedeutung erlangte, zeigt die Anekdote von *W. X. A. v. Kreittmayr*, Anmerkungen über den Codicem Juris Bavarici Judiciarii, 1755, S. 479: »[E]s hat auch Churfürst Maximilian [Anno] 1651 ein Decret an den Hof-Rath erlassen, daß hinfüro nicht mehr secundum majora, sondern secundum saniora concludirt werden solle, es ist aber dieses nicht ad Effectum gekommen, sondern [es] hat sich der damalige Hof-Raths Praesident in pleno Senatu dahin erklärt, daß er auf solche Weis weit lieber ein Sau-Hirt, als Praesident seyn wolte.«

[178] Zum Mehrheitsprinzip am königlichen Hofgericht *J. F. Battenberg*, Das Römisch-Deutsche Königtum und die Legitimation mehrheitlicher Entscheidungen im Spätmittelalter, ZRGGA 103 (1986), S. 1 ff.

[179] Das waren mit Ausnahme des AG in Zivilsachen alle Gerichte; vgl. *E. Kern*, Geschichte des Gerichtsverfassungsrechts, 1954, S. 108; ferner *E. Schilken*, Gerichtsverfassungsrecht,

im damaligen § 198 GVG festgeschrieben, wobei für die Entscheidung über die Schuldfrage im Strafprozess § 262 RStPO die Zweidrittelmehrheit festlegte.[180]

In der frühen Neuzeit kam es in Deutschland zu einem fundamentalen Strukturwandel der Methode der Mehrheitsfindung: von der Entscheidung durch Individualvoten hin zum unitarischen Kollegialurteil.[181] Während in älteren Rechtsordnungen die einzelnen begründeten Voten der Richter eingesammelt wurden,[182] basiert die moderne kollegialgerichtliche Entscheidung auf gemeinsamer Beratung und Abstimmung.[183] Die Aufgabe der Rechtsprechung obliegt dem Kollegium als Gesamtheit, woraus auch die Pflicht zur (gemeinsamen) Begründung des Urteils folgt.[184] Im Gegensatz zu dieser kollegialgerichtlichen Entscheidungsfindung hat sich in der angelsächsischen Rechtstradition das Prinzip der Richterbank erhalten, wonach jeder Richter für sich, wie ein Einzelrichter, zur Rechtsprechung berufen ist.[185] Die Entscheidung der Richterbank kommt dadurch zustande, dass ein Richter nach dem anderen sein (begründetes) Urteil abgibt (›seriatim opinions‹), wobei für Richter auch die Möglichkeit besteht, sich der Meinung eines anderen anzuschließen.[186] Während die Probleme hier darin bestehen, zum einen nach Verlesen der verschiedenen Urteile die Mehrheitsmeinung und damit das Gesamtergebnis festzustellen,[187] zum anderen die für das Präzidenzienrecht so wichtige ratio decidendi herauszufinden,[188] stellt sich für das ›echte‹ Kollegialgericht die Frage, wie aus den Ansichten der einzelnen Richter ein gemeinsames Urteil entstehen kann. In Deutschland gip-

---

4. Aufl. 2007, Rn. 347. Der Einzelrichter in Strafsachen am AG wurde erst durch die Emminger'sche Reform 1924 eingeführt; vgl. *O. R. Kissel/H. Mayer*, GVG, 9. Aufl. 2018, Einl. Rn. 57, § 24 Rn. 2.

[180] Zur Geschichte qualifizierter Mehrheiten für Strafurteile *W. Ernst*, Rechtserkenntnis durch Richtermehrheiten, 2016, S. 200 ff.; knapp zur Entwicklung seit dem frühen 19. Jahrhundert bis dato *E. Kern*, Die qualifizierten Mehrheiten im Strafverfahren, DJ 1938, S. 1386 (1386 ff.).

[181] Ausführlich *W. Ernst*, a. a. O., S. 167 ff., im Anschluss an *H. Schröter*, »Der Jüngste stimmt zuerst«, 1927, S. 90 ff.

[182] Für das römische Recht *W. Ernst*, a. a. O., S. 19 ff.

[183] Vgl. die Definition des ›Kollegiums‹ von *M. Schneider*, Die Beschlussfähigkeit und Beschlussfassung von Kollegialorganen, 2000, S. 14, nach der sich dieses dadurch auszeichnet, »dass mehrere Personen [...] eine Funktionseinheit bilden und deren Willen innerhalb des zugewiesenen Aufgabenbereichs *nach Beratung durch interne Abstimmung* ermitteln« (Herv. des Verf.). Vgl. auch *A. Merkl*, Allgemeines Verwaltungsrecht, 1927, S. 327.

[184] Zur Entwicklung der Begründungspflicht *U. Kischel*, Die Begründung, 2003, S. 16 ff.; zur Abschichtung von Abstimmung und Begründung *W. Ernst*, Rechtserkenntnis durch Richtermehrheiten, 2016, S. 170 ff.

[185] *W. Ernst*, Abstimmen über Rechtserkenntnis, JZ 2012, S. 637 (639).

[186] *W. Ernst*, Rechtserkenntnis durch Richtermehrheiten, 2016, S. 262 ff. Dieses traditionelle System der Entscheidungsfindung ist bereits seit Längerem verschiedenen, uneinheitlichen Wandlungen ausgesetzt; dazu *W. Ernst*, a. a. O., S. 274 ff. Siehe auch noch unten D.I.4.d) bb)(3).

[187] Dazu *W. Ernst*, a. a. O., passim.

[188] Dazu *W. Ernst*, a. a. O., S. 264 ff.

felte die Suche nach Antworten im Streit um die Abstimmungsmethode, der sich seit dem frühen 19. Jahrhundert entwickelt und beim Erlass des Gerichtsverfassungsgesetzes im Jahr 1877 lediglich seinen vorläufigen Abschluss gefunden hatte.[189] Auf diese Thematik wird noch näher einzugehen sein.[190]

V. Rechtslage in Deutschland und Europa

Als Referenzgrundlage der Untersuchung dienen die gerichtsverfassungs- und prozessrechtlichen Vorschriften der deutschen und europäischen[191] Gerichte. Im Folgenden dargestellt werden die Besetzung der Kollegialgerichte (1.), die Mehrheitserfordernisse in ihren verschiedenen Varianten (2.) sowie die Regelungen über den Ablauf der Abstimmung (3.).

1. Kollegialgerichte

a) Besetzung der Spruchkörper

Das deutsche Gerichtsverfassungsrecht besetzt die gerichtlichen Spruchkörper[192] weitestgehend als Kollegialgerichte.[193] Während etwa in den USA das Kollegialprinzip auf die Obergerichte beschränkt bleibt, sind in Deutschland auch erstinstanzliche Gerichte vielfach mit Richterkollegien besetzt.[194] Ursprünglich war der Einzelrichter sogar die deutliche Ausnahme und lediglich

---

189 Ausführlich *W. Ernst*, a. a. O., S. 174 ff. Zur Diskussion im 19. Jahrhundert *ders.*, Abstimmen nach den Gründen oder nach dem Endresultat, in: Kiehnle/Mertens/Schiemann (Hrsg.), FS Schröder, 2013, S. 309 ff.; zur (hauptsächlich strafprozessrechtlichen) Diskussion im 20. Jahrhundert *G. Mellinghoff*, Fragestellung, Abstimmungsverfahren und Abstimmungsgeheimnis im Strafverfahren, 1988, S. 51 ff.

190 Siehe unten D.I.

191 EuGH, EuG, EGMR. – Zum Überblick über die Regeln für die Abstimmung und die Veröffentlichung von Entscheidungen bei internationalen Gerichten siehe *A. Chilton/D. Tingley*, The Doctrinal Paradox & International Law, Univ. Pa. J. Int. Law 34 (2012), S. 67 (138 ff.). Interessant sind v. a. die Regelungen für den IStGH und das Einspruchsgremium der WTO, die ein Streben nach Einstimmigkeit vorgeben, für den Fall des Dissenses aber Mehrheitsentscheidungen zulassen; siehe Art. 74 Abs. 3 IStGH-Statut bzw. Rule 3(2) Working Procedures for Appellate Review.

192 Der Begriff ›Spruchkörper‹ umfasst an sich sowohl Kollegialgerichte als auch den Einzelrichter, wird im Folgenden aber synonym mit Kollegialgericht oder Richterkollegium verwendet.

193 Diskussion von Kollegial- und Einzelrichterprinzip etwa bei *V. Stötter*, Das Kollegialprinzip bei der Organisation der Zivilgerichte, MDR 1971, S. 623 ff.; vgl. auch *J. Schmidt*, Die Besetzung der Richterbank (II), in: Ule (Hrsg.), Zehn Jahre Verwaltungsgerichtsordnung, 1970, S. 85 (90 ff.); *C. H. Ule*, Anselm Feuerbach heute, DVBl. 1979, S. 797 (803 ff.). Siehe auch noch B. Fn. 82 und 231.

194 Ausführlich zur Besetzung der verschiedenen Kollegialgerichte *E. Schilken*, Gerichtsverfassungsrecht, 4. Aufl. 2007, Rn. 352 ff.

bei den Amtsgerichten der ordentlichen Gerichtsbarkeit vorgesehen. Im Zuge einiger Gesetzesänderungen[195] wurde das Einzelrichtersystem für erstinstanzliche Gerichte[196] jedoch deutlich ausgeweitet.[197] Insbesondere ist das Kollegialprinzip in der ersten Instanz der Zivilgerichte weitgehend abgeschafft.[198]

aa) Ordentliche Gerichtsbarkeit[199]

Am Amtsgericht existieren in Strafsachen neben dem Einzelrichter das mit einem Berufsrichter und zwei Schöffen besetzte Schöffengericht (§ 29 Abs. 1 GVG) und das mit einem Berufsrichter und zwei Jugendschöffen besetzte Jugendschöffengericht (§ 33a Abs. 1 Satz 1 JGG). Das erweiterte Schöffengericht verfügt über einen weiteren Berufsrichter (§ 29 Abs. 2 GVG) und damit über eine gerade Anzahl an Mitgliedern.

Am Landgericht werden Zivil- und Strafkammern gebildet (§ 60 GVG). Die Zivilkammern bestehen, sofern nicht der originäre (§ 348 ZPO) oder obligatori-

---

195 Vgl. zur historischen Entwicklung *D. Guilliard*, Einzelrichter und Kollegialgericht seit der Reichszivilprozeßordnung von 1877 bis zur Zivilprozeßnovelle von 1933, 1989; *M. Tüxen*, Kollegialprinzip oder Einzelrichter, 2009. – Im Dritten Reich wurde diskutiert, im Sinne des ›Führerprinzips‹ den Vorsitzenden der Kollegialgerichte ein Alleinentscheidungsrecht zu gewähren. Zu einer entsprechenden Gesetzesänderung kam es aber nie. Vgl. *E. Kern*, Geschichte des Gerichtsverfassungsrechts, 1954, S. 256 ff.; *W. Ernst*, Rechtserkenntnis durch Richtermehrheiten, 2016, S. 285 ff. Zur umgekehrten Entstehung der Kollegialgerichtsbarkeit als Folge der Abwendung von der fürstlichen Gerichtsbarkeit vgl. *Abegg*, Beiträge zur Lehre von der Rechtsfindung durch Richter-Kollegien, Archiv für Preußisches Strafrecht 6 (1858), S. 738 (740).

196 Einzelrichter entscheiden in erster Instanz in folgenden Fällen: der Einzelrichter in Zivilsachen am AG nach § 22 Abs. 1 GVG, der Einzelrichter am LG nach §§ 348, 348a ZPO, der Strafrichter am AG nach § 25 GVG, der Einzelrichter am VG nach § 6 VwGO sowie der Einzelrichter am FinG nach § 6 FGO. Am SozG sowie am ArbG sind ausschließlich kollegial besetzte Kammern vorgesehen. Weitere Entscheidungskompetenzen von Einzelrichtern enthalten § 78b Abs. 1 Nr. 2 GVG (Strafvollstreckungskammer) sowie §§ 526, 568 ZPO (Berufung und Beschwerde).

197 Empirisches zum Einzelrichter bei *H. Rottleuthner/E. Böhm/D. Gasterstädt*, Rechtstatsächliche Untersuchung zum Einsatz des Einzelrichters, 1992; zum Überblick *H. Rottleuthner*, Der Einzelrichter, DRiZ 1989, S. 164 ff.

198 *E. Schilken*, Gerichtsverfassungsrecht, 4. Aufl. 2007, Rn. 362. Zur Ausweitung des Einzelrichtereinsatzes durch die ZPO-Reform 2001/2002 vgl. *W. Münchbach/M. Lotz*, Justizreform, ZRP 1999, S. 374 (379 ff.); *H.-H. Winte*, Große Justizreform, ZRP 1999, S. 387 (392 f.); *P. Ayad*, Optimierung des Rechtsschutzes und effektiver Richtereinsatz?, ZRP 2000, S. 229 (231); *H. Däubler-Gmelin*, Reform des Zivilprozesses, ZRP 2000, S. 33 (36); *dies.*, Justizreform, ZRP 2000, S. 457 (460 f.); *M. Dauster*, Eckpunkte einer Justizreform, ZRP 2000, S. 338 (340); *H.-J. Musielak*, Reform des Zivilprozesses, NJW 2000, S. 2769 (2772 f.); *J. Münch*, Die »neue« ZPO, DStR 2002, S. 85 (89 f.). Die Reform hat eine Erhöhung der Einzelrichterquote am LG von gut einem Drittel auf etwa drei Viertel bewirkt; vgl. *N. Stackmann*, in: MüKo ZPO, Bd. 1, 5. Aufl. 2016, § 348 Rn. 2; ferner *T. Rauscher*, in: MüKo ZPO, Bd. 1, 5. Aufl. 2016, Einl. Rn. 146 Fn. 241. Forderung nach dem Einzelrichter in der ersten Instanz (bei Ausweitung des Rechtsmittelsystems) bereits bei *K. Lindemann*, Für den Alleinrichter 1. Instanz, ZRP 1989, S. 41 ff.

199 Zu den aufgeführten Spruchkörpern kommen noch die Landwirtschaftsgerichte (§ 2 Abs. 2 LwVG) sowie die Kammern und Senate für Baulandsachen (§§ 220, 229 BauGB) hinzu.

sche (§ 348a ZPO) Einzelrichter erstinstanzlich entscheidet, aus drei Richtern (§ 75 GVG). Die Strafkammern sind als große Strafkammern mit drei Berufsrichtern und zwei Schöffen besetzt (§ 76 Abs. 1 GVG). Die große Strafkammer muss jedoch zunächst über ihre Besetzung beschließen (§ 76 Abs. 2 GVG). Im Fall der Besetzungsreduktion entscheidet sie mit zwei Berufsrichtern und zwei Schöffen (§ 76 Abs. 2 Satz 4 GVG), also in geradzahliger Besetzung. Für Berufungen gegen Urteile des Amtsgerichts sind die kleinen Strafkammern zuständig, die grundsätzlich mit einem Berufsrichter und zwei Schöffen besetzt sind (§ 76 Abs. 1 GVG). Richtet sich die Berufung jedoch gegen ein Urteil des erweiterten Schöffengerichts, tritt ein Berufsrichter hinzu (§ 76 Abs. 6 GVG), sodass die kleine Strafkammer mit insgesamt vier Richtern besetzt ist (erweiterte kleine Strafkammer). Für die Jugendkammer gilt nach § 33b JGG dasselbe wie für die Strafkammern, mit der Ausnahme, dass keine Erweiterung der kleinen Jugendkammer vorgesehen ist. Die Strafvollstreckungskammern sind mit einem oder drei Richtern besetzt (§ 78b Abs. 1 GVG).

An den Oberlandesgerichten sowie am Bundesgerichtshof werden Zivil- und Strafsenate gebildet (§§ 116, 130 GVG).[200] Die Zivilsenate der Oberlandesgerichte bestehen, sofern nicht ein Einzelrichter nach §§ 526, 568 ZPO entscheidet, aus drei Richtern (§ 122 Abs. 1 GVG). Die Strafsenate entscheiden grundsätzlich ebenfalls in der Besetzung mit drei Richtern und ausnahmsweise mit fünf Richtern (§ 122 Abs. 2 GVG). Die Senate des Bundesgerichtshofs entscheiden mit fünf Richtern (§ 139 Abs. 1 GVG), in bestimmten Fällen als Strafsenate ausnahmsweise mit drei Richtern (§ 139 Abs. 2 GVG).

Schließlich bestehen der Große Senat für Zivilsachen und der Große Senat für Strafsachen grundsätzlich aus derzeit 14 bzw. 13 Richtern (§ 132 Abs. 5 Satz 1 GVG)[201] und bei dem ausnahmsweisen Hinzutreten eines weiteren Richters aus derzeit 15 bzw. 14 Richtern (§ 132 Abs. 5 Satz 2 GVG). Die Vereinigten Großen Senate bestehen grundsätzlich aus derzeit 28 Richtern (§ 132 Abs. 5 Satz 3 GVG).[202]

bb) Arbeits-, Verwaltungs-, Sozial- und Finanzgerichtsbarkeit

Die Kammern der Arbeitsgerichte und Landesarbeitsgerichte sind jeweils mit einem Berufsrichter und zwei[203] ehrenamtlichen Richtern, die Senate des Bundesarbeitsgerichts mit drei Berufsrichtern und zwei ehrenamtlichen Richtern

---

200 Hinzukommen die Kartellsenate (§§ 91, 94 GWB), für die keine besondere Besetzungsregelung existiert.

201 Präsident plus je ein Vertreter der Zivilsenate bzw. je zwei Vertreter der Strafsenate. Ende 2018 beschloss der Haushaltsausschuss des Deutschen Bundestages, Mittel für die Einrichtung zweier neuer Senate (je ein Zivil- und Strafsenat) bereitzustellen; durch die Umsetzung hat sich die Mitgliederzahl der Großen Senate von 13 auf 14 bzw. von elf auf 13 erhöht.

202 Präsident und (übrige) Mitglieder der Großen Senate.

203 Je einem aus Kreisen der Arbeitnehmer und der Arbeitgeber.

besetzt (§ 16 Abs. 2, § 35 Abs. 2, § 41 Abs. 2 ArbGG). Der Große Senat besteht aus derzeit 16 Richtern (§ 45 Abs. 5 ArbGG).[204]

Die Kammern der Verwaltungsgerichte[205] entscheiden in einer Besetzung mit drei Berufsrichtern und zwei ehrenamtlichen Richtern (§ 5 Abs. 3 VwGO), sofern die Sache nicht auf den Einzelrichter übertragen wird (§ 6 VwGO).[206] Die Senate der Oberverwaltungsgerichte sind grundsätzlich allein mit drei Berufsrichtern und nur ausnahmsweise zusätzlich mit zwei ehrenamtlichen Richtern besetzt (§ 9 Abs. 3 VwGO). Die Senate des Bundesverwaltungsgerichts bestehen aus fünf Berufsrichtern (§ 10 Abs. 3 VwGO), der Große Senat grundsätzlich aus derzeit zehn Richtern,[207] ausnahmsweise aus einem mehr, also derzeit elf Richtern (§ 11 Abs. 5 VwGO).

Die Kammern der Sozialgerichte sind mit einem Berufsrichter und zwei ehrenamtlichen Richtern, die Senate der Landessozialgerichte und des Bundessozialgerichts mit drei Berufsrichtern und zwei ehrenamtlichen Richtern besetzt (§ 12 Abs. 1, § 33 Abs. 1, § 40 SGG). Der Große Senat des Bundessozialgerichts ist grundsätzlich mit derzeit 18, ausnahmsweise mit 20 Richtern besetzt (§ 41 Abs. 5 SGG).[208] Die Senate der Finanzgerichte sind mit drei Berufsrichtern und zwei ehrenamtlichen Richtern, die Senate des Bundesfinanzhofs mit fünf Berufsrichtern besetzt (§ 5 Abs. 3, § 10 Abs. 3 FGO). Der Einzelrichter am Finanzgericht ist in § 6 FGO vorgesehen. Der Große Senat des Bundesfinanzhofs besteht aus derzeit elf Richtern (§ 11 Abs. 5 FGO).[209]

cc) Sonstige Fachgerichte

Der Gemeinsame Senat der obersten Gerichtshöfe des Bundes besteht aus deren Präsidenten, aus den Vorsitzenden und je einem weiteren Richter der beteiligten Senate, also aus ingesamt neun Mitgliedern (§ 3 Abs. 1 RsprEinhG).

Die Senate des Bundespatentgerichts entscheiden in einer Besetzung mit drei, vier oder fünf Richtern (§ 67 PatG). Die Kammern der Anwaltsgerichte sind mit drei Richtern, die Senate der Anwaltsgerichtshöfe sowie der Senat für Anwaltssachen beim Bundesgerichtshof mit fünf Richtern[210] besetzt (§§ 96,

---

204 Je ein Berufsrichter der zehn Senate plus sechs ehrenamtliche Richter.

205 Vgl. *H. Schnellenbach*, Das Spruchkörperprinzip in der Verwaltungsgerichtsbarkeit, in: Erichsen/Hoppe/v. Mutius (Hrsg.), FS Menger, 1985, S. 341 ff.

206 Daneben besteht in § 87a VwGO die Möglichkeit von Alleinentscheidungen des Vorsitzenden bzw. des Berichterstatters. Vgl. dazu *A. Hamann*, Das Kollegialprinzip und der »Einzelrichter« nach der 4. Novelle zur VwGO, VerwArch 83 (1992), S. 201 ff.; ferner *W. Rzepka*, Gegen den verstärkten Einsatz von Einzelrichtern im Verwaltungsprozeß, BayVBl. 1991, S. 460 f.

207 Je ein Richter der zehn Revisionssenate.

208 Je ein Berufsrichter aus zwölf der 14 Senate (wegen Personengleichheit, § 41 Abs. 5 Satz 4 SGG) plus sechs bzw. acht ehrenamtliche Richter.

209 Je ein Richter der elf Senate.

210 Bis 2009 war für Letzteren noch eine Besetzung mit sieben Richtern festgelegt. Vgl. zu dieser Änderung BT-Drs. 16/11385, S. 40.

104, 106 Abs. 2 BRAO). In Disziplinarsachen gegen Notare entscheiden die zuständigen Senate der Oberlandesgerichte und des Bundesgerichtshofs in einer Besetzung mit drei bzw. fünf Richtern (§§ 101, 106 BNotO). Das für das Dienstrecht der Richter des Bundes zuständige Dienstgericht des Bundes ist mit fünf Richtern besetzt (§ 61 Abs. 2 DRiG).[211] Schließlich entscheiden die Truppendienstkammern der Truppendienstgerichte in einer Besetzung mit drei oder fünf Richtern, die Wehrdienstsenate des Bundesverwaltungsgerichts mit fünf Richtern (§ 75 Abs. 1, §§ 76, 80 Abs. 3 WDO).

dd) Verfassungsgerichte und europäische Gerichte

Die beiden Senate des Bundesverfassungsgerichts sind mit je acht Richtern (§ 2 Abs. 2 BVerfGG),[212] die Kammern mit drei Richtern besetzt (§ 15a Abs. 1 Satz 2 BVerfGG). Die für die Entscheidung über Verzögerungsbeschwerden zuständige Beschwerdekammer setzt sich aus vier Richtern, je zwei pro Senat, zusammen (§ 97c Abs. 1 Satz 1 BVerfGG). Das Plenum (§ 16 BVerfGG) besteht aus allen 16 Richtern.

Der Europäische Gerichtshof entscheidet in Kammern mit drei oder fünf Richtern oder als Große Kammer mit 15 Richtern (Art. 251 Abs. 1 AEUV, Art. 16 Abs. 1, 2 EuGH-Satzung).[213] Ausnahmsweise tagt er als Plenum (Art. 251 Abs. 2 AEUV, Art. 16 Abs. 3, 4 EuGH-Satzung), das sich aus allen Richtern, also einem je Mitgliedstaat (Art. 19 Abs. 2 Satz 1 EUV) und somit – seit dem Austritt des Vereinigten Königreichs – 27 Richtern, zusammensetzt. Der Europäische Gerichtshof für Menschenrechte entscheidet in Einzelrichterbesetzung, in Kammern mit sieben Richtern und in einer Großen Kammer mit 17 Richtern (Art. 26 Abs. 1 Satz 1 EMRK).

b) Beschlussfähigkeit

Zahlreiche Kollegialorgane sind nur unter Einhaltung eines Quorums beschlussfähig.[214] So setzt etwa ein Beschluss des Bundestages geschäftsordnungsrechtlich grundsätzlich voraus, dass mehr als die Hälfte seiner Mitglieder im Sitzungssaal anwesend sind (§ 45 Abs. 1 GOBT).[215] Für Kollegialgerichte ist eine solche Vorschrift grundsätzlich nicht erforderlich, da § 192 Abs. 1 GVG[216] vor-

---

[211] Die Besetzung der für das Dienstrecht der Richter eines Landes zuständigen Dienstgerichte ist in dem jeweiligen Landesrichtergesetz geregelt.

[212] Ursprünglich betrug die Zahl je Senat zwölf, dann übergangsweise für die Zeit von 1956 bis 1963 zehn. Vgl. *D. Hömig*, in: Maunz u. a. (Hrsg.), BVerfGG, 36. EL 2011, § 2 Rn. 1.

[213] Gleiches gilt für das EuG (Art. 50 EuGH-Satzung, Art. 13, 15 EuGVerfO). Hier ist jedoch auch eine Übertragung auf einen Einzelrichter möglich (Art. 29 EuGVerfO).

[214] Vgl. *M. Schneider*, Die Beschlussfähigkeit und Beschlussfassung von Kollegialorganen, 2000, S. 48 ff.

[215] Dazu BVerfG v. 10.05.1977 – 2 BvR 705/75 –, BVerfGE 44, 308 ff.

[216] An dieser Stelle sei darauf hingewiesen, dass die §§ 192–197 GVG nicht nur für die

schreibt, dass die gesetzlich bestimmte Anzahl an Richtern nicht unterschritten (und auch nicht überschritten[217]) werden darf.[218] Verhinderte Richter sind grundsätzlich zu ersetzen; entscheiden dürfen nur die Richter, die an der letzten mündlichen Verhandlung (§ 309 ZPO) bzw. an der gesamten Verhandlung (§§ 226, 260 StPO) teilgenommen haben.[219] Eine Entscheidung in reduzierter Besetzung ist nur ausnahmsweise zulässig, nämlich bei der Berichtigung des Tatbestands eines zivilgerichtlichen Urteils (§ 320 Abs. 4 ZPO).

Anderes gilt beim Prinzip der Mindestrichterzahl. In Deutschland kommt es nur (noch[220]) am Bundesverfassungsgericht[221] zur Anwendung:[222] Dort gibt es grundsätzlich keine Vertretung für verhinderte Senatsmitglieder, da jeder Bundesverfassungsrichter in seinen mit gesonderter Zuständigkeit versehenen[223] Senat gewählt wird und deswegen grundsätzlich nicht ersetzt werden kann.[224] Infolgedessen kann ein Senat auch in reduzierter Besetzung entscheiden. Erforderlich ist aber nach § 15 Abs. 2 Satz 1 BVerfGG die Anwesenheit[225] von mindestens sechs Richtern. Die Vertretung durch einen Richter des anderen Senats ist nur vorgesehen bei Ausschluss wegen Befangenheit (§ 19 Abs. 4 BVerfGG) sowie dann, wenn der Senat sonst in einem Verfahren von besonde-

---

ordentlichen Gerichte, sondern kraft Verweisung auch für die anderen Fachgerichtsbarkeiten (§ 55 VwGO, § 52 FGO, § 61 Abs. 2 SGG, § 9 Abs. 2 ArbGG) sowie (vorbehaltlich spezieller Regelungen) für die meisten Verfassungsgerichte gelten (§ 17 BVerfGG, § 10 BWVerfGHG, Art. 24 Abs. 5 BayVerfGHG, § 15 BlnVerfGHG, § 16 Abs. 2 HmbVerfGG, § 16 Abs. 1 Satz 1 HessStGHG, § 13 MVLVerfGG, § 7 Abs. 2 NRWVerfGHG, § 12 RhPfVerfGHG, § 11 SaarlVerfGHG, § 33 Abs. 1 LSALVerfGG, § 13 Abs. 1 SHLVerfGG, § 12 Satz 2 ThürVerfGHG).

[217] Zur ›Überbesetzung‹, also der Besetzung eines Spruchkörpers mit mehr Richtern, als bei den einzelnen Entscheidungen mitwirken dürfen, vgl. *O. Breidling*, in: Löwe/Rosenberg (Begr.), StPO, Bd. 10, 26. Aufl. 2010, § 21e GVG Rn. 10 ff.

[218] *O. R. Kissel/H. Mayer*, GVG, 9. Aufl. 2018, § 192 Rn. 2; siehe auch *C. Hahn* (Hrsg.), Die gesammten Materialien zu den Reichs-Justizgesetzen, Bd. 1, Abt. 1, 2. Aufl. 1883, S. 178. Zur richterlichen Teilnahmepflicht an Beratung und Abstimmung siehe auch *O. R. Kissel/H. Mayer*, a. a. O., § 194 Rn. 2.

[219] Die Möglichkeit des § 192 Abs. 2 GVG, Ergänzungsrichter hinzuzuziehen, betrifft deshalb praktisch nur den Strafprozess; vgl. *O. R. Kissel/H. Mayer*, a. a. O., § 192 Rn. 8.

[220] Der Schwabenspiegel (um 1275) etwa schrieb (in Kap. CVIII) sieben Schöffen vor, mit dem Zusatz: »Unnd ist ir mer das ist auch gut.« Zur historischen Entwicklung des Prinzips der Mindestrichterzahl siehe *W. Ernst*, Rechtserkenntnis durch Richtermehrheiten, 2016, S. 76 f. Vgl. auch (die Abkehr von diesem Prinzip begrüßend) *Abegg*, Beiträge zur Lehre von der Rechtsfindung durch Richter-Kollegien, Archiv für preußisches Strafrecht 7 (1859), S. 3 (8 ff.).

[221] Und einigen Landesverfassungsgerichten: § 11 Abs. 1 BlnVerfGHG, § 8 BbgVerfGG, § 10 Abs. 3 HmbVerfGG, § 9 Abs. 2 NdsStGHG, § 7 Abs. 1 Satz 2 RhPfVerfGHG, § 8 Abs. 2 SächsVerfGHG, § 13 Abs. 2 LSALVerfGG, § 11 Abs. 1 SHLVerfGG. Eine Unterschreitung der normalen Richterzahl kennt ferner § 12 Abs. 2 BWVerfGHG.

[222] Vgl. etwa *K. Peters*, Strafprozeß, 4. Aufl. 1985, § 53 I 1.c)aa) (S. 484).

[223] Vgl. *A. Voßkuhle*, in: v. Mangoldt/Klein/Starck (Begr.), GG, Bd. 3, 7. Aufl. 2018, Art. 94 Rn. 20.

[224] Vgl. *D. Hömig*, in: Maunz u. a. (Hrsg.), BVerfGG, 36. EL 2011, § 2 Rn. 7 f. m. w. N.

[225] Zum Begriff der Anwesenheit siehe *R. Mellinghoff*, in: Maunz u. a. (Hrsg.), BVerfGG, 21. EL 2001, § 15 Rn. 25 f.

rer Dringlichkeit nicht beschlussfähig wäre (§ 15 Abs. 2 Satz 3 BVerfGG).[226] Für die Kammern ist hingegen jedes Jahr eine allgemeine Vertretungsregelung zu beschließen (§ 15a Abs. 2 BVerfGG), sodass sie stets in der Besetzung von drei Richtern entscheiden. Das aus 16 Richtern bestehende Plenum ist gemäß § 16 Abs. 2 BVerfGG beschlussfähig, wenn von jedem Senat zwei Drittel seiner Richter, d. h. je sechs Richter, anwesend sind. Eine Besonderheit enthält schließlich § 32 Abs. 7 BVerfGG, wonach eine einstweilige Anordnung bei besonderer Dringlichkeit auch von einem nicht beschlussfähigen Senat erlassen werden kann, wenn mindestens drei Richter anwesend sind und einstimmig entscheiden (so genannter ›Notsenat‹[227]).

Auch für den Europäischen Gerichtshof kommt das Prinzip der Mindestrichterzahl mitsamt Vorschriften über die Beschlussfähigkeit zur Anwendung.[228] In den mit drei oder fünf Richtern besetzten Kammern müssen mindestens drei Richter, in der Großen Kammer mindestens elf der 15 Richter und im Plenum mindestens 17 der 27 Richter mitwirken (Art. 17 Abs. 2–4 EuGH-Satzung).[229] Wird in einer Kammer oder der Großen Kammer die erforderliche Anzahl an Richtern nicht erreicht, so werden Ersatzrichter hinzugezogen (Art. 17 Abs. 5 EuGH-Satzung und Art. 34, 35 EuGHVerfO). Für verhinderte Richter in den Kammern und der Großen Kammer des Europäischen Gerichtshofs für Menschenrechte rücken stets Ersatzrichter nach; ist der von einer betroffenen Vertragspartei bestellte Richter verhindert, muss ein Richter ad hoc ernannt werden (Art. 29 EGMRVerfO).[230]

2. *Mehrheitserfordernisse*

a) Grundsatz der einfachen Mehrheit

Im Grundsatz erfordert die Beschlussfassung eines Kollegialgerichts nach § 196 Abs. 1 GVG die »absolute Mehrheit«, d. h. die einfache Mehrheit der abstimmungsberechtigten Richter. Folglich ist im Regelfall, in dem die vom Vorsitzenden gestellten Fragen (§ 194 Abs. 1 GVG) mit ›ja‹ oder ›nein‹ beantwortet werden können,[231] notwendig, aber auch hinreichend, dass die Ja-Stimmen die

[226] Zur Einführung dieser Vertretungsregelungen 1986 siehe *G. Ulsamer*, Neue gesetzliche Regelungen zur Entlastung und Sicherung der Funktionsfähigkeit des Bundesverfassungsgerichts, EuGRZ 1986, S. 110 (116).

[227] Vgl. statt aller *C. Walter*, in: BeckOK BVerfGG, § 32 Rn. 81.

[228] Für das EuG gelten diese Vorschriften entsprechend gemäß Art. 47 Abs. 1 EuGH-Satzung. Siehe außerdem Art. 22–24 EuGVerfO.

[229] Eine Entscheidung mit einer geraden Anzahl an Richtern ist allerdings wegen Art. 17 Abs. 1 EuGH-Satzung und Art. 33 EuGHVerfO unmöglich. Siehe dazu unten 2.e).

[230] Vgl. *J. Meyer-Ladewig/A. Müller-Elschner*, in: Meyer-Ladewig/Nettesheim/v. Raumer (Hrsg.), EMRK, 4. Aufl. 2017, Art. 26 Rn. 14 f.

[231] Siehe oben II.2.b).

Nein-Stimmen überwiegen. Die unzulässige[232] Enthaltung oder Stimmverweigerung eines Richters wirkt sich, wie stets bei einer Mitgliedermehrheit,[233] wie eine Nein-Stimme aus. Für nicht-binäre Fragen, bei denen mehr als zwei Beantwortungsmöglichkeiten bestehen, bedeutet das Erfordernis der absoluten Mehrheit, dass nicht diejenige Option mit den meisten Stimmen gewählt ist, sondern nur eine Option, die mehr als die Hälfte der Stimmen erhält. Um die Entscheidungsfindung in solchen Fällen zu erleichtern, enthält § 196 Abs. 2 und 3 GVG besondere Regelungen.[234]

§ 196 GVG gilt über Verweisungen auch für die Arbeits-, Verwaltungs-, Sozial- und Finanzgerichtsbarkeit[235] sowie für einige Landesverfassungsgerichte[236]. Eigens geregelt ist die einfache Mehrheit für den Gemeinsamen Senat der obersten Gerichtshöfe des Bundes in § 6 RsprEinhG, für das Bundespatentgericht in § 70 Abs. 2 PatG und für die Wehrdienstgerichte[237] in § 91 Abs. 2 WDO. Ferner ist das Mehrheitsprinzip auch für die meisten Landesverfassungsgerichte eigens gesetzlich festgelegt.[238]

Eine besondere Regelung besteht für das Bundesverfassungsgericht (§ 15 Abs. 4 Satz 2 BVerfGG): Hier ist nämlich nicht eine Mehrheit aller Senatsmitglieder (Mitgliedermehrheit), sondern lediglich der an der Entscheidung mitwirkenden Mitglieder erforderlich (Abstimmungsmehrheit[239]).[240] Bei der reduzierten Besetzung von sechs oder sieben Richtern benötigt die Mehrheit damit nicht fünf, sondern vier Stimmen. Gesondert festgelegt ist das Erfordernis einer einfachen Mehrheit außerdem für die über Verzögerungsbeschwerden entscheidende Beschwerdekammer (§ 97d Abs. 2 Satz 1 BVerfGG).

Für den Europäischen Gerichtshof ist das Mehrheitsprinzip erstaunlicherweise weder in den Verträgen noch in der Satzung, sondern allein in der vom Gerichtshof selbst mit Zustimmung des Rats beschlossenen[241] Verfahrensord-

[232] *O. R. Kissel/H. Mayer*, GVG, 9. Aufl. 2018, § 194 Rn. 4; ferner *R. Kühne*, Die Rechtsstellung der Beisitzer im Kollegialgericht, DRiZ 1960, S. 390 (393).

[233] Vgl. *R. Kaiser*, Mehrheitserfordernisse im Staatsrecht, JuS 2017, S. 221 (223).

[234] Näher dazu unten D.II.2.b).

[235] § 9 Abs. 2 ArbGG, § 55 VwGO, § 61 Abs. 2 SGG, § 52 FGO.

[236] § 10 BWVerfGHG, Art. 24 Abs. 5 BayVerfGHG, § 16 Abs. 1 Satz 1 HessStGHG, § 13 MVLVerfGG, § 12 RhPfVerfGHG.

[237] Das umfasst gemäß § 68 WDO die Truppendienstgerichte und die Wehrdienstsenate des BVerwG.

[238] § 11 Abs. 2 Satz 1 BlnVerfGHG, § 28 Abs. 1 Satz 1 BbgVerfGG, § 10 Abs. 1 Satz 1 HmbVerfGG, § 9 Abs. 4 Satz 1 NdsStGHG, § 25 Abs. 1 Satz 1 NRWVerfGHG, § 8 Abs. 3 Satz 2 SächsVerfGHG, § 13 Abs. 3 Satz 1 LSALVerfGG, § 11 Abs. 2 Satz 1 SHLVerfGG, § 7 Abs. 2 ThürVerfGHG; nur für das ›Berufsrichterplenum‹ Art. 3 Abs. 6 Satz 4 BayVerfGHG.

[239] Vgl. *R. Mellinghoff*, in: Maunz u. a. (Hrsg.), BVerfGG, 21. EL 2002, § 15 Rn. 57.

[240] Die Regelung gilt kraft Verweisung in § 12 Abs. 1 BremStGHG auch für den BremStGH. Dort besteht aber wegen der Vertretungsregelung (§ 2 Abs. 3, § 13 BremStGHG) kein Unterschied zwischen Mitglieder- und Abstimmungsmehrheit.

[241] Art. 253 Abs. 6 AEUV.

nung (Art. 32 Abs. 4 EuGHVerfO[242]) festgelegt.[243] Die Entscheidungen des Europäischen Gerichtshofs für Menschenrechte werden gemäß Art. 23 Abs. 1 und 2 EGMRVerfO mit Stimmenmehrheit getroffen.

b) Qualifizierte Mehrheit

Ausnahmsweise erfordern Gerichtsentscheidungen qualifizierte Mehrheiten. Dies ist vor allem im Strafprozess der Fall für jede dem Angeklagten nachteilige Entscheidung über die Schuldfrage und die Rechtsfolgen der Tat (§ 263 StPO).[244] Die hier festgelegte Zweidrittelmehrheit erfordert beim Schöffengericht sowie bei der kleinen Strafkammer zwei von drei Richterstimmen (kein Unterschied zur einfachen Mehrheit), beim erweiterten Schöffengericht sowie bei der besetzungsreduzierten großen Strafkammer drei von vier Stimmen und schließlich bei der großen Strafkammer sowie beim Senat des Oberlandesgerichts im ersten Rechtszug (§ 122 Abs. 2 GVG) vier von fünf Stimmen. Ob das Zweidrittelmehrheitserfordernis auch für die Entscheidungen in den Rechtsmittelverfahren gilt, ist nicht unproblematisch. Während nämlich im Berufungsverfahren § 263 StPO gemäß § 322 StPO entsprechend gilt, fehlt für die Revisionsinstanz eine vergleichbare Vorschrift. Da in der Revision in der Regel nur über Rechtsfragen entschieden wird, geht die herrschende Meinung davon aus, dass die Zweidrittelmehrheit ausschließlich dann erforderlich ist, wenn das Revisionsgericht ausnahmsweise nach § 354 Abs. 1–1b StPO zu Lasten des Angeklagten in der Sache entscheidet.[245]

Ebenfalls eine Zweidrittelmehrheit ist in bestimmten Verfahren vor dem Bundesverfassungsgericht[246] erforderlich (§ 15 Abs. 4 Satz 1 BVerfGG), nämlich für jede dem Antragsgegner nachteilige Entscheidung in den Verfahren über die Verwirkung von Grundrechten, das Parteiverbot, den Ausschluss von Parteien von der staatlicher Finanzierung, die Bundespräsidentenanklage und die Richteranklage (§ 13 Nr. 1, 2, 2a, 4, 9 BVerfGG). Bei diesem Erfordernis handelt es sich, anders als bei der einfachen Mehrheit in § 15 Abs. 4 Satz 2 BVerfGG, nicht um eine Abstimmungs-, sondern um eine Mitgliedermehrheit. Das heißt,

---

[242] Die beachtenswerte Formulierung dieser Vorschrift lautet: »Das Ergebnis, auf das sich die Mehrheit der Richter nach der abschließenden Erörterung geeinigt hat, ist für die Entscheidung des Gerichtshofs maßgebend.«

[243] Gleiches gilt für das EuG (Art. 21 Abs. 4 Satz 1 EuGVerfO).

[244] Welche Entscheidungen von § 263 Abs. 1 StPO im Einzelnen umfasst sind, ist umstritten. Vgl. *C.-F. Stuckenberg*, in: Löwe/Rosenberg (Begr.), StPO, Bd. 6, Tbd. 2, 26. Aufl. 2013, § 263 Rn. 5 ff.

[245] *C.-F. Stuckenberg*, a. a. O., § 263 Rn. 4; *J. Gericke*, in: Karlsruher Kommentar StPO, 8. Aufl. 2019, § 351 Rn. 7, jeweils m. w. N.

[246] Auch für bestimmte ähnliche Verfahren vor den Landesverfassungsgerichten sind qualifizierte Mehrheiten vorgeschrieben: § 36 Abs. 3 (i. V. m. § 43 Abs. 2) BWVerfGHG, Art. 40 Abs. 3 (i. V. m. Art. 44 Abs. 1) BayVerfGHG, § 35 NRWVerfGHG, § 38 Abs. 3 RhPfVerfGHG, § 8 Abs. 3 Satz 1 SächsVerfGHG.

die Bezugszahl der Mehrheitsberechnung ist die volle Zahl von acht Senatsmitgliedern, sodass die Zweidrittelmehrheit unabhängig von einer etwaigen Besetzungsreduktion aufgrund Verhinderung stets bei sechs Stimmen liegt. Das bedeutet, dass im Fall der Mindestbesetzung mit sechs Richtern die qualifizierte Mehrheit zur Einstimmigkeit wird.[247] Daneben gibt es weitere Entscheidungen, die eine Zweidrittelmehrheit (der Abstimmenden, nicht der Mitglieder) erfordern:[248] Nach § 26 Abs. 2 BVerfGG kann die Beiziehung einer Urkunde aus Gründen der Staatssicherheit unterbleiben;[249] nach § 28 Abs. 2 Satz 2 kann die Verweigerung einer Aussagegeehmigung für unbegründet erklärt werden;[250] und nach § 32 Abs. 6 Satz 2 BVerfGG kann eine einstweilige Anordung nach Ablauf ihrer Geltungsdauer von sechs Monaten wiederholt werden[251]. Schließlich erfordern die Ermächtigung des Bundespräsidenten zur Versetzung in den Ruhestand bzw. Entlassung eines Richters (§ 105 Abs. 4 BVerfGG) sowie die vorläufige Amtsenthebung (§ 105 Abs. 5 Satz 3 BVerfGG) eine Mehrheit von zwei Dritteln aller Bundesverfassungsrichter (nicht nur der Mitglieder eines Senats).[252]

c) Einstimmigkeit

Einstimmigkeitserfordernisse bestehen an verschiedenen Stellen des deutschen Gerichtsverfassungsrechts. Die unverzügliche Zurückweisung der Berufung nach § 522 Abs. 2 Satz 1 ZPO und die Zurückweisung der Revision nach § 552a ZPO erfordern ebenso einen einstimmigen Beschluss wie die Zurückweisung der Revision als offensichtlich unbegründet nach § 349 Abs. 2 StPO und die Aufhebung des angefochtenen Urteils ohne Hauptverhandlung nach § 349 Abs. 4 StPO. Vergleichbares findet sich in § 130a Satz 1 VwGO, § 153 Abs. 4 Satz 1 SGG und § 126a Satz 1 FGO. Ein weiteres Einstimmigkeitserfordernis gilt für die Verwerfung eines wegen Missbräuchlichkeit unzulässigen Ablehnungsantrags in § 26a Abs. 2 Satz 2 StPO.

Die Entscheidungen der Kammern des Bundesverfassungsgerichts müssen stets einstimmig gefällt werden (§ 81a Satz 1, § 93d Abs. 3 Satz 1 BVerfGG).[253]

---

[247] *R. Mellinghoff*, in: Maunz u. a. (Hrsg.), BVerfGG, 21. EL 2002, § 15 Rn. 71.

[248] Ähnlich § 18 Abs. 2 BWVerfGHG.

[249] Ebenso § 22 Abs. 2 MVLVerfGG, § 24 Abs. 2 SHLVerfGG, § 21 Abs. 2 ThürVerfGHG.

[250] Ebenso § 24 Abs. 2 Satz 2 BbgVerfGG, § 22 Abs. 3 Satz 2 HessStGHG, § 25 Abs. 2 Satz 2 MVLVerfGG, § 22 Abs. 2 Satz 2 NRWVerfGHG, § 27 Abs. 2 Satz 2 SHLVerfGG, § 22 Abs. 2 Satz 2 ThürVerfGHG.

[251] Ebenso § 26 Abs. 6 Satz 2 HessStGHG, § 30 Abs. 5 Satz 2 MVLVerfGG, § 19a Abs. 5 Satz 2 RhPfVerfGHG, § 23 Abs. 5 Satz 2 SaarlVerfGHG, § 30 Abs. 6 Satz 2 SHLVerfGG, § 26 Abs. 6 Satz 2 ThürVerfGHG.

[252] Ähnlich § 8 Abs. 3 Satz 2, Abs. 4 Satz 3 BlnVerfGHG, § 9 Abs. 3 Satz 2 HmbVerfGG, § 7 Abs. 1 Satz 3, Abs. 2 Satz 3 MVLVerfGG, § 6 Abs. 3 Satz 1 NdsStGHG, § 8 Abs. 3 Satz 4 NRWVerfGHG, § 5 Abs. 3 Satz 4 SächsVerfGHG, § 11 Abs. 2 Satz 4, Abs. 3 Satz 1 LSALVerfGG, § 9 Abs. 4 Satz 3, Abs. 5 Satz 3 SHLVerfGG, § 6 Abs. 4 Satz 2 ThürVerfGHG.

[253] Ebenso § 58 Abs. 4 Satz 1 BWVerfGHG, § 59 Abs. 2 Satz 2 NRWVerfGHG, § 50b Abs. 3 LSALVerfGG. Ähnlich § 15a Abs. 1 Satz 2 RhPfVerfGHG, § 34 Abs. 1 ThürVerfGHG.

Auch die Verwerfung unzulässiger oder offensichtlich unbegründeter Anträge (sog. A-limine-Abweisung) ist gemäß § 24 Satz 1 BVerfGG allein mit einstimmigem Beschluss des Gerichts möglich.[254] Hinzukommt schließlich noch das Einstimmigkeitserfordernis für den Erlass einer einstweiligen Anordnung durch den ›Notsenat‹[255] gemäß § 32 Abs. 7 Satz 1 BVerfGG.[256]

d) Minderheitsquorum

Neben Entscheidungen, die eine einfache oder qualifizierte Mehrheit erfordern oder gar nur einstimmig getroffen werden können, sind auch solche denkbar, die von einer Minderheit des Richterkollegiums herbeigeführt werden können. Im deutschen Prozessrecht existiert allerdings nur ein einziger derartiger Fall, nämlich die Senatsentscheidung am Bundesverfassungsgericht über die Annahme einer Verfassungsbeschwerde: Während alle Entscheidungen der Kammern Einstimmigkeit erfordern, ist die Annahme durch den Senat bereits beschlossen, wenn drei Richter für sie stimmen (§ 93d Abs. 3 Satz 2 BVerfGG).[257]

e) Stimmengleichheit

Manche Kollegialgerichte sind nicht mit einer ungeraden, sondern mit einer geraden Anzahl an Richtern besetzt,[258] sodass es (bei einfacher Mehrheit) zum Fall einer Stimmengleichheit kommen kann. Für die mit zwei Berufsrichtern und zwei Schöffen besetzten strafgerichtlichen Kammern (erweitertes Schöffengericht, besetzungsreduzierte große Strafkammer, erweiterte kleine Strafkammer) sieht § 196 Abs. 4 GVG vor, dass die Stimme des Vorsitzenden den Ausschlag gibt. Ebenfalls den Stichentscheid des Vorsitzenden[259] legt § 132 Abs. 6 Satz 4 GVG für die Großen Senate des Bundesgerichtshofs fest. Von

[254] Ebenso § 17 Abs. 2 Satz 1 BWVerfGHG, § 23 Satz 1 BlnVerfGHG, § 21 Satz 1 BbgVerfGG, § 27 Abs. 1 Satz 1 HmbVerfGG, § 20 Satz 1 MVLVerfGG; ähnlich § 24 Abs. 1, 2, § 43a Satz 1 HessStGHG, § 19 NRWVerfGHG, § 15a Abs. 1 Satz 1, 2 RhPfVerfGHG, § 17 Satz 1 SaarlVerfGHG, § 21 Abs. 1 LSALVerfGG, § 21 Satz 1 SHLVerfGG, § 19 Satz 1 ThürVerfGHG.

[255] Dazu bereits oben 1.b).

[256] Ebenso § 30 Abs. 7 Satz 1 BbgVerfGG, § 30 Abs. 6 Satz 1 MVLVerfGG, § 27 Abs. 6 Satz 1 NRWVerfGHG, § 19a Abs. 6 Satz 1 RhPfVerfGHG, § 15 Satz 1 SächsVerfGHG, § 31 Abs. 7 Satz 1 LSALVerfGG, § 30 Abs. 7 Satz 1 SHLVerfGG, § 26 Abs. 7 Satz 1 ThürVerfGHG.

[257] Die Stimmenzahl variiert nicht mit der Besetzung des Senats, ist also unabhängig davon, ob acht, sieben oder sechs Richter mitwirken. Damit schwankt umgekehrt die Zahl der Richter, die eine Annahme verhindern können, zwischen vier und sechs.

[258] Vgl. oben 1.a).

[259] Ebenso § 12 Abs. 2 BWVerfGHG, Art. 3 Abs. 6 Satz 5 BayVerfGHG (für das ›Berufsrichterplenum‹), § 10 Abs. 1 Satz 2 HmbVerfGG; nur für die Entscheidung über die Ablehnung eines Richters § 18 Abs. 3 Satz 2 HessStGHG und § 15 Abs. 1 Satz 2 MVLVerfGG, § 13a Abs. 3 Satz 3 RhPfVerfGHG, § 11 Abs. 1 Satz 3 SächsVerfGHG, § 20 Abs. 1 Satz 3 LSALVerfGG; für den Fall der Amtsniederlegung § 6 Abs. 1 Satz 3 Halbsatz 2 RhPfVerfGHG.

diesen sind seit Erhöhung der Senatsanzahl[260] der Große Senat für Zivilsachen und die Vereinigten Großen Senate mit einer geraden, der Große Senat für Strafsachen hingegen mit einer ungeraden Anzahl von Richtern besetzt.[261] Relevant ist der Stichentscheid des Vorsitzenden auch beim Großen Senat des Bundesverwaltungsgerichts (§ 11 Abs. 6 Satz 4 VwGO), beim Großen Senat des Bundessozialgerichts (§ 41 Abs. 5 Satz 3 SGG) und beim Großen Senat des Bundesarbeitsgerichts (§ 45 Abs. 6 Satz 3 ArbGG), nicht hingegen beim Großen Senat des Bundesfinanzhofs (§ 11 Abs. 6 Satz 3 FGO).

Wiederum existiert eine besondere Regelung für das Bundesverfassungsgericht in § 15 Abs. 4 Satz 3 BVerfGG:[262] Kommt es in dem mit acht (oder sechs) Richtern besetzten Senat zur Stimmengleichheit, so kann ein Verstoß gegen das Grundgesetz oder sonstiges Bundesrecht nicht festgestellt werden. Für das mit 16 (oder zwölf oder 14) Richtern besetzte Plenum fehlt seit der Aufhebung des Verweises in § 16 Abs. 4 BVerfGG a. F.[263] eine unmittelbare Regelung, jedoch findet § 15 Abs. 4 Satz 3 BVerfGG (analoge) Anwendung.[264] Daneben kennt das Bundesverfassungsgerichtsgesetz aber auch Stichentscheide des Vorsitzenden: in § 19 Abs. 1 Satz 2 BVerfGG für die Entscheidung über die Ablehnung eines Richters wegen Befangenheit und in § 14 Abs. 5 Satz 2 BVerfGG für den über die Senatszuständigkeit entscheidenden Ausschuss. Wiederum eine dem § 15 Abs. 4 Satz 3 BVerfGG ähnliche Regelung greift bei Stimmengleichheit in der vierköpfigen Beschwerdekammer. Nach § 97d Abs. 2 Satz 2 BVerfGG gilt die Verzögerungsbeschwerde in diesem Fall als zurückgewiesen.

Eine besondere Regelung besteht auch für den Europäischen Gerichtshof. Gemäß Art. 17 Abs. 1 EuGH-Satzung kann der Gerichtshof[265] nur in einer Besetzung mit einer ungeraden Anzahl von Richtern rechtswirksam entscheiden. Damit bei Verhinderung eines Richters keine Geradzahligkeit entsteht, sieht Art. 33 EuGHVerfO vor, dass in einem solchen Fall der dienstjüngste Richter

---

[260] Dazu oben Fn. 201.

[261] Der Gemeinsame Senat der obersten Gerichtshöfe des Bundes ist dauerhaft ungeradzahlig besetzt, da zu einer ungeraden Zahl von Präsidenten der obersten Gerichtshöfe eine gerade Zahl (je zwei) von Vertretern der beteiligten Senate hinzukommt (§ 3 Abs. 1 RsprEinhG). Entsprechend gibt es auch keine Regelung für einen Fall der Stimmengleichheit.

[262] Ähnliche Regelungen gelten für einige Landesverfassungsgerichte (näher unten D.II.1.c)cc)): § 11 Abs. 2 Satz 2 BlnVerfGHG, § 28 Abs. 1 Satz 2 BbgVerfGG, § 9 Abs. 4 Satz 2 NdsStGHG, § 25 Abs. 1 Satz 2 NRWVerfGHG, § 8 Abs. 3 Satz 3 SächsVerfGHG, § 13 Abs. 3 Satz 2, 3 LSALVerfGG und § 11 Abs. 2 Satz 2, 3 SHLVerfGG. Das SaarlVerfGHG kennt trotz der Besetzung mit acht Richtern erstaunlicherweise keine Regelung für den Fall der Stimmengleichheit; im bisher einzigen derartigen Fall hat der SaarlVerfGH entschieden, dass eine Verletzung der Verfassung nicht festgestellt werden kann; siehe SaarlVerfGH, Urt. v. 02.06.1998 – Lv 4/97 –, LVerfGE 8, 257 (265).

[263] Art. 1 Nr. 9 lit. b Gesetz zur Änderung des Bundesverfassungsgerichtsgesetzes v. 21.07.1956, BGBl. I, S. 662 (663).

[264] Näher unten D.II.1.c)cc)(1).

[265] Für das EuG gilt Gleiches gemäß Art. 47 Abs. 1 EuGH-Satzung und Art. 22 EuGVerfO.

nicht an der Beratung teilnimmt.[266] Am Europäischen Gerichtshof für Menschenrechte kann, da jeder verhinderte Richter ersetzt wird, keine Geradzahligkeit auftreten.

3. *Abstimmung*

Die Abstimmung wird ebenso wie die Beratung vom Vorsitzenden geleitet: Er »stellt die Fragen und sammelt die Stimmen« (§ 194 Abs. 1 GVG). Er bestimmt auch die Form der Abstimmung (Handaufheben, Kopfnicken usw.).[267] Auch stillschweigende Zustimmung wird für zulässig erachtet.[268] Die Abstimmung muss offen erfolgen.[269] Die Reihenfolge der Stimmabgabe wird in § 197 GVG geregelt. Den Grundsatz hält § 197 Satz 1 Halbsatz 2 fest: Der Jüngere stimmt vor dem Älteren.[270] Die genaue Reihenfolge lautet: Berichterstatter, ehrenamtliche Richter nach Lebensalter, Berufsrichter nach Dienstalter, zuletzt Vorsitzender (auch wenn er der Berichterstatter sein sollte[271]). Anders als § 196 GVG gilt § 197 GVG kraft Verweisung in § 17 BVerfGG auch für das Bundesverfassungsgericht. Besonders, aber in der Sache identisch geregelt ist die Abstimmungsreihenfolge für eine Reihe von Landesverfassungsgerichten.[272]

Nicht gesetzlich geregelt ist die Frage der Abstimmungsmethode. Die Streitfrage über Total- und Einzelabstimmung wurde beim Erlass des Gerichtsverfassungsgesetzes 1877 bewusst offengelassen. § 194 Abs. 2 GVG bestimmt aber zumindest die Zuständigkeit für die Entscheidung dieser Frage: Über die Festlegung der Abstimmungsfragen und deren Reihenfolge entscheidet nicht der Vorsitzende, der die Beratung und Abstimmung leitet, sondern das Kollegium.[273]

---

[266] Handelt es sich dabei um den Berichterstatter, so nimmt der Richter mit dem nächstniedrigen Dienstaltersrang an der Beratung nicht teil.

[267] *O. R. Kissel/H. Mayer*, GVG, 9. Aufl. 2018, § 194 Rn. 4. Zu Abstimmungsformen bei der amerikanischen Jury vgl. *E. P. Schwartz*, Secret Ballot or a Show of Hands?, Jury Expert 2006, Heft 6, S. 9 ff.

[268] *O. R. Kissel/H. Mayer*, a. a. O., § 194 Rn. 4. A. A. mit gewichtigen Argumenten *W. Ernst*, Abstimmen über Rechtserkenntnis, JZ 2012, S. 637 (641 f.). Zum (scheinbaren) Konsens durch stillschweigende Zustimmung vgl. auch *P. Urfalino*, La décision par consensus apparent, Rev. eur. sci. soc. 45 (2007), S. 47 ff.

[269] *O. R. Kissel/H. Mayer*, a. a. O., § 194 Rn. 4. Allgemein zu den Vor- und Nachteilen offener Abstimmungen *G. Brennan/P. Pettit*, Unveiling the Vote, Br. J. Political Sci. 20 (1990), S. 311 ff.

[270] Dazu *A. Wacke*, Der Jüngere stimmt zuerst – Der Ältere teilt, der Jüngere wählt, JA 1981, S. 176.

[271] BVerwG, Urt. v. 22.08.1979 – 8 C 44/78 –, VerwRspr 31 (1980), S. 508 f. = BayVBl. 1980, S. 305 f.; *O. R. Kissel/H. Mayer*, GVG, 9. Aufl. 2018, § 197 Rn. 2.

[272] § 22 Abs. 2 BWVerfGHG, Art. 24 Abs. 2 BayVerfGHG, § 28 Abs. 2 BbgVerfGG, § 22 Abs. 1 HmbVerfGG, § 27 Abs. 2 MVLVerfGG, § 25 Abs. 2 NRWVerfGHG.

[273] Vgl. *W. Ernst*, Abstimmen über Rechtserkenntnis, JZ 2012, S. 637 (643). Siehe auch noch unten D.I.4.d)bb)(2)(a), cc)(2).

B. Rechtfertigung

I. Legitimation und Rechtfertigung

Die Anwendung des Mehrheitsprinzips in der Judikative bedarf der Rechtfertigung. Das Mehrheitsprinzip als Entscheidungsregel der kollegialgerichtlichen Abstimmung ist Teil des Prozesses, an dessen Ende ein Gerichtsurteil steht, dessen Legitimität den Parteien gegenüber nicht zuletzt davon abhängt, dass es in einem legitimierenden Gerichtsverfahren zustande gekommen ist.[1] Diese legitimierende Wirkung des Gerichtsverfahrens hat verschiedene Voraussetzungen: Das Gericht muss den Parteien rechtliches Gehör gewähren, das Öffentlichkeits- und Mündlichkeitsprinzip[2] wahren und sich stets unparteiisch verhalten, um nur einige der wichtigsten Aspekte zu nennen. Als Teil dieses legitimierenden Verfahrens bedarf nun das Mehrheitsprinzip, das noch dazu mit der kollegialgerichtlichen Abstimmung einen, wenn nicht den zentralen Moment des Gerichtsverfahrens betrifft, einer Rechtfertigung. Denn die durch das Gerichtsverfahren zustande gekommene Entscheidung kann ausschließlich dann für die Parteien legitim sein, wenn die angewandte Entscheidungsregel ihnen gegenüber gerechtfertigt ist. Und richtet man den Blick über fallentscheidende Gerichte unterer Instanzen hinaus auf Höchst- und Verfassungsgerichte, so weitet sich, weil die Urteile dieser Gerichte nicht nur den konkreten Streit entscheiden, sondern allgemeine Wirkung für die Rechtsordnung aufweisen, die Problematik der Legitimation der Gerichtsentscheidungen und damit auch der Rechtfertigung des Mehrheitsprinzips von den Parteien auch auf andere Betroffene, letztlich die ganze Gesellschaft aus.[3]

---

[1] Damit ist keine ausschließliche ›Legitimation durch Verfahren‹ gemeint, sondern lediglich, dass neben anderen Faktoren, wie insb. dem Gesetzesbezug, auch das Verfahren – in nicht unerheblichem Maße – zur Legitimation der Gerichtsentscheidung beiträgt. Vgl. *R. Zippelius*, Rechtsphilosophie, 6. Aufl. 2011, S. 195.

[2] Vgl. *A. Voßkuhle/G. Sydow*, Die demokratische Legitimation des Richters, JZ 2002, S. 673 (680).

[3] Vgl. *C. Möllers*, Individuelle Legitimation: Wie rechtfertigen sich Gerichte?, in: Geis/Nullmeier/Daase (Hrsg.), Der Aufstieg der Legitimitätspolitik, 2012, S. 398 (406 f.). Zu fragen wäre noch, ob der Unterschied zwischen Instanz- und Obergerichten ein qualitativer oder lediglich quantitativer ist, bedenkt man die gesellschaftliche Bedeutung auch mancher erstinstanzlicher, insb. verwaltungs- oder arbeitsgerichtlicher Entscheidungen; vgl. *E. Benda*, Zur gesellschaftlichen Akzeptanz verwaltungs- und verfassungsgerichtlicher Entscheidungen, DÖV 1983, S. 305 (307).

Weniger abstrakt gewendet: Wenn der zum Schadensersatz verurteilte Beklagte darauf hinwiese, dass die Anspruchsvoraussetzungen nur von zwei der drei Richter bejaht wurden, oder wenn die von einem Gesetz Betroffenen fragten, warum es weiter gelte, wenn doch immerhin drei von acht Bundesverfassungsrichtern es für verfassungswidrig hielten, so muss ihnen eine Antwort gegeben werden können.[4] Der Verweis auf das Mehrheitsprinzip als Grundlage der Entscheidung kann nur dann genügen, wenn seine Anwendung gerechtfertigt ist. Zwar könnte zur Rechtfertigung auf die gesetzlichen Vorschriften über die gerichtliche Abstimmung[5] verwiesen werden.[6] Dann stellt sich aber sofort die Anschlussfrage, warum der Gesetzgeber das Mehrheitsprinzip vorgeschrieben hat. Die rechtsphilosophische Frage aus dem Blickwinkel der Legitimation – im Sinne einer »kritische[n] Überprüfung von Institutionen und Verfahren«[7] – lautet also, ob die gesetzliche Festlegung des Mehrheitsprinzips in der Judikative gerechtfertigt werden kann.[8]

Diese Perspektive ist in doppelter Hinsicht von soziologischen Ansätzen abzugrenzen. Zum einen geht es bei der Legitimation von Gerichtsentscheidungen um deren theoretische ›Anerkennungsfähigkeit‹, nicht um die tatsächliche, empirisch festzustellende Akzeptanz[9] durch die Betroffenen. Zum anderen tau-

---

[4] Vgl. auch *J. Waldron*, Five to Four: Why Do Bare Majorities Rule on Courts?, Yale Law J. 123 (2014), S. 1692 (1708 f.).

[5] V. a. § 196 GVG. Zu weiteren Vorschriften siehe oben A.V.2.a).

[6] Darin liegt ein Unterschied zu den USA und zu Großbritannien, wo es gesetzliche Vorschriften über das Mehrheitsprinzip in der Judikative nicht gibt; vgl. *J. Waldron*, Five to Four: Why Do Bare Majorities Rule on Courts?, Yale Law J. 123 (2014), S. 1692 (1706). *A. R. Amar*, America's Unwritten Constitution, 2012, S. 357 ff., argumentiert allerdings, dass das Mehrheitsprinzip als Entscheidungsregel des US Supreme Court bei Erlass der Verfassung 1787 stillschweigend vorausgesetzt wurde.

[7] *D. Czybulka*, Akzeptanz als staatsrechtliche Kategorie?, Die Verwaltung 26 (1993), S. 27 (33).

[8] Damit einher geht die Frage, ob bzw. was das Mehrheitsprinzip zur Legitimation der getroffenen Entscheidung beitragen kann. Vgl. dazu *P. Urfalino*, Les justifications de la règle majorité, Raisons politiques 2014, S. 5 (8).

[9] Dazu *E. Benda*, Zur gesellschaftlichen Akzeptanz verwaltungs- und verfassungsgerichtlicher Entscheidungen, DÖV 1983, S. 305 ff.; *J. Limbach*, Die Akzeptanz verfassungsgerichtlicher Entscheidungen, 1997; *dies.*, Die Akzeptanz verfassungsgerichtlicher Entscheidungen, in: Brand/Strempel (Hrsg.), FS Blankenburg, 1998, S. 207 ff.; *dies.*, Die Akzeptanz verfassungsgerichtlicher Entscheidungen, in: Pichler (Hrsg.), Rechtsakzeptanz und Handlungsorientierung, 1998, S. 257 ff.; *L. Adamovich*, Akzeptabilität und Akzeptanz von Gerichtsentscheidungen am Beispiel der Verfassungsgerichtsbarkeit, in: Pichler (Hrsg.), a. a. O., S. 247 ff.; *H. Rüping*, »Im Namen des Volkes«, RuP 2000, S. 180 ff.; *H. Müller-Dietz*, Von der Überzeugungskraft des richterlichen Urteils, in: Lüke/Mikami/Prütting (Hrsg.), FS Ishikawa, 2001, S. 361 ff.; *T. Würtenberger*, Die Akzeptanz von Gerichtsentscheidungen, in: Hof/Schulte (Hrsg.), Wirkungsforschung zum Recht III, 2001, S. 201 ff. Kritisch *D. Czybulka*, Akzeptanz als staatsrechtliche Kategorie?, Die Verwaltung 26 (1993), S. 27 ff. Zur Akzeptanz von Recht generell siehe (am Beispiel Österreichs) *J. W. Pichler/K. J. Giese*, Rechtsakzeptanz, 1993, sowie die weiteren Beiträge in *J. W. Pichler* (Hrsg.), a. a. O., und die Nachweise bei *H. Müller-Dietz*, a. a. O., S. 361 Fn. 2–5.

gen soziologische Erklärungen des Mehrheitsprinzips nicht als Argument zur philosophischen Rechtfertigung, da sie lediglich dessen Faktizität in Form seiner historischen Entstehung und heutigen Anwendung untersuchen, seine Normativität aber außen vor lassen.[10] So kann etwa die These Georg Simmels von der Abstimmung als Ersatz für den Kampf, bei dem die Mehrheit sich gegenüber der Minderheit mit physischem Zwang durchsetzen würde,[11] »allenfalls die Wirksamkeit des Prinzips, nicht aber seine Geltung begründen.«[12]

II. Natürlichkeitsargumente

Das Mehrheitsprinzip wurde[13] und wird nicht selten schlicht für »natürlich«[14] gehalten. Danach rechtfertige sich die Anwendung des Mehrheitsprinzips für Gerichtsentscheidungen dadurch, dass das Mehrheitsprinzip der natürliche Entscheidungsmodus sei, wenn in einer Gruppe von mehreren Personen ein Beschluss zu fassen ist. Wohlgemerkt geht es dem Natürlichkeitsargument nicht darum, den Bedarf einer Rechtfertigung zu leugnen,[15] vielmehr soll das Mehr-

[10] Womit nicht behauptet werden soll, dass sie normativ völlig belanglos sind. Zum Verhältnis von Rechtfertigung und Erklärung vgl. auch (in Bezug auf die Existenz des Staates) *A. Nelson*, Explanation and Justification in Political Philosophy, Ethics 97 (1986), S. 154 ff.

[11] *G. Simmel*, Exkurs über die Überstimmung, in: Guggenberger/Offe (Hrsg.), An den Grenzen der Mehrheitsdemokratie, 1984, S. 40 (41 f.); ähnlich *A. Przeworski*, Minimalist Conception of Democracy, in: Shapiro/Hacker-Cordón (Hrsg.), Democracy's Value, 1999, S. 23 (45 ff.). Es besteht allerdings eine deutliche Verbindung zu Lockes (normativem) Kraftargument (siehe unten II.2.a)). Die Idee des Kampfersatzes kann wohl auch (ähnlich Hobbes' Naturzustand) durchaus für die Rechtfertigung heterenomer Herrschaft an sich und möglicherweise darüber hinaus demokratischer Abstimmungen herhalten, aber eben nicht eine bestimmte Entscheidungsregel rechtfertigen. Kritisch auch *S. Novak*, Majority Rule, Philos. Compass 9 (2014), S. 681 (683). *J. Waldron*, Five to Four: Why Do Bare Majorities Rule on Courts?, Yale Law J. 123 (2014), S. 1692 (1708), führt ferner zutreffend aus, dass die Idee des Kampfersatzes nicht auf Richter passt.

[12] *G. Jochum*, Materielle Anforderungen an das Entscheidungsverfahren in der Demokratie, 1997, S. 41.

[13] Vgl. *W. Starosolskyj*, Das Majoritätsprinzip, 1916, S. 35: »Die ersten Versuche, die Geltung des Mehrheitsprinzips zu rechtfertigen, sind schon in der hellenistischen Literatur zu verzeichnen. Doch wurden alle Erwägungen darüber bis in die Neuzeit von dem Gedanken begleitet, die Geltung dieses Prinzipes sei etwas Natürliches, bedürfe folglich nicht der näheren ausführlichen Begründung.«

[14] *J. Rawls*, Eine Theorie der Gerechtigkeit, 20. Aufl. 2017, S. 392. Zum Mehrheitsprinzip bei Rawls vgl. *L. Foisneau*, Rawls et la justification de la règle de majorité, Raisons politiques 2014, S. 63 ff.

[15] Auf den Unterschied zwischen Natürlichkeit als Rechtfertigung und Selbstverständlichkeit als Leugnung eines Rechtfertigungsbedarfs hinweisend auch *J. Waldron*, Five to Four: Why Do Bare Majorities Rule on Courts?, Yale Law J. 123 (2014), S. 1692 (1707). Die Abgrenzung kann freilich im konkreten Fall durchaus schwierig sein. Man betrachte etwa die Aussage von *H. Arendt*, On Revolution, 1963, S. 163: »[Majority decision], however, is a technical device, likely to be adopted almost automatically in all types of deliberative councils and assemblies […]. In other words, the principle of majority is inherent in the very process

heitsprinzip durchaus gerechtfertigt werden, nur eben gleichsam aus der ›Natur der Sache‹, betreffend die Entscheidungsfindung innerhalb einer Gruppe von Menschen. Grob gesprochen sagt das Argument, dass sich natürlich die Ansicht der Mehrheit durchsetzen müsse, andernfalls eine Minderheit entscheiden würde. Simpler, zugespitzter und umfassender kommt es zum Ausdruck in der Frage: Was sonst?[16]

1. Was sonst?

Das Argument der Alternativlosigkeit kann als Rechtfertigungsbegründung nicht befriedigen: »So anspruchslos wird doch wohl niemand sein, daß er mit einem ›Was sonst?‹ eine geistige Grundlage oder eine moralische Wahrheit für erwiesen hielte.«[17] Es ist nicht nur ein »hilfloses Argument«[18], es trifft in der Sache auch schlichtweg nicht zu, denn das Mehrheitsprinzip ist nicht alternativlos. Die Anzahl denkbarer Entscheidungsregeln ist geradezu atemberaubend hoch.[19] Will ein Spruchkörper aus drei Richtern eine einzige Entscheidung treffen, also über eine einzige mit Ja und Nein zu beantwortende Frage abstimmen, so gibt es $2^{2^3} = 256$ Möglichkeiten, die Stimmen der Richter zu aggregieren. Stimmen die neun Richter des amerikanischen Supreme Court ab, sind es 2^{2^9}, eine 155-stellige Zahl (ungefähr $1{,}34 \times 10^{154}$) – eine Zahl, die größer ist als die meisten Schätzungen für die ›Eddington number‹, die Anzahl aller elementaren Teilchen im Universum.[20] Obgleich freilich die allermeisten dieser Entscheidungsregeln, selbst wenn sie sich formalisieren lassen, für reale Entscheidungs-

---

of decision-making and thus is present in all forms of government […].« Dabei kann es sich um eine Rechtfertigung durch Natürlichkeit ebenso gut handeln wie um eine Leugnung des Rechtfertigungsbedarfs (in letzterem Sinne wird die Stelle verstanden von *J. Waldron*, a. a. O., S. 1706). Das Zitat kann aber auch schlicht eine (soziologische) Feststellung der Natürlichkeit des Mehrheitsprinzips in Gestalt seiner nahezu automatischen Anwendung sein. Zu dieser soziologischen ›Macht‹ des Mehrheitsprinzips vgl. *A. Vermeule*, The Force of Majority Rule, in: Novak/Elster (Hrsg.), Majority Decisions, 2014, S. 132 ff.

[16] Vgl. *H. J. Varain*, Die Bedeutung des Mehrheitsprinzips im Rahmen unserer politischen Ordnung, ZfP 1964, S. 239 (239); *E. Benda*, Konsens und Mehrheitsprinzip im Grundgesetz und in der Rechtsprechung des Bundesverfassungsgerichts, in: Hattenhauer/Kaltefleiter (Hrsg.), Mehrheitsprinzip, Konsens und Verfassung, 1986, S. 61 (62); *H. Dreier*, Das Majoritätsprinzip im demokratischen Verfassungsstaat, ZParl 17 (1986), S. 94 (99). Skeptisch aber zurecht *W. Heun*, Das Mehrheitsprinzip in der Demokratie, 1983, S. 79; *B. Guggenberger*, An den Grenzen der Mehrheitsdemokratie, in: ders./Offe (Hrsg.), An den Grenzen der Mehrheitsdemokratie, 1984, S. 184 (187 f.); *C. Offe*, Politische Legitimation durch Mehrheitsentscheidung?, in: Guggenberger/Offe (Hrsg.), a. a. O., S. 150 (151); *G. Jochum*, Materielle Anforderungen an das Entscheidungsverfahren in der Demokratie, 1997, S. 38 ff.

[17] *C. Schmitt*, Die geistesgeschichtliche Lage des heutigen Parlamentarismus, 10. Aufl. 2017, S. 7.

[18] *C. Schmitt*, a. a. O., S. 90.

[19] Zum Folgenden *C. List/P. Pettit*, Group Agency, 2011, S. 49.

[20] Die Senate des BVerfG kommen bei acht Richtern mit ungefähr $1{,}16 \times 10^{77}$ (2 hoch 2 hoch 8) nahe an die ›Eddington number‹ heran. Ab zehn Abstimmenden (2 hoch 2 hoch 10)

situationen völlig unbrauchbar sind,[21] befinden sich darunter doch manche, die auch für eine Anwendung bei der kollegialgerichtlichen Entscheidungsfindung in Betracht kommen.[22] So sind etwa qualifizierte Mehrheiten bis hin zur Einstimmigkeit ebenso denkbar wie Minderheitsquoren. Daneben gibt es solche Entscheidungsregeln, die entweder gar nicht an das Zählen von Stimmen anknüpfen oder nicht darauf abstellen, dass eine Option eine bestimmte Stimmenzahl erreicht hat. Zu nennen sind hier insbesondere Losentscheide[23] und Verfahren fairer, also (in einem bestimmten Sinne) proportionaler Verteilung[24].

Gerade qualifizierte Mehrheiten und Einstimmigkeitserfordernisse kommen im Prozessrecht auch tatsächlich vor: im Strafprozess, in bestimmten bundesverfassungsgerichtlichen Verfahren und in den Kammern des Bundesverfassungsgerichts.[25] Speziell für ein Verfassungsgericht[26] wie das Bundesverfassungsgericht lässt sich daran denken, eine qualifizierte Mehrheit als Erfordernis für die Aufhebung von Gesetzen festzulegen.[27] Auch dafür gibt es reale Beispiele: Die Verfassung des US-Bundesstaates Nebraska fordert für normverwerfende Entscheidungen des dortigen Supreme Court eine Mehrheit von fünf von sieben Richtern, die Verfassung von North Dakota eine Mehrheit von vier von fünf Richtern.[28] Weitergehend kann das Verfassungsgericht der Republik Korea

---

versagen die mir zur Verfügung stehenden Online-Taschenrechner; diese Zahl kann nur noch als ›ungefähr unendlich‹ angegeben werden.

[21] *C. List/P. Pettit*, Group Agency, 2011, S. 49.

[22] Vgl. auch *P. Häberle*, Das Mehrheitsprinzip als Strukturelement der freiheitlich-demokratischen Grundordnung, JZ 1977, S. 241 (243): »Es bleibt Raum für andere Entscheidungsmodi wie Konsens (Einstimmigkeit) und Proporz.«

[23] Neben der puren Zufallsentscheidung, bei der alle Optionen dieselbe Chance haben, gibt es auch so genannte ›gewichtete Lotterien‹ (siehe dazu unten VI.1.).

[24] Vgl. *M. Risse*, On the Philosophy of Group Decision Methods II, Philos. Compass 4 (2009), S. 803 ff.; *W. Thomson*, Fair Allocation Rules, in: Arrow/Sen/Suzumura (Hrsg.), Handbook of Social Choice and Welfare, Bd. 2, 2010, S. 393 ff. Verfahren fairer Verteilung können, müssen aber nicht an das Zählen von Stimmen anknüpfen. Der wohl berühmteste Fall der ersten Gruppe und der Verfahren fairer Verteilung überhaupt ist die Verhältniswahl zur Besetzung eines Parlaments (vgl. dazu auch oben A. Fn. 11). Proportionalität als demokratisches Grundprinzip postulieren *H. Brighouse/M. Fleurbaey*, Democracy and Proportionality, J. Political Philos. 18 (2010), S. 137 ff. Zur proportionalen Repräsentation siehe auch *J. M. Colomer*, The Strategy and History of Electoral System Choice, in: ders. (Hrsg.), Handbook of Electoral System Choice, 2004, S. 3 (41 ff.).

[25] Daneben auch bei Landesverfassungsgerichten. Näher oben A.V.2.b), c).

[26] Vgl. auch *C. Hübner Mendes*, Constitutional Courts and Deliberative Democracy, 2013, S. 168: »It is not at all obvious, however, that it [simple majority rule] should be adopted as a standard of decisiveness within a constitutional court.«

[27] Vgl. nur *T. v. Danwitz*, Qualifizierte Mehrheiten für normverwerfende Entscheidungen des BVerfG?, JZ 1996, S. 481 ff. Näher dazu unten C.I.3.

[28] Darauf hinweisend *J. Waldron*, Five to Four: Why Do Bare Majorities Rule on Courts?, Yale Law J. 123 (2014), S. 1692 (1697). Daneben legte die Verfassung von Ohio zwischen 1912 und 1968 fest, dass der Supreme Court ein Gesetz nur aufheben konnte, wenn nicht mehr als ein Richter dagegen stimmte; dazu *J. L. Entin*, Judicial Supermajorities and the Validity of Statutes, Case West. Reserve Law Rev. 52 (2001), S. 441 ff. Zum Ganzen *E. H. Caminker*,

in sämtlichen Verfahren, mit Ausnahme von Organstreitigkeiten, einen Verfassungsverstoß nur mit einer Mehrheit von mindestens sechs der neun Richter feststellen.[29] Die Rechtsgeschichte kennt schließlich sogar Verfahren fairer Verteilung, die bei Dissens innerhalb eines Spruchkörpers die Erfolgswertgleichheit aller Richterstimmen wahren sollen[30] oder bei Zweifeln über die Sach- und Rechtslage (auch beim Einzelrichter) eine proportionale Aufteilung des Streitgegenstands vorsehen[31].

Thayerian Deference to Congress and Supreme Court Supermajority Rule, Indiana Law J. 78 (2003), S. 73 (90 ff.); *J. H. Shugerman*, A Six-Three Rule: Reviving Consensus and Deference on the Supreme Court, Ga. Law Rev. 37 (2003), S. 893 (954 ff.). Kritisch *S. Zellmer/K. Miller*, The Fallacy of Judicial Supermajority Clauses in State Constitutions, Univ. Toledo Law Rev. 47 (2015), S. 73 ff.

[29] Dazu *J. S. Hong*, Signaling the Turn, Am. J. Comp. Law 67 (2019), S. 177 ff. – Taiwans Verfassungsgericht (›Justiz-Yuan‹) kann nur mit Zweidrittelmehrheit über die Auslegung der Verfassung (und damit auch die Verfassungswidrigkeit von Gesetzen) entscheiden, aber mit einfacher Mehrheit einen Verfassungsverstoß der Exekutive feststellen. Vgl. (auch zu der bis 1993 geltenden Dreiviertelmehrheit) *T. Ginsburg*, Judicial Review in New Democracies, 2003, S. 132 mit Fn. 56. Zum Justiz-Yuan siehe auch *Z.-N. Su*, Der Aufbau der Gerichtsbarkeit in Taiwan, VRÜ 45 (2012), S. 72 ff., der allerdings nicht auf das Thema der Richtermehrheiten eingeht. – Die Verfassung von Costa Rica schrieb bis 1989 eine Zweidrittelmehrheit für normverwerfende Entscheidungen vor. Vgl. *R. S. Barker*, Judicial Review in Costa Rica, Southwest. J. Law Trade Am. 7 (2000), S. 267 (275 ff.).

[30] So sah der in Trient tätige Jurist Francesco Vigilio Barbacovi (1738–1821) in einem Gesetzentwurf für den Strafprozess die Proportionalität vor. Wenn z. B. von acht Richtern fünf auf 16 Jahre und drei auf Freispruch entschieden, so sollten die 16 Jahre in acht Teile geteilt und drei Teile abgezogen werden, mit dem Ergebnis einer Strafe von 10 Jahren. Siehe *Spangenberg*, Ueber die Stimmenmehrheit in Criminalsachen, Neues Archiv des Criminalrechts 3 (1820), S. 665 (672 ff.); vgl. auch *W. Ernst*, Rechtserkenntnis durch Richtermehrheiten, 2016, S. 139 ff. Zum Gedanken der Erfolgswertgleichheit *Spangenberg*, a. a. O., S. 666: »[Barbacovi] bestreitet nämlich den Grundsatz, daß Stimmenmehrheit in Criminalsachen entscheiden solle, und als der Wahrheit, daß die eine Stimme *so viel Kraft haben müsse, als die andere*, widersprechend« (Herv. des Verf.). Für eine derartige Lösung auch *A. Zeiler*, Unbestimmtheit der Rechtsanwendung, salomonische Entscheidung und Mehrheitsregel, 1915, insb. S. 22 ff.; *ders.*, Ein neuer Lösungsversuch zur Frage der Abstimmung im Ratsgericht, ZStW 41 (1920), S. 528 (555 ff.). Gegen Barbacovis Vorschlag *Abegg*, Beiträge zur Lehre von der Rechtsfindung durch Richter-Kollegien, Archiv für preußisches Strafrecht 7 (1859), S. 145 (160 f.); gegen Zeiler *A. Schafft-Stegemann*, Die Abstimmung im Strafprozess, 1964, S. 41 f.

[31] So war in dem 1747/48 von Samuel von Cocceji (1679–1755) verfassten ›Project des Codicis Fridericiani Marchici‹ für die Mark Brandenburg eine proportionale Teilung bei unklarer Sach- oder Rechtslage vorgesehen (3. Teil, XXXVI, § 6): »Wann eine Sache in facto, insonderheit antiquo, dergestalt dunckel und zweifelhaft ist, daß man nicht gewiß ausfinden kann, wer Recht oder Unrecht hat, und z. E. [zum Exempel] die hinc inde angegebene Zeugen oder Actus &c. mehrentheils von gleichem Werth seyn, so wollen Wir das streitige Object, jedoch nach Proportion, daß einer mehr oder weniger Praesumtion vor sich hat, getheilet werde.« Vgl. zu Cocceji *W. Ernst*, a. a. O., S. 102 ff. 1817 formulierte Barbacovi (vgl. Fn. 30) in seinem Werk ›Della decisione delle cause dubbie nei giudizi civili‹ einen Vorschlag, nach dem den Parteien bei Zweifeln anteilig in dem Verhältnis der Wahrscheinlichkeiten Recht gegeben werden sollte; siehe *W. Ernst*, a. a. O., S. 137 ff. Zur Berücksichtigung von Wahrscheinlichkeiten, insb. in Kollegialgerichten, vgl. auch *S. Levmore*, Conjunction and Aggregation, Mich. Law Rev. 99 (2001), S. 723 ff.

Jede Erwiderung auf diesen Vorhalt, jeder Einwand gegen Alternativen zur (einfachen) Mehrheit ist zwangsläufig ein anderes Argument der Rechtfertigung. Wer etwa anführt, Einstimmigkeit könne nicht stets erzielt werden,[32] argumentiert bereits mit der Praktikabilität der Entscheidungsregel. Ja, sogar dass es überhaupt auf die Ansichten der Entscheidungsträger ankommen soll, dass also deren Stimmen gezählt werden sollen, ist bereits eine über die Natürlichkeit hinausgehende Prämisse – schließlich könnte doch auch einfach ein Los gezogen werden.[33] Die Frage ›Was sonst?‹ führt folglich stets zu weiterem Rechtfertigungsbedarf,[34] der nicht »ohne Rückgriff auf inhaltliche Kriterien«[35] beantwortet werden kann. In diesem Sinne ist die Frage nach der Rechtfertigung des Mehrheitsprinzips auch immer die Frage nach seinem Proprium.

2. Mehrheit statt Minderheit

Dass natürlich die Mehrheit statt einer Minderheit sich durchsetzen müsse, dürfte eines der ältesten und am häufigsten wiederkehrenden Argumente für das Mehrheitsprinzip sein. Es findet sich bereits beim spanischen Spätscholastiker Francisco de Vitoria,[36] beim niederländischen Naturrechtslehrer Hugo Grotius[37] und beim englischen Staatstheoretiker Thomas Hobbes.[38] In einer modernen Formulierung klingt es folgendermaßen:

---

[32] So etwa *H. Dreier*, Das Majoritätsprinzip im demokratischen Verfassungsstaat, ZParl 17 (1986), S. 94 (100).

[33] Dazu unten VI. 1.

[34] Ähnlich *J. Waldron*, Five to Four: Why Do Bare Majorities Rule on Courts?, Yale Law J. 123 (2014), S. 1692 (1706).

[35] *G. Jochum*, Materielle Anforderungen an das Entscheidungsverfahren in der Demokratie, 1997, S. 39.

[36] Vgl. die Übersetzung bei *A. Voigt* (Hrsg.), Der Herrschaftsvertrag, 1965, S. 90: »Wenn zwei Parteien uneins sind, muß es zwangsläufig dahin kommen, daß die Ansicht der einen Partei die Oberhand gewinnt. Nachdem sie Entgegengesetztes wollen und die Ansicht der Minderheit nicht obsiegen darf, ist die Ansicht der Mehrheit zu befolgen.« Vitoria spricht aber auch Aspekte der Praktikabilität (ebd.: »[...] da Einstimmigkeit selten oder nie in einer Menge vorkommt«) und der Neutralität an (ebd.: »Warum wird Einstimmigkeit mehr für einen positiven als für einen negativen Akt gefordert?«).

[37] *H. Grotius*, De iure belli ac pacis libri tres, 2. Aufl. 1631, Buch II, Kap. V, § XVII: »Omnino enim ea credenda est fuisse voluntas in societatem coeuntium, ut ratio aliqua esset expediendi negotia: est autem manifeste iniquum, ut pars major sequatur minorem: quare naturaliter [...] pars major jus habet integri.« Grotius äußert als Erster den Gedanken, dass das Mehrheitsprinzip gilt, weil es von der Zustimmung zum Gesellschaftsvertrag umfasst ist, wobei er die Natürlichkeit als Grund dafür benennt, dass das Mehrheitsprinzip Teil des Gesellschaftsvertrags ist; siehe dazu oben A. Fn. 164.

[38] *T. Hobbes*, Leviathan, 1651, Kap. 15: »And if the Representative consist of many men, the voyce of the greater number, must be considered as the voyce of them all. For if the lesser number pronounce (for example) in the Affirmative, and the greater in the Negative, there will be Negatives more than enough to destroy the affirmatives; and thereby the excesse of Negatives, standing uncontradicted, are the only voyce the Representative hath.« Zur Interpretation *J. Waldron*, The Dignity of Legislation, 1999, S. 133; *M. Risse*, Philosophy of Group Decision

[O]n any given question about which opinion is divided, the decision must, as a matter of logic, accord with either the preferences of the majority or the preferences of the minority. And, by something akin to the rule of insufficient reason, it seems difficult to say why the decision should go in the way wanted by the minority rather than in the way wanted by the majority.[39]

Ebenso wäre es für Georg Jellinek »die verkehrte Welt, wollte man innerhalb einer Kammer oder einer Volksgemeinde das Votum der Minderheit höher werthen als [das] der Mehrheit«.[40] Konkret lassen sich zwei wichtige Argumentationsformen unterscheiden: das Kraft- und das Absurditätsargument.

a) *Kraftargument*

Den locus classicus des ersten Arguments bildet eine Passage von John Locke, in der er die Natürlichkeit des Mehrheitsprinzips mit einem biologischen Bild zu beweisen sucht:

For when any number of Men have, by the consent of every individual, made a Community, they have thereby made that Community one Body, with a Power to Act as one Body, which is only by the will and determination of the majority. For that which acts any Community, being only the consent of the individuals of it, and it being necessary to that which is one body to move one way; it is necessary the Body should move that way whither the greater force carries it, which is the consent of the majority: or else it is impossible it should act or continue one Body, one Community, which the consent of every individual that united into it, agreed that it should; and so every one is bound by that consent to be concluded by the majority.[41]

Nimmt man dieses ›Kraft‹-Argument wörtlich, so basiert es zum einen auf einer falschen Vorstellung von Kräften, da erstens das Ergebnis verschiedener Kräfte aus der Vektorsumme, nicht aus der numerischen Mehrheit folgt[42] und zweitens die numerische Mehrheit nicht die größte Kraft sein muss, da die einzelnen

---

Methods I, Philos. Compass 4 (2009), S. 793 (795). Hobbes' Argument ist eigentlich so vage, um nicht zu sagen: inhaltsleer, dass es gar nichts hergibt.

[39] *B. Barry*, Is Democracy Special?, in: ders., Democracy, Power and Justice, 1989, S. 24 (27). Siehe auch *E. Benda*, Konsens und Mehrheitsprinzip im Grundgesetz und in der Rechtsprechung des Bundesverfassungsgerichts, in: Hattenhauer/Kaltefleiter (Hrsg.), Mehrheitsprinzip, Konsens und Verfassung, 1986, S. 61 (62).

[40] *G. Jellinek*, Das Recht der Minoritäten, 1898, S. 38 f.

[41] *J. Locke*, Two Treatises of Government, 1689, II § 96. Siehe dazu *W. Kendall*, John Locke and the Doctrine of Majority-Rule, 1941; *R. W. Grant*, John Locke's Liberalism, 1987, S. 115 ff.; *C. Hamel/J. Roussin*, L'injustifiable majorité?, Raisons politiques 2014, S. 81 ff.

[42] Vgl. *M. Risse*, Arguing for Majority Rule, J. Political Philos. 12 (2004), S. 41 (46 f.), der aber auch darauf hinweist, dass sich dieses Problem durch eine Umdeutung überwinden lasse, die nicht auf ›force‹, sondern auf ›consent‹ abstellt; so *J. Waldron*, The Dignity of Legislation, 1999, S. 136 ff.; *ders.*, God, Locke, and Equality, 2002, S. 129 ff. Konsequent zieht *A. Zeiler*, Unbestimmtheit der Rechtsanwendung, salomonische Entscheidung und Mehrheitsregel, 1915, S. 21, die »Vergleichung mit dem physikalischen Gesetze« der Kräfte zur Untermauerung seiner Proportionalitätslösung (vgl. oben Fn. 30) heran.

Kräfte der Minderheit in der Summe größer sein können[43]. Zum anderen führt das Argument in der Übertragung auf das Recht zu einem Sein-Sollen-Fehlschluss:[44] Eine rechtliche Entscheidungsregel, ein Sollen, wird aus der Natur von Kräften, einem Sein, gefolgert. Anders gewendet: Mit einem faktischen Übergewicht an Kraft (oder Macht) lässt sich nicht die Legitimität des Mehrheitsentscheids begründen.[45] Lockes Argument ist nur zu retten, wenn es folgendermaßen interpretiert wird:[46] Der Bestand – das beinhaltet auch das weitere Bestehen – der Gemeinschaft (in der eine Entscheidung zu treffen ist), ist konsentiert. Da es aber unmöglich ist, in der Gemeinschaft Entscheidungen einstimmig zu treffen, ist das Mehrheitsprinzip der einzig praktikable Entscheidungsmodus,[47] der ein Weiterbestehen der Gemeinschaft ermöglicht[48] und deswegen mit dem Grundkonsens vereinbar ist. Die Rechtfertigung landet also auch hier wieder beim Praktikabilitätsargument.

b) *Absurditätsargument*

Auf andere Weise als Lockes Kraftargument die Natürlichkeit des Mehrheitsprinzips zu begründen versucht ein Argument, für das stellvertretend der britische Staatsmann George Cornewall Lewis zitiert sei:

It seems scarcely necessary to prove that, if the decision is not to be unanimous – if the concurrence of all the members of the body is not required – it must be made by a majority, and not by a minority, however determined. If a minority could prevail over the majority, those who were in favour of a proposition would vote against it, or would abstain from voting, in order to insure a minority to their side of the question. Besides, there

---

[43] Vgl. *B. Saunders*, Why Majority Rule Cannot Be Based Only on Procedural Equality, Ratio Juris 23 (2010), S. 113 (115).

[44] Vgl. *M. Risse*, Arguing for Majority Rule, J. Political Philos. 12 (2004), S. 41 (46).

[45] Vgl. *W. Heun*, Das Mehrheitsprinzip in der Demokratie, 1983, S. 80.

[46] *R. W. Grant*, John Locke's Liberalism, 1987, S. 116 f. Vgl. auch *E. Flaig*, Die Mehrheitsentscheidung, 2013, S. 452; *C. Hillgruber*, Mehrheitsprinzip, in: Kube u. a. (Hrsg.), FS Kirchhof, Bd. I, 2013, § 61 Rn. 4; *S. Novak*, Majority Rule, Philos. Compass 9 (2014), S. 681 (683 f.).

[47] *J. Locke*, Two Treatises of Government, Bd. 2, 1689, § 98: »For, if the consent of the majority shall not in reason, be received, as the act of the whole, and conclude every individual; nothing but the consent of every individual can make any thing to be the act of the whole; But such a consent is next impossible ever to be had […].«

[48] *J. Locke*, a. a. O., § 98: »For where the majority cannot conclude the rest, there they cannot act as one Body, and consequently will be immediately dissolved again.« Vgl. auch *G. Simmel*, Exkurs über die Überstimmung, in: Guggenberger/Offe (Hrsg.), An den Grenzen der Mehrheitsdemokratie, 1984, S. 39 (39): »Indem nun jeder Konflikt zwischen den Gliedern einer Gesamtheit deren Weiterbestand zweifelhaft macht, ist es der Sinn der Abstimmung, in deren Resultat auch die Minorität sich zu fügen einwilligt, daß die Einheit des Ganzen über den Antagonismus der Überzeugungen und Interessen unter allen Umständen Herr bleiben soll. Sie ist, in all ihrer scheinbaren Einfachheit, eines der genialsten unter den Mitteln, den Widerstreit der Individuen in ein schließlich einheitliches Resultat münden zu lassen.« Zu Simmel siehe auch oben I. mit Fn. 11.

would be no inducement to discuss a question, if, by converting a person to your opinion, you did not strengthen your side in the division when the votes came to be counted.[49]

Dieses Argument der ›Absurdität‹ ist zutreffend, aber nur wenn das Minderheitserfordernis besagt, dass von zwei Optionen[50] diejenige gewählt ist, auf die weniger Stimmen entfallen. Ein Minderheitsquorum lässt sich jedoch so konstruieren, dass nur für eine der beiden Optionen eine Minderheit ausreicht, mit anderen Worten: dass eine bestimmte Option, um zu obsiegen, eine Mindeststimmenzahl erreichen muss, die geringer ist als die Mehrheit (wobei es unschädlich ist, wenn tatsächlich die Mehrheit für diese Option stimmt). Für solch eine Regelung, wie bei § 93d Abs. 3 Satz 2 BVerfGG, können gute Gründe bestehen;[51] umgekehrt muss die Festlegung des Mehrheitsprinzips ebenfalls begründet werden. Auch steht jedem Erfordernis einer qualifizierten Mehrheit umgekehrt eine Minderheitsregel gegenüber. So ist wegen der in § 15 Abs. 4 Satz 1 BVerfGG vorgeschriebenen Zweidrittelmehrheit ein Parteiverbot nach Art. 21 Abs. 2 GG bereits abgelehnt, wenn drei von acht Richtern dagegen stimmen.[52] Durch Minderheitsregeln (und spiegelbildlich durch qualifizierte Mehrheiten) wird also eine Option bevorzugt. Sollen standardmäßig beide Optionen gleichbehandelt werden, dann ist dies wiederum ein Rechtfertigungsgrund, der über das Natürlichkeitsargument hinausgeht.[53]

3. *Fazit*

Der gemeinsame grundlegende Fehler aller Natürlichkeitsargumente liegt darin, dass sie sowohl zu weit als auch zu eng sind.[54] Einerseits zu weit, weil sie nicht exklusiv das Mehrheitsprinzip rechtfertigen können – das Prinzip einfacher Mehrheit ist nicht ›natürlicher‹ als andere Entscheidungsregeln. Andererseits zu eng, weil sie stillschweigende Voraussetzungen machen – eine Entscheidungsregel muss nicht unbedingt auf einer Stimmenaggregation beruhen.

---

[49] *G. C. Lewis*, An Essay on the Influence of Authority in Matters of Opinion, 1849, S. 207.

[50] Das Absurditätsargument kommt auch in der Form vor, dass man bei einem Minderheitserfordernis ja gar nicht wisse, welcher (von mehreren) Minderheiten zu folgen sei. So etwa (zugleich aber eine Verletzung der Gleichheit konstatierend) *J. Rawls*, Eine Theorie der Gerechtigkeit, 20. Aufl. 2017, S. 392; ebenso *M. Morlok/L. Michael*, Staatsorganisationsrecht, 4. Aufl. 2019, Rn. 169; siehe auch *H. Dreier*, Das Majoritätsprinzip im demokratischen Verfassungsstaat, ZParl 17 (1986), S. 94 (99). Da dieses Argument mehr als zwei Entscheidungsoptionen voraussetzt, wird darauf nicht weiter eingegangen. Es gilt aber das im Folgenden Gesagte mutatis mutandis auch dafür.

[51] Ausführlich unten C.III.

[52] Vgl. BVerfG, Beschl. v. 18.03.2003 – 2 BvB 1/01 u. a. –, BVerfGE 107, 339 ff.

[53] Richtig erkannt von *H. Dreier*, Das Majoritätsprinzip im demokratischen Verfassungsstaat, ZParl 17 (1986), S. 94 (99 Fn. 26). Siehe dazu das Neutralitätskriterium im Fairnessargument (unten V.2.a)bb)(4), b)bb)).

[54] *M. Risse*, Philosophy of Group Decision Methods I, Philos. Compass 4 (2009), S. 793 (796).

Wie sich noch zeigen wird, leiden auch die weiteren Argumente vielfach an einem dieser Fehler oder gar an beiden.

III. Materielle Argumente

Materielle Argumente rechtfertigen das Mehrheitsprinzip mit dem durch seine Anwendung hervorgebrachten Ergebnis, also mit einer bestimmten Qualität des Inhalts der Mehrheitsentscheidung.

1. Kompromissargument

Ein manchmal geäußertes Argument besagt, dass das Mehrheitsprinzip der Kompromissfindung diene.[55] Dieses Argument wirft mehrere Probleme auf. Erstens kann es ausschließlich bei nicht-binären Entscheidungen funktionieren, denn wenn es nur zwei Optionen gibt, stimmt eine Mehrheit entweder für die eine oder die andere Option, ohne dass es zu irgendeiner Art Kompromiss kommt. Zweitens ist auch bei mehreren Optionen nicht klar, warum es zu einem Kompromiss kommt oder gar kommen muss. Drittens wirkt das Mehrheitsprinzip in gewisser Weise auch eher einem Kompromiss entgegen, da die Teilnehmer der vorangehenden Deliberation einen Anreiz haben, andere von ihrer eigenen Position zu überzeugen (um die Mehrheit zu erringen) und nicht einen Kompromiss mit der Gegenseite zu schließen. Positiv fest steht nur, dass beim Mehrheitsprinzip nicht ein Abstimmender einen Kompromiss der anderen verhindern kann; aber das spricht lediglich gegen das Prinzip der Einstimmigkeit und noch nicht zwingend für das Mehrheitsprinzip.

Für die kollegialgerichtliche Abstimmung kann das Kompromissargument jedenfalls nicht fruchtbar gemacht werden. Es mag zwar im Zivilprozess der Vergleich durchaus der Funktion des Gerichtsverfahrens als einer auf der Selbstbestimmung der Parteien basierenden Streitbeilegung entsprechen[56] und zudem in der Realität weit verbreitet sein. Nicht ersichtlich ist hingegen, dass auch der Streitentscheid durch Urteil des Gerichts grundsätzlich ein Kompromiss[57] zwi-

---

[55] Vgl. *N. Achterberg*, Parlamentsrecht, 1984, S. 585; *J. Natus*, Verfassungsmissbrauch durch Zweidrittelmehrheit?, 2017, S. 175 f.; *M. Morlok/L. Michael*, Staatsorganisationsrecht, 4. Aufl. 2019, Rn. 164. Siehe auch *E. Stein*, in: AK GG, 3. Aufl. 2001, Art. 20 Abs. 1–3 III Rn. 59.

[56] Vgl. *C. Möllers*, Individuelle Legitimation: Wie rechtfertigen sich Gerichte?, in: Geis/Nullmeier/Daase (Hrsg.), Der Aufstieg der Legimitätspolitik, 2012, S. 398 (399).

[57] Auch der Begriff des Kompromisses wäre erst noch näher zu definieren. Folgendes Beispiel von *J. Elster*, The Market and the Forum: Three Varieties of Political Theory, in: ders./Hylland (Hrsg.), Foundations of Social Choice Theory, 1986, S. 103 (115), mag dieses Problem illustrieren: »Once upon a time two boys found a cake. One of them said, ›Splendid! I will eat the cake.‹ The other one said, ›No, that is not fair! We found the cake together, and we

schen den Parteien sein soll.[58] Beispielsweise macht es einen deutlichen Unterschied, ob das Gerichtsurteil in einem Sorgerechtsstreit auf die dem Kindeswohl gerecht werdende Entscheidung oder auf einen Kompromiss zwischen den Positionen der Eltern gerichtet ist.[59] Erst recht gibt es keinen Grund, einen Kompromiss zwischen den Positionen *der Richter* zu finden.[60]

2. *Richtigkeitsargument*

Ein klassisches Argument für das Mehrheitsprinzip ist der Gedanke, die Mehrheit treffe die richtige Entscheidung. Von modernen Demokratietheoretikern wird die Behauptung derart formuliert, dass die Mehrheitsmeinung wahrscheinlich die richtige sei, also auf eine vermutete Richtigkeit bzw. ›Vernünftigkeit‹[61] hin abgeschwächt.[62] Ob sich die zugrundeliegende Annahme eines Richtig-

---

should share and share alike, half for you and half for me.‹ The first boy said, ›No, I should have the whole cake!‹ Along came an adult who said, ›Gentlemen, you shouldn't fight about this: you should *compromise*. Give him three quarters of the cake‹« (Herv. i. O.).

[58] Für das Common Law vgl. *J. Jaconelli*, Solomonic Justice and the Common Law, Oxf. J. Leg. Stud. 12 (1992), S. 480 ff. Für die Möglichkeit von Kompromissurteilen bei nicht eindeutiger Sachlage aber *M. Abramowicz*, A Compromise Approach to Compromise Verdicts, Calif. Law Rev. 89 (2001), S. 231 ff.

[59] Vgl. *J. Elster*, Custody by the Toss of a Coin?, Soc. Sci. Inf. 27 (1988), S. 517 (524).

[60] Für das BVerfG wird mitunter behauptet und gelobt, seine Entscheidungen wiesen häufig Kompromisscharakter auf; vgl. nur *C. Rath*, Der Schiedsrichterstaat, 2013, S. 50. Dabei wird indes in aller Regel schon nicht erwähnt, auf welcher Ebene der Kompromiss liegen soll. Gleichwohl wird sich als maßgebliche Ebene der Kompromissfindung die Maßstabsbildung identifizieren lassen; vgl. *O. Lepsius*, Die maßstabsetzende Gewalt, in: Jestaedt u. a., Das entgrenzte Gericht, 2011, S. 159 (241 f.). Grund für Kompromisse ist nun aber nicht das Mehrheitsprinzip, sondern die »ausgeprägte Konsensorientierung« (*G. Lübbe-Wolff*, Wie funktioniert das Bundesverfassungsgericht?, 2015, S. 23) in der Beratung; vgl. auch ausführlich *dies.*, Die Beratungskultur des Bundesverfassungsgerichts, EuGRZ 2014, S. 509 ff. Die darin liegende Problematik spricht die Frage von *H.-P. Schneider*, Richter oder Schlichter?, in: Fürst/Herzog/Umbach (Hrsg.), FS Zeidler, Bd. 1, 1987, S. 293 (293), an: »Was heißt und zu welchem Ziel führt eigentlich eine Verfassungsrechtsprechung, deren Hauptaugenmerk sich weniger auf die Verwirklichung der Verfassung als auf die Suche nach einem möglichst breit angelegten Kompromiß richtet?« *J. Isensee*, Bundesverfassungsgericht – quo vadis?, JZ 1996, S. 1085 (1092), lehnt Kompromisse als Ziel der Verfassungsrechtsprechung ab; siehe auch *T. Bustamante*, The Ongoing Search for Legitimacy, Mod. Law Rev. 78 (2015), S. 372 (384 ff.). Für die hiesigen Zwecke ist allein zu betonen, dass das Mehrheitsprinzip gerade bewirkt, dass nicht um jeden Preis ein Kompromiss gefunden werden muss. *U. Kranenpohl*, Hinter dem Schleier des Beratungsgeheimnisses, 2010, S. 189, beschreibt dies treffend als »Beraten im ›Schatten des Mehrheitsprinzips‹«. Zum Gedanken der ›deliberation in the shadow of voting‹ vgl. auch *S. Besson*, The Morality of Conflict, 2005, S. 247.

[61] Dazu *G. Jochum*, Materielle Anforderungen an das Entscheidungsverfahren in der Demokratie, 1997, S. 44 ff.

[62] Vgl. *J. H. Hallowell*, The Moral Foundation of Democracy, 1954, S. 120 ff.; *H. Krüger*, Allgemeine Staatslehre, 2. Aufl. 1966, S. 283 ff.; *H. Laufer*, Die demokratische Ordnung, 1966, S. 98; *M. Kriele*, Das demokratische Prinzip im Grundgesetz, in: VVDStRL 29 (1971), S. 46 (53); *ders.*, Einführung in die Staatslehre, 6. Aufl. 2003, S. 233 (dazu kritisch *C. Gusy*, Das Mehrheitsprinzip im demokratischen Staat, AöR 106 [1981], S. 329 [338 ff.]); *H. H. v. Arnim*,

keitsmaßstabs mit demokratischen Grundsätzen vereinbaren lässt, stellen Kritiker indes in Abrede.[63]

Demgegenüber soll der Aspekt vermuteter Richtigkeit bei kollegialgerichtlichen Mehrheitsentscheidungen besonders zum Tragen kommen.[64] So heißt es in einer 1847 erschienenen Abhandlung eines Obergerichtsrats:

> Dieß Princip der Stimmenmehrheit beruht auf der an sich gewiß richtigen Annahme, daß, wenn mehre rechtskundige Personen ihre Ansichten über eine bestimmte Rechtsfrage austauschen und die Gründe pro & contra gewissenhaft mit einander abwägen, nach geschlossener Berathschlagung die Mehrheit sich für die richtige Meinung erklären wird.[65]

Ein ehemaliger Richter des amerikanischen Supreme Court hat denselben Gedanken wie folgt ausgedrückt:

> For the most significant work of the Court, it is assumed that the collective judgment of its majority is more reliable than the views of the minority.[66]

Der Gedanke, dass viele zu besseren Ergebnissen kommen als wenige – »daß viele leichter als wenige das Richtige treffen werden«[67] –, ist alt.[68] Er wurde bereits von Aristoteles formuliert und zu späterer Zeit etwa von John Stuart Mill

---

Gemeinwohl und Gruppeninteressen, 1977, S. 46 f.; *M. Bridel*, Réflexions sur le principe majoritaire dans les démocraties, in: Häfelin/Haller/Schindler (Hrsg.), FS Kägi, 1979, S. 45 (49); *U. Schliesky*, Parlamentsfunktionen, in: Morlok/Schliesky/Wiefelspütz (Hrsg.), Parlamentsrecht, 2016, § 5 Rn. 10; *ders.*, in: v. Mangoldt/Klein/Starck (Begr.), GG, Bd. 2, 7. Aufl. 2018, Art. 42 Rn. 48.

[63] Vgl. insb. *C. Gusy*, a. a. O., S. 341. Kritisch gegenüber dem Richtigkeitsargument auch *R. Walter*, Wortbeitrag, in: VVDStRL 29 (1971), S. 90 (91); *G. Roellecke*, Wortbeitrag, in: VVDStRL 29 (1971), S. 99 (99 f.); *K. Hesse*, Grundzüge des Verfassungsrechts, 20. Aufl. 1995, Rn. 142; *U. Volkmann*, in: Berliner Kommentar GG, 1. EL 2001, Art. 20 4. Teil Rn. 26; *C. Hillgruber*, Mehrheitsprinzip, in: Kube u. a. (Hrsg.), FS Kirchhof, Bd. I, 2013, § 61 Rn. 9. Vgl. ferner *J. Lege*, Drei Versuche über Demokratie, JZ 2009, S. 756 (758). Zu dieser Kritik, insb. gegenüber Rousseau, vgl. auch *E. Lagerspetz*, Social Choice and Democratic Values, 2016, S. 298 ff.

[64] Vgl. *K. Kruis*, Richterverantwortung und Abstimmungsquoren in der Verfassungsgerichtsbarkeit, in: BayVerfGH (Hrsg.), FS 50 Jahre Bayerischer Verfassungsgerichtshof, 1997, S. 63 (66 f.); *G. Krishnamurthi u. a.*, An Elementary Defence of Judicial Majoritarianism, Tex. Law Rev. See Also 88 (2009), S. 33 (34); *J. Krüper*, Das Glück der größten Zahl, ZJS 2009, S. 477 (483); vgl. auch *H. Dichgans*, Entscheidung bei Rechtsunsicherheit, AöR 97 (1972), S. 596 ff. Ablehnend *A. Zeiler*, Unbestimmtheit der Rechtsanwendung, salomonische Entscheidung und Mehrheitsregel, 1915, S. 13 f.

[65] *C. de Fontenay*, Ueber die Abstimmung in Richtercollegien, 1. Aufl. 1847, S. 18. Siehe auch *Heffter*, Ueber die juristische Intelligenz, ihre Bedeutung und Repräsentation in der Rechtsverwaltung, AcP 13 (1830), S. 48 (67): »[...] der Glaube, daß sich das Vernünftigere, das Bessere, die Wahrheit, immer bei der Mehrheit unter sonst auf ziemlich gleicher Stufe stehenden Individuen geltend machen werde und daß daher auch schon die Mehrheit eines richterlichen Collegiums die richtende Intelligenz genügend repräsentieren könne.«

[66] *J. P. Stevens*, The Life Span of a Judge-Made Rule, N. Y. Univ. Law Rev. 58 (1983), S. 1 (19).

[67] *O. v. Gierke*, Über die Geschichte des Majoritätsprinzipes, Schmoll. Jb. 39 (1915), S. 565 (575).

[68] Für einen historischen Abriss siehe *H. Landemore*, Democratic Reason, 2013, S. 53 ff.;

aufgegriffen.[69] Er wurde und wird zur Demokratiebegründung herangezogen. So wird seit einigen Jahren unter der Überschrift der ›epistemischen Demokratie‹[70] das demokratische Entscheidungsverfahren damit zu rechtfertigen versucht, dass es besser als oder wenigstens mindestens so gut wie andere Systeme geeignet sei, richtige Entscheidungen hervorzubringen.[71] Auch in der Rechtstheorie wird verschiedentlich damit argumentiert, dass viele Personen bessere Entscheidungen treffen als wenige.[72] Das prominenteste epistemische Modell, das speziell auch eine Rechtfertigung des Mehrheitsprinzips enthält,[73] stammt vom französischen Aufklärer Condorcet.

a) Condorcet-Jury-Theorem

Das so genannte Jury-Theorem des Marquis de Condorcet[74] besagt, grob gesprochen, dass bei kompetenten Abstimmenden die Kompetenz der Mehrheit

---

M. Schwartzberg, Epistemic Democracy and Its Challenges, Annu. Rev. Political Sci. 18 (2015), S. 187 (190 ff.).

[69] *Aristoteles*, Werke, Bd. 9, Teil II, 1991, S. 67 ff.; *J. S. Mill*, Considerations on Representative Government, 1861, Kap. III. Siehe auch das Zitat von Sinibaldus Fliscus (später Papst Innozenz IV.): »Statur iudicio maioris partis, quoniam per plures melius veritas inquiritur« (zit. n. *E. Flaig*, Die Mehrheitsentscheidung, 2013, S. 451). Zu Aristoteles vgl. *J. Waldron*, The Wisdom of the Multitude: Some Reflections on Book 3, Chapter 11 of Aristotle's Politics, Political Theory 23 (1995), S. 563 ff. Interessanterweise handelt es sich insb. bei Mill um einen Denker, der ein ungleiches Stimmgewicht befürwortet (siehe unten Fn. 101).

[70] Begriffsprägend *J. Cohen*, An Epistemic Conception of Democracy, Ethics 97 (1986), S. 26 ff.

[71] Siehe *D. M. Estlund*, Democratic Authority, 2008; *H. Landemore*, Democratic Reason, 2013; *R. E. Goodin/K. Spiekermann*, An Epistemic Theory of Democracy, 2018. Vgl. auch *J. Cohen*, a. a. O.; *J. Coleman/J. Ferejohn*, Democracy and Social Choice, Ethics 97 (1986), S. 6 ff.; *E. Anderson*, The Epistemology of Democracy, Episteme 3 (2006), S. 8 ff.; *F. Peter*, Democratic Legitimacy, 2009, S. 110 ff.; *C. Landwehr*, Deliberation, Aggregation und epistemischer Fortschritt, in: Bächtiger/Shikano/Linhart (Hrsg.), Jahrbuch für Handlungs- und Entscheidungstheorie, Bd. 9, 2015, S. 41 (42 ff.); *M. Schwartzberg*, Epistemic Democracy and Its Challenges, Annu. Rev. Political Sci. 18 (2015), S. 187 ff.; *H. Landemore*, Beyond the Fact of Disagreement?, Soc. Epistemol. 31 (2017), S. 277 ff.

[72] Dazu *A. Vermeule*, Many-Minds Arguments in Legal Theory, J. Leg. Anal. 1 (2009), S. 1 ff. Für eine epistemische Rechtfertigung der Jury siehe *M. Schwartzberg*, Justifying the Jury, Am. Political Sci. Rev. 112 (2018), S. 446 ff.; vgl. auch *dies.*, Democracy, Judgment, and Juries, in: Novak/Elster (Hrsg.), Majority Decisions, 2014, S. 196 ff.

[73] Es gibt andere epistemische Modelle der Demokratie, die demokratietheoretisch gewinnbringender sein mögen, aber nicht zur Rechtfertigung des Mehrheitsprinzips taugen. Ein bekanntes ist das ›Diversity Trumps Ability Theorem‹; vgl. *L. Hong/S. E. Page*, Groups of Diverse Problem Solvers Can Outperform Groups of High-Ability Problem Solvers, Proc. Natl. Acad. Sci. 101 (2004), S. 16385 ff.; *S. E. Page*, The Difference, 2007; vgl. zum Verhältnis beider Modelle *A. Vermeule*, Collective Wisdom and Institutional Design, in: Landemore/Elster (Hrsg.), Collective Wisdom, 2012, S. 338 (344 ff.). Derartige Effekte werden auch unter dem Stichwort ›Schwarmintelligenz‹ diskutiert; vgl. nur *H. Schorn*, Wie funktioniert Schwarmintelligenz?, Wissensmanagement 2015, Heft 7, S. 38 f. Vgl. ferner umfassend *J. Surowiecki*, Die Weisheit der Vielen, 2005.

[74] Marie Jean Antoine Nicolas Caritat, Marquis de Condorcet (1743–1794) war ein fran-

die Kompetenz der einzelnen Abstimmenden übersteigt und mit zunehmender Anzahl der Abstimmenden immer weiter steigt:

Des Weiteren verhält es sich so, dass, wenn die Wahrscheinlichkeit der Richtigkeit der Stimme jedes einzelnen Abstimmenden größer ist als 1/2, das heißt also, wenn es wahrscheinlicher ist, dass er wahrheitskonform entscheidet, die Wahrscheinlichkeit der Richtigkeit der Entscheidung mit der Anzahl der Abstimmenden steigt. Die Grenze dieser Wahrscheinlichkeit ist die Gewissheit. Durch die Erhöhung der Anzahl der Abstimmenden kann man so jede beliebig große Wahrscheinlichkeit erzielen, mit der man die Richtigkeit der Entscheidung zu garantieren wünscht, und das ist es, was wir darunter verstehen, dass die Grenze der Wahrscheinlichkeit 1 bzw. die Gewissheit ist.[75]

zösischer Mathematiker, Philosoph und Politiker. Er gilt als bedeutender Vertreter der Aufklärung und Letzter der großen ›Philosophes‹. Sein philosophisch am meisten rezipiertes Werk ist der geschichtsphilosophische ›Esquisse d'un tableau historique des progrès de l'esprit humain‹ (1795). Mit dem ›Essai sur l'application de l'analyse à la probabilité des decisions rendues à la pluralité des voix‹ (1785), der neben dem Jury-Theorem auch das nach ihm benannte Abstimmungsparadox formuliert, hat Condorcet die moderne Social-Choice-Theorie begründet; siehe dazu *W. Popp*, Soziale Mathematik der Mehrheitsentscheidung, in: Podlech (Hrsg.), Rechnen und Entscheiden, 1977, S. 25 ff.; *H. P. Young*, Condorcet's Theory of Voting, Am. Political Sci. Rev. 82 (1988), S. 1231 ff.; *ders.*, Optimal Voting Rules, J. Econ. Perspect. 9 (1995), S. 51 ff.; *A. B. Urken*, The Condorcet-Jefferson Connection and the Origins of Social Choice Theory, Public Choice 72 (1991), S. 213 ff.; *I. McLean/A. B. Urken*, Did Jefferson or Madison Understand Condorcet's Theory of Social Choice?, Public Choice 73 (1992), S. 445 ff.; *C. D. Block*, Truth and Probability, Wash. Univ. Law Q. 76 (1998), S. 975 ff.; zum Verhältnis von Jury-Theorem und Condorcet-Kriterium *M. L. Stearns*, The Condorcet Jury Theorem and Judicial Decisionmaking, Theor. Inq. Law 3 (2002), S. 125 (130 ff.); speziell zum Abstimmungsparadox *W. V. Gehrlein*, Condorcet's Paradox, Theory Decis. 15 (1983), S. 161 ff.; *ders.*, Condorcet's Paradox, 2006. Der ›Discours préliminaire‹ des Essai (der ideengeschichtlich bedeutsamer als der Hauptteil ist) sowie weitere sozialmathematische Schriften liegen seit ein paar Jahren auf deutsch vor (*M. J. A. N. Caritat, Marquis de Condorcet*, Ausgewählte Schriften zu Wahlen und Abstimmungen, 2011). Daneben wäre eine vermehrte Wahrnehmung Condorcets als politischer Theoretiker wünschenswert und aufgrund deutscher Übersetzung der einschlägigen Schriften (*M. J. A. N. Caritat, Marquis de Condorcet*, Freiheit, Revolution, Verfassung, 2010) auch möglich; siehe zu diesem Teil seines Werks *S. Lüchinger*, Das politische Denken von Condorcet (1743–1794), 2002. Auch wenn Condorcet nicht zu Unrecht schon zu Lebzeiten als schwieriger Autor galt, hat er es verdient, wieder gelesen zu werden. Zu Leben und Werk insgesamt *K. M. Baker*, Condorcet, 1975; *E. Badinter/R. Badinter*, Condorcet, 1988; *D. Williams*, Condorcet and Modernity, 2004; einführender Überblick bei *I. McLean/F. Hewitt*, Introduction, in: dies. (Hrsg.), Condorcet, 1994, S. 1 ff.; knapp und populärwissenschaftlich *A. Kölz*, Fortschritt, unideologisch, in: ders., Der Weg der Schweiz zum modernen Bundesstaat, 1998, S. 161 ff.; *G. G. Szpiro*, Die verflixte Mathematik der Demokratie, 2011, S. 69 ff.

75 *M. J. A. N. Caritat, Marquis de Condorcet*, Essay über die Anwendung der Wahrscheinlichkeitsrechnung auf Mehrheitsentscheidungen, in: ders., Ausgewählte Schriften zu Wahlen und Abstimmungen, 2011, S. 49 (65). Die genaue (mathematische) Darstellung des Jury-Theorems erfolgt im ersten Teil des ›Essai‹, der nur auf französisch vorliegt. Siehe auch *D. Black*, The Theory of Committees and Elections, 1958, S. 159 ff., der als Erster gilt, der in neuerer Zeit das Jury-Theorem wieder aufgegriffen hat. Siehe aber vor ihm bereits *E. Czuber*, Die Entwicklung der Wahrscheinlichkeitstheorie und ihrer Anwendungen, in: Jahresbericht der Deutschen Mathematiker-Vereinigung VII (1899), Heft 2, S. 1 (142 ff.); *F. Haymann*, Die Mehrheitsentscheidung, in: Tatarin-Tarnheyden (Hrsg.), FG Stammler, 1926, S. 395 (435). Zum Condorcet-Jury-Theorem speziell im Zusammenhang mit Kollegialgerichten vgl. auch *W. Ernst*, Rechts-

aa) Bedingungen und Aussagen des Jury-Theorems

Das Jury-Theorem weist mathematisch nach, dass die Mehrheitsentscheidung wahrscheinlicher richtig ist als die Minderheitsentscheidung, genauer gesagt, dass vor der Abstimmung die Wahrscheinlichkeit, dass die Mehrheit richtig stimmen *wird*,[76] höher ist als die Wahrscheinlichkeit, dass die Minderheit richtig stimmen wird. Es handelt sich somit beim Mehrheitsprinzip in der Terminologie von John Rawls[77] um einen Fall unvollkommener Verfahrensgerechtigkeit[78] – aber nur unter bestimmten Bedingungen. Erstens muss es um eine binäre Entscheidung gehen, bei der es eine richtige und eine falsche[79] Option gibt.[80] (Das Jury-Theorem erhielt seinen Namen von dem Anwendungsbeispiel

---

erkenntnis durch Richtermehrheiten, 2016, S. 115 ff. Zu den (hier nicht weiter relevanten) Überlegungen von Pierre-Simon Marquis de Laplace (1749–1827) im Anschluss an Condorcet vgl. *W. Ernst*, a. a. O., S. 133 ff.; ferner *C. C. Gillispie*, Probability and Politics: Laplace, Condorcet, and Turgot, Proc. Am. Philos. Soc. 116 (1972), S. 1 ff.

[76] Diese ex-ante-Wahrscheinlichkeit einer richtigen Mehrheitsentscheidung ist etwas anderes als die (ex-post-)Wahrscheinlichkeit, dass die Mehrheit die richtige Entscheidung getroffen *hat*. Siehe noch unten C.I.1.b).

[77] *J. Rawls*, Eine Theorie der Gerechtigkeit, 20. Aufl. 2017, S. 107. Interessanterweise wählt Rawls als Beispiel für unvollkommene Verfahrensgerechtigkeit gerade das strafgerichtliche Verfahren.

[78] Vgl. auch *J. Cohen*, An Epistemic Conception of Democracy, Ethics 97 (1986), S. 26 (34); *M. Schwartzberg*, Epistemic Democracy and Its Challenges, Annu. Rev. Political Sci. 18 (2015), S. 187 (189).

[79] Condorcets Wahrheitsbegriff ist nicht so naiv, wie es auf den ersten Blick scheint. Dem Jury-Theorem liegt die Annahme zugrunde, dass es dem Menschen unmöglich ist, die absolute Wahrheit zu erkennen, und er sich ihr nur in Form einer Wahrscheinlichkeit nähern kann. Diese Einsicht fehlte noch manchem, der sich im 19. Jahrhundert mit der kollegialgerichtlichen Abstimmung befasste. Sie kann als Ausdruck von Ambiguitätstoleranz verstanden werden; vgl. *T. Bauer*, Die Vereindeutigung der Welt, 2018, S. 28 (dass eine Zeit, in der Köpfe rollen, strukturell ambiguitäts*in*tolerant ist, sollte Condorcet am eigenen Leib erfahren). Ausführlich zu Condorcets Wahrheitsbegriff *W. Popp*, Soziale Mathematik der Mehrheitsentscheidung, in: Podlech (Hrsg.), Rechnen und Entscheiden, 1977, S. 25 (35 ff.). – Auch heute noch wird – im Hinblick auf das zivilprozessuale Beweismaß – über das Verhältnis von Wahrheit und Wahrscheinlichkeit diskutiert; vgl. *H. Prütting*, in: MüKo ZPO, Bd. 1, 5. Aufl. 2016, § 286 Rn. 32 ff. m. w. N. Letztlich macht es keinen Unterschied, ob man hier auf eine (hohe) Wahrscheinlichkeit oder auf das »Fürwahr-Erachten« (*H. Prütting*, a. a. O., § 286 Rn. 34) durch den Richter abstellt, denn einerseits legt jeder Mensch seinen Tatsachenüberzeugungen eine bloße Wahrscheinlichkeit zugrunde, andererseits können weder der Gesetzgeber noch die Rechtsdogmatik effektiv eine bestimmte Wahrscheinlichkeitsschwelle vorgeben (auch wenn dies in den USA versucht wird). Zu den aus der ›Bayesian epistemology‹ stammenden Grundlagen dieser Überlegung vgl. *J. Iuliano*, Jury Voting Paradoxes, Mich. Law Rev. 113 (2014), S. 405 (415 ff.). Zum Verhältnis zum Strafprozess und zum Vergleich mit dem angloamerikanischen Rechtskreis siehe noch unten C. Fn. 18.

[80] Die Geltung des Jury-Theorems bei einer Entscheidung zwischen mehr als zwei Optionen zu begründen versuchen *C. List/R. E. Goodin*, Epistemic Democracy: Generalizing the Condorcet Jury Theorem, J. Political Philos. 9 (2001), S. 277 (283 ff.); kritisch *D. M. Estlund*, Democratic Authority, 2008, S. 226 ff.; *E. Lagerspetz*, Social Choice and Democratic Values, 2016, S. 306. – Eine stillschweigende Voraussetzung des Jury-Theorems ist, dass die richtige Option überhaupt zur Auswahl steht; dazu *R. E. Goodin*, The Epistemic Benefits of Delibera-

einer Gerichtsjury, die über schuldig oder unschuldig entscheiden muss.) Die zweite Bedingung ist, dass die Wahrscheinlichkeit, dass ein einzelner Abstimmender bei einer binären Auswahl die richtige Entscheidung trifft (seine ›Kompetenz‹), für jeden Abstimmenden mehr als 50% beträgt, also den Zufall übersteigt. Drittens müssen die Abstimmenden unabhängig voneinander abstimmen, und zwar in dem Sinne, dass ihre Wahrscheinlichkeiten statistisch unabhängig voneinander sind. Sind diese Bedingungen erfüllt, gilt Folgendes:[81] Die Wahrscheinlichkeit, dass die Mehrheit richtig liegt, ist höher als die Einzelwahrscheinlichkeit (Kompetenz) der Abstimmenden und mit zunehmender Zahl der Abstimmenden nähert sich jene Wahrscheinlichkeit 1 (also 100%) an.[82] Setzt

tive Democracy, Policy Sci. 50 (2017), S. 351 ff. Eine zweite ist, dass die Abstimmenden sich ehrlich verhalten, also für diejenige Option stimmen, die sie wirklich für richtig halten; dazu und zur Bedeutung strategischen Abstimmungsverhaltens *D. Austen-Smith/J. S. Banks*, Information Aggregation, Rationality, and the Condorcet Jury Theorem, Am. Political Sci. Rev. 90 (1996), S. 34 ff.

[81] Es sei n die (ungerade) Zahl an Abstimmenden; m die Mehrheit, also $(n+1)/2$; p die Kompetenz jedes Abstimmenden (also die Wahrscheinlichkeit, dass ein Abstimmender richtig liegt); und P_n die Kompetenz der Gruppe bei Entscheidung nach dem Mehrheitsprinzip (also die Wahrscheinlichkeit, dass die Mehrheit richtig liegt). Dann errechnet sich P_n nach der Formel B.1 (siehe Formelverzeichnis). Es gilt: wenn $1>p>0{,}5$, dann $P_n>p$ und $\lim_{n\to\infty} P_n=1$; wenn $0<p<0{,}5$, dann $P_n<p$ und $\lim_{n\to\infty} P_n=0$; und wenn $p=0{,}5$, dann $P_n=0{,}5$ für alle n. Vgl. zum Ganzen *B. Grofman/G. Owen/S. L. Feld*, Thirteen Theorems in Search of the Truth, Theory Decis. 15 (1983), S. 261 (264); siehe auch *J. Behnke*, Condorcet und die »soziale Mathematik«, in: Caritat, Marquis de Condorcet, Ausgewählte Schriften zu Wahlen und Abstimmungen, 2011, S. 1 (26 ff.). Ein Beweis der Formel findet sich bei *D. M. Estlund*, Opinion Leaders, Independence, and Condorcet's Jury Theorem, Theory Decis. 36 (1994), S. 131 (132 f.), ein Beweis des Jury-Theorems bei *K. K. Ladha*, The Condorcet Jury Theorem, Free Speech, and Correlated Votes, Am. J. Political Sci. 36 (1992), S. 617 (632 f.); siehe ferner *L. Bovens/W. Rabinowicz*, Democratic Answers to Complex Questions – An Epistemic Perspective, Synthese 150 (2006), S. 131 (135).

[82] Nicht-asymptotisch formuliert: Die Wahrscheinlichkeit, dass die Mehrheit richtig liegt, ist bei einer größeren Zahl an Abstimmenden größer als bei einer kleineren. Zu den Einzelheiten siehe *B. Grofman/S. L. Feld/G. Owen*, Group Size and the Performance of a Composite Group Majority, Organ. Behav. Hum. Perform. 33 (1984), S. 350 ff. Daraus könnte auf Gerichte bezogen ein Argument für das Kollegialprinzip wider das Einzelrichterprinzip folgen. Vgl. *F. Haymann*, Die Mehrheitsentscheidung, in: Tatarin-Tarnheyden (Hrsg.), FG Stammler, 1926, S. 395 (397 f.); *E. Völcker*, Entscheidungsrisiken des Einzelrichters und des Kollegialsystems, MittdtPatA 1970, S. 201 ff.; *L. A. Kornhauser/L. G. Sager*, Unpacking the Court, Yale Law J. 96 (1986), S. 82 (98); *H.-B. Schäfer*, Kein Geld für die Justiz, DRiZ 1995, S. 461 (468 f.); vgl. auch *Abegg*, Beiträge zur Lehre von der Rechtsfindung durch Richter-Kollegien, Archiv für preußisches Strafrecht 7 (1859), S. 3 (7); *G. Jahn*, Zur Justizreform, DRiZ 1970, S. 209 (210); *T. Ginsburg*, Economic Analysis and the Design of Constitutional Courts, Theor. Inq. Law 3 (2002), S. 49 (63 f.); ferner *M. Abramowicz*, En Banc Revisited, Columbia Law Rev. 100 (2000), S. 1600 (1632 f.); auf die »erhöhte Richtigkeitsgewähr« als Grund für das Kollegialprinzip abstellend auch *T. Schuster*, in: MüKo StPO, Bd. 3/2, 2018, § 60 GVG Rn. 1; ebenso *A. Schafft-Stegemann*, Die Abstimmung im Strafprozess, 1964, S. 11. Für eine historische Anwendung dieses Gedankens siehe *B. C. McCannon*, Jury Size in Classical Athens, Kyklos 64 (2011), S. 106 ff.

Zu den empirisch feststellbaren (jenseits des Jury-Theorems liegenden) qualitativen Vor- und Nachteilen von Kleingruppen, die der Entscheidung zwischen Kollegialgericht und Einsich eine Gruppe beispielsweise aus drei Personen zusammen und beträgt die Kompetenz jedes Abstimmenden 60% (d. h. für jeden Abstimmenden beträgt die Wahrscheinlichkeit, dass er richtig entscheidet, 60%), so liegt die Wahrscheinlichkeit, dass die Mehrheit richtig entscheidet, bei 64,80%.[83] Bei einer

---

zelrichter zugrunde liegen (sollten), *D. Hendel*, Einzelrichter – oder Kollegialsystem, in: Bender (Hrsg.), Tatsachenforschung in der Justiz, 1972, S. 105 ff.; *ders.*, Hypothesen der Kleingruppenforschung zum Thema »Einzelrichter oder Kollegium«, JZ 1973, S. 412 ff.; *H. R. Leu/E. Werner*, Der Einzelne und die Gruppe im juristischen Entscheidungsprozeß, in: Bender (Hrsg.), a. a. O., S. 127 ff.; zum methodischen Hintergrund *H. Häcker*, Die experimentelle Methode in der Rechtstatsachenforschung, in: Bender (Hrsg.), a. a. O., S. 143 ff. Vgl. auch *F. Nyfeller*, Rechtsfortbildung durch das Kollegialgericht, in: Forstmoser/Honsell/Wiegand (Hrsg.), FS Walter, 2005, S. 99 (108 ff.). Zur ›Qualität‹ richterlicher Arbeit noch unten b)cc) (1). Allgemein zu Vor- und Nachteilen kollegialer Entscheidungsfindung *M. Schneider*, Die Beschlussfähigkeit und Beschlussfassung von Kollegialorganen, 2000, S. 38 ff.

Fraglich ist, ob eine zu hohe Zahl von Richtern der Qualität der Entscheidung schadet. Bejahend *G. Barbey*, Der Status des Richters, in: Isensee/Kirchhof (Hrsg.), HStR, Bd. III, 1. Aufl. 1988, § 74 Rn. 52; *H. Sodan*, Der Status des Richters, in: Isensee/Kirchhof (Hrsg.), HStR, Bd. V, 3. Aufl. 2007, § 113 Rn. 48. Die Zahl sieben ist hier verschiedentlich als obere Grenze ins Spiel gebracht worden; vgl. *A. Zacke*, Ueber Beschlussfassung in Versammlungen und Collegien, 1867, S. 38 f.; *W. Geiger*, Zur Reform des Bundesverfassungsgesetzes, in: Maunz (Hrsg.), FS Nawiasky, 1956, S. 211 (221); *R. Kiener*, Richterliche Unabhängigkeit, 2001, S. 339 f. Das BVerfG, Beschl. v. 18.05.1965 – 2 BvR 40/60 –, BVerfGE 19, 52 (63), hält zehn Richter »gerade noch« für zulässig, *H. Beisse*, Von der Aufgabe des Großen Senats, in: Klein/Vogel (Hrsg.), FS Wallis, 1985, S. 45 (55), neun Richter noch für arbeitsfähig. Hingegen hat *H. Schnellenbach*, Das Spruchkörperprinzip in der Verwaltungsgerichtsbarkeit, in: Erichsen/Hoppe/v. Mutius (Hrsg.), FS Menger, 1985, S. 341 (342 Fn. 6a), bereits bei sieben Richtern Bedenken. Allgemein zu Effekten, die bewirken, dass die Kompetenz mit zunehmender Zahl der Abstimmenden aus endogenen, d. h. in der Anzahl selbst liegenden Gründen abnimmt, *A. Vermeule*, Many-Minds Arguments in Legal Theory, J. Leg. Anal. 1 (2009), S. 1 (26 ff.). Vgl. auch *J. Madison*, The Federalist No. 55, in: Hamilton/Madison/Jay, The Federalist, 2003, S. 270: »Had every Athenian citizen been a Socrates, every Athenian assembly would still have been a mob.« Solche endogenen Gründe sind zu unterscheiden von der exogenen Begründung, dass ab einer bestimmten Größe nurmehr weniger kompetente Personen zur Verfügung stehen (vgl. Fn. 88). Das Größenproblem kann sich jenseits einzelner Spruchkörper auch für ein Gericht insgesamt stellen; vgl. *R. A. Posner*, Is the Ninth Circuit too Large?, J. Leg. Stud. 29 (2000), S. 711 ff.; vgl. ferner *C. Burkiczak*, in: Bonner Kommentar GG, 194. Akt. 2018, Art. 94 Rn. 131.

Eine interessante, aber auch schwierige Frage ist, warum die Anzahl der Richter mit dem Instanzenzug zunimmt; vgl. *N. W. Barber*, Prelude to the Separation of Powers, Camb. Law J. 60 (2001), S. 59 (80). Grundsätzlich hängt die Zahl der Richter mit dem Schwierigkeitsgrad des Falls zusammen; vgl. *F. Doerr*, Allgemeine Lehren der Gerichtsverfassung, AöR 41 (1921), S. 53 (59); pointiert *W. Pinger*, Der Spruchkörper des Eingangsgerichts im dreistufigen Gerichtsaufbau, ZRP 1973, S. 182 (186): »Je größer die Anforderungen, je größer der Spruchkörper«; siehe im heutigen Recht etwa §§ 348, 348a ZPO; zu diesem Gedanken auch noch unten C.I.1.c). Oberste Gerichte sowie Verfassungs- und internationale Gerichte weisen besonders viele Richter auf, um die Qualität und Legitimität von Entscheidungen zu erhöhen, die Bedeutung über den konkreten Streit der Parteien hinaus entfalten; ähnlich *N. W. Barber*, a. a. O., S. 81. Eine Ausnahme weist insoweit die Verwaltungsgerichtsbarkeit auf: Das VG entscheidet mit fünf, das OVG mit drei Richtern (vgl. oben A.V.1.a)bb)).

[83] Angenommen, drei Personen A, B und C stimmen unabhängig voneinander ab und jeder hat eine Kompetenz von 60%. Zunächst betrachten wir die Stimme von A. Es besteht eine

Gruppe von fünf Personen liegt die Wahrscheinlichkeit einer richtigen Mehrheitsentscheidung bei 68,26 %, ab 42 Personen oberhalb von 90 %.[84]

Dieser auf dem Gesetz der großen Zahlen[85] basierende Effekt kann am Vergleichsbeispiel des Münzwurfs erläutert werden.[86] Jeder Stimme eines Abstimmenden entspricht ein Wurf mit einer Münze, die mit einer Wahrscheinlichkeit von 60 % Kopf zeigt. Wird eine solche Münze mehrmals geworfen, sollte, rein statistisch, in 60 % der Fälle das Ergebnis auf Kopf und in 40 % der Fälle auf Zahl lauten. Nun stimmt die Realität natürlich nicht immer mit der Statistik überein. Bei zehn Würfen kann das tatsächliche Verhältnis von Kopf und Zahl 6:4 betragen, aber es könnte auch 7:3, 5:4 oder 4:6 sein. Auch bei 100 Würfen muss das Ergebnis nicht 60:40 betragen, es kann 57:43 oder 62:38 sein. Es kann sogar 49:51 sein – aber bei 100 Würfen ist es weniger wahrscheinlich als bei zehn Würfen, dass Kopf seltener als Zahl erscheint. Mit zunehmender Anzahl an Würfen steigt also die Wahrscheinlichkeit, dass bei einer Mehrheit der Würfe das Ergebnis Kopf lautet, immer weiter Richtung 100 %. Analog dazu steigt mit der zunehmenden Anzahl kompetenter Abstimmender die Wahrscheinlichkeit, dass die Mehrheit der Abstimmenden die richtige Entscheidung trifft.

Aus dem Jury-Theorem lässt sich folgern, dass Entscheidungen von vielen einigermaßen kompetenten Menschen besser sind als von einem oder weni-

---

Wahrscheinlichkeit von 0,6, dass A richtig liegt, und eine Wahrscheinlichkeit von 0,4, dass A falsch liegt. Wenn wir die Stimme von B hinzunehmen, bestehen eine Wahrscheinlichkeit von $0,6 \times 0,6 = 0,36$, dass A und B richtig liegen; eine Wahrscheinlichkeit von $0,6 \times 0,4 = 0,24$, dass A richtig und B falsch liegt; und eine Wahrscheinlichkeit von $0,4 \times 0,6 = 0,24$, dass A falsch und B richtig liegt (und eine Wahrscheinlichkeit von $0,4 \times 0,4 = 0,16$, dass A und B falsch liegen; es interessiert aber nur die Wahrscheinlichkeit, dass die Mehrheit der drei richtig liegt, was in diesem Fall schon nicht mehr möglich wäre). Nehmen wir schließlich noch die Stimme von C hinzu, gibt es drei mögliche Fälle, in denen die Mehrheit richtig liegt. Erstens können bereits A und B richtig liegen; die Wahrscheinlichkeit dafür beträgt $0,36 \times 1 = 0,36$ (in diesem Fall kommt es für die richtige Mehrheitsentscheidung nicht mehr darauf an, ob C auch richtig stimmt). Zweitens können nur A und C richtig liegen; die Wahrscheinlichkeit dafür beträgt $0,24 \times 0,6 = 0,144$. Drittens können nur B und C richtig liegen; die Wahrscheinlichkeit dafür beträgt ebenfalls $0,24 \times 0,6 = 0,144$. Die Gesamtwahrscheinlichkeit, dass die Mehrheit richtig liegt, beträgt demnach $0,36 + 0,144 + 0,144 = 0,648$, also 64,80 %. Vgl. zum Ganzen *J. Waldron*, Five to Four: Why Do Bare Majorities Rule on Courts?, Yale Law J. 123 (2014), S. 1692 (1714 f. mit Fn. 75). Die Berechnung nach der Formel B.1 findet sich im Formelverzeichnis. Sie unterscheidet sich von der informellen, weil sie anders als diese nicht die drei Fälle AB/ABC, AC und BC ausrechnet und addiert, sondern die zwei Fälle AB/AC/BC und ABC.

[84] Vgl. *B. Grofman/S. L. Feld*, Rousseau's General Will: A Condorcetian Perspective, Am. Political Sci. Rev. 82 (1988), S. 567 (571). Siehe auch die Tabellen bei *N. R. Miller*, Information, Electorates, and Democracy: Some Extensions and Interpretations of the Condorcet Jury Theorem, in: Grofman/Owen (Hrsg.), Information Pooling and Group Decision Making, 1986, S. 173 (176), und bei *J. Behnke*, Das Wahlsystem der Bundesrepublik Deutschland, 2007, S. 34.

[85] Dazu *M. Löwe/H. Knöpfel*, Stochastik, 2. Aufl. 2011, S. 124 ff.

[86] Vgl. *C. List*, Collective Wisdom: Lessons from the Theory of Judgment Aggregation, in: Landemore/Elster (Hrsg.), Collective Wisdom, 2012, S. 203 (219 f.).

gen besonders kompetenten Personen,[87] und somit ein Argument für die Demokratie formulieren.[88] Für hiesige Zwecke[89] wichtiger ist aber eine zweite Schlussfolgerung: Wenn sich zeigen lässt, dass die Mehrheitsentscheidung mit

---

[87] Diese Folgerung muss davon ausgehen, dass der kompetente Einzelne nicht Teil der Gruppe ist, da das Jury-Theorem in seiner ursprünglichen Formulierung von einer homogenen Kompetenz der Abstimmenden ausgeht. Bei heterogenen Kompetenzen kann der kompetenteste Abstimmende kompetenter sein als die Mehrheit (dazu sogleich cc)).

[88] Vgl. *J. Cohen*, An Epistemic Conception of Democracy, Ethics 97 (1986), S. 26 (35). Siehe ferner *R. A. Dahl*, Democracy and Its Critics, 1989, S. 141 f.; *A. Przeworski*, Minimalist Conception of Democracy, in: Shapiro/Hacker-Cordón (Hrsg.), Democracy's Value, 1999, S. 23 (27); *D. C. Mueller*, Public Choice III, 2003, S. 129 f.; *H. Landemore*, Democratic Reason, 2013, S. 147 ff. Dieses Argument ist aber keineswegs zwingend. Denn erstens folgt aus dem Jury-Theorem nur, dass Entscheidungen von einer sehr großen Anzahl an Personen, nicht aber, dass sie von allen Bürgern getroffen werden sollten. Zweitens kann das Jury-Theorem als Begründung für eine der demokratischen Gleichheit widersprechende Stimmgewichtung dienen (dazu sogleich cc)). Vgl. zu beidem *E. Lagerspetz*, Social Choice and Democratic Values, 2016, S. 307. Zu Problemen bei der Übertragung des Jury-Theorems auf demokratische Entscheidungen siehe auch *A. Stutzer*, Where Can the Insights from the Condorcet Jury Theorem Be Applied?, in: van Aaken/List/Luetge (Hrsg.), Deliberation and Decision, 2004, S. 163 ff.

Condorcet selbst hat sich skeptisch hinsichtlich des realen Vorliegens der Kompetenzbedingung geäußert, da er davon ausging, dass die Kompetenz mit zunehmender Größe einer Gruppe abnimmt (mit der Folge, dass die Kompetenz unter 50 % fällt, sodass sich der Effekt des Jury-Theorems umdreht und die Wahrscheinlichkeit einer richtigen Mehrheitsentscheidung mit zunehmender Gruppengröße abnimmt). Siehe *M. J. A. N. Caritat, Marquis de Condorcet*, Essay über die Anwendung der Wahrscheinlichkeitsrechnung auf Mehrheitsentscheidungen, in: ders., Ausgewählte Schriften zu Wahlen und Abstimmungen, 2011, S. 49 (65): »Eine sehr zahlreich besuchte Versammlung kann nicht ausschließlich aus sehr aufgeklärten Männern bestehen. Vielmehr wird es vermutlich so sein, dass ihre Mitglieder bei vielerlei Dingen viel Unwissen mit vielen Vorurteilen vereinen. Es wird daher eine große Anzahl an Fragen geben, bei der die Wahrscheinlichkeit der Richtigkeit der Stimme jedes Einzelnen geringer sein wird als 1/2. Demnach wird die Versammlung, je größer sie wird, desto mehr falsche Entscheidungen treffen.« (Wie sich diese Überlegung mit der Annahme einer homogenen Gruppe vereinbaren lässt, sei dahingestellt.) Ebenso äußerte sich *A. Trendelenburg*, Naturrecht auf dem Grunde der Ethik, 1860, S. 148. Skeptisch etwa auch *G. Gaus*, Does Democracy Reveal the Voice of the People?, Australas. J. Philos. 75 (1997), S. 141 (150). Zu den besonders problematischen endogenen Gründen einer mit steigender Abstimmendenzahl abnehmenden Kompetenz siehe bereits Fn. 82. Zur Kompetenz von Wählern vgl. auch *R. E. Goodin/D. Estlund*, The Persuasiveness of Democratic Majorities, Politics Philos. Econ. 3 (2004), S. 131 ff.

Es sei an dieser Stelle noch auf Parallelen des Jury-Theorems zum Werk Rousseaus hingewiesen; vgl. *B. Barry*, The Public Interest, Aristot. Soc. Suppl. Vol. 38 (1964), S. 1 (12 f.); *ders.*, Political Argument, 1965, S. 292 f.; *B. Grofman/S. L. Feld*, Rousseau's General Will: A Condorcetian Perspective, Am. Political Sci. Rev. 82 (1988), S. 567 ff.; *D. M. Estlund/J. Waldron/B. Grofman/S. L. Feld*, Democratic Theory and the Public Interest: Condorcet and Rousseau Revisited, Am. Political Sci. Rev. 83 (1989), S. 1317 ff.; *C. D. Block*, Truth and Probability, Wash. Univ. Law Q. 76 (1998), S. 975 (1001 ff.); *H. Landemore*, a. a. O., S. 74 f. Siehe zu Rousseau ferner *G. Gaus*, a. a. O., passim; *M. Schwartzberg*, Voting the General Will: Rousseau on Decision Rules, Political Theory 36 (2008), S. 403 ff.

[89] In der (amerikanischen) Rechtswissenschaft wird das Jury-Theorem ansonsten insb. beim Problem der Verfassungsauslegung herangezogen. Vgl. *E. A. Posner/C. R. Sunstein*, The Law of Other States, Stanf. Law Rev. 59 (2006), S. 131 ff.; *dies.*, On Learning from Others, Stanf. Law Rev. 59 (2007), S. 1309 ff.; *A. B. Coan*, Well, Should They?, Stanf. Law

größerer Wahrscheinlichkeit als die Minderheitsentscheidung richtig sein wird, dann ist es rational, jener zu folgen.[90] Damit bestünde eine Rechtfertigung für die Anwendung des Mehrheitsprinzips.[91]

bb) Positive und negative Kompetenz

Bevor wir uns der Anwendung des Jury-Theorems auf Kollegialgerichte widmen können, müssen noch zwei Komplikationen hinsichtlich der Kompetenzbedingung erörtert werden. Erstens ist folgender Umstand zu berücksichtigen: Das Jury-Theorem geht davon aus, dass ein Abstimmender *eine* Wahrscheinlichkeit hat, die richtige Entscheidung zu treffen. In der Realität wird diese Wahrscheinlichkeit jedoch oftmals davon abhängen, *welche* Entscheidung tatsächlich richtig ist.[92] Eine Ärztin ist vielleicht besser darin, das Vorhandensein einer Krankheit bei ihren Patienten festzustellen als deren Abwesenheit. Es muss demnach differenziert werden zwischen der Wahrscheinlichkeit, einer Option zuzustimmen, wenn sie wahr ist, und der Wahrscheinlichkeit, eine Option abzulehnen, wenn sie falsch ist. Dies sei als positive und negative Kompetenz bezeichnet. Dabei entscheidet über die epistemische Qualität nicht allein

---

Rev. 60 (2007), S. 213 (223 ff.); *N. Q. Rosenkranz*, Condorcet and the Constitution, Stanf. Law Rev. 59 (2007), S. 1281 ff.; *C. R. Sunstein*, If People Would be Outraged by Their Rulings, Should Judges Care?, Stanf. Law Rev. 60 (2007), S. 155 (183 ff.); *ders.*, A Constitution of Many Minds, 2009, insb. S. 8 ff.; *A. Vermeule*, Common-Law Constitutionalism and the Limits of Reason, Columbia Law Rev. 107 (2007), S. 1482 (1485 ff.); *ders.*, Law and the Limits of Reason, 2009, insb. S. 19 ff.; *J. Ferejohn*, The Lure of Large Numbers, Harv. Law Rev. 123 (2010), S. 1969 ff.; *N. Oberheiden*, Typologie und Grenzen des richterlichen Verfassungsvergleichs, 2011, S. 48 ff.; *K. Spiekermann/R. E. Goodin*, Courts of Many Minds, Br. J. Political Sci. 42 (2011), S. 555 ff. Für weitere juristische Anwendungen siehe *K. A. Kordana/E. A. Posner*, A Positive Theory of Chapter 11, N. Y. Univ. Law Rev. 74 (1999), S. 161 (167 ff.); *R. A. Posner*, An Economic Approach to the Law of Evidence, Stanf. Law Rev. 51 (1999), S. 1477 (1498); *M. Abramowicz*, En Banc Revisited, Columbia Law Rev. 100 (2000), S. 1600 (1632 f.); *S. Levmore*, Conjunction and Aggregation, Mich. Law Rev. 99 (2001), S. 723 (734 ff.); *ders.*, Ruling Majorities and Reasoning Pluralities, Theor. Inq. Law 3 (2002), S. 87 ff.; *M. L.* Stearns, The Condorcet Jury Theorem and Judicial Decisionmaking, Theor. Inq. Law 3 (2002), S. 125 ff.; *A. M. Samaha*, Dead Hand Arguments and Constitutional Interpretation, Columbia Law Rev. 108 (2008), S. 606 (651 ff.); *S. Gageler*, Why Write Judgments?, Syd. Law Rev. 36 (2014), S. 189 (193 ff.). Kritik bei *P. H. Edelman*, On Legal Interpretations of the Condorcet Jury Theorem, J. Leg. Stud. 31 (2002), S. 327 ff.; *A. Vermeule*, Many-Minds Arguments in Legal Theory, J. Leg. Anal. 1 (2009), S. 1 (4 ff.).

[90] Genauer gesagt lässt sich mit dem Jury-Theorem der epistemisch optimale Entscheidungsmodus bestimmen, also jener, der die Wahrscheinlichkeit der Richtigkeit maximiert. Bei homogener Kompetenz der Abstimmenden ist dies das Mehrheitsprinzip.

[91] Wohlgemerkt besteht die Rechtfertigung nicht in der Richtigkeit der Mehrheitsentscheidung, sondern in der epistemischen Qualität des Mehrheitsprinzips (die darin liegt, dass die Mehrheit *mit höherer Wahrscheinlichkeit* richtig liegen wird). Vgl. zu diesem Unterschied *D. M. Estlund*, Democratic Authority, 2008, S. 99 ff.

[92] *C. List*, The Discursive Dilemma and Public Reason, Ethics 116 (2006), S. 362 (380). Vgl. auch *P. Stone*, Introducing Difference Into the Condorcet Jury Theorem, Theory Decis. 78 (2015), S. 399 ff.

der Durchschnittswert beider Kompetenzen, wie ein einfaches Beispiel zeigen kann.[93] Man stelle sich ein Diagnoseinstrument vor, das bei jedem Patienten die betreffende Krankheit bejaht.[94] Das Gerät hätte eine positive Kompetenz von 100% – es würde jeden Kranken erkennen –, aber eine negative Kompetenz von 0% – es würde keinen einzigen Gesunden erkennen. Seine Aussagen wären überhaupt nicht zu gebrauchen.[95]

Im Folgenden kann, ohne dass damit ein analytischer Verlust einherginge, grundsätzlich unterstellt werden, dass die positive Kompetenz und die negative Kompetenz der Abstimmenden identisch sind, und deshalb vereinfachend von *der* Kompetenz die Rede sein. Wo nötig, wird jedoch auf die Differenzierung zurückzukommen sein.

cc) Heterogene Kompetenz

Zweitens wird in der Realität nur selten die Kompetenz aller Abstimmenden innerhalb einer Gruppe genau gleich sein. Das Jury-Theorem gilt indes im Wesentlichen auch bei heterogener Kompetenz,[96] wenn nur die durchschnittliche Kompetenz über 50% liegt.[97] Es ergeben sich jedoch zwei Probleme. Erstens muss bei ungleicher Kompetenzverteilung die Kompetenz der Mehrheit nicht unbedingt höher liegen als die Kompetenz des kompetentesten Mitglieds. Zweitens muss die Kompetenz der Mehrheit (bei nicht-symmetrischer Kompetenzverteilung), nicht einmal in jedem Fall, in dem die durchschnittliche Kompetenz über 50% liegt, größer sein als diese.[98] Für unsere Bedürfnisse reicht es

---

[93] *C. List*, a. a. O., S. 380 f.

[94] Das ist, cum grano salis, die Funktionsweise von Google: Egal welches Symptom man eingibt, man hat einen Tumor.

[95] Zum Unterschied und dem Zusammenhang zwischen der Kompetenz, die Wahrheit zu finden, und der Qualität als Indikator der Wahrheit siehe noch unten C.I.1.b).

[96] Die Wahrscheinlichkeit einer richtigen Mehrheitsentscheidung bei heterogener Kompetenz $p_i = (p_1, p_2, \dots p_n)$ berechnet sich nach der Formel B.2 (siehe Formelverzeichnis). Dabei ist N die Menge der n Abstimmenden und die Wahrscheinlichkeiten einer richtigen Entscheidung werden summiert für alle Teilmengen $S \subset N$, die mindestens eine Mehrheit der Abstimmenden umfassen (bei denen also die Anzahl der Mitglieder $s \geq m$, wobei, daran sei erinnert, $m = (n+1)/2$). Die Formel für die Berechnung bei homogener Kompetenz (Formel B.1) ist ein Spezialfall der allgemeinen Formel B.2. Vgl. zum Ganzen *G. Owen/B. Grofman/S. L. Feld*, Proving a Distribution-Free Generalization of the Condorcet Jury Theorem, Math. Soc. Sci. 17 (1989), S. 1 (5).

[97] Haben drei Abstimmende z. B. die Kompetenzen 40%, 60% und 80% (und damit im Durchschnitt eine Kompetenz von 60%), so beträgt die Wahrscheinlichkeit, dass die Mehrheit richtig liegt, 65,60%. Die Berechnung nach der Formel B.2 (vgl. Fn. 96) findet sich im Formelverzeichnis.

[98] Es gibt sogar perverse Fälle, in denen P_n unter 50% liegt, obwohl die durchschnittliche Kompetenz über 50% liegt (haben bspw. zwei Abstimmende jeweils eine Kompetenz von 40% und der dritte Abstimmende eine Kompetenz von 80%, so beträgt die durchschnittliche Kompetenz 53,33%, die Kompetenz der Mehrheit aber nur 41,60%). Außerdem gilt bei einer durchschnittlichen Kompetenz von genau 50% überraschend nicht $P_n = 0{,}5$, sondern $1 - e^{-1/2} < \lim_{n\to\infty} P_n < e^{-1/2}$, d. h. die Kompetenz der Mehrheit liegt irgendwo zwischen 39 und 61%.

aber, dass die Kompetenz der Mehrheit fast immer über 50 % und damit höher als die Kompetenz der Minderheit liegt. Insbesondere gilt dies in allen Fällen, in denen auch die Kompetenz jedes einzelnen Abstimmenden über 50 % liegt.[99]

Dass die Kompetenz der Mehrheit nicht höher liegen muss als die des kompetentesten Abstimmenden, bedeutet jedoch, dass das Mehrheitsprinzip bei heterogener Kompetenz nicht die epistemisch optimale Entscheidungsregel ist. Haben zum Beispiel[100] von fünf Abstimmenden drei eine Kompetenz von 60 % und die anderen beiden eine Kompetenz von 90 %, liegt die Mehrheit mit einer Wahrscheinlichkeit von 87,70 % richtig und ist damit eine Diktatur einer der beiden kompetenteren Abstimmenden epistemisch dem Mehrheitsprinzip vorzugswürdig. Jedoch kann der Diktatur des kompetentesten Abstimmenden die Anwendung des Mehrheitsprinzips mit gewichteten Stimmen überlegen sein. Werden den drei weniger kompetenten jeweils eine Stimme und den beiden kompetenteren Abstimmenden je drei Stimmen gegeben, so liegt die Mehrheit (der nun insgesamt neun Stimmen) mit einer Wahrscheinlichkeit von 92,66 % richtig.

Eine epistemische Interpretation von Abstimmungen spricht also für ein ungleiches Stimmgewicht.[101] Absolut optimal ist eine Gewichtung der Stimmen proportional zu den Logarithmen[102] von $p_i/(1-p_i)$ (wobei p_i die jeweilige individuelle Kompetenz jedes Abstimmenden bezeichnet).[103] Um diese Logarith-

---

Vgl. zum Ganzen *G. Owen/B. Grofman/S. L. Feld*, Proving a Distribution-Free Generalization of the Condorcet Jury Theorem, Math. Soc. Sci. 17 (1989), S. 1 ff. Zur Frage, wann die Kompetenz der Mehrheit bei nicht-symmetrischer Kompetenzverteilung größer als die durchschnittliche Kompetenz ist, siehe *P. J. Boland*, Majority Systems and the Condorcet Jury Theorem, The Statistician 38 (1989), S. 181 (183); *D. Berend/J. Paroush*, When is Condorcet's Jury Theorem Valid?, Soc. Choice Welf. 15 (1998), S. 481 ff.

[99] Vgl. *R. Ben-Yashar/J. Paroush*, A Nonasymptotic Condorcet Jury Theorem, Soc. Choice Welf. 17 (2000), S. 189 ff. Problematisch können aber Fälle sein, in denen diese Bedingung nicht gegeben ist, z. B. die in Fn. 98 genannte Kompetenzverteilung von 40, 40 und 80 %.

[100] Nach *C. List/P. Pettit*, Group Agency, 2011, S. 99.

[101] Vgl. *S. Nitzan/J. Paroush*, Optimal Decision Rules in Uncertain Dichotomous Choice Situations, Int. Econ. Rev. 23 (1982), S. 289 ff. Dieser Gedanke findet sich prominent bei *J. S. Mill*, Considerations on Representative Government, 1861, Kap. VIII; vgl. dazu *C. R. Beitz*, Political Equality, 1989, S. 32 ff.; *M. Schwartzberg*, Epistemic Democracy and Its Challenges, Annu. Rev. Political Sci. 18 (2015), S. 187 (194); erhellend zu Mill auch *D. Spafford*, Mill's Majority Principle, Can. J. Political Sci. 18 (1985), S. 599 ff. Aus jüngerer Zeit vgl. *J. Rawls*, Eine Theorie der Gerechtigkeit, 20. Aufl. 2017, S. 263 f.

[102] Zum Verständnis: Der Logarithmus von $p/(1-p)$ ist positiv, wenn p über 0,5 liegt, und geht gegen unendlich, wenn p gegen 1 geht; er ist negativ, wenn p unter 0,5 liegt, und geht gegen minus unendlich, wenn p gegen 0 geht; er beträgt schließlich 0, wenn p genau 0,5 beträgt. Das bedeutet: je kompetenter ein Abstimmender, desto höher sein Stimmgewicht. Im Grenzfall der Kompetenz von 100 % ist das Stimmgewicht unendlich, was auf eine Diktatur dieses Abstimmenden hinausläuft. Zum Ganzen *C. List/P. Pettit*, Group Agency, 2011, S. 99 f.

[103] Vgl. *R. C. Ben-Yashar/S. I. Nitzan*, The Optimal Decision Rule for Fixed-Size Committees in Dichotomous Choice Situations, Int. Econ. Rev. 38 (1997), S. 175 ff.; siehe auch *L. Shapley/B. Grofman*, Optimizing Group Judgmental Accuracy in the Presence of Interde-

men ausrechnen oder zumindest eine andere dem Mehrheitsprinzip epistemisch überlegene Entscheidungsregel finden zu können, müsste nun aber die individuelle Kompetenz der Abstimmenden bekannt oder zumindest abschätzbar[104] sein, was in der Realität jedenfalls bei Gerichten nicht gegeben sein wird.[105] Dann bleibt das Mehrheitsprinzip als nächste Annäherung an die epistemisch beste Entscheidungsregel übrig, da es die optimale Regel bei Unkenntnis der genauen Kompetenzen der Abstimmenden ist.[106] Dementsprechend ist in der Demokratietheorie argumentiert worden, dass die Unkenntnis der genauen Kompetenzen für die Anwendung des Mehrheitsprinzips ohne Stimmgewichtung spricht.[107] Dieser Gedanke lässt sich auf Kollegialgerichte ohne Weiteres übertragen.[108] Berücksichtigt man zudem noch, dass die Fähigkeit eines Ab-

---

pendencies, Public Choice 43 (1984), S. 329 ff.; *F. Dietrich*, General Representation of Epistemically Optimal Procedures, Soc. Choice Welf. 26 (2006), S. 263 ff.

[104] Zur optimalen Gewichtung bei Teilinformationen über die Kompetenz, genauer über die Verteilung der Kompetenzen, vgl. *D. Berend/J. E. Harmse*, Expert Rule Versus Majority Rule Under Partial Information, Theory Decis. 35 (1993), S. 179 ff.

[105] Zur Schwierigkeit, die richterliche Arbeit zu bewerten, vgl. nur *A. Papsthart*, Übertrifft die Anforderungen erheblich, DRiZ 1992, S. 297 ff.

[106] Vgl. *D. Karotkin*, Justification of the Simple Majority and Chairman Rules, Soc. Choice Welf. 13 (1996), S. 479 ff.; siehe auch *M. Gradstein/S. Nitzan*, Performance Evaluation of Some Special Classes of Weighted Majority Rules, Math. Soc. Sci. 12 (1986), S. 31 ff. Vgl. ferner *J. Waldron*, Legislation, Authority, and Voting, Georget. Law J. 84 (1996), S. 2185 (2211 f.).

[107] Vgl. *D. Estlund*, Democratic Authority, 2008, S. 206 ff.; *C. Girard*, La règle de majorité en démocratie: équité ou vérité?, Raisons politiques 2014, S. 107 (133). Dieser Gedanke findet sich bereits bei *S. v. Pufendorf*, De jure naturae et gentium libri octo, 1672, Buch VII, Kap. II, § 15, der sich gegen eine Stimmgewichtung ausspricht: »Enimvero isthoc ad expedienda negotia in concilio aliquo, cujus membra aequali jure pollent, adplicari neqvit. Quis enim heic judicium feret, utra sententia fie prudentior?«; dazu *M. Schwartzberg*, Voting the General Will: Rousseau on Decision Rules, Political Theory 36 (2008), S. 403 (411 f.); *E. Lagerspetz*, Wisdom and Numbers, Soc. Sci. Inf. 49 (2010), S. 29 (38 f.); zu Pufendorfs Theorie kollektiver Entscheidungen vgl. ferner *ders.*, Pufendorf on Collective Decisions, Public Choice 49 (1986), S. 179 ff.; *W. Gaertner*, De jure naturae et gentium, Soc. Choice Welf. 25 (2005), S. 231 ff.; *P. Pasquino*, Samuel Pufendorf, Soc. Sci. Inf. 49 (2010), S. 99 ff. *M. Schwartzberg*, Counting the Many, 2014, S. 19 ff., argumentiert sogar, dass die Annahme epistemischer Gleichheit historisch der Grund war, abzustimmen und das Mehrheitsprinzip anzuwenden; dazu auch *dies.*, Shouts, Murmurs and Votes: Acclamation and Aggregation in Ancient Greece, J. Political Philos. 18 (2010), S. 448 ff. Vgl. auch *C. Hillgruber*, Mehrheitsprinzip, in: Kube u. a. (Hrsg.), FS Kirchhof, Bd. I, 2013, § 61 Rn. 8.

[108] In diesem Sinne können die Äußerungen von *R. M. Hills*, Are Judges Really More Principled Than Voters?, Univ. San Franc. Law Rev. 37 (2002), S. 37 (58 f.), verstanden werden: »Where political equality reigns, the weight of numbers is regarded as the best available proxy for the quality of argument. Thus, on that ultimate forum of principle, the United States Supreme Court, five votes decides a case and sets precedent. Why? Because the Justices are political equals: we assess the quality of argument by counting noses.« Für eine andere Interpretation dieser Stelle vgl. *J. Waldron*, Five to Four: Why Do Bare Majorities Rule on Courts?, Yale Law J. 123 (2014), S. 1693 (1723 ff.). Denkbar bleibt indes eine Stimmgewichtung mit dem Ziel, bestimmten Richtern einen höheren Einfluss auf die Entscheidung zu gewähren (dazu unten V.2.b)cc)(4)).

stimmenden bei der konkreten Abstimmung von seiner generellen Kompetenz abweichen kann und dies nicht selten tut, besteht umso mehr Veranlassung, auf eine Gewichtung zu verzichten und das Mehrheitsprinzip zu wählen.[109] Gleichwohl sollten wir den Gedanken, dass sich die Kompetenzen der Abstimmenden unterscheiden können, zumindest im Hinterkopf bewahren.

b) Anwendung des Jury-Theorems auf Kollegialgerichte

Auf Gerichte übertragen[110] würde die Rechtfertigung des Mehrheitsprinzips, veranschaulicht anhand eines Beispiels, folgendermaßen aussehen. Eine große Strafkammer aus fünf Richtern muss über die Frage der Schuld des Angeklagten entscheiden.[111] Das ist eine binäre Entscheidung (›schuldig‹ oder ›unschuldig‹). Es sei angenommen, dass die Richter, was das Entscheiden von Straffällen angeht, kompetent sind, dass also die durchschnittliche Wahrscheinlichkeit einer richtigen Entscheidung mehr als 50 % beträgt.[112] Außerdem sei angenommen, dass die Richter unabhängig voneinander abstimmen. Dann ist die Wahrscheinlichkeit, dass die Mehrheit (drei, vier oder fünf Richter) mit ihrer Entscheidung richtig liegen wird, höher als die Wahrscheinlichkeit, dass die Minderheit richtig liegen wird. Setzen wir die Kompetenz zum Beispiel (einheitlich für alle Richter) bei 60 % fest, beträgt die Kompetenz der Mehrheit 68,26 %. Um das Mehrheitsprinzip mit dem Jury-Theorem zu rechtfertigen, müssen wir aber die genaue Kompetenz gar nicht wissen, wir müssen nur wissen (oder begründet davon ausgehen), dass die durchschnittliche Kompetenz höher ist als 50 %.

Nun steckt das größte Problem genau darin, dies zu wissen.[113] Das Jury-Theorem mag deshalb, wenn man ihm zum ersten Mal begegnet, ziemlich verwundern. Aber ihm eignet durchaus eine gewisse intuitive Plausibilität. Wer würde nicht, wenn er oder sie meint, ein Auto bei rot über die Ampel fahren gesehen zu haben, sich eines Besseren belehren lassen, wenn die Umstehenden

---

[109] Vgl. *D. Karotkin/J. Paroush*, Variability of Decisional Ability and the Essential Order of Decision Rules, J. Econ. Behav. Organ. 23 (1994), S. 343 ff.

[110] Bereits *F. Haymann*, Die Mehrheitsentscheidung, in: Tatarin-Tarnheyden (Hrsg.), FG Stammler, 1926, S. 395 (397), zitiert Condorcet im Zusammenhang mit der Rechtsprechung, allerdings nur beim Problem der Entscheidung zwischen Kollegialgericht und Einzelrichter (vgl. oben Fn. 82).

[111] In der Realität des deutschen Rechts würde dafür eine Zweidrittelmehrheit gelten (§ 263 StPO), aber das fiktive Beispiel eignet sich gut zur Veranschaulichung.

[112] Da es auf die durchschnittliche Wahrscheinlichkeit ankommt, muss die Kompetenz nicht bei jedem Richter über 50 % liegen. Wir könnten bspw. annehmen, dass die Schöffenrichter nur mit Zufallswahrscheinlichkeit (also mit 50 %) oder – vielleicht aufgrund von ›Vorurteilen‹ (um ein Wort Condorcets aufzugreifen; vgl. Fn. 88) – sogar mit einer Wahrscheinlichkeit unterhalb von 50 % entscheiden, dies aber durch die (aufgrund ihrer Ausbildung und Berufserfahrung?) kompetenten Berufsrichter ausgeglichen wird. Zu Problemen bei heterogener Kompetenzverteilung siehe aber oben a)cc).

[113] So auch *J. L. Martí*, The Epistemic Conception of Deliberative Democracy Defended, in: Besson/Martí (Hrsg.), Deliberative Democracy and Its Discontents, 2006, S. 27 (41).

sagen, dass die Ampel noch grün war?[114] Ist es nicht überzeugend, wenn vier von fünf Zahnärzten eine Zahnpasta empfehlen?[115] Wird nicht beim Thema Klimawandel immer wieder angeführt, dass 97% der Klimaforscher der Ansicht sind, er sei menschengemacht?[116] Nun handelt es sich dabei um Beispiele,[117] bei denen eine überwältigende oder zumindest sehr große Mehrheit einer weit kleineren, gar vereinzelten Minderheit gegenübersteht.[118] Bei einer lediglich knappen Mehrheit werden wir indes unsicher, ob wir uns einfach so auf sie verlassen können.[119] Auf den ersten Blick spricht nicht viel dafür, die Ansicht von drei für richtiger zu halten als die Ansicht von zwei Personen oder die Ansicht von fünf gegenüber der von vier Personen. Hier kommt das Condorcet-Jury-Theorem ins Spiel, denn es zeigt, dass die Mehrheitsentscheidung – auch die knappe[120] – mit größerer Wahrscheinlichkeit richtig ist als die Minderheitsmeinung.

---

114 So das Beispiel von *P. Pettit*, When to Defer to Majority Testimony – And When Not, Analysis 66 (2006), S. 179 (179ff.).

115 Vgl. *J. H. Shugerman*, A Six-Three Rule: Reviving Consensus and Deference on the Supreme Court, Ga. Law Rev. 37 (2003), S. 893 (934); *J. Waldron*, Five to Four: Why Do Bare Majorities Rule on Courts?, Yale Law J. 123 (2014), S. 1692 (1712f.), der aber auch (dort Fn. 69) die Frage aufwirft, was der fünfte Zahnarzt wohl weiß, das die anderen vier nicht sagen.

116 Vgl. *J. Cook u. a.*, Quantifying the Consensus on Anthropogenic Global Warming in the Scientific Literature, Environ. Res. Lett. 8 (2013), 024024. Es gibt eine Debatte darüber, ob der Wert der Übereinstimmung nicht sogar oberhalb von 99% liegt; vgl. *J. L. Powell*, Climate Scientists Virtually Unanimous, Bull. Sci. Technol. Soc. 35 (2015), S. 121ff.; *ders.*, The Consensus on Anthropogenic Global Warming Matters, Bull. Sci., Technol. Soc. 36 (2016), S. 157ff.; *A. G. Skuce*, Does It Matter if the Consensus on Anthropogenic Global Warming Is 97% or 99.99%?, Bull. Sci. Technol. Soc. 36 (2016), S. 150ff.

117 Die Beispiele betreffen offensichtlich keine Fälle der Abstimmung innerhalb einer zu einer kollektiven Entscheidung berufenen Gruppe, sondern Fälle *intra*personaler Aggregation fremder Ansichten, bei denen sich aber grundsätzlich dieselben Probleme wie bei *inter*personaler Aggregation stellen. Vgl. *F. Dietrich/C. List*, The Aggregation of Propositional Attitudes, in: Gendler/Hawthorne (Hrsg.), Oxford Studies in Epistemology, Bd. 3, 2010, S. 215 (216).

118 Zur Frage, wann es rational ist, einer qualifizierten Mehrheit zu folgen, siehe *C. List*, When to Defer to Supermajority Testimony – And When Not, in: Lackey (Hrsg.), Essays in Collective Epistemology, 2014, S. 240ff.

119 Darauf zu Recht hinweisend *J. H. Shugerman*, A Six-Three Rule: Reviving Consensus and Deference on the Supreme Court, Ga. Law Rev. 37 (2003), S. 893 (934); *J. Waldron*, Five to Four: Why Do Bare Majorities Rule on Courts?, Yale Law J. 123 (2014), S. 1692 (1713f.). Freilich gibt es auch Fälle, bei denen wir einer sehr großen Mehrheit nicht folgen, z. B. wenn ihre Ansicht in einer bestimmten Frage sich nicht mit unseren Ansichten in anderen, grundlegenden Fragen verträgt; dazu *P. Pettit*, When to Defer to Majority Testimony – And When Not, Analysis 66 (2006), S. 179 (182ff.). Treffend eingefangen wurde das Problem einmal in einer Überschrift der US-Satirezeitschrift ›The Onion‹: »Weak-Willed Coward Changes Opinion After Learning He Was Wrong« (Online-Ausgabe v. 07.11.2017, URL = https://local.theonion.com/weak-willed-coward-changes-opinion-after-learning-he-wa-1820220653; zuletzt abgerufen am 15.03.2020).

120 Aus dem Jury-Theorem folgt aber auch, dass die Entscheidung einer größeren Mehr-

aa) Richter als Experten

Wichtigste Voraussetzung des Jury-Theorems ist nach dem Gesagten, dass die Abstimmenden kompetent sind. Sofort stellt sich die Frage, wie diese Kompetenz konkret begründet werden kann. Wiederum kann indes zunächst mit einfachen Beispielen gezeigt werden, dass diese Annahme durchaus intuitiv plausibel sein kann. Die Kompetenz muss ja nur über 50%, also über der Zufallswahrscheinlichkeit liegen, d. h. die Abstimmenden müssen nur etwas kompetenter sein, als sie wären, wenn sie rein zufällig entscheiden würden (und darauf, wie hoch die Kompetenz genau ist, kommt es für die Rechtfertigung der Anwendung des Mehrheitsprinzips nicht an). Beispielsweise gehen wir bei einem Arzt davon aus, dass es nicht nur Zufall ist, ob er auf einer Röntgcnaufnahme einen Tumor entdeckt. Bei derartigen Personen, nämlich Experten, liegt es sehr nahe, Kompetenz anzunehmen.[121] Will ein Patient sich möglichst sicher sein, ob er einen Tumor hat oder nicht,[122] wird er sich dafür entscheiden, möglichst viele Ärzte aufzusuchen und der Mehrheitsmeinung zu folgen.[123] Nach derselben Logik sollte, wenn es um die Entscheidung einer Rechtsstreitigkeit geht, ebenfalls eine Gruppe von Experten befragt und dann der Mehrheitsmeinung gefolgt werden. Und sind Richter nicht Experten für Rechtsstreitigkeiten?

Ganz so einfach sollte man es sich jedoch nicht machen.[124] Es muss durchaus genau untersucht werden, wie die Kompetenz von Richtern begründet werden kann, denn das Condorcet-Jury-Theorem enthält selbst keinerlei Aussage über die Begründung der Kompetenz, bei der es sich vielmehr schlicht um eine vorausgesetzte Prämisse des Theorems handelt. Insbesondere basiert der Effekt des Jury-Theorems nicht darauf, dass die Mitglieder der Gruppe ihre jewei-

---

heit mit größerer Wahrscheinlichkeit (ex post) richtig ist. Siehe dazu noch ausführlich im Zusammenhang mit qualifizierten Mehrheiten unten C.I.1.b).

[121] Zur Anwendbarkeit des Jury-Theorems auf Experten vgl. auch *A. Kuflik*, Majority Rule Procedure, in: Pennock/Chapman (Hrsg.), Due Process, 1977, S. 296 (307); *K. K. Ladha*, The Condorcet Jury Theorem, Free Speech, and Correlated Votes, Am. J. Political Sci. 36 (1992), S. 617 (619).

[122] Man beachte die Art der Entscheidung: Es geht um eine binäre Frage nach einer objektiven Wahrheit (Tumor oder kein Tumor). Komplizierter wäre etwa die Frage nach der richtigen Behandlung. Dieses Problem des Erkenntnisgegenstands wird bei der Anwendung des Jury-Theorems auf Gerichte noch eine bedeutende Rolle spielen.

[123] Auch dieses Beispiel betrifft einen Fall intrapersonaler Aggregation (siehe oben Fn. 117). Vgl. zu dieser Art, individuelle Entscheidungen zu treffen, auch *J. Zhang/C. K. Hsee/ Z. Xiao*, The Majority Rule in Individual Decision Making, Organ. Behav. Hum. Decis. Process. 99 (2006), S. 102 ff.

[124] Vgl. die Mahnung von *P. H. Edelman*, On Legal Interpretations of the Condorcet Jury Theorem, J. Leg. Stud. 31 (2002), S. 327 (327 f.): »Unfortunately, [...] applications of the [Condorcet Jury Theorem] to legal problems are often not sensitive to the subtleties of its use and, ultimately, lead to flawed conclusions.« Zu verschiedenen Varianten des Jury-Theorems siehe auch *N. R. Miller*, Information, Individual Errors, and Collective Performance, Group Decis. Negot. 5 (1996), S. 211 (213 f.).

ligen, separaten Informationen zusammentragen.[125] Das Jury-Theorem betrifft schlicht die Aggregation von Wahrscheinlichkeiten, nicht von Informationen. Es ist also rein arithmetisch und enthält keinerlei epistemologische Aussage.[126] Es funktioniert ebenso wie mit Entscheidungen von Menschen auch mit Farben von Kugeln oder mit Münzwürfen. Befinden sich in einem Behältnis 60 schwarze sowie 40 weiße Kugeln und zieht man zufällig drei heraus, so beträgt die Wahrscheinlichkeit, dass die gezogenen Kugeln mehrheitlich schwarz sind, 64,80 %.[127] Und wird eine gezinkte Münze, die mit einer Wahrscheinlichkeit von 60 % beim Landen Kopf zeigt, drei Mal geworfen, beträgt die Wahrscheinlichkeit, dass die Münze mindestens zwei Mal Kopf gezeigt hat, 64,80 %.[128]

bb) Kompetenz zur Tatsachenfindung

Um die Frage nach der allgemeinen Kompetenz von Richtern beantworten zu können, muss zwischen den beiden Teilaspekten richterlicher Rechtserkenntnis, der Tatsachenfindung und der Rechtsfindung,[129] differenziert werden. Die Kompetenz zur Tatsachenfindung sei am paradigmatischen Beispiel des Strafprozesses untersucht, bei dem es besonders auf Tatsachenfeststellungen ankommt.[130]

---

[125] Häufig verwendetes Bild für dieses so genannte ›information pooling‹ ist jenes der blinden Männer, die jeweils einen Teil eines Elefanten abtasten und beschreiben und dadurch zusammen zu einem zutreffenden Gesamteindruck des Elefanten kommen; vgl. etwa *D. M. Estlund*, Democratic Authority, 2008, S. 233 f. Der aus Indien stammenden Parabel geht es aber wohl eigentlich darum, dass die Männer in Streit geraten, weil jeder seinen Teil der Wahrheit für die ganze hält; vgl. *A. Vermeule*, Many-Minds Arguments in Legal Theory, J. Leg. Anal. 1 (2009), S. 1 (20). Die Perspektive des ›information pooling‹ liegt auch (ohne dass der Begriff darin auftaucht) der Untersuchung von *H. R. Leu/E. Werner*, Der Einzelne und die Gruppe im juristischen Entscheidungsprozeß, in: Bender (Hrsg.), Tatsachenforschung in der Justiz, 1972, S. 127 ff., zur Leistungsfähigkeit des Richterkollegiums zugrunde.

[126] Zutreffend *J. Waldron*, Five to Four: Why Do Bare Majorities Rule on Courts?, Yale Law J. 123 (2014), S. 1692 (1716).

[127] Vgl. *E. Czuber*, Die Entwicklung der Wahrscheinlichkeitstheorie und ihrer Anwendungen, in: Jahresbericht der Deutschen Mathematiker-Vereinigung VII (1899), Heft 2, S. 1 (142); *J. Waldron*, Five to Four: Why Do Bare Majorities Rule on Courts?, Yale Law J. 123 (2014), S. 1692 (1716).

[128] Vgl. *P. Pettit*, When to Defer to Majority Testimony – And When Not, Analysis 66 (2006), S. 179 (181).

[129] Dazu vgl. etwa *S. A. Meyer*, Sichere Kenntnis von Recht und Tatsachen, 1996, S. 28 ff.; *J. Vogel*, Juristische Methodik, 1998, S. 11 ff.

[130] Für andere Gerichtsbarkeiten gilt das Gesagte mutatis mutandis ebenfalls. Der Unterschied zwischen ›materieller‹ und ›formeller‹ Wahrheit spielt nur begrenzt eine Rolle, da es sich dabei nicht um einen Unterschied im Erkenntnisziel der Wahrheit, sondern in der Methode ihrer Ermittlung (Amtsermittlungs- oder Beibringungsgrundsatz) handelt; vgl. *P. Rieß*, Über die Aufgaben des Strafverfahrens, JR 2006, S. 269 (273); ferner *K. Volk*, Diverse Wahrheiten, in: Eser u. a. (Hrsg.), FS Salger, 1995, S. 411 ff. (Es könnte allerdings die Wahrheitsermittlung nach der einen Methode besser funktionieren als nach der anderen.) Anders gesagt: Wenn das Zivilprozessrecht teilweise auf die Feststellung der Wahrheit verzichtet, liegt dies daran, dass insoweit die Dispositions- und die Beschleunigungsmaxime höher gewichtet werden.

Der Strafprozess zielt zur Feststellung von Schuld oder Unschuld[131] auf die Erkenntnis der Wahrheit,[132] verstanden im Sinne der Korrespondenztheorie,[133] nach der eine Verurteilung bzw. ein Freispruch richtig ist, wenn der Angeklagte *wirklich* schuldig bzw. unschuldig ist. Doch stellt sich folgendes Problem: Ob der Angeklagte wirklich schuldig oder unschuldig ist, lässt sich nicht unabhängig vom Gerichtsprozess kontrollieren, da keine Methode zur Verfügung steht, die Wirklichkeit herauszufinden, um die Gerichtsentscheidung mit ihr zu vergleichen, also die Korrespondenz von Urteil und Wirklichkeit zu überprüfen. Infolgedessen muss zwischen abstrakten ›Fehlurteilen‹ und konkretem ›Fehlurteil‹ unterschieden werden.[134] Abstrakt kann danach gefragt werden, in welchem Maße Strafprozesse gerichtliche Feststellungen über die Wirklichkeit produzieren, die im Sinne der Korrespondenztheorie wahr sind oder die in diesem Sinne unwahr sind. Auf dieser abstrakten Ebene ist insofern von ›Fehlurteilen‹ zu sprechen, als global betrachtet das Risiko besteht, dass Gerichte auch Entscheidungen treffen, die im Sinne der Korrespondenztheorie nicht wahr sind, also einen Unschuldigen verurteilen oder einen Schuldigen freisprechen.[135] Verfehlt ist es aber, denselben Maßstab auch an ein konkretes Urteil anzulegen. Ob ein bestimmter Angeklagter schuldig ist oder nicht, kann nicht unabhängig vom Prozess festgestellt werden, sodass die Korrespondenz von Urteil und Wirklichkeit nicht überprüft werden kann. Ein konkretes Urteil kann deshalb nur in dem Sinne ein ›Fehlurteil‹ sein, dass das Gericht aus der Tatsachenermittlung die falsche Konsequenz zieht, also den Angeklagten für schuldig hält, obwohl das von der Tatsachenermittlung nicht ausreichend getragen wird, oder ihn für unschuldig hält, obwohl die Tatsachenermittlung die Annahme der Täterschaft begründet.[136]

---

[131] Im Folgenden ist mit Schuld/Täterschaft gemeint, dass Tatsachen wirklich gegeben sind, die bei Subsumtion unter eine strafrechtliche Norm zur Strafbarkeit führen. Ausgeklammert und der Rechtsfindung zugeordnet werden also alle rechtlichen Bewertungen, inklusive solchen, die erforderlich sind, um (basierend auf bestimmten Tatsachen) das Vorliegen eines normativen Tatbestandsmerkmals zu bejahen.

[132] Wenn auch nur in dem Maße, in dem die Wahrheit für das Strafverfahren erforderlich ist. Vgl. *B. Schünemann*, Legitimation durch Verfahren?, StraFo 2015, S. 177 (179): »Frage, welcher Wirklichkeitsausschnitt für die gerichtliche Entscheidung relevant ist«. Insoweit zutreffend auch *D. Krauß*, Das Prinzip der materiellen Wahrheit im Strafprozeß, in: Grünwald u. a. (Hrsg.), FS Schaffstein, 1975, S. 411 (417 f.).

[133] Vgl. jeweils m. w. N. *H. Radtke*, Das Strafverfahren als Diskurs?, in: Amelung u. a. (Hrsg.), FS Schreiber 2003, S. 375 (378 f.); *ders.*, Wahrheitsermittlung im Strafverfahren, GA 2012, S. 187 (188 ff.); *T. Hörnle*, »Justice as Fairness«, Rechtstheorie 35 (2004), S. 175 (184 f.); *H. Jung*, Über die Wahrheit und ihre institutionellen Garanten, JZ 2009, S. 1129 (1130). Vgl. auch umfassend *F. Stamp*, Wahrheit im Strafverfahren, 1998, insb. S. 30 ff.

[134] *K. N. Kotsoglou*, Das Fehlurteil gibt es nicht, JZ 2017, S. 123 ff.

[135] Vgl. *K. N. Kotsoglou*, a. a. O., S. 130 f.; siehe auch *V. Erb*, Zur »Legitimation« von Fehlverurteilungsrisiken, in: Hanack u. a. (Hrsg.), FS Rieß, 2002, S. 77 ff.

[136] Vgl. *K. N. Kotsoglou*, a. a. O., S. 130.

Gemäß diesen Überlegungen können die Tatsachenfeststellungen von Gerichtsurteilen in zwei verschiedenen Sinnen richtig sein, kann die Kompetenz von Richtern zur Tatsachenfindung in zweierlei Hinsicht bewertet und kann das Jury-Theorem auf zwei Ebenen angewendet werden. Auf der Ebene der abstrakten Betrachtung meint Richtigkeit die Wahrheit im Sinne der Korrespondenztheorie. Kompetenz im Sinne des Jury-Theorems ist demnach die Wahrscheinlichkeit, dass in einem Strafprozess die Wahrheit ermittelt wird. Maßgeblich ist also die Zuverlässigkeit von Strafprozessen, d. h. das Verhältnis wahrer und unwahrer Urteile. Damit ist das Feld der Fehlurteilsforschung angesprochen.[137] Nun wird aber mitunter behauptet, dass die Rate von Fehlurteilen nicht festgestellt werden könne, da es eben kein vom Gerichtsprozess unabhängiges Verfahren zur Überprüfung gibt.[138] Dazu ist zweierlei zu sagen.

Erstens ist richtig, dass die Richtigkeit von Strafurteilen nicht durch einen Vergleich mit der Wirklichkeit und die Anzahl von Fehlurteilen nicht auf diese Weise festgestellt werden können. Die empirische Prävalenzforschung kann sich nur mit groben Annäherungen behelfen, die auf mehr oder weniger brauchbaren Indizien für Fehlurteile, wie insbesondere erfolgreiche Wiederaufnahmeverfahren, beruhen.[139] Zweitens ist aber zu betonen: Die Frage nach der Reliabilität von Strafurteilen kann auf anderem Wege beantwortet werden, nämlich durch theoretische Überlegungen über die strafprozessualen Wahrheitsermittlungsmethoden. Es verhält sich hier ähnlich wie bei physikalischen Messungen. Um zu wissen, dass Thermometer die Temperatur korrekt angeben, kann nicht die Temperatur unabhängig von solchen Messungen festgestellt und dann mit dem Ergebnis der Thermometermessung verglichen werden, sondern das Wissen über die Wahrheit der Thermometermessungen entstammt theoretischen Überlegungen über die physikalischen Gesetze der Natur und die Funktionsweise von Thermometern.[140] Der Zugang zur Wirklichkeit ist weder in der Wissenschaft noch im Strafprozess unmittelbar, doch kann es gute Gründe für ein bestimmtes Wirklichkeitsbild geben.[141]

Maßgeblich für Strafprozesse ist demnach die Frage, wie zuverlässig sie die Wahrheit ermitteln, d. h. letztlich wie zuverlässig Beweise die Wirklichkeit wiedergeben. Für das Condorcet-Jury-Theorem folgt daraus, dass die Kompetenz

[137] Dazu *S. Barton/M. Dubelaar/R. Kölbel/M. Lindemann*, Aspekte der Fehlurteilsforschung, in: dies. (Hrsg.), »Vom hochgemuten, voreiligen Griff nach der Wahrheit«, 2018, S. 9 ff.; *R. Kölbel/J. Puschke/T. Singelnstein*, Zum Stand, zur Notwendigkeit und zu den Aussichten der Prozessfehler- und Fehlurteilsforschung, GA 166 (2019), S. 129 ff.

[138] *J. Elster*, Securities Against Misrule, 2013, S. 17.

[139] Vgl. *R. Kölbel*, Der Stand der internationalen Fehlurteilsforschung, in: Barton/Dubelaar/Kölbel/Lindemann (Hrsg.), »Vom hochgemuten, voreiligen Griff nach der Wahrheit«, 2018, S. 31 (34 ff.).

[140] Vgl. *E. Lagerspetz*, Social Choice and Democratic Values, 2016, S. 302 f.

[141] Zum Zusammenhang zwischen Wahrheit und Gründen *J. Nida-Rümelin*, Wahrheit und Begründung, StraFo 2015, S. 309 ff. (insb. 313 f.).

des Gerichts nach oben hin nicht mehr durch die Gewissheit (Wahrscheinlichkeit von 100%), sondern durch die Wahrscheinlichkeit, mit der die Beweise die Wirklichkeit wiedergeben, limitiert wird.[142] Das Gericht kann maximal so gut sein wie die Beweise, die ihm zur Verfügung stehen.[143] Um also die Zuverlässigkeit von Beweisen und damit die (maximale) Kompetenz der Richter einschätzen zu können, müssen theoretische Überlegungen über die Qualität etwa von Zeugenaussagen[144] und DNA-Untersuchungen oder über kognitive Verzerrungen von Richtern usw.[145] angestellt werden. Derartige Überlegungen sind Gegenstand der Forschung über die Fehlerquellen der strafprozessualen Tatsachenfeststellung.[146] Dabei ist zuzugeben, dass sich derartige Untersuchungen nicht gerade leicht tun und wir in einem Bereich der sozialen Realität, in dem psychologische, soziologische, rechtliche und technische Faktoren mitspielen, sicherlich über weniger gute »causal theories«[147] verfügen, als es etwa in der Physik für die Erforschung der Natur der Fall ist. Möglich sind aber zumindest grobe Einschätzungen der Fehlurteilsquote. Wichtig ist dabei, zwischen den beiden Arten von Fehlurteilen, nämlich der falsch-positiven Entscheidung, d. h. der Verurteilung eines Unschuldigen, einerseits und der falsch-negativen Entscheidung, d. h. dem Freispruch eines Schuldigen, andererseits zu unterscheiden.[148] Denn es ist nicht nur möglich, sondern sogar sehr wahrscheinlich, dass die positive und die negative Kompetenz von Richtern divergieren, dass Strafrichter also unterschiedliche Kompetenzen aufweisen, je nachdem ob der Angeklagte wirklich schuldig oder wirklich unschuldig ist.[149] Nun sind falsch-ne-

---

[142] *F. Dietrich/C. List*, A Model of Jury Decisions Where All Jurors Have the Same Evidence, Synthese 142 (2004), S. 175 ff.

[143] Vgl. *F. Dietrich*, The Premises of Condorcet's Jury Theorem Are Not Simultaneously Justified, Episteme 5 (2008), S. 56 (61), der die Kompetenz als Maß der »easiness« des zu entscheidenden Falls interpretiert, d. h. die Kompetenz hängt von der »misleadingness« der Beweise (und sonstiger auf die Entscheidung einwirkender Faktoren) ab; im Anschluss daran *ders./K. Spiekermann*, Independent Opinions?, Mind 122 (2013), S. 655 (671 ff.).

[144] Dazu gehört auch die Fähigkeit von Richtern, unwahrhaftige Zeugenaussagen (also Lügen oder Irrtümer) zu erkennen. Dazu *R. Bender*, Der Irrtum ist der größte Feind der Wahrheitsfindung vor Gericht, StV 1982, S. 484 ff.; *M. Hohlweck*, Die Beweiswürdigung: Beurteilung von Zeugenaussagen, JuS 2002, S. 1105 ff., 1207 ff.

[145] Das bedeutet auch, dass das Fehlurteilsrisiko v. a. durch Verbesserung der Wahrheitsermittlungsmethoden gesenkt werden kann. Man kann dies an der Entwicklung technischer Ermittlungsmethoden nachvollziehen.

[146] Vgl. *R. Kölbel*, Der Stand der internationalen Fehlurteilsforschung, in: Barton/Dubelaar/Kölbel/Lindemann (Hrsg.), »Vom hochgemuten, voreiligen Griff nach der Wahrheit«, 2018, S. 31 (43 ff.).

[147] *J. Elster*, Securities Against Misrule, 2013, S. 4.

[148] Vgl. *W. E. Feinberg*, Teaching the Type I and II Errors, Am. Stat. 25 (1971), S. 30 ff.; *K. N. Kotsoglou*, Das Fehlurteil gibt es nicht, JZ 2017, S. 123 (128). Zur Möglichkeit, konditionale, also von der richtigen Entscheidungsalternative abhängige Kompetenzen anzunehmen, siehe *F. Dietrich*, The Premises of Condorcet's Jury Theorem Are Not Simultaneously Justified, Episteme 5 (2008), S. 56 (63 f.).

[149] Zu dieser Unterscheidung siehe oben a)bb).

gative Entscheidungen schon deswegen nur in einer äußerst geringen Anzahl wahrscheinlich, weil nur sehr wenige Strafprozesse (nämlich etwa 3 %) mit einem Freispruch enden.[150] Eine hohe positive Kompetenz von Strafrichtern kann deshalb als sicher gelten. Was die Anzahl falsch-positiver Entscheidungen angeht, mag die Quote zwar schätzungsweise »schon im zweiziffrigen Prozentbereich«[151] liegen, dürfte aber zweifelsohne noch weit entfernt von der Schwelle von 50 % sein, ab der spiegelbildlich die negative Kompetenz der Richter unter 50 % läge und das Jury-Theorem nicht mehr gälte. Auf der Ebene abstrakter Fehlurteile kann folglich von einer hinreichenden positiven und negativen Kompetenz der Strafrichter ausgegangen werden.

Auf der konkreten Ebene des einzelnen Urteils bedeutet Richtigkeit, dass das Gericht der Beweislage entsprechend entscheidet, also den Angeklagten verurteilt, wenn ausreichend Beweise vorliegen, und den Angeklagten freispricht, wenn nicht ausreichend Beweise vorliegen.[152] Maßgeblich ist demnach, ob sich der Strafrichter in einer »epistemisch hinreichend starken Position«[153] befindet, den Angeklagten zu verurteilen, wofür es auf die tatrichterliche Überzeugung[154] ankommt. Bei dieser Überzeugung handelt es sich um einen »Erkenntnisakt«, um das Resultat »vorangeganger rationaler Würdigung der Beweisergebnisse auf Grund logischer Schlussfolgerungen«,[155] einer Beweiswürdigung, die im Urteil schriftlich zu begründen ist[156]. Doch verbindliche Vorgaben für die Rechtfertigung der Beweiswürdigung wurden bisher nicht etabliert.[157] Damit

---

[150] Vgl. *J. Kinzig/W. Stelly*, Neue statistische Analysen zum Freispruch, StV 2017, S. 610 (611). Betrachtet man jedoch nicht nur Gerichtsprozesse, sondern das Strafjustizsystem insgesamt, so kommen deutlich mehr Fälle vor, in denen Täter nicht bestraft werden. Gleichzeitig dürfte außerhalb von Urteilen, etwa im Strafbefehlsverfahren, auch die Quote der Bestrafung Unschuldiger höher liegen; vgl. *S. Barton/M. Dubelaar/R. Kölbel/M. Lindemann*, Aspekte der Fehlurteilsforschung, in: dies. (Hrsg.), »Vom hochgemuten, voreiligen Griff nach der Wahrheit«, 2018, S. 9 (11).

[151] *R. Eschelbach*, in: BeckOK StPO, § 261 Rn. 67.5.

[152] *K. N. Kotsoglou*, Das Fehlurteil gibt es nicht, JZ 2017, S. 123 (130). Das erklärt auch, warum ein Freispruch aus Mangel an Beweisen, wenn der Freigesprochene in Wirklichkeit doch schuldig ist, (konkret) richtig ist, aber gleichzeitig zu den Fehlurteilen (im abstrakten Sinne) zählt. (Gleiches gilt, auch wenn es weniger dem herkömmlichen Verständnis eines konkret richtigen Urteils entspricht, für die richtige Verurteilung eines Unschuldigen.) Die entscheidende kriminalpolitische Frage ist, welches Maß an Beweisen für eine Verurteilung ausreichen soll, da davon maßgeblich abhängt, wie oft (abstrakt betrachtet) falsch-positive und falsch-negative Entscheidungen vorkommen.

[153] *K. N. Kotsoglou*, a. a. O., S. 130.

[154] Vgl. § 261 StPO.

[155] *G. M. Sander*, in: Löwe/Rosenberg (Begr.), StPO, Bd. 6, Tbd. 2, 26. Aufl. 2013, § 261 Rn. 2.

[156] BGH, Urt. v. 13.02.1974 – 2 StR 552/73 –, BGHSt 25, 285 (286); BGH, Urt. v. 10.07.1980 – 4 StR 303/80 –, NJW 1980, S. 2423 (2423).

[157] Vgl. nur *J.-P. Becker*, in: Löwe/Rosenberg (Begr.), StPO, Bd. 6, Tbd. 1, 26. Aufl. 2010, § 244 Rn. 47. *K. N. Kotsoglou*, Forensische Erkenntnistheorie, 2015, unternimmt aber den Versuch, eine »Sachverhaltsfeststellungsdogmatik« zu begründen.

muss die Frage nach der Kompetenz für diesen Bereich unbeantwortet bleiben. Es fehlt der Richtigkeitsmaßstab, den das Jury-Theorem voraussetzt, weil nicht beurteilt werden kann, welche Entscheidung angesichts des Beweismaterials die richtige ist. Die Untersuchung des Richtigkeitsarguments muss deshalb diesen Bereich unerörtert lassen.

cc) Kompetenz zur Rechtsfindung

Auf die festgestellten Tatsachen muss ein Gericht das Recht anwenden, d. h. das Gesetz auslegen und ggf. ergänzen und den Sachverhalt subsumieren. Kann für diese Rechtsfindung eine Kompetenz der Richter angenommen werden?

(1) Problem des Richtigkeitsmaßstabs

Man könnte das kurzerhand bejahen, indem man darauf hinweist, dass Richter Rechtsexperten sind, die speziell für die Rechtsanwendung ausgebildet wurden. Überzeugen kann das aber nicht,[158] denn auf einer ganz grundlegenden Ebene ist danach zu fragen, ob überhaupt ein Richtigkeitsmaßstab für die Rechtsfindung existiert. Kompetenz meint ja die Wahrscheinlichkeit, die richtige Entscheidung zu fällen. Was aber ist die ›richtige‹ Rechtsentscheidung? Sind juristische Aussagen überhaupt wahrheitsfähig?

Diese Frage muss verneint werden.[159] Insbesondere scheitert eine Anwendung der Korrespondenztheorie auf die Rechtsfindung an der Unbestimmtheit des Referenzobjekts ›Rechtslage‹.[160] Einziges Kriterium der Wahrheit oder Richtigkeit einer juristischen Entscheidung kann ihre Begründbarkeit sein:[161] »Eine richtige Entscheidung ist eine methodengerecht begründete Entscheidung.«[162] Nun sind aber, aufgrund der »Heterogenität juristischer Argumentationsstandards«[163], verschiedene Rechtsaussagen begründbar, d. h. vertretbar.[164]

---

[158] Ohne viel Aufhebens bejaht wird die Kompetenz von Richtern aber von *L. A. Kornhauser/L. G. Sager*, Unpacking the Court, Yale Law J. 96 (1986), S. 82 (97 f.).

[159] Ausführlich *U. Neumann*, Wahrheit im Recht, 2004, auf dessen Untersuchung ich mich hier vollumfänglich beziehe. Vgl. auch *D. Patterson*, Law and Truth, 1996; *L. Schulz*, Wahrheit im Recht, ZIS 2007, S. 353 ff. Eine realistische Position einnehmend hingegen *M. S. Moore*, The Plain Truth About Legal Truth, Harv. J. Law Public Policy 26 (2003), S. 23 ff. Speziell zur Wahrheitsfähigkeit rechts*wissenschaftlicher* Aussagen siehe *K. Adomeit*, Zur Einführung: Rechtswissenschaft und Wahrheitsbegriff, JuS 1972, S. 628 ff.; *W. Meyer/J. Schmidt/K. Adomeit*, Noch einmal: Wahrheitsbegriff und Rechtswissenschaft, JuS 1973, S. 202 ff.

[160] *U. Neumann*, a. a. O., S. 14 ff.

[161] *U. Neumann*, a. a. O., S. 29 f.

[162] *K. Engisch*, Wahrheit und Richtigkeit im juristischen Denken, 1963, S. 14.

[163] *U. Neumann*, Wahrheit im Recht, 2004, S. 31.

[164] Zur Vertretbarkeit vgl. *M. Neupert*, Was macht Rechtsauffassungen vertretbar?, JuS 2016, S. 489 ff. Bestimmte Aspekte der Begründung sind indes sehr wohl wahrheitsfähig im Sinne der Korrespondenztheorie. Vgl. *U. Neumann*, a. a. O., S. 21; siehe auch *E. Bulygin*, The Objectivity of the Law, in: ders., Essays in Legal Philosophy, 2015, S. 302 (304). Normdeskriptive Aussagen bezüglich des Wortlauts eines Gesetzes etwa sind wahrheitsfähig; vgl.

Demnach gibt es zwar falsche, also unvertretbare, da nicht methodengerecht begründbare Entscheidungen,[165] aber die einzig richtige Entscheidung[166] gibt es mangels sie determinierender Methode[167] nicht.[168] Weder kann es eine absolute Richtigkeit der Entscheidung geben,[169] noch lässt sich regelmäßig ein Qualitätsunterschied zwischen Mehrheits- und Minderheitsmeinung feststellen[170]. Rechtsfindung ist nun einmal »keine Mathematik, keine exakte Wissenschaft, sondern ein relativ komplexer hermeneutischer Prozess.«[171] Insoweit der Richter zwischen vertretbaren Entscheidungen auswählen kann, besteht für die ge-

---

H. Kelsen, Reine Rechtslehre, 2. Aufl. 1960, S. 75 f.; ferner *K. Adomeit*, Zur Einführung: Rechtswissenschaft und Wahrheitsbegriff, JuS 1972, S. 628 (630 ff.); *K. F. Röhl/H. C. Röhl*, Allgemeine Rechtslehre, 3. Aufl. 2008, S. 92. Sie tragen indes nur einen (geringen) Teil zur Begründung bei. Soweit aber die Wahrheitsfähigkeit von juristischen Argumenten geht, kann auch das Konzept der Kompetenz Anwendung finden. Zweifelsohne kann insoweit auch davon ausgegangen werden, dass (Berufs-)Richter über Kompetenz verfügen. Das kann jedoch die Anwendung des Jury-Theorems nicht begründen, da die wahrheitsfähigen Begründungsteile nicht dazu führen, dass eine Entscheidung richtig (oder zumindest vertretbar) und das Gegenteil falsch (bzw. unvertretbar) ist.

165 Vgl. *J. Vogel*, Juristische Methodik, 1998, S. 8.

166 Prominent vertreten aber von *R. Dworkin*, Law's Empire, 1986. Dworkin argumentiert dabei nicht ontologisch (im Sinne eines Realismus), also mit objektiver Wahrheit, sondern semantisch; kritisch deshalb *M. S. Moore*, Metaphysics, Epistemology and Legal Theory, South. Calif. Law Rev. 60 (1986), S. 453 (503 ff.). Ob man Dworkins Vorstellung der einzig richtigen Entscheidung nicht auch als regulative Idee interpretieren sollte, sei hier dahingestellt.

167 Vgl. *K. Adomeit*, Juristische Methode und Sicherheit des Ergebnisses, JZ 1980, S. 343 (344); *B. Rüthers/C. Fischer/A. Birk*, Rechtstheorie, 10. Aufl. 2018, Rn. 807; zum Methodenproblem ferner *J. F. Lindner*, Rechtswissenschaft als Metaphysik, 2017, S. 83 ff. Deshalb scheitern auch Kohärenztheorien der Wahrheit an ihrer Unterdetermination; vgl. *R. Poscher*, Wozu Juristen streiten, JZ 2013, S. 1 (3).

168 Das Problem würde sich nicht stellen, wenn zwar verschiedene Lösungen vertretbar wären, diese aber zu demselben Ergebnis führten (sich also nur in der Begründung unterschieden), denn dann gäbe es eine richtige Entscheidung. Vertretbar sind jedoch gerade Lösungen, die sich auch im Ergebnis unterscheiden. Vgl. nur *K. Adomeit*, a. a. O., S. 344: »Für jedes in der NJW oder in der JZ abgedruckte Urteil kann man sich ein gegenteilig ausgefallenes Urteil vorstellen, das methodologisch nicht weniger überzeugend begründet wäre.« Ähnlich *J. F. Lindner*, Der Rechtswissenschaftler als sokratische Figur, NJW 2019, S. 279 (281): »Mit der Anwendung der geeigneten Methode oder einer intentionsgerichteten Methodenmischung lässt sich jedes Auslegungsergebnis begründen – und das Gegenteil.« Vielleicht mag es Rechtsfälle geben, deren Lösung sich gänzlich unproblematisch gestaltet. Solche Fälle werden dann aber wohl einstimmig entschieden und sind für die Frage nach der Rechtfertigung des Mehrheitsprinzips weitestgehend irrelevant. Uns interessieren die schwierigen Fälle, die ›hard cases‹, in denen sich konträre Rechtsansichten gegenüberstehen und die von knappen Richtermehrheiten entschieden werden (siehe bereits oben A.I.1.).

169 Vgl. *R. Alexy*, Theorie der juristischen Argumentation, 8. Aufl. 2015, S. 403.

170 Vgl. für das BVerfG *H. Dichgans*, Recht und Politik in der Judikatur des Bundesverfassungsgerichts, in: Leibholz u. a. (Hrsg.), FS Geiger, 1974, S. 945 (947): »Es kann keine Rede davon sein, daß die Begründungen der Minderheit im Durchschnitt juristisch schwächer wären als die der Mehrheit.«

171 *H. Weber-Grellet*, Eigenständigkeit und Demokratisierung der Justiz, ZRP 2003, S. 145 (146).

richtliche Rechtserzeugung[172] ein Spielraum[173] und wird das Gerichtsurteil damit zur Dezision. Pointiert: »Nicht Wahrheit wird im Prozeß festgestellt – außer im Tatsächlichen –[,] sondern es wird entschieden«.[174] Die Vorstellung von der einzig richtigen Entscheidung kann lediglich als regulative Idee mit bestimmten (pragmatischen) Funktionen im Rechtssystem dienen.[175] So muss das Revisionsgericht angesichts der uneingeschränkten Revisibilität der Rechtsfrage notwendig von der Theorie der einzig richtigen Entscheidung ausgehen.[176] Für die Frage der Rechtfertigung des kollegialgerichtlichen Mehrheitsprinzips kann aber, da es nicht um die Produktion einer Entscheidung, sondern um ihre Bewertung geht, nicht diese interne Perspektive[177] des Instanzenzugs gewählt werden. Vielmehr ist die externe Perspektive einzunehmen, denn es geht um »das reale Ziel«[178] der Rechtsfindung. Maßgebend muss folglich die rechtstheoretische Einsicht sein, dass es die einzig richtige Entscheidung nicht gibt. Damit scheitert grundsätzlich die Anwendung des Condorcet-Jury-Theorems, das voraussetzt, dass von den beiden zur Auswahl stehenden Optionen eine objektiv richtig ist.

Allerdings kann das Theorem erweitert werden um Fälle, in denen es zwar keine objektive Wahrheit gibt, aber alle Abstimmenden dasselbe Ziel verfolgen.[179] In einer solchen Situation würden alle Abstimmenden dieselbe Option wählen, wenn sie volle Informationen darüber hätten, mit welcher Option sich das gemeinsame Ziel erreichen lässt, und diese Option wäre logischerweise die richtige.[180] Muss zum Beispiel der Vorstand eines Unternehmens zwischen zwei möglichen Werbekampagnen entscheiden und besteht das gemeinsame Ziel darin, die Werbung möglichst ansprechend für potentielle Kunden zu gestalten, dann würden die Vorstandsmitglieder bei voller Information über die Attraktivität der beiden Kampagnen die ansprechendere Werbung aussuchen, sodass diese die richtige Option im Sinne des Jury-Theorems ist. Für Kollegial-

---

172 Dazu grundlegend *H. Kelsen*, Reine Rechtslehre, 2. Aufl. 1960, S. 242 ff.

173 Vgl. auch *G. Gribbohm*, Richterliches Wollen und Urteilsfindung, MDR 1966, S. 975 (976).

174 *K. Adomeit*, Zur Einführung: Rechtswissenschaft und Wahrheitsbegriff, JuS 1972, S. 628 (632).

175 *U. Neumann*, Wahrheit im Recht, 2004, S. 39 ff.; *ders.*, Richtigkeitsanspruch und Überprüfbarkeit rechtlicher Entscheidungen, in: Herzog/Neumann (Hrsg.), FS Hassemer, 2010, S. 143 (149 ff.). Kritisch *C. Bäcker*, Begründen und Entscheiden, 2. Aufl. 2012, S. 326 ff.

176 *U. Neumann*, a. a. O., S. 53 f.

177 Zur internen und externen Perspektive *U. Neumann*, a. a. O., S. 57.

178 *R. Poscher*, Wozu Juristen streiten, JZ 2013, S. 1 (4).

179 Vgl. *K. K. Ladha*, The Condorcet Jury Theorem, Free Speech, and Correlated Votes, Am. J. Political Sci. 36 (1992), S. 617 (620).

180 Es kommt also für die Anwendbarkeit des Jury-Theorems nur darauf an, dass es einen verfahrensunabhängigen Richtigkeitsmaßstab gibt, der nicht unbedingt in einer objektiven Wahrheit bestehen muss. Zu dieser Idee eines ›procedure-independent standard of correctness‹ grundlegend *J. Cohen*, An Epistemic Conception of Democracy, Ethics 97 (1986), S. 26 (34 f.); vgl. ferner *H. Landemore*, Democratic Reason, 2013, S. 208 ff.

gerichte trifft eine solche Überlegung jedoch nicht zu, da es hier in aller Regel kein gemeinsames Ziel gibt. Denkbar ist ein gemeinsames Ziel von Richtern zwar durchaus. So könnten etwa Richter eines Zivilgerichts die ökonomisch effizienteste Entscheidung als gemeinsames Ziel definieren.[181] Aber es ist sowohl tatsächlich nur selten, wenn nicht sogar nie der Fall, dass Richter auf solche Weise ein gemeinsames Ziel haben, als auch normativ nicht begründet, ein solches Ziel zu verfolgen. Unbrauchbar ist insbesondere die in einer älteren Monographie vertretene Auffassung, nach der »das Recht Sache des Rechtsgefühls« sei und ein Kollegium »der rechtfühlenden Juristen ›gerechter‹ in ihrer Mehrheit urteilen«[182] werde, als ein einzelner Richter es vermöge.

Schließlich kann das Jury-Theorem noch auf eine dritte Weise verstanden werden, die für eine Anwendung auf Gerichte in Betracht kommt. Das Jury-Theorem kann auf Fälle angewendet werden, in denen eine kleine Gruppe von Abstimmenden die Entscheidung finden soll, die von der Mehrheit einer größeren (und/oder anderen) Gruppe von Menschen getroffen würde.[183] So könnte die Abstimmung im Parlament auf die Mehrheitsmeinung der Bevölkerung zielen. In der Anwendung auf die kollegialgerichtliche Rechtsfindung kann die Gruppe, deren Mehrheitsentscheidung widergespiegelt werden soll, unterschiedlich bestimmt werden. Denkbar ist erstens, dass die Richter die Entscheidung treffen sollen, die von der Mehrheit der Bevölkerung getroffen würde.[184]

---

181 Nicht ausreichend als Ziel wäre hingegen ›die Entscheidung, die aus Anwendung einer bestimmten (von allen Richtern angewandten) Methodik folgt‹, da sich auch aus der Anwendung nur einer bestimmten Methodik nicht zwangsläufig eine bestimmte Entscheidung eines konkreten Falls ergibt. Vgl. für die USA *P. H. Edelman*, On Legal Interpretations of the Condorcet Jury Theorem, J. Leg. Stud. 31 (2002), S. 327 (341 Fn. 52) m. w. N.

182 *A. Sturm*, Die Bedeutung der Mehrheit in der Rechtsgebung und in der Rechtsprechung, 1908, S. 7 f.

183 *P. H. Edelman*, On Legal Interpretations of the Condorcet Jury Theorem, J. Leg. Stud. 31 (2002), S. 327 (332 f.). Vgl. auch *N. R. Miller*, Information, Electorates, and Democracy: Some Extensions and Interpretations of the Condorcet Jury Theorem, in: Grofman/Owen (Hrsg.), Information Pooling and Group Decision Making, 1986, S. 173 (177 ff.), der das Jury-Theorem auf Fälle anwendet, in denen die Abstimmenden sich aus zwei Gruppen mit konträren Interessen zusammensetzen und durch Abstimmung die Option gefunden werden soll, die den Interessen der Mehrheit entspricht (d. h. bei voller Information von der Mehrheit gewählt würde); vgl. auch *ders.*, Information, Individual Errors, and Collective Performance, Group Decis. Negot. 5 (1996), S. 211 (214 ff.). Kritisch dazu *A. Przeworski*, Minimalist Conception of Democracy, in: Shapiro/Hacker-Cordón (Hrsg.), Democracy's Value, 1999, S. 23 (29 f.).

184 Vgl. *L. A. Kornhauser/L. G. Sager*, Unpacking the Court, Yale Law J. 96 (1986), S. 82 (89 ff.), die ein solches Verständnis kollegialgerichtlicher Rechtsprechung unter dem Stichwort »representation« diskutieren und (auf S. 95) von »fit between courts and the rest of society« sprechen. Vgl. ferner *E. P. Schwartz/W. F. Schwartz*, Decisionmaking by Juries Under Unanimity and Supermajority Voting Rules, Georget. Law J. 80 (1992), S. 775 (807): »[I]f we are concerned with jury verdicts reflecting the preferences of the average member of society as closely as possible, larger juries are certain to achieve this result better than smaller juries.« – Auf einem anderen Blatt steht die empirische Frage, in welchem Maße Gerichte tatsächlich entsprechend der Mehrheitsmeinung der Bevölkerung entscheiden. Einführende Überlegungen dazu bei *E. Noelle-Neumann*, Welche Rolle spielt die öffentliche Meinung für die Ent-

Der Gedanke, dass die Richter »nach mehrheitlich konsensfähigen Gerechtigkeitsvorstellungen zu entscheiden«[185] haben, ist zwar dort tragfähig, wo der Gesetzgeber selbst auf die herrschenden Vorstellungen der Gesellschaft abstellt[186] und wo der Richter ein gesetzlich ungeregeltes Rechtsproblem entscheiden muss[187], kann aber keinesfalls für die gesamte Rechtsfindung in dem Sinne Geltung verlangen, dass es Aufgabe[188] des Richters ist, die Entscheidung zu finden, die von der Mehrheit der Bevölkerung getroffen würde.[189] Stellt man demgegenüber nicht auf diese hypothetische Mehrheitsentscheidung der Bevölkerung, sondern darauf ab, dass Gerichtsentscheidungen für die Mehrheit akzeptanzfähig sein müssen,[190] so ergibt sich aus diesem Maßstab wiederum nicht nur eine richtige Entscheidung, sondern lediglich ein Rahmen für die Begründbarkeit von Entscheidungen.[191] Auch hier landet man also letztlich nur wieder bei der Vertretbarkeit. Deshalb mag mehrheitliche Akzeptanzfähigkeit zwar ein Kriterium guter Rechtsprechung sein, bietet aber keinen für die Anwendung des Jury-Theorems genügenden Richtigkeitsmaßstab.

scheidung der Richter?, in: Ziemske u. a. (Hrsg.), FS Kriele, 1997, S. 507 ff. Für das BVerfG siehe *S. Sternberg u. a.*, Zum Einfluss der öffentlichen Meinung auf Entscheidungen des Bundesverfassungsgerichts, PVS 56 (2015), S. 570 ff. Für den US Supreme Court siehe *R. H. Pildes*, Is the Supreme Court a »Majoritarian« Institution?, Supreme Court Rev. 2011, S. 103 ff.; *M. E. K. Hall/J. D. Ura*, Judicial Majoritarianism, J. Politics 77 (2015), S. 818 ff.

185 *R. Zippelius*, Juristische Methodenlehre, 11. Aufl. 2012, S. 13.

186 So etwa bei der ›öffentlichen Ordnung‹ im Polizei- und Sicherheitsrecht. Als Folgeproblem stellt sich dann die Frage der Kompetenz, also die Frage, wie die Richter die in der Gesellschaft herrschenden Vorstellungen feststellen können. Zur empirischen Ermittlung vgl. VG Berlin, Urt. v. 01.12.2000 – 35 A 570/99 –, NJW 2001, S. 983 (984, 987 ff.); *G. Erbel*, Der Streit um die »öffentliche Ordnung« als polizeirechtliches Schutzgut, DVBl. 1972, S. 475 (480); *ders.*, Öffentliche Sicherheit und Ordnung, DVBl. 2001, S. 1714 (1719); *B. Drews/G. Wacke/K. Vogel/W. Martens*, Gefahrenabwehr, 9. Aufl. 1986, S. 250 m. w. N.; allgemein und differenziert *J. Neuner*, Die Rechtsfindung contra legem, 2. Aufl. 2005, S. 74 ff.

187 Vgl. *J. Neuner*, a. a. O., S. 73 ff.

188 Zudem ist äußerst fraglich, ob Richter die Kompetenz haben, diese Entscheidung festzustellen. Aufgrund der kognitiven Verzerrung durch Konsensüberschätzung (›false consensus effect‹) besteht die hohe Gefahr, dass Richter ihre eigene Entscheidung als diejenige ansehen, die auch von einer Mehrheit von Laien befürwortet würde. Vgl. *L. Solan/T. Rosenblatt/D. Osherson*, False Consensus Bias in Contract Interpretation, Columbia Law Rev. 108 (2008), S. 1268 (1280 ff.); *L. Klöhn/E. Stephan*, Psychologische Aspekte der Urteilsbildung bei juristischen Experten, in: Holzwarth u. a. (Hrsg.), Die Unabhängigkeit des Richters, 2009, S. 65 (68 ff.); *B. Frank*, Würfeln, VuR 2018, S. 1 (2).

189 Für eine repräsentative Funktion von Verfassungsgerichten, wenn die legislativen Institutionen die Mehrheitsmeinung der Bevölkerung nicht widerspiegeln, argumentiert jedoch *L. R. Barroso*, Reason Without Vote, in: Bustamante/Gonçalves Fernandes (Hrsg.), Democratizing Constitutional Law, 2016, S. 71 ff.

190 Für die Herstellung von Akzeptanzfähigkeit als Rechtspflicht *E. Benda*, Zur gesellschaftlichen Akzeptanz verwaltungs- und verfassungsgerichtlicher Entscheidungen, DÖV 1983, S. 305 (307 f.); dagegen *D. Czybulka*, Akzeptanz als staatsrechtliche Kategorie?, Die Verwaltung 26 (1993), S. 27 (34).

191 Ausführlich und differenziert zur Orientierung rechtlicher Entscheidungen an ihrer gesellschaftlichen Konsensfähigkeit *H. Garrn*, Zur Rationalität rechtlicher Entscheidungen, 1986, S. 92 ff.

Zweitens kann der Kreis an Personen, auf deren Mehrheitsentscheidung abgestellt wird, enger gezogen und auf die juristische Gemeinschaft beschränkt werden. Dann ist das Ziel des Richters, die Entscheidung zu treffen, die von der Mehrheit der juristischen ›Community‹ akzeptiert würde.[192] Jedoch führt auch diese Betrachtung nur zum Maßstab der Vertretbarkeit und methodengerechten Begründung.[193] Einen zu einer eindeutigen Entscheidung führenden Maßstab hätte man allein dann, wenn man auf die in der juristischen Gemeinschaft herrschende Meinung (bzw. die aus ihr folgende Entscheidung) abstellen würde, was allerdings die Frage aufwürfe, warum die herrschende Meinung die richtige (oder zumindest normativ vorzugswürdige) ist,[194] und damit das Problem der Richtigkeit der Mehrheitsentscheidung nur für eine größere Gruppe von Personen wiederholen würde. Ähnliches gilt, wenn man mit der dritten Variante dieser Anwendung des Jury-Theorems darauf abstellt, wie die gesamte Richterschaft – eines ganzen Landes, eines Gerichtsbezirks, einer Instanzenebene[195] oder eines (obersten) Gerichts – mehrheitlich entscheiden würde.[196] In diesem

[192] So *A. Aarnio*, One Right Answer and the Majority Principle, in: Koch/Neumann (Hrsg.), Praktische Vernunft und Rechtsanwendung, 1994, S. 36 (45 ff.); vgl. auch *M. Kriele*, Das demokratische Prinzip im Grundgesetz, in: VVDStRL 29 (1971), S. 46 (53). *I. J. Good/ G. Tullock*, Judicial Errors and a Proposal for Reform, J. Leg. Stud. 13 (1984), S. 289 (291 f.), stellen auf die Mehrheit derjenigen Juristen ab, die als geeignet für Richterstellen des betreffenden Gerichts (konkret des Supreme Court) zu betrachten wären. Vgl. ferner die Zertitätstheorie von *K. Adomeit*, Juristische Methode und Sicherheit des Ergebnisses, JZ 1980, S. 343 ff., die aber anhand der Zustimmung in einer hypothetischen Gruppe von Juristen nur den Grad der Akzeptanz, nicht die Richtigkeit einer juristischen Meinung feststellt. Wenn *W. Schmidt-Bens*, Wie richtig kann ein Gerichtsurteil sein?, Jura 2013, S. 1030 (1035), für die Anwendung der Zertitätstheorie auf das Stimmenverhältnis innerhalb des Spruchkörpers selbst abstellen will, demonstriert dies ein Zirkelproblem, das dem Jury-Theorem allgemein anhaftet: Wenn die Mehrheitsmeinung die wahrscheinlich richtige ist (und insb. mit größerer Wahrscheinlichkeit richtig als die Ansicht eines einzelnen Abstimmenden), ist es dann für den Abstimmenden nicht rationaler, statt seiner eigenen Ansicht gemäß abzustimmen, schlicht der Mehrheitsmeinung zu folgen? Es dürfte sich aber um ein Scheinproblem handeln, denn entweder ist die Mehrheitsmeinung bekannt, dann kann das Jury-Theorem einfach darauf angewendet werden, oder die Mehrheitsmeinung ist noch nicht bekannt, dann kann aber der auf die Mehrheitsmeinung zielende Abstimmende sie wiederum nur mit einer bestimmten Wahrscheinlichkeit treffen, sodass es letztlich rationaler ist zu versuchen, schlicht die richtige Entscheidung zu treffen.

[193] Vgl. *A. Aarnio*, a. a. O., S. 48: »[...] that the majority of the rationally thinking members of legal community may *accept* your solution and your *justification*« (Herv. des Verf.). Bei Aarnios Theorie handelt es sich deshalb auch nur um eine Theorie juristischer Argumentation; siehe zu ihr auch *E. T. Feteris*, Fundamentals of Legal Argumentation, 2. Aufl. 2017, S. 155 ff.

[194] Zur ›herrschenden Meinung‹ siehe *U. Wesel*, hM, Kursbuch 56 (1979), S. 88 ff.; *T. Drosdeck*, Die herrschende Meinung – Autorität als Rechtsquelle, 1989; *C. Djeffal*, Die herrschende Meinung als Argument, ZJS 2013, S. 463 ff.; *W. Schmidt-Bens*, Wie richtig kann ein Gerichtsurteil sein?, Jura 2013, S. 1030 (1034 f.).

[195] Vgl. *M. Abramowicz*, En Banc Revisited, Columbia Law Rev. 100 (2000), S. 1600 (1602, 1630 ff.), der für US-amerikanische Courts of Appeals die Entscheidung als richtig definiert, die von der Mehrheit aller Richter aller Courts of Appeals getroffen würde.

[196] Tragfähig ist dieser Gedanke aber im Verhältnis von Kammern und Senaten des BVerfG. Siehe unten C.II.2.

Sinne hat insbesondere Carl Schmitt die Richtigkeit eines Gerichtsurteils definiert:

> Eine richterliche Entscheidung ist heute dann richtig, wenn anzunehmen ist, daß ein anderer Richter ebenso entschieden hätte. »Ein anderer Richter« bedeutet hier den empirischen Typus des modernen rechtsgelehrten Juristen.[197]

Dem folgend ließe sich mit der Logik des Jury-Theorems argumentieren, dass die Mehrheitsentscheidung »die größere Wahrscheinlichkeit für sich [hat], daß sie voraussehbar und berechenbar ist«[198]. Fraglich ist aber zum einen, ob eine daran orientierte Entscheidung wirklich voraussehbar wäre. Das wäre sie doch lediglich für denjenigen, der selbst vorhersagen könnte, wie die Mehrheit aller Richter entscheiden würde – wer aber sollte das wie tun?[199] Zum anderen – und das ist entscheidend – gilt dieses Problem der Feststellbarkeit auch für den zur Entscheidung berufenen Richter. Schmitt liefert keinen echten Maßstab, sondern letztlich einen

> unüberprüfbaren Subjektivismus. [...] Damit wird die Ansicht des Richters über die Richtigkeit des Urteils zur Grundlage der Aussage, ob das Urteil richtig ist. Mit anderen Worten: Das Urteil ist sich selbst der Maßstab seiner Richtigkeit.[200]

Es bleibt demnach dabei, dass es für die Rechtsfindung keinen Richtigkeitsmaßstab gibt,[201] sodass die Anwendung des Jury-Theorems auf Kollegialgerichte bezüglich der Rechtsfindung nicht (erst) an der Bedingung der Kompetenz, sondern (bereits) an der Voraussetzung einer richtigen Option scheitert. Angemerkt sei aber, dass die Abwesenheit eines Richtigkeitsmaßstabs keineswegs bedeutet, dass es keine Qualitätskriterien für die rechtsprechende Tätigkeit gibt.[202] Entscheidend für die Qualität der richterlichen Arbeit ist die Verwirklichung

---

197 *C. Schmitt*, Gesetz und Urteil, 2. Aufl. 1969, S. 68.

198 *C. Schmitt*, a. a. O., S. 71.

199 Dabei ist darauf hinzuweisen, dass es Schmitt gerade nicht um eine Voraussehbarkeit geht, die auf der Orientierung an Präzedenzfällen basiert. Vgl. *E. Schumann*, Fehlurteil und Rechtskraft, in: Bettermann/Zeuner (Hrsg.), FS Bötticher, 1969, S. 289 (294 f. mit Fn. 25, 28).

200 *E. Schumann*, a. a. O., S. 296 f.

201 Wenn es keinen Richtigkeitsmaßstab gibt, mag man sich fragen, ob dann eine der Abstimmung vorausgehende Beratung überhaupt einen Sinn haben kann. Anders gewendet: Setzt Deliberation nicht gerade voraus, dass es einen Richtigkeitsmaßstab gibt? Hinsichtlich demokratischer Deliberation bejahend *J. L. Martí*, The Epistemic Conception of Deliberative Democracy Defended, in: Besson/Martí (Hrsg.), Deliberative Democracy and Its Discontents, 2006, S. 27 (29 ff.); *D. M. Estlund*, Democratic Authority, 2008, S. 85 ff.; umfassender argumentierend, dass viele demokratische Praktiken ohne epistemische Betrachtungsweise keinen Sinn ergeben, *C. Girard*, La règle de majorité en démocratie: équité ou vérité?, Raisons politiques 2014, S. 107 (118 ff.). Auch für die These von der einzig richtigen Antwort im Recht ist mit der Existenz juristischer Meinungsstreits argumentiert worden; siehe *R. Dworkin*, Law's Empire, 1986, S. 31 ff.; vgl. ferner *M. S. Moore*, Legal Principles Revisited, Iowa Law Rev 82 (1997), S. 867 (874). Aber juristische Meinungsstreits sind trotz Abwesenheit eines Richtigkeitsmaßstabs rational möglich; vgl. *R. Poscher*, Wozu Juristen streiten, JZ 2013, S. 1 (5 ff.).

202 Dazu etwa *G. Mackenroth*, Qualitätsdiskussion in der Justiz, DRiZ 2000, S. 301 ff.;

des Justizgewährungsanspruchs.[203] Die sich daraus ergebenden Kriterien[204] stehen unterschiedlich nah zur eigentlichen Fallentscheidung, am einen Ende etwa eine zeitgerechte Behandlung der Verfahrens, am anderen Ende vollständige Sachverhaltsermittlung, Erörterung der einschlägigen Rechtsvorschriften und Begründung unter Heranziehung der juristischen Methodik.[205] In diesem Sinne ist das Konzept richterlicher Kompetenz tragfähig. Obgleich die Qualität richterlicher Arbeit auch insoweit letztlich nicht quantifizier- und messbar ist,[206] so gibt es doch jedenfalls Faktoren, die die Kompetenz beeinflussen und die dementsprechend der Qualität der Rechtsprechung dienlich sind, wie zum Beispiel juristische Ausbildung, Berufs- und Lebenserfahrung[207] oder Weiterbildung.[208] Insoweit könnte man von einer ›schwach epistemischen‹ Betrachtung der Rechtsprechung im Unterschied zur ›stark epistemischen‹ Perspektive des Jury-Theorems sprechen.[209] Für Letztere steht fest, dass jenseits jener ›schwachen‹ Qualitätskriterien richterlicher Arbeit die Qualität der Entscheidung selbst, ihre Richtigkeit also, mangels Richtigkeitsmaßstabs nicht über die Vertretbarkeit hinaus bewertet werden kann:

> Abgesehen von eindeutigen oder gar gegen das […] Willkürverbot verstoßenden Fehlern in Gerichtsentscheidungen kann nicht im Sinne einer Qualitätsbemessung bewertet werden, ob die vom Gericht vertretene Rechtsauffassung mehr oder weniger »wert« ist als andere Rechtslösungen.[210]

H. Sodan, Qualitätsmaßstäbe für die Justiz?, NJW 2003, S. 1494 (1495 f.); *ders.*, Das Spannungsverhältnis von Qualität und Quantität in der Justiz, DÖV 2005, S. 764 (767 f.).

[203] *M. Kleinknecht*, Diskussionspapier »Qualität in der Justiz«, DRiZ 2002, S. 77 (77); *W. Spindler*, Qualität in der Justiz, in: BRAK/BNotK (Hrsg.), FS 50 Jahre Deutsches Anwaltsinstitut, 2003, S. 145 (148).

[204] Vgl. den Kriterienkatalog des Deutschen Richterbunds in den 2002 verabschiedeten ›Thesen zur Qualität der Arbeit in Gerichten und Staatsanwaltschaften‹, abgedruckt in: DRiZ 2003, S. 8 ff.

[205] Vgl. *H. Sodan*, Qualitätsmaßstäbe für die Justiz?, NJW 2003, S. 1494 (1495).

[206] *M. Kleinknecht*, Diskussionspapier »Qualität in der Justiz«, DRiZ 2002, S. 77 (79); *W. Spindler*, Qualität in der Justiz, in: BRAK/BNotK (Hrsg.), FS 50 Jahre Deutsches Anwaltsinstitut, 2003, S. 145 (149).

[207] In welchem Maße Richter durch ihre Tätigkeit neben spezieller Berufs- auch allgemeine Lebenserfahrung erlangen, ist fraglich. Nach *N. Plassmann*, Die Wirklichkeit der Richter, JZ 1977, S. 587 (591 f.), erwirbt ein Richter Kenntnisse lediglich »im Verhandeln der Rechtsfälle und im Absetzen von Entscheidungen, also im Handwerklichen seines Berufes, im Verfahrensmäßigen«, hingegen »keine Lebenserfahrung und keine wirkliche Sachverhaltskenntnis«.

[208] Neben diesen eher harten Faktoren gibt es eine ganze Reihe von eher weichen Anforderungen an einen guten Richter. Vgl. nur *W. Spindler*, Qualität in der Justiz, in: BRAK/BNotK (Hrsg.), FS 50 Jahre Deutsches Anwaltsinstitut, 2003, S. 145 (150): »Charakter, menschliche Eigenschaften und Fähigkeiten, wie Bereitschaft zur Selbstkritik, Standfestigkeit, Leistungsbereitschaft, Entschlusskraft und soziale Kompetenz«. Zu Letzterer siehe auch § 9 Nr. 4 DRiG sowie *M. Flotho*, Richterpersönlichkeit und Richterauslese, DRiZ 1988, S. 167 (169 f.).

[209] In Anlehnung an *M. Schwartzberg*, Counting the Many, 2014, S. 120.

[210] *H. Sodan*, Das Spannungsverhältnis von Qualität und Quantität in der Justiz, DÖV

(2) Problem der Erkenntnis

Auch eine realistische Position hinsichtlich der Wahrheitsfähigkeit juristischer Aussagen würde letztlich nicht zur erfolgreichen Anwendung des Jury-Theorems auf die Rechtsfindung führen, da es dann zwar eine richtige Entscheidung gibt, aber angesichts des juristischen Erkenntnisdefizits keine Aussage über die Kompetenz von Richtern, diese richtige Entscheidung zu finden, getroffen werden kann.[211] Es dürfte rechtsphilosophisch weitgehend konsentiert sein, dass die richtige Entscheidung nicht immer erkannt werden kann; und in Fällen, in denen die richtige Entscheidung erkannt werden kann, kann sich der Richter nicht sicher sein, sie gefunden zu haben.[212] Nun muss aber daran erinnert werden, dass dies, da keine Möglichkeit der Überprüfung existiert, auch für die gerichtliche Tatsachenfindung gilt. Dass das Jury-Theorem dennoch auf die Tatsachenfindung angewendet werden kann, liegt daran, dass wir die Kompetenz der Richter anhand theoretischer Überlegungen annäherungsweise feststellen können.

Dass aber nicht in entsprechender Weise auch die Kompetenz der Richter zur Rechtsfindung angenommen werden kann, ergibt sich aus einer Überlegung, die darauf Bezug nimmt, dass die kollegialgerichtliche Entscheidung dem betroffenen Bürger gegenüber legitimiert werden muss.[213] Entsprechend dieser Legitimationsperspektive ist danach zu fragen, ob aus der Sicht des Bürgers die Annahme richterlicher Kompetenz gerechtfertigt ist.[214] Jeremy Waldron hat zutreffend gezeigt, warum ausgehend von dieser subjektiven Perspektive eine Rechtfertigung des Mehrheitsprinzips durch das Jury-Theorem misslingt.[215] Er wählt das Beispiel einer (fiktiven) Entscheidung des US-amerikanischen Supreme Court über die verfassungsrechtliche Zulässigkeit des Schwangerschaftsabbruchs. Angenommen, von den neun Richtern stimmt eine ›liberale‹ Mehrheit von fünf Richtern für die Verfassungsmäßigkeit von Abtreibungen. Die Reaktion eines Abtreibungsgegners darauf wird sein anzunehmen, dass die Kompetenz der fünf liberalen Richter bei Entscheidungen über Abtreibungen

2005, S. 764 (768). Siehe auch *G. Mackenroth*, Qualitätsdiskussion in der Justiz, DRiZ 2000, S. 301 (303).

[211] Vgl. auch *J. Waldron*, Law and Disagreement, 1999, S. 164 ff., mit einem ähnlichen Argument zur Begründung der Irrelevanz moralischer Objektivität für (moralische) Wertungen von Richtern.

[212] *A. Aarnio*, One Right Answer and the Majority Principle, in: Koch/Neumann (Hrsg.), Praktische Vernunft und Rechtsanwendung, 1994, S. 36 (37 f.).

[213] Zu diesem Ausgangspunkt der Überlegungen zur Rechtfertigung siehe oben I. Betroffener Bürger kann dabei eine unterlegene Streitpartei sein, aber auch ein Bürger, der etwa ein für verfassungswidrig erklärtes Gesetz befürwortet hat.

[214] Zur Möglichkeit, das Jury-Theorem aus der Perspektive subjektiver Kompetenzeinschätzung zu interpretieren, *F. Dietrich*, The Premises of Condorcet's Jury Theorem Are Not Simultaneously Justified, Episteme 5 (2008), S. 56 (65 f.).

[215] *J. Waldron*, Five to Four: Why Do Bare Majorities Rule on Courts?, Yale Law J. 123 (2014), S. 1692 (1717 f.).

unter, vermutlich sogar deutlich unter, 50% liegt. Umgekehrt werden Abtreibungsbefürworter dies von ›konservativen‹ Richtern annehmen. Die unterlegene Seite wird also jeweils annehmen, dass das Gericht mehrheitlich inkompetent besetzt ist. Gerade jene Gruppe, gegenüber der das Mehrheitsprinzip besonders zu rechtfertigen ist, wird somit der Logik des Jury-Theorems entschieden widersprechen.

Man kann diesen Gedanken über Waldrons Beispiel hinaus verallgemeinern, sodass er nicht nur für bestimmte Themen gilt. Um zunächst beim Supreme Court zu bleiben: Die obersten Richter folgen unterschiedlichen Lehrmeinungen hinsichtlich der Auslegung der amerikanischen Verfassung.[216] Ein Vertreter etwa der ›original meaning theory‹, wie der 2016 im Amt verstorbene Richter Antonin Scalia, legt eine Norm der Verfassung anhand des Wortlauts aus, wie dieser zur Zeit ihrer Entstehung verstanden wurde.[217] Wie wird ein Bürger, der diese Auslegungsmethode für grundfalsch hält,[218] Scalias Kompetenz beurteilen? Sicherlich wird er ihn für wenig kompetent halten und erwarten, dass Scalia eher falsche Entscheidungen trifft – und zwar wird er dies generell für alle Fälle erwarten, denn Scalia geht jeden Fall mit der aus Sicht des Bürgers falschen Methode an. Und umgekehrt gilt dasselbe für Richter, die eine andere Auslegungsmethode anwenden, und die Gegner dieser Methode. Das Gericht ist demnach immer nur aus der Sicht derjenigen Bürger kompetent besetzt, deren befürwortete Auslegungsmethode zufällig von einer Mehrheit der Richter vertreten wird. Alle anderen werden von einer strukturellen Inkompetenz des Gerichts ausgehen.

Nun ist freilich stets Vorsicht angebracht, wenn Überlegungen, die anhand des amerikanischen Supreme Court angestellt wurden, auf deutsche Gerichte übertragen werden sollen. Denn charakteristisch für den Supreme Court ist eine starke ideologische Spaltung, die sowohl Politik und Gesellschaft der USA als auch das Verhältnis der Richter untereinander betrifft und die in dieser Form in Deutschland nicht zu beobachten ist. Doch scheidet deshalb nicht jede Vergleichbarkeit aus. Was für den US Supreme Court mehr oder weniger alltäglich ist, trifft für das Bundesverfassungsgericht zumindest in Ausnahmesitua-

[216] Überblick bei *T. E. Baker*, Constitutional Theory in a Nutshell, William Mary Bill Rights J. 13 (2004), S. 57 (93 ff.).

[217] Vgl. *A. Scalia*, Originalism: The Lesser Evil, Univ. Cincinnati Law Rev. 57 (1989), S. 849 (851 ff.); zur Umsetzung in der Praxis *M. D. Ramsey*, Beyond the Text, Notre Dame Law Rev. 92 (2017), S. 1945 ff.

[218] Man mag hier einwenden, dass juristische Auslegungmethoden in der Bevölkerung wohl wenig bekannt sind. Aber zum einen wird dies für die USA, deren Supreme Court eine ganz andere Stellung in der öffentlichen Wahrnehmung innehat als das BVerfG, anders zu beurteilen sein als für Deutschland. Zum anderen korreliert in den USA die Wahl der Auslegungsmethode stark mit der politischen Einstellung. Soll letztlich heißen: Ein ›liberaler‹ Bürger tendiert dazu, die Auslegungsmethode eines ›konservativen‹ Richters deshalb abzulehnen, weil sie ›konservative‹ Ergebnisse produziert – und umgekehrt.

tionen zu. So lässt sich das Beispiel der Abtreibungsentscheidung des Supreme Court – trotz der in Deutschland nie erreichten Intensität und Dauer der gesellschaftlichen Polarisierungswirkung dieses Urteils[219] – ohne große Probleme auf den Kruzifixbeschluss des Bundesverfassungsgerichts[220] übertragen. Eine andere Frage ist jedoch, ob die Überlegung auch auf Fachgerichte übertragen werden kann, die gemeinhin weniger politisch aufgeladene Fälle entscheiden müssen. Zum einen aber muss erneut daran erinnert werden, dass es gerade die kontroversen Fälle sind, die das Mehrheitsprinzip legitimatorisch auf die Probe stellen, wie viele (oder wenige) das auch sein mögen. Zum anderen greift die Überlegung überall dort, wo es um Wertungen geht, denn immer wenn es um Wertungen geht, kann man den, der andere Wertungen als man selbst vornimmt, nach dem eigenen Maßstab für inkompetent halten. Zwar weiß der Bürger in den seltensten Fällen vorab und generell, welche Wertungen Richter vornehmen. Aber er hat auch keine Veranlassung davon auszugehen, dass Richter Wertungen treffen, die in seinem Sinne richtig sind.[221] Damit hat er keinen Grund, subjektiv anzunehmen, Richter seien generell überwiegend kompetent. Gerade wer persönlich negative Erfahrungen mit Gerichtsurteilen gemacht hat oder ausgehend von ihm bekannt gewordenen Urteilen die Wertungen von Richtern eher für falsch hält,[222] wird die Kompetenzannahme ablehnen und sich von dem Argument des Jury-Theorems nicht überzeugen lassen.

Der Zusammenhang des Problems subjektiver Kompetenzeinschätzung mit dem Problem des fehlenden objektiven Richtigkeitsmaßstabs bzw. der fehlenden Erkennbarkeit liegt auf der Hand. Denn wo es keine objektive Richtigkeit oder diesbezüglich zumindest keine Gewissheit gibt, dort wird man logischerweise den Gegner der eigenen Meinung subjektiv für wenig kompetent halten. Darin zeigt sich letztlich nur der grundlegende Gedanke, dass – angesichts der allgegenwärtigen Existenz inhaltlicher Meinungsverschiedenheiten als Anwendungsverhältnis der Politik[223] und des Rechts[224] – der Aspekt der Richtig-

---

[219] Vgl. *G. Lübbe-Wolff*, Die Beratungskultur des Bundesverfassungsgerichts, EuGRZ 2014, S. 509 (510), bezüglich *Roe v. Wade*, 410 U. S. 113 (1973).

[220] BVerfG, Beschl. v. 16.05.1995 – 1 BvR 1087/91 –, BVerfGE 93, 1 ff. Vgl. dazu *G. S. Schaal*, Crisis? What Crisis! Der »Kruzifix-Beschluss« und seine Folgen, in: van Ooyen/Möllers (Hrsg.), Handbuch Bundesverfassungsgericht im politischen System, 2. Aufl. 2015, S. 261 ff.

[221] Dies gilt ex post natürlich erst recht. Vgl. *H. Sodan*, Der Status des Richters, in: Isensee/Kirchhof (Hrsg.), HStR, Bd. V, 3. Aufl. 2007, § 113 Rn. 58: »Die unterliegende Partei wird die Entscheidung zumeist nicht als gerecht empfinden.« Siehe auch *M. Kriele*, Recht und praktische Vernunft, 1979, S. 51.

[222] Zu Faktoren des Vertrauens in die Justiz vgl. *R. Kniffka*, Das Ansehen der Justiz in der Öffentlichkeit, ZfRSoz 2 (1981), S. 225 ff.

[223] Vgl. *J. Waldron*, Law and Disagreement, 1999, S. 105 f., 246 f.: »disagreement« als »circumstance of politics« in Anlehnung an die »Anwendungsverhältnisse der Gerechtigkeit« bei *J. Rawls*, Eine Theorie der Gerechtigkeit, 20. Aufl. 2017, S. 148 ff. Siehe auch *J. Waldron*, Legislation, Authority, and Voting, Georget. Law J. 84 (1996), S. 2185 (2198 ff.).

[224] Vgl. zu den Auswirkungen von ›moral disagreement‹ auf das Recht *S. Besson*, The Morality of Conflict, 2005.

keit wenig dazu taugt, staatliche Entscheidungen zu legitimieren, und dass dies auch gilt, wenn die Legitimation nicht in der Richtigkeit als solcher, sondern in einem Verfahren gesucht wird, das besonders geeignet sein soll, richtige Entscheidungen zu produzieren.

dd) Problem der Unabhängigkeit

Nachdem die Bedingung der Kompetenz untersucht ist, muss noch die zweite wesentliche Bedingung des Jury-Theorems betrachtet werden: die Unabhängigkeit der Abstimmenden. Das Jury-Theorem setzt voraus, dass die Abstimmenden statistisch unabhängig voneinander abstimmen. Statistische (nicht: kausale) Unabhängigkeit bedeutet, dass die Wahrscheinlichkeit, dass A richtig stimmt, gleich ist wie die Wahrscheinlichkeit, dass A richtig stimmt, wenn B richtig stimmt (und umgekehrt).[225] Sind die Stimmen nicht in diesem Sinne unabhängig, so treffen die Ergebnisse des Jury-Theorems nicht mehr zu.[226] Da die Bedingung der Unabhängigkeit allen gegenseitigen Beeinflussungen oder gemeinsamen Beeinflussungen durch einen dritten Faktor entgegenzustehen und damit in der Wirklichkeit kaum realisierbar zu sein scheint, ist vielfach versucht worden, die Bedingung abzuschwächen.[227]

---

[225] *D. M. Estlund*, Democratic Authority, 2008, S. 225.

[226] Das Beispiel von Fn. 83 wird abgewandelt. Von den drei Personen A, B und C stimmen A und B weiterhin unabhängig voneinander mit einer Kompetenz von 60 % ab. C stimmt aber in diesem Beispiel immer so ab wie A, d. h. seine Kompetenz beträgt nicht mehr 60 %, sondern 100 %, wenn A richtig liegt, und 0 %, wenn A falsch liegt (man beachte, dass dies nicht daran liegen muss, dass C absichtlich das Stimmverhalten von A übernimmt, sondern C und A auch einfach so ähnlich sein können, dass sie genau gleich abstimmen; vgl. *D. M. Estlund*, a. a. O., S. 226). Zunächst ändert sich nichts: Es bestehen eine Wahrscheinlichkeit von $0{,}6 \times 0{,}6 = 0{,}36$, dass A und B richtig liegen; eine Wahrscheinlichkeit von $0{,}6 \times 0{,}4 = 0{,}24$, dass A richtig und B falsch liegt; und eine Wahrscheinlichkeit von $0{,}4 \times 0{,}6 = 0{,}24$, dass A falsch und B richtig liegt. Mit der Stimme von C gibt es wieder drei mögliche Fälle, in denen die Mehrheit richtig liegt. Erstens können bereits A und B richtig liegen; die Wahrscheinlichkeit dafür beträgt $0{,}36 \times 1 = 0{,}36$ (C stimmt wie A, also richtig, darauf kommt es aber nicht an; vgl. Fn. 83). Zweitens können nur A und C richtig liegen; die Wahrscheinlichkeit dafür beträgt $0{,}24 \times 1 = 0{,}24$ (wenn A richtig stimmt, wird auch C richtig stimmen). Drittens können nur B und C richtig liegen; die Wahrscheinlichkeit dafür beträgt $0{,}24 \times 0 = 0$ (wenn A falsch stimmt, wird auch C falsch stimmen). Die Gesamtwahrscheinlichkeit, dass die Mehrheit richtig liegt, beträgt demnach $0{,}36 + 0{,}24 + 0 = 0{,}60$, also 60 %. Sie ist also nicht mehr höher als die Kompetenz jedes Einzelnen, sondern genauso hoch.

[227] Vgl. *K. K. Ladha*, The Condorcet Jury Theorem, Free Speech, and Correlated Votes, Am. J. Political Sci. 36 (1992), S. 617 ff.; *ders.*, Condorcet's Jury Theorem in Light of De Finetti's Theorem, Soc. Choice Welf. 10 (1993), S. 69 ff.; *ders.*, Information Pooling Through Majority-Rule Voting, J. Econ. Behav. Organ. 26 (1995), S. 353 ff.; *S. Berg*, Condorcet's Jury Theorem, Dependency Among Jurors, Soc. Choice Welf. 10 (1993), S. 87 ff.; *ders.*, Condorcet's Jury Theorem Revisited, Eur. J. Political Econ. 9 (1993), S. 437 ff.; *ders.*, Condorcet's Jury Theorem and the Reliability of Majority Voting, Group Decis. Negot. 5 (1996), S. 229 ff.; *S. Kaniovski*, Aggregation of Correlated Votes and Condorcet's Jury Theorem, Theory Decis. 69 (2010), S. 453 ff.; *F. Dietrich/K. Spiekermann*, Epistemic Democracy With Defensible Premises, Econ. Philos. 29 (2013), S. 87 ff.

(1) Gründe für die Abhängigkeit der Richter

Als möglicher Grund für eine Abhängigkeit der Richter eines Spruchkörpers kommt zuvorderst die der Abstimmung vorausgehende Beratung in Betracht. Deliberation wird in der Literatur zum Jury-Theorem gemeinhin als Quelle von Abhängigkeiten betrachtet.[228] Deliberation und Abstimmung geraten damit in Widerspruch zueinander – ein beachtliches demokratietheoretisches Manko des Jury-Theorems.[229] Nicht weniger problematisch ist dies für eine Anwendung des Theorems auf die Judikative: Der Sinn von Kollegialgerichten liegt gerade im Austausch, in der »gegenseitigen Verständigung«[230] zwischen den Richtern,[231] die sich »gegenseitig kontrollieren und beeinflussen können«[232] sollen, weswegen eine Beratung gerichtsverfassungsrechtlich zwingend[233] vorgeschrieben ist.

Vereinzelt ist diesem Verständnis des Jury-Theorems widersprochen worden: Eine der Abstimmung vorausgehende Deliberation stelle, so Waldron, kein Problem dar, sofern nur der Abstimmungsvorgang als solcher ohne Abhängigkeiten zwischen den Abstimmenden vor sich gehe.[234] Denn für das Jury-Theorem sei

---

[228] Vgl. nur *J. Rawls*, Eine Theorie der Gerechtigkeit, 20. Aufl. 2017, S. 395; ausführlicher *C. Landwehr*, Deliberation, Aggregation und epistemischer Fortschritt, in: Bächtiger/Shikano/Linhart (Hrsg.), Jahrbuch für Handlungs- und Entscheidungstheorie, Bd. 9, 2015, S. 41 (49 ff.).

[229] Vgl. *E. Anderson*, The Epistemology of Democracy, Episteme 3 (2006), S. 8 (11). Damit zeigt sich wiederum, dass es dem Jury-Theorem nicht um ›information pooling‹ geht (vgl. oben aa)).

[230] RG, Urt. v. 01.12.1908 – V 750/08 –, RGSt 42, 85 (87).

[231] Vgl. *A. Papsthart*, Über die Form der Beratung im Kollegialgericht, DRiZ 1971, S. 18 (19); *F. Kopp*, Entlastung der Verwaltungsgerichte und Beschleunigung des Verfahrens, DVBl. 1982, S. 613 (617); *H. Sendler*, Guter Rechtsschutz und Verfahrensbeschleunigung, DVBl. 1982, S. 812 (814 f.); *M. Wolf*, Gerichtsverfassungsrecht aller Verfahrenszweige, 6. Aufl. 1987, S. 135; *R. Meyke*, Entscheidungsfindung mit »richtungweisendem« Vorsitzenden, DRiZ 1990, S. 287 (287 f.); *W. Rzepka*, Gegen den verstärkten Einsatz von Einzelrichtern im Verwaltungsprozeß, BayVBl. 1991, S. 460 (461); *A. Hamann*, Das Kollegialprinzip und der »Einzelrichter« nach der 4. Novelle zur VwGO, VerwArch 83 (1992), S. 201 (202); *A. Voßkuhle*, Rechtsschutz gegen den Richter, 1993, S. 293 ff.; *E. Schilken*, Gerichtsverfassungsrecht, 4. Aufl. 2007, Rn. 362; *H. Sodan*, Der Status des Richters, in: Isensee/Kirchhof (Hrsg.), HStR, Bd. V, 3. Aufl. 2007, § 113 Rn. 44; ferner *R. Kiener*, Richterliche Unabhängigkeit, 2001, S. 338 f. Vgl. auch bereits *Abegg*, Beiträge zur Lehre von der Rechtsfindung durch Richter-Kollegien, Archiv für preußisches Strafrecht 7 (1859), S. 3 (6 f.); *F. Doerr*, Allgemeine Lehren der Gerichtsverfassung, AöR 41 (1921), S. 53 (58). Empirisch zum positiven Effekt der Beratung *F. van Dijk/J. Sonnemans/E. Bauw*, Judicial Error by Groups and Individuals, J. Econ. Behav. Organ. 108 (2014), S. 224 ff.

[232] *A. Voßkuhle/G. Sydow*, Die demokratische Legitimation des Richters, JZ 2002, S. 673 (679).

[233] Vgl. *O. R. Kissel/H. Mayer*, GVG, 9. Aufl. 2018, § 193 Rn. 2.

[234] *J. Waldron*, in: Estlund/Waldron/Grofman/Feld, Democratic Theory and the Public Interest: Condorcet and Rousseau Revisited, Am. Political Sci. Rev. 83 (1989), S. 1317 (1327 f.); *ders.*, Five to Four: Why Do Bare Majorities Rule on Courts?, Yale Law J. 123 (2014), S. 1692 (1715 Fn. 76). Gegen eine Abhängigkeit durch Kommunikation auch *J. L. Martí*, The Epistemic Conception of Deliberative Democracy Defended, in: Besson/Martí (Hrsg.), Deliberative Democracy and Its Discontents, 2006, S. 27 (40).

es unerheblich, wie die Kompetenz der Abstimmenden zustande kommt. Ausreichend sei deshalb, die Kompetenz nach Abschluss der Deliberation, also unmittelbar vor der Abstimmung, zu messen. Dann gelte das Jury-Theorem für die zu diesem Zeitpunkt gemessenen Kompetenzen.

In der Tat ist es richtig, dass die Unabhängigkeitsbedingung kein Problem mehr darstellt, wenn die Entscheidungssituation derart fixiert wird. Es wird damit festgelegt, dass das Jury-Theorem auf eine ganz bestimmte Situation angewendet wird, zum Beispiel auf einen ganz bestimmten Gerichtsprozess mit einer bestimmten Hauptverhandlung, bestimmten Beweisen, bestimmter Beratung zwischen den Richtern usw. Alles, was außerhalb der eigentlichen Abstimmung liegt (bei der die Abstimmenden völlig unabhängig voneinander agieren[235]), wird fixiert und damit aus der Anwendung des Jury-Theorems ausgeklammert, sodass nichts übrig bleibt, was eine Abhängigkeit der Abstimmenden verursachen könnte.[236] Bei diesem Vorgehen gilt aber die Anwendung des Jury-Theorems auch nur für diese ganz bestimmte Situation, woraus zwei gravierende Probleme folgen.

Erstens muss dann, wie gesagt, die Kompetenz der Abstimmenden unmittelbar vor der Abstimmung gemessen werden, es muss also bestimmt werden, wie hoch die Wahrscheinlichkeit jedes Abstimmenden ist, genau für diese Situation die richtige Entscheidung zu treffen. Das ist aber unmöglich.[237] Hier taucht das oben bereits behandelte Problem des Fehlurteils und der mangelnden Kenntnis der Wirklichkeit wieder auf. Um beispielsweise zu wissen, mit welcher Wahrscheinlichkeit ein Strafrichter die Schuldfrage richtig entscheiden wird (d. h. kein Fehlurteil im abstrakten Sinne[238] treffen wird), muss vor allem[239] festgestellt werden, in welchem Maße die ihm vorliegenden Beweise korrekt sind

[235] Selbst diese Bedingung der Isolation der Abstimmenden beim Abstimmungsvorgang ist für deutsche Kollegialgerichte nicht gegeben, da die Richter nicht geheim abstimmen. (§ 197 GVG versucht Beeinflussungen lediglich dadurch zu verhindern, dass er eine bestimmte Abstimmungsreihenfolge vorschreibt; vgl. Fn. 250.) Schon dadurch bestünde also ein Problem mit Blick auf die Unabhängigkeitsbedingung des Jury-Theorems. Besonders grob verletzt wurde diese Bedingung im römischen Senat, da es Senatoren erlaubt war, ihre Stimme zu ändern, nachdem die anderen gestimmt hatten; vgl. *E. Flaig*, Die Mehrheitsentscheidung, 2013, S. 374 f. Für deutsche Gerichte ist umstritten, ob eine Wiederaufnahme der Beratung bis zur Verkündung des Urteils von jedem Richter verlangt oder nur wegen neuer Gesichtspunkte oder Abstimmungsfehlern vom Kollegium beschlossen werden kann; vgl. *H. Rosenau/ C. Dorneck*, in: Satzger/Schluckebier (Hrsg.), StPO, 4. Aufl. 2020, § 194 GVG Rn. 4. Für das BVerfG gilt nach § 26 Abs. 1 GOBVerfG Ersteres.

[236] Vgl. *F. Dietrich*, The Premises of Condorcet's Jury Theorem Are Not Simultaneously Justified, Episteme 5 (2008), S. 56 (57).

[237] Zum Folgenden *F. Dietrich*, a. a. O., S. 59 ff.

[238] Siehe oben bb).

[239] Neben den Beweisen gibt es weitere Faktoren, die sich auf die Entscheidungsfindung auswirken und ein Fehlurteil verursachen können. Vgl. *F. Dietrich*, The Premises of Condorcet's Jury Theorem Are Not Simultaneously Justified, Episteme 5 (2008), S. 56 (58 f.), der »evidential« und »non-evidential circumstances« der Entscheidungsfindung unterscheidet.

oder nicht. Dies kann aber nur beurteilt werden, wenn feststeht, welche Entscheidung die richtige ist – was nicht festgestellt werden kann.[240] Das Wissen um die Kompetenz hängt also von dem Wissen um die richtige Entscheidung ab. Konkret: Um zu wissen, mit welcher Wahrscheinlichkeit ein Richter die Schuldfrage in einem bestimmten Strafprozess richtig entscheiden wird, muss bekannt sein, ob der Angeklagte schuldig ist oder nicht. Doch ein von der Gerichtsentscheidung unabhängiges Wissen um die Schuld des Angeklagten gibt es eben nicht, weswegen die Bestimmung der Kompetenz im konkreten Fall unmöglich ist.[241] Das bedeutet: Fixieren wir, wie Waldron es verlangt, die konkrete Entscheidungssituation, dann wissen wir, dass die Unabhängigkeitsbedingung des Jury-Theorems erfüllt ist, aber gleichzeitig können wir nicht wissen, ob auch die Bedingung einer über 50% liegenden Kompetenz erfüllt ist.[242]

Es ergibt sich zudem ein zweites Problem. Wenn die Entscheidungssituation derart fixiert und damit konkretisiert wird, dann gelten die Aussagen des Jury-Theorems auch nur für diese konkrete Entscheidung. Damit kann zwar begründet werden, dass es in diesem Fall rational ist, der Mehrheit zu folgen, über die Frage der allgemeinen Tauglichkeit des Mehrheitsprinzips ist damit aber nichts gesagt. Für die Untersuchung der Rechtfertigung des Mehrheitsprinzips als allgemeiner Entscheidungsregel muss aber genau diese Frage beantwortet und muss deshalb die Anwendung des Jury-Theorems auf alle unter das Mehrheitsprinzip fallenden Entscheidungssituationen betrachtet werden.[243] Das bedeutet für die Anwendung des Jury-Theorems auf Kollegialgerichte, dass herausgefunden werden muss, ob die Kompetenzannahme für Richter ganz allgemein zutrifft oder nicht – wie wir es in unserer Untersuchung zur Kompetenz bereits getan haben. Folglich muss auch die Bedingung der Unabhängigkeit global betrachtet werden und kann nicht lediglich auf den bloßen Moment der Abstimmung bezogen werden.

Eine solche Betrachtung führt zu der Erkenntnis, dass die Stimmen der Richter eines Kollegialgerichts im Grunde immer aufgrund gemeinsamer Faktoren positiv korrelieren.[244] Dies liegt nicht erst an der Beratung (die das Problem

[240] Vgl. *J. L. Martí*, The Epistemic Conception of Deliberative Democracy Defended, in: Besson/Martí (Hrsg.), Deliberative Democracy and Its Discontents, 2006, S. 27 (41): »The problem here is that it is absolutely impossible to know what anyone's epistemic competence is, unless we have independent access to the truth, and this of course is not the case.«

[241] Vgl. *E. Czuber*, Die Entwicklung der Wahrscheinlichkeitstheorie und ihrer Anwendungen, in: Jahresbericht der Deutschen Mathematiker-Vereinigung VII (1899), Heft 2, S. 1 (143): »Wie er [Condorcet] sie [die Kompetenz] versteht, ist es aber eine der Bestimmung vollkommen unzugängliche Größe; denn ob ein Richterspruch der Thatsache, um deren will er hervorgerufen wurde, wirklich entspricht oder nicht, kann niemals festgestellt werden.«

[242] *F. Dietrich*, The Premises of Condorcet's Jury Theorem Are Not Simultaneously Justified, Episteme 5 (2008), S. 56 (60).

[243] So auch *F. Dietrich*, a. a. O., S. 63.

[244] Vgl. auch *F. Dietrich*, a. a. O., S. 65.

aber vergrößert[245]). Vielmehr wird die Unabhängigkeit bereits dadurch beeinträchtigt, dass die Richter unter gemeinsamen Bedingungen abstimmen. Erstens liegen den Stimmen aller Richter dieselben Informationen zugrunde, nämlich insbesondere die Hauptverhandlung und die Beweislage.[246] Zweitens können sich gemeinsame äußere Faktoren, wie etwa Essenspausen[247] oder die Raumtemperatur, auf das Stimmverhalten auswirken.[248] Beides, die zugrundeliegenden Informationen und die äußeren Faktoren, beeinflusst die Richter in ihrem Stimmverhalten und führt zu einer positiven Korrelation der Stimmen. Ein weiterer Einflussfaktor sind Meinungsführer. Diese können sowohl zu einer positiven als auch zu einer negativen Korrelation führen. Folgen die Beisitzer etwa regelmäßig dem Vorsitzenden Richter,[249] besteht eine positive,[250] wollen sie

---

[245] Eine relevante Abhängigkeit durch die Beratung verneint aber *E. Völcker*, Entscheidungsrisiken des Einzelrichters und des Kollegialsystems, MittdtPatA 1970, S. 201 (202 f.).

[246] Vgl. zum Einfluss gemeinsamer Informationen *K. K. Ladha*, The Condorcet Jury Theorem, Free Speech, and Correlated Votes, Am. J. Political Sci. 36 (1992), S. 617 (623). Die Unabhängigkeitsbedingung kann dann erfüllt sein, wenn die Abstimmenden nur über private Informationen verfügen; vgl. *K. K. Ladha*, a. a. O., S. 622. Bei rein privaten Informationen ist es aber nur empfehlenswert, der Mehrheit zu folgen, wenn jeder Abstimmende (oder zumindest die Mehrheit) über ausreichend (wenn auch unvollständige) Informationen verfügt (da nur dann die Kompetenzbedingung erfüllt ist). Für eine Situation, in der das nicht der Fall ist, vgl. das Beispiel von *B. Lahno*, Challenging the Majority Rule in Matters of Truth, Erasmus J. Philos. Econ. 7 (2014), S. 54 (65 f.): Drei Personen beobachten jeweils einen Teil des Meeres; in einem der drei Teile zeigt sich ein Hai – sollte der Mehrheit geglaubt werden, dass sich im Meer kein Hai befindet?

[247] Vgl. *S. Danziger/J. Levav/L. Avnaim-Pesso*, Extraneous Factors in Judicial Decisions, Proc. Natl. Acad. Sci. 108 (2011), S. 6889 ff. Zur kritischen Diskussion dieser Studie *K. Chatziathanasiou*, Der hungrige, ein härterer Richter?, JZ 2019, S. 455 ff. m. w. N.

[248] Vgl. *F. Dietrich*, The Premises of Condorcet's Jury Theorem Are Not Simultaneously Justified, Episteme 5 (2008), S. 56 (62); ferner *ders./K. Spiekermann*, Independent Opinions?, Mind 122 (2013), S. 655 (661 ff.).

[249] Ein besonders eindrückliches Beispiel zumindest für die Möglichkeit eines gleichlaufenden Stimmverhaltens von Richtern ist die als ›Liebeskammer‹ bekannt gewordene Strafkammer des LG Augsburg, in der der Vorsitzende und eine Beisitzerin liiert waren. Vgl. die Pressemitteilung v. 07.01.2019, URL = https://www.justiz.bayern.de/gerichte-und-behoerden/landgericht/augsburg/presse/2019/1.php; zuletzt abgerufen am 15.03.2020.

[250] § 197 GVG will durch das Prinzip der aufsteigenden Stimmfolge die Unabhängigkeit der Richtervoten, insb. gegenüber dem Vorsitzenden (der zuletzt abstimmt), sichern; vgl. *T. Eschenburg*, Der Mechanismus der Mehrheitsentscheidung, 1970, S. 32; *A. Wacke*, Der Jüngste stimmt zuerst – Der Ältere teilt, der Jüngere wählt, JA 1981, S. 176; *K. Schreiber*, in: Wieczorek/Schütze (Hrsg.), ZPO, Bd. 13, Tbd. 1, 4. Aufl. 2018, § 197 GVG Rn. 1; *A. Baumbach/W. Lauterbach/J. Albers/P. Hartmann*, ZPO, 78. Aufl. 2020, § 197 GVG Rn. 1. Dass der Berichterstatter zuerst stimmt, wird mit seiner besonderen Kenntnis der Sachlage gerechtfertigt; vgl. *A. Papsthart*, Über die Form der Beratung im Kollegialgericht, DRiZ 1971, S. 18 (19); *E. Schlüchter*, Das Strafverfahren, 2. Aufl. 1983, Rn. 582; *M. Jacobs*, in: Stein/Jonas (Hrsg.), ZPO, Bd. 10, 22. Aufl. 2011, § 197 GVG Rn. 1; *K. Schreiber*, a. a. O. Da indes die Ansichten des Vorsitzenden und der anderen Richter in aller Regel schon aus der Beratung bekannt sein werden, ist mit *T. Kulhanek*, in: MüKo StPO, Bd. 3/2, 2018, § 197 GVG Rn. 1, »der tatsächliche Wertgehalt der Vorschrift […] eher als symbolisch zu bezeichnen«; skeptisch auch *H. Rosenau/C. Dorneck*, in: Satzger/Schluckebier (Hrsg.), StPO, 4. Aufl. 2020, § 197 GVG Rn. 1.

sich von ihm absetzen, eine negative Korrelation zwischen ihnen und dem Vorsitzenden.[251] Dritter und letzter Faktor sind schließlich die Vorverständnisse und sonstigen Vorprägungen der Richter. Auch diese können eine positive oder eine negative Korrelation bewirken, je nachdem ob zwischen den Richtern hier Gemeinsamkeiten oder Unterschiede bestehen.

(2) Auswirkungen der Abhängigkeit

Bestehen, wie gesehen, so gut wie immer Abhängigkeiten zwischen dem Stimmverhalten der Richter eines Spruchkörpers, so stellt sich die Frage nach den Auswirkungen auf das Jury-Theorem. Hierbei stellt sich das Problem, dass überhaupt nicht klar ist, inwieweit die beschriebenen faktischen Korrelationen zu einer statistischen Abhängigkeit führen.[252] Gefragt werden kann aber zumindest, wie sich statistische Abhängigkeiten, sollten sie bestehen, auf die epistemische Qualität der Mehrheitsentscheidung auswirken.

Zunächst ist festzuhalten, dass das Bestehen eines Meinungsführers sich nicht stets negativ auf die Ergebnisse des Jury-Theorems auswirken muss. Wenn Abstimmende einem Meinungsführer nicht immer folgen und, wenn sie ihm folgen, dies auch nicht ›blind‹ tun, dann kann dies einen positiven Effekt auf die Gruppenkompetenz, also auf die Wahrscheinlichkeit, mit der die Mehrheitsentscheidung richtig ist, haben.[253]

Auch im Hinblick auf die übrigen Einflussfaktoren verhält es sich so, dass nicht jede Abweichung von der Unabhängigkeit das Jury-Theorem zu Fall bringen muss. Eine gewisse *negative* Korrelation zwischen den Abstimmenden wirkt sich sogar positiv auf die Gruppenkompetenz aus.[254] Die meisten Einflussfaktoren des Kollegialgerichts bewirken freilich eine positive Korrelation. Zuvorderst zu denken ist an die gemeinsame Beratung. Ebenso wirkt sich der generell sehr ähnliche Hintergrund von Richtern aus: Die Richterschaft zeichnet sich durch eine ähnliche sozioökonomische Herkunft, dieselbe Ausbildung und eine ähnliche berufliche Karriere aus. All dies lässt eine positive Korrelation wahrscheinlicher werden.[255] Eine negative Korrelation lässt sich hingegen

---

[251] Man beachte, dass zwischen den Abstimmenden, die einem Meinungsführer folgen, keine Abhängigkeit bestehen muss; vgl. *D. M. Estlund*, Opinion Leaders, Independence, and Condorcet's Jury Theorem, Theory Decis. 36 (1994), S. 131 (139). Zählt der Meinungsführer dann selbst nicht zu den Abstimmenden, ist die Unabhängigskeitbedingung (vorbehaltlich anderer Abhängigkeiten) erfüllt.

[252] *A. Vermeule*, Many-Minds Arguments in Legal Theory, J. Leg. Anal. 1 (2009), S. 1 (6 f.).

[253] Vgl. *D. M. Estlund*, Opinion Leaders, Independence, and Condorcet's Jury Theorem, Theory Decis. 36 (1994), S. 131 ff.

[254] *K. K. Ladha*, The Condorcet Jury Theorem, Free Speech, and Correlated Votes, Am. J. Political Sci. 36 (1992), S. 617 ff.; *S. Berg*, Condorcet's Jury Theorem, Dependency Among Jurors, Soc. Choice Welf. 10 (1993), S. 87 ff.; *ders.*, Evaluation of Some Weighted Majority Decision Rules Under Dependent Voting, Math. Soc. Sci. 28 (1994), S. 71 ff.

[255] *Y. Jäger*, Entscheidungsverhalten und Hintergrundfaktoren der Bundesverfassungs-

erreichen, wenn Richter verschiedene Hintergründe haben, im weiteren Sinne unterschiedlicher ›Herkunft‹ sind. Eine negative Korrelation besteht auch dann, wenn Richter unterschiedlichen rechtswissenschaftlichen ›Schulen‹ angehören, also unterschiedliche Vorverständnisse, Perspektiven und Zugänge haben.[256] Aus Sicht des Jury-Theorems[257] ist es demnach empfehlenswert, eine gewisse Diversität in Spruchkörpern herzustellen, zum Beispiel durch die Teilnahme von Laienrichtern[258] oder die Besetzung des Bundesverfassungsgerichts mit Richtern aus unterschiedlichen Berufen und mit unterschiedlichen politischen und rechtswissenschaftlichen Ansichten[259]. Nun gilt die epistemische Betrachtung des kollegialgerichtlichen Mehrheitsprinzips, wie gesehen, nur für die Tatsachenfindung. Deshalb hängen die Erforderlichkeit und Eignung von Diversität davon ab, inwiefern Einflussfaktoren sich auf die Tatsachenfindung, d. h. vor allem auf die Interpretation von Beweisen, auswirken. Wenn nämlich der Einfluss in der Form gering ist, dass gemeinsame Einflussfaktoren keine positive Korrelation bewirken, dann ist Diversität nicht erforderlich. Und wenn Ein-

---

richter, ZRP 1987, S. 360 (363), kann zwar lediglich einen geringen Einfluss des Werdegangs feststellen, dies aber basierend auf einer eingeschränkten Untersuchung, die ausschließlich Personen, die bereits Bundesverfassungsrichter geworden sind, untereinander vergleicht.

[256] Vgl. *K. K. Ladha*, The Condorcet Jury Theorem, Free Speech, and Correlated Votes, Am. J. Political Sci. 36 (1992), S. 617 (624, 627). Siehe auch *A. Vermeule*, The System of the Constitution, 2011, S. 161 ff.

[257] Diversität kann daneben zwei andere Funktionen erfüllen. Zum einen ermöglicht sie, separate Informationen zusammenzutragen (das ist der Gedanke des ›information pooling‹; vgl. oben aa)); vgl. in diesem Zusammenhang die Ausführungen zur Bedeutung der unterschiedlichen beruflichen Herkunft der Richter des BVerfG bei *U. Kranenpohl*, Hinter dem Schleier des Beratungsgeheimnisses, 2010, S. 202 ff. Zum anderen trägt Diversität dazu bei, Gruppendenken (›groupthink‹) oder Gruppenpolarisierung (›group polarization‹) zu vermeiden; vgl. etwa *I. Yaniv*, Group Diversity and Decision Quality, Int. J. Forecast. 27 (2011), S. 41 ff. Siehe auch *M. Solomon*, Groupthink versus The Wisdom of Crowds, South. J. Philos. 44 (2006), Spindel Supplement, S. 28 ff. Beide Gesichtspunkte lassen sich wiederfinden in den Ausführungen von *K.-H. Dinslage*, Demokratisierung der Justiz?, DRiZ 1968, S. 5 (6): »Es ist ein Trugschluß anzunehmen, Richter sei gleich Richter. Selbst ein gleiches juristisches Wissen macht Richter nicht gleich. Dem Zusammenwirken mehrerer, bei dem das unterschiedliche Maß an Fachwissen, Lebenserfahrung, Entschlußfreudigkeit und Fleiß zum Ausgleich kommt und die Mittelmäßigkeit optimal genutzt wird, kommt eine große Bedeutung zu. […] Es ist ferner zu bedenken, daß gerade dem Richter der ordentlichen Gerichtsbarkeit Sachverhalte aus allen Lebensbereichen unterbreitet werden, deren Fülle einem einzelnen heute weniger denn je vertraut sein kann; die kollegiale Ergänzung ist daher heute notwendiger als früher.« Vgl. auch *F. Nyfeller*, Rechtsfortbildung durch das Kollegialgericht, in: Forstmoser/Honsell/Wiegand (Hrsg.), FS Walter, 2005, S. 99 (108 ff.). Empirisch zu Auswirkungen der Besetzung mit weiblichen oder einer Minderheit angehörenden Richtern auf die Entscheidungen US-amerikanischer Obergerichte *S. B. Haire/L. P. Moyer/S. Treier*, Diversity, Deliberation, and Judicial Opinion Writing, J. Law Courts 1 (2013), S. 303 ff.

[258] Vgl. *A. Vermeule*, Collective Wisdom and Institutional Design, in: Landemore/Elster (Hrsg.), Collective Wisdom, 2012, S. 338 (357 f.); ferner *ders.*, Should We Have Lay Justices?, Stanf. Law Rev. 59 (2007), S. 1569 ff.

[259] Vgl. zu Maß und Faktoren der Heterogenität am BVerfG *U. Kranenpohl*, Hinter dem Schleier des Beratungsgeheimnisses, 2010, S. 227 ff.

flussfaktoren, die verschieden sind, keine negative Korrelation bewirken, dann ist Diversität nicht geeignet, die erforderliche Unabhängigkeit der Stimmen wiederherzustellen. Es muss aber angenommen werden, dass Faktoren wie sozioökonomischer Hintergrund, Ausbildung, Weltanschauung, (rechts)politische Überzeugungen usw. sich auch auf die Wahrnehmung von Tatsachen auswirken.[260] Laienrichter beurteilen eine Zeugenaussage möglicherweise anders als Berufsrichter; Bundesverfassungsrichter unterschiedlicher politischer Couleur haben vielleicht eine unterschiedliche Wahrnehmung gesellschaftlicher Gegebenheiten oder möglicher (faktischer) Auswirkungen von Normen.

Was aber, wenn wir uns nicht sicher sein können, dass die Unabhängigkeit oder eine (geeignete) negative Korrelation zwischen den Richtervoten besteht? Bedeutet dies das Aus für die epistemische Begründung des kollegialgerichtlichen Mehrheitsprinzips? Die Richter stimmen mit einer (deutlich) über 50 % liegenden Wahrscheinlichkeit korrekt über die Tatsachen ab, aber mangels Unabhängigkeit versagt das Condorcet-Jury-Theorem, d. h. durch Vergrößerung des Richterkollegiums lässt sich die Gesamtkompetenz nicht erhöhen und die Mehrheit ist nicht kompetenter als der Durchschnitt des Kollegiums. Das bedeutet indes lediglich: Die Kompetenz der Mehrheit liegt zwar nicht über der Durchschnittskompetenz, aber die Mehrheit ist immer noch kompetenter als die Minderheit, wenn wir annehmen, dass die durchschnittliche[261] Kompetenz der Richter oberhalb von 50 % liegt. Die Wahrscheinlichkeit, dass die Mehrheit richtig entscheiden wird, ist also unter dieser Voraussetzung weiterhin höher als die Wahrscheinlichkeit, dass die Minderheit richtig entscheiden wird. Das Mehrheitsprinzip bleibt die epistemisch beste Entscheidungsregel. Damit besteht die Rechtfertigung des Mehrheitsprinzips hinsichtlich der Tatsachenfindung fort. Für die Rechtsfindung muss sie jedoch schon mangels richtiger Option verneint werden.

c) Fazit

Die Untersuchung des Richtigkeitsarguments hat ergeben, dass eine epistemische Betrachtung der Rechtsprechung ausschließlich in Bezug auf die gerichtliche Tatsachenfindung angezeigt ist. Diese spielt nun zwar in allen Gerichtsverfahren eine gewisse Rolle,[262] ganz maßgeblich ist sie aber für die Entscheidung im Strafprozess. Die Aufgabe der strafgerichtlichen Tatsacheninstanzen besteht zuvorderst darin, die Täterschaft des Angeklagten zu prü-

---

[260] Zur Bedeutung von Lebenserfahrung, Vorverständnis und Persönlichkeit für die Tatsachenfindung vgl. *W. Käßer*, Wahrheitserforschung im Strafprozeß, 1974, S. 87 ff.; *B. Schmitt*, Die richterliche Beweiswürdigung im Strafprozeß, 1992, S. 427 ff.; *V. Erb*, Zur »Legitimation« von Fehlverurteilungsrisiken, in: Hanack u. a. (Hrsg.), FS Rieß, 2002, S. 77 (83); *R. Gerhardt/ H. M. Kepplinger/S. Geiß*, Auf dem Weg zur Wahrheit?, ZRP 2012, S. 213 (214 f.).

[261] Zu den Problemen bei nicht-homogener Kompetenzverteilung siehe oben a)cc).

[262] Zu Tatsachenfeststellungen durch das BVerfG siehe noch unten C.I.2.b).

fen,[263] salopp gesagt: herauszufinden, ob der Angeklagte ›es getan hat‹. Die Rechtsanwendung tritt demgegenüber eher in den Hintergrund. Wenn nun also die Tatsachenfindung das Wesentliche am Strafprozess ausmacht, dann bedeutet dies auch, dass eine epistemische Betrachtung des Strafprozesses angebracht ist. Sie trifft zwar nicht hundertprozentig zu, aber doch so weit, dass sie zumindest in einer theoretischen Untersuchung annäherungsweise gelten darf. Daraus folgt, dass für den Strafprozess das Richtigkeitsargument Geltung beanspruchen kann und die Anwendung des Mehrheitsprinzips gerechtfertigt ist.[264] Für die anderen Arten von Gerichtsverfahren, in denen die Rechtsfindung im Vordergrund steht, muss jedoch nach einer anderen Rechtfertigung gesucht werden.

IV. Teleologische Argumente

Teleologische Argumente sind Maximierungsargumente.[265] Sie versuchen das Mehrheitsprinzip damit zu rechtfertigen, dass diese Entscheidungsregel ein Höchstmaß eines bestimmten Wertes verwirkliche. Als Basiswert werden dabei Freiheit, Gleichheit und Nutzen der Entscheidungsträger herangezogen.[266]

1. *Freiheitsmaximierung*

Hans Kelsen rechtfertigt das Mehrheitsprinzip als »die relativ größte Annäherung an die Idee der Freiheit.«[267] Freiheit versteht Kelsen als Selbstbestimmung einer Person, d. h. als Unterwerfung unter den eigenen Willen. In einer sozialen Ordnung kann diese Freiheit nicht für jedermann garantiert sein, denn eine Ordnung wäre keine soziale, hinge ihre Geltung von der Übereinstimmung mit dem Willen des Einzelnen ab. Die Existenz einer sozialen Ordnung setzt die

---

263 Vgl. BGH (Großer Senat), Beschl. v. 03.03.2005 – GSSt 1/04 –, BGHSt 50, 40 (48): »Ein zentrales Ziel des rechtsstaatlich geordneten Strafverfahrens ist die Ermittlung des wahren Sachverhalts als der notwendigen Grundlage eines gerechten Urteils.«

264 Zur Zweidrittelmehrheit, die im Strafprozess gilt (§ 263 StPO), siehe noch unten C.I.1.

265 Die hier gewählte Bezeichnung als ›teleologische Argumente‹ ist angelehnt an eine moralphilosophische Begrifflichkeit. Vgl. *W. K. Frankena*, Ethik, 6. Aufl. 2017, S. 15 ff.

266 Die von *W. Fach*, Demokratie und Mehrheitsprinzip, ARSP 61 (1975), S. 201 (208), vorgenommene weitere Differenzierung insbesondere des Gleichheitsarguments ist weder unproblematisch – Fach selbst spricht ebd. von »nicht unbedingt sehr trennscharfen Unterfällen« und weist auf S. 215 darauf hin, dass es sich bei den meisten anderen Argumenten letztlich auch um Maximalitätskonstrukte handelt – noch für die hiesigen Zwecke erforderlich.

267 *H. Kelsen*, Vom Wesen und Wert der Demokratie, 2. Aufl. 1929, S. 9; siehe auch *ders.*, Allgemeine Staatslehre, 1925, S. 323 f. Zu Kelsens Theorie der Mehrheitsherrschaft *E. Lagerspetz*, Kelsen on Democracy and Majority Decision, ARSP 103 (2017), S. 155 ff.; vgl. auch *O. Lepsius*, Zwischen Volkssouveränität und Selbstbestimmung, in: Brunkhorst/Voigt (Hrsg.), Rechts-Staat, 2008, S. 15 (28 ff.); *M. Vašek*, Relativität und Revisibilität, Rechtstheorie 41 (2010), S. 499 ff.; ferner *A. Somek*, Das Mehrheitsprinzip in der Demokratie, DZPhil 49 (2001), S. 397 ff.

Möglichkeit einer Differenz zwischen kollektivem und individuellem Willen voraus.[268] Das Mehrheitsprinzip stellt indes sicher, dass immerhin für die größtmögliche Zahl an Personen eine Konkordanz zwischen ihrem Willen und dem Inhalt der sozialen Ordnung besteht.

> Wenn der Gemeinschaftswille mit mehr Individualwillen in Einklang als in Widerspruch steht – und das ist […] bei einem Majoritätsbeschluß der Fall –, ist das Maximum des möglichen Freiheitswertes – Freiheit als Selbstbestimmung vorausgesetzt – erreicht.[269]

Dieses Maximum kann nur durch das Erfordernis einer einfachen Mehrheit erreicht werden, da sonst eine Minderheit entschiede bzw. bei einem qualifizierten Mehrheitserfordernis eine Minderheit die Abänderung der Ordnung verhindern könnte, was jeweils zur Folge hätte, dass der Kollektivwille mit dem Individualwillen der größeren Zahl in Widerspruch stünde.[270]

Kelsens Argument trifft heute noch vielfach auf Zustimmung[271], aber auch auf Kritik[272]. Insbesondere stellt sich das Problem, dass bei Bestehen einer permanenten Minderheit deren Freiheitsverwirklichung gleich null sein kann.[273]

---

[268] *H. Kelsen*, Vom Wesen und Wert der Demokratie, 2. Aufl. 1929, S. 7.

[269] *H. Kelsen*, a. a. O., S. 55.

[270] *H. Kelsen*, a. a. O., S. 10. Freiheitsmaximierung kann auch als Zwangsminimierung verstanden werden; vgl. *C. Girard*, La règle de majorité en démocratie: équité ou vérité?, Raisons politiques 2014, S. 107 (119).

[271] *H. J. Varain*, Die Bedeutung des Mehrheitsprinzips im Rahmen unserer politischen Ordnung, ZfP 1964, S. 239 (246); *E. Denninger*, Staatsrecht, Bd. 2, 1979, S. 21 f.; *S. Eisel*, Plädoyer für die Mehrheitsregel, ZParl 16 (1985), S. 576 (576); *A. v. Brünneck*, Verfassungsgerichtsbarkeit in den westlichen Demokratien, 1992, S. 135; *G. Jochum*, Materielle Anforderungen an das Entscheidungsverfahren in der Demokratie, 1997, S. 48 ff.; *C. Hillgruber*, Die Herrschaft der Mehrheit, AöR 127 (2002), S. 460 (461 f.); *ders.*, Mehrheitsprinzip, in: Kube u. a. (Hrsg.), FS Kirchhof, Bd. I, 2013, § 61 Rn. 5; *J. v. Achenbach*, Demokratische Gesetzgebung in der Europäischen Union, 2014, S. 395 ff.; *A. Ingold*, Das Recht der Oppositionen, 2015, S. 307 ff.; *U. Sacksofsky*, Wahlrecht und Wahlsystem, in: Morlok/Schliesky/Wiefelspütz (Hrsg.), Parlamentsrecht, 2016, § 6 Rn. 3. In der Sache wie Kelsen, aber ohne ihn zu nennen, *H. Nef*, Die Fortbildung der schweizerischen Demokratie, in: Imboden u. a. (Hrsg.), FS Giacometti, 1953, S. 203 (207 f.); *R. Walter*, Wortbeitrag, in: VVDStRL 29 (1971), S. 90 (91), mit Zustimmung von *G. Roellecke*, Wortbeitrag, in: VVDStRL 29 (1971), S. 99 f.; *C. Möllers*, Demokratie, 2008, S. 31; *J. Isensee*, Die Rationalität des Staates und die Irrationalität des Menschen, AöR 140 (2015), S. 169 (194); *W. Schmitt Glaeser*, Der freiheitliche Staat des Grundgesetzes, 3. Aufl. 2016, S. 139. In starker Anlehnung an Kelsen argumentiert auch *W. Heun*, Das Mehrheitsprinzip in der Demokratie, 1983, S. 79 ff. Siehe ferner *R. A. Dahl*, Democracy and Its Critics, 1989, S. 138 f.

[272] *U. Scheuner*, Der Mehrheitsentscheid im Rahmen der demokratischen Grundordnung, in: Häfelin/Haller/Schindler (Hrsg.), FS Kägi, 1979, S. 301 (312); *N. Bobbio*, Die Mehrheitsregel: Grenzen und Aporien, in: Guggenberger/Offe (Hrsg.), An den Grenzen der Mehrheitsdemokratie, 1984, S. 108 (112 ff.); *H. Hofmann/H. Dreier*, Repräsentation, Mehrheitsprinzip und Minderheitenschutz, in: Schneider/Zeh (Hrsg.), Parlamentsrecht und Parlamentspraxis, 1989, § 5 Rn. 51; *S. Haberland*, Die verfassungsrechtliche Bedeutung der Opposition nach dem Grundgesetz, 1995, S. 25 f.; *C. Girard*, La règle de majorité en démocratie: équité ou vérité?, Raisons politiques 2014, S. 107 (110 ff.).

[273] Vgl. *B. Saunders*, Democracy, Political Equality, and Majority Rule, Ethics 121 (2010),

Eine interessante Parallele findet Kelsens Freiheitsargument in dem social-choice-theoretischen ›Rae-Taylor-Theorem‹[274], welches das Mehrheitsprinzip mit der größten Wahrscheinlichkeit der Präferenzübereinstimmung zu rechtfertigen versucht.[275]

Zur Rechtfertigung kollegialgerichtlicher Mehrheitsentscheidungen lässt sich das Freiheitsargument nicht heranziehen. Eine Gerichtsentscheidung betrifft nicht die Selbstbestimmung des Richters. Denn Richter sprechen Recht und bringen dabei zwar ihre Rechtsansicht zum Ausdruck, nicht aber ihren Willen. Sie entscheiden nicht danach, »wie sie es am liebsten hätten«[276], fällen ihr Urteil nicht anhand einer »subjektiven Präferenzentscheidung«[277]. Genauer gesagt: Sie treffen eine Entscheidung über einen Rechtsstreit, deren Rechtserzeugungselement[278] zwar auf ihrem Willen basiert,[279] aber sie bestimmen mit ihrer Entscheidung nicht über sich selbst, sondern über andere, die Parteien des Rechtsstreits.[280] Die Entscheidung eines Kollegialgerichts ist deshalb keine kollektive Bestimmung über die dem Kollegium angehörenden Richter. Fällt die Entscheidung des Gerichtskollegiums anders aus, als ein einzelner der Richter für richtig hält, so ist dieser folglich nicht in seiner Selbstbestimmung betroffen. Es gibt auch keinen der Selbstbestimmung entsprechenden Wert, aus dem sich ableiten ließe, dass die Entscheidung des Kollegialgerichts mit der Ansicht der größtmöglichen Zahl an Richtern übereinstimmen soll, damit für die größtmögliche Zahl an Richtern dieser Wert erfüllt wird.[281] Der Freiheit des Individuums Mensch korrespondiert keine Freiheit des Amtsträgers Richter.

2. *Gleichheitsmaximierung*

Für Gerhard Leibholz rechtfertigt sich das Mehrheitsprinzip in der Demokratie dadurch, dass es »das größtmögliche Maß von Gleichheit gewährleis-

S. 148 (165); dazu *P. Urfalino*, Les conditions de l'obligation majoritaire, Raisons politiques 2014, S. 139 (147 ff.).

[274] Bezeichnung von *D. C. Mueller*, Public Choice III, 2003, S. 136.

[275] Vgl. *D. W. Rae*, Decision Rules and Individual Values in Constitutional Choice, Am. Political Sci. Rev. 63 (1969), S. 40 ff.; *M. Taylor*, Proof of a Theorem on Majority Rule, Behav. Sci. 14 (1969), S. 228 ff. Zu den Parallelen zu Kelsens Freiheitsargument siehe *E. Lagerspetz*, Kelsen on Democracy and Majority Decision, ARSP 103 (2017), S. 155 (168 f.).

[276] *G. Lübbe-Wolff*, Wie funktioniert das Bundesverfassungsgericht?, 2015, S. 28.

[277] *J. Neuner*, Die Rechtsfindung contra legem, 2. Aufl. 2005, S. 70.

[278] Dazu *H. Kelsen*, Reine Rechtslehre, 2. Aufl. 1960, S. 242 ff.

[279] Vgl. *G. Gribbohm*, Richterliches Wollen und Urteilsfindung, MDR 1966, S. 975 ff.

[280] *F. H. Easterbrook*, Some Tasks in Understanding Law Through the Lens of Public Choice, Int. Rev. Law Econ. 12 (1992), S. 284 (287), weist daraufhin, dass Richter auf den Gehorsam anderer angewiesen sind, diesen nur erreichen können, indem sie Gründe für ihre Entscheidungen nennen, und (auch) deshalb nicht ihre Präferenzen maximieren können.

[281] Vgl. *L. A. Kornhauser*, Aggregate Rationality in Adjudication and Legislation, Politics Philos. Econ. 7 (2008), S. 5 (14): »It is difficult to understand why the interests of judges as individuals should be respected.«

tet.«[282] Der Maximierungsgedanke passt allerdings beim Wert Gleichheit von vornherein logisch nicht, da zwischen den Abstimmenden entweder Gleichheit herrscht oder nicht.[283] Vielmehr wäre im Bezug auf diesen Wert zu zeigen, dass das Mehrheitsprinzip ein bzw. der einzige Entscheidungsmechanismus ist, der die Gleichheit der Entscheidenden verwirklicht. Dies ist genau der Inhalt des Fairnessarguments und wird dort untersucht werden.[284]

3. *Nutzenmaximierung*

Das Nutzenmaximierungsargument ist die utilitaristische[285] Begründung des Mehrheitsprinzips. Wenn der Nutzen jedes Gewinners gleich dem Schaden jedes Verlierers ist, wird der Gesamtnutzen durch die Mehrheitsentscheidung maximiert.[286] Dieses Argument stößt jedoch auf (mindestens[287]) zwei Probleme. Erstens spiegelt das Mehrheitsprinzip, bei dem jeder Abstimmende eine Stimme hat, die unterschiedliche Intensität, mit der sich eine Entscheidung auf die Abstimmenden auswirkt, nicht wider.[288] Zweitens stellt sich wiederum das

---

[282] *G. Leibholz*, Strukturprobleme der modernen Demokratie, 3. Aufl. 1967, S. 151; ebenso *ders.*, Die Repräsentation in der Demokratie, 3. Aufl. 1973, S. 224. Sehr ähnlich *K. Hesse*, Der Gleichheitsgrundsatz im Staatsrecht, AöR 77 (1951/52), S. 167 (193). Teilweise wird die Eigenständigkeit von Leibholz' Argument gegenüber Kelsens Begründung in Frage gestellt; vgl. *H. Dreier*, Das Majoritätsprinzip im demokratischen Verfassungsstaat, ZParl 17 (1986), S. 94 (105 Fn. 55); *C. Hillgruber*, Die Herrschaft der Mehrheit, AöR 127 (2002), S. 459 (463 Fn. 13); *ders.*, Mehrheitsprinzip, in: Kube u. a. (Hrsg.), FS Kirchhof, Bd. I, 2013, § 61 Rn. 5 Fn. 8. In der Tat führt auch Kelsen die Gleichheit an: »Daß die menschlichen Willen einander gleich seien, ist wohl die Voraussetzung des Majoritätsprinzips. [...] Daß dabei natürlich die Gleichheit als eine Grundhypothese der Demokratie vorausgesetzt wird, zeigt sich eben darin, daß nicht gerade dieser oder jener frei sein soll, weil dieser nicht mehr gilt als jener, sondern daß möglichst viele frei sein sollen« (*H. Kelsen*, Vom Wesen und Wert der Demokratie, 2. Aufl. 1929, S. 9 f.). Das formale Rae-Taylor-Theorem kommt jedoch ohne die Vorbedingung der Gleichheit aus. Fraglos nahe an Kelsen liegen Teile der Ausführungen von Hesse.

[283] *W. Fach*, Demokratie und Mehrheitsprinzip, ARSP 61 (1975), S. 201 (219).

[284] Siehe unten V.2.

[285] Vgl. *J. Waldron*, Deliberation, Disagreement, and Voting, in: Koh/Slye (Hrsg.), Deliberative Democracy and Human Rights, 1999, S. 210 (214).

[286] Vgl. etwa *B. Barry*, Political Argument, 1965, S. 312 f.; vgl. auch *R. A. Dahl*, Democracy and Its Critics, 1989, S. 142 ff. Folgert man Nutzen und Schaden schlicht aus der (Nicht-) Übereinstimmung der Entscheidung mit dem eigenen Willen (insb. weil man davon ausgeht, dass jeder seinem eigenen Interesse entsprechend abstimmt), so ist Nutzenmaximierung deckungsgleich mit Freiheitsmaximierung. Dementsprechend ordnet *S. Schwerdtfeger*, Legitimation von Quoren in der direkten Demokratie, 2018, S. 187 Fn. 285, das Freiheitsargument als »im Grunde [...] utilitaristische Position« ein. Vgl. auch *J. Waldron*, Rights and Majorities: Rousseau Revisited, in: Chapman/Wertheimer (Hrsg.), Majorities and Minorities, 1990, S. 44 (62).

[287] Es lässt sich grundlegend daran zweifeln, dass Wähler (bzw. Abgeordnete) so abstimmen, dass das Ergebnis des Mehrheitsprinzips mit dem Ergebnis einer aggregativen (utilitaristischen) Gerechtigkeitsvorstellung übereinstimmt. Vgl. *R. Dworkin*, Gerechtigkeit für Igel, 2014, S. 648 f.

[288] Siehe zu diesem klassischen demokratietheoretischen Problem *W. Kendall/G. W. Carey*,

Problem der permanenten Minderheit. Über eine Vielzahl (oder ideell alle) Entscheidungen hinweg betrachtet, könnte der Nutzen von Mitgliedern einer permanenten Minderheit bei null liegen. Der erwartete Nutzen eines Abstimmenden wird dementsprechend nur dann maximiert, wenn sein erwarteter Anteil an den Mehrheitsentscheidungen der durchschnittlichen Höhe der jeweiligen Mehrheiten entspricht.[289]

Für die Anwendung auf Kollegialgerichte ist die Nutzenmaximierung ähnlich der Freiheitsmaximierung nicht geeignet. Denn weder ist – deskriptiv – die Annahme gerechtfertigt, Richter würden ihrem eigenen Nutzen entsprechend entscheiden.[290] Dabei müsste zudem – normativ – überhaupt erst begründet werden, warum Gerichtsentscheidungen den Nutzen der Richter maximieren sollen. Eine solche Begründung lässt sich nicht finden[291] – ganz im Gegenteil sollen Richter sich bei der Entscheidungsfindung nicht auf ihre Interessen stützen.[292] Noch kann davon ausgegangen werden, dass die Richter dem Nutzen der Bürger entsprechend abstimmen,[293] da Richter nicht repräsentativ für die Präferenzen der Bevölkerung sind.[294] Richterliche Entscheidungen sind ur-

---

The »Intensity« Problem and Democratic Theory, Am. Political Sci. Rev. 62 (1968), S. 5 ff.; *W. Heun*, Das Mehrheitsprinzip in der Demokratie, 1983, S. 209 ff.; *G. Sartori*, Selbstzerstörung der Demokratie?, in: Guggenberger/Offe (Hrsg.), An den Grenzen der Mehrheitsdemokratie, 1984, S. 83 (90 ff.); *R. A. Dahl*, A Preface to Democratic Theory, 2006, S. 90 ff. Werden unterschiedliche Intensitäten berücksichtigt, wird der Gesamtnutzen durch ein gewichtetes Mehrheitsprinzip maximiert; vgl. *H. Brighouse/M. Fleurbaey*, Democracy and Proportionality, J. Political Philos. 18 (2010), S. 137 (142 ff.).

289 Werden die Entscheidungen bspw. durchschnittlich mit einer Mehrheit von 60% getroffen, müsste ein zufällig ausgewählter Abstimmender auch in 60% der Fälle zur Mehrheit gehören. Vgl. *R. A. Dahl*, Democracy and Its Critics, 1989, S. 144; *J. Behnke*, Das Wahlsystem der Bundesrepublik Deutschland, 2007, S. 67.

290 Vgl. *N. S. Siegel*, Sen and the Hart of Jurisprudence: A Critique of the Economic Analysis of Judicial Behavior, Calif. Law Rev. 87 (1999), S. 1581 ff.; *E. Zamir/D. Teichman*, Behavioral Economics and Law, 2018, S. 526.

291 So auch *J. Waldron*, Why Do Bare Majorities Rule on Courts?, Yale Law J. 123 (2014), S. 1692 (1709). Vgl. ferner *L. A. Kornhauser/L. G. Sager*, Unpacking the Court, Yale Law J. 96 (1986), S. 82 (88): »What plausible theory makes the preferences of the handful of men and women who serve as judges attractive as the determinants of social policy?«

292 Vgl. *C. F. Rosenkrantz*, The Epistemic Theory of Democracy Revisited, in: Koh/Slye (Hrsg.), Deliberative Democracy and Human Rights, 1999, S. 235 (238 f.): »The core distinction between the demos and the court is that while in the demos we are supposed to talk about and discuss our interests [...], at the court every discussion of interest is, or should be, absolutely forbidden.« Vgl. auch *K.-M. Ortloff*, in: Schoch/Schneider/Bier (Hrsg.), VwGO, 20. EL 2010, § 104 Rn. 77.

293 Selbst wenn Richter den sozialen Gesamtnutzen maximieren sollten, so ergäbe dies für sich noch kein Argument, warum das gerade durch die Mehrheitsentscheidung erreicht wird. Dafür wäre auf das Jury-Theorem unter Zugrundelegung der effizientesten Entscheidung als der richtigen zurückzugreifen (vgl. oben III.2.b)cc)(1)).

294 Dies gilt selbst für gewählte Richter (wie es sie in Teilen der USA gibt). Vgl. *J. Waldron*, Five to Four: Why Do Bare Majorities Rule on Courts?, Yale Law J. 123 (2014), S. 1692 (1709 Fn. 62).

teils-, nicht präferenzbasiert.[295] Deshalb können Argumente der Nutzenmaximierung oder Freiheitsmaximierung nicht von der demokratisch-legislativen Entscheidung auf die judizielle Entscheidung übertragen werden.

V. Prozedurale Argumente

Prozedurale Argumente begründen die Rechtfertigung des Mehrheitsprinzips nicht mit Eigenschaften der getroffenen Entscheidung, sondern mit bestimmten Eigenschaften des Verfahrens seiner Anwendung. Es handelt sich in der Terminologie von John Rawls[296] um Argumente reiner Verfahrensgerechtigkeit.

1. Verfahrensargument

Das Verfahrensargument versucht das Mehrheitsprinzip mit Eigenschaften des zur Mehrheitsentscheidung hinführenden Entscheidungsverfahrens zu rechtfertigen:

> Dahinter steht die Vorstellung, daß der Mehrheitsbeschluß in dem Maße überzeugt, als er einen auf der Suche nach der richtigen Lösung geführten freien und offenen politischen Kommunikationsprozeß zu einem verbindlichen Ergebnis führe, ohne mit dem Anspruch endgültiger Richtigkeit zu entscheiden, die Gegengründe zu unterdrücken und die Suche nach anderen und besseren Lösungen zu verbieten.[297]

So attraktiv das Verfahrensargument prima facie wirken mag, so sehr geht es an dem eigentlichen Problem der Rechtfertigung des Mehrheitsprinzips vorbei. Denn freilich ist die Mehrheitsentscheidung nur legitim, wenn sie einem legitimierenden Verfahren entstammt.[298] Aber das Mehrheitsprinzip selbst ist Teil dieses Verfahrens und muss selbst gerechtfertigt sein, was logischerweise

---

[295] Vgl. bereits oben A.II.2.a). Ähnlich *J. Waldron*, a. a. O., S. 1709: »a majority of opinions rather than a majority of interests«; vgl. ferner *L. A. Kornhauser*, Aggregate Rationality in Adjudication and Legislation, Politics Philos. Econ. 7 (2008), S. 5 (14).

[296] *J. Rawls*, Eine Theorie der Gerechtigkeit, 20. Aufl. 2017, S. 107 f.

[297] *H. Hofmann/H. Dreier*, Repräsentation, Mehrheitsprinzip und Minderheitenschutz, in: Schneider/Zeh (Hrsg.), Parlamentsrecht und Parlamentspraxis, 1989, § 5 Rn. 53. Im Anschluss daran *M. Kloepfer*, Verfassungsrecht I, 2011, § 7 Rn. 29; *H. Dreier*, in: ders. (Hrsg.), GG, Bd. II, 3. Aufl. 2015, Art. 20 Rn. 70; *S. Schwerdtfeger*, Legitimation von Quoren in der direkten Demokratie, 2018, S. 188. Ähnlich *U. Volkmann*, in: Berliner Kommentar GG, 1. EL 2001, Art. 20 4. Teil Rn. 26. Siehe auch *W. Höfling/C. M. Burkiczak*, Das Mehrheitsprinzip im deutschen Staatsrecht, Jura 2007, S. 561 (562).

[298] In diesem Sinne ist *J. Bröhmer*, Transparenz als Verfassungsprinzip, 2004, S. 137, darin zuzustimmen, »dass in der grundgesetzlichen Entscheidung für das Mehrheitsprinzip nicht nur die Festlegung eines formalen Abstimmungsprinzips gesehen werden kann. Das grundgesetzliche Mehrheitsprinzip basiert vielmehr auf einem ganz bestimmten Vorverständnis dessen was notwendig ist, dass dieses Mehrheitsprinzip seinen Zweck erfüllen kann und die notwendigen Entscheidungen mit dem notwendigen Legitimationsgrad getroffen werden können.«

nicht damit begründet werden kann, dass das sonstige Verfahren legitim ist. Die Frage nach der Rechtfertigung des Mehrheitsprinzips ist – sowohl für die Demokratie als auch für die Judikative – nicht die Frage, warum die Mehrheitsentscheidung (im Sinne der Entscheidung, die am Ende des Verfahrens getroffen wird) legitim ist, sondern warum das Mehrheitsprinzip Teil des legitimierenden Verfahrens ist.[299] Die Frage, nach welcher Regel am Ende des Verfahrens zu entscheiden ist, bleibt von dem zur Entscheidung Hinführenden (weitestgehend[300]) unberührt. Nach einem ›freien und offenen politischen Kommunikationsprozeß‹ könnte etwa auch das Einstimmigkeitsprinzip angewendet werden. Die Bedingungen, denen der Entscheidungsprozess unterliegt, sind eher eine Beschränkung der Entscheidungsfreiheit politischer Mehrheiten,[301] aber zweifelsohne keine Rechtfertigung des Mehrheitsprinzips. Ebenso folgt aus dem Umstand, dass im Gericht die Parteien angehört und Beweise erhoben werden und die Richter im Anschluss beraten, nicht, nach welcher Regel die Stimmen der Richter zu einem Kollegialurteil aggregiert werden sollen. Die Antwort auf die Frage nach der Rechtfertigung des Mehrheitsprinzips in der Judikative kann demnach zwar prozedural ausfallen, aber das bedeutet nicht, auf das sonstige Verfahren zu verweisen, sondern bestimmte Eigenschaften des Mehrheitsprinzips zu erkennen, die es als prozedural attraktiv erscheinen lassen. Das ist genau das Ziel des Fairnessarguments, das dem Gedanken prozeduraler Gleichheit entspringt.

2. *Fairnessargument*

Das wohl am weitesten verbreitete Argument zur Rechtfertigung des Mehrheitsprinzips in der Demokratie begründet das Mehrheitsprinzip mit der dadurch verwirklichten politischen Gleichheit. Es sei hier Fairnessargument genannt, erstens um es vom Gleichheitsargument abzugrenzen,[302] zweitens da es, wie noch zu sehen sein wird, neben der Gleichheit des Stimmrechts weitere normative Anforderungen an den Entscheidungsmodus stellt.[303]

[299] Siehe bereits oben I.

[300] Manche Aspekte des Verfahrens präjudizieren aber den Entscheidungsmodus in gewisser Weise. So ergibt etwa eine Diskussion wenig Sinn, wenn die Entscheidung danach durch Würfeln getroffen wird. Vgl. unten VI.1.

[301] Vgl. BVerfG, Urt. v. 02.03.1977 – 2 BvE 1/76 –, BVerfGE 44, 125 (141 f.).

[302] Man könnte insofern vom Gleichheits*verwirklichungs*argument im Gegensatz zum Gleichheits*maximierungs*argument sprechen.

[303] Auch *J. Waldron*, Five to Four: Why Do Bare Majorities Rule on Courts?, Yale Law J. 123 (2014), S. 1692 (1718 ff.), spricht von »fairness« mit »equality« als Unterpunkt davon. Dass Fairness mehr umfassen muss als nur Gleichheit, wird auch an dem Gedanken deutlich, dass die Entscheidungsträger auch auf eine Zufallsentscheidung wie einen Münzwurf den gleichen (nämlich gar keinen) Einfluss haben; vgl. *D. M. Estlund*, Democratic Authority, 2008, S. 82, 93; *H. Landemore*, Democratic Reason, 2013, S. 46; zu Zufallsentscheidungen noch unten VI.

a) Rechtfertigung des Mehrheitsprinzips aus der politischen Gleichheit

Das Mehrheitsprinzip wird vielerorts aus dem demokratischen Prinzip der politischen Gleichheit gefolgert.[304] Etwa in folgender Stelle:

> Die Mehrheitsregel ist die einzige Entscheidungsregel, in der sich politische Gleichheit ausdrücken kann. Aber die politische Gleichheit ist die fundamentale Voraussetzung aller Demokratie. Wohlgemerkt: auch aristokratische Gremien können die Mehrheitsregel anwenden, ebenso wie hierokratisch-religiöse Organe. Wo die Mehrheitsregel waltet, muß keine Demokratie sein. Aber wo Demokratie ist, kann nur die Mehrheitsregel gelten.[305]

Auch im Handbuch des Staatsrechts heißt es:

> Das Mehrheitsprinzip gibt, als die unmittelbarste Konsequenz der Gleichheit aller, jedem den gleich bemessenen Anteil an dem Prozeß der politischen Willensbildung.[306]

Das Fairnessargument folgt, vereinfacht dargestellt, folgendem Schema: Demokratie erfordert politische Gleichheit – politische Gleichheit erfordert das Mehrheitsprinzip.

Teilweise werden diese Ableitungen auch in umgekehrter Richtung für richtig gehalten. So wird zum einen zunächst das demokratische Herrschaftssystem mit dem Mehrheitsprinzip gleichgesetzt und in der Folge dadurch zu rechtfertigen versucht, dass es, mittels des Mehrheitsprinzips, politische Gleichheit gewährleiste.[307] Dabei ist allerdings schon die erste Prämisse, nämlich die Gleichsetzung von Demokratie und Mehrheitsprinzip, mehr als fraglich.[308] Da sich die hiesige Untersuchung der Rechtfertigung des Mehrheitsprinzips, nicht einer Rechtfertigung mittels des Mehrheitsprinzips widmet, kann dieses Argument im Näheren unerörtert bleiben. Zum anderen wird mitunter die Gleichheit der Abstimmenden als notwendige Bedingung der (Entscheidungen legitimierenden) Anwendung des Mehrheitsprinzips genannt.[309] Der Gedanke scheint

---

[304] *N. Riemer*, The Case for Bare Majority Rule, Ethics 62 (1951), S. 16 (17); *A. Ranney/W. Kendall*, Democracy and the American Party System, 1956, S. 29 ff.; *P. Jones*, Political Equality and Majority Rule, in: Miller/Siedentop (Hrsg.), The Nature of Political Theory, 1983, S. 155 (160 ff.); *J. Waldron*, Legislation, Authority, and Voting, Georget. Law J. 84 (1996), S. 2185 (2209 ff.); *H.-G. Dederer*, Korporative Staatsgewalt, 2004, S. 330; *R. A. Dahl*, On Political Equality, 2006, S. 15; *T. Christiano*, The Constitution of Equality, 2008, S. 103; *W. Sadurski*, Equality and Legitimacy, 2008, S. 41 ff.; *ders.*, Legitimacy, Political Equality, and Majority Rule, Ratio Juris 21 (2008), S. 39 ff.; *E. Flaig*, Die Mehrheitsentscheidung – ihre multiple Genesis und ihre kulturelle Dynamik, in: ders. (Hrsg.), Genesis und Dynamiken der Mehrheitsentscheidung, 2013, S. VII (VII); *J. Natus*, Verfassungsmissbrauch durch Zweidrittelmehrheit?, 2017, S. 176 ff.; vgl. ferner *R. A. Dahl*, A Preface to Democratic Theory, 2006, S. 34 ff.

[305] *E. Flaig*, Die Mehrheitsentscheidung – ihre kulturelle Bedeutung, EWE 25 (2014), S. 369 (369).

[306] *P. Badura*, Die parlamentarische Demokratie, in: Isensee/Kirchhof (Hrsg.), HStR, Bd. II, 3. Aufl. 2004, § 25 Rn. 31.

[307] Vgl. *W. N. Nelson*, On Justifying Democracy, 1980, S. 17 ff.

[308] Vgl. bereits oben A.IV.1.

[309] *U. Scheuner*, Das Mehrheitsprinzip in der Demokratie, 1973, S. 9; *N. Achterberg*, Par-

hierbei zu sein, dass das Mehrheitsprinzip (ausschließlich) durch die Verwirklichung der Gleichheit der Abstimmenden gerechtfertigt wird (oder zumindest, dass das Mehrheitsprinzip zwangsläufig Gleichheit verwirklicht) und deshalb gerade nur in Gruppen und Kollegien legitimerweise Anwendung finden kann, in denen eine solche Gleichheit herrscht bzw. herrschen soll.[310] Insofern wird damit lediglich die Konsequenz aus dem Fairnessargument im Hinblick auf den Anwendungsbereich des Mehrheitsprinzips gezogen.

Das Fairnessargument folgert also das Mehrheitsprinzip aus der demokratisch geforderten politischen Gleichheit. Dabei muss die oben schematisch dargestellte Argumentation noch um einen Zwischenschritt ergänzt werden, nämlich die nähere Bestimmung der politischen Gleichheit als prozedurale Gleichheit. Das Schema der Argumentation lautet demnach: Demokratie erfordert politische Gleichheit – politische Gleichheit bedeutet prozedurale Gleichheit – politische Gleichheit im Sinne prozeduraler Gleichheit erfordert das Mehrheitsprinzip.

Alle drei Punkte des Fairnessarguments werden von (verschiedenen) Kritikern angegriffen. Erstens wird von manchen Autoren bezweifelt, dass die Demokratie überhaupt politische Gleichheit erfordert. Dabei handelt es sich indes eher um ältere Autoren wie allen voran John Stuart Mill.[311] Zweitens gibt es Demokratietheoretiker, die einen über formale prozedurale Gleichheit hinausgehenden Begriff der politischen Gleichheit vertreten[312] (wobei dies freilich nur dann ein Problem darstellt, wenn von diesem weiteren Gleichheitsbegriff nicht *auch* prozedurale Gleichheit umfasst ist). Drittens wird in Abrede gestellt, dass das Mehrheitsprinzip zwingend aus der prozeduralen Gleichheit folgt.[313]

Für die hiesigen Zwecke ist, da es letztlich um die Frage nach der (nicht-demokratischen) Gleichheit im Gerichtsprozess (also der Gleichheit von Richtern und Prozessparteien) und der Ableitung des Mehrheitsprinzips daraus gehen wird, der erste Punkt von vornherein nicht von Interesse. Relevant ist aber zum

---

lamentsrecht, 1984, S. 584 Fn. 98; vgl. auch *W. Starosolskyj*, Das Majoritätsprinzip, 1916, S. 97 ff.

310 Relativ eindeutig *R. Zippelius*, Zur Rechtfertigung des Mehrheitsprinzips in der Demokratie, 1987, S. 17.

311 Siehe oben III.2.a)cc).

312 Vgl. etwa *C. R. Beitz*, Procedural Equality in Democratic Theory, in: Pennock/Chapman (Hrsg.), Liberal Democracy, 1983, S. 69 ff.; *H. Brighouse/M. Fleurbaey*, Democracy and Proportionality, J. Political Philos. 18 (2010), S. 137 ff.; *S. Macedo*, Against Majoritarianism, Boston Univ. Law Rev. 90 (2010), S. 1029 ff.; *R. Dworkin*, Gerechtigkeit für Igel, 2014, S. 656 ff.

313 Vgl. *B. Saunders*, Why Majority Rule Cannot Be Based Only on Procedural Equality, Ratio Juris 23 (2010), S. 113 ff. Kritisch zur Ableitung des Mehrheitsprinzips aus der Gleichheit auch *H. Kelsen*, Vom Wesen und Wert der Demokratie, 2. Aufl. 1929, S. 9; *N. Bobbio*, Die Mehrheitsregel: Grenzen und Aporien, in: Guggenberger/Offe (Hrsg.), An den Grenzen der Mehrheitsdemokratie, 1984, S. 108 (112); *S. Haberland*, Die verfassungsrechtliche Bedeutung der Opposition nach dem Grundgesetz, 1995, S. 24; *D. M. Estlund*, Democratic Authority, 2008, S. 65 ff.

einen, was prozedurale Gleichheit bedeutet,[314] und zum anderen, wie das Mehrheitsprinzip aus der prozeduralen Gleichheit abzuleiten ist.

aa) Politische Gleichheit als prozedurale Gleichheit

Im Verständnis der Befürworter des Fairnessarguments meint die politische Gleichheit der Demokratie als prozedurale Gleichheit die Gleichbehandlung bei der Teilhabe an der staatlichen Willensbildung. Sie ist in doppelter Hinsicht keine substanzielle Gleichheit. Zum einen bezieht sich das Erfordernis politischer Gleichheit, so verstanden, nicht auf die Ergebnisse demokratischer Entscheidungen. Der demokratische Prozess kann mithin die politische Gleichheit der Bürger qua Teilhabe wahren und gleichzeitig Entscheidungen herbeiführen, welche die Bürger ungleich behandeln. Zum anderen ist dieser Begriff politischer Gleichheit auch im Bezug auf den Entscheidungsprozess ein formaler, da er nur das gleiche Recht zur Teilhabe umfasst, nicht aber auch die gleichen faktischen Möglichkeiten zur Teilhabe erfordert. Er bezieht sich also nur auf die Gewährleistung gleicher politischer Rechte und blendet die tatsächlichen Voraussetzungen dafür, von diesen Rechten effektiven Gebrauch machen zu können, aus.[315]

Diese politische Gleichheit in Form der prozeduralen Gleichheit wird regelmäßig mit dem Slogan ›one person, one vote‹ zum Ausdruck gebracht.[316] Sie meint eine »arithmetisch-mathematische Gleichheit«[317] bei der Abstimmung. Was sie aber genau beinhaltet, wird von vielen Autoren nicht näher offengelegt. Es ist oftmals eher ungenau von ›gleichem Stimmrecht‹, ›gleichem Stimmgewicht‹, ›gleicher Erfolgschance‹ usw. die Rede.[318] Analytisch muss indes, insbesondere bei Wahlen, zwischen verschiedenen Anforderungen prozeduraler Gleichheit unterschieden werden.[319] Inwiefern das Mehrheitsprinzip in einem

---

314 Irrelevant ist für diese Untersuchung demgegenüber weitestgehend, ob und warum politische Gleichheit mit prozeduraler Gleichheit gleichzusetzen ist oder diese zumindest umfassen soll.

315 Es sei nochmals darauf hingewiesen, dass für das Fairnessargument unerheblich ist, ob politische Gleichheit nur prozedurale Gleichheit meint oder noch mehr beinhaltet, solange nur zumindest auch die prozedurale Gleichheit umfasst ist.

316 Vgl. etwa *A. Ranney/W. Kendall*, Democracy and the American Party System, 1956, S. 16.

317 *G. Leibholz*, Strukturprobleme der modernen Demokratie, 3. Aufl. 1967, S. 149. Vgl. auch *P. Rosanvallon*, Demokratische Legitimität, 2010, S. 38; ferner *E. Flaig*, Die Mehrheitsentscheidung – ihre kulturelle Bedeutung, EWE 25 (2014), S. 369 (370): »auf radikalste Weise gleich«.

318 Vgl. nur *E. Benda*, Konsens und Mehrheitsprinzip im Grundgesetz und in der Rechtsprechung des Bundesverfassungsgerichts, in: Hattenhauer/Kaltefleiter (Hrsg.), Mehrheitsprinzip, Konsens und Verfassung, 1986, S. 61 (62): »Die Gleichheit aller Bürger, die auch in ihrem Einfluß auf die Entscheidungsfindung zum Ausdruck kommt, ist unverzichtbares Element der Demokratie.«

319 Ausführlich (anhand von Wahlen) *J. W. Still*, Political Equality and Election Systems, Ethics 91 (1981), S. 375 ff.

Kollegium wie einem gerichtlichen Spruchkörper die prozedurale Gleichheit der Abstimmenden verwirklicht, wird im folgenden Abschnitt klarer werden.

bb) May-Theorem

Es lässt sich mathematisch zeigen, dass das Mehrheitsprinzip die prozedurale Gleichheit der Abstimmenden verwirklicht. Der zuerst von Kenneth O. May geführte Beweis legt dar, dass das Mehrheitsprinzip[320] als einzige Entscheidungsregel vier normative Anforderungen erfüllt: Anonymität, Neutralität, Entscheidungsfähigkeit und Responsivität.[321] Zu diesen vier Kriterien ist vorab Folgendes zu sagen: Es kommen zwei voneinander unabhängige[322] Gleichheitskriterien, Anonymität und Neutralität, vor. Anonymität ist die Nicht-Diskriminierung der Abstimmenden, Neutralität die Nicht-Diskriminierung der Abstimmungsoptionen.[323] Zu diesen egalitären Kriterien kommen zwei weitere Kriterien hinzu.[324] Sie dienen als Mindestvoraussetzungen eines normativ ansprechenden Entscheidungsmodus, indem sie sicherstellen sollen, dass die Entscheidungsregel aus den Präferenzen der Abstimmenden eine eindeutige Entscheidung generiert.[325] Im Folgenden werden die vier Anforderungen des Beweises (informell) definiert und ihre normative Bedeutung erläutert. Auf eine demokratietheoretische Herleitung kann indes verzichtet werden.[326]

---

[320] Der Beweis gilt aber nur, wenn eine ungerade Anzahl an Abstimmenden zwischen zwei Optionen wählen muss und Enthaltungen nicht zulässig sind. Wie oben unter A.II.2.b) erläutert, ist das die (grundsätzliche) Situation der kollegialgerichtlichen Abstimmung. Das May-Theorem auf nicht-binäre Entscheidungen auszuweiten versuchen *R. E. Goodin/C. List*, A Conditional Defense of Plurality Rule, Am. J. Political Sci. 50 (2006), S. 940 ff.

[321] *K. O. May*, A Set of Independent Necessary and Sufficient Conditions for Simple Majority Decision, Econometrica 20 (1952), S. 680 ff.; vgl. auch *L. Kern/J. Nida-Rümelin*, Logik kollektiver Entscheidungen, 1994, S. 91 ff.; *D. C. Mueller*, Public Choice III, 2003, S. 133 ff.; *A. Sen*, Collective Choice and Social Welfare, 2017, S. 118 ff.

[322] Vgl. *K. O. May*, A Note on the Complete Independence of the Conditions for Simple Majority Decision, Econometrica 21 (1953), S. 172 (172).

[323] *L. Kern/J. Nida-Rümelin*, Logik kollektiver Entscheidungen, 1994, S. 92.

[324] Das bedeutet, dass das Fairnessargument nicht allein auf prozeduraler Fairness basiert. Insoweit zutreffend *B. Saunders*, Why Majority Rule Cannot Be Based Only on Procedural Equality, Ratio Juris 23 (2010), S. 113 (117 f.).

[325] Vgl. *D. W. Rae/E. Schickler*, Majority Rule, in: Mueller (Hrsg.), Perspectives on Public Choice, 1997, S. 163 (164 ff.), die diesbezüglich von »minimally efficient decision rules« sprechen.

[326] Für eine demokratietheoretische Verankerung der May'schen Kriterien siehe *B. A. Ackerman*, Social Justice in the Liberal State, 1980, S. 277 ff.; kritisch dazu *C. R. Beitz*, Political Equality, 1989, S. 60 ff. Vgl. auch *R. A. Dahl*, Democracy and Its Critics, 1989, S. 139 ff.; *T. Christiano*, Political Equality, in: Chapman/Wertheimer (Hrsg.), Majorities and Minorities, 1990, S. 151 (154 ff.).

(1) Entscheidungsfähigkeit

Als Erstes wird von einer Entscheidungsregel Entscheidungsfähigkeit (›decisiveness‹)[327] gefordert: Sie muss bei allen Abstimmungen zu einem eindeutigen Ergebnis führen. Für jede Stimmverteilung muss die Entscheidungsregel eine einzige Entscheidung generieren.[328] In jedem Fall soll es eine eindeutige Entscheidung geben.[329] Eine der beiden Optionen muss gewählt sein. Durch dieses Erfordernis werden insbesondere symmetrische qualifizierte Mehrheiten – d. h. solche, bei denen keine Option als diejenige festgelegt ist, die gewählt ist, wenn die qualifizierte Mehrheit nicht erreicht wird (englisch: ›default choice‹) – ausgeschlossen. So ist etwa beim Erfordernis einer Zweidrittelmehrheit[330] nicht sichergestellt, dass auf eine der beiden Optionen mindestens zwei Drittel der Stimmen entfallen. Erhält keine Option eine Zweidrittelmehrheit, ist keine Entscheidung getroffen und es kommt zum Stillstand.[331] Die Bedingung der Entscheidungsfähigkeit fordert deshalb, dass für diesen Fall der Sieg einer der beiden Optionen vorab festgelegt ist. Sind etwa Verfassungsänderungen nur mit einer Zweidrittelmehrheit möglich,[332] wird der Status quo, der gegenwärtige Stand der Verfassung, als ›default choice‹ behandelt, die gewählt ist, wenn die Verfassungsänderung keine Zweidrittelmehrheit erreicht. Gleiches gilt spiegelbildlich für symmetrische Minderheitsquoren, wenn beide Alternativen das nötige Minderheitserfordernis überschreiten.[333] In dieser Situation wären beide Optionen gewählt und damit keine eindeutige Entscheidung getroffen. Im Sinne der Entscheidungsfähigkeit ist deshalb erforderlich, dass es nur für eine Option genügt, das Minderheitsquorum zu erreichen. Beispielsweise kann nach Art. 44 Abs. 1 Satz 1 Alt. 2 GG die Einsetzung eines Untersuchungsausschusses von einer Minderheit, nämlich einem Viertel der Mitglieder des Bundestages,

---

[327] Die hier gewählte Übersetzung ist angelehnt an den Begriff »kollektiver Entscheidungsunfähigkeit« bei *L. Kern/J. Nida-Rümelin*, Logik kollektiver Entscheidungen, 1994, S. 48.

[328] *K. O. May*, A Set of Independent Necessary and Sufficient Conditions for Simple Majority Decision, Econometrica 20 (1952), S. 680 (681).

[329] Vgl. auch *A. F. Utz*, Das Mehrheitsprinzip in der Demokratie, ARSP 73 (1987), S. 526 (527, 531).

[330] Besonders gilt dies natürlich bei der Einstimmigkeitsregel, aber auch beim Erfordernis der Pareto-Optimalität (einer Abwandlung der Einstimmigkeitsregel). Vgl. *E. Wesche*, Tauschprinzip – Mehrheitsprinzip – Gesamtinteresse, 1979, S. 85 ff.

[331] Eine Möglichkeit der Auflösung besteht darin, die Abstimmenden solange einzusperren, bis sie eine Entscheidung mit der nötigen qualifizierten Mehrheit treffen. Bekanntestes Beispiel ist das Konklave der Papstwahl. In England wurden früher »die Geschworenen bis zur Einstimmigkeit, von einem Baillif bewacht, eingesperrt und ihnen Speise, Trank, Licht und Feuer vorenthalten« (*A. Zacke*, Ueber Beschlussfassung in Versammlungen und Collegien, 1867, S. 110 f.).

[332] Vgl. Art. 79 Abs. 2 GG.

[333] Vgl. bereits die Diskussion des Absurditätsarguments unter II.2.b). Dass es neben dem Mehrheitsprinzip noch weitere Entscheidungsmodi gibt, die das Kriterium der Entscheidungsfähigkeit erfüllen, ist gerade der Grund, das Absurditätsargument abzulehnen.

durchgesetzt werden (während die Nicht-Einsetzung umgekehrt eine Mehrheit von mehr als drei Vierteln der Mitglieder, also eine qualifizierte Mehrheit, erfordert).[334]

(2) Responsivität

Responsivität (›positive responsiveness‹)[335] bedeutet, dass sich die Stimme eines Abstimmenden positiv auf das Endergebnis auswirkt. May definiert dieses Erfordernis folgendermaßen:[336] Wenn die Gruppe (als Ergebnis des Entscheidungsmodus) *x* gegenüber *y* bevorzugt oder beiden Optionen gegenüber indifferent ist und ein einzelner Abstimmender seine Meinung dahingehend ändert, dass er nun *x* vorzieht, während die Ansichten aller anderen Abstimmenden unverändert bleiben, dann muss die Gruppenentscheidung auf *x* lauten. Diese Anforderung besagt mithin, dass eine Stimme sich tatsächlich für die gewählte Option auswirken muss. Sie schließt sowohl Zufallsentscheidungen als auch ein negatives Stimmgewicht aus:[337] Beim Zufallsprinzip hängt die Entscheidung nicht von den Ansichten der Abstimmenden ab; beim negativen Stimmgewicht[338] kommt eine Stimme für die Option *x* der Option *y* zugute. Das Kriterium der Responsivität soll demnach ›formell irrationale‹ Entscheidungsverfahren im Sinne Max Webers[339] ausschließen[340] und erscheint deshalb als harmlose Voraussetzung einer Entscheidungsregel. Tatsächlich kann es aber für Zufallsentscheidungen gute Gründe geben und insbesondere steht nicht ohne Weiteres fest, dass, wie May voraussetzt, für eine Entscheidungsregel immer maximale Responsivität zu fordern ist. Darauf wird später zurückzukommen sein.[341]

---

334 Verfahrensmäßig realisiert sich dieses Minderheitsquorum allerdings nicht in der Abstimmung über die Einsetzung des Untersuchungsausschusses, sondern in der Antragstellung, die den Bundestag zwingt, mit Mehrheitsentscheid einen Untersuchungsausschuss einzusetzen (vgl. § 2 Abs. 1 PUAG).

335 Der von *L. Kern/J. Nida-Rümelin*, Logik kollektiver Entscheidungen, 1994, S. 57, gewählte Begriff lautet »positive Reaktion«. Zum Begriff der ›responsiveness‹ vgl. auch *J. R. Pennock*, Responsiveness, Responsibility, and Majority Rule, Am. Political Sci. Rev. 46 (1952), S. 790 (790 f.).

336 *K. O. May*, A Set of Independent Necessary and Sufficient Conditions for Simple Majority Decision, Econometrica 20 (1952), S. 680 (682).

337 Vgl. *D. W. Rae/E. Schickler,* Majority Rule, in: Mueller (Hrsg.), Perspectives on Public Choice, 1997, S. 163 (165).

338 Dazu *T. Wolf*, Das negative Stimmgewicht als wahlgleichheitswidriger Effekt, 2016.

339 *M. Weber*, Wirtschaft und Gesellschaft, 5. Aufl. 1972, S. 396.

340 Deshalb werden mythische Entscheidungsmodi wie Vogelschau, anders als *M. Morlok/L. Michael*, Staatsorganisationsrecht, 4. Aufl. 2019, Rn. 169, annehmen, weniger durch das Kriterium der Entscheidungsfähigkeit als durch das Kriterium der Responsivität ausgeschlossen (die Frage, ob die Vögel eigentlich nur die Präferenz des Auguren wiedergeben, bleibt dabei besser unbeantwortet).

341 Siehe unten VI.1.

(3) Anonymität

Die erste der beiden egalitären Bedingungen ist Anonymität (›anonymity‹).[342] Sie meint Gleichheit des Stimmrechts, doch wurde bereits angemerkt, dass der Begriff des gleichen Stimmrechts für sich genommen vage ist und unterschiedlich hohe Anforderungen umfassen kann.[343] Zu sagen, die Stimme eines jeden solle gleich viel zählen oder jeder solle über den gleichen Einfluss auf die Entscheidung verfügen, ist nicht präzise genug. Gleichheit als Anonymität ist deshalb besonders definiert: Die getroffene Entscheidung ändert sich nicht, solange die Zahl der Ja- und Nein-Stimmen gleich bleibt. Das bedeutet: Für das Ergebnis kommt es nicht darauf, *welche* Personen, sondern allein darauf an, *wie viele* Personen dafür und dagegen gestimmt haben.[344] Das Ergebnis ist unabhängig von der Identität der Abstimmenden, sodass in diesem Sinne von einem anonymen Entscheidungsverfahren gesprochen werden kann.[345] Ist das Stimmgewicht in einem Beschlusskörper hingegen ungleich verteilt, so hängt das Abstimmungsergebnis maßgeblich davon ab, wer für oder gegen einen Vorschlag stimmt. Hat zum Beispiel[346] von den fünf Abstimmenden A, B, C, D und E die Person A ein doppeltes Stimmrecht, so können A und B einen Stimmengleichstand bewirken, B und C hingegen nicht. Haben A ein dreifaches, B und C ein doppeltes sowie D und E ein einfaches Stimmrecht, so reichen die Stimmen von A und B für einen Mehrheitsbeschluss, die Stimmen von B und C hingegen wiederum nicht. In einem Gremium erfordert Anonymität also, dass jeder dieselbe Stimmzahl hat, d. h. sie bedeutet Zählwertgleichheit.[347]

(4) Neutralität

Das Mehrheitsprinzip ist schließlich eine neutrale Entscheidungsregel: Es ist gegenüber den zur Abstimmung stehenden Optionen indifferent. Das bedeutet, dass »Annahme und Ablehnung einer Alternative a priori gleich wahrschein-

---

342 Im Englischen werden auch die Begriffe ›equality‹, ›symmetry‹ und ›undifferentiatedness‹ verwendet.

343 Siehe aa).

344 Vgl. *S. Ganghof/C. Stecker*, Das institutionelle Design parlamentarischer Demokratien, in: Ganghof/Hönnige/Stecker (Hrsg.), FS Döring, 2009, S. 215 (217); *J. Nida-Rümelin*, Humanistische Reflexionen, 2016, S. 418 f.

345 ›Anonymität‹ hat hier also nichts mit Geheimheit der Abstimmung zu tun.

346 Nach *T. Christiano*, Political Equality, in: Chapman/Wertheimer (Hrsg.), Majorities and Minorities, 1990, S. 151 (154).

347 Die Anforderungen der Anonymität gehen aber dort über die Zählwertgleichheit hinaus, wo eine Einteilung in Wahlkreise vorgenommen wird. Sie umfasst dann auch die Erfolgschancengleichheit und schließt darüber hinaus insbesondere eine manipulative Wahlkreiseinteilung in Form des so genannten Gerrymandering aus; vgl. *A. J. McGann u. a.*, Gerrymandering in America, 2016, S. 204 ff. Zu den Begriffen der Zählwert- und Erfolgschancengleichheit *W. Pauly*, Das Wahlrecht in der neueren Rechtsprechung des Bundesverfassungsgerichts, AöR 123 (1998), S. 232 (246 ff.).

lich sind, der Wahlmechanismus selbst also keine eingebaute Tendenz zur einen oder anderen Möglichkeit enthält«[348]. Während die Anonymität des Mehrheitsprinzips unmittelbar als egalitäre Eigenschaft einleuchten dürfte, verhält es sich mit der Neutralität (›neutrality‹) anders: Warum sollen die Abstimmungsoptionen gleich behandelt werden? Die Antwort lautet, dass diese Optionen von Individuen zur Abstimmung gestellt werden: Indem eine neutrale Entscheidungsregel alle Abstimmungsalternativen gleich behandelt, stellt sie sicher, dass die Chancen jeder Alternative a priori gleich hoch sind und somit kein Abstimmender von vornherein sich insofern in einer bevorzugten Position befindet, als die von ihm gewünschte Option eine höhere Durchsetzungschance hat.[349] Fairness beinhaltet demnach nicht nur, dass jede Person das gleiche Stimmrecht hat (Anonymität bzw. Zählwertgleichheit), sondern auch, dass jede Person die gleiche Chance hat, dass ihr Vorschlag angenommen wird.[350] Diese gleiche Chance besteht nur dann, wenn eine Entscheidung eine einfache Mehrheit erfordert: »Wären es weniger, würden die Gegner, wären es mehr, würden die Befürworter [...] benachteiligt.«[351] Qualifizierte Mehrheitserfordernisse verstoßen demnach gegen die Neutralität – oder, wie bereits angesprochen, gegen die Anforderung der Entscheidungsfähigkeit.[352] Denn entweder ist nicht sichergestellt, dass es zu einer Entscheidung kommt, da nicht unbedingt eine Option die qualifizierte Mehrheit erreichen muss, oder eine der Optionen muss als ›default choice‹ dienen, die als gewählte Option gilt, wenn die andere Option die erforderliche Stimmenquote nicht erhält.[353] In jenem Fall ist die Entscheidungsregel nicht entscheidungsfähig, in diesem Fall nicht neutral. So beinhaltet etwa das Erfordernis einer qualifizierten Mehrheit für Verfassungsänderungen eine Bevorzugung des verfassungsrechtlichen Status quo und wirft insofern demokratietheoretische Probleme auf.[354] Besonders deutlich wird die Bevorzu-

[348] *W. Fach*, Demokratie und Mehrheitsprinzip, ARSP 61 (1975), S. 201 (220).

[349] *T. Christiano*, Political Equality, in: Chapman/Wertheimer (Hrsg.), Majorities and Minorities, 1990, S. 151 (155 f.); vgl. auch *S. Ganghof/C. Stecker*, Das institutionelle Design parlamentarischer Demokratien, in: Ganghof/Hönnige/Stecker (Hrsg.), FS Döring, 2009, S. 215 (218); *J. Nida-Rümelin*, Humanistische Reflexionen, 2016, S. 418 f.; ferner *J. Jaconelli*, Majority Rule and Special Majorities, Public Law 1989, S. 587 (608 f.).

[350] *W. N. Nelson*, On Justifying Democracy, 1980, S. 19.

[351] *E.-W. Böckenförde*, Demokratie als Verfassungsprinzip, in: Isensee/Kirchhof (Hrsg.), HStR, Bd. II, 3. Aufl. 2004, § 24 Rn. 52; vgl. auch *H.-G. Dederer*, Korporative Staatsgewalt, 2004, S. 330 f.

[352] *T. Christiano*, Political Equality, in: Chapman/Wertheimer (Hrsg.), Majorities and Minorities, 1990, S. 151 (155).

[353] Vgl. auch *G. Simmel*, Exkurs über die Überstimmung, in: Guggenberger/Offe (Hrsg.), An den Grenzen der Mehrheitsdemokratie, 1984, S. 39 (40): »[W]enn ein Vorschlag bei nicht völliger Stimmeneinheit als zurückgewiesen gilt, so ist damit zwar die Vergewaltigung der Minorität verhindert, aber nun ist umgekehrt die Majorität durch diese vergewaltigt. Auch das Unterlassen einer von einer Majorität gebilligten Maßregel pflegt etwas durchaus Positives, von fühlbaren Folgen Begleitetes zu sein, und eben dies wird der Gesamtheit, vermöge des Prinzips notwendiger Einstimmigkeit, durch die Minorität oktroyiert.«

[354] Vgl. etwa *J. Natus*, Verfassungsmissbrauch durch Zweidrittelmehrheit?, 2017, S. 180 ff.

gung einer Option und der an ihr interessierten Personen bei einem Einstimmigkeitserfordernis, da dieses eine Vetoposition für jeden einzelnen Abstimmenden bedeutet.[355]

b) Übertragbarkeit des Fairnessarguments auf Kollegialgerichte

Das Theorem von May zeigt: Wer die vier Kriterien Entscheidungsfähigkeit, Responsivität, Anonymität und Neutralität als normative Bedingungen einer Entscheidungsregel akzeptiert, ist logisch verpflichtet, das Mehrheitsprinzip zu wählen. Für die Rechtfertigung des Mehrheitsprinzips in der Judikative stellt sich deshalb die Frage, ob diese Kriterien im Hinblick auf Entscheidungen von Kollegialgerichten normativ zwingend oder zumindest, in gewissem Maße, attraktiv sind.[356]

aa) Entscheidungsfähigkeit und Responsivität

Nahe liegen dürfte dies für die Kriterien Entscheidungsfähigkeit und Responsivität. Gerichte sollen Entscheidungen treffen, sie sollen einen Rechtsstreit beenden. Dies ist nur möglich, wenn sie Verfahren tatsächlich mit einer verbindlichen Entscheidung abschließen. Ein non liquet darf es wegen des im Justizgewähranspruchs enthaltenen Rechtsverweigerungsverbots[357] nicht geben. Das Kriterium der Entscheidungsfähigkeit stellt sicher, dass die Entscheidungsregel

---

[355] Vgl. *E. Wesche*, Tauschprinzip – Mehrheitsprinzip – Gesamtinteresse, 1979, S. 88 f.; *M. Morlok/L. Michael*, Staatsorganisationsrecht, 4. Aufl. 2019, Rn. 166. Ein eindrückliches historisches Beispiel ist das Liberum Veto im polnischen Sejm; vgl. *C. Thiele*, Regeln und Verfahren der Entscheidungsfindung innerhalb von Staaten und Staatenverbindungen, 2008, S. 39 f. Die normative Bedeutung der Neutralität übersieht eine Kritik wie die von *A. Ingold*, Das Recht der Oppositionen, 2015, S. 307, wonach aus der politischen Gleichheit »auch das Einstimmigkeitserfordernis gerechtfertigt werden« könne. Zur demokratischen Zweifelhaftigkeit des Konsensprinzips vgl. auch *D. W. Rae*, The Limits of Consensual Decision, Am. Political Sci. Rev. 69 (1975), S. 1270 ff.; *C. Gusy*, Konsensprinzip oder Demokratie, ZfP 1985, S. 133 ff.

[356] Für die Rechtfertigung des Mehrheitsprinzips durch die Gleichheit der Richter *D. Baker/R. Knopff*, Minority Retort, Windsor Yearb. Access Justice 21 (2002), S. 347 (357). In diese Richtung auch *G. Barbey*, Der Status des Richters, in: Isensee/Kirchhof (Hrsg.), HStR, Bd. III, 1. Aufl. 1988, § 74 Rn. 56; *H. Sodan*, Der Status des Richters, in: Isensee/Kirchhof (Hrsg.), HStR, Bd. V, 3. Aufl. 2007, § 113 Rn. 54.

[357] Dazu grundlegend *E. Schumann*, Das Rechtsverweigerungsverbot, ZZP 81 (1968), S. 79 ff.; ferner *T. Mayer-Maly*, Iurare sibi non liquere und Rechtsverweigerungsverbot, in: Ballon/Hagen (Hrsg.), FS Matscher, 1993, S. 349 ff.; *M. T. Fögen*, Rechtsverweigerungsverbot, in: Vismann/Weitin (Hrsg.), Urteilen/Entscheiden, 2006, S. 37 ff. Vgl. auch speziell im Zusammenhang mit dem kollegialgerichtlichen Mehrheitsprinzip *J. Krüper*, Das Glück der größten Zahl, ZJS 2009, S. 477 (483). Das Rechtsverweigerungsverbot hat auch der US Supreme Court in dem weniger berühmten Teil seines berühmten Satzes in *Marbury v. Madison*, 5 U. S. 137, 177 (1803), ausgesprochen: »It is emphatically the province *and duty* of the judicial department to say what the law is« (Herv. des Verf.); vgl. *M. L. Stearns*, Constitutional Law in Social Choice Perspective, Public Choice 163 (2015), S. 167 (169 f.).

immer zu einem Urteil führt. Es schließt aus, dass ein Gerichtsprozess wegen Dissenses zwischen den Richtern ohne Entscheidung endet. Deshalb handelt es sich beim Kriterium der Entscheidungsfähigkeit in seiner Anwendung auf Kollegialgerichte um ein rechtsstaatliches Erfordernis. Eine praktische Auswirkung besteht darin, dass qualifizierte Mehrheiten aufgrund der Notwendigkeit einer Entscheidung stets so festzulegen sind, dass bei ihrem Nicht-Erreichen eine Option, d. h. ein Prozessausgang, gewählt ist. So ist die Zweidrittelmehrheit nach § 263 StPO ausschließlich für dem Angeklagten nachteilige Entscheidungen vonnöten. Das bedeutet, dass der Angeklagte, wenn er nicht von zwei Dritteln der Richter für schuldig gehalten wird, freigesprochen wird.

Anzumerken ist, dass, obgleich es als selbstverständlich erscheinen mag, eine Entscheidungsregel so zu gestalten, dass nach der Abstimmung immer eine Entscheidung gefällt ist, dies keinesfalls für alle Abstimmungen zutrifft. Beispielsweise entscheidet der baden-württembergische Richterwahlausschuss mit Zweidrittelmehrheit (wobei in ihm weder die Richter noch die Politiker alleine eine Zweidrittelmehrheit erreichen können), was dazu führen kann, dass kein Richter gewählt ist.[358] Ein solcher Entscheidungsmodus zwingt zum (weitgehenden) Konsens (freilich kann, wie die Praxis der Wahl der Bundesverfassungsrichter zeigt, Konsens auch in einer schlichten »Quotierung der Sitze«[359] bestehen). Ein anderer Grund kann darin liegen, dass keine (bindende) Entscheidung gefällt werden soll, wenn es an einer ausreichenden Legitimationsbasis fehlt. So endet der kommunale Bürgerentscheid in Bayern ohne bindende[360] Entscheidung, wenn weder ›Ja‹ noch ›Nein‹ das nötige Zustimmungsquorum erreicht haben.[361] Ein besonders interessantes, da Kollegialgerichte betreffendes, Beispiel findet sich im US-amerikanischen Strafprozessrecht:[362] Können die Geschworenen nach einer gewissen Beratungszeit nicht die erforderliche Einstimmigkeit oder qualifizierte Mehrheit[363] erreichen, so endet der

---

[358] Vgl. *O. Mosthaf*, Die Präsidialratsverfassung des Landesrichtergesetzes Baden-Württemberg, DRiZ 2012, S. 88 (90 f.).

[359] *E.-W. Böckenförde*, Verfassungsgerichtsbarkeit: Strukturfragen, Organisation, Legitimation, NJW 1999, S. 9 (16); vgl. auch *K. Schlaich/S. Korioth*, Das Bundesverfassungsgericht, 11. Aufl. 2018, Rn. 45.

[360] Der Bürgerentscheid hat (bei Erreichen des Zustimmungsquorums) die Wirkung eines Gemeinderatsbeschlusses und kann innerhalb eines Jahres grundsätzlich nur durch einen neuen Bürgerentscheid abgeändert werden (Art. 18a Abs. 13 BayGO).

[361] Art. 18a Abs. 12 Satz 1 BayGO.

[362] Vergleichbares findet sich auch im Prozessrecht anderer Common-Law-Rechtsordnungen. Ein non liquet als dritte Option sah auch der Vorschlag des österreichischen Aufklärers Joseph von Sonnenfels (1732/33–1817) für ein symmetrisches Einstimmigkeitserfordernis in Strafsachen vor. Siehe *J. v. Sonnenfels*, Über die Stimmenmehrheit bey Kriminal-Urtheilen, 2. Aufl. 1808, S. 73 f.; dazu auch *W. Ernst*, Rechtserkenntnis durch Richtermehrheiten, 2016, S. 119 ff.

[363] In Louisiana wurde 1880 einfachrechtlich das Einstimmigkeitserfordernis auf neun von zwölf Geschworenen abgesenkt. Diese qualifizierte Mehrheit wurde 1898 verfassungsrechtlich verankert von einer Verfassungskonvention, deren ausdrückliches Ziel es war »to perpetuate

Gerichtsprozess aufgrund dieser ›hung jury‹ als ›mistrial‹.[364] Zwar liegt darin wie in jeder Nicht-Entscheidung faktisch[365] eine Entscheidung,[366] insoweit der Angeklagte nicht verurteilt ist, aber anders als im deutschen Strafprozessrecht ist er auch nicht freigesprochen und kann erneut angeklagt werden.

Für die Responsivität kann Ähnliches wie für die Entscheidungsfähigkeit gesagt werden. Die Richter sind dazu berufen, Recht zu sprechen. Die Gerichtsentscheidung basiert deshalb auf Tatsachenfeststellungen und rechtlichen Erwägungen der Richter. Das Kriterium der Responsivität stellt dies sicher, indem es garantiert, dass die Entscheidung auf die Ansichten der Richter, d. h. deren tatsächliche Feststellungen und rechtliche Argumentationen, zurückzuführen ist.[367]

Entscheidungsfähigkeit und Responsivität sind also in der Tat als Minimalanforderungen eines Aggregationsprinzips auch für kollegialgerichtliche Entscheidungen unerlässlich. Problematischer sind die beiden egalitären Bedingungen.

bb) Neutralität

Neutralität auf Gerichte bezogen bedeutet, dass die beiden möglichen Ausgänge eines Verfahrens – Annahme oder Ablehnung der Klage – a priori die gleiche

---

the supremacy of the Anglo-Saxon race in Lousiana«. Inhalt dieser Jim-Crow-Gesetzgebung waren v. a. Wahlrechtsänderungen und daneben die Justizreform, die sicherstellen sollte, dass eine Minderheit schwarzer Geschworener nicht mehr die Verurteilung schwarzer Angeklagter verhindern könnte. Vgl. zum Ganzen *T. W. Frampton*, The Jim Crow Jury, Vanderbilt Law Rev. 71 (2018), S. 1593 (1611 ff.). 1973 wurde die Stimmenquote auf zehn festgelegt. Oregon führte 1934 durch Verfassungsänderung eine qualifizerte Mehrheit von zehn Geschworenen ein. Der US Supreme Court bestätigte 1972 die Verfassungsmäßigkeit der Regelungen beider Bundesstaaten; siehe *Apodaca v. Oregon*, 406 U. S. 404 (1972); *Johnson v. Louisiana*, 406 U. S. 356 (1972). 2018 wurde in Louisiana durch verfassungsändernde Volksabstimmung wieder das Einstimmigkeitserfordernis mit Wirkung zum 01.01.2019 eingeführt. Am 20.04.2020 hat der US Supreme Court entschieden, dass der VI. Verfassungszusatz für die Verurteilung wegen einer »serious offence« die Einstimmigkeit der Jury verlangt *(Ramos v. Louisiana)*. – Zur Diskussion um die richtige Entscheidungsregel für die US-Jury vgl. etwa *A. R. Amar*, Reinventing Juries, Univ. Calif. Davis Law Rev. 28 (1995), S. 1169 (1189 ff.); *M. H. Glasser*, Letting the Supermajority Rule, Fla. State Univ. Law Rev. 24 (1997), S. 659 ff.; *R. A. Primus*, When Democracy is Not Self-Government, Cardozo Law Rev. 18 (1997), S. 1417 ff.; *E. P. Schwartz/W. F. Schwartz*, And So Say Some of Us …, South. Calif. Interdiscip. Law J. 9 (2000), S. 429 ff. Zu Unterschieden im Entscheidungsverhalten *E. P. Schwartz/W. F. Schwartz*, Decisionmaking by Juries Under Unanimity and Supermajority Voting Rules, Georget. Law J. 80 (1992), S. 775 ff.

364 Vgl. *E. P. Schwartz/W. F. Schwartz*, And So Say Some of Us …, South. Calif. Interdiscip. Law J. 9 (2000), S. 429 (435 ff.).

365 Den Unterschied zwischen de-jure- und de-facto-Entscheidungen betonen *R. E. Goodin/C. List*, Special Majorities Rationalized, Br. J. Political Sci. 26 (2006), S. 213 (215).

366 Vgl. allgemein *P. Bachrach/M. S. Baratz*, Decisions and Nondecisions, Am. Political Sci. Rev. 57 (1963), S. 632 ff.

367 Ausführlich zur Bedeutung der Responsivität für Gerichtsentscheidungen noch unten VI.1. Dass die Aggregation der Ansichten der einzelnen Richter zu einer Gesamtentscheidung nicht stets problemlos, insb. widerspruchsfrei, ablaufen kann, ist das Thema der Untersuchung zur Abstimmungsmethode unter D.I.

Chance haben. Dies scheint jedoch in der Realität des Prozessrechts gar nicht immer gewünscht zu sein. So erfordert im Strafprozess jede für den Angeklagten nachteilige Entscheidung über die Schuldfrage und die Rechtsfolgen der Tat eine Zweidrittelmehrheit (§ 263 StPO). Gleiches gilt für jede dem Antragsgegner nachteilige Entscheidung in bestimmten Verfahren vor dem Bundesverfassungsgericht (§ 15 Abs. 4 Satz 1 BVerfGG). Anders als Entscheidungsfähigkeit und Responsivität ist Neutralität also eine Anforderung, die jedenfalls nicht für alle Fälle an die kollegialgerichtliche Entscheidungsregel gestellt wird. Lässt sich aber die Neutralität zumindest derart normativ fundieren, dass sie einen Grundsatz für kollegialgerichtliche Entscheidungen bildet, von dem lediglich in bestimmten Ausnahmefällen aus einem bestimmten Grund abgewichen werden soll?

Auf einer fundamentalen Ebene soll der Gerichtsprozess Neutralität in einem weiteren Sinne aufweisen. Das Gericht ist gegenüber den Streitbeteiligten als unbeteiligte Streitentscheidungsinstanz eingerichtet. Es soll neutral über den Streit richten. Rechtsprechung ist in diesem Sinne ein neutrales Verfahren.[368] Die Neutralität der Richter gegenüber den Parteien ist »elementare Voraussetzung rechtsstaatlicher Rechtsprechung«[369]. Ist der Richter nicht unparteilich und unbefangen,[370] besteht Gefahr, dass er nicht neutral entscheidet. Indes kann die Neutralität der Gerichtsentscheidung nicht nur durch mangelnde Unparteilichkeit oder Unbefangenheit des oder der Richter, sondern auch durch das Verfahren selbst eingeschränkt werden. Prozessrechtliche Vorkehrungen stützen deshalb die Neutralität von Gerichtsverfahren und -entscheidung. Nicht selten sind diese Vorkehrungen zugleich verfassungsrechtlich abgesichert, zum Beispiel durch das Recht auf rechtliches Gehör (Art. 103 Abs. 1 GG). Zum Verfahren zählt indes auch die Entscheidungsregel der kollegialgerichtlichen Abstimmung.[371] Eine im May'schen Sinne nicht-neutrale Entscheidungsregel beschränkt die Neutralität im weiteren Sinne. Bei einer qualifizierten Mehrheit hat ein Prozessausgang a priori eine höhere Chance, sodass der Gerichtsprozess von vornherein nicht als neutral angesehen werden kann. In der höheren Chance liegt eine Bevorzugung eines Prozessausganges und damit einer Partei. Eine solche Ungleichbehandlung muss gerechtfertigt werden.

---

[368] Vgl. *A. Voßkuhle*, Rechtsschutz gegen den Richter, 1993, S. 94 ff.; ferner *M. Wolf*, Gerichtsverfassungsrecht aller Verfahrenszweige, 6. Aufl. 1987, S. 219 ff.; *E. Schilken*, Gerichtsverfassungsrecht, 4. Aufl. 2007, Rn. 485 ff. Dies gilt unabhängig davon, ob man das neutrale Verfahren gerade als Bestimmungsmerkmal für den Begriff der Rechtsprechung ansieht.

[369] *C. D. Classen*, in: v. Mangoldt/Klein/Starck (Begr.), GG, Bd. 3, 7. Aufl. 2018, Art. 97 Rn. 31.

[370] Zu Unparteilichkeit und Unbefangenheit als Inhalt der richterlichen Neutralität siehe *E. Schilken*, Gerichtsverfassungsrecht, 4. Aufl. 2007, Rn. 488.

[371] Zur Bedeutung der Abstimmungsregeln für die Neutralität des Gerichts vgl. auch *H. Sodan*, Der Status des Richters, in: Isensee/Kirchhof (Hrsg.), HStR, Bd. V, 3. Aufl. 2007, § 113 Rn. 66.

Sind die Parteien – wie im Zivilprozess – Bürger, also Grundrechtsberechtigte, ist das Erfordernis der Neutralität verfassungsrechtlich im allgemeinen Gleichheitssatz zu verankern und kann als Unterfall der Gleichheit vor dem Richter[372] eingeordnet werden. Die Neutralität der Entscheidungsregel ist Teil der ›Waffengleichheit‹,[373] die im Zivilprozess[374] als »Gleichwertigkeit der prozessualen Stellung der Parteien vor dem Richter«[375] zu verstehen ist und zu der auch die »gleichmäßige Verteilung des Risikos am Verfahrensausgang«[376] zählt. Damit ist nicht nur das Beweisrecht angesprochen,[377] vielmehr ist das Risiko am Verfahrensausgang auch dann ungleich verteilt, wenn ein Prozessausgang a priori wahrscheinlicher ist, also eine Partei eine höhere Chance hat, den Prozess zu gewinnen, wie es bei einer nicht-neutralen Entscheidungsregel der Fall ist. Hier handelt es sich um die institutionelle Seite einer dem einzelnen Richter obliegenden Pflicht zur Gleichbehandlung. Ebenso wie eine Verletzung der ›prozessualen Chancengleichheit‹ als Teil der Waffengleichheit etwa dann gegeben ist, wenn ein Richter im Verfahren einer Partei hinsichtlich ihrer Prozessführung zur Hilfe kommt und sie damit bevorzugt,[378] liegt ein Gleichheitsverstoß vor, wenn die Entscheidungsregel des Kollegialgerichts einer Partei eine bessere Chance verschafft. Damit zeigt sich wieder, dass das Erfordernis der Neutralität auf dem Gebot der Gleichbehandlung von Personen fundiert ist. Weil die beiden streitenden Bürger vom Richter als staatlicher Instanz gleich zu behandeln sind, darf nicht einem der beiden von vornherein eine höhere Chance eingeräumt werden, im Prozess zu obsiegen. Das Kriterium der Neutralität der Entscheidungsregel stellt dies sicher.

Ist die Gleichbehandlung der Bürger im Prozess verfassungsrechtlich gefordert, muss eine Ungleichbehandlung gerechtfertigt werden, wofür die Besonderheiten einer bestimmten Verfahrensart[379] in Betracht kommen. Dies gilt aber sub specie des Gleichheitssatzes als Grundrecht, d. h. als subjektives Abwehrrecht des Bürgers, nur, wenn ein Bürger ungleich behandelt wird. Wenn es aber der Staat ist, der ungleich behandelt wird, liegt mit Blick auf den Gleichheitssatz kein verfassungsrechtliches Problem vor. Der Staat kann dem Bürger

---

372 Vgl. dazu *A. Voßkuhle*, Rechtsschutz gegen den Richter, 1993, S. 108; *C. Starck*, in: v. Mangoldt/Klein/Starck (Hrsg.), GG, Bd. 1, 6. Aufl. 2010, Art. 3 Abs. 1 Rn. 289.

373 Allgemein zur Waffengleichheit *E. Schilken*, Gerichtsverfassungsrecht, 4. Aufl. 2007, Rn. 115 ff.

374 Vgl. allgemein *M. Vollkommer*, Der Grundsatz der Waffengleichheit im Zivilprozeß, in: Gottwald/Prütting (Hrsg.), FS Schwab, 1990, S. 503 ff.

375 BVerfG, Beschl. v. 25.07.1979 – 2 BvR 878/74 –, BVerfGE 52, 131 (156).

376 BVerfG, a. a. O., BVerfGE 52, 131 (144); im Anschluss daran BVerfG, Beschl. v. 03.12.1986 – 1 BvR 872/82 –, BVerfGE 74, 78 (94).

377 Vgl. *C. Degenhart*, Gerichtsverfahren, in: Isensee/Kirchhof (Hrsg.), HStR, Bd. V, 3. Aufl. 2007, § 115 Rn. 40, und noch unten C.I.3.

378 Vgl. *J. Riedel*, Das Postulat der Unparteilichkeit des Richters, 1980, S. 163.

379 Vgl. für die Waffengleichheit beim Auslagenersatz *C. Starck*, in: v. Mangoldt/Klein/Starck (Hrsg.), GG, Bd. 1, 6. Aufl. 2010, Art. 3 Abs. 1 Rn. 227.

gegenüber ›benachteiligt‹ werden und eine Gleichbehandlung der Streitparteien ist nicht zwingend. Daraus folgt, dass die Anwendung einer nicht-neutralen Entscheidungsregel im Strafprozess und den strafähnlichen Verfahren vor dem Bundesverfassungsgericht jedenfalls insoweit unproblematisch ist.[380] Demgegenüber wird sich eine Rechtfertigung für die Ungleichbehandlung eines von zwei vor Gericht einander gegenüberstehenden Bürgern nur schwer finden lassen. Für Streitigkeiten zwischen Hoheitsträgern, also insbesondere für Verfahren vor dem Bundesverfassungsgericht, folgt das Erfordernis der Neutralität aus dem Gleichheitssatz als objektiv-rechtlichem Verfassungsprinzip, wonach auch Ungleichbehandlungen von Hoheitsträgern sachlich gerechtfertigt sein müssen.[381]

Im Grundsatz soll das Gerichtsverfahren also in jeder Hinsicht, d. h. auch bei der kollegialgerichtlichen Entscheidungsregel, neutral sein. Die Entscheidungsregel muss demnach grundsätzlich das Kriterium der Neutralität erfüllen. Eine nicht-neutrale Entscheidungsregel wie das Erfordernis einer qualifizierten Mehrheit kommt nur in bestimmten Fällen in Betracht, in denen eine Ungleichbehandlung der beiden Seiten gerechtfertigt ist.[382]

cc) Anonymität

Bei der Übertragung der May'schen Kriterien auf die Gerichtsbarkeit stellt sich schließlich die Frage, ob auch die Anonymität der kollegialgerichtlichen Entscheidungsregel erforderlich ist, d. h. ob allen Richtern eines Spruchkörpers ein gleiches Stimmrecht[383] zukommen muss. Verschiedene verfassungsrechtliche Prinzipien, aus denen ein solches Erfordernis abzuleiten sein könnte, kommen in Betracht. Zu betrachten sind die Gleichwertigkeit der Richterämter als Teil der Rechtsprechung im Sinne des Art. 92 GG, die richterliche Unabhängigkeit nach Art. 97 GG sowie die demokratische Legitimation der Richter nach Art. 20 Abs. 2 Satz 1 GG. Sollte jedoch aus keinem dieser Gesichtspunkte das gleiche Stimmrecht zwingend folgen, ist umgekehrt – sub specie des Gleichheitssatzes aus Art. 3 GG als objektiven Rechtsprinzips – zu fragen, ob und welche Differenzierungen des Stimmgewichts innerhalb eines Kollegialgerichts begründet

380 Zu qualifizierten Mehrheiten ausführlich unten C.I.

381 Vgl. *P. Kirchhof*, in: Maunz/Dürig (Begr.), GG, 75. EL 2015, Art. 3 Abs. 1 Rn. 294.

382 Eine weitere Begründung der Neutralität könnte in der Flexibilität der einfachen Mehrheit liegen: Sie erlaubt Änderungen der Rechtsprechung eher als ein qualifiziertes Mehrheitserfordernis. Aber die normative Anschlussfrage lautet dann: Warum wollen wir, dass eine Änderung gerade dann eintritt, wenn es eine neue *einfache* Mehrheit gibt? Letztlich landet man so wieder bei den Kriterien des Fairnessarguments. Vgl. zum Gedanken der Flexibilität auch knapp *J. Waldron*, Five to Four: Why Do Bare Majorities Rule on Courts?, Yale Law J. 123 (2014), S. 1692 (1712).

383 Es sei daran erinnert, dass das Kriterium der Anonymität an sich über das gleiche Stimmrecht hinausgeht, innerhalb eines nicht weiter unterteilten Abstimmungsgremiums allerdings damit zusammenfällt; siehe oben a)bb)(3).

werden können. Für das Bundesverfassungsgericht muss aufgrund seiner besonderen Stellung gesondert beantwortet werden, ob ein ungleiches Stimmrecht ausgeschlossen ist oder in Betracht kommen kann.

(1) Gleichwertigkeit des Richteramts aus Art. 92 GG

Muss den Mitgliedern eines Kollegialgerichts qua Richteramt ein gleiches Stimmrecht zukommen? In der ersten Auflage des Handbuchs des Staatsrechts ist die Antwort eindeutig:

> Da die rechtsprechende Gewalt jedem Richter anvertraut – in die ausschließliche eigenverantwortliche Obhut eines jeden Richters gegeben – ist, steht der Anteil, der dem einzelnen mitwirkenden Richter an der Entscheidungsfindung des Spruchkörpers zuzumessen ist, unveränderlich fest: Jeder zur Entscheidung berufene Richter wirkt in ausschließlich eigener Verantwortung und damit völlig gleicher Weise wie jeder andere Richter des Spruchkörpers an der Entscheidungsfindung mit: Bei der Rechtsfindung im konkreten Fall ist die Aufgabe, Leistung und Verantwortung aller Mitglieder des erkennenden Gerichts völlig gleich. Jedes Mitglied eines Kollegialgerichts hat infolgedessen die gleiche Stimme wie jedes andere Mitglied des Kollegiums. Es ist schlechthin unzulässig, einzelnen Richtern mehrere Stimmen zuzusprechen oder die Stimme eines Richters höher oder niedriger zu gewichten als die Stimmen der anderen Mitglieder des Kollegiums.[384]

In der Tat schrieb das Bundesverfassungsgericht 1969 in einem Beschluss: »Bei der Rechtsfindung im konkreten Fall ist die Aufgabe, Leistung und Verantwortung aller Mitglieder des erkennenden Gerichts völlig gleich.«[385] In einer Kammerentscheidung von 2012 wurde diese Aussage wiederholt.[386] In beiden Entscheidungen ging es aber nicht um das Stimmrecht der Richter. Die erste, deutlich ältere Entscheidung betraf vielmehr die Richterbesoldung. In einer bayerischen Besoldungsregelung, nach der Senatspräsidenten an einem Oberlandesgericht besser bezahlt wurden als Räte am Obersten Landesgericht, sah das Bundesverfassungsgericht eine (letztlich gerechtfertigte) Ungleichbehandlung. Senatspräsidenten und Räte stünden einander im Wesentlichen gleich, denn die Verant-

---

[384] *G. Barbey*, Der Status des Richters, in: Isensee/Kirchhof (Hrsg.), HStR, Bd. III, 1. Aufl. 1988, § 74 Rn. 56. So auch *K. Kruis*, Richterverantwortung und Abstimmungsquoren in der Verfassungsgerichtsbarkeit, in: BayVerfGH (Hrsg.), FS 50 Jahre Bayerischer Verfassungsgerichtshof, 1997, S. 63 (66); *H. Sodan*, Der Status des Richters, in: Isensee/Kirchhof (Hrsg.), HStR, Bd. V, 3. Aufl. 2007, § 113 Rn. 53, der jedoch im Gegensatz zu *G. Barbey*, a. a. O, § 74 Rn. 58, einen Stichentscheid des Vorsitzenden Richters bei Stimmengleichheit für zulässig hält; ebenso *C. D. Classen*, in: v. Mangoldt/Klein/Starck (Begr.), GG, Bd. 3, 7. Aufl. 2018, Art. 92 Rn. 35 mit Fn. 134. Für eine formale Gleichstellung auch *A. Hopfauf*, in: Schmidt-Bleibtreu/Hofmann/Henneke (Hrsg.), GG, 14. Aufl. 2018, Art. 92 Rn. 93, Art. 97 Rn. 30; *H. Schulze-Fielitz*, in: Dreier (Hrsg.), GG, Bd. III, 3. Aufl. 2018, Art. 92 Rn. 58, Art. 97 Rn. 43 (bei denen jedoch unklar bleibt, ob es sich um eine verfassungsrechtlich-normative oder eine einfachrechtlich-deskriptive Aussage handelt); ferner *R. Kiener*, Richterliche Unabhängigkeit, 2001, S. 220, 339.

[385] BVerfG, Beschl. v. 04.06.1969 – 2 BvR 429/65 –, BVerfGE 26, 72 (76).

[386] BVerfG (K), Beschl. v. 23.05.2012 – 2 BvR 610/12 u. a. –, BVerfGK 19, 407 (413).

wortung der Senatspräsidenten sei nicht größer, ihre Aufgabe nicht gewichtiger als die der Oberstlandesgerichtsräte.[387] Das Bundesverfassungsgericht stellt also fest, dass die Aufgabe, Leistung und Verantwortung aller Mitglieder eines Kollegialgerichts gleich ist, und folgert daraus, dass eine ungleiche Besoldung rechtfertigungsbedürftig ist. Aber es sagt nicht, dass der Gesetzgeber verpflichtet ist, Aufgabe, Leistung und Verantwortung aller Richter eines Spruchkörpers gleichförmig auszugestalten. Es geht bei der Aussage der zitierten Entscheidung um eine tatsächliche Feststellung[388] auf der Tatbestandsseite des allgemeinen Gleichheitssatzes aus Art. 3 Abs. 1 GG, also darum, ob Senatspräsidenten der Oberlandesgerichte und Räte des Obersten Landesgerichts einander im Wesentlichen gleichstehen, nicht um die Rechtsfolgenseite, also eine verfassungsrechtlich vorgeschriebene Gleichbehandlung. Wer der Entscheidung demgegenüber eine verfassungsrechtliche Pflicht des Gesetzgebers entnimmt, Aufgabe, Leistung und Verantwortung aller Richter eines Kollegialgerichts gleichförmig auszugestalten, nimmt einen unzulässigen Schluss von einem Sein auf ein Sollen bzw. genauer von dem Sein eines einfachrechtlichen Sollens[389] auf ein verfassungsrechtliches Sollen vor. Ebenso wie diese Entscheidung funktioniert auch die jüngere Kammerentscheidung, in der aus der faktischen Gleichheit von Aufgabe, Leistung und Verantwortung aller Richter des erkennenden Gerichts abgeleitet wird, dass alle Richter Kenntnis des Streitstoffs haben müssen.[390] Auch hier ist an keiner Stelle die Rede davon, dass eine ungleiche Ausgestaltung durch den Gesetzgeber von vornherein unzulässig wäre.

In methodisch ebenso zweifelhafter Weise wie die angeführten Literaturstellen hat sich das Bundesverfassungsgericht allerdings in einer noch jüngeren Entscheidung (zur Verfassungsmäßigkeit des Verwaltungsrichters auf Zeit[391]) – wenn auch immerhin mit einem einschränkenden, in seiner Bedeutung freilich unklar bleibenden »vgl.« – selbst zitiert:

> Auch Art. 92 GG fordert nicht eine vollkommene Statusgleichheit aller Richter eines Spruchkörpers. Aus der Vorschrift ist hingegen abzuleiten, dass Aufgabe, Leistung und Verantwortung aller Mitglieder eines gerichtlichen Spruchkörpers bei der Rechtsfindung im konkreten Fall völlig gleich sind; in ihrer Funktion als Richter müssen alle gemeinsam zur Entscheidung berufenen Richterinnen und Richter formal gleichgestellt sein.[392]

Wie sich aus dem Kontext der weiteren Ausführungen des Bundesverfassungsgerichts an dieser Stelle ergibt, soll die angemahnte formale Gleichstellung der Richter wohl auch ein gleiches Stimmgewicht umfassen.[393] Eine Begründung

---

387 BVerfG, Beschl. v. 04.06.1969 – 2 BvR 429/65 –, BVerfGE 26, 72 (76).

388 So auch *H. Thierfelder*, Zur Tatsachenfeststellung durch das Bundesverfassungsgericht, JurA 1970, S. 879 (889 f.).

389 Zum Sein des Sollens *J. F. Lindner*, Sein und Sollen, RphZ 2017, S. 396 (404 ff.).

390 BVerfG (K), Beschl. v. 23.05.2012 – 2 BvR 610/12 u. a. –, BVerfGK 19, 407 (413).

391 Vgl. § 17 Abs. 3, § 18 VwGO.

392 BVerfG, Beschl. v. 22.03.2018 – 2 BvR 780/16 –, BVerfGE 148, 69 (115).

393 BVerfG, a. a. O., BVerfGE 148, 69 (115): »Das Nebeneinander von in unterschiedli-

für diese Ansicht wird jedoch, jenseits des Selbstzitats und der Zitierung einiger Literaturnachweise, nicht gegeben. Deshalb muss trotz des bundesverfassungsgerichtlichen obiter dictum die Frage weiterhin als offen behandelt werden, ob sich aus Art. 92 GG, der die Rechtsprechung den Richtern anvertraut, ergibt, dass alle Richter eines erkennenden Kollegiums das gleiche Stimmrecht haben müssen.

Das Verwaltungsgericht Bebenhausen[394] ist von einem solchen Grundsatz ausgegangen, als es die damalige Regelung des § 15 Abs. 4 Satz 3 BWVGG[395] für verfassungswidrig hielt.[396] Diese Norm, die an die (geradzahlige) Besetzung der Kammern der Verwaltungsgerichte anknüpfte,[397] sah vor, dass bei Stimmengleichheit die Stimme des Vorsitzenden entscheidet.[398] Dies hielt das Gericht für unvereinbar mit einem althergebrachten Grundsatz der Kollegialgerichtsbarkeit, der besage, dass »jeder Richter im Kollegium dieselbe Möglichkeit hat, auf die Entscheidung einzuwirken.«[399] Das deutsche Prozessverfahren kenne daher »kein Stimmenübergewicht eines Richters, insbesondere nicht bei der Urteilsfällung.«[400] Außerdem sah das Gericht in der Regelung einen Verstoß gegen Art. 97 GG, denn der überstimmte Beisitzer sei, da allein die Auf-

chen Statusformen tätigen Richtern ändert nichts daran, dass auch der Richter auf Zeit mit gleichem Stimmgewicht an Beratung und Entscheidung beteiligt ist wie die in demselbem Spruchkörper tätigen Lebenszeitrichter.«

[394] VG für den Regierungsbezirk Südwürttemberg-Hohenzollern, seit 1958 de jure, seit 1959 auch de facto VG Sigmaringen.

[395] Gesetz über die Verwaltungsgerichtsbarkeit in Baden-Württemberg vom 12.05.1958 (BWGBl. S. 131 ff.). Siehe dazu *F.-C. Mattes*, Die Neuordnung der Verwaltungsgerichtsbarkeit in Baden-Württemberg, VBlBW 1998, S. 124 (130 f.).

[396] VG Bebenhausen, Urt. v. 14.01.1959 – III a 176/58 –, JZ 1959, S. 319 f. = NJW 1959, S. 549 f. Kritisch bei Einführung des Gesetzes auch *Sauter*, Die Neuordnung der Verwaltungsgerichtsbarkeit in Baden-Württemberg, VerwP 1958, S. 241 (242 f.); *X. Schoen*, Die Neuordnung der Verwaltungsgerichtsbarkeit in Baden-Württemberg, DÖV 1958, S. 561 (562); *P. Werner*, Das neue Verwaltungsgerichtsgesetz, BWVBl. 1958, S. 113 (116); *ders.*, Neuordnung der Verwaltungsgerichtsbarkeit in Baden-Württemberg, DVBl. 1958, S. 534 (536); *Newerla*, Abhängige Kollegialgerichte in der Verwaltungsgerichtsbarkeit Baden-Württembergs?, NJW 1959, S. 514 ff.

[397] Gemäß § 15 Abs. 2 Satz 1 BWVGG waren die Kammern mit zwei Berufsrichtern, darunter dem Vorsitzenden, sowie zwei ehrenamtlichen Richtern, bei Entscheidung ohne mündliche Verhandlung nur mit den beiden Berufsrichtern besetzt. Im konkreten Fall ging es um letztere Besetzung.

[398] Wohlgemerkt geht es unserer Untersuchung an dieser Stelle nicht um den Stichentscheid, sondern um ein generelles Stimmungleichgewicht. Zur Stimmengleichheit siehe ausführlich unten D.II.1.

[399] VG Bebenhausen, Urt. v. 14.01.1959 – III a 176/58 –, JZ 1959, S. 319 (320) = NJW 1959, S. 549 (549). Auch *Knoth*, Vorsitzender und Beisitzer im erweiterten Schöffengerichte, DRiZ 1925, Sp. 333, sieht in der Gleichheit aller Richter den »oberste[n] Leitsatz der ganzen Kollegialgerichtsverfassung«, der aber nur in der Abwesenheit ausdrücklicher gesetzlicher Regelungen greifen und deshalb allein eine analoge Anwendung derartiger Vorschriften ausschließen soll.

[400] VG Bebenhausen, a. a. O.

fassung des Vorsitzenden maßgeblich sei, »nicht mehr unabhängiger Richter, sondern weisungsgebundener Hilfsarbeiter«.[401] Eine Vorlage an das Bundesverfassungsgericht gemäß Art. 100 Abs. 1 Satz 1 GG lehnte das Gericht trotz festgestellter Verfassungswidrigkeit jedoch aus »rein praktischen Gründen« ab, da andernfalls die Tätigkeit der Kammer lahmgelegt würde und ohnehin bald mit dem Ende der Regelung aufgrund Einführung der Verwaltungsgerichtsordnung zu rechnen sei.[402]

Dem Urteil wurde zurecht entgegengehalten, dass es einen hergebrachten Grundsatz, wie ihn das Gericht angenommen hatte, im deutschen Gerichtsverfassungsrecht angesichts zahlreicher Gegenbeispiele von Normen, die den Stichentscheid des Vorsitzenden vorsehen,[403] nicht gibt.[404] Inwiefern ein solcher Grundsatz verfassungsrechtlich verankert sei, ließ das Verwaltungsgericht ohnehin offen.[405] Interessanter ist deshalb das zweite Argument, dass überhaupt nur ein Richter, nämlich der Vorsitzende entscheide und deshalb von einem Kollegialgericht nicht mehr gesprochen werden könne.[406] Dies betrifft, anders als das Argument des hergebrachten Prozessrechtsgrundsatzes nicht den Stichentscheid des Vorsitzenden im Allgemeinen, sondern die spezielle Situation, in der die Kammer aus nur zwei Richtern besteht.[407] In dieser Situation kommt es stets ausschließlich auf die Stimme des Vorsitzenden an, denn entweder teilt der Beisitzer dessen Auffassung oder jener überstimmt diesen kraft Stichentscheid.[408] Treffend kann deshalb von einem »modifizierten Einzelrichtersystem«[409] gesprochen werden. Problematisch ist dies allerdings nicht, wie das Verwaltungsgericht meinte, im Hinblick auf die richterliche Unabhängigkeit nach Art. 97 GG,[410] sondern auf die grundlegendere Vorschrift des Art. 92 GG. Danach ist die rechtsprechende Gewalt »den Richtern anvertraut«. Folgt daraus, dass jeder Richter eines Kollegialgerichts die Möglichkeit haben muss, Ein-

---

401 VG Bebenhausen, a. a. O.

402 VG Bebenhausen, a. a. O.

403 Vgl. oben A.V.2.e).

404 *E. Kern*, Anmerkung zu VG Bebenhausen, Urt. v. 14.01.1959 – III a 176/58 –, JZ 1959, S. 320 (321 f.). Von der verfassungsrechtlichen Zulässigkeit eines ungleichen Stimmgewichts ausgehend *T. Wickern*, in: Löwe/Rosenberg (Begr.), StPO, Bd. 10, 26. Aufl. 2010, § 196 GVG Rn. 7; *H. Frister*, in: SK StPO, Bd. IX, 5. Aufl. 2016, § 196 GVG Rn. 6; *H. Rosenau/C. Dorneck*, in: Satzger/Schluckebier (Hrsg.), StPO, 4. Aufl. 2020, § 196 GVG Rn. 3; explizit nur bezüglich eines Stichentscheids *O. R. Kissel/H. Mayer*, GVG, 9. Aufl. 2018, § 196 Rn. 6.

405 Deshalb prüft *E. Kern*, a. a. O., S. 321, ob sich dieser Grundsatz als ungeschriebener Rechtssatz aus dem Bundesrecht ergibt (was er verneint).

406 VG Bebenhausen, Urt. v. 14.01.1959 – III a 176/58 –, JZ 1959, S. 319 (320) = NJW 1959, S. 549 (549).

407 Siehe zu dieser Möglichkeit nach § 15 Abs. 2 Satz 1 BWVVG oben Fn. 397.

408 Vgl. auch *K. Weber*, Vier Augen sehen mehr als zwei, ZRP 1997, S. 134 (136).

409 *X. Schoen*, Die Neuordnung der Verwaltungsgerichtsbarkeit in Baden-Württemberg, DÖV 1958, S. 561 (562), allerdings auch für den Fall der Viererbesetzung, bei welcher der Vorsitzende jedoch überstimmt werden kann.

410 Zur richterlichen Unabhängigkeit sogleich (2).

fluss auf die Entscheidung zu nehmen, und dies nicht nur im Zuge der Beratung durch gedankliche, d. h. insbesondere argumentative Beeinflussung, sondern auch durch seine Stimme bei der Abstimmung? Zwar ist die rechtsprechende Gewalt nach Art. 92 GG den Richtern, nicht den Gerichten anvertraut, aber der Gesetzgeber darf organisatorisch die Ausübung der Rechtsprechung durch Gerichte vorsehen und deren Zuständigkeit, Besetzung und Verfahren regeln.[411] Dabei darf er allerdings Rechtsprechungsaufgaben nur Richtern überantworten.[412] Entscheiden dürfen ausschließlich Richter, doch bedeutet das für sich genommen nicht, dass jeder Richter eines Kollegiums mitentscheiden dürfen muss. Wenn es dem Gesetzgeber frei steht, statt Kollegialgerichten auch Einzelrichter zu schaffen,[413] was hindert ihn dann daran, ein modifiziertes Einzelrichtersystem einzuführen?

Nach dem genauen Problem muss also weiter gesucht werden. Das Verwaltungsgericht Bebenhausen hatte das faktische Alleinentscheidungsrecht des Vorsitzenden als eine »auch die Würde des beisitzenden Richters erheblich verletzende Regelung« angesehen.[414] Damit dürfte wohl nicht die Menschenwürde, sondern vielmehr die Ehre gemeint sein (die von Richtern anscheinend gerne bemüht wird, wenn sie gegen eine gesetzliche Ausgestaltung ihrer Tätigkeit vorgehen[415]).[416] Ein Verstoß gegen Art. 2 Abs. 1 GG i. V. m. Art. 1 Abs. 1 GG kann jedoch in der betreffenden Regelung nicht ernsthaft gesehen werden. Bei der Ausgestaltung der richterlichen Tätigkeit zu beachten ist aber Art. 33 Abs. 5 GG.[417] Indes gibt es für einen hergebrachten Grundsatz des Berufsbeamtentums, wonach ein dem Kollegium angehörender Richter auch mitentscheiden dürfen müsse, keine Hinweise.

---

411 Vgl. *H. Schulze-Fielitz*, in: Dreier (Hrsg.), GG, Bd. III, 3. Aufl. 2018, Art. 92 Rn. 57.

412 Vgl. *C. Hillgruber*, in: Maunz/Dürig (Begr.), GG, 51. EL 2007, Art. 92 Rn. 75.

413 Vgl. *H. Schulze-Fielitz*, in: Dreier (Hrsg.), GG, Bd. III, 3. Aufl. 2018, Art. 92 Rn. 57. Für einen (verfassungsrechtlichen oder pragmatischen?) Vorrang des Kollegialgerichts aber *H. Sodan*, Der Status des Richters, in: Isensee/Kirchhof (Hrsg.), HStR, Bd. V, 3. Aufl. 2007, § 113 Rn. 53.

414 VG Bebenhausen, Urt. v. 14.01.1959 – III a 176/58 –, JZ 1959, S. 319 (320) = NJW 1959, S. 549 (549); zustimmend (aber letztlich auf eine Verletzung der richterlichen Unabhängigkeit abstellend) *R. Kühne*, Die Rechtsstellung der Beisitzer im Kollegialgericht, DRiZ 1960, S. 390 (391); ihm folgend *A. Schafft-Stegemann*, Die Abstimmung im Strafprozess, 1964, S. 14 f.

415 Vgl. die Argumentation der Verfassungsbeschwerde gegen die Einführung neuer Richteramtsbezeichnungen in BVerfG, Beschl. v. 27.06.1974 – 2 BvR 429/72 u. a. –, BVerfGE 38, 1 (6).

416 Vgl. zur ›Last‹ des Überstimmtwerdens (bezogen auf den Berichterstatter) bereits *Sachs*, Vorsitzender und Beisitzer im erweiterten Schöffengericht, DRiZ 1925, Sp. 154 (155): »Schon die Verpflichtung, sich in diesem Punkte [den Urteilsgründen] einem Mehrheitsbeschlusse zu beugen, ist für empfindliche Naturen, die hierin einen Zwang und die Bevormundung erblicken, schwer tragbar, wie vielmehr die Verpflichtung[,] sich der Ansicht eines Einzelnen zu unterwerfen.«

417 Vgl. etwa BVerfG, Beschl. v. 27.06.1974 – 2 BvR 429/72 u. a. –, BVerfGE 38, 1 (11 ff.).

Das Problem liegt anderswo. Nach Art. 92 GG ist die rechtsprechende Gewalt ausschließlich den Richtern anvertraut. Als Richter in diesem Sinne kann aber nur angesehen werden, wer mitentscheidet. Steht dem Vorsitzenden ein faktisches Alleinentscheidungsrecht zu, so ist faktisch allein er Richter im Sinne von Art. 92 GG. Beim Beisitzer handelt es sich hingegen nicht um einen Richter in diesem Sinne, da er nicht zur Entscheidung berufen ist. Das bedeutet jedoch, dass an der Beratung ein Nicht-Richter mitwirkt, wodurch Art. 92 GG verletzt wird. Art. 92 GG gebietet folglich, dass ein dem Spruchkörper angehörender Richter auch die Möglichkeit hat, durch seine Stimme Einfluss auf die Entscheidung zu nehmen.[418] Dies ist dem personalen Element von Art. 92 GG, wonach die rechtsprechende Gewalt jedem Richter zu eigenverantwortlicher Wahrnehmung überantwortet ist,[419] zuzurechnen. Aus Art. 92 GG folgt somit das Erfordernis, dass jeder Richter eines Spruchkörpers an der Entscheidung mitwirken und dabei auch Einfluss auf das Ergebnis der Abstimmung haben darf, nicht jedoch, dass jeder Richter auch dieselbe Einflussmöglichkeit[420] haben muss.

(2) Richterliche Unabhängigkeit

Möglicherweise erfordert die richterliche Unabhängigkeit ein gleiches Stimmrecht aller Richter in einem Kollegium.[421] Art. 97 GG schützt die Entscheidungen von Richtern vor Versuchen der Einflussnahme durch die Staatsgewalten.[422]

---

[418] Die Regelung des § 53 Abs. 3 Satz 2 AO a. F., wonach bei Stimmengleichheit die Stimme des jüngsten Richters nicht mitgezählt wurde, hat das BVerfG jedoch für verfassungsgemäß gehalten (dabei allerdings nur einen Verstoß gegen Art. 101 Abs. 1 Satz 2 GG geprüft). Siehe BVerfG, Beschl. v. 18.05.1965 – 2 BvR 40/60 –, BVerfGE 19, 52 (62 f.). Zur Stimmengleichheit siehe noch unten D.II.1.

[419] *G. Barbey*, Der Status des Richters, in: Isensee/Kirchhof (Hrsg.), HStR, Bd. III, 1. Aufl. 1988, § 74 Rn. 18.

[420] Man könnte vom ex-ante-Einfluss sprechen. Ein gleicher Einfluss ex post, also nach der Abstimmung, scheidet aufgrund der zwingenden Möglichkeit der Überstimmung durch die anderen Richter von vornherein aus; verfehlt ist deshalb, dass *K. Kruis*, Richterverantwortung und Abstimmungsquoren in der Verfassungsgerichtsbarkeit, in: BayVerfGH (Hrsg.), FS 50 Jahre Bayerischer Verfassungsgerichtshof, 1997, S. 63 (66), das gleiche Stimmgewicht als »Erfolgswertgleichheit« bezeichnet, denn Erfolgswertgleichheit im hergebrachten Sinne meint Proportionalität (siehe oben II.1. mit Fn. 30).

[421] Bejahend *R. Kühne*, Die Rechtsstellung der Beisitzer im Kollegialgericht, DRiZ 1960, S. 390 (391); *A. Hamann/H. Lenz*, GG, 3. Aufl. 1970, Art. 97 Erl. B 2; *R. Wassermann*, in: AK GG, 3. Aufl. 2001, Art. 97 Rn. 20. Die von allen vorgenommene Berufung auf VG Bebenhausen, Urt. v. 14.01.1959 – III a 176/58 –, JZ 1959, S. 319 (320) = NJW 1959, S. 549 (549), ist fragwürdig, da dort eine Verletzung der richterlichen Unabhängigkeit nur in einer Nebenbemerkung behauptet wird (vgl. soeben (1)). Auf die richterliche Unabhängigkeit zielt wohl auch die Forderung nach Gleichwertigkeit der Stimmen bei *R. Kiener*, Richterliche Unabhängigkeit, 2001, S. 220, 339.

[422] BVerfG, Beschl. v. 24.01.1961 – 2 BvR 74/60 –, BVerfGE 12, 81 (88); BVerfG, Beschl. v. 04.06.1969 – 2 BvR 33/66 u. a. –, BVerfGE 26, 79 (93); BVerfG, Beschl. v. 27.06.1974 – 2 BvR 429/72 u. a. –, BVerfGE 38, 1 (21); *H. Schulze-Fielitz*, in: Dreier (Hrsg.), GG, Bd. III, 3. Aufl. 2018, Art. 97 Rn. 15.

Die sachliche Unabhängigkeit des Art. 97 Abs. 1 GG garantiert Weisungsfreiheit.[423] Sie schützt nach ganz herrschender Meinung auch gegenüber der rechtsprechenden Gewalt selbst[424] und dabei auch innerhalb eines Kollegialgerichts.[425] Die sachliche Unabhängigkeit zielt auf »richterliche Eigenständigkeit«[426]. Das Bundesverfassungsgericht hat deshalb die Veränderung von Einzelrichterentscheidungen durch den Vorsitzenden Richter als Verstoß gegen Art. 97 Abs. 1 GG gewertet.[427] Genaugenommen hat die Kammer in diesem Fall allerdings nur entschieden, dass »die sachliche Unabhängigkeit jedenfalls vor solchen internen Eingriffen schützt, für die es an einer Ermächtigung zur Wahrnehmung richterlicher Funktionen nach jedem denkbaren rechtlichen Gesichtspunkt fehlt.«[428] Daraus wird vereinzelt gefolgert, dass »Einflussnahmen von Richtern, die durch den Gesetzgeber dazu ermächtigt sind, auf die Rechtsprechung ihrer Kollegen ohne weiteres verfassungsgemäß« seien.[429] Folgt man dieser Ansicht, wäre ein ungleiches Stimmgewicht innerhalb eines Richterkollegiums, sofern es vom Gesetzgeber festgelegt wird,[430] gänzlich unproblematisch.

Aber selbst wenn man mit der (überzeugenden) herrschenden Meinung auch gesetzlich vorgesehene Einflussnahmen innerhalb eines Kollegialgerichts unter das Verbot des Art. 97 Abs. 1 GG fasst, verstößt ein ungleiches Stimmgewicht nicht dagegen.[431] Im erhöhten Stimmgewicht eines oder mehrerer Richter liegt

---

423 BVerfG, Urt. v. 17.12.1953 – 1 BvR 335/51 –, BVerfGE 3, 213 (224); BVerfG, Beschl. v. 08.07.1992 – 2 BvL 27/91 u. a. –, BVerfGE 87, 68 (85); *H. Schulze-Fielitz*, a. a. O., Art. 97 Rn. 19.

424 *Detterbeck*, in: Sachs (Hrsg.), GG, 7. Aufl. 2015, Art. 97 Rn. 14; *H. Schulze-Fielitz*, a. a. O., Art. 97 Rn. 41; a. A. *M. Reinhardt*, Konsistente Jurisdiktion, 1997, S. 112 ff.

425 *E. Schilken*, Die Sicherung der Unabhängigkeit der Dritten Gewalt, JZ 2006, S. 860 (862); *A. Tschentscher*, Demokratische Legitimation der dritten Gewalt, 2006, S. 156 ff.; *F. Wittreck*, Die Verwaltung der Dritten Gewalt, 2006, S. 183 ff.; *Detterbeck*, a. a. O., Art. 97 Rn. 16; *C. D. Classen*, in: v. Mangoldt/Klein/Starck (Begr.), GG, Bd. 3, 7. Aufl. 2018, Art. 97 Rn. 17; *O. R. Kissel/H. Mayer*, GVG, 9. Aufl. 2018, § 1 Rn. 107 f.; *H. Schulze-Fielitz*, a. a. O., Art. 97 Rn. 43; so auch bereits *K. A. Bettermann*, Der gesetzliche Richter in der Rechtsprechung des Bundesverfassungsgerichts, AöR 94 (1969), S. 263 (274). Zur richterlichen Unabhängigkeit innerhalb eines Spruchkörpers siehe auch *H. Sendler*, Richterliche Unabhängigkeit im Zwielicht?, in: Franke/Summer/Weiß (Hrsg.), FS Fürst, 2002, S. 307 (316 ff.).

426 *K. Eichenberger*, Die richterliche Unabhängigkeit als staatsrechtliches Problem, 1960, S. 48.

427 BVerfG (K), Beschl. v. 29.02.1996 – 2 BvR 136/96 –, NJW 1996, S. 2149 (2150).

428 BVerfG (K), a. a. O., NJW 1996, S. 2149 (2150). Ob eine jüngere, daran anknüpfende Aussage des Zweiten Senats – »Die Gewährleistung der sachlichen Unabhängigkeit wirkt aber auch innerhalb der Gerichtsbarkeit und im Innenverhältnis eines Kollegialgerichts« – darüber hinausgehen will, ist unklar; siehe BVerfG, Beschl. v. 22.03.2018 – 2 BvR 780/16 –, BVerfGE 148, 69 (90).

429 *C. Schütz*, Qualität trotz Unabhängigkeit?, ThürVBl. 2006, S. 81 (84).

430 Auch bereits aus Art. 101 Abs. 1 Satz 2 GG dürfte, unabhängig von der sonstigen verfassungsrechtlichen Bewertung, folgen, dass ein ungleiches Stimmgewicht vom Gesetzgeber festzulegen ist.

431 Aus der Unabhängigkeit ein Gebot gleichen Stimmgewichts ableitend aber *O. R. Kis-*

nämlich keine Einflussnahme auf die Tätigkeit der anderen Richter. Diese können ebenso wie bei gleichem Stimmgewicht an der kollegialen Beratung und der Abstimmung teilnehmen. Zwar werden ihre Stimmen relativ weniger gezählt, aber das lässt ihr Stimmverhalten unbeeinflusst. Der ›herrschaftsfreie Diskurs‹ erfordert eine gleichberechtigte Mitwirkung der Urteilenden an der Entscheidungsfindung[432] bis hin zur Abstimmung, nicht aber eine gleichgewichtete Zählung ihrer Stimmen. Anders gesagt: Nüchtern betrachtet dürfte sich eine ganze Reihe von Faktoren auf das Stimmverhalten eines Richters auswirken, die jenseits des ›besseren Arguments‹ liegen, etwa die Autorität eines Vorsitzenden oder Berichterstatters.[433] Dazu zählen wird wohl auch die Aussicht, von den anderen Richtern überstimmt zu werden. Insofern dürften sich ein geändertes Stimmgewicht und in der Folge eine geänderte Möglichkeit, überstimmt zu werden, auswirken. Aber warum soll gerade in der Änderung ein Verstoß gegen die richterliche Unabhängigkeit liegen, wenn die Möglichkeit, überstimmt zu werden, an sich kein Verstoß ist? Zudem gibt die Aussicht, überstimmt zu werden, gerade eher die Freiheit, seiner Überzeugung gemäß[434] zu stimmen. Der Einfluss etwa eines Vorsitzenden auf seine Beisitzer wird durch ein erhöhtes Stimmgewicht nicht vergrößert. Ihm wird keine Einflussnahmemöglichkeit oder gar eine Art Weisungsbefugnis gegeben. Es wird sein Einfluss auf die Entscheidung des Kollegiums, aber nicht auf das Stimmverhalten der anderen Richter erhöht.

Dieser Unterschied lässt sich gut an einer Entscheidung des Österreichischen Verfassungsgerichtshofs verdeutlichen. § 14 Abs. 5 des Gesetzes über das Verwaltungsgericht Wien sah für den Geschäftsverteilungsausschuss ein so genanntes Dirimierungsrecht, also einen Stichentscheid des Vorsitzenden,[435] vor. Bei Stimmengleichheit in dem aus zwei Amtsmitgliedern und zwei Wahlmitglie-

---

sel, Gerichtsinterne Demokratie, DRiZ 1995, S. 125 (128); *W. Meyer*, in: v. Münch/Kunig (Hrsg.), GG, Bd. 2, 6. Aufl. 2012, Art. 97 Rn. 5.

[432] Zu diesem Gedanken *A. Eser*, Der »gesetzliche Richter« und seine Bestimmung für den Einzelfall, in: ders. u. a. (Hrsg.), FS Salger, 1995, S. 247 (267 f.).

[433] Daran kann auch die Abstimmungsreihenfolge des § 197 GVG, wonach die dienstälteren nach dem dienstjüngeren Richter und der Vorsitzende zuletzt abstimmen, nichts ändern, denn aus der Beratung sind die Meinungen bereits bekannt und ohnehin dürfte gerade der Berichterstatter einen großen Einfluss haben, der gemäß § 197 Satz 3 GVG zuerst stimmt. Siehe bereits oben Fn. 250.

[434] Zur Anforderung an Richter, eine eigene Überzeugung zu bilden, vgl. BVerfG, Beschl. v. 28.05.2008 – 2 BvL 8/08 –, BVerfGE 121, 233 (240); BVerwG, Beschl. v. 04.10.1996 – 9 B 382.96 –, BeckRS 1996, 31234132; *W. Meyer*, in: v. Münch/Kunig (Hrsg.), GG, Bd. 2, 6. Aufl. 2012, Art. 97 Rn. 18.

[435] Der Begriff ›Dirimierungsrecht‹ ist im deutschen Recht v. a. im Zusammenhang mit § 91 Satz 2 VwVfG bekannt. Vgl. etwa *T. Groß*, Das Kollegialprinzip in der Verwaltungsorganisation, 1999, S. 290; *D. Kallerhoff/J. Hecker*, in: Stelkens/Bonk/Sachs (Hrsg.), VwVfG, 9. Aufl. 2018, § 91 Rn. 6. Vgl. ferner *T. I. Schmidt*, Die Entscheidung trotz Stimmengleichheit, JZ 2003, S. 133 (136). Ausführlich zum Stichentscheid bei Stimmengleichheit noch unten D.II.1.c)bb)(1).

dern bestehenden Ausschuss sollte die Stimme des Vorsitzenden den Ausschlag geben und die Geschäftsverteilung als provisorisch erlassen gelten. Gleichzeitig sollten die Wahlmitglieder des Geschäftsverteilungsausschusses neu gewählt werden. Der Verfassungsgerichtshof erklärte diese Regelung wegen Verstoßes gegen die richterliche Unabhängigkeit für verfassungswidrig.[436] Dabei lag jedoch der Verstoß ausschließlich in der Rechtsfolge der Dirimierung, da durch die vorgeschriebene Neuwahl das Ausscheiden eines Richters aus dem Kollegium von seinem Stimmverhalten abhängig gemacht wurde. Das Dirimierungsrecht selbst, also den Stichentscheid des Vorsitzenden als solchen, bezeichnete der Verfassungsgerichtshof hingegen ausdrücklich als verfassungsrechtlich unbedenklich.[437]

Festzuhalten ist also, dass ein ungleiches Stimmgewicht nicht die richterliche Unabhängigkeit verletzt. Art. 97 Abs. 1 GG schützt die Eigenständigkeit, nicht die Gleichwertigkeit der Richter.

(3) Gleiche demokratische Legitimation der Richter

Als Grund für ein verfassungsrechtliches Erfordernis gleichen Stimmrechts kommt des Weiteren die gleiche demokratische Legitimation der Richter in Betracht.[438] Richter bedürfen wie jede Staatsgewalt der demokratischen Legitimation.[439] Es lassen sich drei Grundformen demokratischer Legitimation unterscheiden: die funktionell-institutionelle, die organisatorisch-personelle und die sachlich-inhaltliche Legitimation.[440] Funktionell-institutionell wird die Rechtsprechung durch Art. 20 Abs. 2 GG konstituiert und durch Art. 92 GG den Richtern anvertraut.[441] Personell kommt den Richtern mittelbare demokratische Legitimation durch die Ernennung als letztes Glied der erforderlichen ununterbrochenen Legitimationskette[442] zu. Sachlich-inhaltliche Legitimationsquelle des Richters ist das Gesetz. Der Richter ist nicht unmittelbar über eine demokratische Verantwortlichkeit an den Volkswillen gekoppelt – dem steht die richterliche Unabhängigkeit entgegen –, sondern »derivativ legitimiert, auf das legiti-

---

[436] ÖstVerfGH v. 10.12.2013 – G 46/2013–31 –, Rn. 67.

[437] ÖstVerfGH, a. a. O., Rn. 68.

[438] Vgl. (etwas unklar) *K. Kruis*, Richterverantwortung und Abstimmungsquoren in der Verfassungsgerichtsbarkeit, in: BayVerfGH (Hrsg.), FS 50 Jahre Bayerischer Verfassungsgerichtshof, 1997, S. 63 (67).

[439] Siehe dazu *A. Voßkuhle/G. Sydow*, Die demokratische Legitimation des Richters, JZ 2002, S. 673 ff.; *A. Tschentscher*, Demokratische Legitimation der dritten Gewalt, 2006; *K. Rennert*, Legitimation und Legitimität des Richters, JZ 2015, S. 529 ff.

[440] *E.-W. Böckenförde*, Demokratie als Verfassungsprinzip, in: Isensee/Kirchhof (Hrsg.), HStR, Bd. II, 3. Aufl. 2004, § 24 Rn. 14 ff. Etwas anders, aber ohne Unterschied in der Sache, BVerfG, Beschl. v. 24.05.1995 – 2 BvF 1/92 –, BVerfGE 93, 37 (66 f.).

[441] *A. Voßkuhle/G. Sydow*, Die demokratische Legitimation des Richters, JZ 2002, S. 673 (676).

[442] Dazu *E.-W. Böckenförde*, Demokratie als Verfassungsprinzip, in: Isensee/Kirchhof (Hrsg.), HStR, Bd. II, 3. Aufl. 2004, § 24 Rn. 16.

mierende Gesetz angewiesen.«[443] Deswegen ist die Bindung an das Gesetz von zentraler Bedeutung für die demokratische Legitimation der Rechtsprechung. Doch stellt sie sich bei näherer Betrachtung als prekär heraus.[444] Das Gesetz kann die Entscheidung nicht vollständig determinieren. Seine sprachliche Unvollkommenheit lässt dem Richter nahezu immer einen Spielraum und die Entscheidung hängt nicht unwesentlich von dessen Vorverständnis[445] und weiteren persönlichen Faktoren ab. Zudem wird hier wiederum das Potenzial demokratischer Legitimation durch die richterliche Unabhängigkeit beschränkt,[446] die bewirkt, dass die Tätigkeit des Richters demokratisch unkontrolliert bleibt.[447] Aufgrund dieser prekären Lage der demokratischen Legitimation des Richters werden ergänzende Legitimationsquellen diskutiert.[448]

Wie dem auch sei: Für die Zwecke dieser Untersuchung steht fest, dass allen Richtern dieselbe demokratische Legitimation zukommt.[449] Sie sind personell durch Ernennung auf mehr oder weniger ähnliche Art[450] zu ihrem Amt gekommen und sachlich bei dessen Ausübung an dasselbe Gesetz gebunden. Daraus könnte zu folgern sein, dass sie völlig gleich zu behandeln sind und ihnen auch das gleiche Stimmrecht innerhalb eines Spruchkörpers zukommen muss. Doch würden Richter damit fälschlich wie Repräsentanten des Volkes, die Judikative wie die Legislative behandelt.

Die staatliche Willensbildung der Legislative wird dadurch an das Volk, an den – verkürzt gesagt – ›Volkswillen‹ gekoppelt, dass die Abgeordneten des Parlaments unmittelbar vom Volk gewählt werden. Sie sind Repräsentanten des Volkes. Deswegen müssen die Abgeordneten ebenso wie die Staatsbürger, die sie vertreten, gleichbehandelt werden.[451] Die demokratische Gleichheit der Re-

---

443 *K. Rennert*, Legitimation und Legitimität des Richters, JZ 2015, S. 529 (531).

444 Vgl. *K. Rennert*, a. a. O., S. 531.

445 Dazu *J. Esser*, Vorverständnis und Methodenwahl in der Rechtsfindung, 1970.

446 Vgl. *A. Tschentscher*, Demokratische Legitimation der dritten Gewalt, 2006, S. 160.

447 *A. Voßkuhle/G. Sydow*, Die demokratische Legitimation des Richters, JZ 2002, S. 673 (679).

448 Vgl. *A. Voßkuhle/G. Sydow*, a. a. O., S. 680 ff.; *K. Rennert*, Legitimation und Legitimität des Richters, JZ 2015, S. 529 (532).

449 Zum Erfordernis, dass allen Richtern eigenständige demokratische Legitimation zukommen muss, *A. Tschentscher*, Demokratische Legitimation der dritten Gewalt, 2006, S. 157 f.

450 Die Richterberufungsverfahren von Bund und Ländern unterscheiden sich nach den drei Grundmodellen Ernennung allein durch die Exekutive, Wahl durch das Parlament, Wahl durch einen Richterwahlausschuss; für die obersten Gerichtshöfe des Bundes schreibt Art. 95 Abs. 2 GG vor, dass die Richter vom zuständigen Bundesminister gemeinsam mit einem Richterwahlausschuss berufen werden. Zum Überblick *T. E. Dietrich*, Richterwahlausschüsse und demokratische Legitimation, 2007, S. 21 ff.; zur Bedeutung des Berufungsverfahrens für die demokratische Legitimation der Richter *A. Voßkuhle/G. Sydow*, Die demokratische Legitimation des Richters, JZ 2002, S. 673 (676 f.).

451 Allgemein zur Gleichheit der Abgeordnetenrechte BVerfG, Urt. v. 05.11.1975 – 2 BvR 193/74 –, BVerfGE 40, 296 (317 f.); BVerfG, Urt. v. 13.06.1989 – 2 BvE 1/88 –, BVerfGE 80,

präsentierten wird also auf die Repräsentanten übertragen. Und deshalb ist es auch nur konsequent, das Mehrheitsprinzip als demokratische Entscheidungstechnik in die repräsentative Institution Parlament »hinein zu verlängern«[452]. Das Demokratieprinzip des Art. 20 Abs. 1 GG verlangt aber keineswegs, dass alle demokratisch legitimierten Kollegialorgane nach dem Mehrheitsprinzip entscheiden.[453]

Auf Richter findet der Gedanke demokratischer Gleichheit weder unmittelbar (wie bei den Staatsbürgern) noch mittelbar (wie bei den Abgeordneten) Anwendung. Erstens kommt der demokratische Gedanke, dass die von einer Entscheidung Betroffenen an ihr mitzuwirken berechtigt sind, bei Richtern nicht zum Tragen, da sie nicht die Betroffenen der Entscheidung sind.[454] Für die Rechtsprechung gilt nicht demokratische Gleichheit, sondern die Unabhängigkeit nach Art. 97 GG, aus der aber, wie bereits gesehen, kein gleiches Stimmrecht folgt.[455] Auch folgt aus der Gleichheit der Unabhängigkeit der Richter nicht, dass zwischen den Richtern über den Bereich der Unabhängigkeit hinaus demokratische Gleichheit herrschen muss.[456] Richter sind zweitens auch keine Volksvertreter, auf die der demokratische Gedanke mittelbar angewendet werden muss. Sie sind zwar demokratisch legitimiert, aber sie repräsentieren nicht.[457] Sie sind an das Gesetz, nicht an den Volkswillen gebunden, und ihre

---

188 (217 f.); BVerfG, Beschl. v. 17.07.1995 – 2 BvH 1/95 –, BVerfGE 93, 195 (204); BVerfG, Urt. v. 21.07.2000 – 2 BvH 3/91 –, BVerfGE 102, 224 (237 f.).

452 *H. H. Klein*, in: Maunz/Dürig (Begr.), GG, 69. EL 2013, Art. 42 Rn. 76. Vgl. auch zur Differenzierung zwischen der Gleichheit der Bürger und der Gleichheit der Abgeordneten und den Folgen davon *S. Ganghof/C. Stecker*, Das institutionelle Design parlamentarischer Demokratien, in: Ganghof/Hönnige/Stecker (Hrsg.), FS Döring, 2009, S. 215 (218 ff.). Zu Problemen, die sich ergeben, wenn die Wählerschaft als Bezugsgröße des Mehrheitsprinzips durch ihre Repräsentanten ersetzt wird, vgl. *J. R. Pennock*, Responsiveness, Responsibility, and Majority Rule, Am. Political Sci. Rev. 46 (1952), S. 790 (793 f.).

453 *B. Grzeszick*, in: Maunz/Dürig (Begr.), GG, 57. EL 2010, Art. 20 II Rn. 45. A. A. noch *R. Herzog*, in: Maunz/Dürig (Begr.), GG, Bearbeitung 1980, Art. 20 II Rn. 16. Die Annahme, dass in einem insgesamt demokratischen System zwingend auch jede einzelne Institution demokratisch sein müsse, ist ein Trugschluss der Division (›fallacy of division‹); vgl. *A. Vermeule*, The System of the Constitution, 2011, S. 15. Vgl. auch *M. Jestaedt*, Demokratieprinzip und Kondominialverwaltung, 1993, S. 201 f., zur bereichs- und phasenspezifischen Ausdifferenzierung des Demokratieprinzips.

454 Grundlegend verkannt von *O. R. Kissel*, Gerichtsinterne Demokratie, DRiZ 1995, S. 125 (125).

455 Allerdings ist die Judikative nicht wie die Exekutive hierarchisch organisiert und kann dies auch nicht sein. Vgl. nur *W. Geiger*, Zum verfassungsrechtlichen Status der Richter, in: Schiffer/Karehnke (Hrsg.), FS Schäfer, 1975, S. 79 (81).

456 A. A. *O. R. Kissel*, Gerichtsinterne Demokratie, DRiZ 1995, S. 125 (128).

457 Vgl. *K. Schlaich/S. Korioth*, Das Bundesverfassungsgericht, 11. Aufl. 2018, Rn. 47: »Ein Gericht repräsentiert nicht.« Ebenso *N. W. Barber*, Prelude to the Separation of Powers, Camb. Law J. 60 (2001), S. 59 (80): »[T]hough the result may end up turning on a majority vote the judges do not act as delegates of the people in any meaningful sense.« Demokratische Legimitation der Richter (begrifflich) mit Repräsentation verwechselnd (ohne dass daran Konsequenzen geknüpft sind) *U. Di Fabio*, Vom Recht, Recht zu sprechen, APuZ 2011, Heft

Aufgabe ist Anwendung des Rechts in Unabhängigkeit, nicht Repräsentation. Folglich findet die demokratische Gleichheit, die zwischen den Staatsbürgern und zwischen deren Repräsentanten gilt, auf Richter keine Anwendung. Das Demokratieprinzip begründet keine Gleichheit zwischen Richtern und damit auch kein Erfordernis eines gleichen Stimmrechts.[458]

(4) Differenzierungen innerhalb des Richterkollegiums

Bei der Einführung eines ungleichen Stimmgewichts in Kollegialgerichten wäre der Gleichheitssatz des Art. 3 GG als objektives Verfassungsrecht zu beachten.[459] Das bedeutet, dass sich Differenzierungen des Stimmgewichts als sachgerecht darstellen müssen. Als Ziel kann wohl allein die Sicherstellung der Qualität gerichtlicher Entscheidungen in Betracht kommen. Auch wenn es eine Richtigkeit von Gerichtsentscheidungen nur im Bereich der Tatsachenfindung, nicht im Bereich der Rechtsfindung gibt, so existieren dennoch gewisse Qualitätskriterien richterlicher Tätigkeit.[460] Im Sinne einer solchen »schwach epistemischen« Perspektive[461] kann zur Absicherung der Qualität von Gerichtsentscheidungen über ein ungleiches Stimmgewicht nachgedacht werden. Dafür sind verschiedene Anknüpfungspunkte vorstellbar. Von vornherein ausscheiden müssen solche Gesichtspunkte, die einem absoluten Diskriminierungsverbot unterliegen und/oder bei denen offensichtlich kein Zusammenhang zur Qualität der richterlichen Entscheidung bestehen kann. So kann etwa eine Anknüpfung an das Geschlecht weder sachdienlich sein noch unter Art. 3 Abs. 2 GG Bestand haben.[462] Indes lässt sich die Qualität der Tätigkeit von Richtern nicht so beurteilen, dass das Stimmgewicht jedes Richters seiner individuellen Kompetenz

---

35/36, S. 3 (3). Repräsentation ist auch der Grund, warum Parlamente im Gegensatz zu Gerichten mit sehr vielen Personen besetzt sind; vgl. dazu *J. Waldron*, Legislation by Assembly, Loyola Law Rev. 46 (2000), S. 507 ff.

[458] Skeptisch gegenüber einer Rechtfertigung des kollegialgerichtlichen Mehrheitsprinzips aus dem Demokratieprinzip auch *R. Häußler*, Der Konflikt zwischen Bundesverfassungsgericht und politischer Führung, 1994, S. 213 f.; vgl. ferner *U. Scheuner*, Das Mehrheitsprinzip in der Demokratie, 1973, S. 47.

[459] Vgl. auch *U. K. Jacobs*, »Man soll die Stimmen wägen und nicht zählen«, NJW 1989, S. 3205 (3206).

[460] Siehe bereits oben III.2.b)cc)(1).

[461] Auch dazu oben III.2.b)cc)(1).

[462] In mehrfacher Hinsicht heutzutage nicht mehr vorstellbar ist deshalb eine Norm wie Nr. 1 Gesetz über die Heranziehung der Frauen zum Schöffen- und Geschworenenamte v. 25.04.1922, RGBl. I, S. 465: »Mindestens ein Schöffe muß ein Mann sein.« Im heutigen Gerichtsverfassungsrecht wird aber an das Geschlecht der ehrenamtlichen Richter angeknüpft, um eine angemessene Berücksichtigung (§ 44 Abs. 1a DRiG, § 36 Abs. 2 GVG) bzw. Parität (§ 33a Abs. 1 Satz 2, § 33b Abs. 7, § 35 Abs. 1 Satz 2, Abs. 2 und 5 JGG) zu fordern; vgl. dazu *J. Schmidt-Räntsch*, DRiG, 6. Aufl. 2009, § 44 Rn. 10. Vgl. auch (für Landesverfassungsrichter) § 2 Abs. 2 BbgVerfGG, § 1 Abs. 2 Satz 3 NdsStGHG, § 2 Abs. 3a Satz 1 SaarlVerfGHG, § 3 Abs. 1 Satz 4 LSALVerfGG.

angepasst werden könnte.[463] Deshalb[464] müssen bereits bestehende formale Unterschiede zwischen den Richtern eines Kollegiums in den Blick genommen werden. Die Frage lautet, inwieweit aus solchen Unterschieden folgt, dass eine »Identität der Aufgabe, der Rechtsfindung«[465], nicht besteht oder zumindest nicht zwingend und deswegen einer gesetzlichen Änderung zugänglich ist.

(a) Berufsrichter, Richter auf Lebenszeit, Berichterstatter

Ein gut denkbarer Anknüpfungspunkt ist die Statusunterscheidung von Berufsrichtern und Laienrichtern. Berufsrichter tragen eine andere Verantwortung im Gerichtsprozess: Bereits jetzt werden, jenseits des § 30 Abs. 1 GVG, die beiden Gruppen gerichtsverfassungs- und prozessrechtlich unterschiedlich behandelt.[466] Vor allem aber sind Berufsrichter juristisch ausgebildet und können deshalb in besonderem Maße die Qualität von Gerichtsentscheidungen garantieren.[467] Entsprechend könnte ihr Stimmrecht gegenüber dem von Laienrichtern erhöht werden. Damit könnten auch problematische Situationen vermieden werden, in denen Berufsrichter von Laienrichtern überstimmt werden können.[468] Nicht unerwähnt bleiben darf aber, dass ehrenamtliche Richter als juristische Laien gerade ein Ausgleich zu den Berufsrichtern[469] und wegen ihrer mangelnden Aktenkenntnis Garanten der Unmittelbarkeit[470] sein sollen. Insoweit können also auch Laienrichter einen spezifischen Beitrag zur Qualität der

---

[463] Siehe oben III.2.a)cc).

[464] Zudem fordert wohl Art. 101 Abs. 1 Satz 2 GG eine vorherige, abstrakte Festlegung des Stimmgewichts durch den Gesetzgeber, was es ebenfalls erforderlich machen dürfte, formale Anknüpfungskriterien zu wählen.

[465] *U. Scheuner*, Das Mehrheitsprinzip in der Demokratie, 1973, S. 47.

[466] Von besonderer Bedeutung ist, dass die Schöffen im Strafprozess über keine Aktenkenntnis verfügen und nicht an der Ausfertigung der Urteilsurkunde beteiligt sind (§ 275 Abs. 2 Satz 3 StPO). Dazu *T. Hillenkamp*, Zur Teilhabe des Laienrichters, in: Albrecht u. a. (Hrsg.), FS Kaiser, Hbd. 2, 1998, S. 1437 ff.; auch zu weiteren Unterschieden *R. Börner*, Die Ungleichheit von Schöffen und Berufsrichtern, ZStW 122 (2010), S. 157 ff.

[467] Vgl. *C. D. Classen*, in: v. Mangoldt/Klein/Starck (Begr.), GG, Bd. 3, 7. Aufl. 2018, Art. 92 Rn. 29. Siehe auch *A. Hopfauf*, in: Schmidt-Bleibtreu/Hofmann/Henneke (Hrsg.), GG, 14. Aufl. 2018, Art. 92 Rn. 73.

[468] Die mögliche Majorisierung von Berufsrichtern durch Laienrichter wird verfassungsrechtlich problematisiert; vgl. *G. Barbey*, Der Status des Richters, in: Isensee/Kirchhof (Hrsg.), HStR, Bd. III, 1. Aufl. 1988, § 74 Rn. 55; *W. Gerhards*, Anmerkungen zu den »Thesen zur Justizreform« in der DDR, NJ 1990, S. 140 (142); *C. L. Lässig*, Die Einführung der VwGO nach dem Einigungsvertrag, NVwZ 1991, S. 1140 (1142 f.); *H. Sodan*, Der Status des Richters, in: Isensee/Kirchhof (Hrsg.), HStR, Bd. V, 3. Aufl. 2007, § 113 Rn. 52. Sicherlich am wenigsten problematisch dürfte die Möglichkeit der Überstimmung in den Kammern des ArbG und LAG sein, in denen sich die ehrenamtlichen Richter als Vertreter der Arbeitnehmer- bzw. Arbeitgeberseite gegenüberstehen; vgl. *H.-G. Dederer*, Korporative Staatsgewalt, 2004, S. 336 f.

[469] Vgl. *T. Rönnau*, Schöffen in der deutschen Strafgerichtsbarkeit, in: Herzog/Schlothauer/Wohlers (Hrsg.), GS Weßlau, 2016, S. 293 (304, 307 ff.).

[470] Vgl. *R. Börner*, Die Ungleichheit von Schöffen und Berufsrichtern, ZStW 122 (2010), S. 157 (187 ff.).

Rechtsprechung bieten. Erst recht gilt dies für solche ehrenamtlichen Richter, die wegen besonderer Erfahrungen oder Sachkenntnisse berufen werden, wie etwa im Arbeits-, Sozial- oder Handelsrecht.[471] Letztlich bleibt es eine, auf zahlreichen Erwägungen basierende, rechtspolitische Entscheidung, welcher Einfluss ehrenamtlichen Richtern zukommen soll.[472]

In ähnlicher Weise könnte das Stimmgewicht zwischen Richtern auf Lebenszeit und Proberichtern differenziert werden. Richter auf Lebenszeit haben sich bereits bewährt und können auf eine gewisse Berufserfahrung zurückblicken. Proberichtern, die im Gegensatz dazu erst seit Kurzem rechtsprechend tätig sind, könnte ein geringerer Einfluss auf die Entscheidung zugewiesen werden.[473] Naheliegend ist ferner die Möglichkeit einer Differenzierung zwischen dem Berichterstatter und den sonstigen Richtern des Kollegiums. Der Berichterstatter hat sich besonders tief in den Fall eingearbeitet[474] und könnte deshalb eine besondere Gewähr für die Qualität der Entscheidung bieten.

---

[471] Vgl. zu dieser Kategorie von Laienrichtern *H. Sodan*, Der Status des Richters, in: Isensee/Kirchhof (Hrsg.), HStR, Bd. V, 3. Aufl. 2007, § 113 Rn. 41; *M. Lotz*, Interdisziplinär besetzte Richterbank als Qualitätsfaktor, DRiZ 2014, S. 20 ff.; zum Beitrag in der Arbeitsgerichtsbarkeit vgl. *P. Stein*, Legitimation, Praxisnähe, Transparenz, BB 2007, S. 2681 (2685).

[472] Dabei darf auch nicht übersehen werden, dass die Laienrichter selbst beim derzeitigen gleichen Stimmrecht faktisch nur geringen Einfluss auf die Entscheidungen ausüben. Vgl. m. w. N. *G. Duttge*, Laienrichter in der Strafgerichtsbarkeit, JR 2006, S. 358 (361); *T. Rönnau*, Schöffen in der deutschen Strafgerichtsbarkeit, in: Herzog/Schlothauer/Wohlers (Hrsg.), GS Weßlau, 2016, S. 293 (305 f.).

[473] Anzumerken ist, dass, im Gegensatz zum Verhältnis von Berufs- und Laienrichtern, nicht gesetzlich festgelegt ist, ob einem Spruchkörper ein Proberichter angehört. Ein geringeres Stimmgewicht von Proberichtern würde deshalb zur Folge haben, dass die Stimmenzahl in verschiedenen Spruchkörpern derselben Art variieren würde. Ein wirkliches Problem im Hinblick auf den gesetzlichen Richter aus Art. 101 Abs. 1 Satz 2 GG dürfte darin aber nicht zu sehen sein.

[474] Vgl. *A. Wacke*, Der Jüngste stimmt zuerst – Der Ältere teilt, der Jüngere wählt, JA 1981, S. 176; *O. Katholnigg*, Strafgerichtsverfassungsrecht, 3. Aufl. 1999, § 21g GVG Rn. 1; *M. Jacobs*, in: Stein/Jonas (Hrsg.), ZPO, Bd. 10, 22. Aufl. 2011, § 197 GVG Rn. 1; *K. Schreiber*, in: Wieczorek/Schütze (Hrsg.), ZPO, Bd. 13, Tbd. 1, 4. Aufl. 2018, § 197 GVG Rn. 1. – Ob, entgegen der Praxis, neben dem Berichterstatter (und dem Vorsitzenden) auch die weiteren Beisitzer Einblick in die Akten nehmen müssen, wurde zum einen Anfang der 1980er Jahre (allgemein), zum anderen in den Jahren ab 2012 (speziell für strafrechtliche Revisionen des BGH) kontrovers diskutiert. Siehe *K. Doehring*, Die Praxis der Vorbereitung mündlicher Verhandlungen durch Kollegialgerichte in verfassungsrechtlicher Sicht, NJW 1983, S. 851 ff.; *R. Herr*, Vorbereitung mündlicher Verhandlungen durch Kollegialgerichte, NJW 1983, S. 2131 f.; *ders.*, Zum rechtlichen Gehör in Zivilsachen bei den Kollegialgerichten in erster Instanz, MDR 1983, S. 634 f.; *ders.*, Der »dritte« Mann und seine Aktenkenntnis, DRiZ 1984, S. 359 ff.; *G. Schultz*, Der aktenunkundige Zivilrichter, MDR 1983, S. 633 f.; *C. Freiherr v. Stackelberg*, Zum rechtlichen Gehör in Zivilsachen bei den Kollegialgerichten in erster Instanz, MDR 1983, S. 364 f.; *W. Däubler*, Die Vorbereitung der mündlichen Verhandlung im Kollegialgericht – ein Rechtsproblem?, JZ 1984, S. 355 ff.; *E. Schneider*, Verfassungsrechtliche Pflichtlektüre im Kollegium?, DRiZ 1984, S. 361 ff.; *R. Wimmer*, Die Wahrung des Grundsatzes des rechtlichen Gehörs, DVBl. 1985, S. 773 (779 f.); *T. Fischer/C. Krehl*, Strafrechtliche Revision, »Vieraugenprinzip«, gesetzlicher Richter und rechtliches Gehör, StV 2012, S. 550 ff.; *C. Basdorf u. a.*, Zur Be-

(b) Vorsitzender Richter

Besonders interessant ist die Frage, ob das Stimmgewicht des Vorsitzenden gegenüber dem der Beisitzer erhöht werden könnte. Zweifelsohne kommt dem Vorsitzenden eines Spruchkörpers in gewisser Hinsicht eine herausgehobene Stellung zu. Diese betrifft in erster Linie den Verfahrensablauf sowie verwaltende Tätigkeiten. Jedoch haben Reichsgericht und Bundesgerichtshof dem Vorsitzenden eine herausgehobene Stellung auch im Hinblick auf die Entscheidungen zugesprochen. Wiederholt haben beide Gerichte ausgeführt, dass der Vorsitzende Richter einen richtungsweisenden Einfluss auf die Entscheidungen seines Spruchkörpers ausüben müsse.[475] Das Gerichtsverfassungsgesetz (jetzt

---

ratung von Revisionsentscheidungen im Beschlussverfahren, NStZ 2013, S. 563; *T. Fischer*, Der Einfluss des Berichterstatters auf die Ergebnisse strafrechtlicher Revisionsverfahren, NStZ 2013, S. 425 ff.; *ders./R. Eschelbach/C. Krehl*, Das Zehn-Augen-Prinzip, StV 2013, S. 395 ff.; *dies.*, Erwiderung auf Basdorf u. A., NStZ 2013, S. 563 ff.; *R. Hamm/C. Krehl*, Vier oder zehn Augen bei der strafprozessualen Revisionsverwerfung durch Beschluss?, NJW 2014, S. 903 ff.; *A. Mosbacher*, Die Beratungspraxis der Strafsenate des BGH und das Gesetz, NJW 2014, S. 124 ff.; *R. Rissing-van Saan*, Das »Zehn-Augen-Prinzip«, in: Fahl u. a. (Hrsg.), FS Beulke, 2015, S. 963 ff.; ferner *R. Lamprecht*, Ein Gericht, zwei Lager, NJW 2013, S. 3563 ff.; *T. Fischer*, Gesetzliche Richter im Strafverfahren, in: Fahl u. a. (Hrsg.), a. a. O., S. 709 (719 ff.); *C. Knauer/H. Kudlich*, in: MüKo StPO, Bd. 3/1, 2019, vor § 333 Rn. 48 ff. – Zum Berichterstatter unter dem Blickwinkel einer dem gesetzlichen Richter genügenden Geschäftsverteilung vgl. *M. Vogel*, Das Recht auf den gesetzlichen Berichterstatter, jM 2018, S. 245 ff.

[475] Zivilrechtliche Entscheidungen: RG, Urt. v. 21.04.1931 – III 85/30 –, RGZ 132, 301 (302 ff.); BGH, Urt. v. 23.04.1953 – III ZR 298/52 –, BGHZ 9, 291 (292); BGH, Urt. v. 26.06.1953 – V ZR 185/52 –, BGHZ 10, 130 (131 f.); BGH, Urt. v. 28.10.1954 – III ZR 197/52 –, BGHZ 15, 135 (137 f.); BGH, Urt. v. 09.12.1955 – IV ZR 153/54 –, BGHZ 16, 254 (256); BGH, Urt. v. 12.05.1956 – IV ZR 86/55 –, BGHZ 20, 355 (359 ff.); BGH, Urt. v. 12.11.1958 – IV ZR 80/58 –, BGHZ 28, 338 (340 ff.); BGH (Großer Senat für Zivilsachen), Beschl. v. 19.06.1962 – GSZ 1/61 –, BGHZ 37, 210 (212 ff.); BGH (Großer Senat für Zivilsachen), Beschl. v. 20.11.1967 – GSZ 1/67 –, BGHZ 49, 64 (65 f.); BGH, Urt. v. 22.04.1983 – RiZ (R) 4/82 –, BGHZ 88, 1 (6 f.); BGH, Urt. v. 08.05.1989 – RiZ (R) 6/88 –, DRiZ 1989, S. 462 (462) = (unter falschem Datum) NJW 1991, S. 426 (427); BGH, Urt. v. 13.07.2005 – VI ZR 137/04 –, BGHZ 164, 87 (92); BGH, Urt. v. 12.03.2015 – VII ZR 173/13 –, NJW 2015, S. 1685 (1687); BGH, Urt. v. 05.10.2016 – XII ZR 50/14 –, NJW-RR 2017, S. 635 (636). Strafrechtliche Entscheidungen: BGH, Urt. v. 13.12.1951 – 3 StR 683/51 –, BGHSt 2, 71 ff.; BGH, Urt. v. 21.06.1955 – 5 StR 177/55 –, BGHSt 8, 17 ff.; BGH, Urt. v. 07.06.1983 – 4 StR 9/83 –, BGHSt 31, 389 (394 f.); ähnlich und besonders drastisch BGH, Beschl. v. 11.01.2012 – 2 StR 346/11 –, StV 2012, S. 204 (208): »Lenkung der Rechtsprechung«; vgl. auch RG, Urt. v. 17.12.1920 – IV 1706/20 –, RGSt 55, 201 (203). Überblick bei *B. Sangmeister*, Fließt aus dem Richtertum das Führertum?, ZRP 1995, S. 297 (297 ff.). – Andere oberste Gerichtshöfe haben die Auffassung vom richtungsweisenden Einfluss des Vorsitzenden Richters übernommen: BVerwG, Urt. v. 25.07.1985 – 3 C 4/85 –, NJW 1986, S. 1366 (1367); BVerwG, Beschl. v. 11.07.2001 – 1 DB 20/01 –, NJW 2001, S. 3493 (3494); BFH, Beschl. v. 21.10.1999 – VII R 15/99 –, BFHE 190, 47 (54 f.). Skeptisch jedoch BSG, Urt. v. 10.06.1975 – 9 RV 390/74 –, BSGE 40, 53 (55). – Der richtunggebende Einfluss hat auch Eingang gefunden in die Anforderungsprofile für Vorsitzende Richter. Vgl. BGH, Urt. v. 22.04.1983 – RiZ (R) 4/82 –, NJW 1984, S. 129 (130 f.); BGH, Urt. v. 14.01.1991 – RiZ (R) 5/90 –, NJW 1992, S. 46 (47); OVG Schleswig, Beschl. v. 15.01.1999 – 3 M 61/98 –, NVwZ-RR 1999, S. 417 (419); OVG Wei-

§ 21f GVG[476]) wolle nämlich gewährleisten, dass die Führung der Spruchkörper Personen anvertraut ist, die aufgrund ihrer besonderen Auswahl die Güte und Einheitlichkeit der Rechtsprechung des Spruchkörpers, dem sie vorsitzen, in besonderem Maße gewährleisten.[477] Der Vorsitzende solle aufgrund seiner Sachkunde, Erfahrung und Menschenkenntnis in der Lage sein, den richtunggebenden Einfluss durch geistige Überzeugungskraft auszuüben.[478]

Das Bundesverfassungsgericht hat sich nicht eindeutig zur Figur des richtungsweisenden Einflusses verhalten. 1965 hat es angemerkt, dass deren Sinn allein in der »Verantwortung für den ordnungsgemäßen Geschäftsablauf [...], insbesondere für die rechtzeitige und sachgemäße Erledigung der anfallenden Geschäfte« liegen könne.[479] 1969 hat es festgestellt, dass nach geltendem Prozessrecht bei der Rechtsfindung »die Aufgabe, Leistung und Verantwortung aller Mitglieder des erkennenden Gerichts völlig gleich« sei.[480] Eine jüngere Kammerentscheidung aus dem Jahr 2004 klingt hingegen weniger ablehnend, wenn es heißt, es bedürfe »keiner Entscheidung, ob der Gedanke des richtunggebenden Einflusses des Vorsitzenden verfassungsrechtlich verankert [...] oder lediglich dem einfachen Recht zuzuordnen ist«.[481]

Für die Frage nach dem Stimmrecht der Richter muss die Rechtsprechung zu folgender Überlegung Anlass geben: Kommt dem Vorsitzenden Richter, wie der Bundesgerichtshof meint, nach geltendem Recht bereits ein richtungsweisender Einfluss auf die Entscheidungen seines Spruchkörpers zu, so könnte überlegt werden, diesen Einfluss dadurch zu verfestigen, dass dem Vorsitzenden ein gegenüber den Stimmen der Beisitzer erhöhtes Stimmrecht zugesprochen wird.

Die Figur des richtungsweisenden Einflusses des Vorsitzenden Richters ist in der Literatur vielfach kritisiert worden,[482] aber auch auf Zustimmung[483] gesto-

---

mar, Beschl. v. 13.04.2006 – 2 EO 1065/05 –, NVwZ-RR 2006, S. 745 (747); VG Karlsruhe, Beschl. v. 12.08.1999 – 2 K 1814/99 –, juris, Rn. 25.

[476] BGH, Urt. v. 13.07.2005 – VI ZR 137/04 –, BGHZ 164, 87 (92); BGH, Urt. v. 12.03.2015 – VII ZR 173/13 –, NJW 2015, S. 1685 (1687); BGH, Urt. v. 05.10.2016 – XII ZR 50/14 –, NJW-RR 2017, S. 635 (636).

[477] RG, Urt. v. 21.04.1931 – III 85/30 –, RGZ 132, 301 (302 f.).

[478] BGH (Großer Senat für Zivilsachen), Beschl. v. 19.06.1962 – GSZ 1/61 –, BGHZ 37, 210 (213); ebenso HessVGH, Beschl. v. 26.11.1992 – 1 TG 1792/92 –, NVwZ 1993, S. 282 (283).

[479] BVerfG, Beschl. v. 03.02.1965 – 2 BvR 166/64 –, BVerfGE 18, 334 (351 f.).

[480] BVerfG, Beschl. v. 04.06.1969 – 2 BvR 429/65 –, BVerfGE 26, 72 (76). Siehe dazu bereits oben (1).

[481] BVerfG (K), Beschl. v. 03.05.2004 – 2 BvR 1825/02 –, BVerfGK 3, 192 (197); ebenso BVerfG (K), Beschl. v. 23.05.2012 – 2 BvR 610/12 u. a. –, BVerfGK 19, 407 (412).

[482] Vgl. *G. Mattern*, Neues Schrifttum zum allgemeinen Abgabenrecht, JZ 1970, S. 556 (557); *P. Müller*, Anmerkung zu BGH, Urt. v. 28.05.1974 – 4 StR 37/74 –, NJW 1974, S. 2242 ff.; *H. Schorn/H. Stanicki*, Die Präsidialverfassung der Gerichte aller Rechtswege, 2. Aufl. 1975, S. 124; *W. Frisch*, Anmerkung zu BGH, Urt v. 07.06.1983 – 4 StR 9/83 –, NStZ 1984, S. 86 (88); *M. Wolf*, Gerichtsverfassungsrecht aller Verfahrenszweige, 6. Aufl. 1987, S. 134; *R. Meyke*, Entscheidungsfindung mit »richtungweisendem« Vorsitzenden, DRiZ 1990,

ßen. Alles Wichtige zur Beurteilung des richtungsweisenden Einflusses findet sich in einer Urteilsanmerkung aus dem Jahr 1974, die, da sie auch die Antwort auf die hier im Raum stehende Frage enthält, zitiert sei:

> Der BGH versteht unter dem richtunggebenden Einfluß des Vorsitzenden eine Einflußnahme durch geistige Überzeugungskraft [...]. Das ist aber keine spezifische Vorsitzendenaufgabe, sondern Pflicht eines jeden der mitwirkenden Richter und geradezu der Sinn der Kollegialgerichtsbarkeit, deren Wesen im Kampf der Überzeugungen besteht [...]. Ist im Einzelfall der Vorsitzende sachkundiger, erfahrener und von größerer Menschenkenntnis als die Beisitzer [...], so muß er das in die Waagschale werfen. Ein Anspruch auf eine Leitfunktion erwächst daraus nicht.
>
> Der richtunggebende Einfluß des Vorsitzenden kann auch nicht aus den »vielfältigen Aufgaben, die der Vorsitz mit sich bringt« [...], hergeleitet werden. Denn der richtunggebende Einfluß, wie ihn der BGH versteht [...], gehört zur Rechtsfindung, die vielfältigen Sonderaufgaben des Vorsitzenden aber betreffen sämtlich den Prozeßbetrieb bzw. die Prozeßleitung, also den mehr technischen, äußeren Ablauf des Verfahrens.[484]

Die Frage, ob dem Vorsitzenden ein erhöhtes Stimmgewicht eingeräumt werden kann, muss deshalb verneint werden.[485] Was die Rechtsfindung anbelangt, besteht kein Unterschied zwischen dem Vorsitzenden Richter und den Beisitzern.[486] Die besonderen Aufgaben des Vorsitzenden bestehen allesamt in Bereichen, die nicht die Rechtsfindung als solche betreffen. Auch der Bundesgerichtshof versteht den richtungsweisenden Einfluss auf Entscheidungen des Spruchkörpers, soweit es also um Rechtsfindung geht, nur als einen Einfluss, der durch geistige Überzeugungskraft geltend zu machen ist, genauso wie jeder andere Richter in einem Kollegium geistigen Einfluss nehmen kann. Freilich könnte der Gesetzgeber den Einfluss über den rein geistigen Bereich hinausheben, indem er ihn durch ein erhöhtes Stimmgewicht institutionalisiert. Aber dafür müsste er an einen Unterschied anknüpfen, in erster Linie an eine höhe-

---

S. 287 (289); *M. Wiebel*, Die senatsinterne Geschäftsverteilung beim Bundesgerichtshof (Zivilsenate), BB 1992, S. 573 (573): »Kult um den Vorsitzenden«; *R. Lamprecht*, Vom Mythos der Unabhängigkeit, 2. Aufl. 1996, S. 142; *ders.*, Rechtsfrieden durch Rotation im Vorsitz, NJW 2016, S. 298 (301); *C. Schütz*, Der ökonomisierte Richter, 2005, S. 78 ff.; *E. Schilken*, Gerichtsverfassungsrecht, 4. Aufl. 2007, Rn. 361; *K. F. Gärditz*, Anmerkung zu BVerfG (K), Beschl. v. 23.05.2012 – 2 BvR 610/12 u. a. –, DVBl. 2012, S. 966 (969); *B. Schünemann*, Die Vorsitzendenkrise im 2. und 4. Strafsenat des BGH, ZIS 2012, S. 1 (4 ff.); *H. Rosenau/C. Dorneck*, in: Satzger/Schluckebier (Hrsg.), StPO, 4. Aufl. 2020, § 197 GVG Rn. 1.

483 Vgl. *G. Erdsiek*, Umwelt und Recht, NJW 1963, S. 240 (241); *G. Schultz*, Blick in die Zeit, MDR 1963, S. 369 (369 f.); zumindest unkritisch *O. R. Kissel/H. Mayer*, GVG, 9. Aufl. 2018, § 21f Rn. 4, § 59 Rn. 12.

484 *P. Müller*, Anmerkung zu BGH, Urt. v. 28.05.1974 – 4 StR 37/74 –, NJW 1974, S. 2242 (2243).

485 Skeptisch auch *U. K. Jacobs*, »Man soll die Stimmen wägen und nicht zählen«, NJW 1989, S. 3205 (3206 f.), der sich indes im Ergebnis gegen jegliche Stimmgewichtung ausspricht (S. 3207).

486 Ebenso *R. Kühne*, Die Rechtsstellung der Beisitzer im Kollegialgericht, DRiZ 1960, S. 390 (391); *C. Schütze*, Der ökonomisierte Richter, 2005, S. 78.

re Fachkompetenz des Vorsitzenden. Dem Vorsitzenden kommt indes nicht per se und generell eine höhere Fachkompetenz zu als den Beisitzern. Fachkompetenz ist nämlich nicht das ausschlaggebende Kriterium der Besetzung eines Vorsitzes, der vielmehr in erster Linie persönliche Leitungs- und Führungsqualitäten erfordert.[487] Die Güte der Rechtsprechung zu gewährleisten ist deshalb Aufgabe der Beisitzer genauso wie des Vorsitzenden.[488] Die Leitungsfunktion des Vorsitzenden kann bezüglich der Rechtsfindung allenfalls darin bestehen, dass er die Beisitzer auf die bisherige Rechtsprechung des Spruchkörpers hinweist.[489] Nur insoweit kann von einer Verantwortung für Güte und Einheitlichkeit der Rechtsprechung die Rede sein. Selbst der Bundesgerichtshof spricht bereits seit Längerem nicht mehr davon, dass der Vorsitzende über eine besondere fachliche Qualifikation verfügt.[490] Damit fehlt die Legitimation, dem Vorsitzenden gegenüber den fachlich ebenfalls kompetenten Beisitzern[491] eine Führungsrolle zuzusprechen.[492] Der Vorsitzende ist eben nicht ›Führer‹ des Kollegiums,[493] sondern ausschließlich primus inter pares[494].

(5) Stimmrecht der Bundesverfassungsrichter

Hinsichtlich des Stimmrechts der Bundesverfassungsrichter sind noch weitere Erwägungen anzustellen. Hier könnte nämlich in der Ungleichbehandlung

---

[487] Vgl. *W. Sarstedt*, Der Vorsitzende des Kollegialgerichts, JJahrb 8 (1967/68), S. 104 (117 f.).

[488] Vgl. BVerfG, Beschl. v. 04.06.1969 – 2 BvR 429/65 –, BVerfGE 26, 72 (76). Vgl. auch *R. Kühne*, Die Rechtsstellung der Beisitzer im Kollegialgericht, DRiZ 1960, S. 390 (391 f.).

[489] *E. Kern*, Die Ständigkeit der Gerichte und die Überbesetzung der Kammern und Senate, DRiZ 1959, S. 142 (143). Zu Recht weist aber *C. Schütz*, Der ökonomisierte Richter, 2005, S. 79, darauf hin, dass der Vorsitzende auch diese Funktion nicht immer (besser als die Beisitzer) wahrnehmen kann, z. B. wenn ein Vorsitzender neu in ein mit einem erfahrenen Beisitzer besetztes Kollegium wechselt; siehe auch *R. Kühne*, a. a. O., S. 392.

[490] Vgl. BGH, Urt. v. 22.04.1983 – RiZ (R) 4/82 –, BGHZ 88, 1 (7); BGH, Urt. v. 08.05.1989 – RiZ (R) 6/88 –, DRiZ 1989, S. 462 (462) = (unter falschem Datum) NJW 1991, S. 426 (427).

[491] Ebenso *R. Meyke*, Entscheidungsfindung mit »richtungweisendem« Vorsitzenden, DRiZ 1990, S. 287 (289), der auch darauf hinweist, dass der Vorsitzende dort eine richtungsweisende Funktion beanspruchen kann, wo er zusammen mit weniger kompetenten Laienrichtern entscheidet. Das ist der Gedanke der möglichen Erhöhung des Stimmgewichts von Berufsrichtern gegenüber Laienrichtern (dazu oben (a)). Vgl. auch *H. Schorn/H. Stanicki*, Die Präsidialverfassung der Gerichte aller Rechtswege, 2. Aufl. 1975, S. 124.

[492] Ein daraus folgendes (hier nicht näher relevantes) Problem ist der faktische Einfluss des Vorsitzenden auf die Beisitzer. Deshalb kritisch zur Vorsitzendenstellung *R. Lautmann*, Hierarchie im Richterkollegium, ZRP 1972, S. 129 ff.; Gegenkritik von *Bürgle*, Kollegium aus Waschlappen?, ZRP 1972, S. 199 f.; *B. v. Feldmann*, Vorsitzender und Kollegialität, ZRP 1972, S. 199.

[493] Vgl. *B. Sangmeister*, Fließt aus dem Richtertum das Führertum?, ZRP 1995, S. 297; siehe auch *Bull*, Auch Beisitzer sind Richter!, DRiZ 1959, S. 84 (84).

[494] *R. Wassermann*, in: AK GG, 3. Aufl. 2001, Art. 97 Rn. 40; ebenso *F. Doerr*, Allgemeine Lehren der Gerichtsverfassung, AöR 41 (1921), S. 53 (57); *J. Heinrich*, Verhandlungsverantwortung und Verhandlungsleitung im Kollegialgericht, 2015, S. 13.

der Richter zugleich eine Ungleichbehandlung hinter ihnen stehender Personen bzw. Institutionen liegen. Diese Möglichkeit besteht erstens im Hinblick auf ihre Wahl durch Bundestag und Bundesrat, zweitens im Hinblick auf ihre politische Auswahl. Schließlich ist wiederum zu fragen, ob es Kriterien gibt, an die eine Differenzierung zulässiger- und sinnvollerweise anknüpfen könnte.

(a) Parität der Senatsbesetzung

Gemäß Art. 94 Abs. 1 Satz 2 GG werden die Mitglieder des Bundesverfassungsgerichts je zur Hälfte vom Bundestag und vom Bundesrat gewählt. Aus diesem Erfordernis »föderativer[r] Parität«[495] wurde teilweise das verfassungsrechtliche Erfordernis gefolgert, dass auch die Richter eines jeden der beiden – erst einfachrechtlich durch § 2 BVerfGG konstituierten – Senate je zur Hälfte vom Bundestag und vom Bundesrat gewählt werden müssten.[496] Wäre die paritätische Wahl der Senatsmitglieder, die einfachrechtlich in § 5 Abs. 1 Satz 1 BVerfGG festgeschrieben ist,[497] auch verfassungsrechtlich zwingend, wäre eine einfachgesetzliche Regelung, die ein ungleiches Stimmrecht zwischen den vom Bundestag gewählten Richtern einerseits und den vom Bundesrat gewählten Richtern andererseits bewirken würde, in der Tat verfassungsrechtlich problematisch – vorausgesetzt die erforderliche Parität bezöge sich nicht nur auf die Besetzung des Senats, sondern weitergehend auf die Beteiligung an der Entscheidung. Allerdings wird heute von der ganz überwiegenden Meinung im Schrifttum die verfassungsrechtliche Notwendigkeit der paritätischen Senatsbesetzung verneint.[498] Nach der Rechtsprechung des Bundesverfassungsgerichts gilt das Paritätserfordernis des Art. 94 Abs. 1 Satz 2 GG nicht für »den einzelnen, jeweils tätig werdenden Spruchkörper«[499]. Damit ist indes nur die Besetzung des konkreten Spruchkörpers angesprochen, d. h. jedenfalls Senate,

---

495 *K. A. Bettermann*, Opposition und Verfassungsrichterwahl, in: Bernstein/Drobnig/Kötz (Hrsg.), FS Zweigert, 1981, S. 723 (726).

496 *H. Brox*, Rechtsprobleme der Abstimmungen beim Bundesverfassungsgericht, in: Ritterspach/Geiger (Hrsg.), FS Müller, 1970, S. 1 (9); *F. Klein*, in: Maunz u. a. (Hrsg.), BVerfGG, 3. EL 1972, § 5 Rn. 8 f.; *T. Maunz*, in: ders./Dürig (Begr.), GG, Grundwerk, Art. 94 Rn. 15; *W. Geiger*, Über den Umgang mit dem Recht bei der Besetzung des Bundesverfassungsgerichts, EuGRZ 1983, S. 397 (399); *B. Heüveldop*, Verfassungsrechtliche Anforderungen an das Besetzungsverfahren für die Kammern des BVerfG, NJW 1990, S. 28 (29).

497 Vgl. *C. Lenz/R. Hansel*, BVerfGG, 2. Aufl. 2015, § 5 Rn. 1.

498 *M. Raden*, in: Umbach/Clemens (Hrsg.), GG, Bd. II, 2002, Art. 94 Rn. 12; *H. H. Bowitz*, in: Umbach/Clemens/Dollinger (Hrsg.), BVerfGG, 2. Aufl. 2005, § 5 Rn. 6; *D. Hömig*, in: Maunz u. a. (Hrsg.), BVerfGG, 36. EL 2011, § 5 Rn. 3; *S. Ruppert*, in: Burkiczak/Dollinger/Schorkopf (Hrsg.), BVerfGG, 2015, § 5 Rn. 7; *A. Hopfauf*, in: Schmidt-Bleibtreu/Hofmann/Henneke (Hrsg.), GG, 14. Aufl. 2018, Art. 94 Rn. 32; *P. Wittmann*, in: Barczak (Hrsg.), BVerfGG, 2018, § 5 Rn. 15; *B. Grünewald*, in: BeckOK BVerfGG, § 5 Rn. 5; *C. Walter*, in: Maunz/Dürig (Begr.), GG, 88. EL 2019, Art. 94 Rn. 11. A. A. *M. Kau*, United States Supreme Court und Bundesverfassungsgericht, 2007, S. 240.

499 BVerfG, Beschl. v. 16.06.1965 – 1 BvR 124/65 –, BVerfGE 19, 88 (91).

an deren Entscheidung im konkreten Fall weniger als acht Richter mitwirken, sowie die Kammern[500] müssen nicht paritätisch besetzt sein. Damit vereinbar wäre es aber, Parität für die abstrakte Besetzung der jeweils acht Posten in den Senaten zu verlangen. Dass Art. 94 Abs. 1 Satz 2 GG nur für das Bundesverfassungsgericht als Ganzes gelte, lässt sich der zitierten Entscheidung deshalb nicht entnehmen.[501]

Wenn aber das Paritätserfordernis nicht für den konkret entscheidenden Spruchkörper gilt (was unstreitig der Fall ist), dann kann es überhaupt nicht auf die Entscheidung, sondern nur auf die Besetzung des Senats bezogen sein. Das bedeutet, dass die Beteiligung der Richter an der Entscheidung von vornherein nicht von der Parität des Art. 94 Abs. 1 Satz 2 GG umfasst wird und dass folglich auch dann, wenn man auch für die beiden Senate jeweils Parität fordert, dies mit einer ungleichen Verteilung des Stimmrechts innerhalb des Senats vereinbar wäre. Zudem ist darauf hinzuweisen, dass es auch möglich wäre, die Kriterien für eine Differenzierung des Stimmrechts so zu wählen, dass zwischen den vom Bundestag und den vom Bundesrat gewählten Richtern eines Senats in der Summe gleiches Stimmrecht besteht. Aus dem Paritätserfordernis des Art. 94 Abs. 1 Satz 2 GG folgt mithin kein Erfordernis eines gleichen Stimmrechts der Bundesverfassungsrichter.

(b) Politischer Proporz

Wie hinlänglich bekannt ist, werden die Richter des Bundesverfassungsgerichts basierend auf einem politischen Proporz des Vorschlagsrechts gewählt.[502] Endet die Amtszeit eines Richters, so hat die Partei, die diesen Richter vorgeschlagen hatte, das Recht, den Nachfolger vorzuschlagen (»Erbhöfe«[503]). Dadurch bleibt die politische Zusammensetzung im Sinne der Anzahl an Richtern, die jeweils von derselben Partei vorgeschlagen wurden, für beide Senate stets gleich.[504]

---

[500] Dazu *P. Wittmann*, in: Barczak (Hrsg.), BVerfGG, 2018, § 5 Rn. 16.

[501] Dies verkennt *D. Hömig*, in: Maunz u. a. (Hrsg.), BVerfGG, 36. EL 2011, § 5 Rn. 3. Richtig insoweit *F. Klein*, in: Maunz u. a. (Hrsg.), BVerfGG, 3. EL 1972, § 5 Rn. 9.

[502] Vgl. *E.-W. Böckenförde*, Verfassungsgerichtsbarkeit: Strukturfragen, Organisation, Legitimation, NJW 1999, S. 9 (16); *U. Kischel*, Amt, Unbefangenheit und Wahl der Bundesverfassungsrichter, in: Isensee/Kirchhof (Hrsg.), HStR, Bd. III, 3. Aufl. 2005, § 69 Rn. 21 ff., 32 ff.; *C. Landfried*, Die Wahl der Bundesverfassungsrichter und ihre Folgen für die Legitimität der Verfassungsgerichtsbarkeit, in: van Ooyen/Möllers (Hrsg.), Handbuch Bundesverfassungsgericht im politischen System, 2. Aufl. 2015, S. 369 (375 ff.); *K. Schlaich/S. Korioth*, Das Bundesverfassungsgericht, 11. Aufl. 2018, Rn. 45.

[503] *E. Friesenhahn*, in: Frowein/Meyer/Schneider (Hrsg.), Bundesverfassungsgericht im dritten Jahrzehnt, 1973, S. 71.

[504] Eine Änderung hat die Zusammensetzung nur dadurch erfahren, dass die beiden großen Parteien CDU/CSU und SPD den beiden kleineren Parteien FDP und Grüne jeweils auch ein Vorschlagsrecht eingeräumt haben. Vgl. etwa *F. K. Fromme*, Verfassungsrichterwahl, NJW 2000, S. 2977 (2978).

Dieses »Gleichgewicht in den Senaten«[505] würde gestört, wenn das Stimmgewicht ungleich verteilt würde.

Fraglich ist aber, ob eine solche Störung des politischen Gleichgewichts unzulässig wäre, denn schließlich wird die politisch ausgewogene Besetzung des Bundesverfassungsgerichts vom Grundgesetz[506] nicht verlangt.[507] Aus gewissen verfassungspolitischen Gründen werden die Bundesverfassungsrichter von den politischen Gremien Bundestag und Bundesrat gewählt. Dieser Wahlmodus hat nahezu zwangsläufig eine politische Fraktionierung zur Folge, bei der es sich aber lediglich um eine faktische, nicht um eine rechtliche Notwendigkeit handelt.[508] Es ist also rechtlich nicht zwingend, dass allen Richtern ein gleiches Stimmgewicht zukommt, um der politischen Besetzung des Bundesverfassungsgerichts Rechnung zu tragen. Ohnehin gilt der politische Proporz jeweils nur für den gesamten Senat, nicht jedoch für jeden konkret entscheidenden Spruchkörper, da nicht alle Senatsmitglieder an einer Entscheidung mitwirken müssen. Zudem ließe sich das Stimmgewicht gesetzlich auch derart festlegen, dass es den Parteien möglich wäre, die Richter so zu wählen, dass die Stimmenzahl, auf die die Parteien Einfluss haben, wiederum ausgeglichen wäre. Gleichwohl ist auch zu betonen, dass der Gedanke des politischen Proporzes[509] durchaus einen vernünftigen Grund bieten kann, am gleichen Stimmgewicht der Richter festzuhalten. Das führt zur weitergehenden und ent-

---

[505] *K. Schlaich/S. Korioth*, Das Bundesverfassungsgericht, 11. Aufl. 2018, Rn. 47.

[506] Auch das einfachgesetzliche Erfordernis einer Zweidrittelmehrheit für die Richterwahl (§ 6 Abs. 1 Satz 2 und § 7 BVerfGG) dient nicht dem parteipolitischen Proporz, sondern zielt auf die Neutralität der Richter durch Einbezug der Minderheit in die Wahl. In der Realität führt die Regelung dazu, dass der von der vorschlagsberechtigten Partei benannte Kandidat einstimmig gewählt wird, sofern er nicht für die anderen Parteien unwählbar ist, wodurch zum einen Kandidaten mit ›extremen‹ Ansichten keine Chance haben und zum anderen durchaus auch ›neutrale‹ Richter gewählt werden. Zum Ganzen *S. Ruppert*, in: Burkiczak/Dollinger/Schorkopf (Hrsg.), BVerfGG, 2015, § 6 Rn. 27 ff.; *M. Schröder*, Verfassungsrichterwahl im transparenten Konsens?, ZG 2015, S. 150 (152 ff.); *K. Schlaich/S. Korioth*, Das Bundesverfassungsgericht, 11. Aufl. 2018, Rn. 43 ff.; *A. Voßkuhle*, in: v. Mangoldt/Klein/Starck (Begr.), GG, Bd. 3, 7. Aufl. 2018, Art. 94 Rn. 9, 14 f.; *J. Wieland*, in: Dreier (Hrsg.), GG, Bd. III, 3. Aufl. 2018, Art. 94 Rn. 11 ff.; aufschlussreich auch *H. Frank*, Die »neutralen« Richter des Bundesverfassungsgerichts, in: Fürst/Herzog/Umbach (Hrsg.), FS Zeidler, Bd. 1, 1987, S. 163 ff. Zur Sicherstellung der Neutralität durch das qualifizierte Mehrheitserfordernis vgl. auch *K. A. Bettermann*, Opposition und Verfassungsrichterwahl, in: Bernstein/Drobnig/Kötz (Hrsg.), FS Zweigert, 1981, S. 723 (745).

[507] *K. A. Bettermann*, a. a. O., S. 745, ist sogar der Ansicht, es sei »illegitim, weil mit der grundgesetzlichen Zuordnung der Verfassungsgerichtsbarkeit zur ›dritten Gewalt‹ unvereinbar, das Verfassungsgericht durch fraktionsproportionale Besetzung zum Spiegelbild des Parlaments zu machen.« – Die Verfassung von Delaware schreibt für den dortigen Supreme Court eine parteipolitisch ausgeglichene Besetzung vor. Die Frage, ob dies gegen die US-Verfassung verstößt, steht beim US Supreme Court zur Entscheidung an *(Carney v. Adams)*.

[508] *K. Schlaich/S. Korioth*, Das Bundesverfassungsgericht, 11. Aufl. 2018, Rn. 47.

[509] Zu dessen Bedeutung für das Vertrauen in das BVerfG vgl. etwa *R. Wassermann*, Wo das Los entscheidet, regiert der Zufall, DRiZ 1984, S. 410.

scheidenden Frage, ob es überhaupt ein zulässiges und sinnvolles Differenzierungskriterium geben kann.

(c) Differenzierungskriterien

Die Anzahl der Differenzierungskriterien, an die ein ungleiches Stimmgewicht der Richter anknüpfen könnte, ist beim Bundesverfassungsgericht deutlich geringer als bei Fachgerichten. Von den potentiell vorstellbaren Gestaltungsoptionen[510] dürfte die einzig realistische Möglichkeit sein, dem Berichterstatter ein erhöhtes Stimmgewicht zuzusprechen.[511] Ein höheres Stimmgewicht des Vorsitzenden muss wie bei Fachgerichten abgelehnt werden. Auch eine Anknüpfung an den beruflichen Hintergrund (Bundesrichter, Professoren, Sonstige) kommt nicht wirklich in Betracht. Folgende Aussage Willi Geigers wird man auf die fachliche Qualifikation der Bundesverfassungsrichter ausweiten dürfen:

> Einmal als Richter bestellt, darf es für die Art seiner Verwendung innerhalb des Gerichts nicht mehr von Bedeutung sein, woher der Richter kommt, welche politische Haltung man ihm zuschreibt, in welchen sozialen, politischen, weltanschaulichen Vorstellungen er groß geworden ist.[512]

dd) Fazit

Die Überlegungen zum Fairnessargument ergeben ein gemischtes Bild. Einerseits bietet es grundsätzlich eine starke Rechtfertigung des Mehrheitsprinzips, insoweit die Kriterien Responsivität, Entscheidungsfähigkeit und Neutralität sehr gut auf Rechtsprechung passen. Andererseits: Zwar ist nur die Anonymität problematisch, aber gerade dieses egalitäre Kriterium ist es, das dem Fairnessargument sein hohes normatives Gewicht in der Demokratietheorie verleiht.

Gerade die Gleichheit im Stimmgewicht ist für Richter nicht von vornherein zwingend, Differenzierungen sind möglich. Maßgeblich kann deshalb nur das jeweilige Richterleitbild sein. Dem deutschen Richterleitbild ist insoweit ein »Streben nach größtmöglicher Gleichrangigkeit richterlicher Entscheidungsträger«[513] attestiert worden. Die Idee der Austauschbarkeit der Richter[514] ist zumin-

---

510 Vgl. auch *R. Dworkin*, Response, Boston Univ. Law Rev. 90 (2010), S. 1059 (1087): »We can easily imagine some. Constitutional courts might give more votes to senior judges because they have more experience. Or more votes to junior judges because they are likely better to represent popular opinion.« Ebenso *ders.*, Gerechtigkeit für Igel, 2014, S. 805.

511 Nimmt man ein bereits bestehendes faktisches Übergewicht des jeweiligen Berichterstatters an (so, jedenfalls für manche Richter bzw. Ressorts, *R. Zuck*, Danke, Richter Kirchhof, danke!, NJW 2000, S. 1087 f.), dürfte dies eher gegen ein höheres Stimmgewicht sprechen.

512 *W. Geiger*, Zur Reform des Bundesverfassungsgesetzes, in: Maunz (Hrsg.), FS Nawiasky, 1956, S. 211 (224).

513 *A. Eser*, Der »gesetzliche Richter« und seine Bestimmung für den Einzelfall, in: ders. u. a. (Hrsg.), FS Salger, 1995, S. 247 (267).

514 *W. Geiger*, Zur Reform des Bundesverfassungsgesetzes, in: Maunz (Hrsg.), FS Nawiasky, 1956, S. 211 (224).

dest für das Bundesverfassungsgericht normativ äußerst gewichtig.[515] Bei den Fachgerichten bestehen hingegen Unterschiede zwischen Richtern, die zur Folge haben, dass die Richter insoweit gerade nicht austauschbar sind.[516] Diese Unterschiede halten die Option einer Stimmgewichtung jedenfalls offen. Maßgeblich ist die Entscheidung darüber, ob der Statusunterschied einen unterschiedlichen Einfluss auf die Kollegialentscheidung nach sich ziehen soll oder nicht.

VI. Praktikabilitätsargument

Zu guter Letzt bleibt das Argument der Praktikabilität, das Argument, dass das Mehrheitsprinzip effizient ist, weil es ermöglicht, in relativ kurzer Zeit eine Entscheidung zu treffen.[517] Das Mehrheitsprinzip wird dabei insbesondere mit dem Einstimmigkeitsprinzip kontrastiert:[518] Während eine Einigung aller entweder

---

[515] Vgl. soeben cc)(5)(c).

[516] Vgl. *O. R. Kissel/H. Mayer*, GVG, 9. Aufl. 2018, § 192 Rn. 2.

[517] *H. Abromeit*, Mehrheitsprinzip und Föderalismus, in: Guggenberger/Offe (Hrsg.), An den Grenzen der Mehrheitsdemokratie, 1984, S. 132 (133); *N. Bobbio*, Die Mehrheitsregel: Grenzen und Aporien, in: Guggenberger/Offe (Hrsg.), a. a. O., S. 108 (114 f.); *C. Offe*, Politische Legitimation durch Mehrheitsentscheidung?, in: Guggenberger/Offe (Hrsg.), a. a. O., S. 150 (152); *E. Benda*, Konsens und Mehrheitsprinzip im Grundgesetz und in der Rechtsprechung des Bundesverfassungsgerichts, in: Hattenhauer/Kaltefleiter (Hrsg.), Mehrheitsprinzip, Konsens und Verfassung, 1986, S. 61 (62); *L. Roos*, Mehrheitsregel im Entscheidungsprozeß, in: Rauscher (Hrsg.), Mehrheitsprinzip und Minderheitenrecht, 1988, S. 9 (15); *W. Schmitt Glaeser*, Der freiheitliche Staat des Grundgesetzes, 3. Aufl. 2016, S. 138 f.; *M. Morlok/L. Michael*, Staatsorganisationsrecht, 4. Aufl. 2019, Rn. 166. Zum Thema der Willens- und Handlungsfähigkeit von Korporationen bei hochmittelalterlichen Glossatoren siehe *O. v. Gierke*, Das deutsche Genossenschaftsrecht, Bd. 3, 1881, S. 218 (sowie S. 220 ff. zum Mehrheitsprinzip). Zum Verhältnis von Demokratie und Effizienz vgl. *W. Fach*, Demokratie und Effizienz, ARSP 64 (1978), S. 35 ff.

[518] Siehe nur *H. Laufer*, Die demokratische Ordnung, 1966, S. 98. Vgl. auch (zurecht kritisch) *N. Luhmann*, Legitimation durch Verfahren, 9. Aufl. 2013, S. 176: »Die klassische Politologie stellt das Mehrheitsprinzip gern als eine Notlösung dar und begründet es damit, daß für einstimmiges Entscheiden leider kein ausreichender Konsens zu beschaffen sei. Eine solche Charakterisierung von unerreichbaren Idealen her vermittelt aber wenig Aufschluß über den eigentlichen Sinn dieses Prinzips und die strukturellen Funktionsbedingungen, unter denen es operieren kann.« Zur historischen Bedeutung der Schnelligkeit des Mehrheitsprinzips im Vergleich zum Konsensprinzip siehe *E. Flaig*, Die Mehrheitsentscheidung – ihre kulturelle Bedeutung, EWE 25 (2014), S. 369 (373). – Eine fortgeschrittene Abwandlung dieses Arguments stellt darauf ab, dass beim Erfordernis der Einstimmigkeit übermäßiger Druck oder gar Zwang auf die Minderheit ausgeübt wird; vgl. *E. Anderson*, The Epistemology of Democracy, Episteme 3 (2006), S. 8 (16). Vgl. auch den Gedanken von *H. Kelsen*, Vom Wesen und Wert der Demokratie, 2. Aufl. 1929, S. 53, dass die Majorität »ihrem Begriff nach die Existenz einer Minorität und […] somit das Recht der Majorität die Existenzberechtigung einer Minorität« voraussetze; dazu *M. Jestaedt/O. Lepsius*, Der Rechts- und der Demokratietheoretiker Hans Kelsen, in: Kelsen, Verteidigung der Demokratie, 2006, S. VII (XXIII). Zur daraus folgenden Bedeutung einer Opposition siehe *E. Anderson*, a. a. O., S. 16 f.; *A. Ingold*, Das Recht der Oppositionen, 2015, S. 309.

gar nicht oder nur nach sehr langer Beratung oder Verhandlung möglich sei,[519] erlaube es das Mehrheitsprinzip, schnell eine eindeutige Entscheidung zu erzielen.[520] Jedoch haben wir bereits gesehen, dass dies nicht exklusiv für das Mehrheitsprinzip gilt, denn auch das Einstimmigkeitsprinzip oder das Erfordernis einer qualifizierten Mehrheit führen stets zu einer Entscheidung, solange die erhöhte Schwelle nur für eine Option gilt und bei Nichterreichen der Schwelle die andere Option gewählt ist.[521] Auch Erfordernisse der Einstimmigkeit oder qualifizierter Mehrheiten erfüllen dadurch das Kriterium der Entscheidungsfähigkeit.[522] Das Mehrheitsprinzip ist deshalb solchen Entscheidungsregeln nur dann vorzuziehen, wenn über die Praktikabilität hinaus die Neutralität der Entscheidungsregel gefordert wird.[523]

Hinzu kommt eine zweite Überlegung zur Abgrenzung des Mehrheitsprinzips gewissermaßen in die andere Richtung. Wenn die Entscheidungsregel praktikabel sein, also schnell eine Entscheidung herbeiführen soll, warum wird dann der Aufwand von Beratung und Abstimmung betrieben und nicht einfach zufällig entschieden? Die Praktikabilität allein kann keine Rechtfertigung für das Mehrheitsprinzip sein, könnte aus diesem Grund doch genauso gut gewürfelt werden.[524] Genau wie eine Mehrheitsentscheidung führt nämlich auch eine simple Zufallsentscheidung wie Würfeln, Losziehung oder Münzwurf eine eindeutige Entscheidung herbei[525] und wahrt dabei ebenfalls die Gleichheit der Abstimmenden und die Neutralität[526] – der Zufall ist schließlich, wie Justitia,

---

[519] Die Möglichkeit einer ›hung jury‹ in amerikanischen Strafprozessen (dazu oben V.2.b) aa)) wird (u. a.) deshalb als ineffizient kritisiert. Vgl. die (abweichende) Meinung von Richter Katz in *State v. Sawyer*, 227 Conn. 566, 587–594 (Conn. 1993); ferner *M. H. Glasser*, Letting the Supermajority Rule, Fla. State Univ. Law Rev. 24 (1997), S. 659 (660, 675).

[520] Drastisch das Bild von *W. X. A. v. Kreittmayr*, Anmerkungen über den Codicem Juris Bavarici Judiciarii, 1755, S. 479: »Man vergleicht auch die Collegia, worin majora nicht Platz haben, nicht unbillig dem Frauenzimmer in der Fabel, welche von denen vielen Rivalen endlich in Stücke zerrissen worden.«

[521] Größerer Aufwand ist allerdings dann erforderlich, wenn in der der Abstimmung vorausgehenden Beratung lange versucht wird, Einstimmigkeit zu erzielen.

[522] Siehe die Ausführungen zum Fairnessargument (oben V.2.a)bb)(1)).

[523] Siehe auch dazu das Fairnessargument (oben V.2.a)bb)(4)).

[524] So auch *E. Flaig*, Die Mehrheitsentscheidung, 2013, S. 575 En. 92. Vgl. auch die Anmerkung von *E. Lagerspetz*, Social Choice and Democratic Values, 2016, S. 317, zum Mehrheitsprinzip in der deliberativen Demokratietheorie: »In practical contexts, the existence of a time-limit forces a closure, but it does not force us to accept any particular rule for that purpose.«

[525] *J. Waldron*, Five to Four: Why Do Bare Majorities Rule on Courts?, Yale Law J. 123 (2014), S. 1692 (1711 f.), weist zu Recht darauf hin, dass ein Vorzug des Mehrheitsprinzips im Hinblick auf die Entscheidungsfähigkeit darin besteht, dass eine Zufallsentscheidung bei Wiederholung zu einem anderen Ergebnis führen kann. Zwar kann dies beim Mehrheitsprinzip ebenso der Fall sein, wenn eine oder mehrere Abstimmende ihre Meinung ändern. Dann basiert die andere Entscheidung aber gerade auf den geänderten Meinungen der Abstimmenden, was genau der Grund ist, warum das Mehrheitsprinzip der Zufallsentscheidung vorzuziehen ist (dazu sogleich im Text).

[526] Vgl. *W. Nelson*, On Justifying Democracy, 1980, S. 18 f. *J. Bentham*, Essay on Political

blind.[527] Die Zufallsentscheidung ist indes deutlich effizienter als eine Mehrheitsentscheidung, da sie viel geringere Entscheidungskosten verursacht[528] und viel weniger Zeit in Anspruch nimmt. Bei (Kollegial-)Gerichten könnte man sich das gesamte – kostspielige und für die Parteien nicht selten auch psychisch belastende[529] – Verfahren mit Schriftsätzen, Verhandlung, Beratung und Abstimmung sparen und einfach nach Eingang der Klage (oder des Rechtsmittels) eine Münze entscheiden lassen.[530] Um das Mehrheitsprinzip zu rechtfertigen, muss folglich herausgefunden werden, was das Mehrheitsprinzip gegenüber Zufallsentscheidungen auszeichnet. Die Rechtfertigung des Mehrheitsprinzips muss anderswo als bloß in der Effizienz des Entscheidungsmodus gesucht werden.[531]

1. Responsivität des Kollegialurteils

Welche Eigenschaft weist das Mehrheitsprinzip also auf, das es von Zufallsentscheidungen unterscheidet? Die Antwort ist bereits bekannt, sie lautet: Responsivität. Responsiv ist eine Entscheidungsregel, bei der die Entscheidung von den Ansichten der Entscheidungsträger abhängt.[532] Genau darin liegt der Sinn von Abstimmungen: dass die Entscheidung der Gruppe daraus folgt, was die einzelnen Gruppenmitglieder für richtig halten. Durch die Aggregation der einzelnen Ansichten soll die richtige Entscheidung gefunden werden. Eine re-

---

Tactics, 1791, S. 54, beschreibt den Zufall gar als »that incorruptible power, which [...] is the best guardian and firmest protector that Equality can have.« Zur Chancengleichheit des Losverfahrens vgl. auch BlnVerfGH, Urt. v. 19.10.1992 – 24/92 –, NVwZ 1993, S. 1093 (1095 f.); kritisch *C. Pestalozza*, Die Wahl der Mitglieder der Berliner Bezirksämter, NVwZ 1993, S. 1067 (1069): »Das Los kommt stets, wenn überhaupt, nur als geringstes Übel in Betracht.«

527 Zur Frage, wann genau eine Lotterie fair ist, *G. Sher*, What Makes a Lottery Fair?, Noûs 14 (1980), S. 203 ff.; *L. A. Kornhauser/L. G. Sager*, Just Lotteries, Soc. Sci. Inf. 27 (1988), S. 483 (485 ff.). Insb. kann eine Lotterie auch dann neutral sein, wenn sie den Optionen nicht mathematisch gleiche Wahrscheinlichkeiten gibt, solange dies in einer unpersönlichen und deshalb neutralen Weise geschieht.

528 *H. Buchstein*, Demokratie und Lotterie, 2009, S. 321, erinnert aber zu Recht an die nicht zu vernachlässigenden Kosten für »manipulationssichere Gerätschaften für Massenauslosungen«. Allgemein zu den Kosten kollektiver Entscheidungen *J. Elster*, Securities Against Misrule, 2013, S. 273 ff. Ein historisch eindrückliches Beispiel für die Entscheidungskosten des demokratischen Mehrheitsprinzips sind die architektonisch höchst aufwändigen Versammlungsplätze der alten Griechen; dazu *E. Flaig*, Die Mehrheitsentscheidung – ihre kulturelle Bedeutung, EWE 25 (2014), S. 369 (375), der »die Geburt des griechischen Theaters aus dem Geiste der politischen Akustik« behauptet; zum Verhältnis von antikem Theater und kollektiven Entscheidungen vgl. auch *C. Vismann*, Das Drama des Entscheidens, in: dies./Weitin (Hrsg.), Urteilen/Entscheiden, 2006, S. 91 ff.

529 Vgl. *J. Neuner*, Die Rechtsfindung contra legem, 2. Aufl. 2005, S. 70.

530 Vgl. *J. Waldron*, Five to Four: Why Do Bare Majorities Rule on Courts?, Yale Law J. 123 (2014), S. 1692 (1710); ebenso *D. Baker/R. Knopff*, Minority Retort, Windsor Yearb. Access Justice 21 (2002), S. 347 (356).

531 So auch *J. Waldron*, a. a. O., S. 1711.

532 Siehe oben V.2.a)bb)(2), b)aa).

sponsive Entscheidungsregel erlaubt es demgemäß, dass die Entscheidung auf den vernunftmäßigen Überlegungen der Abstimmenden, auf »Gründen, die das Ergebnis intentional begründen«[533], beruht, und dient somit – im Gegensatz zur objektiven Willkür der Zufallsentscheidung – der Rationalität der Entscheidung.[534]

Was aber, wenn die epistemische Betrachtung abgelehnt wird, wenn wir erkennen, dass es gar keine richtige Entscheidung gibt? In der Demokratietheorie ist auf den Gedanken der Volks-Herrschaft, des ›government by the people‹,[535] zu verweisen: Die Entscheidung soll auf den Präferenzen der Abstimmenden, also der Bürger oder ihrer Repräsentanten, beruhen. Gewählt werden soll, wen die Wähler wollen, und im Parlament soll Gesetz werden, was die Abgeordneten wollen.[536] Losentscheidungen widersprechen deshalb dem demokratischen Partizipationsgedanken.[537] Indes lässt sich sowohl für Wahlen als auch für Abstimmungen in Frage stellen, ob *maximale* Responsivität zwingend ist. Denn eine ›gewichtete Lotterie‹ könnte vorzugswürdig sein, weil sie bessere Aussichten für Minderheiten verspricht.[538] Bei einer gewichteten Lotterie wird aus den Stimmen der Abstimmenden gelost, d. h. die Option, die zum Beispiel 60 % der Stimmen erlangt hat, wird nicht automatisch gewählt, sondern hat (nur) eine a-priori-Chance von 60 %, gelost zu werden. Ein solcher Entscheidungsmodus ist responsiv, da eine Stimme für eine Option auch immer nur für diese Option wirken kann (es also kein negatives Stimmgewicht geben kann), aber nicht maximal responsiv, da bei Gleichstand eine einzelne zusätzliche Stimme nicht den entscheidenden Ausschlag für eine Option gibt.[539] Eine gewichtete Lotterie ermöglicht es (permanenten) Minderheiten, auch einmal zum Zuge zu kommen,

---

533 *V. H. Schmidt*, Das Los des Loses, Leviathan 28 (2000), S. 363 (369).

534 Vgl. *O. Depenheuer*, Zufall als Rechtsprinzip?, JZ 1993, S. 171 (174 f.).

535 Vgl. auch den Begriff der »Input-Legitimität« von *F. W. Scharpf*, Regieren in Europa, 1999, S. 17 ff.

536 Vgl. *G. Mackie*, The Values of Democratic Proceduralism, Ir. Political Stud. 26 (2011), S. 439 ff.; ferner *J. Waldron*, Legislation, Authority, and Voting, Georget. Law J. 84 (1996), S. 2185 (2209 f.). Interessanterweise wurde das Losverfahren sowohl in der Praxis als auch der Theorie immer schon eher für Personal- als für Sachentscheidungen herangezogen. Vgl. *N. Duxbury*, Random Justice, 1999, S. 26 ff.; zum Überblick *F. Engelstad*, The Assignment of Political Office by Lot, Soc. Sci. Inf. 28 (1989), S. 23 ff.; zum Losverfahren in Athen und in der republikanischen Tradition *B. Manin*, Kritik der repräsentativen Demokratie, 2007, S. 15 ff. Als aktuelles Werk gegen Wahlen und für Auslosungen von Repräsentanten siehe *D. Van Reybrouck*, Gegen Wahlen, 2016; dazu und m. w. N. zur demokratietheoretischen Debatte um Losverfahren *R. C. van Ooyen*, Demokratie durch Losverfahren, RuP 53 (2017), S. 375 ff. Zu Problemen bei der Verarbeitung der Geschichte im aktuellen Diskurs *K. Piepenbrink*, Losverfahren, Demokratie und politische Egalität, Ant. Ab. 59 (2013), S. 17 ff.

537 Vgl. *H. Greely*, The Equality of Allocation by Lot, Harv. Civ. Rights-Civ. Liberties Law Rev. 12 (1977), S. 113 (122 f.); *E. Spitz*, Majority Rule, 1984, S. 158.

538 Für Wahlen siehe *A. R. Amar*, Choosing Representatives by Lottery Voting, Yale Law J. 93 (1984), S. 1283 ff.; für Abstimmungen siehe *B. Saunders*, Democracy, Political Equality, and Majority Rule, Ethics 121 (2010), S. 148 ff.

539 Vgl. *B. A. Ackerman*, Social Justice in the Liberal State, 1980, S. 286 ff.

indem ab und zu ihren Präferenzen entsprechend entschieden wird (bzw. sie im Parlament besser repräsentiert werden).

Doch zurück zur Rechtsfindung des Kollegialgerichts. Die Frage, die sich stellt, lautet, warum das Urteil darauf basieren soll, was die Richter für richtig halten.[540] Dass wir wollen, dass die kollegialgerichtliche Entscheidung auf den Ansichten der Richter beruht, muss mit ihrer Aufgabe zusammenhängen. Als Wahr- und Rechtsspruch[541] basiert der Richterspruch auf der Tatsachen- und Rechtsfindung des Richters. Die richterlichen Tatsachenfeststellungen sollen dabei auf der Beurteilung der Beweislage durch den Richter, nicht auf bloßem Zufall beruhen. Beispiel Strafprozess: Ob der Angeklagte die Tat begangen hat oder nicht, soll der Richter aufgrund der ihm vorliegenden Beweise, nicht anhand eines Münzwurfs entscheiden. Auch über die Rechtsfindung soll nicht der Zufall entscheiden, sondern die Richter sollen aufgrund methodengerechter juristischer, »rationaler Argumentation«[542] zu einem Urteil kommen. Die richterliche Aufgabe der Tatsachen- und Rechtsfindung steht demnach im Widerspruch zum Zufallsprinzip. Allgemeiner lässt sich sagen, dass die Aufgabe staatlicher Institutionen, ihre Entscheidungen rational[543] und »möglichst richtig«[544] zu treffen, einer Zufallsentscheidung entgegensteht. Denn: »Wo der Zufall entscheidet, […] da hat die Rationalität keinen Ort.«[545] Das Los hat seinen legitimen Anwendungsbereich deshalb grundsätzlich nur dort, wo zwischen Optionen nicht mehr rational entschieden werden kann, sie also unter den entscheidungserheblichen Gesichtspunkten gleichwertig sind.[546]

---

540 Dazu, dass es bei Gerichtsentscheidungen um Urteile, nicht Präferenzen geht, oben A.II.2.a).

541 *K. Rennert*, Legitimation und Legitimität des Richters, JZ 2015, S. 529 (535).

542 BVerfG, Beschl. v. 14.02.1973 – 1 BvR 112/65 –, BVerfGE 34, 269 (287).

543 Vgl. *J. Isensee*, Die Rationalität des Staates und die Irrationalität des Menschen, AöR 140 (2015), S. 169 ff.

544 BVerfG, Urt. v. 18.12.1984 – 2 BvE 13/83 –, BVerfGE 68, 1 (86); BVerfG, Beschl. v. 17.07.1996 – 2 BvF 2/93 –, BVerfGE 95, 1 (15); Urt. v. 14.07.1998 – 1 BvR 1640/97 –, BVerfGE 98, 218 (252); BVerfG, Beschl. v. 21.04.2015 – 2 BvR 1322/12 u. a. –, NVwZ 2015, S. 1279 (1280); BVerfG, Urt. v. 19.09.2018 – 2 BvF 1/15 u. a. –, NVwZ 2018, S. 1703 (1711).

545 *J. Isensee*, Die Rationalität des Staates und die Irrationalität des Menschen, AöR 140 (2015), S. 169 (171).

546 *O. Depenheuer*, Zufall als Rechtsprinzip?, JZ 1993, S. 171 (176 ff.). Aus der politischen Theorie *L. A. Kornhauser/L. G. Sager*, Just Lotteries, Soc. Sci. Inf. 27 (1988), S. 483 (492 ff.); *T. Eckhoff*, Lotteries in Allocative Situations, Soc. Sci. Inf. 28 (1989), S. 5 ff.; *P. Stone*, Why Lotteries Are Just, J. Political Philos. 15 (2007), S. 276 ff.; *B. Saunders*, The Equality of Lotteries, Philosophy 83 (2008), S. 359 ff.; weitergehend *J. Broome*, Selecting People Randomly, Ethics 95 (1984), S. 38 ff.; siehe auch bereits *A. Trendelenburg*, Naturrecht auf dem Grunde der Ethik, 1860, S. 148 ff. Kritisch gegenüber Losentscheidungen *W. K. B. Hofstee*, Allocation by Lot, Soc. Sci. Inf. 29 (1990), S. 745 ff.; Gegenkritik bei *V. H. Schmidt*, Das Los des Loses, Leviathan 28 (2000), S. 363 (370 ff.). Umfassend zu Zufallsentscheidungen, insb. im Rechtssystem, *N. Duxbury*, Random Justice, 1999. Vgl. zum Zufallsprinzip ferner *J. Elster*, Solomonic Judgments, 1989, S. 36 ff.; *A. M. Samaha*, Randomization in Adjudication, William Mary Law Rev. 51 (2009), S. 1 (8 ff.); *B. S. Frey/L. Steiner*, Zufall als gesellschaftliches Entscheidungs-

2. Rationalität des Richterspruchs

Nun hatten wir aber gesehen, dass das Richtigkeitsargument für die Tatsachenfindung, nicht jedoch für die Rechtsfindung tragfähig ist. Bei der Tatsachenfindung ist das Ziel die Feststellung der wahren Tatsachen, weswegen es eine richtige Entscheidung gibt, die als Ziel der Entscheidungsfindung dient. Bei der Rechtsfindung hingegen existiert kein objektiver Richtigkeitsmaßstab, sodass das Richtigkeitsargument ausscheidet. Rechtsfindung beinhaltet deshalb, insofern der Richter zwischen vertretbaren (d. h. begründbaren) Ansichten wählen muss, ein nicht geringes Maß an subjektiver Willkür. Bezüglich der Rechtsfindung kann das Mehrheitsprinzip demnach nicht darauf gestützt werden, dass die Ansichten der Richter aggregiert werden, um die richtige Antwort zu finden. Die Frage nach dem Vorzug des Mehrheits- gegenüber dem Zufallsprinzip verdichtet sich hier vielmehr zur Frage nach dem Vorzug subjektiver gegenüber objektiver Willkür.[547]

Dabei ist natürlich zuzugeben, dass auch bei der Tatsachenfindung sich aus der freien Beweiswürdigung[548] eine gewisse subjektive Willkür ergibt.[549] Diese ist aber schlichtweg die Konsequenz daraus, dass es keine Methode gibt, die Wahrheit absolut sicher zu ermitteln. Solange keine Maschine existiert, die uns über die wahren Tatsachen Auskunft geben kann, solange also das gerichtliche Erkenntnisverfahren ein Fall unvollkommener Verfahrensgerechtigkeit[550] bleibt, müssen wir uns mit einem gewissen Maß subjektiver Willkür abfinden und uns damit zufrieden geben, dass die Mehrheit kompetenter Personen wenigstens wahrscheinlich richtig liegen wird.[551]

Wenn es nun aber bei der Rechtsfindung anders als bei der Tatsachenfindung gar nichts ›Wahres‹ gibt, das es zu erkennen gilt, wenn es keine ›richtigen‹ Rechtsentscheidungen gibt, dann liegt die subjektive Willkür nicht nur in einer epistemischen Unsicherheit des Richters begründet, sondern ist essentieller Teil seiner Entscheidung. »Er muß also entscheiden, obwohl er selber am besten weiß, auf wie unsicherem Boden die Entscheidung steht – hängt es da

---

verfahren, in: Kaal/Schmidt/Schwartze (Hrsg.), FS Kirchner, 2014, S. 749 ff.; *U. Krüger*, Kopf oder Zahl, myops, Heft 30 (2017), S. 73 ff. – Ein gänzlich anderes Thema ist die Frage nach dem rechtlichen Umgang mit zufälligen Ereignissen; dazu etwa *M. Rümelin*, Der Zufall im Recht, 1896; *C. Waldkirch*, Zufall und Zurechnung im Haftungsrecht, 2018.

[547] Dem Unterschied zwischen Zufall (objektiver Willkür) und subjektiver Willkür entspricht die Unterscheidung zwischen ›randomness‹ und ›arbitrariness‹ von *N. Duxbury*, a. a. O., S. 46 Fn. 21.

[548] Vgl. § 261 StPO.

[549] Vgl. *G. Gribbohm*, Richterliches Wollen und Urteilsfindung, MDR 1966, S. 975 (975); *V. Erb*, Zur »Legitimation« von Fehlverurteilungsrisiken, in: Hanack u. a. (Hrsg.), FS Rieß, 2002, S. 77 (82 ff.); *R. Gerhardt/H. M. Kepplinger/S. Geiß*, Auf dem Weg zur Wahrheit?, ZRP 2012, S. 213 (214).

[550] *J. Rawls*, Eine Theorie der Gerechtigkeit, 20. Aufl. 2017, S. 107.

[551] Dazu oben III.2.b)bb).

nicht letztlich vom Zufall ab, wie er entscheidet?«[552] Wäre es dann »nicht besser und ehrlicher, statt der subjektiven die objektive Willkür des Loses ›zu Rate‹ zu ziehen?«[553]

Die Antwort auf diese Frage muss grundsätzlich nein lauten. Denn dass bei jeder Entscheidung auch ein gewisses Maß an subjektiver Willkür mitspielt, bedeutet nicht, dass die Entscheidung völlig irrational ist. Ein Entscheidungsmodus, der gegenüber der rechtlichen Überlegung des Richters responsiv ist, sorgt dafür, dass die Rationalität der Entscheidung zumindest so weit wie möglich sichergestellt werden kann, auch wenn eine bis ins Letzte rational bestimmte Entscheidung unmöglich ist. Eine reine Zufallsentscheidung würde demgegenüber bedeuten, dass der Versuch, den Fall rechtlich zu bewerten und eine begründete Entscheidung abzugeben, gar nicht erst unternommen wird. Jeglicher Rationalitätsanspruch würde aufgegeben. Auch würde damit den Parteien die Möglichkeit genommen, durch schriftlichen und mündlichen Vortrag Einfluss auf die Entscheidung zu nehmen. Es darf als äußerst unwahrscheinlich gelten, dass ein Gerichtsverfahren, welches das Vorbringen der Parteien in keiner Weise beachtet, von diesen als legitim wahrgenommen würde.[554] Das Urteil soll ja nicht in erster Linie responsiv gegenüber den persönlichen Ansichten des Richters sein,[555] sondern gegenüber dem Inhalt des Prozesses.[556] Deswegen wird das gerichtliche Verfahren mit rechtlichem Gehör, mündlicher Verhandlung und schriftlicher Begründung[557] durchgeführt und nicht nach Eingang der Klage einfach eine Münze geworfen. Ein Gerichtsverfahren, das die Parteien geradezu ignoriert, würde diesen ein Gefühl der Impotenz vermitteln.[558] Ja, sie würden sich gar abgewertet fühlen,[559] da sie in dem mechanischen Prozess des Losentscheids zwar formal strikt gleich, aber nicht als Individuen mit dem Anspruch auf eine die Umstände des konkreten Einzelfalls berücksichtigende Rechtsentscheidung und damit letztlich nicht mehr als Gleiche[560] be-

---

552 *O. Depenheuer*, Zufall als Rechtsprinzip?, JZ 1993, S. 171 (179).

553 *O. Depenheuer*, a. a. O., S. 179. Im Folgenden soll es darum gehen, ob Losentscheidungen rationaler sind. Das Thema der Ehrlichkeit lasse ich mangels Relevanz aus; zu den zahlreichen Fragen, die sich dabei stellen, vgl. *M. Schwartzman*, Judicial Sincerity, Va. Law Rev. 94 (2008), S. 987 ff.

554 Vgl. *N. Duxbury*, Random Justice, 1999, S. 93 ff., 131 ff.

555 Vgl. die Diskussion des Freiheitsarguments (oben IV.1.).

556 Vgl. *K. Rennert*, Legitimation und Legitimität des Richters, JZ 2015, S. 529 (535).

557 *K. Rennert*, a. a. O., S. 535.

558 Vgl. *N. Duxbury*, Random Justice, 1999, S. 94.

559 Vgl. *N. Duxbury*, a. a. O., S. 90 ff. Vgl. auch *J. Neuner*, Die Rechtsfindung contra legem, 2. Aufl. 2005, S. 73: »Neben der Sicherung des Rechtsfriedens ist es des weiteren vor allem auch das Gebot der Menschenwürde, das verlangt, daß die Verfahrensbeteiligten nicht zum bloßen Objekt degradiert werden, sondern dem Recht auf Selbstbestimmung und gegenseitige Anerkennung soweit als möglich Rechnung getragen wird.«

560 Zum Unterschied zwischen einer ›gleichen Behandlung‹ und der ›Behandlung als ein Gleicher‹ *R. Dworkin*, Bürgerrechte ernstgenommen, 1990, S. 370.

handelt würden.[561] Das Losverfahren ist deshalb auch mit dem Gleichheitssatz nur vereinbar, soweit sachliche Unterschiede nicht bestehen.[562] Justitia soll eben doch nicht (völlig) blind sein, sondern die betroffenen Personen wahrnehmen.[563] Des Weiteren würden Zufallsentscheidungen der Rechtssicherheit widersprechen, da nicht garantiert wäre, dass gleiche Fälle auch gleich entschieden werden.[564] Bereits dieser Aspekt formaler Gerechtigkeit spricht also gegen Zufallsentscheidungen und für einen responsiven Entscheidungsmodus. Nicht zuletzt fehlt bei einer Losentscheidung die Begründung der Entscheidung.[565] Es würde weder den Parteien gesagt, warum die Entscheidung so ausgefallen ist (außer, dass das Los nun einmal dieses Ergebnis hatte), noch würde dem Rechtssystem – also anderen Gerichten, seien es Rechtsmittelgerichte im selben Verfahren oder Gerichte in späteren Verfahren, und den die Entscheidung kommentierenden Rechtswissenschaftlern – und der demokratischen Öffentlichkeit die Möglichkeit gegeben, diese Entscheidung aufzunehmen, zu kritisieren und weiterzuentwickeln. Die Begründung sichert die Akzeptanz der Betroffenen sowie die rechtssysteminterne als auch die allgemeine demokratische Kontrolle der Entscheidung[566] und kommt damit auch verfassungsrechtlichen Geboten nach.[567] Zwar wäre es denkbar, für das zufällige Ergebnis ex post eine Begründung anzuführen, doch würde zum einen offen zu Tage liegen, dass die angegebenen Gründe gar nicht zu der Entscheidung geführt haben, und zum anderen würde niemand die Verantwortung für die Entscheidung und ihre inhaltliche Begründung übernehmen. Dies ist aber genau, was der Richter als Entscheidungsträger den Parteien schuldet. Er muss sich entscheiden, er muss Gründe nennen und er muss für seine Entscheidung einstehen.[568] Diese Verantwortung

---

561 Eine weitere Folge der strikt formalen Gleichbehandlung wäre, dass die Chance, einen Prozess zu gewinnen oder zu verlieren, stets bei 50% läge und daraus Anreize entstehen könnten, Prozesse zu führen, die sonst unterlassen würden, oder Prozesse zu unterlassen, die sonst geführt würden.

562 Vgl. für die Zuteilung knapper Ressourcen bzw. Rechte durch die Verwaltung m. w. N. *W. Berg*, Die Verwaltung des Mangels, Der Staat 15 (1976), S. 1 (22 f.); *H. D. Jarass*, Losverfahren und Grundrechte, NVwZ 2017, S. 273 (279 f.).

563 Vgl. dazu *D. Wolfle*, Chance, or Human Judgment?, Science 167 (1970), S. 1201.

564 Vgl. *H. Sendler*, Der Maria-Theresien-Taler (MTT) als Hilfe zur Rechtsfindung, DRiZ 1991, S. 158 (159). Zur Unsicherheit von Losentscheidungen auch *N. Duxbury*, Random Justice, 1999, S. 106 ff.

565 Vgl. auch *R. Poscher*, Wozu Juristen streiten, JZ 2013, S. 1 (9 f.).

566 Vgl. *U. Kischel*, Die Begründung, 2003, S. 48 ff., 177 ff.

567 Vgl. *U. Kischel*, a. a. O., S. 63 ff.

568 Problematisch ist deshalb das Verhalten eines Bundesverfassungsrichters, der die (knappe) Mehrheitsentscheidung nur im Ergebnis mitträgt, aber seine eigene Begründung nicht öffentlich macht. So im Fall BVerfG, Urt. v. 09.11.2011 – 2 BvC 4/10 u. a. –, BVerfGE 129, 300 (346). Zurecht kritisch *C. Schönberger*, Das Bundesverfassungsgericht und die Fünf-Prozent-Klausel bei der Wahl zum Europäischen Parlament, JZ 2012, S. 80 (81); *R. Poscher*, Wozu Juristen streiten, JZ 2013, S. 1 (10 Fn. 82).

ist unhintergehbar, diese Last[569] kann ihm nicht genommen werden. Rechtsprechung und Zufall sind an sich inkompatibel.[570] Im Grundsatz ist deshalb Adolf Trendelenburg zuzustimmen, wenn er schreibt:

> Im Recht scheidet man sonst durch Entscheidung, im Loos entscheidet man durch blosse Scheidung. [...] Niemand darf im bürgerlichen Streit gezwungen werden, sein Recht dem Loose anzuvertrauen, und nie darf im Gericht das Loos, das nicht unterscheiden kann, über Schuld und Unschuld entscheiden.[571]

Wie steht es allerdings um die Situationen, in denen die Rationalität des Rechts nicht mehr weiter hilft? Dort, wo innerhalb eines Richterkollegiums die Mehrheitsverhältnisse knapp werden, wo also, plastisch beschrieben, das Kollegium sich in zwei gleich große Seiten spaltet, die beide um die ausschlaggebende Stimme des letzten Richters ringen, dort wäre es vielleicht doch rationaler und aufrichtiger, nicht den subjektiven Zufall, wie die Stimme des verbliebenen Richters, der mit sich selbst im Bewusstsein der guten Argumente beider Seiten um seine Entscheidung ringt,[572] ausfallen mag, sondern den objektiven Zufall des Münzwurfs entscheiden zu lassen.[573] Wo die Rationalität versagt, sollten wir dort nicht lieber darauf verzichten, sie vorzutäuschen – und statt subjektiver Willkür doch den Zufall entscheiden lassen? Der zum Wiener Kreis[574] zählende Philosoph Otto Neurath hat genau dies vertreten, wie sich am besten ex negativo an folgender Stelle zeigt:

> Aber wehe dem Staatsmann, der sich öffentlich so verhielte. Wenn er in einem konkreten Fall zu der Einsicht käme, daß er zwischen zwei Alternativen keine Entscheidung zu treffen vermöge und daher das Los entscheiden lassen wollte, würde er sich dem Vorwurf der Frivolität oder des Zynismus aussetzen. Das Volksempfinden wäre aufs tiefste verletzt; es verlangt entweder Festhalten am Althergebrachten oder rational fundierte Änderungen.[575]

---

569 Die emotionale Last des Richters, eine Entscheidung treffen zu müssen, würde bei Losentscheidungen eingespart. Vgl. allgemein *J. Broome*, Selecting People Randomly, Ethics 95 (1984), S. 38 (41).

570 So auch *O. Depenheuer*, Zufall als Rechtsprinzip?, JZ 1993, S. 171 (175).

571 *A. Trendelenburg*, Naturrecht auf dem Grunde der Ethik, 1860, S. 150.

572 Vgl. *O. Depenheuer*, Zufall als Rechtsprinzip?, JZ 1993, S. 171 (179): »Hin- und hergerissen zwischen dem Für und Wider der verschiedenen Argumente möchte der Richter sein persönliches inneres Abstimmungsergebnis mit 50:50 abgeben.«

573 Vgl. die (ernste) Analyse von *H. Sendler*, Der Maria-Theresien-Taler (MTT) als Hilfe zur Rechtsfindung, DRiZ 1991, S. 158 ff., und den (weniger ernsten) Vorschlag, in solchen Fällen die Entscheidung durch Einsatz eines Maria-Theresien-Talers zu treffen. Ein bestimmtes Anwendungsgebiet, für das (unabhängig von Meinungsverschiedenheiten in Kollegialgerichten) Losentscheidungen als Lösung des Problems rechtlicher Unbestimmheit diskutiert worden sind, sind Sorgerechtsstreitigkeiten; vgl. *N. Duxbury*, Random Justice, 1999, S. 91 ff., 122 ff. m. w. N.

574 Vgl. dazu *J. F. Lindner*, Was kann die Rechtswissenschaft vom »Wiener Kreis« lernen?, RphZ 2016, S. 44 ff.

575 *O. Neurath*, Die Verirrten des Cartesius und das Auxiliarmotiv, in: Jahrbuch der Phi-

Sollten wir also, wenn uns die menschliche Vernunft eine rein rationale Entscheidung nicht ermöglicht, den Zufall entscheiden lassen, weil wir uns sonst des »Pseudorationalismus«[576], gar des ›Hyperrationalismus‹[577] schuldig machen würden?

Die Antwort kann nur ›es kommt darauf an‹ lauten, nämlich darauf, ob konkret eine derartige Situation besteht, in der eine rationale Entscheidung nicht mehr möglich ist. Zwar hat Friedrich Schelling im Ansatzpunkt Recht, wenn er feststellt, dass der Mensch sich von Buridans Esel[578] nicht nur dadurch unterscheidet, dass er sich willkürlich für die eine Seite entscheiden kann, sondern dadurch, dass er Gründe für seine Entscheidung anzugeben weiß.[579] Aber die maßgebliche Frage muss doch heißen, ob es in einer bestimmten Situation noch möglich ist, einen rationalen Grund für die Wahl anzugeben. Gerade in der Situation von Buridans Esel ist dies nicht der Fall, da beide Heuhaufen ex hypothesi absolut identisch sind, es somit auch absolut unmöglich ist, irgendeinen Grund für die Auswahl eines Haufens zu nennen. Nun sind in der Realität zwei oder mehr Gegenstände, Personen, Sachverhalte oder sonstige Entscheidungsoptionen nie völlig identisch. Es ist deshalb immer möglich, *irgendeinen* Grund anzugeben, maßgeblich jedoch ist, ob es sich um einen *rationalen* Grund handelt.[580]

Dazu folgendes Beispiel:[581] Zu entscheiden ist über die Vergabe eines Organs zur Transplantation. Bei Anwendung der medizinischen Vergabekriterien (passende Blutgruppe, Dringlichkeit, Wartezeit usw.) zeigt sich, dass zwei Patienten diese Kriterien im gleichen Maße erfüllen. In dieser Situation bestehen sicherlich Unterschiede zwischen den beiden Patienten, die sich zur Begründung der Auswahl des einen heranziehen ließen. So könnte etwa dem Jüngeren der Vorzug gegeben werden. Aber hat man damit auch einen rationalen, einen guten Grund angegeben? Denn mit dem Alter wird hier ad hoc ein Kriterium

losophischen Gesellschaft an der Universität zu Wien 1913, S. 43 (55). Das Mehrheitsprinzip ist für *O. Neurath*, a. a. O., S. 53, »ein beliebtes Surrogat des unbeliebten Losens«.

576 *O. Neurath*, a. a. O., S. 54.

577 Der Begriff ›hyperrationality‹ stammt von *J. Elster*, Solomonic Judgments, 1989, S. 17, der ihn definiert als »irrational belief in the omnipotence of reason«.

578 Ein Esel steht vor zwei identischen Heubündeln und verhungert, weil er sich nicht entscheiden kann. Zu diesem philosophischen Gedankenspiel vgl. *N. Rescher*, Choice Without Preference, Kant-Studien 51 (1959/60), S. 142 ff.; *R. Weintraub*, What Can We Learn From Buridan's Ass?, Can. J. Philos. 42 (2012), S. 281 ff.; vgl. auch *G. Ortmann*, Organisation und Welterschließung, 2. Aufl. 2008, S. 145 ff.

579 *F. W. J. Schelling*, Philosophische Untersuchungen über das Wesen der menschlichen Freiheit und die damit zusammenhängenden Gegenstände, 1834, S. 76.

580 Deshalb ist die Aussage von *U. Neumann*, Richtigkeitsanspruch und Überprüfbarkeit rechtlicher Entscheidungen, in: Herzog/Neumann (Hrsg.), FS Hassemer, 2010, S. 143 (150), Buridans Esel gehöre »in den Bereich der Sophistik«, zwar zutreffend für die Frage, ob der Entscheidungszwang eine »psychologische Überforderung« bedeutet, für das hiesige Thema aber irrelevant.

581 Nach *V. H. Schmidt*, Das Los des Loses, Leviathan 28 (2000), S. 363 (373 Fn. 8).

herangezogen, das eben nicht zu dem Katalog der relevanten Kriterien gehört, also eigentlich keinen Einfluss auf die Entscheidung haben soll.[582] Ist die Berücksichtigung des Alters dann nicht willkürlich? So willkürlich, wie eine Entscheidung nach Geschlecht oder Haarfarbe es offensichtlich wäre? Das Problem liegt also nicht darin, ob man einen Grund für die Entscheidung angeben kann, sondern ob es sich im Hinblick auf den Entscheidungsgegenstand um einen rationalen Grund handelt.[583] Man kann demnach weder sagen, dass rationales Entscheiden nie möglich ist, man darf aber auch nicht dem Pseudorationalismus verfallen, der meint, dass eine rationale Entscheidung immer möglich ist. Die Aufgabe lautet vielmehr zu ergründen, wann »die Begründungskraft sachlicher Entscheidungsgründe erschöpft ist.«[584]

Die Grenzen der Begründbarkeit für die Rechtsprechung auszuloten, ist Aufgabe der Methodenlehre. Indes muss als Konsequenz aus den Methodendiskussionen die Erkenntnis gewonnen werden, dass die juristische Methodik nicht nur das Ergebnis nicht determinieren, sondern auch keinen abschließenden Katalog zulässiger Argumente vorgeben kann. Stets lässt sich noch ein weiteres Argument finden, das im Zweifel den Ausschlag gibt. Um es mit dem Transplantationsbeispiel zu vergleichen: Dort ist es möglich, dass nach Anwendung aller für die Organvergabe relevanten Kriterien zwei Personen ›gleichwertig‹ sind. Ein weiteres, folglich irrelevantes, Unterscheidungsmerkmal heranzuziehen, ist dann willkürlich; stattdessen könnte das Los zum Einsatz kommen. Demgegenüber liefert die juristische Methodik keinen klaren Kriterienkatalog, dessen Anwendung dazu führen würde, dass die Argumente irgendwann erschöpft sind. Ein weiteres methodisch zulässiges Argument lässt sich immer finden und sei es nur ein Argument, warum ein bestimmtes für die

582 Vgl. auch *O. Neurath*, Die Verirrten des Cartesius und das Auxiliarmotiv, in: Jahrbuch der Philosophischen Gesellschaft an der Universität zu Wien 1913, S. 43 (50): »Wer durch Einsicht nicht mehr imstande ist, sich für eine von mehreren Handlungsweisen zu entscheiden, kann das Los zu Hilfe rufen oder, was dasselbe ist, in formloser Weise erklären, er tue eben ›irgend etwas‹ oder warte ab, welcher Entschluß beim Hin- und Herschwanken siegen werde, indem er gewissermaßen der Ermüdung die Entscheidung überläßt, jedenfalls *einer außerhalb der in Frage stehenden Motive gelegenen Instanz*, die in eine Kategorie mit dem Papagei zu stellen ist, der die ›Planeten‹ zieht« (Herv. des Verf.). ›Planeten‹ waren ›Glücksbriefchen‹, also Briefchen mit den Gewinnzahlen einer Lotterie, die Wiener ›Planetenverkäufer‹ in der ersten Hälfte des 20. Jahrhunderts in Bauchläden anboten und von einem Papagei oder einer weißen Maus ziehen ließen; vgl. *R. Palla*, Die Welt der verschwundenen Berufe, 2018, S. 192.

583 Das lässt sich sogar an Buridans Esel demonstrieren, wenn man berücksichtigt, dass sich die beiden Heubündel durch ihre räumliche Positionierung unterscheiden. Man könnte sich für das linke Bündel entscheiden mit der Begründung ›Dieses ist links, das andere rechts‹. Aber das wäre eben nur irgendein Grund und kein rationaler (im Gegensatz bspw. zu dem Fall, dass der eine Haufen näher wäre). Vgl. auch *G. Ortmann*, Organisation und Welterschließung, 2. Aufl. 2008, S. 146: »Die Paradoxie des Entscheidens ist [...] eine Paradoxie des Begründens – des Begründens von Entscheidungen in Situationen, in denen gute tragfähige Gründe fehlen, aber verlangt sind.«

584 *V. H. Schmidt*, Das Los des Loses, Leviathan 28 (2000), S. 363 (371).

eine Seite sprechendes Argument stärker zu gewichten ist als sein Gegenargument.

Positiv gewendet bedeutet das, dass es den Punkt, an dem die Rationalität gänzlich am Ende wäre, für die Rechtsprechung nicht gibt – oder er sich zumindest nicht sicher erkennen lässt. Dann ist es aber rational, bis zuletzt zu versuchen, durch Argumente zu einer Entscheidung zu kommen, selbst wenn klar ist, dass die Entscheidung am Ende zu einem gewissen Teil auch echte Dezision sein wird. Der Richter soll nicht »würfeln oder sein persönliches Orakel befragen«, sondern sich »entscheiden, welche Lösung des Falles aus seiner Sicht die besseren Argumente auf ihrer Seite hat«[585], dies begründen und dafür einstehen. Die unterlegene Partei mag danach mit dem Prozessausgang nicht zufrieden sein, aber zumindest ist sie angehört worden, ist ihr eine Begründung für die Entscheidung gegeben worden, die sie vielleicht sogar zu überzeugen vermag, und kann sie, falls sie nicht überzeugt ist, jemanden für die Entscheidung verantwortlich machen. In diesem Sinne sind Entscheidungen im Wege richterlicher Dezision zwar nicht unbedingt vom Ergebnis her, aber doch verfahrensmäßig rationaler als Entscheidungen, die im Wege »juristischer Aleatorik«[586] ergehen.[587] Um es somit auf den Punkt zu bringen: Ein Richter würfelt nicht, ein Richter entscheidet. Damit ist die Bedingung der Responsivität für die kollegialgerichtliche Entscheidungsregel begründet.[588]

---

[585] *U. Neumann*, Richtigkeitsanspruch und Überprüfbarkeit rechtlicher Entscheidungen, in: Herzog/Neumann (Hrsg.), FS Hassemer, 2010, S. 143 (149).

[586] *O. Depenheuer*, Zufall als Rechtsprinzip?, JZ 1993, S. 171 (180).

[587] Äußerst knapp *M. S. Moore*, Legal Principles Revisited, Iowa Law Rev. 82 (1997), S. 867 (871): »[A]nything beats flipping coins.«

[588] Damit werden Gerichtsurteile durch Los ausgeschlossen. Separat davon und auf einer grundlegenderen Ebene kann hinterfragt werden, (1) warum ein (Rechts-)Streit überhaupt von einem Gericht entschieden werden soll und (2) warum es gerade auf die Ansichten dieser Richterpersonen ankommen soll. Die erste Frage spricht die (institutionelle) Legitimation der Judikative, die zweite die (persönliche) Legitimation des ›gesetzlichen Richters‹ an. Bezüglich des zweiten Punkts darf nicht unerwähnt bleiben, dass die Entscheidung wegen ihres subjektiven Einschlags in gewissem Maße davon abhängt, welche Richter konkret zuständig sind. Dieser ›Zufall‹ findet seine Rechtfertigung im Ausschluss von Manipulationen; vgl. BVerfG (Plenum), Beschl. v. 08.04.1997 – 1 PBvU 1/95 –, BVerfGE 95, 322 (327, 329). Deutlich und zutreffend dazu *J. Berkemann*, Anmerkung zu BVerfG (Plenum), Beschl. v. 08.04.1997 – 1 PBvU 1/95 –, JR 1997, S. 281 (282): »Die im Vorlagebeschluß des 1. Senates enthaltene innere Rechtfertigung wirkt überzeugender [BVerfG, Beschl. v. 10.08.1995 – 1 BvR 1644/94 –, NJW 1995, S. 2703 (2704)]. Der 1. Senat sieht in dem Gebot der Zufälligkeit des zur Sachentscheidung berufenen Richters die verfahrensmäßige Komplementarität zur persönlichen Eigenständigkeit jeder richterlichen Entscheidung. Das trifft den Kern. Da dem richterlichen ›Vorverständnis‹ bei aller Reflektion nicht ausgewichen werden kann, ist gerade dies der hinreichende Grund, daß die Verfahrensbeteiligten mit der Zufälligkeit der Richterbank leben müssen.« (Welche Möglichkeiten, eine Entscheidung zu beeinflussen, sich den Parteien bieten können, zeigt sich real am fliegenden Gerichtsstand im Medienrecht: Nicht ohne Grund werden Verfahren wegen medialer Persönlichkeitsverletzungen besonders zahlreich am LG Hamburg geführt.) Kritisch zu Zufälligkeiten in der Senats- und Kammerbesetzung des BVerfG *R. Wassermann*, Wo das Los entscheidet, regiert der Zufall, DRiZ 1984, S. 410. – Rechtsver-

VII. Fazit

Die Beurteilung der Rechtfertigung des kollegialgerichtlichen Mehrheitsprinzips muss im Ergebnis der Untersuchung differenziert ausfallen. Für die gerichtliche Tatsachenfindung ist das Richtigkeitsargument auf der Grundlage des Jury-Theorems tragfähig, sofern gewisse Annahmen gemacht werden; auf diese Weise kann das Mehrheitsprinzip für die strafgerichtlichen Tatsacheninstanzen gerechtfertigt werden. Für die Rechtsfindung, und damit für die anderen Gerichtsverfahrensarten, kommt nur das Fairnessargument zur Rechtfertigung des Mehrheitsprinzips in Betracht. Hier besteht das Problem, dass das gleiche Stimmgewicht der Richter nicht zwingend ist. Das Fairnessargument stützt das Mehrheitsprinzip also nur, wenn wir auf eine Differenzierung des Stimmgewichts verzichten.

Hieran zeigt sich ein zweites Ergebnis der Untersuchung, nämlich die hervorgetretenen Unterschiede kollektiver Abstimmungen in der Judikative und der Legislative. Beim Mehrheitsprinzip in der Demokratie geht es – sofern man die Idee der ›epistemischen Demokratie‹ mangels Existenz richtiger Entscheidungen ablehnt – um die Realisierung der Präferenzen der von den kollektiven Entscheidungen betroffenen Bürger bzw. ihrer Repräsentanten in Anerkennung ihrer politischen Gleichheit. Als Rechtfertigung kommen hier also sowohl das Fairnessargument als auch das Freiheitsargument in Betracht.[589] Die kollegialgerichtliche Abstimmung hingegen ist ein Urteil nicht-repräsentativer Experten. Das lässt zunächst das Freiheitsargument ausscheiden. Das epistemische

---

gleichend sei auf die besondere Bedeutung des Zufalls in der angelsächsischen ›jury selection‹ hingewiesen; vgl. *M. Pope*, Upon the Country – Juries and the Principle of Random Selection, Soc. Sci. Inf. 28 (1989), S. 265 ff.; *N. Duxbury*, Random Justice, 1999, S. 74 ff. Zum Einsatz des Loses zur Zuteilung von Verfahren an Richter siehe *A. M. Samaha*, Randomization in Adjudication, William Mary Law Rev. 51 (2009), S. 1 ff. Zur Besetzung der Spruchkörper von Courts of Appeals vgl. *M. K. Levy*, Panel Assignment in the Federal Courts of Appeals, Cornell Law Rev. 103 (2017), S. 65 ff.; zu Auswirkungen auf Abstimmungsverhalten und Entscheidungen *J. P. Kastellec*, Panel Composition and Voting on the U. S. Courts of Appeals Over Time, Political Res. Q. 64 (2010), S. 377 ff.; vgl. ferner *B. M. Atkins*, Some Theoretical Effects of the Decision-Making Rules on the United States Courts of Appeals, Jurimetrics 11 (1970), S. 13 ff. – Eine besondere Möglichkeit des ›Zufalls‹ ergibt sich, wenn die Anzahl an Richtern innerhalb eines Kollegialgerichts variieren kann, insb. wenn das Prinzip der Mindestrichterzahl gilt (vgl. oben A.V.1.b)). Dies ist etwa beim britischen Supreme Court der Fall (Section 42 Constitutional Reform Act 2005). Ein gutes Beispiel ist die Entscheidung über die Zuständigkeit für den EU-Austritt (*R (Miller) v Secretary of State for Exiting the European Union*, [2017] UKSC 5): In einer Premiere wurde das Urteil vom Plenum getroffen, um auszuschließen, dass die Entscheidung von der Besetzung abhängen würde; vgl. *D. Clarry/C. Sargeant*, Judicial Panel Selection in the UK Supreme Court, in: Clarry (Hrsg.), The UK Supreme Court Yearbook, Bd. 7, 2016, S. 1 ff. Zu Manipulationsmöglichkeiten und Effizienzsteigerungen bei variierender Spruchkörperbesetzung *B. Alarie/A. Green/E. M. Iacobucci*, Panel Selection on High Courts, Univ. Tor. Law J. 65 (2015), S. 335 ff.

[589] Zur Ähnlichkeit der Grundannahmen dieser beiden Argumente *D. C. Mueller*, Public Choice III, 2003, S. 136.

Richtigkeitsargument des Jury-Theorems funktioniert indes nur hinsichtlich der Tatsachenfindung, nicht jedoch der Rechtsfindung, weil es insoweit eine richtige Entscheidung nicht gibt. Hier kann nur die prozedurale Begründung des Fairnessarguments greifen. Allerdings weist dieses für die Judikative nicht die gleiche normative Stoßkraft auf wie für demokratische Entscheidungen. Während die Demokratie von der normativen Idee der politischen Gleichheit geradezu lebt, ist das gleiche Stimmgewicht jedenfalls nicht für alle Richterämter zwingend. Dem Richter kommt somit eine Art Zwischenstellung zu zwischen einem Experten, der über eine wahrheitsfähige Aussage entscheidet, und jemanden, der eine eigene Präferenz bzw. die Präferenz der von ihm Repräsentierten abgibt und dabei einen demokratischen Anspruch auf Gleichbehandlung hat. Während das Mehrheitsprinzip als schlechthin demokratischer Entscheidungsmodus erscheint, steht seine Anwendung in der Judikative demnach auf deutlich schwächerem Fundament. Dennoch lässt sie sich mit bestimmten Annahmen, nämlich einer postulierten Gleichwertigkeit der Richterämter, begründen.

Damit geht – drittens – einher, dass das kollegialgerichtliche Mehrheitsprinzip nur eingeschränkt zur Legitimation der Gerichtsentscheidung beiträgt. Soweit eine epistemische Perspektive angemessen ist, wird das (Straf-)Gerichtsurteil wesentlich[590] durch die Wahrheitsfindung in Form einer unvollkommenen Verfahrensgerechtigkeit legitimiert. Das Mehrheitsprinzip trägt hier zur Legitimation bei, da es, wie das Richtigkeitsargument zeigt, die Wahrscheinlichkeit einer richtigen Entscheidung erhöht.[591] Demgegenüber hat die prozedurale Begründung des Fairnessarguments lediglich geringe legitimatorische Bedeutung. Allein der Grundsatz der Neutralität trägt eindeutig zur Legitimation bei, da er einen Teilaspekt der Gleichbehandlung der beiden Prozessparteien umfasst. Wiederum ist aber zu vermerken, dass es bei dem zentralen Gedanken der Anonymität nicht um die prozedurale Gleichbehandlung der Parteien, sondern der Richter geht. Für den betroffenen Bürger ist dies nur dort wirklich von Bedeutung, wo er ein besonderes Interesse an der Gleichheit der Richter hat, wie man es für das Bundesverfassungsgericht annehmen mag. Die Responsivität schließlich ist die Stelle, an der sich die Problematik der Legitimation von Richtern und ihren Entscheidungen voll entfaltet: Dass und warum Richter einen konkreten Streit entscheiden, kann das Mehrheitsprinzip nur voraussetzen, nicht selbst begründen.

---

[590] Neben der Wahrheit kommt es auch auf die ›Gerechtigkeit‹ im Sinne der Einhaltung strafprozessualer (Schutz-)Vorschriften an (die durchaus auch die Wahrheitserforschung erschweren können). Vgl. *U. Neumann*, Materiale und prozedurale Gerechtigkeit im Strafverfahren, ZStW 101 (1989), S. 52 ff.; *K. Kröpil*, Wahrheitssuche und Gerechtigkeit im Strafverfahren, RuP 54 (2018), S. 97 (105 ff.).

[591] Zur Bedeutung der Zweidrittelmehrheit im Hinblick auf die Wahrscheinlichkeit der richtigen Entscheidung siehe noch unten C.I.1.

C. Grenzen

Obgleich eine Vielzahl denkbarer, mehr oder weniger umsetzbarer Alternativen zum (einfachen) Mehrheitsprinzip besteht,[1] kommen bei Abstimmungen in der Realität und so auch bei Kollegialgerichten zwei bzw. drei Abweichungen vor: eine Erhöhung oder eine Reduzierung der notwendigen Stimmenzahl, wobei erstere in Form einer qualifizierten Mehrheit oder in Form der Einstimmigkeit erfolgen kann.

I. Qualifizierte Mehrheit

Qualifizierte Mehrheiten sind im deutschen Prozessrecht in bestimmten Verfahren bzw. genauer für bestimmte Entscheidungen in bestimmten Verfahren vorgeschrieben.[2] Bei supermajoritären Abstimmungsregeln ist zu unterscheiden zwischen asymmetrischen und symmetrischen qualifizierten Mehrheiten.[3] Bei Ersteren gilt die erhöhte Anforderung ausschließlich für eine der beiden Entscheidungsmöglichkeiten (Ja oder Nein), bei Letzteren für jede Entscheidung.

Symmetrische qualifizierte Mehrheiten garantieren deshalb nicht immer eine Entscheidung, sind also nicht entscheidungsfähig.[4] Sie sind im Recht insgesamt äußerst selten. Ein wichtiges Beispiel ist die ›hung jury‹ im angelsächsischen Strafprozessrecht.[5] Im deutschen Prozessrecht kommen symmetrische qualifizierte Mehrheiten nur in Form der Einstimmigkeit vor, die separat im nächsten Abschnitt besprochen wird.

Asymmetrische qualifizierte Mehrheiten hingegen sind nicht neutral, denn sie favorisieren eine der beiden Entscheidungsmöglichkeiten, indem sie deren a-priori-Wahrscheinlichkeit erhöhen.[6] Sie erhöhen die Anforderungen gegenüber dem einfachen Mehrheitsprinzip lediglich für eine von beiden Entscheidungsmöglichkeiten. Die eine Entscheidung wird nur gefällt, wenn die quali-

---

[1] Vgl. oben B.II.1.

[2] Zum Überblick oben A.V.2.b).

[3] Dazu *R. E. Goodin/C. List*, Special Majorities Rationalized, Br. J. Political Sci. 36 (2006), S. 213 ff. Zu den quer zu diesem Aspekt liegenden Varianten der Festlegung der qualifizierten Mehrheit siehe oben A. Fn. 145.

[4] Vgl. oben B.V.2.a)bb)(1).

[5] Vgl. oben B.V.2.b)aa).

[6] Vgl. oben B.V.2.a)bb)(4), b)bb).

fizierte Mehrheit der Abstimmenden für sie stimmt, die andere bereits dann, wenn diese qualifizierte Mehrheit nicht erreicht wird. Die darin liegende Ungleichbehandlung der Entscheidungsmöglichkeiten kann aufgrund einer Ungleichheit zwischen den beiden angezeigt sein.[7] Wenn die eine Entscheidung in gewisser Hinsicht gravierendere Folgen zeitigt als die andere, kann dies ein Grund sein, die Anforderungen an jene Entscheidung zu erhöhen.[8] Genauer gesagt kommen zwei Begründungen in Betracht, eine epistemische und eine prozedurale. Erstere soll am paradigmatischen Fall des Strafprozesses erläutert werden. Danach werden die ›strafähnlichen‹ Verfahren vor dem Bundesverfassungsgericht daraufhin untersucht werden, ob für sie eine prozedurale oder eine epistemische Begründung der Zweidrittelmehrheit greift. Schließlich wird die Frage nach der Ausweitung supermajoritärer Entscheidungsregeln gestellt.

1. *Strafprozessrecht*

Der Sinn der im Strafprozessrecht (§ 263 Abs. 1 StPO) vorgeschriebenen qualifizierten Mehrheit für alle dem Angeklagten nachteiligen Entscheidungen über Schuld (und Rechtsfolgen der Tat)[9] wird in der höheren Richtigkeitsgewähr gesehen.[10] Die epistemische Betrachtung des Mehrheitsprinzips unterstützt diesen Gedanken, jedoch nicht ohne auch einige Probleme aufzuwerfen.

a) Sicherheit der richtigen Verurteilung

Sofern es um Tatsachen geht, also das Condorcet-Jury-Theorem zur Anwendung kommt, liegt der Sinn supermajoritären Entscheidens darin, die Sicherheit der Richtigkeit der gefällten Entscheidung zu erhöhen.[11] Eine qualifizierte

[7] Vgl. nur *D. W. Rae*, Decision-Rules and Individual Values in Constitutional Choice, Am. Political Sci. Rev. 63 (1969), S. 40 (63 f.).

[8] Aus historischer Perspektive sei darauf hingewiesen, dass qualifizierte Mehrheiten heutzutage stets als erhöhte Anforderung gegenüber der einfachen Mehrheit begriffen werden, während sie geschichtlich als Erleichterungen anstelle des Konsensprinzips entstanden sind. Dies gilt sowohl allgemein (vgl. *M. Schwartzberg*, Counting the Many, 2014, S. 49 ff.) als auch speziell für Kollegialgerichte (vgl. *E. Kern*, Die qualifizierten Mehrheiten im Strafverfahren, DJ 1938, S. 1386 [1387]; *W. Ernst*, Rechtserkenntnis durch Richtermehrheiten, 2016, S. 128 f., 204 f.). Ein relativ aktueller Fall der Entwicklung vom Konsens zur qualifizierten Mehrheit ist die Entscheidungsfindung im Rat der EU (vgl. Art. 238 AEUV); vgl. dazu etwa *S. Novak*, Decision Rules, Social Norms and the Expression of Disagreement, Soc. Sci. Inf. 49 (2010), S. 83 ff.

[9] Welche Entscheidungen von § 263 Abs. 1 StPO genau umfasst sind, ist umstritten (vgl. A. Fn. 244). Die Untersuchung beschränkt sich hier auf die epistemische Frage der Schuld. Zum Strafausspruch siehe unten d).

[10] Vgl. *G. Barbey*, Der Status des Richters, in: Isensee/Kirchhof (Hrsg.), HStR, Bd. III, 1. Aufl. 1988, § 74 Rn. 57; *H. Sodan*, Der Status des Richters, in: Isensee/Kirchhof (Hrsg.), HStR, Bd. V, 3. Aufl. 2007, § 113 Rn. 54.

[11] Ebenfalls diesbezüglich zwischen Tatsachenfindung und rechtlicher Subsumtion unterscheidend *K. Kruis*, Richterverantwortung und Abstimmungsquoren in der Verfassungs-

Mehrheit von Richtern liegt mit größerer Wahrscheinlichkeit[12] richtig als eine einfache Mehrheit.[13] Wenn a priori gesagt werden kann, dass eine falsch-positive Entscheidung, d. h. die falsche Entscheidung für x, gravierendere Nachteile zeitigt als eine falsch-negative Entscheidung, also die falsche Entscheidung für $\neg x$, dann kann ein guter Grund dafür bestehen, die Anforderungen an die Annahme von x zu erhöhen, um das Risiko falsch-positiver Entscheidungen zu reduzieren, und die damit einhergehende Steigerung des Risikos falsch-negativer Entscheidungen hinzunehmen.[14] So reduziert § 263 Abs. 1 StPO das Risiko einer falschen Verurteilung, erhöht aber gleichzeitig das Risiko eines falschen Freispruchs. Normativer Grund ist der alte[15] Gedanke, dass es besser sei, einen Schuldigen freizusprechen als einen Unschuldigen zu verurteilen. Diese Unschuldsvermutung findet ihren Ausdruck vor allem[16] in der vom Strafrichter bei der Urteilsfindung zu beachtenden Regel[17] des ›in dubio pro reo‹. § 263 StPO transponiert den Zweifelssatz von der individuellen Ebene des einzelnen Strafrichters auf die Ebene der kollegialen Urteilsfindung und bringt ihn dort zur Geltung, indem die Anforderungen an einen Schuldspruch erhöht werden.[18] Die

---

gerichtsbarkeit, in: BayVerfGH (Hrsg.), FS 50 Jahre Bayerischer Verfassungsgerichtshof, 1997, S. 63 (67).

[12] Zur hier einzunehmenden Perspektive der ex-post-Wahrscheinlichkeit siehe sogleich b).

[13] Gerade eine auf einer bloßen Wahrscheinlichkeit basierende Entscheidung lehnte *J. von Sonnenfels*, Ueber die Stimmenmehrheit bei Criminalurtheilen, 2. Aufl. 1808, passim, für den Strafprozess ab. Während im Zivilprozess nach Wahrscheinlichkeit und deshalb per Mehrheitsbeschluss entschieden werden könne, bedeute dies für den Strafprozess die Verurteilung eines Unschuldigen. Zu fordern sei Einstimmigkeit, allerdings sowohl für eine Verurteilung wie für einen Freispruch (vgl. bereits oben B. Fn. 362). Vgl. zum Ganzen auch *W. Ernst*, Rechtserkenntnis durch Richtermehrheiten, 2016, S. 119 ff.

[14] Das Verhältnis von falsch-positiver und falsch-negativer Entscheidung kann natürlich auch genau umgekehrt sein. Dann steht x für $\neg y$ und $\neg x$ für y.

[15] Knapp zur Geschichte dieses Gedankens *J. Nieva-Fenoll*, Das Wesen der Unschuldsvermutung, ZJS 2016, S. 138 (138); ausführlich *P. Holtappels*, Die Entwicklungsgeschichte des Grundsatzes »in dubio pro reo«, 1965.

[16] Zur Unschuldsvermutung als Leitgrundsatz des gesamten Strafprozesses *J. Nieva-Fenoll*, a. a. O., S. 143 f.

[17] Die genaue Funktion des Zweifelssatzes im Rahmen der Unschuldsvermutung ist umstritten; vgl. *K. N. Kotsoglou*, Über die Bedeutungslosigkeit des Satzes »in dubio pro reo«, ZIS 2014, S. 31 ff. Für die hiesigen Zwecke kommt es allein auf den unumstrittenen Gehalt der Unschuldsvermutung an.

[18] Die angelsächsische Regel des ›proof beyond any reasonable doubt‹ bringt dies noch klarer zum Ausdruck als das ›in dubio pro reo‹. Es sei allerdings darauf hingewiesen, dass zwar die englische qualifizierte Mehrheit (zehn von zwölf Geschworenen), nicht aber das amerikanische Einstimmigkeitserfordernis wie die deutsche Zweidrittelmehrheit funktioniert, da Letzteres sowohl für eine Verurteilung als auch für einen Freispruch gilt (vgl. bereits oben B.V.2.b)aa)). – Im Beweismaß tut sich ein interessanter Unterschied zwischen dem angloamerikanischen und dem deutschen Recht auf. Während in jenem ein deutlicher Unterschied zwischen Strafprozess (›beyond any reasonable doubt‹) und Zivilprozess (›preponderance of probabilities‹) besteht, wird in diesem für beide Prozessarten auf die tatrichterliche Überzeugung (§ 261 StPO und § 286 ZPO) abgestellt, bei der es auf den feineren Unterschied ankommt, wie erheblich Restzweifel sein müssen, um ihr entgegenzustehen. Vgl. für den Zivilprozess bereits

Funktion der qualifizierten Mehrheit liegt also insoweit darin, eine individuell geltende Entscheidungsregel bei der kollektiven Entscheidungsfindung zur Anwendung zu bringen.

b) Vorteile eines absoluten Stimmenvorsprungs

Das Argument der höheren Sicherheit einer richtigen Verurteilung wurde auch von Condorcet selbst als Rechtfertigung qualifizierter Mehrheiten für Strafprozesse (und politische Entscheidungen über wichtige Angelegenheiten) angeführt.[19] Interessanterweise spricht jedoch die Logik des Jury-Theorems nicht dafür, jene Sicherheit durch eine qualifizierte Mehrheit in Form eines Bruchs zu garantieren, sondern vielmehr für die fixe Festlegung einer absoluten Differenz zwischen zustimmenden und ablehnenden Stimmen.[20] Eine mit 4:1 Richterstimmen getroffene Entscheidung gewährt danach dieselbe Sicherheit wie eine mit 5:2, 6:3 oder 501:488 Stimmen gefällte. Um diese Bedeutung des absoluten Stimmenvorsprungs[21] zu verstehen, muss zunächst der Unterschied zwischen ›truth-tracking‹ und ›truth-indication‹ erläutert werden.[22] Ersteres meint die Kompetenz, die Wahrheit zu erkennen. Diese Idee lag der Betrachtung der Rechtfertigung des Mehrheitsprinzips durch das Jury-Theorem zugrunde. Wie wir gesehen hatten, gibt es dabei eine positive und eine negative Kompetenz:[23] Die positive Kompetenz ist die Wahrscheinlichkeit, x zu bejahen, wenn x wahr ist; die negative Kompetenz ist die Wahrscheinlichkeit, x zu verneinen, wenn x falsch ist. Die Frage, die uns bei der Rechtfertigung des Mehrheitsprinzips beschäftigte, lautet: Mit welcher Wahrscheinlichkeit *wird* die Mehrheit des Richterkollegiums die richtige Entscheidung über x treffen? Im Gegensatz zu dieser vor der Entscheidung, also ex ante, bestehenden Wahr-

---

oben B. Fn. 79 und ausführlich *M. Brinkmann*, Das Beweismaß im Zivilrecht aus rechtsvergleichender Sicht, 2005.

[19] *M. J. A. N. Caritat, Marquis de Condorcet*, Darlegung der Prinzipien und Gründe des Verfassungsentwurfs, in: ders., Freiheit, Revolution, Verfassung, 2010, S. 173 (187 f.): »Die Gesetze aller zivilisierten Völker fordern mehr als die einfache Mehrheit, um einen Angeklagten zu verurteilen, denn der Schaden, der durch die irrtümliche Verurteilung eines Unschuldigen entsteht, wiegt schwerer als der, sich zu täuschen, indem man einen Schuldigen freispricht. Man könnte mit Recht diese höhere Mehrheit auch bei wichtigen Angelegenheiten verlangen, die falsch zu entscheiden gefährlich wäre und deren Entscheidung aufgeschoben werden kann, ohne dass dadurch Nachteile entstehen, die dieser Gefahr gleichkommen.«

[20] Vgl. *C. List*, On the Significance of the Absolute Margin, Br. J. Philos. Sci. 55 (2004), S. 521 ff.; ferner *J.-W. Romeijn/D. Atkinson*, Learning Juror Competence, Politics Philos. Econ. 10 (2011), S. 237 ff.

[21] Condorcet selbst nennt dies »konstante Mehrheit«. Siehe *M. J. A. N. Caritat, Marquis de Condorcet*, Essay über die Anwendung der Wahrscheinlichkeitsrechnung auf Mehrheitsentscheidungen, in: ders., Ausgewählte Schriften zu Wahlen und Abstimmungen, 2011, S. 49 (67 ff.).

[22] Zum Folgenden *C. List/P. Pettit*, Group Agency, 2011, S. 82 ff.

[23] Siehe oben B.III.2.a)bb).

scheinlichkeit einer richtigen Entscheidung geht es beim Gedanken der ›truth-indication‹ darum, mit welcher Wahrscheinlichkeit die getroffene Entscheidung richtig ist, anders ausgedrückt: wie sehr es ex post gerechtfertigt ist, die Entscheidung als die (wahrscheinlich) richtige anzusehen. Gemeint ist also die Wahrscheinlichkeit, dass *x* wahr ist, wenn *x* bejaht wurde (bzw. dass *x* falsch ist, wenn *x* verneint wurde).

Der Zusammenhang zwischen ›truth-tracking‹ und ›truth-indication‹ bestimmt sich nach dem Satz von Bayes.[24] Danach hängt die Wahrscheinlichkeit, dass die getroffene Entscheidung *x* richtig ist, sowohl von der positiven und negativen Kompetenz als auch davon ab, mit welcher a-priori-Wahrscheinlichkeit[25] *x* richtig ist.[26] Aus Letzterem folgt, dass jene Wahrscheinlichkeit selbst bei hoher positiver und negativer Kompetenz gering sein kann, sofern nur die a-priori-Wahrscheinlichkeit sehr gering ist. Hat zum Beispiel[27] ein Mammogram eine positive Kompetenz von 80 % und eine negative Kompetenz von 90,4 % und liegt die Prävalenz (die Krankheitshäufigkeit) von Brustkrebs nur bei 1 %, dann ist ein Untersuchungsergebnis, laut dem kein Brustkrebs vorliegt, mit einer Wahrscheinlichkeit von 99,8 % richtig, ein Ergebnis, das Brustkrebs bejaht, aber nur mit einer Wahrscheinlichkeit von 7,8 %. Mit großer Wahrscheinlichkeit, nämlich 92,2 %, wird also trotz eines positiven Untersuchungsergebnisses gar kein Brustkrebs vorliegen. Liegt die a-priori-Wahrscheinlichkeit von *x* jedoch bei 50 %, so fällt die Wahrscheinlichkeit, dass die Mehrheitsentscheidung *x* richtig ist, mit der positiven Kompetenz der Mehrheit zusammen.[28] ›Truth-tracking‹ und ›truth-indication‹ funktionieren dann genau gleich gut.

---

[24] Zum Satz von Bayes *M. Löwe/H. Knöpfel*, Stochastik, 2. Aufl. 2011, S. 69 ff.

[25] A-priori-Wahrscheinlichkeit meint die (statistische) Wahrscheinlichkeit, dass *x* vorliegt, also z. B. die Häufigkeit einer Krankheit oder die Wahrscheinlichkeit, dass ein Angeklagter wirklich schuldig ist.

[26] Es seien $P(H)$ die a-priori-Wahrscheinlichkeit von H (d. h. dass *x* wahr ist); $P(E)$ die Wahrscheinlichkeit von E (d. h. dass die Entscheidung auf *x* lautet); $P(E|H)$ die Wahrscheinlichkeit von E, wenn H (d. h. dass die Entscheidung auf *x* lautet, wenn *x* wahr ist, also die Kompetenz der abstimmenden Gruppe); $P(E|\neg H)$ die (bedingte) Wahrscheinlichkeit von E, wenn nicht H, (d. h. dass die Entscheidung auf *x* lautet, wenn *x* falsch ist); und $P(H|E)$ die (bedingte) Wahrscheinlichkeit, dass H, wenn E (d. h. die gesuchte Wahrscheinlichkeit, dass *x* wahr ist, wenn die Entscheidung auf *x* lautet). Dann gilt die Formel C.1 (vgl. Formelverzeichnis).

Setzt man darin die Berechnungsformel des Jury-Theorems (vgl. oben B. Fn. 81: Formel B.1) ein, so ergibt sich für die Wahrscheinlichkeit, dass die von der Mehrheit der Abstimmenden getroffene Entscheidung *x* richtig ist, die Formel C.2 (vgl. Formelverzeichnis). Dabei sind *r* die a-priori-Wahrscheinlichkeit, dass *x* richtig ist; *p* die (positive und negative) durchschnittliche Kompetenz der Abstimmenden; *n* die Gesamtzahl der Abstimmenden; und *h* die Zahl der Abstimmenden, die für *x* gestimmt haben. Vgl. zum Ganzen *C. List*, On the Significance of the Absolute Margin, Br. J. Philos. Sci. 55 (2004), S. 521 (527).

[27] Nach *C. List/P. Pettit*, Group Agency, 2011, S. 86.

[28] Vgl. *C. List*, On the Significance of the Absolute Margin, Br. J. Philos. Sci. 55 (2004), S. 521 (527 f.).

Was uns nun interessiert, ist die Wahrscheinlichkeit, dass die getroffene Entscheidung x richtig ist, wenn sie von einer bestimmten Mehrheit getroffen wurde. Dabei zeigt sich, dass die Wahrscheinlichkeit von der Kompetenz der Abstimmenden, der a-priori-Wahrscheinlichkeit von x und dem absoluten Stimmenvorsprung der Mehrheit abhängt.[29] Condorcet hatte bereits, allerdings nur für den Sonderfall, dass die a-priori-Wahrscheinlichkeit von x bei 50 % liegt, erkannt, dass bei einer gegebenen Kompetenz die Wahrscheinlichkeit, dass die getroffene Entscheidung richtig ist, allein vom absoluten Stimmenvorsprung abhängt.[30] Dies lässt sich am Beispiel strafgerichtlicher Spruchkörper[31] zeigen.[32] Unter Zugrundelegung einer Kompetenz von 60 % lauten die Wahrscheinlichkeiten folgendermaßen:

Tabelle C.1: Wahrscheinlichkeit einer richtigen Entscheidung strafgerichtlicher Spruchkörper

	n	$h:k$	$h-k$	q	$P(H\|E)$
Schöffengericht[33]	3	2 : 1	1	66,66 %	60 %
Erweitertes Schöffengericht[34]	4	3 : 1	2	75 %	69,23 %
Große Strafkammer (einfache Mehrheit)	5	3 : 2	1	60 %	60 %
Große Strafkammer (Zweidrittelmehrheit)	5	4 : 1	3	80 %	77,14 %

Hier zeigt sich deutlich, dass die Wahrscheinlichkeit $P(H|E)$, dass die getroffene Entscheidung richtig ist, nicht vom prozentualen Stimmenverhältnis (q), sondern vom absoluten Stimmenvorsprung ($h-k$) abhängt. Mit von 1 bis 3 zunehmendem Stimmenvorsprung nimmt die Wahrscheinlichkeit zu. Ist der Stimmenvorsprung indes, wie beim Schöffengericht und der mit einfacher Mehrheit entscheidenden großen Strafkammer, gleich, so ist auch die Wahrscheinlichkeit gleich, selbst wenn das prozentuale Stimmenverhältnis differiert. Dies liegt wohlgemerkt auch keineswegs daran, dass beim Schöffengericht die Zweidrit-

---

29 Es gilt (nach *C. List*, a. a. O., S. 528) die Formel C.3 (vgl. Formelverzeichnis). Dabei ist $m = 2h - n$ und damit die Differenz zwischen den Stimmen für x (also h) und denen gegen x (also $n - h = k$). Zum Verständnis: $m = 2h - n = 2h - (h + k) = h - k$.

30 *M. J. A. N. Caritat, Marquis de Condorcet*, Essay über die Anwendung der Wahrscheinlichkeitsrechnung auf Mehrheitsentscheidungen, in: ders., Ausgewählte Schriften zu Wahlen und Abstimmungen, 2011, S. 49 (109 ff.). Vgl. auch *I. McLean/F. Hewitt*, Introduction, in: dies. (Hrsg.), Condorcet, 1994, S. 1 (37); *J. Behnke*, Condorcet und die »soziale Mathematik«, in: Caritat, Marquis de Condorcet, a. a. O., S. 1 (34 ff.). Die Formel dazu ist Formel C.4 (vgl. Formelverzeichnis). Es ist offensichtlich, dass die Wahrscheinlichkeit bei fester Kompetenz p allein dadurch vergrößert werden kann, dass die Differenz von h und k erhöht wird. Je größer der absolute Stimmenvorsprung, desto größer die Wahrscheinlichkeit, dass die Entscheidung richtig ist.

31 Zum Überblick oben A.V.1.a)aa).

32 Eine umfassendere Tabelle mit zahlreichen Werten findet sich bei *C. List*, On the Significance of the Absolute Margin, Br. J. Philos. Sci. 55 (2004), S. 521 (533).

33 Ebenso die kleine Strafkammer.

34 Ebenso die besetzungsreduzierte große Strafkammer.

telmehrheit mit der einfachen Mehrheit zusammenfällt, denn Selbiges gilt auch für das erweiterte Schöffengericht, bei dem aber, wegen des größeren Stimmenvorsprungs, die Wahrscheinlichkeit deutlich höher liegt.

Soll also ein gewisses Maß an Sicherheit der Richtigkeit einer Verurteilung sichergestellt werden, so müsste in der Strafprozessordnung die qualifizierte Mehrheit eigentlich in Form eines absoluten Stimmenvorsprungs festgelegt werden. Das Umsetzungsproblem bestünde darin zu entscheiden, welches Maß an Wahrscheinlichkeit ausreichen soll. Es ist besser, dass ein Schuldiger freigesprochen wird, als dass ein Unschuldiger verurteilt wird; es ist auch besser, dass zehn Schuldige freigesprochen werden, als dass ein Unschuldiger verurteilt wird;[35] aber ist es auch besser, dass tausend Schuldige freigesprochen werden, als dass ein Unschuldiger verurteilt wird?[36] Wenn und weil es einen Grund für eine qualifizierte Mehrheit, aber keinen Grund für eine bestimmte Höhe gibt, haben qualifizierte Mehrheiten insoweit »etwas Willkürliches«[37] an sich.[38] Allerdings muss hier bemerkt werden: Bei der epistemischen Begründung der qualifizierten Mehrheit ist es zumindest theoretisch möglich, eine begründete Grenze festzulegen. Denn gibt es ein begründetes Maß an Sicherheit, das gewährleistet sein soll, und bestehen die Kenntnisse über die Kompetenz der Richter und die a-priori-Wahrscheinlichkeit der Schuld, könnte die richtige qualifizierte Mehrheit genau errechnet werden. Das Problem besteht erst darin, dass weder ein bestimmtes Maß an Sicherheit begründet werden kann noch die nötigen Kenntnisse vorhanden sind und deshalb die Höhe nicht errechnet werden kann. Hingegen korrespondiert den prozeduralen Begründungen[39] bereits theoretisch so gut wie nie[40] eine bestimmte supermajoritäre Schwelle.

c) *Gründe für die Festlegung als Bruch*

Nun wird die qualifizierte Mehrheit des Strafprozessrechts nicht als absoluter Stimmenvorsprung, sondern als Bruch festgelegt.[41] Gibt es dafür einen guten Grund?

Der relevante Unterschied zwischen den beiden Formen liegt darin, dass bei einem Bruch das Maß an Sicherheit je nach Größe des Spruchkörpers differiert,

---

[35] Das Verhältnis 10:1 ist die nach dem englischen Juristen William Blackstone (1723–1780) benannte ›Blackstone ratio‹; siehe *W. Blackstone*, Commentaries on the Laws of England, Bd. 4, 1769, S. 352. Zu den verschiedenen Zahlenvarianten, insb. in der angelsächsischen Rechtsgeschichte, *A. Volokh*, n Guilty Men, Univ. Pa. Law Rev. 146 (1997), S. 173 ff.

[36] Vgl. *A. Vermeule*, The System of the Constitution, 2011, S. 93.

[37] *G. Jellinek*, Das Recht der Minoritäten, 1898, S. 23.

[38] Vgl. *M. Schwartzberg*, The Arbitrariness of Supermajority Rules, Soc. Sci. Inf. 49 (2010), S. 61 ff.

[39] Dazu unten 2.a).

[40] Eine mögliche Ausnahme wäre der Schutz einer Minderheit, deren Größe dauerhaft feststeht.

[41] Dies gilt für alle qualifizierten Mehrheiten im deutschen Prozessrecht.

während es bei einem fixen absoluten Stimmenvorsprung bei jedem Spruchkörper gleich ist. Es könnte einen Grund geben, bei größeren Spruchkörpern einen größeren Stimmenvorsprung und damit ein höheres Maß an Sicherheit zu fordern, nämlich denselben Grund, der überhaupt dafür spricht, größere Spruchkörper einzurichten: die Schwere der verhandelten Taten und der dafür zu verhängenden Strafen.[42] Sie vermag nicht nur dafür zu sprechen, Spruchkörper mit einer größeren Besetzung zu schaffen, die gerade wegen der größeren Richterzahl – das ist die Logik des Jury-Theorems – eine höhere Kompetenz, also eine höhere Wahrscheinlichkeit, richtige Entscheidungen zu treffen, aufweisen.[43] Derselbe Grund könnte auch herangezogen werden, um ein höheres Maß an Sicherheit dafür zu fordern, dass der gefällte Schuldspruch richtig ist.

Zudem darf nicht übersehen werden, dass die Anforderungen an die Verurteilung in den verschiedenen Spruchkörpern zumindest in einer nicht unerheblichen Hinsicht übereinstimmen: Ein einzelner Richter kann jeweils von den anderen Mitgliedern des Kollegiums überstimmt werden. Der Sinn der Zweidrittelmehrheit kann also auch darin erblickt werden, ein möglichst hohes Maß an Sicherheit zu gewährleisten, ohne sich den Problemen des Einstimmigkeitsprinzips[44] auszusetzen. Würde man nämlich beispielsweise stets einen absoluten Stimmenvorsprung von (mindestens) zwei fordern, so würde dies für das Schöffengericht auf das Einstimmigkeitsprinzip hinauslaufen. Um die Schwierigkeiten und Gefahren konsentischer Entscheidungsfindung[45] zu vermeiden, erscheint es angebracht, statt des absoluten Stimmenvorsprungs einen Bruch festzulegen. Mit diesem Gedanken kann sogleich das Problem der Willkür der Höhe der qualifizierten Mehrheit[46] gelöst werden: Da jede höhere Schwelle als zwei Drittel beim Schöffengericht sofort Einstimmigkeit bedeuten würde, gibt es hier einen guten Grund, genau diesen Schwellenwert zu wählen.

Schließlich muss beachtet werden, dass das Primat des absoluten Stimmenvorsprungs vor der qualifizierten Mehrheit nur gilt, wenn positive und negative

---

[42] Vgl. zu diesem Gedanken bereits oben B. Fn. 82.

[43] Dieser Gedanke zeigt sich auch bei den Vorgaben über die Besetzungsreduktion der großen Strafkammer (§ 76 Abs. 2 Satz 3 GVG). Ferner gibt es beim OLG eine Beschränkung für Fälle, die keine besondere Schwierigkeit aufweisen (vgl. § 122 Abs. 2 Satz 2 GVG).

[44] Zu diesen Problemen bei US-amerikanischen Jurys vgl. *E. P. Schwartz/W. F. Schwartz*, And So Say Some of Us …, South. Calif. Interdiscip. Law J. 9 (2000), S. 429 ff.

[45] Man könnte meinen, dass beim Einstimmigkeitserfordernis die Wahrscheinlichkeit falsch-positiver Entscheidungen am niedrigsten ist. Es ist jedoch umstritten, ob dies noch zutrifft, wenn sich die Abstimmenden strategisch verhalten; vgl. *T. Feddersen/W. Pesendorfer*, Convicting the Innocent: The Inferiority of Unanimous Jury Verdicts Under Strategic Voting, Am. Political Sci. Rev. 92 (1998), S. 23 ff.; *P. J. Coughlan*, In Defense of Unanimous Jury Verdicts, Am. Political Sci. Rev. 94 (2000), S. 375 ff.; *D. Gerardi*, Jury Verdicts and Preference Diversity, Am. Political Sci. Rev. 94 (2000), S. 395 ff.; *S. Guarnaschelli/R. D. McKelvey/T. R. Palfrey*, An Experimental Study of Jury Decision Rules, Am. Political Sci. Rev. 94 (2000), S. 407 ff.

[46] Dazu soeben b).

Kompetenz identisch sind. Obgleich dies grundsätzlich zur Erleichterung der epistemischen Betrachtung des Mehrheitsprinzips zu unterstellen sein mag, trifft dies in der Realität wohl nur selten zu.[47] Sind aber positive und negative Kompetenz nicht identisch, so hängt die Wahrscheinlichkeit, dass die getroffene Entscheidung richtig ist, sowohl vom absoluten Stimmenvorsprung als auch vom prozentualen Stimmenverhältnis ab.[48] Eine simple Festlegung der qualifizierten Mehrheit in Form eines einheitlichen Bruchs erscheint dann nicht fernliegend.

d) Qualifizierte Mehrheit und Rechtsfindung

Da das Tatgericht über Tatsachen- und Rechtsfindung integral abstimmt, findet das Erfordernis einer Zweidrittelmehrheit auch auf letztere Anwendung. Das bewirkt in Abweichung von der Neutralität letztlich »einen gerichtsverfassungsrechtlichen *bias* für die mildere Gesetzesauslegung.«[49] Einen speziellen Grund gibt es dafür nicht.[50] Es ist lediglich eine Folge davon, dass die epistemische Perspektive wegen der überwiegenden Bedeutung der Tatsachenfindung auch auf die Rechtsfindung erstreckt wird.[51]

Ein Ausgleich ist aber auf der Ebene des Revisionsgerichts möglich. Es kann nämlich die Situation eintreten, dass das Tatgericht mit Zweidrittelmehrheit eine für den Angeklagten nachteilige Rechtsauslegung bejaht, das Revisionsgericht mit lediglich einfacher Mehrheit[52] die Rechtsfrage aber anders entscheidet und die Verurteilung aufhebt. Dass das Revisionsgericht damit befugt ist, »eine nicht nur abstrakte, sondern für den konkreten Angeklagten im Endeffekt nachteilige, strengere Gesetzesauslegung mit einfacher Mehrheit zu beschließen«, ist als »Spiel des Zufalls« kritisiert worden.[53] Doch lässt sich dies mit dem zuvor Gesagten erklären. Durch § 263 Abs. 1 StPO wird eine epistemische Überlegung, die an sich nur für die Tatsachenfindung gilt, deswegen auch auf die Rechtsfindung erstreckt, weil über beide integral abgestimmt wird. Entscheidet nun das Revisionsgericht eine reine Rechtsfrage, so ist die epistemische Perspektive des Jury-Theorems nicht angebracht. Weil die Aufgabe des Revisionsgerichts insoweit darin besteht, tatgerichtliche Entscheidungen zu korrigieren,[54] ist es nur folgerichtig, wenn auf dieser Ebene die an sich sach-

---

47 Vgl. bereits oben B. III 2.a)bb).

48 *C. List*, On the Significance of the Absolute Margin, Br. J. Philos. Sci. 55 (2004), S. 521 (533).

49 *W. Ernst*, Rechtserkenntnis durch Richtermehrheiten, 2016, S. 231 (Herv. i. O.).

50 Zur Schwierigkeit prozeduraler Begründungen für qualifizierte Mehrheiten siehe sogleich 2.a).

51 Dazu oben B.III.2.c).

52 Vgl. oben A.V.2.b) sowie *E. Kern*, Die qualifizierten Mehrheiten im Strafverfahren, DJ 1938, S. 1386 (1387).

53 *W. Ernst*, Rechtserkenntnis durch Richtermehrheiten, 2016, S. 232.

54 Vgl. *C. Knauer/H. Kudlich*, in: MüKo StPO, Bd. 3/1, 2019, § 337 Rn. 99 ff.; vgl. auch *H. Rosenau*, Die Revision, in: Schöch u. a. (Hrsg.), FS Widmaier, 2008, S. 521 (533 ff.).

widrige Erstreckung der Zweidrittelmehrheit auf Rechtsfragen ausgeglichen wird, indem das einfache Mehrheitserfordernis Anwendung findet.

Über die Schuldfrage hinaus gilt das Erfordernis der Zweidrittelmehrheit auch für den Strafausspruch, eine im Wesentlichen Rechtsfragen betreffende Entscheidung.[55] Eine epistemische Rechtfertigung, die auf die Richtigkeitsgewähr abstellt, scheidet hier aber aus. Dementsprechend war das qualifizierte Mehrheitserfordernis ursprünglich ausschließlich auf die Schuldfrage[56] bezogen und wurde erst 1924 durch die Emminger'sche Reform auf die Straffrage,[57] später auf alle nachteiligen Rechtsfolgen erstreckt.[58] Hier gilt, was sogleich für mögliche prozedurale Begründungen der qualifizierten Mehrheit erörtert werden wird: Die gravierenden Entscheidungsfolgen reichen zur Begründung nicht aus, denn daraus ergibt sich nicht, warum bei bestimmten Meinungsverschiedenheiten die Entscheidung der Minderheit gelten soll. Als Grund wurde deshalb auch nicht (unmittelbar) der Schutz des Angeklagten angeführt, sondern die Änderung zielte darauf, den Laienrichtern, insbesondere im erweiterten Schöffengericht und der großen Strafkammer, über die Schuldfrage hinaus auch im Bereich der Straffrage »ausschlaggebenden Einfluß«[59] zu sichern.[60] Die rechtspolitische Frage, ob ein solcher Einfluss wünschenswert ist, muss hier unerörtert bleiben.[61]

---

55 In diesem Zusammenhang muss noch auf § 196 Abs. 3 Satz 2 GVG hingewiesen werden: Wenn sich bei Entscheidungen über die Rechtsfolgen der Tat zwei Meinungen gegenüberstehen (z. B. Geldstrafe oder Freiheitsstrafe; ein Jahr oder zwei Jahre Freiheitsstrafe), von denen keine die Zweidrittelmehrheit erreicht (z. B. drei zu zwei), so gilt die für den Angeklagten günstigere Entscheidung. Während dies bei der Schuldfrage bereits aus § 263 Abs. 1 StPO selbst folgt, ist der Gesetzgeber davon ausgegangen, dass es bei der Straffrage ausschließlich für den Angeklagten nachteilige Entscheidungen gibt, sodass eine Sonderregelung nötig ist. Die Regel hätte indes zusammen mit § 196 Abs. 3 Satz 1 GVG in einem einzigen Satz geregelt werden können (da dasselbe Prinzip zur Anwendung kommt); allerdings weist die Vorschrift mit der Trennung zwischen nicht-binären und binären Entscheidungen eine größere Präzision (wenn auch auf den ersten Blick nicht unbedingt Klarheit) auf. Zur Kombinationsmethode des § 196 Abs. 3 Satz 1 GVG siehe unten D.II.2.b).

56 Genauer gesagt: den Wahrspruch der Geschworenen. Dazu *P. Rieß*, Über das Schwurgericht im deutschen Strafprozess, in: Schöch u. a. (Hrsg.), FS Widmaier, 2008, S. 473 (489 ff.).

57 Kritisch *Oetker*, Die Strafgerichtsverfassung nach der Verordnung vom 4. Januar 1924, Der Gerichtssaal 90 (1924), S. 341 (388).

58 Vgl. *E. Kern*, Die qualifizierten Mehrheiten im Strafverfahren, DJ 1938, S. 1386 (1387); *C.-F. Stuckenberg*, in: Löwe/Rosenberg (Begr.), StPO, Bd. 6, Tbd. 2, 26. Aufl. 2013, § 263 Rn. 2; *W. Ernst*, Rechtserkenntnis durch Richtermehrheiten, 2016, S. 226 f.

59 *E. Bumke*, Erläuterungen zur Verordnung über Gerichtsverfassung und Strafrechtspflege vom 4. Januar 1924, 1924, S. 68; vgl. auch *T. Vormbaum*, Die Lex Emminger vom 4. Januar 1924, 1988, S. 42, 94.

60 Das Argument ähnelt der prozeduralen Begründung qualifizierter Mehrheiten mit Minderheitenschutz; dazu unten 2.a)bb).

61 Zum epistemischen Wert von Laienrichtern siehe oben B.III.2.b)dd)(2).

2. *Verfassungsprozessrecht*

Beim Bundesverfassungsgericht ist in den vier bzw. fünf »Verfahren der Verfassungsverteidigung«[62] (Präsidentenanklage, Richteranklage[63], Grundrechtsverwirkung, Parteiverbot sowie Ausschluss von Parteien von staatlicher Finanzierung) für jede dem Antragsgegner nachteilige Entscheidung[64] eine Zweidrittelmehrheit der Mitglieder des Senats, also eine Zustimmung von mindestens sechs Richtern, erforderlich.[65] Ähnlich wie beim Strafprozess wird die qualifizierte Mehrheit in diesen, zumeist als ›straf(prozess)ähnlich‹ oder ›quasistrafrechtlich‹ bezeichneten[66] Verfahren mit den »schwerwiegenden Folgen für den Antragsgegner«[67] begründet.

---

[62] *C. Walter*, in: Maunz/Dürig (Begr.), GG, 80. EL 2017, Art. 93 Rn. 188.

[63] Die Richteranklage ist der einzige Fall, in dem die Zweidrittelmehrheit durch das GG selbst vorgeschrieben ist (Art. 98 Abs. 2 Satz 1 GG). Diese Regelung wurde vom Parlamentarischen Rat in Reaktion auf die Denkschrift der alliierten Militärgouverneure eingefügt, in der diese zusätzliche Sicherungen für die Richteranklage angemahnt hatten. Vgl. *K.-B. v. Doemming*, in: ders./Füßlein/Matz, Entstehungsgeschichte der Artikel des Grundgesetzes, JöR 1 (1951), S. 732 mit Fn. 122.

[64] Das umfasst die Entscheidung im Vorverfahren der Grundrechtsverwirkung (§ 37 BVerfGG) bzw. des Parteiverbots (§ 45 BVerfGG), die mündliche Verhandlung durchzuführen. Für § 45 BVerfGG siehe BVerfG, Beschl. v. 18.03.2003 – 2 BvB 1/01 u. a. –, BVerfGE 107, 339 (357). Zustimmend und mit zutreffenden Ausführungen zur Frage, worüber im Vorverfahren genau abzustimmen ist, *C. v. Coelln*, in: Maunz u. a. (Hrsg.), BVerfGG, 44. EL 2014, § 45 Rn. 11. Zum Verhältnis des Vorverfahrens zur a-limine-Abweisung, insb. unter Berücksichtigung der unterschiedlichen Mehrheitserfordernisse, siehe *W. Seuffert*, Zum Verfahren nach Artikel 18 GG, in: Leibholz u. a. (Hrsg.), FS Geiger, 1974, S. 797 (805 f.).

[65] § 15 Abs. 4 Satz 1 BVerfGG.

[66] Vgl. *H. Lechner*, BVerfGG, 3. Aufl. 1973, § 15 Abs. 2 Anm. 2; *F. Ossenbühl*, Die Kontrolle von Tatsachenfeststellungen und Prognoseentscheidungen durch das Bundesverfassungsgericht, in: Starck (Hrsg.), FG 25 Jahre Bundesverfassungsgericht, Bd. 1, 1976, S. 458 (474); *K.-G. Zierlein*, in: Umbach/Clemens (Hrsg.), BVerfGG, 1. Aufl. 1992, § 15 Rn. 43; *T. v. Danwitz*, Qualifizierte Mehrheiten für normverwerfende Entscheidungen des BVerfG?, JZ 1996, S. 481 (484 f.); *G. Ulsamer*, in: Maunz u. a. (Hrsg.), BVerfGG, 16. EL 1998, § 28 Rn. 1; *R. Mellinghoff*, in: Maunz u. a. (Hrsg.), a. a. O., 21. EL 2002, § 15 Rn. 71; *R. Eschelbach*, in: Umbach/Clemens/Dollinger (Hrsg.), BVerfGG, 2. Aufl. 2005, § 15 Rn. 111; *G. Zöbeley*, in: Umbach/Clemens/Dollinger (Hrsg.), a. a. O., § 28 Rn. 1; *E. Klein*, in: Benda/Klein/Klein, Verfassungsprozessrecht, 3. Aufl. 2012, § 16 Rn. 351; *K. Haberzettl*, in: Burkiczak/Dollinger/Schorkopf (Hrsg.), BVerfGG, 2015, § 28 Rn. 3; *C. Lenz/R. Hansel*, BVerfGG, 2. Aufl. 2015, § 15 Rn. 6, § 28 Rn. 2; *A. Hopfauf*, in: Schmidt-Bleibtreu/Hofmann/Henneke (Hrsg.), GG, 14. Aufl. 2018, Art. 94 Rn. 105; *B. Grünewald*, in: BeckOK BVerfGG, § 28 Rn. 2; *H. Lechner/R. Zuck*, BVerfGG, 8. Aufl. 2019, § 15 Rn. 13, § 28 Rn. 1; ferner bereits *W. Roemer*, Das Gesetz über das Bundesverfassungsgericht, JZ 1951, S. 193 (195): »eine durch Verwandtschaft mit dem Strafverfahren unter sich verbundene Sondergruppe«.

[67] *H. Brox*, Rechtsprobleme der Abstimmungen beim Bundesverfassungsgericht, in: Ritterspach/Geiger (Hrsg.), FS Müller, 1970, S. 1 (12). Ebenso *W. Geiger*, BVerfGG, 1952, § 15 Anm. 7; *R. Mellinghoff*, a. a. O., § 15 Rn. 70; *R. Eschelbach*, a. a. O., § 15 Rn. 111. Vgl. ferner *K. Kruis*, Richterverantwortung und Abstimmungsquoren in der Verfassungsgerichtsbarkeit, in: BayVerfGH (Hrsg.), FS 50 Jahre Bayerischer Verfassungsgerichtshof, 1997, S. 63 (67); *U. Sacksofsky*, Wellen der Empörung, Merkur 68 (2014), S. 711 (716); *H. Lechner/R. Zuck*, a. a. O., § 15 Rn. 13.

Unabhängig von jeder berechtigten Kritik[68] an dem oftmals undifferenziert verwendeten Begriff der ›Strafrechtsähnlichkeit‹ kann die Übertragung der Logik der strafprozessualen Zweidrittelmehrheit auf das Verfassungsprozessrecht ausschließlich dann funktionieren, wenn so wie für die strafgerichtliche Tatsacheninstanz auch für die genannten Verfahren des Bundesverfassungsgerichts die Anwendung des Mehrheitsprinzips epistemisch begründet werden kann, wenn also bei der Entscheidung die Tatsachenfindung wesentlich im Vordergrund steht. Nur dann lässt sich das Erfordernis einer Zweidrittelmehrheit mit dem Anliegen eines erhöhten Maßes an Gewissheit begründen, denn auf das Maß der Rechtsgewissheit im Sinne der Wahrscheinlichkeit der Richtigkeit der (Rechts-)Entscheidung abzustellen,[69] ist, wie oben[70] gezeigt wurde, nicht möglich. Andernfalls kommt allein eine prozedurale Begründung in Betracht.

a) Prozedurale Begründungen

Eine prozedurale Rechtfertigung zu finden, erweist sich allerdings nicht als unproblematisch. Auf die Schwere zu verweisen, reicht für sich nicht aus, denn ohne weitere Zwischenschritte kann daraus nicht abgeleitet werden, dass die Schwelle für eine Verurteilung erhöht werden soll. Es ist keineswegs offensichtlich, warum ein Parteiverbot ausgesprochen werden können soll, wenn sechs Richter zustimmen, aber nicht, wenn fünf Richter zustimmen. Könnte die von sechs Richtern verbotene Partei nicht vortragen, dass sie nicht verboten werden dürfte, da ja immerhin zwei Richter gegen das Verbot gestimmt haben, und anzweifeln, aus welchen Gründen sie ungleich behandelt wird gegenüber einer Partei, für deren Verbot ›nur‹ fünf Richter gestimmt haben? Anders gewendet: Die Schwere der Rechtsfolge allein kann nicht begründen, warum die a-priori-Chance eines Parteiverbots reduziert werden sollte. Die statistische Anzahl von Parteiverboten gering zu halten, ist für sich genommen noch kein vernünftiges Ziel.

Es muss also, so wie das Maß an Gewissheit bei der epistemischen Begründung, auch bei einer prozeduralen Begründung einen gewissen Wert geben, der mit einer qualifizierten Mehrheit verbunden wird. Demokratietheoretisch lassen sich primär drei solche Werte identifizieren, die zur Begründung qualifizierter Mehrheiten für bestimmte Entscheidungen, insbesondere Verfassungsänderungen, angeführt werden: die Stabilität des rechtlichen und politischen Systems; die Notwendigkeit eines (weitgehenden) Konsenses zur Legitimation

---

[68] Vgl. *C. Waldhoff*, in: BeckOK BVerfGG, § 36 Rn. 1, § 43 Rn. 11, § 45 Rn. 8, § 49 Rn. 3.

[69] So *T. v. Danwitz*, Qualifizierte Mehrheiten für normverwerfende Entscheidungen des BVerfG?, JZ 1996, S. 481 (484 f.), der aber immerhin zutreffend auf den Unterschied zwischen dem Strafprozess und anderen Gerichtsverfahren hinweist. Siehe ferner *R. Häußler*, Der Konflikt zwischen Bundesverfassungsgericht und politischer Führung, 1994, S. 211: »größere Richtigkeitsgewähr der Urteile«.

[70] B.III.2.b)cc).

der Entscheidung; der Schutz von Minderheiten.[71] Der Gedanke eines Konsenses als erforderlicher Legitimationsgrundlage ist schon demokratietheoretisch aufgrund seiner Vagheit äußerst unfruchtbar. Auch ist fraglich, ob ein Konsenserfordernis überhaupt für eine qualifizierte Mehrheit spricht.[72] Auf Gerichtsentscheidungen lässt sich der Gedanke jedenfalls nicht übertragen. Erfolgsversprechender erscheinen demgegenüber die anderen beiden Punkte.

aa) Institutionelle Stabilität

Die institutionelle Stabilität betreffend kann vor allem eine Betrachtung der Präsidentenanklage fruchtbar sein. Dieses Verfahren zielt nicht, wie ein gegen den Bundespräsidenten gerichteter Organstreit, lediglich auf die Feststellung eines Verfassungsverstoßes,[73] sondern auf die Amtsenthebung und damit nicht nur auf eine verfassungsgerichtliche Korrektur innerhalb des bestehenden institutionellen Rahmens, sondern auf einen Eingriff durch das Bundesverfassungsgericht selbst[74] in die bestehende politische Ordnung. Insofern liegt eine Parallele zu der verfassungstheoretischen und -rechtlichen Trennung von Verfassungsgebung (bzw. -änderung) einerseits und einfacher Gesetzgebung andererseits nahe.[75] (Ein ähnlicher Gedanke liegt zum Beispiel auch der aktienrechtlichen Unterscheidung zwischen den Vorstand gestaltenden und den Vorstand überwachenden Beschlüssen des Aufsichtsrats zugrunde.[76]) Die grundlegenden institutionellen Festlegungen bilden den Rahmen, innerhalb dessen sich das alltägliche Geschäft überhaupt erst vollziehen kann. Als Mittel, den Bestand dieser Verfasstheit zu schützen, kommt nicht zuletzt in Betracht, Änderungen der Ordnung selbst im Vergleich zu innerhalb der Ordnung zu treffenden ›einfachen‹, laufenden Entscheidungen zu erschweren.[77] Eine qualifizierte

[71] Vgl. *M. Schwartzberg*, Counting the Many, 2014, S. 125 ff.

[72] Vgl. *M. Schwartzberg*, a. a. O., S. 133 ff.

[73] § 67 Satz 1 BVerfGG. Vgl. *K. Schlaich/S. Korioth*, Das Bundesverfassungsgericht, 11. Aufl. 2018, Rn. 373.

[74] Vgl. (für alle Verfahren mit Zweidrittelmehrheitserfordernis) *C. Walter*, in: BeckOK BVerfGG, § 32 Rn. 10.

[75] *J. S. Hong*, Signaling the Turn, Am. J. Comp. Law 67 (2019), S. 177 (196), weist komparativ darauf hin, dass die Amtsenthebung durch politische Organe oftmals einer qualifizierten Mehrheit bedarf, so etwa beim ›Impeachment‹ durch den US-Senat (Article I, Section 3, Clause 6 United States Constitution: »And no Person shall be convicted without the Concurrence of two thirds of the Members present«). Vergleichbares gilt für den Anklagebeschluss der deutschen Präsidentenanklage (dazu sogleich im Text).

[76] Eine solche Unterscheidung als Grundlage für die Entscheidung zwischen einfacher und qualifizierter Mehrheit ist zwar aktienrechtlich nicht zwingend, aber naheliegend; vgl. *M. Jürgenmeyer*, Satzungsklauseln über qualifizierte Beschlussmehrheiten im Aufsichtsrat der Aktiengesellschaft, ZGR 2007, S. 112 (136 ff.). Der Zweck der Dreiviertelmehrheit für Satzungsänderungen bei Vereinen (§ 33 Abs. 1 Satz 1 BGB) soll hingegen im Minderheitenschutz liegen; vgl. nur *L. Leuschner*, in: MüKo BGB, Bd. 1, 8. Aufl. 2018, § 33 Rn. 1.

[77] Vgl. für das GG *P. Kirchhof*, Die Identität der Verfassung, in: Isensee/Kirchhof (Hrsg.), HStR, Bd. II, 3. Aufl. 2004, § 21 Rn. 38 f.

Mehrheit ist sodann eine Möglichkeit, die »Spannung zwischen Flexibilität und Substanzwahrung«[78] zu lösen. In diesem Sinne könnte das Erfordernis einer Zweidrittelmehrheit für die Verurteilung des Bundespräsidenten[79] verstanden werden als Ausgleich zwischen dem Wunsch nach größtmöglicher Stabilität der Amtsinhaberschaft und dem Anliegen, vorsätzliche Verfassungs- oder Gesetzesverletzungen des Bundespräsidenten zu sanktionieren.[80]

Zwingend ist eine solche Zweidrittelmehrheit allerdings keineswegs, wie ein Blick in das Prozessrecht der Landesverfassungsgerichte zeigt. Während in manchen Ländern für Verfahren der Ministeranklage ebenfalls eine qualifizierte Mehrheit festgelegt ist,[81] verzichten andere auf diese Verschärfung. Auch ist zu bedenken, ob nicht statt der bundesverfassungsgerichtlichen Abstimmung der geeignetere Ort für Hürden gegen eine vorschnelle Absetzung des Bundespräsidenten eher im politischen Raum, also bei den anklagebefugten Institutionen, zu finden wäre. Und in der Tat bedarf ja der Anklagebeschluss von Bundestag oder Bundesrat der Zustimmung einer Zweidrittelmehrheit des jeweiligen Organs,[82] wodurch eine – auch den historischen Erfahrungen der Weimarer Republik[83] nach zu urteilen – nicht unbeachtliche Hürde errichtet wird, um »übereilte und vom Anlass nicht gerechtfertigte Anklagen« zu unterbinden und sicherzustellen, dass »die Präsidentenanklage wirklich nur erhoben wird, wenn ein schwerwiegender und auf andere Weise nicht auszuräumender Anlass für sie besteht.«[84] Der Bedarf einer Zweidrittelmehrheit für die Entscheidung des Bundesverfassungsgerichts mag angesichts dessen fragwürdig erscheinen.

bb) Minderheitenschutz

Während das Argument der institutionellen Stabilität auch auf das Parteiverbotsverfahren zumindest in gewissem Maße Anwendung finden könnte, rückt für eine Rechtfertigung der qualifizierten Mehrheit bei diesem und noch stärker beim Verfahren der Grundrechtsverwirkung der Gedanke des Minderheitenschutzes zentral ins Blickfeld. Der Schutz von Minderheiten wird häufig zur

[78] *M. Herdegen*, in: Maunz/Dürig (Begr.), GG, 72. EL 2014, Art. 79 Rn. 2.

[79] Auf die Richteranklage lässt sich dieser Gedanke v. a. dadurch übertragen, dass die Stabilität der Amtsinhaberschaft als Ausdruck der persönlichen Unabhängigkeit (Art. 97 Abs. 2 GG) verstanden wird. Vgl. zum Schutz vor Amtsenthebung und zur daraus folgenden Ämterstabilität nur *C. Hillgruber*, in: Maunz/Dürig (Begr.), GG, 52. EL 2008, Art. 97 Rn. 98, 104.

[80] Denkbar wäre es, insoweit die in Art. 61 Abs. 2 Satz 1 GG angelegte Differenzierung zwischen der Feststellung des vorsätzlichen Verstoßes und der Amtsenthebung aufzugreifen und nur für Letztere die Zweidrittelmehrheit vorzuschreiben. Zur Möglichkeit der Feststellung eines Verstoßes ohne Ausspruch der Amtsenthebung siehe auch § 56 BVerfGG.

[81] § 36 Abs. 3 BWVerfGHG, Art. 40 Abs. 3 BayVerfGHG, Art. 38 Abs. 3 RhPfVerfGHG, § 8 Abs. 3 Satz 1 SächsVerfGHG.

[82] Art. 61 Abs. 2 Satz 3 GG.

[83] Vgl. *R. Herzog*, in: Maunz/Dürig (Begr.), GG, 54. EL 2009, Art. 61 Rn. 5.

[84] *R. Herzog*, a. a. O., Art. 61 Rn. 41.

Begründung einer qualifizierten Mehrheiten herangezogen, da dadurch Minderheiten ein Veto eingeräumt werde gegen sie belastende Entscheidungen der Mehrheit.[85] Bei einem Kollegialgericht kann es nun nicht um einen Schutz davor gehen, dass die Mehrheit der Richter den anderen Richtern ihren Willen aufdrängt.[86] Bei den Verfahren des Parteiverbots und der Grundrechtsverwirkung könnte sich indes das Problem ergeben, dass der Antragsgegner von einer ihm politisch ablehnend oder gar feindselig gegenüberstehenden Richtermehrheit verurteilt wird. Das Erfordernis der Zweidrittelmehrheit würde es für diesen Fall den in der Minderzahl befindlichen, dem Antragsgegner politisch nahestehenden Richtern ermöglichen, eine Verurteilung zu verhindern. Dem Antragsgegner käme auf diese Weise ein Schutz vor vorschneller Verurteilung zugute.[87]

Sofort ergeben sich allerdings zwei Probleme, die auch qualifizierte Mehrheiten für gesetzgebende oder verfassungsändernde Entscheidungen befallen.[88] Erstens kann der Schutz ausschließlich dann funktionieren, wenn die Vertreter der Minderheit die für das Veto erforderliche Schwelle erreichen. Eine sehr große Mehrheit kann demnach eine sehr kleine Minderheit problemlos übertrumpfen. Besonders intensiviert wird dieses Problem, wenn die Minderheit über gar keine Vertreter in dem betreffenden Entscheidungsorgan verfügt, was bei Gesetzgebungsorganen dann der Fall ist, wenn die Minderheit darin nicht repräsentiert wird. Beim Bundesverfassungsgericht tritt dieser Zustand dadurch ein, dass Parteiverbotsverfahren[89] nahezu exklusiv gegen solche Parteien in Betracht kommen werden, die keinen oder fast keinen Einfluss auf die Wahl der Bundesverfassungsrichter haben. Insoweit kann eine qualifizierte Mehrheit keinen Minderheitenschutz gewährleisten. Dagegen könnte erinnert werden, dass das erste Parteiverbotsverfahren gegen die NPD[90] auch von drei Richtern ge-

---

85 Vgl. nur *W. Heun*, Das Mehrheitsprinzip in der Demokratie, 1983, S. 126 f.

86 Vgl. die Überlegungen zum Freiheitsargument (oben B.IV. 1).

87 Dieses Argument lässt sich ohne Probleme auch auf Präsidenten- und Richteranklage übertragen. Letztere wurde bereits während der Beratungen zum GG wegen der Entscheidungskompetenz eines ›politisch‹ besetzten Verfassungsgerichts kritisiert. Vgl. *E. Schmidt*, Politische Rechtsbeugung und Richteranklage, in: Zentral-Justizamt für die Britische Zone (Hrsg.), Justiz und Verfassung, 1948, S. 55 (96 f.); *H. Ruscheweyh*, Richteranklage und Richterwahl im Bonner Grundgesetzentwurf, MDR 1949, S. 258 (260). Inwieweit diese Verwahrung gegen die Richteranklage mit der Beteiligung der Justiz am nationalsozialistischen Unrecht zusammenhing (vgl. *H. Wrobel*, Geh – schmeiß ihn von dem Tribunal herunter!, DRiZ 1995, S. 199 ff.), muss angesichts der unterschiedlichen Lebensläufe von Schmidt und Ruscheweyh wohl differenziert betrachtet werden.

88 Ein drittes Problem einer derartigen Überlegung ist die Gefahr der (weiteren) Politisierung des Verfassungsgerichts. Vgl. *T. v. Danwitz*, Qualifizierte Mehrheiten für normverwerfende Entscheidungen des BVerfG?, JZ 1996, S. 481 (487).

89 Das in diesem und dem folgenden Absatz für das Parteiverbotsverfahren Gesagte gilt mutatis mutandis ebenso für das Verfahren der Grundrechtsverwirkung: Auch dieses kommt v. a. gegen Personen des politischen Randes in Betracht.

90 BVerfG, Beschl. v. 18.03.2003 – 2 BvB 1/01 u. a. –, BVerfGE 107, 339 ff.

stoppt wurde, die Sympathien zu dieser Partei nicht verdächtig sind. Zu bedenken ist aber, dass, wenn die drei Richter nicht irgendwie als ›Vertreter‹ der Partei aufgefasst werden können, keinerlei Maßstab besteht, anhand dessen zu begründen wäre, warum den drei und nicht den fünf Richtern gefolgt werden soll, da nämlich nicht gesagt werden kann, ob die Ansicht der Richtermehrheit oder das Veto der drei Richter berechtigt ist. Dies leitet über zum zweiten Problem.

Eine qualifizierte Mehrheit wirkt immer potenziell in beide Richtungen. Die Minderheit kann ihr Veto ausüben, um sich vor unberechtigten Angriffen durch die Mehrheit zu schützen. Sie kann es aber auch ausüben, um berechtigte Anliegen der Mehrheit zu vereiteln und eigene Vorteile zu bewahren.[91] Die Minderheit befindet sich also dank der qualifizierten Mehrheit in einer privilegierten Position; die Abweichung von der Neutralität des Mehrheitsprinzips springt ins Auge. Demnach ist es auch möglich, dass drei Richter das Verbot einer Partei allein deshalb verhindern, weil sie dieser politisch nahestehen. Das durch das Erfordernis der qualifizierten Mehrheit eingeräumte Veto ist eben ein lediglich formales Mittel, das von der Minderheit aus guten oder aus schlechten Gründen in Anspruch genommen werden kann – aber wer wollte (oder sollte) entscheiden, wann gute und wann schlechte Gründe vorliegen? Vor diesem Hintergrund erscheint die Abweichung von der Neutralität als fragwürdig.

cc) Fazit

Die große Frage jeder qualifizierten Mehrheit lautet, ob die ihr immanente Bevorzugung des Status quo gerechtfertigt ist. Verfassungsänderungen betreffend geht es, etwas überspitzt formuliert, darum, ob in der Verfassung die höhere Weisheit der Verfassungsgeber ihren Ausdruck gefunden hat oder das zu einem bestimmten Zeitpunkt bestehende Machtverhältnis festgeschrieben wurde.[92] Für die Verfahren des Parteiverbots und der Grundrechtsverwirkung lässt sich der Vorrang des Status quo relativ leicht damit begründen, dass der Status quo letztlich nichts anderes ist als die freiheitlich-demokratische Grundordnung. Den Vorrang der Freiheit vor der Wehrhaftigkeit der Verfassung zu statuieren, ist einem freiheitlichen Staat nicht unangemessen. An dieser Überlegung wird auch die Verwandtschaft der prozeduralen mit der epistemischen Begründung ersichtlich. Beide basieren darauf, dass ein Grundsatz, den jeder Richter bei der Entscheidung zu beachten hat, auf die kollektive Ebene transponiert wird. Bei der epistemischen Begründung der Zweidrittelmehrheit im Strafprozess ist es

---

[91] Deshalb gegen eine Ausweitung der qualifizierten Mehrheit (dazu noch unten 3.) *E. Benda*, ZRP-Rechtsgespräch, ZRP 1995, S. 427 (428), der vor der Möglichkeit warnt, dass »jede der im Bundestag vertretenen großen politischen Parteien eine Sperrminorität beim Gericht hat.«

[92] Vgl. *M. Schwartzberg*, Counting the Many, 2014, S. 159 ff.

der Zweifelssatz, bei der prozeduralen Begründung im Verfassungsprozessrecht der Gedanke, dass die schwerwiegenden Sanktionen der Verfahren der Verfassungsverteidigung ausschließlich in schweren, nicht anders zu lösenden Fällen ausgesprochen werden, letztlich also der Verhältnismäßigkeitsgrundsatz[93].

Allerdings darf eben nicht übersehen werden, dass es sich bei dem Erfordernis einer Zweidrittelmehrheit im Bundesverfassungsgericht um einen rein formalen und starren Mechanismus handelt. Den im Einzelfall erforderlichen Ausgleich zwischen individueller Freiheit und der Notwendigkeit »auch harte[r] Sanktionen gegenüber Verfassungsfeinden«[94] herzustellen, ist weniger Aufgabe der institutionellen Vorgaben als der entscheidungsbefugten Richter. Missbrauch lässt sich dabei letzten Endes nicht ausschließen; das Mehrheitsprinzip kann von der Mehrheit genauso missbraucht werden wie die qualifizierte Mehrheit durch die Minderheit. Wichtiger als der Entscheidungsmodus sind letztlich immer die Menschen, die entscheiden.

b) *Verfassungsgerichtliche Tatsachenfindung*

Offen geblieben ist bisher, ob bzw. inwiefern die epistemische Argumentation des Jury-Theorems auf bundesverfassungsgerichtliche Verfahren Anwendung finden kann. Zunächst einmal ist festzuhalten, dass das Bundesverfassungsgericht in jedem Verfahren in gewissem Maße einer Tatsachengrundlage für seine Entscheidungsfindung bedarf. »Das Gericht ist Tatsacheninstanz.«[95] Primär gilt dies für die Verfahren, denen kein fachgerichtliches Verfahren vorausgeht.[96] Von besonderer Brisanz sind dabei Tatsachenfeststellungen als Grundlage für die Beurteilung gesetzgeberischer Entscheidungen.[97] Aber auch bei Urteilsverfassungsbeschwerden gibt es zumindest eine Tatsachenfindung, inso-

---

[93] Für die Grundrechtsverwirkung *G. Dürig/H. H. Klein*, in: Maunz/Dürig (Begr.), GG, 81. EL 2017, Art. 18 Rn. 52 m. w. N.; *M. Brenner*, in: v. Mangoldt/Klein/Starck (Begr.), GG, Bd. 1, 7. Aufl. 2018, Art. 18 Rn. 11. Für die Präsidentenanklage *R. Herzog*, in: Maunz/Dürig (Begr.), GG, 54. EL 2009, Art. 61 Rn. 20. Dies gilt unabhängig davon, ob das Verhältnismäßigkeitsprinzip gesondert geprüft wird oder es bereits in die Auslegung des Tatbestands eingebaut ist. So verzichtet das BVerfG beim Parteiverbot angesichts des Tatbestandsmerkmals der Potenzialität auf eine gesonderte Prüfung der Verhältnismäßigkeit. Vgl. BVerfG, Urt. v. 17.01.2017 – 2 BvB 1/13 –, BVerfGE 144, 20 (230 ff.); dazu *J. Ipsen*, Verfassungswidrig, aber nicht verboten, RuP 2017, S. 3 (5 f.); *ders.*, in: Sachs (Hrsg.), GG, 8. Aufl. 2018, Art. 21 Rn. 172.

[94] *M. Brenner*, a. a. O., Art. 18 Rn. 12.

[95] *E. G. Mahrenholz*, Verfassungsinterpretation aus praktischer Sicht, in: Schneider/Sternberg (Hrsg.), FS Hesse, 1990, S. 53 (53).

[96] *C. Walter*, in: BeckOK BVerfGG, § 26 Rn. 1. Vgl. auch bereits *A. Arndt*, Umwelt und Recht, NJW 1962, S. 783 (784 f.).

[97] Vgl. *H. Thierfelder*, Zur Tatsachenfeststellung durch das Bundesverfassungsgericht, JurA 1970, S. 879 ff.; *K. J. Philippi*, Tatsachenfeststellungen des Bundesverfassungsgerichts, 1971. Vgl. auch *F. Ossenbühl*, Die Kontrolle von Tatsachenfeststellungen und Prognoseentscheidungen durch das Bundesverfassungsgericht, in: Starck (Hrsg.), FG 25 Jahre Bundesverfassungsgericht, 1976, Bd. 1, S. 458 ff.

weit nämlich die Akten des Ausgangsverfahrens als Entscheidungsgrundlage dienen müssen.[98] Das generelle Erfordernis der Tatsachenermittlung kommt auch in der Regelung des § 26 BVerfGG zum Ausdruck.[99] Gleichwohl steht bei den Entscheidungen des Bundesverfassungsgerichts die Klärung von Rechtsfragen der Auslegung und Anwendung des Verfassungsrechts grundsätzlich im Vordergrund, wie das Bundesverfassungsgericht auch selbst ausgesprochen hat.[100]

In den Verfahren der Verfassungsverteidigung kommt allerdings der Tatsachenfindung eine viel größere Bedeutung zu als in den anderen Verfahren. Vor allem in den Verfahren des Parteiverbots und der Grundrechtsverwirkung ist das Bundesverfassungsgericht nicht nur »echte Tatsacheninstanz«[101], sondern kommt es für seine Entscheidung sogar ganz wesentlich auf die festgestellten Tatsachen bezüglich eines verfassungsfeindlichen Verhaltens des Antragsgegners an. Die Signifikanz der Beweiserhebung zeigt sich etwa darin, dass über das Verbot der KPD 52 Tage lang mündlich verhandelt wurde[102] oder dass sich der Sachbericht im NPD-Urteil[103] über 396 Randnummern erstreckt;[104] ferner an der dem Bundesverfassungsgericht eingeräumten Kompetenz zur Anordnung von Beschlagnahmen oder Durchsuchungen.[105] Auch die Prüfung der Tatbestände der Präsidenten- und Richteranklage, die einen vorsätzlichen Verfassungsbruch des Bundespräsidenten bzw. ein verfassungsfeindliches Verhalten eines Richters voraussetzen, erfordert eingehende Tatsachenfeststellungen zu den angeklagten[106] Tathandlungen. Gesetzlich kommt die besondere Relevanz verfassungsgerichtlicher Tatsachenfeststellungen in diesen Verfahren im Institut der richterlichen Voruntersuchung zum Ausdruck.[107]

---

[98] Wer deren Erheblichkeit in Abrede stellt, möge einmal den Fall betrachten, in dem eine Kammer des BVerfG einen familiengerichtlichen Beschluss aufhob, der überhaupt nicht mit dem beanstandeten Inhalt ergangen war: BVerfG (K), Beschl. v. 01.12.2010 – 1 BvR 1572/10 –, NJW 2011, S. 1661 ff. Dazu *V. Rieble*, Karlsruher Leseschwäche, myops, Heft 13 (2011), S. 32 ff.

[99] Vgl. *K. Haberzettl*, in: Burkiczak/Dollinger/Schorkopf (Hrsg.), BVerfGG, 2015, § 26 Rn. 4; zutreffend vor zu weitgehenden Schlussfolgerungen warnend *H. Bethge*, in: Maunz u. a. (Hrsg.), BVerfGG, 57. EL 2019, vor § 17 Rn. 39.

[100] BVerfG, Beschl. v. 15.10.1963 – 1 BvL 29/56 –, BVerfGE 17, 135 (139); BVerfG, Beschl. v. 10.11.1964 – 1 BvL 12/60 u. a. –, BVerfGE 18, 186 (192).

[101] *C. Walter*, in: BeckOK BVerfGG, § 26 Rn. 1.

[102] *H. H. Klein*, in: Maunz/Dürig (Begr.), GG, 82. EL 2018, Art. 21 Rn. 550 Fn. 707.

[103] BVerfG, Urt. v. 17.01.2017 – 2 BvB 1/13 –, BVerfGE 144, 20 ff.

[104] Vgl. auch *BMJ* (Hrsg.), Entlastung des Bundesverfassungsgerichts, 1998, S. 129 ff.

[105] § 38 Abs. 1 (i. V. m. § 47) BVerfGG.

[106] Zur Anklageschrift siehe § 49 (i. V. m. § 58 Abs. 1) BVerfGG.

[107] § 54 (i. V. m. § 58 Abs. 1) BVerfGG. Vgl. *F. Ossenbühl*, Die Kontrolle von Tatsachenfeststellungen und Prognoseentscheidungen durch das Bundesverfassungsgericht, in: Starck (Hrsg.), FG 25 Jahre Bundesverfassungsgericht, 1976, Bd. 1, S. 458 (474). Mit Zurückhaltung (vgl. den Nachweis in Fn. 68) kann auch auf die in allen Verfahren der Verfassungsverteidigung, aber lediglich für die Vernehmung von Zeugen und Sachverständigen geltende Anwendbarkeit der StPO gemäß § 28 Abs. 1 BVerfGG hingewiesen werden.

Da somit die Entscheidungen in den Verfahren der Verfassungsverteidigung ganz wesentlich auf Tatsachenfeststellungen des Bundesverfassungsgerichts beruhen, kann die Anwendung des Mehrheitsprinzips und damit auch die Vorgabe einer Zweidrittelmehrheit epistemisch begründet werden. Prozedurale Begründungen der qualifizierten Mehrheit kommen daneben[108], wenn auch mit gewissen Einschränkungen, ergänzend in Betracht.[109]

3. *Ausweitung der qualifizierten Mehrheit*

Die Logik qualifizierter Mehrheiten greift nur in bestimmten Fällen von Gerichtsprozessen. Im Strafprozess und in den, verkürzt gesagt, ›strafähnlichen‹ Verfahren des Bundesverfassungsgerichts gilt das Zweidrittelmehrheitserfordernis für dem Angeklagten bzw. Antragsgegner nachteilige Entscheidungen. Im Standardfall des Zivilprozesses gibt es hingegen keinen Grund, einen der beiden möglichen Prozessausgänge a priori zu bevorzugen.[110] Eine falsche Stattgabe der Klage ist nicht von vornherein gravierender oder weniger gravierend als eine falsche Abweisung der Klage. Für den Beklagten mag es schlimm sein, Schadensersatz leisten zu müssen, aber für den Kläger kann es genauso schlimm sein, seinen Schaden nicht ersetzt zu bekommen.[111] Die prozessuale Gleichbehandlung der Parteien ist aufgrund des aus dem Gleichheitssatz fließenden Grundsatzes der Waffengleichheit[112] auch verfassungsrechtlich geboten.[113] Das Risiko am Verfahrensausgang wird im Zivilrecht nicht durch

---

108 Allein prozessual zu begründen sind die qualifizierten Mehrheiten für die besonderen Verfahrensentscheidungen in § 26 Abs. 2 und § 28 Abs. 2 Satz 2 BVerfGG, die dem Schutz des betroffenen Verfahrensbeteiligten dienen; vgl. *N. Magsaam*, Mehrheit entscheidet, 2014, S. 329. Gleiches gilt für § 105 Abs. 4 und 5 Satz 3 BVerfGG.

109 Ein Problem ergibt sich noch daraus, dass sich die Zweidrittelmehrheit in § 15 Abs. 4 Satz 1 BVerfGG auf den gesamten Senat bezieht, sodass stets die Stimmen von sechs Richtern erforderlich sind. Damit liegt die Stimmenquote noch höher, wenn der Senat mit nur sechs oder sieben Richtern entscheidet. Der Kritik von *R. Eschelbach*, in: Umbach/Clemens/Dollinger (Hrsg.), BVerfGG, 2. Aufl. 2005, § 15 Rn. 112, wird man hier zustimmen können. Insb. würde die epistemische Begründung gerade dafür sprechen, auf den absoluten Stimmenvorsprung (dazu oben 1.b)) von vier Richtern abzustellen, d. h. auch Entscheidungen mit 5:1 Stimmen gelten zu lassen (bei sieben Richtern würde das freilich auf ein 6:1, nicht auf die Zweidrittelmehrheit von 5:2 hinauslaufen).

110 So auch *H. Dichgans*, Entscheidung bei Rechtsunsicherheit, AöR 97 (1972), S. 596 (597).

111 Vgl. *C. de Fontenay*, Ueber die Abstimmung in Richtercollegien, 1. Aufl. 1847, S. 13: »Im bürgerlichen Processe kann begreiflicherweise von der Härte oder Milde eines Erkenntnisses überall nicht die Rede sein, denn was der einen Partei aberkannt wird, wird der anderen zuerkannt und dem Interesse des Verlierenden steht immer ein gleiches Interesse des Gewinnenden im umgekehrtem [sic] Verhältnisse gegenüber.«

112 Siehe bereits oben B.V.2.b)bb).

113 Dies gilt aber sub specie des Gleichheitssatzes als Grundrecht, d. h. als subjektiven Abwehrrechts des Bürgers, eben nur, wenn ein Bürger ungleich behandelt wird. Wenn es aber der Staat ist, der ungleich behandelt wird, liegt mit Blick auf den Gleichheitssatz kein verfas-

Abstimmungsregeln, sondern durch ein System von Beweislastregelungen verteilt.[114] Will man den relevanten Unterschied des Zivilprozesses zum Strafprozess zuspitzen, so kann man sagen, dass er darin besteht, dass die Parteien in jenem einander gleichgeordnet sind, während in diesem dem Bürger der Staat mit seiner Strafgewalt gegenübertritt.

Die Unterscheidung zwischen Gleichordnung als Normalfall und einseitiger gerichtlicher Eingriffsgewalt als Ausnahmefall lässt sich auch für das Bundesverfassungsgericht feststellen. Die Verfahren der Verfassungsverteidigung zeichnen sich dadurch aus, dass erst das verfassungsgerichtliche Urteil einen Rechts- bzw. Positionsverlust bewirkt. Der Eingriff soll hier besonders abgesichert, der Antragsgegner geschützt werden. Bei einem Organstreit etwa treten hingegen einander gleichgeordnete Verfassungsorgane gegenüber, von denen nicht eines a priori besser zu stellen wäre. Man kann nicht sagen, dass von vornherein der Bundestag gegenüber der Bundesregierung geschützt werden muss oder umgekehrt. Das Neutralitätsprinzip bei der bundesverfassungsgerichtlichen Abstimmung kann zur Absicherung der Gleichordnung der Verfassungsorgane beitragen.

Schließlich kann auch die teilweise erhobene Forderung nach dem Erfordernis einer qualifizierten Mehrheit für normverwerfende Entscheidungen des Bundesverfassungsgerichts[115] letztlich nicht überzeugen. Zwar könnte eine pro-

---

sungsrechtliches Problem vor. Daraus folgt, dass die Anwendung einer nicht-neutralen Entscheidungsregel im Strafprozess und den strafähnlichen Verfahren vor dem BVerfG jedenfalls insoweit unproblematisch ist. Etwas anderes würde nur dann gelten, wenn die Neutralität der kollegialgerichtlichen Entscheidungsregel zusätzlich einem objektivrechtlichen Verfassungsprinzip zu entnehmen wäre. Der Gleichheitssatz selbst als objektives Verfassungsprinzip kommt dabei nicht in Betracht, da er keine Gleichbehandlung von Bürger und Staat verlangt. Die Waffengleichheit der Prozessparteien wird indes zudem aus dem Rechtsstaatsprinzip abgeleitet; vgl. BVerfG, Beschl. v. 25.07.1979 – 2 BvR 878/74 –, BVerfGE 52, 131 (144). Aber auch insoweit dient sie im Bürger-Staat-Verhältnis allein dem Schutz des Bürgers: Dort, wo der Bürger nicht einem Gleichen, nämlich einem anderen Bürger, sondern dem Staat gegenüber steht, erfordert die Herstellung von Waffengleichheit, den Bürger auf Augenhöhe mit der anderen Seite zu bringen, also ihm beispielsweise eine effektive Verteidigung gegen die Anklage der aufgrund ihrer Ermittlungsbefugnisse ungleich machtvolleren Staatsanwaltschaft zu ermöglichen. Hier liegt Waffengleichheit also weniger darin, die Parteien gleich zu behandeln, als vielmehr darin, Gleichheit überhaupt erst herzustellen. Eine qualifizierte Mehrheit reiht sich in diese Logik ein, wenn sie dem Schutz des Bürgers dient, und ist dann verfassungsrechtlich unproblematisch. Hinzu kommt, dass der Neutralitätsverstoß auch gerechtfertigt werden könnte, wenn der Schutz des Bürgers der Absicherung eines anderen Verfassungsprinzips dient, wie es § 263 StPO mit Blick auf den Schuldgrundsatz tut. Demgegenüber wird sich eine Rechtfertigung für die Ungleichbehandlung eines von zwei vor Gericht einander gegenüberstehenden Bürgern kaum finden lassen.

[114] Zum Gedanken der Anwendung von Beweislastregeln zum Ausgleich von Ungleichgewichtslagen vgl. BVerfG (K), Beschl. v. 30.07.2008 – 1 BvR 1525/08 –, BVerfGK 14, 118 (121). Wie sich das verfassungsrechtliche Gebot der Waffengleichheit auf das Beweisrecht auswirkt, ist allerdings bisher ungeklärt; vgl. *A. Nußberger*, in: Sachs (Hrsg.), GG, 8. Aufl. 2018, Art. 3 Rn. 209; ausführlich *M. Nierhaus*, Beweismaß und Beweislast, 1989, insb. S. 449 ff.

[115] Allen voran *H. Dichgans*, Vom Grundgesetz zur Verfassung, 1970, S. 189 ff.; *ders.*,

zedurale Begründung einer solchen Vorgabe – ähnlich Forderungen nach ›judicial self-restraint‹ – gestützt werden auf die Idee, dass der Gestaltungsfreiheit des parlamentarischen Gesetzgebers ein gewisser Vorrang zukomme.[116] Doch handelt es sich, wie bereits angemerkt,[117] bei der Zweidrittelmehrheit um einen äußerst starren Mechanismus,[118] der sich wenig dazu eignet, das Verhältnis von

---

Entscheidung bei Rechtsunsicherheit, AöR 97 (1972), S. 596 (597); *ders.*, Recht und Politik in der Judikatur des Bundesverfassungsgerichts, in: Leibholz u. a. (Hrsg.), FS Geiger, 1974, S. 945 (953 f., 961). Ebenso bereits *W. Geiger*, Zur Reform des Bundesverfassungsgesetzes, in: Maunz (Hrsg.), FS Nawiasky, 1956, S. 211 (233); anders aber *ders.*, Zur Lage unserer Verfassungsgerichtsbarkeit, in: Spanner u. a. (Hrsg.), FG Maunz, 1971, S. 117 (127). Zur rechtspolitischen Diskussion während der sozialliberalen Koalition sowie zur verfassungsrechtlichen Zulässigkeit einer einfachgesetzlichen Änderung siehe *R. Häußler*, Der Konflikt zwischen Bundesverfassungsgericht und politischer Führung, 1994, S. 209 ff. Zu den Argumenten siehe auch *N. Magsaam*, Mehrheit entscheidet, 2014, S. 329 f.

Nach dem Kruzifixbeschluss 1995 wurden insb. in der CDU/CSU Forderungen nach dem Erfordernis einer qualifizierten Mehrheit erhoben; siehe *o. V.*, Unionspolitiker verschärfen Angriffe auf das Gericht, SZ v. 21.08.1995, S. 2; *o. V.*, Verfassungsgericht: Der nächste Streich, Focus, Nr. 34, 1995, S. 26 ff. Zustimmend *R. Wassermann*, Wie das Bundesverfassungsgericht reformiert werden sollte, Die Welt v. 25.08.1995. Vielfach bezogen sich die Forderungen nicht auf normverwerfende, sondern auf »wichtige« oder gar »grundgesetzrelevante Entscheidungen«; siehe *o. V.*, Bundesjustizministerin: Karlsruher Entscheidung respektieren, Nürnberger Nachrichten v. 18.08.1995; *o. V.*, Bayern will, Saarbrücker Zeitung v. 24.08.1995; *o. V.*, CDU-Rechtsexperte Eylmann für Änderung bei wichtigen Urteilen der Verfassungsrichter, Nürnberger Nachrichten v. 28.08.1995. Ein CSU-Parteitag beschloss, »bei Entscheidungen von grundsätzlicher verfassungspolitischer Bedeutung ein gemeinsames Votum der beiden [!] Senate mit Zweidrittelmehrheit zu verlangen« (*o. V.*, 95 Prozent der Delegiertenstimmen für Theo Waigel, SZ v. 11.09.1995, S. 2). Zu Recht die Frage aufwerfend, wer entscheiden soll, ob eine derartige Entscheidung vorliegt, *E. Benda*, ZRP-Rechtsgespräch, ZRP 1995, S. 427 (427). Teilweise wurde die Forderung auf verfassungsändernde Gesetze beschränkt; siehe *o. V.*, Karlsruher Richter im Visier, Saarbrücker Zeitung v. 16.03.1996.

Die ehemalige EGMR-Richterin Renate Jäger hat eine Zweidrittelmehrheit vorgeschlagen für Entscheidungen des EGMR, in denen nationale Gesetzgebung für konventionswidrig erklärt wird; zit. n. *G. Lübbe-Wolff*, Constitutional Courts and Democracy, in: Meßerschmidt/Oliver-Lalana (Hrsg.), Rational Lawmaking Under Review, 2016, S. 19 (26 Fn. 28). Zu Forderungen nach einer qualifizierten Mehrheit beim amerikanischen Supreme Court siehe *E. H. Caminker*, Thayerian Deference to Congress and Supreme Court Supermajority Rule, Indiana Law J. 78 (2003), S. 73 ff.; *J. H. Shugerman*, A Six-Three Rule, Ga. Law Rev. 37 (2003), S. 37 ff. Zu bestehenden qualifizierten Mehrheiten bei Verfassungsgerichten siehe oben B.II.1.

[116] Vgl. *T. v. Danwitz*, Qualifizierte Mehrheiten für normverwerfende Entscheidungen des BVerfG?, JZ 1996, S. 481 (485); ferner *R. Häußler*, Der Konflikt zwischen Bundesverfassungsgericht und politischer Führung, 1994, S. 210; zu diesem Gedanken auch *J. S. Hong*, Signaling the Turn, Am. J. Comp. Law 67 (2019), S. 177 (199). *F.-W. Dopatka*, Das Bundesverfassungsgericht und seine Umwelt, 1982, S. 73 f., führt darüber hinaus den Gedanken an, dass im BVerfG eine überparteiliche Mehrheit herrschen solle; zu den Problemen einer solchen Überlegung vgl. oben 2.a)bb). Enger *W. Holtfort*, Praktische Vorschläge, das Bundesverfassungsgericht in eine demokratieangemessene Rolle zurückzuführen, in: Däubler/Küsel (Hrsg.), Verfassungsgericht und Politik, 1979, S. 191 (199), der darauf abstellt, dass »es demokratieunangemessen [ist], wenn vier oder fünf Richter, die der Opposition nahestehen, den politischen Gestaltungsraum der gesetzgeberischen Mehrheit blockieren können.«

[117] Siehe oben 2.a)cc).

[118] Ebenso *T. v. Danwitz*, Qualifizierte Mehrheiten für normverwerfende Entscheidun-

Legislative und Bundesverfassungsgericht ins rechte Maß zu rücken.[119] Zuzugeben ist indes, dass dann, wenn die Verfassungsrichter den ›judicial self-restraint‹ nicht in ausreichendem Maß an den Tag legen und insbesondere nicht dem Gesetzgeber eine »originäre Erstinterpretationskompetenz«[120] der verfassungsrechtlichen Vorgaben zuerkennen, institutionelle Änderungen durch Gesetz angezeigt sind.[121] Demokratietheoretisch konsequent und ein wirklicher materieller Ausgleich zwischen parlamentarischer Gestaltungshoheit und verfassungsrichterlicher Kontrolle wäre dann aber die Abschaffung der Letztentscheidungskompetenz des Bundesverfassungsgerichts (für den Bereich des Grundrechtsschutzes) durch Einführung eines dialogischen Modells des ›weak judicial review‹.[122]

II. Einstimmigkeit

Einstimmigkeitserfordernisse kennt das deutsche[123] Prozessrecht nicht für regelhafte Entscheidungen von Kollegialgerichten,[124] sondern ausschließlich

gen des BVerfG?, JZ 1996, S. 481 (487); *K. Schlaich/S. Korioth*, Das Bundesverfassungsgericht, 11. Aufl. 2018, Rn. 49 Fn. 94. Gegen eine Ausweitung der qualifizierten Mehrheit auch *E. Benda*, ZRP-Rechtsgespräch, ZRP 1995, S. 427 (427 f.); *J. Isensee*, Bundesverfassungsgericht – quo vadis?, JZ 1996, S. 1085 (1092); *K. Kruis*, Richterverantwortung und Abstimmungsquoren in der Verfassungsgerichtsbarkeit, in: BayVerfGH (Hrsg.), FS 50 Jahre Bayerischer Verfassungsgerichtshof, 1997, S. 63 (70 ff.); *M. Pagenkopf*, Vorschläge zu Verfahrensänderungen im BVerfGG, ZRP 2012, S. 42 (45); *N. Magsaam*, Mehrheit entscheidet, 2014, S. 330; *U. Sacksofsky*, Wellen der Empörung, Merkur 68 (2014), S. 711 (716).

[119] Bei der in § 15 Abs. 4 Satz 3 BVerfGG festgelegten Lösung für Fälle der Stimmengleichheit handelt es sich aber um einen de-facto-Fall der qualifizierten Mehrheit, der mit einer Gültigkeitsvermutung zugunsten staatlicher Akte begründet wird. Siehe dazu unten D.II.1.c) cc).

[120] So die Forderung von *T. v. Danwitz*, Qualifizierte Mehrheiten für normverwerfende Entscheidungen des BVerfG?, JZ 1996, S. 481 (489), dessen »Strategien zur Absicherung« des ›judicial self-restraint‹ (S. 487 ff.) auch im Übrigen allein in der Hand des BVerfG, nicht des gesetzlichen Verfahrensrechts liegen.

[121] Treffend insoweit bereits *F.-W. Dopatka*, Zur Bedeutung des Bundesverfassungsgerichts in der politischen und gesellschaftlichen Entwicklung der Bundesrepublik 1951 bis 1978, in: Däubler/Küsel (Hrsg.), Verfassungsgericht und Politik, 1979, S. 31 (48): »Heute aber, in einer zwischenzeitlich funktionsfähig gewordenen und erprobten Demokratie, ist die Einrichtung Verfassungsgerichtsbarkeit in den Ausmaßen, wie sie das Grundgesetz kennt, nicht mehr angemessen. Sie bedarf der Einschränkung sowohl hinsichtlich der Zuständigkeiten wie des Verfahrensrechts.«

[122] Vgl. *R. Kaiser/D. Wolff*, »Verfassungshütung« im Commonwealth als Vorbild für den deutschen Verfassungsstaat?, Der Staat 56 (2017), S. 39 ff. Für *T. Bustamante*, The Ongoing Search for Legitimacy, Mod. Law Rev. 78 (2015), S. 372 (390 f.), ist eine qualifizierte Mehrheit die zweitbeste Option nach einer solchen Begrenzung der Verfassungsrechtsprechung.

[123] Zur Einstimmigkeit bei US-amerikanischen Jurys siehe oben B.V.2.b)aa).

[124] Für Einstimmigkeit als Entscheidungsregel erst noch zu schaffender Zweiergerichte aber *K. Weber*, Vier Augen sehen mehr als zwei, ZRP 1997, S. 134 (137). Bei Erlass der Reichsjustizgesetze wurde nach einem Vorstoß von Eduard Lasker über ein Einstimmigkeits-

als »kompensatorische Voraussetzung«[125] für vereinfachte Entscheidungen.[126] Einen Sonderfall bilden dabei die anstelle der Senate entscheidenden Kammern des Bundesverfassungsgerichts, bei denen es sich um eigenständige Spruchkörper handelt, die einzig einstimmig entscheiden können. Einen weiteren bundesverfassungsgerichtlichen Sonderfall stellt die Entscheidung des so genannten ›Notsenats‹ im einstweiligen Rechtsschutzverfahren dar.

1. *Verfahrensvereinfachung*

Der Verfahrensvereinfachung und Entlastung der Gerichte[127] dienen die zivil- und strafrechtlichen[128] Möglichkeiten, durch einstimmigen Beschluss ohne mündliche Verhandlung eine Berufung oder Revision, die offensichtlich keine Aussicht auf Erfolg hat, zurückzuweisen bzw. zu verwerfen[129] oder (im Strafprozess) einer zugunsten des Angeklagten eingelegten, begründeten Revision stattzugeben[130]. Gleiches[131] gilt für die a-limine-Abweisung von unzulässigen oder offensichtlich unbegründeten Anträgen beim Bundesverfassungsgericht, die eine einstimmige Senatsentscheidung erfordert.[132]

Dem Einstimmigkeitserfordernis kommt hierbei eine Sicherungsfunktion zu.[133] Zum einen soll einem Missbrauch der Verfahrensnorm vorgebeugt werden.[134] Zum anderen soll, so zumindest die Gesetzesbegründung von § 522 Abs. 2 ZPO, die Einstimmigkeit sicherstellen, dass

erfordernis im Strafprozess diskutiert; vgl. *W. Ernst*, Rechtserkenntnis durch Richtermehrheiten, 2016, S. 215 ff.; ferner *A. Schafft-Stegemann*, Die Abstimmung im Strafprozess, 1964, S. 21 f. Einstimmigkeit als Voraussetzung für normverwerfende Entscheidungen des BVerfG als verfassungswidrig (und rechtspolitisch verfehlt) ablehnend *R. Häußler*, Der Konflikt zwischen Bundesverfassungsgericht und politischer Führung, 1994, S. 216 ff.

125 *K. Kruis*, Richterverantwortung und Abstimmungsquoren in der Verfassungsgerichtsbarkeit, in: BayVerfGH (Hrsg.), FS 50 Jahre Bayerischer Verfassungsgerichtshof, 1997, S. 63 (68).

126 Zum Überblick siehe oben A.V.2.c).

127 Vgl. für § 522 Abs. 2 ZPO: BT-Drs. 14/4722, S. 97; BVerfG (K), Beschl. v. 30.07.2008 – 1 BvR 1525/08 –, BVerfGK 14, 118 (121); kritisch gegenüber der Tragfähigkeit prozessökonomischer Erwägungen *M. Gehrlein*, Beschlusszurückweisung einer Berufung im Zivilprozess, NJW 2014, S. 3393 (3396). Für die anderen Vorschriften siehe statt aller *W. Krüger*, in: MüKo ZPO, Bd. 2, 5. Aufl. 2016, § 552a Rn. 1; *J. Gericke*, in: Karlsruher Kommentar StPO, 8. Aufl. 2019, § 349 Rn. 14, 35.

128 Gleiches gilt für § 130a Satz 1 VwGO, § 153 Abs. 4 Satz 1 SGG und § 126a Satz 1 FGO.

129 § 522 Abs. 2, § 552a ZPO; § 349 Abs. 2 StPO.

130 § 349 Abs. 4 StPO.

131 Vgl. BT-Drs. 01/788, S. 27; *D. Hömig*, in: Maunz u. a. (Hrsg.), BVerfGG, 43. EL 2014, § 24 Rn. 3 m. w. N.; *N. Magsaam*, Mehrheit entscheidet, 2014, S. 333.

132 § 24 BVerfGG.

133 Vgl. für § 522 Abs. 2 ZPO: BVerfG (K), Beschl. v. 13.03.2007 – 1 BvR 1377/04 –, BVerfGK 10, 389 (396); BVerfG (K), Beschl. v. 18.06.2008 – 1 BvR 1336/08 –, BVerfGK 14, 8 (11). Vgl. für § 349 Abs. 2 StPO *E. Kern*, Die qualifizierten Mehrheiten im Strafverfahren, DJ 1938, S. 1386 (1388): »vor Übereilung und Unrecht schützen«.

134 Vgl. für § 24 BVerfGG: BT-Drs. 01/788, S. 27; BVerfG, Beschl. v. 18.09.1990 – 2 BvE

sowohl die erste Instanz als auch das Berufungsgericht in seiner Besetzung mit drei Richtern das angefochtene Urteil im Ergebnis für richtig erachten und damit hinreichend gewährleistet ist, dass der Rechtsstreit zutreffend entschieden worden ist.[135]

Das Bundesverfassungsgericht hat dieses gesetzgeberische Argument der erhöhten Richtigkeitsgewähr[136] in zwei Kammerentscheidungen als nicht sachwidrig eingestuft.[137] Es könnte jedoch entgegengehalten werden, was oben dargelegt wurde, dass nämlich von einer ›Richtigkeit‹ von Gerichtsurteilen nicht gesprochen werden kann.[138] Jedoch darf ›Richtigkeit‹ hier nicht wie bei den Überlegungen zur Rechtfertigung des Mehrheitsprinzips im Sinne eines externen Richtigkeitsmaßstabs betrachtet werden, sondern es muss die interne Perspektive der Rechtsprechung eingenommen werden, wonach die Richtigkeit einer Entscheidung sich danach beurteilen lässt, ob sie von der Rechtsmittelinstanz aufgehoben (werden) wird. In diesem Sinne kann das Condorcet-Jury-Theorem angewendet werden.[139] Ausgehend von der Annahme, dass die Richter in dem vereinfachten Verfahren mit einer Wahrscheinlichkeit von mehr als 50 % ebenso entscheiden, wie sie es nach einer mündlichen Verhandlung getan hätten, kann ein einstimmiger Zurückweisungsbeschluss des Berufungsgerichts durchaus als Indikator für die hohe Wahrscheinlichkeit der Richtigkeit angesehen werden.

Allerdings birgt das spezielle berufungsgerichtliche Verfahren des § 522 Abs. 2 ZPO gewisse Fehlerquellen, welche die Gefahr bergen, dass »tatsächliche oder rechtliche Gesichtspunkte übersehen werden«[140], und deshalb der

---

2/90 –, BVerfGE 82, 316 (320); *W. Geiger*, BVerfGG, 1952, § 24 Anm. 4.; *H. Brox*, Rechtsprobleme der Abstimmungen beim Bundesverfassungsgericht, in: Ritterspach/Geiger (Hrsg.), FS Müller, 1970, S. 1 (12); *H. F. Zacher*, Die Selektion der Verfassungsbeschwerde, in: Starck (Hrsg.), FG 25 Jahre Bundesverfassungsgericht, Bd. 1, 1976, S. 396 (425); *E. Benda*, Aktuelle Probleme der Praxis des Bundesverfassungsgerichts, NJW 1980, S. 2097 (2099); *F.-W. Dollinger*, in: Umbach/Clemens/Dollinger (Hrsg.), BVerfGG, 2. Aufl. 2005, § 24 Rn. 27; *ders.*, in: Burkiczak/Dollinger/Schorkopf (Hrsg.), BVerfGG, 2015, § 24 Rn. 29; *D. Hömig*, in: Maunz u. a. (Hrsg.), BVerfGG, 43. EL 2014, § 24 Rn. 18; *A. Diehl*, in: Barczak (Hrsg.), BVerfGG, 2018, § 24 Rn. 10; *H. Lechner/R. Zuck*, BVerfGG, 8. Aufl. 2019, § 24 Rn. 2; vgl. auch *A. Rinken*, in: AK GG, 3. Aufl. 2001, Art. 94 Rn. 77.

[135] BT-Drs. 14/4722, S. 97. Dadurch sollte v. a. die Unanfechtbarkeit des Zurückweisungsbeschlusses gerechtfertigt werden. Inzwischen ist in § 522 Abs. 3 ZPO die Nichtzulassungsbeschwerde als Rechtsmittel vorgesehen.

[136] Vgl. *C. Althemmer*, in: Stein/Jonas (Hrsg.), ZPO, Bd. 6, 23. Aufl. 2018, § 522 Rn. 59; *W. Ball*, in: Musielak/Voit (Hrsg.), ZPO, 16. Aufl. 2019, § 522 Rn. 25. Auf die »hohe Rechtsgewißheit« abstellend auch *G. Barbey*, Der Status des Richters, in: Isensee/Kirchhof (Hrsg.), HStR, Bd. III, 1. Aufl. 1988, § 74 Rn. 57; *H. Sodan*, Der Status des Richters, in: Isensee/Kirchhof (Hrsg.), HStR, Bd. V, 3. Aufl. 2007, § 113 Rn. 54.

[137] BVerfG (K), Beschl. v. 18.06.2008 – 1 BvR 1336/08 –, BVerfGK 14, 8 (11); BVerfG (K), Beschl. v. 30.07.2008 – 1 BvR 1525/08 –, BVerfGK 14, 118 (120 f.). Die Thematik ist durch die Einführung eines Rechtsmittels (vgl. Fn. 135) etwas entschärft worden.

[138] Siehe B.III.2.b)cc)(1).

[139] Zur Möglichkeit, das Jury-Theorem auf diese Weise anzuwenden, siehe oben B.III.2.b) cc)(1).

[140] *M. Gehrlein*, Beschlusszurückweisung einer Berufung im Zivilprozess, NJW 2014,

vorgenannten Überlegung widerstreben, indem sie die Kompetenzannahme in Frage stellen. Zu hinterfragen ist überdies, ob das Einstimmigkeitserfordernis seine Sicherungsfunktion tatsächlich im Alltag der Rechtsmittelgerichte verwirklichen kann. Denn angesichts der Arbeitslast der Gerichte »entsteht zwangsläufig ein außerordentlicher Konformitätsdruck« und dadurch eine innerkollegiale Erwartung, einer vereinfachten Entscheidung zuzustimmen,

> gegen die zu verstoßen nicht nur einen sachlichen Konflikt in der einzelnen Revisionssache widerspiegelt, sondern weit darüber hinaus die ganze Aufgabenerfüllung des Senats in Frage stellt. [...] Eine Richterin oder ein Richter, die oder der sich nachhaltig dem Druck zur Einstimmigkeit nicht fügt, wird binnen kurzer Zeit in die Rolle eines Außenseiters und »schwierigen« Kollegen gedrängt, der den sprichwörtlichen »Sand ins Getriebe« streut und »dem Senat« im Ganzen schadet.[141]

Ein lediglich scheinbarer Konsens[142] zwischen den Richtern dürfte deshalb keine Seltenheit sein.[143] Dadurch wird die Unabhängigkeitsbedingung des Jury-Theorems[144] nicht unerheblich in Frage gestellt.

2. *Kammern des Bundesverfassungsgerichts*

Einstimmigkeit ist außerdem für die Entscheidungen der Kammern des Bundesverfassungsgerichts über Verfassungsbeschwerden und Richtervorlagen vorgeschrieben.[145] Dieses Erfordernis findet sich im Gesetz bereits seit Einführung des Vorprüfungs- bzw. Annahmeverfahrens für Verfassungsbeschwerden im Jahre 1956.[146] Dabei dürfte für die Einführung der Einstimmigkeit als Voraussetzung für die damals ausschließlich mögliche Verwerfung auch deren Nähe[147] zur ebenfalls nur einstimmig möglichen a-limine-Abweisung gesprochen haben.[148] Der hauptsächliche Grund für das Einstimmigkeitserforder-

---

S. 3393 (3396). Gegen das Argument der Richtigkeitsgewähr auch *R. Lindner*, Ist § 522 Abs. 3 ZPO verfassungswidrig?, ZIP 2003, S. 192 (197); *W. Krüger*, Unanfechtbarkeit des Beschlusses nach § 522 II ZPO, NJW 2008, S. 945 (946 f.).

141 *T. Fischer*, Warum lässt das Revisionsrecht Fehlurteile zu?, in: Barton/Dubelaar/Kölbel/Lindemann (Hrsg.), »Vom hochgemuten, voreiligen Griff nach der Wahrheit«, 2018, S. 253 (268 f.).

142 Vgl. zum Problem des anscheinenden, aber oftmals nur scheinbaren Konsenses auch *P. Urfalino*, La décision par consensus apparent, Rev. eur. sci. soc. 45 (2007), S. 47 ff.

143 Zu verdecktem Dissens an US-amerikanischen Gerichten siehe *B. M. Atkins/J. J. Green*, Consensus on the United States Courts of Appeals: Illusion or Reality?, Am. J. Political Sci. 20 (1976), S. 735 ff.

144 Dazu oben B.III.2.b)dd).

145 § 81a Satz 1, § 93d Abs. 3 Satz 1 BVerfGG.

146 § 91a Abs. 2 Satz 1 BVerfGG a. F. Siehe Art. 1 Nr. 17 Gesetz zur Änderung des Gesetzes über das Bundesverfassungsgericht v. 21.07.1956, BGBl. I, S. 662 (663 f.).

147 Vgl. BT-Drs. 02/1662, S. 14 f.

148 Vgl. auch *E. Benda*, Aktuelle Probleme der Praxis des Bundesverfassungsgerichts, NJW 1980, S. 2097 (2099), der für beide Entscheidungsarten als Grund der Einstimmigkeit den »Grundrechtsschutz des Beschwerdeführers« nennt.

nis liegt allerdings darin, dass die Kammerentscheidung an die Stelle der Senatsentscheidung tritt. Die Einstimmigkeit rechtfertigt die Annahme, dass das Vorliegen der Voraussetzungen von § 81a Satz 1 bzw. § 93a Abs. 2 oder § 93c Abs. 1 Satz 1 BVerfGG vom Senat ebenso bejaht würde.[149] Auch insoweit ist die Anwendung des Condorcet-Jury-Theorems möglich, wobei die richtige Entscheidung zu definieren ist als die Entscheidung, die der Senat mehrheitlich getroffen hätte. Das Einstimmigkeitserfordernis stellt dann die hohe Wahrscheinlichkeit sicher, dass der Senat ebenfalls abgelehnt bzw. stattgegeben hätte.

Das Einstimmigkeitserfordernis der Kammern weist somit eine starke Ähnlichkeit zu den soeben unter dem Stichpunkt der Verfahrenserleichterung diskutierten Abstimmungsregeln auf, denn das Verfahren der Kammern dient ebenfalls dazu, über Anträge unter vereinfachten Voraussetzungen entscheiden zu können.[150] Insoweit weisen alle Einstimmigkeitserfordernisse eine ganz wesentliche Gemeinsamkeit auf. Die Besonderheit der Kammern liegt indes darin, dass es sich bei diesen um selbstständige Spruchkörper handelt, die anstelle eines anderen Spruchkörpers, des Senats, als das Bundesverfassungsgericht entscheiden,[151] während in den anderen Fällen derselbe Spruchkörper unter erleichterten Bedingungen beschließt. Dieser Umstand verstärkt in besonderem Maße die Virulenz der dem Einstimmigkeitserfordernis zukommenden Sicherungsfunktion.[152] Festzuhalten bleibt, dass der Zweck des Einstimmigkeitserfordernisses in der Gewähr dafür besteht, dass unter Einhaltung des normalen Verfahrens nicht anders entschieden worden wäre.

3. *Einstweilige Anordnung des Notsenats*

Einen besonderen Fall des Einstimmigkeitserfordernisses enthält § 32 Abs. 7 BVerfGG für den Erlass einer einstweiligen Anordnung durch einen nicht beschlussfähigen[153] Senat des Bundesverfassungsgerichts. Bei besonderer Dringlichkeit kann danach eine einstweilige Anordnung ergehen, wenn mindestens drei Richter (d. h. drei, vier oder fünf Richter[154]) anwesend sind und der Be-

---

[149] Ähnlich *C. Lenz/R. Hansel*, BVerfGG, 2. Aufl. 2015, § 93d Rn. 20; *W. Nettersheim*, in: Barczak (Hrsg.), BVerfGG, 2018, § 93d Rn. 33.

[150] Vgl. *K. Schlaich/S. Korioth*, Das Bundesverfassungsgericht, 11. Aufl. 2018, Rn. 259 m. w. N.

[151] Vgl. *K. Schlaich/S. Korioth*, a. a. O., Rn. 40, 266. Vgl. auch *H. F. Zacher*, Die Selektion der Verfassungsbeschwerden, in: Starck (Hrsg.), FG 25 Jahre Bundesverfassungsgericht, Bd. 1, 1976, S. 396 (425).

[152] Zur Gefahr, dass die Kammern Entscheidungen des Senats an sich ziehen, vgl. etwa die Glosse von *K. Vogel*, »Offensichtlich unbegründet«, JZ 1969, S. 801.

[153] Die Beschlussfähigkeit setzt gemäß § 15 Abs. 2 Satz 1 BVerfGG die Anwesenheit von mindestens sechs Richtern voraus.

[154] Dass der ›Notsenat‹ nicht immer aus drei Richtern bestehen muss, scheint *C. Walter*, in: BeckOK BVerfGG, § 32 Rn. 81, zu übersehen.

schluss von allen anwesenden Richtern[155] einstimmig gefasst wird.[156] Diese Regelung über den so genannten ›Notsenat‹ soll gewährleisten, dass die Sicherungsfunktion der einstweiligen Anordnung auch dann zum Tragen kommt, wenn nicht bis zur Herstellung der Beschlussfähigkeit gewartet werden kann.[157] Somit kann das Jury-Theorem auch hier wie bei den Verfahrenserleichterungen und den Kammern zur Anwendung gelangen.

Zutreffend ist jedoch darauf hingewiesen worden, dass die Regelung nur bedingt überzeugen kann.[158] Bei drei oder vier Richtern ist die Einstimmigkeit sinnvoll,[159] sie bedeutet hier nämlich auf den ganzen Senat bezogen letztlich ein Minderheitsquorum.[160] Bei der Anwesenheit von fünf Richtern ergibt sich jedoch eine »Ungereimheit«[161] im Vergleich zur Besetzung mit sechs Richtern. In ersterem Fall kann eine einstweilige Anordnung nur mit 5:0, nicht mit 4:1 Stimmen ergehen, während bei sechs Richtern auch ein 4:2 reicht. Warum es einen Unterschied machen soll, dass ein zweiter Richter hinzukommt, der die Entscheidung nicht mitträgt, ist in der Tat nicht nachvollziehbar.[162] Die Akzeptanz der Entscheidung[163] wird dadurch wohl kaum gefördert.[164] Auch dass die längere Wirkungsdauer der im beschlussfähigen Senat getroffenen Anordnung dadurch gerechtfertigt sei, dass mehr Richter »zur Meinungsbildung und Entscheidungsfindung beigetragen haben«[165], überzeugt nicht. Zur Korrektur wäre, da eine teleologische Reduktion der Vorschrift[166] angesichts des eindeutigen Wortlauts ausscheidet,[167] über eine abgestufte Regelung – Einstimmigkeit bei drei oder vier Richtern, Zweidrittelmehrheit bei fünf Richtern, einfache Mehrheit bei Beschlussfähigkeit – nachzudenken.[168]

---

155 *G. Leibholz/R. Rupprecht*, BVerfGG. Nachtrag, 1971, § 32 Anm. 18.

156 Beispiel: BVerfG, Beschl. v. 07.11.2015 – 2 BvQ 39/15 –, BVerfGE 140, 225 ff.

157 Vgl. *K. Graßhof*, in: Maunz u. a. (Hrsg.), BVerfGG, 21. EL 2002, § 32 Rn. 206.

158 *J. Berkemann*, in: Umbach/Clemens/Dollinger (Hrsg.), BVerfGG, 2. Aufl. 2005, § 32 Rd. 412; *N. Magsaam*, Mehrheit entscheidet, 2014, S. 331 f. Gleiches gilt für die unterschiedliche Wirkungsdauer in § 32 Abs. 6 Satz 1 BVerfGG einerseits und § 32 Abs. 7 Satz 2 BVerfGG andererseits (auch dazu *N. Magsaam*, a. a. O., S. 332); hier kommt aber auch noch der Vergleich hinzu zwischen einer Entscheidung im Notsenat mit 5:0 und einer im beschlussfähigen Senat mit 5:3, 5:2 oder 5:1.

159 So auch *N. Magsaam*, a. a. O., S. 331.

160 Zu Minderheitsquoren sogleich III.

161 *J. Berkemann*, in: Umbach/Clemens/Dollinger (Hrsg.), BVerfGG, 2. Aufl. 2005, § 32 Rd. 412.

162 Vgl. *N. Magsaam*, Mehrheit entscheidet, 2014, S. 332.

163 Darauf abstellend *K. Graßhof*, in: Maunz u. a. (Hrsg.), BVerfGG, 21. EL 2002, § 32 Rn. 207; *K. Schneider*, in: Burkiczak/Dollinger/Schorkopf (Hrsg.), BVerfGG, 2015, § 32 Rn. 444.

164 So auch *N. Magsaam*, Mehrheit entscheidet, 2014, S. 331 f.

165 *G. Leibholz/R. Rupprecht*, BVerfGG. Nachtrag, 1971, § 32 Anm. 18.

166 Gefordert von *J. Berkemann*, in: Umbach/Clemens/Dollinger (Hrsg.), BVerfGG, 2. Aufl. 2005, § 32 Rd. 412.

167 Ebenso *K. Graßhof*, in: Maunz u. a. (Hrsg.), BVerfGG, 21. EL 2002, § 32 Rn. 207.

168 So der Vorschlag von *N. Magsaam*, Mehrheit entscheidet, 2014, S. 332.

III. Minderheitsquorum

Ein Minderheitsquorum, d. h. eine Abstimmungsregel, die es einer Minderheit erlaubt, eine (positive) Entscheidung herbeizuführen, existiert ausschließlich im Zusammenhang der Annahme von Verfassungsbeschwerden. Wenn die Kammer nicht (einstimmig[169]) die Verfassungsbeschwerde ablehnt oder ihr stattgibt, so entscheidet der Senat über die Annahme.[170] Dabei ist die Annahme durch den Senat bereits dann beschlossen, wenn ihr drei Richter zustimmen.[171] Bei Einführung des Annahmeverfahrens 1963[172] waren noch die Stimmen von zwei Richtern ausreichend.[173] Die Erhöhung der Zahl auf drei erfolgte erst dreißig Jahre später.[174]

Das Minderheitsquorum soll »sicherstellen, daß in diesem summarischen Annahmeverfahren alle wirklich bedeutsamen Verfassungsbeschwerden zur Entscheidung des Senats gelangen«.[175] Damit reiht es sich in die generelle Logik submajoritärer Entscheidungsregeln ein. Minderheitsquoren werden, auch außerhalb der Judikative, fast nie für Endentscheidungen, sondern vielmehr für verfahrensleitende Entscheidungen eingesetzt, zumeist für solche, mit denen die Agenda der Sachentscheidungen festgelegt wird; ihr Sinn besteht darin, dass einer Minderheit ein Werkzeug an die Hand gegeben wird, die Mehrheit zu einer Sachentscheidung zu zwingen und dadurch der Mehrheit die Möglichkeit zu nehmen, eine Angelegenheit ohne echte Entscheidung in der Sache zu erledigen.[176] Die Möglichkeit, ein Verfahren durch eine Ablehnung der Annahme zu erledigen, wird also durch die Erleichterung der Annahmevoraussetzungen eingeschränkt, um einen Missbrauch jener Möglichkeit durch die Mehrheit zu verhindern. Diesen Gedanken des prozeduralen Ausgleichs zwischen Entlastung des Gerichts einerseits und Notwendigkeit der Wahrnehmung der richterlichen Entscheidungsfunktion andererseits verkennt eine Kritik der Regelung als »zwiespältiger Eindruck«[177].

---

[169] Dazu soeben II.2.

[170] § 93b BVerfGG.

[171] § 93d Abs. 3 Satz 2 BVerfGG.

[172] Genauer gesagt: Änderung des Vorprüfungs- zum Annahmeverfahren.

[173] § 93a Abs. 4 Satz 2 BVerfGG a. F. Siehe Art. 1 Nr. 5 Drittes Gesetz zur Änderung des Gesetzes über das Bundesverfassungsgericht v. 03.08.1963, BGBl. I, S. 589 (590). Explizit die Annahme durch zwei Richter benennend BVerfG, Beschl. v. 14.12.1982 – 2 BvR 434/82 –, BVerfGE 62, 392 (395); *K. Schlaich/S. Korioth*, Das Bundesverfassungsgericht, 11. Aufl. 2018, Rn. 267, werfen zu Recht die Frage auf, ob sich die Mehrheit damit von der Auffassung der beiden Richter distanzieren wollte.

[174] Siehe Art. 1 Nr. 20 Fünftes Gesetz zur Änderung des Gesetzes über das Bundesverfassungsgericht v. 02.08.1993, BGBl. I, S. 1442 (1444).

[175] BT-Drs. 04/1224, S. 6.

[176] Zum Ganzen *A. Vermeule*, Submajority Rules, J. Political Philos. 13 (2005), S. 74 ff.

[177] *H. F. Zacher*, Die Selektion der Verfassungsbeschwerden, in: Starck (Hrsg.), FG 25 Jahre Bundesverfassungsgericht, Bd. 1, 1976, S. 396 (414).

Die Zahl drei zielt wohl auf eine Gleichstellung von Kammer- und Senatsentscheidung.[178] Zwingend ist dies keineswegs, wenn man bedenkt, dass die Kammer und der Senat unterschiedliche Entscheidungen treffen. Die Kammer kann ablehnen oder stattgeben. Das Einstimmigkeitserfordernis soll sicherstellen, dass die Entscheidung mit hoher Wahrscheinlichkeit im Senat nicht anders ausgefallen wäre. Bei der Abstimmungsregel für die Senatsentscheidung geht es dagegen um die Frage, wie viele Richter eine Sachentscheidung über die Verfassungsbeschwerde erzwingen können sollen. Die Zahl drei mag hier als größte Minderheit naheliegen, folgt aber keineswegs aus der Anzahl der Richter in einer Kammer.[179]

Zutreffend ist noch auf die mögliche Situation hingewiesen worden, dass die Kammer die Verfassungsbeschwerde einstimmig ablehnt, im Senat aber drei andere Richter für die Annahme gestimmt hätten.[180] Dies folgt indes schon daraus, dass die Kammer nur mit hoher Wahrscheinlichkeit, aber nicht zwingend so entscheidet, wie es auch der Senat getan hätte. Im Sinne der Verfahrensbeschleunigung kann dies hingenommen werden,[181] zumal es bei einer Annahme durch lediglich eine Minderheit des Senats alles andere als wahrscheinlich ist, dass die Verfassungsbeschwerde schließlich Erfolg haben wird. Der Unterschied liegt dann eben nicht im Ergebnis, sondern allein darin, dass keine echte Senatsentscheidung über die Sache ergangen ist.

Ein dem bundesverfassungsgerichtlichen Minderheitsquorum sehr ähnlicher Fall betrifft den so genannten ›writ of certiorari‹ beim amerikanischen Supreme Court, der bei Einführung des Vorprüfungsverfahrens für Verfassungsbeschwerden als Vorbild diente.[182] Bei dem Großteil der Verfahren, die den Supreme Court erreichen, steht es in dessen Ermessen, ob er sie annimmt und eine Entscheidung in der Sache trifft.[183] Im Rahmen der Certiorari-Entscheidung reicht die Zustimmung von vier Richtern für die Annahme des Falls aus (so genannte ›Rule of Four‹).[184] Diese Regel soll, ähnlich dem Minder-

---

[178] *K. Graßhof*, in: Maunz u. a. (Hrsg.), BVerfGG, 20. EL 2001, § 93d Rn. 18 unter Verweis auf BT-Drs. 12/3628, S. 14. Ihr folgend *N. Magsaam*, Mehrheit entscheidet, 2014, S. 324.

[179] Zur Diskussion um eine Erhöhung auf vier Richter (im Rahmen eines Modells der Annahme nach Ermessen) siehe *BMJ* (Hrsg.), Entlastung des Bundesverfassungsgerichts, 1998, S. 52.

[180] *N. Magsaam*, Mehrheit entscheidet, 2014, S. 324.

[181] Vgl. *N. Magsaam*, a. a. O., S. 324.

[182] Vgl. BT-Drs. 02/1662, S. 14. Vergleich der beiden Annahmeverfahren bei *M. Kau*, United States Supreme Court und Bundesverfassungsgericht, 2007, S. 423 ff.

[183] Vgl. *D. P. Currie*, Ermessen im Annahmeverfahren: »Certiorari« im amerikanischen Supreme Court, in: Bogs (Hrsg.), Urteilsverfassungsbeschwerde zum Bundesverfassungsgericht, 1999, S. 39 ff.

[184] Vgl. *J. M. Leiman*, The Rule of Four, Columbia Law Rev. 57 (1957), S. 975 ff.; *R. L. Revesz/P. S. Karlan*, Nonmajority Rules and the Supreme Court, Univ. Pa. Law Rev. 136 (1988), S. 1067 (1068 ff.). Kritisch zur Rule of Four *J. P. Stevens*, The Life Span of a Judge-Made Rule, N. Y. Univ. Law Rev. 58 (1983), S. 1 (14 ff.).

heitsquorum beim Bundesverfassungsgericht, sicherstellen, dass das Annahmeermessen nicht willkürlich ausgeübt wird und eine adäquate Anzahl von Verfahren eine Sachentscheidung erlangt.[185] Jedoch liegt in der von vier Richtern getragenen Certiorari-Entscheidung keine abschließende Annahmeentscheidung, da, zumindest nach herrschender Auffassung, das Verfahren später von der Gerichtsmehrheit mit der Begründung abgewiesen werden kann, dass die Annahme auf unzureichender Grundlage gewährt wurde (›improvidently granted‹).[186] Der submajoritären Annahmeentscheidung folgt demnach nicht per se eine Sachentscheidung. Anders als beim Bundesverfassungsgericht kann die Minderheit somit der Mehrheit nicht eine Sachentscheidung aufzwingen, sondern lediglich dafür Sorge tragen, dass der dem Gericht vorliegende Fall umfassend analysiert und die Entscheidung über seine Annahme sorgfältig getroffen wird.[187]

IV. Fazit

Qualifizierte Mehrheiten lassen sich aus einer epistemischen Perspektive gut begründen, da sie die Wahrscheinlichkeit falsch-positiver Entscheidungen verringern. Sie können also zur Anwendung kommen bei Gerichtsentscheidungen, bei denen, wie in der strafprozessualen Tatsacheninstanz und in den so genannten ›strafähnlichen‹ Verfahren vor dem Bundesverfassungsgericht, erstens die Tatsachenfindung im Vordergrund steht und zweitens gravierende Folgen für den Angeklagten bzw. Antragsgegner drohen. Prozessuale Begründungen supermajoritärer Entscheidungsregeln sind hingegen schwieriger zu finden, können aber zum Teil funktionieren.

Einstimmigkeitsregeln dienen, wenn man es knapp auf den Punkt bringen will, dazu, bei Verfahrensvereinfachungen eine Art ›Richtigkeitsgewähr‹ der Entscheidung zu bieten. Sie stellen sicher, dass mit hoher Wahrscheinlichkeit auch im normalen Verfahren nicht anders entschieden worden wäre. Minder-

[185] Vgl. *J. P. Stevens*, a. a. O., S. 14; *H. W. Perry, Jr.*, Deciding to Decide, 1991, S. 211 f. (der aber auch darauf hinweist, dass sich neben der ›Rule of Four‹ weitere Normen am Supreme Court herausgebildet haben, welche die Annahme von Fällen deutlich beschränken). *J. R. Lax*, Certiorari and Compliance in the Judicial Hierarchy, J. Theor. Politics 15 (2003), S. 61 (67 ff.), argumentiert, dass die ›Rule of Four‹ im Interesse der Mehrheit liegt, da sie die Befolgung der Supreme-Court-Rechtsprechung durch untere Gerichte erhöht.

[186] Vgl. *M. Kau*, United States Supreme Court und Bundesverfassungsgericht, 2007, S. 430. Daneben stellt sich die Frage, ob die Annahme des Verfahrens alle Richter zu einer Sachentscheidung verpflichtet. Teilweise wurde eine solche von dissentierenden Richtern verweigert. Zur gesamten Diskussion über die Folgen der Certiorari-Entscheidung für die Gerichtsmehrheit siehe *R. L. Pervesz/P. S. Karlan*, Nonmajority Rules and the Supreme Court, Univ. Pa. Law Rev. 136 (1988), S. 1067 (1073 ff.).

[187] Diese Unterscheidung geht zurück auf *J. M. Leiman*, The Rule of Four, Columbia Law Rev. 57 (1957), S. 975 (987).

heitsquoren schließlich ermöglichen es der Minderheit, eine Sachentscheidung durch den Spruchkörper zu erzwingen. Einziger Anwendungsfall ist die Annahme von Verfassungsbeschwerden durch die Senate des Bundesverfassungsgerichts.

D. Umsetzung

Nach der Grundlegung der Rechtfertigung und den Überlegungen zu den Grenzen ist die Umsetzung des Mehrheitsprinzips in der Judikative zu untersuchen:

> Auf den ersten Blick erscheint nun nichts leichter zu sein, als das Gesetz der Stimmenmehrheit zu handhaben. Denn was wäre weniger schwierig, als zu zählen, die Ja oder Nein zu summiren? Und doch ist die Sache nicht so schlicht.[1]

Bisher ist die Untersuchung davon ausgegangen, dass (1) eine einzige, (2) mit Ja oder Nein zu beantwortende Frage (3) von einer ungeraden Anzahl an Richter beantwortet werden soll. Die Realität weicht jedoch in allen Punkten davon ab.

I. Abstimmungsmethode

Das erste zu behandelnde Problem bei der Umsetzung des Mehrheitsprinzips in der Kollegialgerichtsbarkeit folgt daraus, dass Rechtsentscheidungen stets von mehreren Voraussetzungen abhängig sind: »Jedes durch Abstimmung zu gewinnende Ergebnis beruht auf [...] einer mehr oder weniger großen Zahl von einzelnen Gründen, die, zusammengefügt, das Ergebnis bestimmen.«[2] Eine Klage vor dem Zivilgericht muss zulässig und begründet sein. Ein Angeklagter ist strafbar, wenn er tatbestandsmäßig, rechtswidrig und schuldhaft gehandelt hat. Ein belastender Verwaltungsakt ist rechtswidrig, wenn er keine Rechtsgrundlage hat, gegen formelle Anforderungen verstößt oder die materiellen Vorgaben der Rechtsgrundlage nicht einhält. Hier zeigt sich bereits, dass eine Gerichtsentscheidung, also eine Entscheidung in einem konkreten Verfahren, die Beantwortung vieler und verschieden unterteilbarer Einzelfragen voraussetzt. Eine verwaltungsgerichtliche Anfechtungsklage etwa hat Erfolg, wenn sie zulässig und begründet ist. Sowohl Zulässigkeit als auch Begründetheit unterteilen sich in mehrere Einzelpunkte. Begründet ist die Anfechtungsklage, wenn sie sich gegen den richtigen Beklagten richtet, der angegriffene Verwaltungsakt rechtswidrig ist und der Kläger dadurch in seinen Rechten verletzt ist. Die Rechtswidrigkeit des Verwaltungsakts wiederum ist nach dem bereits beschriebenen Schema zu prüfen.

---

[1] *A. Trendelenburg*, Ueber die Methode bei Abstimmungen, 1850, S. 6.

[2] *E. Schmidt*, Lehrkommentar StPO und GVG, Teil III, 1960, § 194 GVG Rn. 11.

Jeder Jurist kennt dieses Vorgehen seit dem ersten Studiensemester. Die juristische Prüfung geht alle Prüfungspunkte durch, unterteilt größere Prüfungspunkte in kleinere Teilvoraussetzungen und schreitet insgesamt von einem Punkt zum nächsten voran, hält Teilergebnisse fest, um schließlich in einem Gesamtergebnis zu enden. Bei der Entscheidungsfindung muss ein Jurist sich demnach mehrere Fragen stellen, die in einem logischen Verhältnis zueinander stehen. Aus den Antworten auf die Fragen folgt, unter Beachtung ihres logischen Verhältnisses, das Ergebnis. Die Entscheidung folgt logisch aus den Teilen der Entscheidungsfindung. Wer Tatbestandsmäßigkeit, Rechtswidrigkeit und Schuld bejaht, kommt logisch zu dem Ergebnis, dass der Täter strafbar ist. Wer eine der drei Voraussetzungen verneint, hält den Täter für straffrei.

Wie aber funktioniert diese Entscheidungsfindung, wenn nicht eine Person, sondern mehrere entscheiden sollen? Wie können die Ansichten mehrerer Richter zu einem Gerichtsurteil zusammengefasst, wie können also ihre Stimmen zu einer kollektiven Entscheidung ›aggregiert‹ werden? Das ist ein zentrales Thema der Urteilsaggregation als Teilgebiet der Social-Choice-Theorie.[3]

1. Stimmenaggregation als Problem

a) ›doctrinal paradox‹ zur Einführung

Die Theorie der Urteilsaggregation nahm ihren Ausgang mit der Beobachtung eines Paradoxes der kollegialgerichtlichen Abstimmung unter Anwendung des Mehrheitsprinzips,[4] das in der Literatur den Namen ›doctrinal paradox‹ erhalten hat.[5] Klassisch ist folgendes Beispiel:[6] Ein aus drei Richtern bestehendes Kollegialgericht muss über einen Vertragsbruch entscheiden. Ein Vertragsbruch liegt dann (und nur dann) vor, wenn ein Vertrag bestand und der Beklagte eine vertragswidrige Handlung vorgenommen hat.[7] Bestand kein Vertrag oder hat der Beklagte keine vertragswidrige Handlung begangen, so kann er nicht wegen

---

[3] Siehe oben A.II.2.

[4] Erstmals *L. A. Kornhauser/L. G. Sager*, Unpacking the Court, Yale Law J. 96 (1986), S. 82 (114 f.); siehe auch *R. S. Spritzer*, Multiple-Issue Cases and Multi-Member Courts, Jurimetrics 28 (1988), S. 139 ff.

[5] Begriffsprägend *L. A. Kornhauser*, Modeling Collegial Courts. II, J. Law Econ. Organ. 8 (1992), S. 441 (453 ff.).

[6] Zuerst bei *L. A. Kornhauser/L. G. Sager*, The One and the Many, Calif. Law Rev. 81 (1993), S. 1 (11). Aus dem restlichen Schrifttum siehe etwa *B. Chapman*, More Easily Done Than Said, Oxf. J. Leg. Stud. 18 (1998), S. 293 (312 ff.); *C. List*, The Theory of Judgment Aggregation, Synthese 187 (2012), S. 179 (181); *A. Somek*, Rechtstheorie zur Einführung, 2017, S. 179 f.

[7] Oder etwas anders formuliert: wenn ein Vertrag bestand, der eine bestimmte Handlung verbot (oder gebot), und der Beklagte diese Handlung vorgenommen (bzw. unterlassen) hat; so bei *C. List*, a. a. O., S. 181. Deutlich anders das Beispiel bei *A. Somek*, a. a. O., S. 179: »[E]ine Schadensersatzpflicht besteht, insofern die Elemente Rechtswidrigkeit des Verhaltens und Verschulden gegeben sind.«

Vertragsbruchs verurteilt werden. Nur wenn beides gegeben ist, liegt auch ein Vertragsbruch vor. Beide Punkte sind also notwendige (und, der Einfachheit halber unterstellt, zusammen auch hinreichende) Bedingungen für einen Vertragsbruch. Es sei nun angenommen, die drei Richter des Spruchkörpers haben zum Zeitpunkt der Abstimmung folgende Ansichten über den Fall: Richter A bejaht sowohl das Vorliegen eines Vertrags als auch einer vertragswidrigen Handlung und damit einen Vertragsbruch. Richter B lehnt einen Vertragsbruch ab, da er zwar den Bestand des Vertrags, nicht aber das Vorliegen einer vertragswidrigen Handlung bejaht. Richterin C schließlich verneint ebenfalls einen Vertragsbruch, da sie schon das Vorliegen eines Vertrags verneint; sie beurteilt aber das Verhalten des Beklagten als vertragswidrige Handlung (also als Handlung, die vertragswidrig wäre, wenn ein Vertrag denn, anders als C annimmt, bestanden hätte).[8] Daraus ergeben sich folgende Mehrheitsverhältnisse:

Tabelle D.1: Eingangsbeispiel für das ›doctrinal paradox‹

	Vertrag	*vertragswidrige Handlung*	*Vertragsbruch*
A	Ja	Ja	Ja
B	Ja	Nein	Nein
C	Nein	Ja	Nein
Mehrheit	*Ja*	*Ja*	*Nein*

Wie lautet die Entscheidung des Gerichts, wenn das Mehrheitsprinzip Anwendung findet? Die Tabelle D.1 zeigt: Eine Mehrheit der Richter bejaht das Vorliegen eines Vertrags, ebenso bejaht eine Mehrheit das Vorliegen einer vertragswidrigen Handlung, aber eine Mehrheit verneint das Vorliegen eines Vertragsbruchs. Stimmen die Richter über den Vertragsbruch ab, so wird die Klage also per Mehrheitsbeschluss abgewiesen. Stimmen die Richter hingegen über die beiden Voraussetzungen eines Vertragsbruchs ab, so werden beide Voraussetzungen von einer Mehrheit bejaht und der Klage ist in der Folge stattzugeben. Die Entscheidung hängt also von der Abstimmungsmethode des Kollegialgerichts ab, d. h. davon, wie die individuellen Ansichten der Richter zu einer kollektiven Gesamtentscheidung aggregiert werden. Das Ergebnis der Abstimmung unterscheidet sich je nachdem, ob die Richter nur über das Ergebnis

[8] Man könnte vielleicht denken, dass sich Richterin C hier widersprüchlich verhält. Aber es ist logisch und psychologisch ohne Weiteres möglich, sich zu überlegen, wie man die zweite Frage beantworten würde, wenn man die erste Frage anders (nämlich wie die Mehrheit des Spruchkörpers) beantwortet hätte. Im 19. Jahrhundert wurde dies recht anschaulich als ›eventuelles Votieren‹ bezeichnet; vgl. *C. de Fontenay*, Ueber die Abstimmung in Richtercollegien, 1. Aufl. 1847, S. 29 (gleichwohl ist dieser Begriff, wie *C. de Fontenay*, a. a. O, zu Recht anmerkt, »unpassend«, wenn der bei der ersten Frage von der Kollegiumsmehrheit überstimmte Richter verpflichtet ist, die zweite Frage *tatsächlich* zu beantworten; dazu noch unten 4.d) cc)(3)).

des Falls (Totalabstimmung) oder über jede der einzelnen Voraussetzungen abstimmen (Stufenabstimmung).

b) Beispiele aus der Rechtsprechung

Das ›doctrinal paradox‹ machte sich um 1990 bei zwei Entscheidungen des US Supreme Court dadurch bemerkbar, dass jeweils ein Richter auf die paradoxale Situation reagiert und die Einheitlichkeit der Mehrheitsentscheidung gerettet hatte.[9] Der Fall *Pennsylvania v. Union Gas Co.*[10] betraf die Frage, ob der Bundesstaat Pennsylvania verklagt werden konnte. Für eine bejahende Antwort mussten zwei andere Fragen positiv beantwortet werden: Hat der Kongress das Recht, in Abweichung vom XI. Verfassungszusatz die rechtliche Verantwortlichkeit von Bundesstaaten zu statuieren? Und: Hat der Kongress in dem betreffenden Gesetz von diesem Recht Gebrauch gemacht? Die neun Richter des Supreme Court entschieden folgendermaßen:

Tabelle D.2: Pennsylvania v. Union Gas Co.

	Recht zur Abweichung	*Gebrauch gemacht*	*Verantwortlichkeit*
Blackmun	Ja	Ja	Ja
Brennan	Ja	Ja	Ja
Marshall	Ja	Ja	Ja
Stevens	Ja	Ja	Ja
White	Ja	Nein	Ja
Kennedy	Nein	Nein	Nein
O'Connor	Nein	Nein	Nein
Rehnquist	Nein	Nein	Nein
Scalia	Nein	Ja	Nein
Mehrheit	*Ja*	*Ja*	*Ja*

In Tabelle D.2 muss einem das Verhalten des Richters White ins Auge fallen.[11] White verneint die zweite Teilfrage und müsste deshalb eigentlich auch das Ergebnis verneinen. Warum hat er dennoch die Verantwortlichkeit des Bundesstaats Pennsylvania bejaht? Die Situation stellte sich für White so da: Vier Richter (Blackmun, Brennan, Marshall und Stevens) bejahten beide Teilfragen und damit auch das Ergebnis, drei Richter (Kennedy, O'Connor und Rehnquist) verneinten beide Teilfragen und zwei Richter (Scalia und White) bejahten je-

[9] Zum Folgenden *L. A. Kornhauser/L. G. Sager*, The One and the Many, Calif. Law Rev. 81 (1993), S. 1 (12 ff., insb. 18 ff.); siehe auch *L. A. Kornhauser*, Modeling Collegial Courts. II, J. Law Econ. Organ. 8 (1992), S. 441 (459 ff.).

[10] 491 U. S. 1 (1989).

[11] Vgl. dazu auch *J. M. Rogers*, »I Vote This Way Because I'm Wrong«, Ky. Law J. 79 (1991), S. 439 ff.; *M. L. Stearns*, Should Justices Ever Switch Votes?, Supreme Court Econ. Rev. 7 (1999), S. 87 (129 ff.).

weils eine und verneinten jeweils die andere Teilfrage. Damit gab es je eine Mehrheit (5:4) für beide Voraussetzungen, aber auch eine Mehrheit (5:4), die das Ergebnis verneinte. Konfrontiert mit dieser Situation, die wir inzwischen als ›doctrinal paradox‹ kennen, entschied sich White dafür, die Mehrheitsmeinung(en) hinsichtlich der beiden Teilfragen dadurch zur Geltung zu bringen, dass er, entgegen seiner eigentlichen Ansicht, im Ergebnis (auf das es nach der Abstimmungsmethode des Supreme Court alleine ankommt[12]) für die Verantwortlichkeit des Bundesstaates stimmte. In der gleichen Weise verhielt sich in der Entscheidung *Arizona v. Fulminante*[13] zwei Jahre später Richter Kennedy, der dies in der Entscheidung zu *Union Gas* noch nicht getan hatte.[14] Ein dritter Fall, in dem ein solcher ›vote switch‹ vorkam, ist die bereits 1971 getroffene Entscheidung *United States v. Vuitch*[15], in der die Richter Harlan und Blackmun bereits die Zuständigkeit des Supreme Court ablehnten, im Ergebnis aber mit der Mehrheit stimmten.[16] Schließlich ist spekuliert worden, ob in dem äußerst prominenten Fall *Bush v. Gore* drei Richter bei einer Vorfrage entgegen ihrer eigentlichen Meinung abgestimmt haben, um ein Auftreten des ›doctrinal paradox‹ zu verhindern.[17] Demgegenüber sind mehrere Urteile bekannt, bei denen das ›doctrinal paradox‹ auftrat, jedoch keiner der Richter seine Stimme änderte.[18]

Ein gutes Beispiel aus der hiesigen[19] Rechtsordnung ist eine Entscheidung des Europäischen Gerichtshofs für Menschenrechte.[20] Der Fall *Al-Dulimi und*

---

[12] Dazu noch unten 4.d)bb)(3).

[13] 499 U.S. 279 (1991).

[14] Dazu *L. A. Kornhauser/L. G. Sager*, The One and the Many, Calif. Law Rev. 81 (1993), S. 1 (14f., 19); *M. L. Stearns*, Should Justices Ever Switch Votes?, Supreme Court Econ. Rev. 7 (1999), S. 87 (136ff.).

[15] 402 U.S. 62 (1971).

[16] Dazu *M. L. Stearns*, Should Justices Ever Switch Votes?, Supreme Court Econ. Rev. 7 (1999), S. 87 (139ff.).

[17] Vgl. *M. Abramowicz/M. L. Stearns*, Beyond Counting Votes, Vanderbilt Law Rev. 54 (2001), S. 1849 (1904ff.); *M. I. Meyerson*, The Irrational Supreme Court, Neb. Law Rev. 84 (2006), S. 895 (937ff.). Hätten die Richter Rehnquist, Scalia und Thomas nicht im Sinne einer sehr weiten Anwendung der ›Equal Protection Clause‹ (die ihren in früheren Entscheidungen geäußerten Ansichten widerspricht) gestimmt, hätte bei den Einzelfragen je eine Mehrheit für Gore und nur im Ergebnis eine Mehrheit für Bush gestimmt.

[18] *National Mutual Insurance v. Tidewater Transfer Co.*, 337 U.S. 582 (1949); *Kassel v. Consolidated Freightways Corp.*, 450 U.S. 662 (1981); *Miller v. Albright*, 523 U.S. 420 (1998). Zu Ersterem *L. A. Kornhauser/L. G. Sager*, The One and the Many, Calif. Law Rev. 81 (1993), S. 1 (20f.); *M. L. Stearns*, Should Justices Ever Switch Votes?, Supreme Court Econ. Rev. 7 (1999), S. 87 (144ff.); ferner *B. Chapman*, More Easily Done Than Said, Oxf. J. Leg. Stud. 18 (1998), S. 293 (316ff.). Zu Zweiterem *M. L. Stearns*, a. a. O., S. 142ff. Zu Letzterem *M. L. Stearns*, a. a. O., passim; *M. I. Meyerson*, a. a. O., S. 916ff.

[19] Zum ›doctrinal paradox‹ bei amerikanischen Jurys (insb. in Zivilsachen) vgl. *J. Iuliano*, Jury Voting Paradoxes, Mich. Law Rev. 113 (2014), S. 405 (411ff., 423ff.).

[20] Allgemein zum ›doctrinal paradox‹ in Entscheidungen internationaler Gerichte *A. Chilton/D. Tingley*, The Doctrinal Paradox & International Law, Univ. Pa. J. Int. Law 34 (2012),

Montana Management Inc. gegen die Schweiz[21] betraf die Einziehung von Vermögen der Beschwerdeführer durch Schweizer Behörden aufgrund eines Sanktionsbeschlusses des UN-Sicherheitsrats. Geltend gemacht wurde eine Verletzung von Art. 6 Abs. 1 EMRK durch die Schweizer Gerichte, die eine Überprüfung der auf UN-Ebene erfolgten Listung der Beschwerdeführer als sanktionsbetroffene Personen abgelehnt hatten. Unter den sieben Richtern der Kammer ergab sich folgendes Meinungsbild bezüglich Zulässigkeit und Begründetheit der Individualbeschwerde:

Tabelle D.3: Al-Dulimi und Montana Management Inc. gegen die Schweiz

	Zulässigkeit	*Begründetheit*	*Erfolg der Beschwerde*
Karakaş	Ja	Ja	Ja
Keller	Ja	Ja	Ja
Vučinić	Ja	Ja	Ja
Jočienė	Ja	Nein	Nein
Lorenzen	Ja	Nein	Nein
Raimondi	Ja	Nein	Nein
Sajó	Nein	Ja	Nein
Mehrheit	*Ja*	*Ja*	*Nein*

Bei der Frage der Zulässigkeit vertrat allein Richter Sajó die Meinung, dass angesichts der völkerrechtlich bindenden Vorgaben des UN-Sicherheitsrats eine Überprüfung der Schweizer Maßnahmen durch den Europäischen Gerichtshof für Menschenrechte ausscheiden müsse.[22] In der Begründetheit bejahte die Kammer mit 4:3 Stimmen eine Verletzung des Art. 6 Abs. 1 EMRK: Während die Richter Jočienė, Lorenzen und Raimondi eine Verletzung verneinten, stimmte Sajó – wie in seinem Sondervotum gleich zweimal ausdrücklich vermerkt[23] – bei dieser Frage auf Seiten der Mehrheit ab. Damit hätte zwar eigentlich die Mehrheit der Richter der Beschwerde nicht stattgegeben, da aber

S. 67 ff. Zum Auftreten des ›doctrinal paradox‹ beim Nürnberger Hauptkriegsverbrecherprozess *H. R. Davidson*, The Law of Voting and the Voting for Law, J. Int. Crim. Justice 16 (2018), S. 527 ff.

[21] EGMR (Kammer), Urt. v. 26.11.2013 – 5809/08 –; deutschsprachige Zusammenfassung in: NLMR 2013, S. 422 ff.

[22] Es ist nur bekannt, dass die Zulässigkeit mehrheitlich bejaht wurde und dass Sajó gegen sie stimmte. Denkbar wäre, dass zwei weitere Richter die Beschwerde ebenfalls für unzulässig hielten, ohne dass sich dadurch im Hinblick auf das ›doctrinal paradox‹ etwas ändern würde. Möglich wäre damit auch – ohne Änderung im Ergebnis –, dass aus der Gruppe Karakas/Keller/Vučinić zwei Richter die Zulässigkeit verneinten, mit der Folge, dass nur ein einziger Richter der Beschwerde stattgegeben hätte.

[23] Eingangs: »I believe this case should have been declared inadmissible *ratione personae*. As the case has proceeded, however, to a judgment on the merits, I join the majority regarding the finding of a violation with respect to Article 6 of the Convention« (Herv. i. O.); im Fazit: »[T]he case should have been declared inadmissible. As the majority has found the case admissible, however, I join them regarding the finding of a violation.«

Zulässigkeit und Begründetheit jeweils mehrheitlich bejaht wurden, entschied der Gerichtshof zugunsten der Beschwerdeführer.[24] Die Kammer wendete hier also die Methode der Stufenabstimmung an.

Man vergleiche damit die Entscheidung im Fall *Fretté gegen Frankreich*.[25] Die innerhalb der Kammer umstrittenen Fragen lauteten hier, ob das Diskriminierungsverbot des Art. 14 EMRK auf den Streitfall (Ablehnung einer Adoption durch einen alleinstehenden homosexuellen Mann) anwendbar war und, falls ja, ob eine verbotene Diskriminierung vorlag. Die sieben Richter entschieden insoweit[26] wie folgt:

Tabelle D.4: Fretté gegen Frankreich

	Anwendbarkeit	*Diskriminierung*	*Verstoß gegen Art. 14*
Bratza	Ja	Ja	Ja
Fuhrmann	Ja	Ja	Ja
Tulkens	Ja	Ja	Ja
Kūris	Ja	Nein	Nein
Costa	Nein	?	Nein
Jungwiert	Nein	?	Nein
Traja	Nein	?	Nein
Mehrheit	*Ja*	*Ja (?)*	*Nein*

Dieser Fall zeigt zwar nicht eindeutig ein ›doctrinal paradox‹, da hinsichtlich der zweiten Fragen die Ansichten von drei Richtern unbekannt sind.[27] Zu erkennen ist aber, dass die Kammer hier per Totalabstimmung entschied.[28] Der Kontrast zur späteren Entscheidung im Fall *al-Dulimi* liegt auf der Hand.[29]

[24] Die Entscheidung wurde von der Großen Kammer mit 15:2 Stimmen aufrechterhalten: EGMR (Große Kammer), Urt. v. 21.06.2016 – 5809/08 –, NJOZ 2017, S. 1572 ff.

[25] EGMR (Kammer), Urt. v. 26.02.2002 – 36515/97 –, BeckRS 2002, 13160 (englisch). Dazu *G. Letsas*, No Human Right to Adopt?, Univ. Coll. Lond. Hum. Rights Rev. 1 (2008), S. 135 (138, 143 ff.); *A. Chilton/D. Tingley*, The Doctrinal Paradox & International Law, Univ. Pa. J. Int. Law 34 (2012), S. 67 (116 ff.).

[26] Einstimmig wurde ein Verstoß gegen Art. 6 EMRK bejaht.

[27] Der Fall zeigt allerdings das Problem der Begründung bei Totalabstimmung (dazu noch unten III.3.). Das Urteil der Kammer stützte sich nämlich darauf, dass Art. 14 zwar anwendbar sei, aber keine Diskriminierung vorliege – eine Meinung, die so allein Richter Kūris vertrat.

[28] Betrachtet man allein Tabelle D.4, so wäre es denkbar, dass die Richter Costa, Jungwiert und Traja auch die Diskriminierung verneinten, sich aber öffentlich nur zu ihrem Dissens bezüglich der ersten Frage äußerten. In der von Costa verfassten abweichenden Meinung (der die anderen beiden beitraten) wird aber deutlich, dass diese drei Richter die zweite Frage offenließen, wenn es heißt: » If I had had to decide one way or another, I would have been very hesitant.«

[29] Es könnte sein, dass die Kammer im Fall *al-Dulimi* auf kollektiver Ebene nicht die Stufen-, sondern die Totalabstimmung anwendete und es – ähnlich den obigen Entscheidungen des US Supreme Court – allein am Abstimmungsverhalten eines einzelnen Richters (Sajó) lag, dass das Ergebnis dem einer Stufenabstimmung entsprach. Grund könnte sein, dass Sajó, nachdem die Richtermehrheit das Verfahren gleichsam über die ›Schwelle‹ der Zulässigkeit ge-

c) Bedeutung und Formen des ›doctrinal paradox‹

Das ›doctrinal paradox‹ besteht demnach darin, dass Totalabstimmung und Stufenabstimmung zu unterschiedlichen Ergebnissen führen können[30] – nämlich dann, wenn sich bei den Einzelfragen verschiedene Richtermehrheiten ergeben –, und zeigt damit auf, dass es für die Umsetzung des Mehrheitsprinzips in der Kollegialgerichtsbarkeit maßgeblich auf die Abstimmungsmethode ankommt. Dieser ergebnisrelevante Unterschied zwischen Total- und Stufenabstimmung wurde indes in Deutschland bereits im 18. Jahrhundert entdeckt[31] und war Grundlage der Diskussion um die richtige Abstimmungsmethode vor und während des Erlasses der Reichsjustizgesetze im 19. Jahrhundert.[32] Er ist auch im frühen 19. Jahrhundert dem französischen Mathematiker Siméon Denis Poisson (1781–1840)[33] und im frühen 20. Jahrhundert dem Italiener Roberto Vacca, einem ansonsten weitestgehend unbekannten Rechtsanwalt mit rechtsphilosophischem Interesse,[34] aufgefallen.[35] Während allerdings diese Überlegungen allein die praktische Seite der Entscheidungsfindung durch Mehrheit

---

bracht hatte, eine Beteiligung an der Entscheidung in der Sache nicht verweigern wollte (vgl. die Zitate in Fn. 23). Vgl. zu diesem Gedanken auch (bezogen auf Fälle des Supreme Court) *M. L. Stearns*, Should Justices Ever Switch Votes?, Supreme Court Econ. Rev. 7 (1999), S. 87 (148 f.). Zur ›Pflicht zum Weiterstimmen‹ siehe noch unten 4.d)cc)(3).

[30] *L. A. Kornhauser*, Modeling Collegial Courts. II, J. Law Econ. Organ. 8 (1992), S. 441 (453); *ders./L. G. Sager*, The One and the Many, Calif. Law Rev. 81 (1993), S. 1 (11).

[31] Historischer Hintergrund ist das Problem, wie die Mehrheitsfindung bei nicht-binären Entscheidungen funktionieren soll (dazu noch unten II.2.) und ob zur Lösung eine Aufteilung in eine Abfolge von Fragen vorzunehmen ist. Insoweit klar herausgearbeitet ist der Unterschied zwischen Totalabstimmung und Stufenabstimmung bei *W. X. A. v. Kreittmayr*, Anmerkungen über den Codicem Juris Bavarici Criminalis, 2. Aufl. 1774, S. 105 f.; siehe dazu auch *W. Ernst*, Rechtserkenntnis durch Richtermehrheiten, 2016, S. 108.

[32] Vgl. an dieser Stelle nur *A. Trendelenburg*, Ueber die Methode bei Abstimmungen, 1850, S. 10: »Bei den Gerichten bietet sich eine ähnliche Aufgabe dar, den richtigen Ausdruck der Stimmenmehrheit zu finden. Das Bedürfniss hat auch bei ihnen die Anfänge einer allgemeinen Theorie für die Methode der Abstimmung erzeugt.« Siehe noch ausführlich unten 4.d)bb)(1).

[33] *S. D. Poisson*, Recherches sur la probabilité des jugements en matière criminelle et en matière civile, 1837, S. 21 Fn. (*); siehe dazu auch *J. Elster*, Securities Against Misrule, 2013, S. 62 f. Zu Poisson vgl. auch *A. E. Gelfand/H. Solomon*, A Study of Poisson's Models for Jury Verdicts in Criminal and Civil Trials, J. Am. Stat. Assoc. 68 (1973), S. 271 ff.

[34] *R. Vacca*, Opinioni Individuali e Deliberazioni Collettive, Rivista Internazionale di Filosofia del Diritto 1 (1921), S. 52 ff. Dieser Aufsatz ist fast gänzlich unbeachtet geblieben (Ausnahme: *C. Cossio*, El derecho en el derecho judicial, 3. Aufl. 1967, S. 190 ff.) und erst von *H. Spector*, The Right to a Constitutional Jury, Legisprudence 3 (2009), S. 111 (120 ff.), wiederentdeckt worden; siehe auch *ders.*, The Theory of Constitutional Review, in: Jovanović (Hrsg.), Constitutional Review and Democracy, 2015, S. 17 (28 ff.); *G. Tuzet*, More Votes, More Irrationality, Am. J. Jurisprudence 64 (2019), S. 61 (63 f.).

[35] *E. Lagerspetz*, Albert Heckscher on Collective Decision-Making, Public Choice 159 (2014), S. 327 (334 ff.), weist darauf hin, dass das Paradox auch von dem dänischen Juristen Albert Heckscher (1857–1897) in dessen Dissertation ›Bidrag till Grundlœggelse af en Afstemningslœre‹ von 1892 behandelt wurde.

betreffen, entstammen die theoretischen Untersuchungen der Urteilsaggregation fast ausschließlich[36] den letzten zwanzig bis dreißig Jahren.

Das ›doctrinal paradox‹ zeitigt nämlich über den Unterschied der Abstimmungsmethoden hinaus noch eine grundlegendere Erkenntnis, aus der sich das eigentliche Thema der Urteilsaggregation ergibt: Die Mehrheitsentscheidung im Beispielsfall ist inkonsistent.[37] Eine Entscheidung, die gleichzeitig das Vorliegen von Vertrag und vertragswidriger Handlung bejaht, aber das Vorliegen eines Vertragsbruchs verneint, ist in sich widersprüchlich. Dieser Widerspruch zeigt sich besonders gut, wenn Voraussetzungen und Ergebnis als propositionale Sätze verstanden werden und zudem die Regel, nach der bei Vorliegen von Vertrag und vertragswidriger Handlung ein Vertragsbruch vorliegt, berücksichtigt wird. Im Folgenden werden der Vertrag als p, die vertragswidrige Handlung als q und der Vertragsbruch als r bezeichnet. Die Regel lautet demnach $r \leftrightarrow (p \wedge q)$. Dabei wird davon ausgegangen, dass alle Richter diese Regel akzeptieren, ohne dass explizit darüber abgestimmt werden muss. Die Ja-Stimmen bezüglich der Regel sind deshalb in Tabelle D.5 in Klammern gesetzt. Ergäben sich die Ja-Stimmen aus einer expliziten Abstimmung, bestünde indes kein Unterschied.[38]

Tabelle D.5: ›doctrinal paradox‹ in konjunktiver Form

	p	q	$r \leftrightarrow (p \wedge q)$	r
A	Ja	Ja	(Ja)	Ja
B	Ja	Nein	(Ja)	Nein
C	Nein	Ja	(Ja)	Nein
Mehrheit	*Ja*	*Ja*	*(Ja)*	*Nein*

Das ›doctrinal paradox‹ kann nicht nur bei einer konjunktiven, sondern auch bei einer disjunktiven Entscheidungssituation vorkommen.[39] Man denke zum Beispiel an einen, der Einfachheit halber lediglich mit drei Richtern besetzten,

[36] Eine frühe, auf Condorcet aufbauende Verallgemeinerung von der Präferenz- hin zur Urteilsaggregation unternahm *G.-T. Guilbaud*, Les théories de l'intérêt général et le problème logique de l'agrégation, Economie appliquée 5 (1952), S. 501 ff.

[37] Vgl. *M. I. Meyerson*, The Irrational Supreme Court, Neb. Law Rev. 84 (2006), S. 895 (895 ff., 915 ff.). Vgl. auch *J. M. Rogers*, »Issue Voting« by Multimember Appellate Courts, Vanderbilt Law Rev. 49 (1996), S. 997 (998): »The votes of Justice White in *Union Gas* and Justice Kennedy in *Fulminante* were troubling, however, not because of their almost totally unprecedented nature, but because they protended forfeiture to the Supreme Court's claim – implicit in the fact that the Court issues opinions – to be composed of reasoned, and not arbitrary, decision makers. […] such arbitrariness *as a basis for decision* should be more disturbing than any particular unfortunate decision of the Court« (Herv. i. O.).

[38] Vgl. auch *C. List*, A Possibility Theorem on Aggregation Over Multiple Interconnected Propositions, Math. Soc. Sci. 45 (2003), S. 1 (2).

[39] Vgl. auch *G. Tuzet*, More Votes, More Irrationality, Am. J. Jurisprudence 64 (2019), S. 61 (75 ff.). Ein Beispiel ist die Entscheidung des US Supreme Court im Fall *Tidewater* (vgl. Fn. 18).

Spruchkörper eines Revisionsgerichts, der über eine (strafrechtliche) Revision zu entscheiden hat, mit der zwei absolute Revisionsgründe geltend gemacht werden, zum einen eine falsche Besetzung des Instanzgerichts (p), zum anderen eine Verletzung der Öffentlichkeit (q).[40] Die Revision hat Erfolg (r), wenn einer der beiden Revisionsgründe bejaht wird, sodass die Regel in dieser Situation $r \leftrightarrow (p \vee q)$ lautet. Verneint Richter A beide Revisionsgründe, während Richterin B und Richterin C je einen, aber einen verschiedenen Revisionsgrund bejahen, ergibt sich folgender Fall des ›doctrinal paradox‹:

Tabelle D.6: ›doctrinal paradox‹ in disjunktiver Form

	p	q	$r \leftrightarrow (p \vee q)$	r
A	Nein	Nein	(Ja)	Nein
B	Nein	Ja	(Ja)	Ja
C	Ja	Nein	(Ja)	Ja
Mehrheit	*Nein*	*Nein*	*(Ja)*	*Ja*

Endlich ist das ›doctrinal paradox‹ natürlich auch dann möglich, wenn über mehr als zwei Voraussetzungen zu entscheiden ist. Als Beispiel mag die strafrechtliche Tatsacheninstanz dienen. Der Angeklagte ist dann und nur dann zu verurteilen (r), wenn er tatbestandsmäßig (o), rechtswidrig (p) und schuldhaft (q) gehandelt hat: $r \leftrightarrow (o \wedge p \wedge q)$. Ein extremer Fall des ›doctrinal paradox‹ liegt vor, wenn jeder der drei Richter eine andere Voraussetzung der Strafbarkeit verneint:

Tabelle D.7: ›doctrinal paradox‹ in erweiterter Form

	o	p	q	$r \leftrightarrow (o \wedge p \wedge q)$	r
A	Nein	Ja	Ja	(Ja)	Nein
B	Ja	Nein	Ja	(Ja)	Nein
C	Ja	Ja	Nein	(Ja)	Nein
Mehrheit	*Ja*	*Ja*	*Ja*	*(Ja)*	*Nein*

Hier besteht die Besonderheit, dass jede der drei Voraussetzungen mit Mehrheit[41] angenommen wird, während die Strafbarkeit von allen Richtern, also sogar einstimmig verneint wird. Ein Fall des ›doctrinal paradox‹ läge aber ebenfalls vor, wenn eine der drei Voraussetzungen einstimmig bejaht würde; dann würde aber einer der Richter auch die Strafbarkeit bejahen, sodass insoweit keine Einstimmigkeit vorläge.

Wie häufig das ›doctrinal paradox‹ in der Realität vorkommt, lässt sich schwer beurteilen.[42] Für deutsche Gerichte wird eine Erhebung schon dadurch

[40] Vgl. § 338 Nr. 1 und 6 StPO.

[41] Sogar mit der nach § 263 Abs. 1 StPO erforderlichen Zweidrittelmehrheit.

[42] Den Versuch einer Einschätzung (jenseits von Gerichten), allerdings basierend auf einer

massiv erschwert, dass in den veröffentlichten Entscheidungen das Stimmverhalten der Richter (von seltenen Ausnahmen abgesehen[43]) nicht offengelegt wird. Für den US Supreme Court (Stand: 1996) ist jedenfalls geschätzt worden, dass jenseits der oben dargestellten Beispiele über 100 Entscheidungen betroffen sein könnten.[44] Und von dem britischen Richter Lord Simonds[45] ist folgendes Zitat überliefert:

> [N]obody with a long experience at the Bar would have failed to meet with a case where he succeeded or failed, although on every particular point the majority of the Court was against him or for him as the case may be.[46]

d) Diskursives Dilemma

Das ›doctrinal paradox‹ lässt sich über seine verschiedenen Formen hinaus noch verallgemeinern. Das Problem der kollektiven Inkonsistenz kann nämlich stets auftreten, wenn eine Gruppe von Menschen über eine Mehrzahl logisch miteinander verknüpfter Aussagen abstimmt. Dieser Umstand wird als ›diskursives Dilemma‹[47] bezeichnet.[235]

Tabelle D.8: diskursives Dilemma in allgemeiner Form

	p	$p \rightarrow q$	q
A	Ja	Ja	Ja
B	Ja	Nein	Nein
C	Nein	Ja	Nein
Mehrheit	*Ja*	*Ja*	*Nein*

epistemischen Perspektive, unternimmt *C. List*, The Probability of Inconsistencies in Complex Collective Decisions, Soc. Choice Welf. 24 (2005), S. 3 ff.

[43] Siehe zu den Begründungsfragen noch unten III.

[44] Vgl. *J. M. Rogers*, »Issue Voting« by Multimember Appellate Courts, Vanderbilt Law Rev. 49 (1996), S. 997 (999).

[45] Gavin Simonds war 1944–1951 und 1954–1962 Richter des House of Lords (›Lord of Appeal in Ordinary‹).

[46] Zit. n. *S. Gageler/B. Lim*, Collective Irrationality and the Doctrine of Precedent, Melb. Univ. Law Rev. 38 (2014), S. 525 (536). Zu Beispielsfällen britischer und australischer Gerichte siehe *S. Gageler/B. Lim*, a. a. O., passim.

[47] Die Bezeichnung stammt daher, dass das Problem erstens nicht auf dogmatische (›doctrinal‹) Entscheidungssituationen beschränkt und zweitens nicht ein Paradox, sondern ein Dilemma (von zwei Abstimmungsmethoden) ist.

[48] Begriffsprägend *P. Pettit*, Deliberative Democracy and the Discursive Dilemma, Philos. Issues 11 (2001), S. 268 ff.; daran anknüpfend *C. List/P. Pettit*, Aggregating Sets of Judgments: An Impossibility Result, Econ. Phil. 18 (2002), S. 89 ff. Siehe auch *P. Pettit*, A Theory of Freedom, 2001, S. 106 ff.; *ders.*, Collective Persons and Powers, Leg. Theory 8 (2002), S. 443 (446 ff.); *ders.*, Deliberative Democracy, the Discursive Dilemma, and Republican Theory, in: Fishkin/Laslett (Hrsg.), Debating Deliberative Democracy, 2003, S. 138 (140 ff.); *ders.*, A Dilemma for Deliberative Democrats, in: van Aaken/List/Luetge (Hrsg.), Deliberation and Decision, 2004, S. 91 ff.; *ders.*, Gruppen mit einem eigenen Geist, in: Schmid/Schweikard (Hrsg.), Kollektive Intentionalität, 2009, S. 586 (587 ff.); *C. List/P. Pettit*, On the Many as One, Philos.

Entgegen einer vereinzelten Ansicht, die eine starke Trennlinie zwischen ›doctrinal paradox‹ und diskursivem Dilemma zieht, weil Letzteres in klassischer Logik ausgedrückt wird und auf die Einteilung in Ergebnis und Voraussetzungen verzichtet,[49] kann das ›doctrinal paradox‹ als ein Unterfall des diskursiven Dilemmas behandelt werden, der sich durch einige Besonderheiten von der allgemeinen Form des Dilemmas unterscheidet. Das diskursive Dilemma und die daran anknüpfenden Erkenntnisse der Urteilsaggregation erlauben es indes, Sonderfälle in einem weiteren Kontext zu sehen und mit Fragen zu konfrontieren, die sich sonst nicht ohne Weiteres gestellt hätten. Wenn im Folgenden vom diskursiven Dilemma die Rede ist, steht dies somit nicht dem Anliegen entgegen, gerade die Spezifika der kollegialgerichtlichen Abstimmung zu beleuchten. Insbesondere wird die Alternative von Total- und Stufenabstimmung am Ende dieses Abschnitts intensiv untersucht werden.

2. *Formale Grundlagen der Urteilsaggregation*

Um die Probleme des Mehrheitsprinzips als kollegialgerichtlicher Abstimmungsmethode in den nächsten Abschnitten unter Zugrundelegung der Erkenntnisse der Urteilsaggregation näher untersuchen zu können, muss zunächst ein formaler Rahmen geschaffen werden.

Die Gruppe der Abstimmenden besteht aus einer endlichen Menge $N=\{1, 2, \ldots, n\}$ von Individuen mit einer ungeraden[50] Anzahl von mindestens drei (d. h. $n \geq 3$). Diese Gruppe stimmt ab über Sätze der Aussagenlogik (oder einer weitergehenden Logik[51]), die als p, q, r usw. dargestellt werden. Möglich sind atomare Aussagen p, q, r usw., wie etwa der Bestand eines Vertrags (›Zwischen Kläger und Beklagtem bestand ein Vertrag‹), sowie zusammengesetzte Aussagen mit logischen Verknüpfungen[52], wie etwa die Regel $r \leftrightarrow (p \wedge q)$ für den Vertragsbruch (›Ein Vertragsbruch liegt genau dann vor, wenn zwischen Kläger und Beklagtem ein Vertrag bestand und der Beklagte eine vertragswidrige Handlung vorgenommen hat‹).

Die Aussagen entstammen der Logik **L**, einer nicht-leeren Menge an Aussagen und ihrer Negationen (für jedes p, q, r usw. ist auch die Negation $\neg p$, $\neg q$, $\neg r$ usw. enthalten). Außerdem ist für **L** der Begriff der Konsistenz im Sinne gewis-

---

Public Aff. 33 (2005), S. 377 ff. Vgl. ferner *G. Brennan*, Collective Coherence?, Int. Rev. Law Econ. 21 (2001), S. 197 ff.

49 *P. Mongin*, The Doctrinal Paradox, the Discursive Dilemma, and Logical Aggregation Theory, Theory Decis. 73 (2012), S. 315 (322 f.).

50 Bei Geradzahligkeit besteht die Möglichkeit, dass der Sonderfall der Stimmengleichheit eintritt. Dazu unten II.1.

51 Vgl. *F. Dietrich*, A Generalised Model of Judgment Aggregation, Soc. Choice Welf. 28 (2007), S. 529 ff. Siehe auch noch unten 3.b)aa).

52 Nicht ($\neg$); und ($\wedge$); oder ($\vee$); wenn, dann ($\rightarrow$); genau dann, wenn ($\leftrightarrow$).

ser Standardbedingungen definiert.[53] Vereinfacht gesagt ist eine Menge an Aussagen konsistent, wenn alle ihre Elemente gleichzeitig wahr sein können.[54] So ist zum Beispiel $\{p, q, r \leftrightarrow (p \wedge q), r\}$ konsistent, während $\{p, q, r \leftrightarrow (p \wedge q), \neg r\}$ inkonsistent ist. Eine Menge an Aussagen $A \subseteq \mathbf{L}$ bedingt eine Aussage $p \in \mathbf{L}$ (geschrieben als $A \vdash p$), wenn $A \cup \{\neg p\}$ inkonsistent ist.

Die Agenda ist die Menge an Aussagen, über die in einer konkreten Entscheidungssituation eine Entscheidung zu fällen ist, über die also von der Gruppe der Abstimmenden abgestimmt wird. Sie ist eine nicht-leere Menge $X \subseteq \mathbf{L}$, die wiederum für jede Aussage $p \in X$ auch ihre Negation $\neg p$ enthält. Eine Agenda kann zum Beispiel lauten: $X = \{p, \neg p, p \rightarrow q, \neg(p \rightarrow q), q, \neg q\}$. Um die Negationen nicht eigens aufführen zu müssen, kann auch geschrieben werden: $X^+ = \{p, p \rightarrow q, q\}$. Im Vertragsbruchbeispiel könnte die Agenda $X^+ = \{p, q, r \leftrightarrow (p \wedge q), r\}$ lauten, wenn die Richter auch über die Regel abstimmen. Wird die Regel als Teil der juristischen Dogmatik vorausgesetzt, so lautet die Agenda $X^+ = \{p, q, r\}$, wobei $r \leftrightarrow (p \wedge q)$ als zusätzliche externe Anforderung[55] zu beachten ist.[56]

Die Aussagen, die ein Abstimmender individuell akzeptiert, bilden seine Urteilsmenge $J \subseteq X$. Eine Urteilsmenge ist vollständig, wenn sie ein Element aus jedem Paar $\{p, \neg p\}$ von Aussage und Negation enthält. Eine Urteilsmenge ist konsistent, wenn sie eine im allgemeinen Sinne konsistente Menge ist, wenn also (vereinfacht gesagt) alle enthaltenen Aussagen gleichzeitig wahr sein können. Eine vollständige Urteilsmenge ist genau dann konsistent, wenn sie zum einen aus jedem Paar $\{p, \neg p\}$ von Aussage und Negation nur genau ein Element enthält und zum anderen jede Aussage (bzw. Negation) enthält, die von einer konsistenten Teilmenge der Urteilsmenge bedingt werden.[57]

Alle Urteilsmengen der Abstimmenden in der Gruppe $N = \{J_1, J_2, \ldots, J_n\}$ zusammen ergeben ein Profil. Um aus einem Profil eine kollektive Entscheidung der Gruppe zu generieren, um also die einzelnen Stimmen zu einer Gesamtentscheidung zu aggregieren, ist schließlich eine Aggregationsregel erforderlich.

---

[53] Jedes Aussagenpaar $\{p, \neg p\} \subseteq \mathbf{L}$ ist inkonsistent (›self-entailment‹). Teilmengen konsistenter Teilmengen $S \subseteq \mathbf{L}$ sind konsistent (›monotonicity‹). Die leere Menge $\varnothing$ ist konsistent und jede konsistente Menge $S \subseteq \mathbf{L}$ hat eine konsistente Obermenge $T \subseteq \mathbf{L}$, die ein Element aus jedem Paar $\{p, \neg p\}$ von Aussage und Negation enthält (›completability‹).

[54] Was Akzeptanz juristischer Aussagen bedeutet und wie sie sich zueinander verhalten, wird noch genauer erörtert werden (siehe unten 3.b)aa)).

[55] Genauer gesagt ist bei dieser Konstruktion eine Aussagenmenge S dann und nur dann konsistent, wenn $S \cup \{r \leftrightarrow (p \wedge q)\}$ konsistent ist. Siehe noch unten 3.b)cc).

[56] Das Modell der Urteilsaggregation kann auch auf Fälle angewendet werden, in denen jeder Abstimmende seine eigene logische Regel zugrundelegt; vgl. *M. K. Miller*, Judgment Aggregation and Subjective Decision-Making, Econ. Philos. 24 (2008), S. 205 ff. Ich gehe hier davon aus, dass das Kollegialgericht entweder über die Regel abstimmt oder sie (stillschweigend oder explizit) voraussetzt.

[57] Vgl. *F. Dietrich/C. List*, Judgment Aggregation by Quota Rules, J. Theor. Politics 19 (2007), S. 391 (395 f.).

Eine Aggregationsregel ist eine Funktion F, die jedes Profil individueller Urteilsmengen $\{J_1, J_2, \ldots, J_n\}$ auf eine kollektive Urteilsmenge $J = F(J_1, J_2, \ldots, J_n)$ abbildet. Das im Zentrum dieser Untersuchung stehende Mehrheitsprinzip, bei dem jede Aussage genau dann kollektiv akzeptiert ist, wenn sie von einer Mehrheit der Abstimmenden akzeptiert wird, lässt sich formal folgendermaßen ausdrücken: $F(J_1, J_2, \ldots, J_n) = \{p \in X : |\{i \in N : p \in J_i\}| > (n+1)/2\}$. Die Aussage p ist also genau dann Teil der kollektiven Entscheidung, wenn die Anzahl der Abstimmenden, die p akzeptieren (für p stimmen), mehr als 50 % der Gesamtzahl an Abstimmenden beträgt. Weitere bedeutende Aggregationsregeln sind qualifizierte Mehrheiten: $F(J_1, J_2, \ldots, J_n) = \{p \in X : |\{i \in N : p \in J_i\}| \geq nq\}$,[58] wobei q das nötige Quorum ist, d. h. $½ < q < 1$[59]. Bei der Einstimmigkeitsregel ist $q = 1$, bei Minderheitsquoren liegt q unter 0,5 (also $0 < q < ½$). Beim Diktaturprinzip[60] schließlich ist die kollektive Entscheidung mit der Urteilsmenge eines bestimmten (festgelegten) Abstimmenden $i \in N$ identisch: $F(J_1, J_2, \ldots, J_n) = J_i$.[61]

Auch Stufen- und Totalabstimmung sind Aggregationsregeln in diesem Sinne. Bei der Stufenabstimmung wird eine Teilmenge der Agenda als Voraussetzungen festgelegt, aus denen das Ergebnis folgen soll (oder aus denen mehrere Ergebnisse folgen sollen). Über diese Vorfragen wird nach einem bestimmten Prinzip abgestimmt, also eine kollektive Urteilsmenge aggregiert; sodann folgt das Ergebnis logisch aus diesen kollektiv akzeptieren Prämissen.[62] Formal ausgedrückt: $F(J_1, J_2, \ldots, J_n) = \{p \in X : G(J_1, J_2, \ldots, J_n) \cap Y \vdash p\}$. Dabei ist $Y \in X$ die Menge der Voraussetzungen, G die angewendete Entscheidungsregel (also eine Aggregationsregel wie Mehrheits- oder Diktaturprinzip)[63] und $G(J_1, J_2, \ldots, J_n)$ die Menge aller (aufgrund dieser Entscheidungsregel) kollektiv akzeptierten Aussagen (Voraussetzungen und Ergebnis), sodass $G(J_1, J_2, \ldots, J_n) \cap Y$ die Menge der kollektiv akzeptierten Voraussetzungen (ohne das Ergebnis) ist.[64]

---

[58] An dieser Formel ist gut zu erkennen, dass qualifizierte Mehrheiten an sich nicht entscheidungsfähig sind (vgl. oben B.V.2.a)bb)(1)), da nicht aus jedem Paar $\{p, \neg p\}$ von Aussage und Negation eine der beiden Möglichkeiten die nötige Schwelle an Zustimmung erreichen muss, die Gesamtentscheidung also nicht unbedingt vollständig sein muss. Qualifizierte Mehrheiten sind eben nur dann entscheidungsfähig, wenn lediglich für eine der beiden Möglichkeiten (p oder $\neg p$) das Erreichen der Schwelle erforderlich ist (und bei Nichterreichen automatisch die andere gewählt ist).

[59] Andere Schreibweise: $q \in (½, 1)$ oder $q \in]½, 1[$.

[60] Der entscheidungstheoretische ist an den politikwissenschaftlichen Begriff ›Diktatur‹ nur (wegen der Ähnlichkeit der Alleinentscheidung) angelehnt.

[61] Bei der inversen Diktatur ist die kollektive Entscheidung immer die Negation der individuellen Urteilsmenge eines bestimmten (festgelegten) Abstimmenden $i \in N$: $F(J_1, J_2, \ldots, J_n) = \{\neg p : p \in J_i\}$.

[62] Die Begriffe Voraussetzungen, Vorfragen und Prämissen werden im Folgenden synonym verwendet. Die englische Bezeichnung lautet ›premises‹, weswegen die Stufenabstimmung als ›premise-based rule‹ bezeichnet wird.

[63] Theoretisch kann die Menge der akzeptierten Voraussetzungen statt durch Abstimmung auch mittels eines gänzlich anderen Kriteriums bestimmt werden.

[64] Lässt man die Ansichten hinsichtlich des Ergebnisses von vornherein außer Betracht,

Als Ergebnis kollektiv akzeptiert ist dann die Menge an Aussagen aus der Agenda, die logisch aus diesen Prämissen folgen. Wird ausschließlich über die Voraussetzungen abgestimmt[65] und dabei das Mehrheitsprinzip angewandt, so gilt für die kollektive Entscheidung über das Ergebnis: $F(J_1, J_2, \ldots, J_n) = \{p \in X: \{q \in Y: |\{i \in N: q \in J_i\}| > (n+1)/2\} \vdash p\}$.

Bei der Totalabstimmung wird hingegen eine Teilmenge der Agenda als Ergebnisse festgelegt (oder es wird eine einzige Aussage aus der Agenda als Ergebnis festgelegt[66]). Abgestimmt wird allein über diese Teilmenge nach einer bestimmten Aggregationsregel. Sei $Z \subseteq X$ diese Teilmenge und G die Aggregationsregel, dann gilt: $F(J_1, J_2, \ldots, J_n) = G(J_1, J_2, \ldots, J_n) \cap Z$. Bei Anwendung des Mehrheitsprinzips und Abstimmung nur über das Ergebnis gilt: $F(J_1, J_2, \ldots, J_n) = \{p \in Z: |\{i \in N: p \in J_i\}| > (n+1)/2\}$.

3. *Unmöglichkeitstheorem*

Die Theorie der Urteilsaggregation befasst sich mit den Eigenschaften von Aggregationsregeln, insbesondere dem Mehrheitsprinzip und seinen besonderen Erscheinungsformen Total- und Stufenabstimmung. Konkret gehen die Untersuchungen der Urteilsaggregation von folgender Frage aus: Gibt es Aggregationsregeln, die konsistente – oder etwas allgemeiner und umfassender: rationale – Entscheidungen garantieren und gleichzeitig eine Reihe (weiterer) normativer Anforderungen erfüllen?

Die Antwort auf diese Frage hängt offensichtlich vor allem davon ab, welche normativen Anforderungen zu stellen sind. Ganz allgemein wird die Aufgabe beschrieben als Suche nach demokratisch akzeptablen Entscheidungsregeln.[67] Abgesehen von der Frage, ob es überhaupt Fälle demokratischer, d. h. demokratisch-politischer, Entscheidungen gibt, die durch Urteils- statt Präferenzaggregation zu beschreiben sind, hängen die zu einer Entscheidungsart passenden normativen Anforderungen von dieser konkreten Entscheidungsart ab. Es wird also zu untersuchen sein, welche normativen Anforderungen gerade (auch) für kollegialgerichtliche Entscheidungen gelten.

Daneben hängt die Möglichkeit rationaler und normativ attraktiver Aggregationsregeln auch davon ab, welche Agenda bzw. welche Art von Agenda der Entscheidung zugrunde liegt. Wird etwa nur über ein Paar $\{p, \neg p\}$ von Aussage

---

so kann G sofort auf Y allein angewendet werden, z. B. gilt dann beim Mehrheitsprinzip: $G(J_1, J_2, \ldots, J_n) = \{q \in Y: |\{i \in N: q \in J_i\}| > (n+1)/2\}$. Und für das kollektiv akzeptierte Ergebnis gilt (unabhängig davon, welche Entscheidungsregel hinter G steckt): $F(J_1, J_2, \ldots, J_n) = \{p \in X: G(J_1, J_2, \ldots, J_n) \vdash p\}$.

65 Vgl. Fn. 64.

66 Die Teilmenge enthält dann, da auch die Negation immer umfasst ist, zwei Elemente: $Z = \{p, \neg p\}$.

67 Vgl. *C. List*, The Theory of Judgment Aggregation, Synthese 187 (2012), S. 179 (185): »democratically plausible aggregation rules«.

und Negation abgestimmt, wird die kollektive Entscheidung immer konsistent sein.[68] Wie noch näher ausgeführt wird, sind die Agenden, über die Gerichte abstimmen, in aller Regel kompliziert genug, um die Garantie konsistenter Entscheidungen problematisch werden zu lassen.

a) Inhalt des Unmöglichkeitstheorems

Das diskursive Dilemma lässt sich zu einem recht einfachen Unmöglichkeitstheorem verallgemeinern.[69] Dafür werden zunächst vier normative Anforderungen formuliert und sodann wird gezeigt, dass keine Aggregationsregel existiert, die diese vier Anforderungen erfüllt. Die vier normativen Anforderungen beinhalten zum einen Kriterien, die an die (normativ positiven) Eigenschaften des Mehrheitsprinzips angelehnt sind, zum anderen das Kriterium der Rationalität. Das Unmöglichkeitstheorem zeigt demnach, dass keine Aggregationsregel, die über ähnliche positive Eigenschaften wie das Mehrheitsprinzip verfügt, gleichzeitig rationale kollektive Entscheidungen garantieren kann. Das Unmöglichkeitstheorem besagt: Es existiert keine Aggregationsregel, die – bei einer minimal komplexen Agenda – die vier Kriterien Universalität, Rationalität, Anonymität und Systematizität erfüllt.[70]

aa) Normative Kriterien des Unmöglichkeitstheorems

Es lassen sich drei Kategorien von normativen Anforderungen unterscheiden:[71] Inputkriterien bestimmen, welche Arten von individuellen Urteilsmengen zulässig sind, also bei der Aggregation zur kollektiven Entscheidung Berücksichtigung finden können; Outputkriterien formulieren Eigenschaften, welche die kollektive Entscheidung aufweisen soll; Responsivitätskriterien schließlich stellen Anforderungen an die Beziehung von Input und Output.

Die vier normativen Anforderungen des Unmöglichkeitstheorems enthalten je ein Input- und Outputkriterium sowie zwei Responsivitätskriterien. Die Kriterien sind alle mehr oder wenig intuitiv plausibel. Ich werde sie hier sowohl formell definieren[72] als auch informell erläutern und kurz ihre Bedeutung für die kollegialgerichtliche Abstimmung beleuchten. Ihre volle Tragweite für die kollegialgerichtliche Abstimmung wird sich auftun, wenn die Versuche zur Auflösung der Unmöglichkeit untersucht werden.

---

[68] *C. List*, a. a. O., S. 186.

[69] Grundlegend *C. List/P. Pettit*, Aggregating Sets of Judgments: An Impossibility Result, Econ. Philos. 18 (2002), S. 89 ff.

[70] *C. List/P. Pettit*, a. a. O., S. 100. Der Beweis findet sich a. a. O., S. 108 ff.

[71] Zum Folgenden *F. Dietrich*, Judgment Aggregation, 2008, S. 10.

[72] Dabei folge ich *C. List*, The Theory of Judgment Aggregation, Synthese 187 (2012), S. 179 (186 f.).

(1) Universalität

Das Inputkriterium ist *Universalität*. Universalität bedeutet, dass der Definitionsbereich der Aggregationsregel unbeschränkt, also die Menge aller konsistenter und kompletter individueller Urteilsmengen ist. Bei der Aggregation sollen sämtliche rationalen Urteilsmengen der Abstimmenden berücksichtigt werden. Anders formuliert: Die Aggregationsregel soll funktionieren – d. h. die anderen normativen Anforderungen erfüllen –, egal wie die Abstimmenden abstimmen. Eine Beschränkung des Definitionsbereichs würde hingegen bedeuten, dass die Aggregationsregel nur dann funktioniert, wenn die Urteilsmengen der Abstimmenden (einzeln oder als Profil betrachtet) bestimmte Bedingungen erfüllen, zum Beispiel dass die Urteilsmengen bestimmte Ähnlichkeiten aufweisen oder das Profil eine bestimmte Struktur hat. Zunächst aber ist bei der kollegialgerichtlichen Abstimmung der naheliegende Ausgangspunkt die Erwartungshaltung, dass jeder Richter sich frei seine Meinung bilden kann und dementsprechend abstimmt. Zu verlangen ist nur, dass er sein Stimmrecht für die gesamte Agenda ausübt, also zu jedem Abstimmungspunkt abstimmt,[73] und dass seine Ansichten über einzelne Abstimmungspunkte sich nicht widersprechen. Demgemäß sind ausschließlich vollständige und konsistente – kurz: rationale – Urteilsmengen zulässig, doch liegt darin keine ernstliche Beschränkung, da von der (so verstandenen) Rationalität der individuellen Richteransichten in der Wirklichkeit ausgegangen werden darf. Einen Zivilrichter, der das Vorliegen eines Vertrags und einer vertragswidrigen Handlung bejaht, aber den logisch daraus folgenden Vertragsbruch verneint, wird es wohl kaum geben. Zudem würde die Erweiterung des Definitionsbereichs um unvollständige und/oder inkonsistente Urteilsmengen nichts am Unmöglichkeitstheorem ändern: Wenn das Theorem bereits bei rationalen individuellen Urteilsmengen gilt, dann erst recht bei irrationalen Urteilsmengen.[74]

(2) Rationalität

Das Outputkriterium des Unmöglichkeitstheorems ist *Rationalität*: Für jedes Profil von Urteilsmengen (J_1, J_2, …, J_n) im Definitionsbereich der Aggregationsregel F muss $F(J_1, J_2, …, J_n)$ eine konsistente und vollständige Urteilsmenge sein. Wiederum ist die Bedeutung für Kollegialgerichte offensichtlich: Am Ende der Abstimmung soll zum einen eine Entscheidung des Gerichts über jeden Abstimmungspunkt vorliegen (Vollständigkeit), zum anderen soll die Entscheidung des Gerichts keine Widersprüche enthalten (Konsistenz).

[73] Vgl. den Gedanken von § 195 GVG. Dazu noch unten 4.d)cc)(3).

[74] *C. List/P. Pettit*, Aggregating Sets of Judgments: An Impossibility Result, Econ. Philos. 18 (2002), S. 89 (100).

(3) *Anonymität*

Das erste der beiden Responsivitätskriterien ist *Anonymität*. Dieses Kriterium ist bereits aus dem Fairnessargument zur Rechtfertigung des Mehrheitsprinzips bekannt.[75] Anonymität soll sicherstellen, dass jedem Abstimmenden das gleiche Stimmgewicht zukommt. Dafür wird sie genauso verstanden wie im Theorem von May,[76] das die mathematische Grundlage des Fairnessarguments bildet. Anonymität bedeutet demnach, dass sich die kollektive Entscheidung nicht ändert, wenn die Stimmen gleich bleiben, aber sich anders auf die Abstimmenden verteilen. Das Ergebnis darf also nur davon abhängen, wofür abgestimmt wird, nicht davon, wer wofür abstimmt. Die Identität keines Abstimmenden hat Auswirkungen auf die kollektive Entscheidung.[77] Formal ausgedrückt: Sind zwei Profile $(J_1, J_2, \ldots, J_n)$ und $(J'_1, J'_2, \ldots, J'_n)$ Permutationen voneinander, so gilt: $F(J_1, J_2, \ldots, J_n) = F(J'_1, J'_2, \ldots, J'_n)$.

(4) *Systematizität*

Zu guter Letzt handelt es sich bei *Systematizität* um das andere Responsivitätskriterium und um das wohl am schwersten intuitiv zu erfassende Kriterium. Für zwei beliebige Profile $(J_1, J_2, \ldots, J_n)$ und $(J'_1, J'_2, \ldots, J'_n)$ im Definitionsbereich F und zwei zu beurteilende Aussagen $p, q \in X$ muss gelten: $[p \in J_i \leftrightarrow q \in J'_i$ für alle $i \in N] \rightarrow [p \in F(J_1, J_2, \ldots, J_n) \leftrightarrow q \in F(J'_1, J'_2, \ldots, J'_n)]$. Wenn jeder Abstimmende i über zwei Aussagen p und q genau gleich abstimmt, also jeder Abstimmende entweder beide akzeptiert oder beide ablehnt (wobei die Urteile der Abstimmenden sich natürlich untereinander unterscheiden können), dann muss auch das kollektive Urteil über beide Aussagen gleich lauten; und dies muss für alle möglichen Profile von individuellen Urteilsmengen gelten.[78] Systematizität umfasst damit zwei Teile.[79] Zum einen darf die kollektive Entscheidung über eine Aussage nur von den individuellen Urteilen der Abstimmenden über diese Aussage, nicht von den Urteilen über andere Aussagen der Agenda abhängen *(Unabhängigkeit)*. Zum anderen muss das Kriterium, mit dem das kollektive Urteil über eine Aussage festgelegt wird, für jede Aussage gleich sein *(Neutralität)*. Das bedeutet, dass dieselbe Entscheidungsregel auf alle zur Abstimmung stehenden Aussagen Anwendung finden muss,[80] oder mit anderen Worten: Er-

---

[75] Siehe oben B.V.2.a)bb)(3).

[76] *K. O. May*, A Set of Independent Necessary and Sufficient Conditions for Simple Majority Decision, Econometrica 20 (1952), S. 680 ff.

[77] Vgl. *C. List/P. Pettit*, Aggregating Sets of Judgments: An Impossibility Result, Econ. Philos. 18 (2002), S. 89 (99).

[78] *C. List/P. Pettit*, a. a. O., S. 99.

[79] Zum Folgenden *C. List*, The Theory of Judgment Aggregation, Synthese 187 (2012), S. 179 (187).

[80] Neutralität im hier definierten Sinne darf also nicht mit Neutralität im Sinne des Fairnessarguments (siehe oben B.V.2.b)bb)(4)) verwechselt werden. Während Letztere lediglich

hält eine Aussage die gleiche Zustimmung wie eine andere, so müssen beide akzeptiert werden.[81]

Unabhängigkeit ist die problematischste Anforderung. Mag es zwar prima facie eingängig erscheinen, dass die kollektive Entscheidung über jede einzelne Aussage nur anhand der individuellen Stimmen bezüglich dieser Aussage und unabhängig vom Einfluss anderer Faktoren, insbesondere auch ohne Berücksichtigung anderer Aussagen, festgelegt wird, so ergibt sich dabei die Gefahr, dass mögliche bestehende Verbindungen zwischen verschiedenen Aussagen der Agenda ignoriert werden.[82] Wie noch zu sehen sein wird,[83] ist deshalb die Unabhängigkeit das Kriterium, das am ehesten einer Lockerung zugänglich ist und die Möglichkeit einer Auflösung des Unmöglichkeitstheorems offeriert – jedoch um den Preis der Pfadabhängigkeit und der Manipulierbarkeit der Abstimmung.

bb) Voraussetzung einer minimal komplexen Agenda

Wie eingangs bemerkt, hängt die Unmöglichkeit einer normativ attraktiven Aggregationsregel nicht nur von den angelegten normativen Maßstäben ab, sondern auch von den Eigenschaften der Agenda, über die abgestimmt werden soll. Das Unmöglichkeitstheorem setzt eine minimal komplexe Agenda voraus.[84] Es hat keine Geltung, wenn die Agenda überhaupt keine logischen Widersprüche zulässt, also insbesondere wenn die Agenda nur aus einem Aussagenpaar $\{p, \neg p\}$ besteht. Minimal komplex ist die Agenda allerdings immer schon dann, wenn sie eine minimal inkonsistente (und aus mindestens drei Elementen bestehende) Teilmenge umfasst, anders gesagt: wenn sie eine minimale Inkonsistenz zulässt. Voraussetzung ist also, dass überhaupt ein logischer Widerspruch zwischen kollektiv akzeptierten Aussagen der Agenda möglich ist (der über den Widerspruch einer Aussage zu ihrer eigenen Negation hinausgeht). Das ist immer dann der Fall, wenn die Agenda mindestens zwei Aussagen p und q und eine logische Verknüpfung der beiden, also $p \wedge q$, $p \vee q$, $p \rightarrow q$ oder $p \leftrightarrow q$, (sowie jeweils deren Negation) enthält.[85]

---

eine Gleichbehandlung von Aussage und Negation verlangt (und damit asymmetrische qualifizierte Mehrheiten ausschließt), aber unterschiedliche Abstimmungsregeln für unterschiedliche Aussagen gestattet, erfordert Erstere, dass für jede Aussage dieselbe Entscheidungsregel (sei es Mehrheitsprinzip, qualifizierte Mehrheit, Einstimmigkeit oder sonst etwas), angewandt wird. Siehe auch noch unten 4.d) vor aa).

[81] *C. List/P. Pettit*, Aggregating Sets of Judgments: An Impossibility Result, Econ. Philos. 18 (2002), S. 89 (100).

[82] Vgl. *G. Pigozzi*, The Logic of Group Decisions: Judgment Aggregation, J. Philos. Log. 44 (2015), S. 755 (760).

[83] Unten 4.d).

[84] *F. Dietrich/C. List*, Judgment Aggregation By Quota Rules, J. Theor. Politics 19 (2007), S. 391 (398 f.).

[85] Vgl. *C. List*, The Theory of Judgment Aggregation, Synthese 187 (2012), S. 179 (187).

Die Agenda $X = \{p, q, p \rightarrow q, \neg p, \neg q, \neg(p \rightarrow q)\}$ zum Beispiel enthält mehrere minimal inkonsistente Teilmengen. Minimal inkonsistent ist eine Menge, die selbst inkonsistent ist, sich aber ausschließlich aus konsistenten (echten) Teilmengen zusammensetzt.[86] Die minimal inkonsistenten Teilmengen in unserem Beispiel sind $\{p, \neg p\}$, $\{q, \neg q\}$, $\{p \rightarrow q, \neg(p \rightarrow q)\}$, $\{\neg p, \neg(p \rightarrow q)\}$, $\{q, \neg(p \rightarrow q)\}$ sowie $\{p, \neg q, \neg(p \rightarrow q)\}$. Die ersten drei dieser Teilmengen sind offensichtlich unproblematisch, denn ein Widerspruch zwischen einer Aussage und ihrer eigenen Negation kann schon dadurch vermieden werden, dass eine Aggregationsregel festgelegt wird, die sicherstellt, dass immer nur entweder eine Aussage oder ihre Negation kollektiv gewählt wird. Die Probleme gehen erst dort los, wo zwischen verschiedenen Aussagen logische Beziehungen bestehen. Kollektive Abstimmungen sind also unproblematisch rational, wenn über eine Reihe von Aussagen abgestimmt wird, die in keinem logischen Verhältnis zueinander stehen. Freilich besteht eine logische Beziehung bereits dann, wenn nicht nur über p und q einzeln, sondern auch über beide gemeinsam $(p \wedge q)$ abgestimmt wird.[87]

Die beiden minimal inkonsistenten Teilmengen $\{\neg p, \neg(p \rightarrow q)\}$ und $\{q, \neg(p \rightarrow q)\}$ sind ebenfalls unproblematisch. Zunächst sei kurz erläutert, warum diese Teilmengen inkonsistent sind. Die materiale Implikation der klassischen Aussagenlogik[88] deckt sich nicht mit dem alltagssprachlichen ›wenn …, dann …‹. Nach dem Alltagsverständnis ist die Verneinung eines Wenn-dann-Satzes durchaus mit der Verneinung seiner Bedingung vereinbar.[89] In der klassischen Aussagenlogik gilt aber: Wenn p den Wahrheitswert ›falsch‹ hat, dann hat $p \rightarrow q$ auf jeden Fall den Wahrheitswert ›wahr‹ (unabhängig vom Wahrheitswert von q).[90] Das bedeutet auch, dass $\neg(p \rightarrow q)$ nur mit $\neg q$ vereinbar ist.[91] Indes stellt (für sich betrachtet) die Existenz dieser beiden minimal inkonsistenten Teilmengen jedenfalls für das Mehrheitsprinzip kein Problem dar, weil sie aufgrund der (unterstellten) Rationalität der individuellen Urteilsmengen nicht kollektiv gewählt werden können. Damit – bei einer Abstimmung nur über p und

86 *F. Dietrich/C. List*, Judgment Aggregation by Quota Rules, J. Theor. Politics 19 (2007), S. 391 (395).

87 Zur Veranschaulichung wende man einmal das Beispiel des diskursiven Dilemmas (oben 1.d)) auf diese Abstimmungsagenda $X^{+} = \{p, q, p \wedge q\}$ an. Dann werden p und q jeweils von einer Mehrheit bejaht, aber $p \wedge q$ von einer Mehrheit verneint.

88 Anders verhält es sich bei einem subjunktiven Verständnis der Implikation, das für die Anwendung auf juristische Regeln angezeigt ist (siehe unten b)bb)).

89 Z. B. lässt sich die Feststellung ›Es regnet nicht‹ sowohl vereinbaren mit dem Satz ›Wenn es regnet, wird die Straße nass‹ als auch mit dessen Verneinung (›Es gilt nicht: Wenn es regnet, wird die Straße nass‹ oder anders: ›Wenn es regnet, muss die Straße nicht unbedingt nass werden [denn es kann z. B. sein, dass sie überdacht ist]‹).

90 Vgl. *W. Detel*, Grundkurs Philosophie, Bd. 1, 2007, S. 84 ff.; *J. C. Joerden*, Logik im Recht, 3. Aufl. 2018, S. 6 f.

91 Denn $p \rightarrow q$ kann nur dann den Wahrheitswert ›falsch‹ haben, wenn q den Wahrheitswert ›falsch‹ (und p den Wahrheitswert ›wahr‹) hat.

$p \rightarrow q$ bzw. q und $p \rightarrow q$[92] – eine der beiden fraglichen Mengen von der Mehrheit gewählt würde, müsste sie nämlich zumindest von einem Abstimmenden als individuelle Urteilsmenge gewählt werden, was eben wegen der Bedingung der individuellen Rationalität unmöglich ist.[93]

Probleme entstehen somit erst, wenn eine minimal inkonsistente Teilmenge mit mindestens drei Elementen existiert, in unserem Fall $\{p, \neg q, p \rightarrow q\}$.[94] Diese Urteilsmenge entspricht genau dem Mehrheitsergebnis in unserem obigen Beispiel des diskursiven Dilemmas.[95]

b) Anwendbarkeit auf die kollegialgerichtliche Abstimmung

Um die Bedeutung des Unmöglichkeitstheorems beurteilen zu können, muss zunächst untersucht werden, ob bzw. wie dieses Anwendung auf die kollegialgerichtliche Abstimmung finden kann. Die entscheidenden Fragen, ob die normativen Anforderungen auch für Gerichtsurteile gelten und welche Schlüsse aus ihrer Nichterfüllbarkeit zu ziehen sind, werden beantwortet werden können, wenn die verschiedenen Möglichkeiten zur Auflösung des Unmöglichkeitstheorems untersucht werden. Zuvor ist aber zu fragen, ob die Erkenntnisse der Urteilsaggregation auch für juristische Aussagen gelten bzw. wie sie darauf angewendet werden können. Dabei geht es zentral um verschiedene Probleme der Logik gerichtlicher Entscheidungsfindung.

aa) Logik juristischer Aussagen

Bisher haben wir, in Übereinstimmung mit der Standardliteratur zur Urteilsaggregation, die klassische Aussagenlogik zu Grunde gelegt. Diese zeichnet sich dadurch aus, dass sie Aussagen behandelt, denen ein Wahrheitswert (›wahr‹ oder ›falsch‹) zugeschrieben werden kann. Setzen wir in der Anwendung der Urteilsaggregation voraus, dass Richter über Aussagen der klassischen Aussagenlogik abstimmen, müssen wir damit aber keineswegs gleichzeitig voraussetzen, dass diese Aussagen im strengen Sinne, also objektiv, wahr sein können. Soweit über Tatsachenaussagen abgestimmt wird, kann deren Wahrheitsfähigkeit unterstellt werden. Für juristische Aussagen jedoch wurde die Wahrheitsfähigkeit bereits oben mit der ganz überwiegenden Meinung verneint.[96] Doch

---

92 Zudem darf nicht q oder $\neg q$ bzw. p oder $\neg p$ als zusätzliche, nicht der Abstimmung unterliegende Voraussetzung in die Logik eingebaut sein (dazu unten b)cc)), da sonst ein logischer Widerspruch der kollektiven Urteilsmenge zu dieser Aussage möglich ist.

93 Die Situation des diskursiven Dilemmas lässt sich hier also nur gewinnen, wenn bereits einer der (drei) Abstimmenden eine inkonsistente Entscheidung trifft.

94 Man beachte, dass es sich bei $\{\neg p, q, \neg(p \rightarrow q)\}$, $\{\neg p, \neg q, \neg(p \rightarrow q)\}$ und $\{p, q, \neg(p \rightarrow q)\}$ nicht um minimal inkonsistente Teilmengen handelt, da sie selbst jeweils mindestens eine der inkonsistenten Teilmengen $\{\neg p, \neg(p \rightarrow q)\}$ und $\{q, \neg(p \rightarrow q)\}$ enthalten.

95 Siehe oben 1.d).

96 Siehe oben B.III.2.b)cc)(1).

dass ein Richter eine Aussage bejaht, muss nicht bedeuten, dass er sie für objektiv wahr hält. Akzeptanz einer juristischen Aussage bedeutet nur Dafürhalten in einem schwachen Sinne. Ein Richter kann dem Satz ›Der beschuhte Fuß ist ein gefährliches Werkzeug im Sinne von § 224 Abs. 1 Nr. 2 StGB‹[97] zustimmen, ohne dies für eine objektive Wahrheit zu halten. Er weiß, dass die Norm auch anders ausgelegt werden kann, findet aber aus bestimmten Gründen diese Ansicht überzeugend. Er muss also diese (methodisch begründete) Meinung nur haben, sie vertreten,[98] muss sie jedoch nicht als objektiv wahr betrachten.

Ob sich allerdings juristische Aussagen – juristische Aussagen, über die die Richter abstimmen (d. h. denen sie zustimmen oder die sie ablehnen, die sie vertreten oder nicht) – mit der klassischen Aussagenlogik korrekt fassen lassen, wird kontrovers beurteilt.[99] Bestimmte nichtklassische Logiken wie Modallogik und deontische Logik[100] scheinen normative Aussagen besser ausdrücken zu können. Für die Theorie der Urteilsaggregation braucht die Frage nach der Notwendigkeit der deontischen Logik nicht abschließend beantwortet zu werden, da ihr Anwendungsbereich über die klassische hinaus auf nichtklassische Logiken erweitert werden kann.[101] Der Einfachheit halber wird die hiesige Untersuchung weiter mit der Aussagenlogik arbeiten.

bb) Bedeutung der Implikation

Höchst problematisch ist jedoch die Bedeutung der Implikation in der klassischen Aussagenlogik. Wie bereits erläutert, führt das klassische Verständnis der Implikation als materiale Implikation dazu, dass die Urteilsmengen $\{\neg p, \neg(p \to q)\}$ und $\{q, \neg(p \to q)\}$ inkonsistent sind.[102] Dies widerspricht dem Alltagsverständnis der Implikation, wie es auch juristischen Regeln zugrunde liegt. Bezeichnen wir mit p die Aussage ›Der Täter hat das Opfer mit einem beschuhten Fuß getreten‹ und mit q die Aussage ›Der Täter hat ein gefährliches Werkzeug benutzt‹, so drückt $p \to q$ die Ansicht aus ›Wenn der Täter das Opfer mit einem beschuhten Fuß getreten hat, dann hat er ein gefährliches Werkzeug

97 Vgl. zu diesem Problem zuletzt BGH, Beschl. v. 26.10.2016 – 2 StR 253/16 –, NStZ 2017, S. 164 ff. Siehe ferner *M. Hettinger*, Der ›beschuhte Fuß‹ als Werkzeug i. S. des § 250 I Nr. 2 StGB, JuS 1982, S. 895 ff.

98 Zur Vertretbarkeit als Maßstab juristischer Aussagen siehe oben B.III.2.b)cc)(1).

99 Beiseite gelassen wird hier das Problem, ob sich juristische Regeln angesichts zahlreicher Voraussetzungen und Ausnahmen überhaupt darstellen lassen (und das damit zusammenhängende Problem, ob eine Regel alle ihre Ausnahmen enthalten muss).

100 Vgl. *J. C. Joerden*, Logik im Recht, 3. Aufl. 2018, S. 176 ff. m. w. N.; ferner *L. Philipps*, Braucht die Rechtswissenschaft eine deontische Logik?, in: Jahr/Maihofer (Hrsg.), Rechtstheorie, 1971, S. 352 ff.; *E. Morscher/G. Zecha*, Wozu deontische Logik?, ARSP 58 (1972), S. 363 ff.; *J. C. Joerden*, Deontische Logik, in: Hilgendorf/Joerden (Hrsg.), Handbuch Rechtsphilosophie, 2017, S. 242 ff.

101 Vgl. *F. Dietrich*, A Generalised Model of Judgment Aggregation, Soc. Choice Welf. 28 (2007), S. 529 ff.

102 Siehe soeben a)bb).

benutzt‹ oder kurz ›Der beschuhte Fuß ist ein gefährliches Werkzeug‹. Nun ist es für eine Richterin offensichtlich möglich, dieser Ansicht nicht zu folgen und gleichzeitig zu sagen, dass der Täter das Opfer gar nicht mit einem beschuhten Fuß getreten hat. Sie wird in der Beratung sagen: ›Ich glaube nicht, dass der Angeklagte das Opfer mit beschuhtem Fuß getreten hat (denn ich halte den Zeugen nicht für glaubwürdig). Aber selbst wenn er das getan haben sollte, würde ich nicht wegen gefährlicher Körperverletzung verurteilen, da ich einen beschuhten Fuß nicht als gefährliches Werkzeug ansehe.‹ Die anderen Richter im Spruchkörper werden möglicherweise anderer Meinung sein, aber keiner kann der ersten Richterin einen logischen Widerspruch vorwerfen. Gleiches gilt, wenn eine Richterin sagt: ›Ich bin zwar nicht der Meinung, dass ein beschuhter Fuß als gefährliches Werkzeug zu behandeln ist. Der Angeklagte hat aber trotzdem ein gefährliches Werkzeug bei seiner Tat verwendet (denn er hat das Opfer mit einer Rohrzange geschlagen).‹ Sowohl $\{\neg p, \neg(p \rightarrow q)\}$ als auch $\{q, \neg(p \rightarrow q)\}$ sind somit bei diesem (alltagssprachlichen) Verständnis der Implikation konsistent. Die für die Anwendung der Urteilsaggregation auf die kollegialgerichtliche Abstimmung gewählte Logik muss dies berücksichtigen.

Die Implikation ist deshalb subjunktiv im Sinne der Konditionallogik zu interpretieren (Gleiches gilt für die Äquivalenz).[103] Vereinfacht gesagt ist die Implikation $p \rightarrow q$ bei subjunktivem Verständnis dann wahr, wenn in jeder Welt, die der unseren im Wesentlichen gleich ist und in der p wahr ist, auch q wahr ist. Für juristische Aussagen müssen wir wieder statt auf (objektive) Wahrheit auf Akzeptanz abstellen: Es geht nicht darum, welche Aussagen gleichzeitig wahr sein können, sondern welche gleichzeitig akzeptiert werden können. Die Aussage ›Der beschuhte Fuß ist ein gefährliches Werkzeug‹ ist demnach dann zu akzeptieren, wenn in jeder Welt, die der unseren im Wesentlichen ähnelt (in der vor allem § 224 Abs. 1 Nr. 2 StGB gilt), bei Feststellung eines Tretens mit beschuhtem Fuß (Akzeptanz der Aussage ›Der Täter hat das Opfer mit einem beschuhten Fuß getreten‹) das Tatbestandsmerkmal des gefährlichen Werkzeugs zu bejahen ist (Akzeptanz der Aussage ›Der Täter hat ein gefährliches Werkzeug benutzt‹).

Durch ein subjunktives Verständnis der Implikation werden dabei zwei Bedingungen erfüllt,[104] die eine Anwendbarkeit auf die reale kollegialgerichtliche Aggregation sicherstellen. Erstens ergeben sich aus der Bejahung einer logischen Verknüpfung die gewünschten logischen Beschränkungen. Zum Beispiel führt $p \rightarrow q$ mit $\{p, \neg q\}$ zu einer Inkonsistenz, ist aber konsistent mit $\{p, q\}$, $\{\neg p, q\}$ und $\{\neg p, \neg q\}$. Wer die Aussage ›Der beschuhte Fuß ist ein gefähr-

---

[103] Vgl. *F. Dietrich*, A Generalised Model of Judgment Aggregation, Soc. Choice Welf. 28 (2007), S. 529 (542 f.); *ders.*, The Possibility of Judgment Aggregation on Agendas With Subjunctive Implications, J. Econ. Theory 145 (2010), S. 603 (610 ff.).

[104] Zum Folgenden *F. Dietrich*, The Possibility of Judgment Aggregation on Agendas With Subjunctive Implications, J. Econ. Theory 145 (2010), S. 603 (610).

liches Werkzeug‹ akzeptiert, muss, wenn er feststellt, dass der Täter sein Opfer mit einem beschuhten Fuß getreten hat, das Vorliegen eines gefährlichen Werkzeugs bejahen. Zweitens folgen im Gegensatz dazu aus der Verneinung einer logischen Verknüpfung keine Beschränkungen.[105] So ist etwa $\neg(p \rightarrow q)$ konsistent mit allen vier Möglichkeiten $\{p, q\}$, $\{\neg p, q\}$, $\{p, \neg q\}$ und $\{\neg p, \neg q\}$. Wer also die Regel ›Der beschuhte Fuß ist ein gefährliches Werkzeug‹ ablehnt, kann immer noch jede Ansicht hinsichtlich der beiden Fragen ›Hat der Täter sein Opfer mit beschuhtem Fuß getreten?‹ und ›Hat der Täter ein gefährliches Werkzeug verwendet?‹ vertreten, ohne in einen logischen Widerspruch zu geraten.

Wichtig ist nun festzuhalten, dass auch bei subjunktivem Verständnis der Implikation das grundlegende Unmöglichkeitstheorem gilt,[106] denn auch dann existiert (bei nicht-trivialen Agenden) eine minimal inkonsistente Teilmenge aus mindestens drei Aussagen. Wir hatten gesehen, dass dies bei der Beispielsagenda $\{p, q, p \rightarrow q, \neg p, \neg q, \neg(p \rightarrow q)\}$ die Teilmenge $\{p, \neg q, p \rightarrow q\}$ ist. Diese Teilmenge ist auch bei subjunktivem Verständnis der Implikation (minimal) inkonsistent. Die subjunktive Interpretation erlaubt demnach eine Anwendung auf reale Entscheidungssituationen, indem sie bestimmte Kombinationen von Aussagen als logisch widerspruchslos zulässt, also verhindert, dass Widersprüche entstehen, die eigentlich keine sind, beseitigt aber nicht die Unmöglichkeit einer Aggregationsregel, die gleichzeitig die vier Anforderungen Universalität, Rationalität, Anonymität und Systematizität erfüllt.

cc) Logische Verknüpfungen durch die Rechtsdogmatik

Schließlich muss bei der Anwendung der Theorie der Urteilsaggregation auf kollegialgerichtliche Abstimmungen Berücksichtigung finden, dass juristische Regeln vielfach der Gerichtsentscheidung zugrunde gelegt werden, ohne dass eine Abstimmung über sie innerhalb des Spruchkörpers stattfindet. Bereits beim Eingangsbeispiel verhielt es sich so, dass die Regel, wonach bei Vorliegen eines Vertrags und einer vertragswidrigen Handlung ein Vertragsbruch zu bejahen ist, keiner Abstimmung unterlag. Die kollegialgerichtliche Entscheidungsfindung weist also die Besonderheit auf, dass die Abstimmung oftmals externen

---

105 Aus dieser Differenzierung zwischen Bejahung und Verneinung einer logischen Verknüpfung folgt auch, dass im Hinblick auf solche logischen Verknüpfungen, die als Regeln der juristischen Dogmatik der Entscheidung ohne Abstimmung zugrunde gelegt werden (dazu sogleich cc)), die materiale Implikation normalerweise unproblematisch ist, da diese Regeln bejaht sind. Vgl. *F. Dietrich/C. List*, Judgment Aggregation Under Constraints, in: Boylan/Gekker (Hrsg.), Economics, Rational Choice and Normative Philosophy, 2009, S. 111 (116).

106 Vgl. *F. Dietrich*, A Generalised Model of Judgment Aggregation, Soc. Choice Welf. 28 (2007), S. 529 (554 ff.). Zu im Vergleich zur Zugrundelegung der materialen Implikation leichteren Möglichkeiten, rationale Gesamtentscheidungen sicherzustellen, siehe *ders.*, The Possibility of Judgment Aggregation on Agendas With Subjunctive Implications, J. Econ. Theory 145 (2010), S. 603 (612 ff.).

logischen Beschränkungen unterliegt. Diese ergeben sich zunächst aus dem anzuwendenden Gesetz, etwa bei § 223 StGB: ›Wer eine andere Person körperlich misshandelt oder an der Gesundheit schädigt, ist wegen Körperverletzung zu bestrafen‹ (formal: $p \vee$[107] $q \rightarrow r$).[108] Zudem sind der Entscheidungsfindung die vom Richterkollegium akzeptierten dogmatischen Regeln zugrundezulegen, zum Beispiel ›Vorsatz ist das Wissen und Wollen der zum gesetzlichen Tatbestand gehörenden objektiven Merkmale‹.[109]

Um diese Besonderheit im Rahmen der Urteilsaggregation berücksichtigen zu können, muss die Konsistenz einer Urteilsmenge im Hinblick auf die zugrundegelegten Regeln definiert werden.[110] Diese externen Regeln bilden eine (konsistente) Teilmenge der gesamten Logik, $C \subseteq \mathbf{L}$. Für das Eingangsbeispiel gilt: $C = \{r \leftrightarrow (p \wedge q)\}$. Eine Aussagenmenge S ist nun dann und nur dann konsistent, wenn $S \cup C$ konsistent ist, und dann minimal inkonsistent, wenn $S \cup C$ inkonsistent ist, aber jede echte Teilmenge von S konsistent ist. Im Eingangsbeispiel ist $\{p, q, \neg r\}$ (minimal) inkonsistent, da $\{p, q, \neg r\} \cup \{r \leftrightarrow (p \wedge q)\}$ inkonsistent ist. Damit ist die Agenda $\{p, q, r, \neg p, \neg q, \neg r\}$ minimal komplex und das Unmöglichkeitstheorem gilt.

dd) Fazit

Es zeigt sich somit, dass mit wenigen Anpassungen das Modell der Urteilsaggregation auf die kollegialgerichtliche Abstimmung angewendet werden kann. Das Unmöglichkeitstheorem gilt also auch für Kollegialgerichte, sodass im Folgenden zu untersuchen ist, ob bzw. wie die Unmöglichkeit aufgelöst werden kann.

---

[107] Die Disjunktion ist hier treffend, da für eine Körperverletzung eine körperliche Misshandlung oder eine Gesundheitsschädigung jeweils für sich ausreicht, aber auch beide zusammen verwirklicht sein können. Zu den drei möglichen Bedeutungen von ›oder‹ siehe *J. C. Joerden*, Logik im Recht, 3. Aufl. 2018, S. 11 f.

[108] Freilich lautet die vollständige und kompliziertere Regel: ›Wer einen anderen körperlich misshandelt oder an der Gesundheit schädigt und dabei vorsätzlich, rechtswidrig und schuldhaft handelt, ist wegen Körperverletzung zu bestrafen‹ – $[(p \vee q) \wedge s \wedge t \wedge u] \leftrightarrow r$. In Wirklichkeit gilt also nur: $p \vee q \leftarrow r$, d. h. für eine Strafbarkeit wegen Körperverletzung muss notwendigerweise eine körperliche Misshandlung oder eine Gesundheitsschädigung (oder beides) vorliegen. Zur Replikation als Ausdruck notwendiger Bedingungen siehe *J. C. Joerden*, a. a. O., S. 13 f.

[109] Offensichtlich beginnen die wirklichen Probleme erst, wenn diese Formel angewendet werden soll. Vgl. *D. Sternberg-Lieben/I. Sternberg-Lieben*, Vorsatz im Strafrecht, JuS 2012, S. 884 ff., 976 ff.

[110] Zum Folgenden *F. Dietrich/C. List*, Judgment Aggregation Under Constraints, in: Boylan/Gekker (Hrsg.), Economics, Rational Choice and Normative Philosophy, 2009, S. 111 (113 ff.); *dies.*, The Problem of Constrained Judgment Aggregation, in: Stadler (Hrsg.), The Present Situation in the Philosophy of Science, 2010, S. 125 (128 ff.).

4. Lösungsversuche

Versuche, die Unmöglichkeit aufzulösen, können an jeder der vier normativen Anforderungen – Universalität, Rationalität, Anonymität und Systematizität – ansetzen. Für jedes einzelne dieser Kriterien kann gefragt werden, wie es gelockert werden kann und welche Konsequenzen sich daraus ergeben.

a) Lockerung der Anonymität

Naheliegend ist zunächst eine Lockerung der Anonymität. Gibt man diese Bedingung auf, zeigt sich unmittelbar ein Entscheidungsverfahren, das die anderen drei Bedingungen erfüllt: die Diktatur, bei der immer genau das kollektiv akzeptiert wird, was eine festgelegte Person individuell akzeptiert, also: $F(J_1, J_2, \ldots, J_n) = J_i$ für einen bestimmten Abstimmenden $i \in N$. Insbesondere ist unmittelbar einsichtig, dass die diktatorische Entscheidung stets rational ist, da stipuliert wurde, dass jede individuelle Urteilsmenge rational, d. h. – zur Erinnerung – vollständig und konsistent, ist.

Damit hat es allerdings bereits sein Bewenden, denn jede andere nicht-anonyme Entscheidungsregel kann eine rationale kollektive Urteilsmenge nicht gewährleisten. Wird also die Anforderung der Anonymität herabgesetzt auf die Anforderung der Nicht-Diktatur – die Entscheidungsregel darf keine Diktatur sein, d. h. es gibt keinen bestimmten Abstimmenden, mit dessen individueller Urteilsmenge die kollektive Urteilsmenge jedes Mal übereinstimmt –, so gilt das Unmöglichkeitstheorem weiterhin.[111]

Eine Lockerung der Anonymität (allein) bietet folglich keine taugliche Lösung der Unmöglichkeit für die kollegialgerichtliche Abstimmung, denn dass aus dem Richterkollegium stets ein Richter – der Vorsitzende? – alleine entscheidet, erscheint wenig attraktiv und im Hinblick auf Art. 92 GG auch als verfassungsrechtlich nicht unproblematisch.[112]

b) Lockerung der Rationalität

Der zweite Ansatzpunkt für eine Auflösung der Unmöglichkeit besteht darin, (ggf. zusätzlich zur Lockerung der Anonymität) die Rationalitätskriterien für Kollegialentscheidungen abzuschwächen. Zunächst sollen Möglichkeiten solcher Abschwächungen und deren Konsequenzen aufgezeigt werden, bevor end-

[111] *M. Pauly/M. van Hees*, Logical Constraints on Judgement Aggregation, J. Philos. Logic 35 (2006), S. 569 ff. Neben dem Unmöglichkeitstheorem existieren so genannte Agendacharakterisierungstheoreme, die ganz bestimmte Arten von Agenden behandeln. Unter Aufgabe der Anonymität sind die Ergebnisse, wenn Universalität und Rationalität beibehalten werden, stets Diktaturen. Dabei werden teilweise zusätzlich zur oder anstelle der Systematizität andere Responsivitätskriterien verwendet. Für einen Überblick siehe *C. List*, The Theory of Judgment Aggregation, Synthese 187 (2012), S. 179 (188 ff.) m. w. N.

[112] Siehe bereits oben B.V.2.b)cc)(1) und insb. zum Vorsitzenden B.V.2.b)cc)(4)(b).

lich ein paar Worte darüber zu verlieren sind, inwieweit an Gerichtsurteile berechtigterweise Rationalitätsanforderungen gestellt werden können.

aa) Eingeschränkte Rationalität

Eine Urteilsmenge ist rational, wenn sie konsistent und vollständig ist. Zunächst kann die Bedingung der Konsistenz beibehalten und ausschließlich jene der Vollständigkeit reduziert werden. Eine Abschwächung der Vollständigkeit ist die deduktive Geschlossenheit. Eine Urteilsmenge ist dann deduktiv geschlossen, wenn sie all jene Aussagen der Agenda enthält, die durch andere akzeptierte, also in der Urteilsmenge enthaltene, Aussagen logisch bedingt werden.[113] Die Menge $\{p, p \rightarrow q, q\}$ ist deduktiv geschlossen, die Menge $\{p, p \rightarrow q\}$ nicht. Jedoch ist eine Aggregationsregel, die das Kriterium der deduktiven Geschlossenheit und daneben die Kriterien Universalität und Konsistenz sowie gewisse Responsivitätskriterien[114] erfüllt, notwendig oligarchisch.[115] Bei einer Oligarchie[116] gibt es eine vorab feststehende Teilmenge der Abstimmenden $M \subseteq N$; die kollektive Urteilsmenge ist stets die Schnittmenge der individuellen Urteilsmengen dieser ›Oligarchen‹: $F(J_1, J_2, \ldots, J_n) = \cap_{i \in M} J_i$. Grenzfälle der Oligarchie sind die Diktatur, bei der es einen einzigen Oligarchen gibt, sowie die Einstimmigkeit, bei der alle Abstimmenden zusammen die Gruppe der Oligarchen bilden.[117] Nimmt man zu den genannten Kriterien noch dasjenige der Anonymität hinzu, so handelt es sich bei der Aggregationsregel notwendig um das Einstimmigkeitsprinzip.[118]

Verzichtet man auch auf das Desiderat der deduktiven Geschlossenheit, stellt man also als einzige Rationalitätsanforderung jene der Konsistenz, so eröffnen sich weitere, nicht-oligarchische Möglichkeiten. Die Konsistenz kollektiver Entscheidungen kann durch die Anwendung qualifizierter Mehrheitserfordernisse sichergestellt werden. Dafür muss eine Aussage dann kollektiv akzeptiert

---

113 Zur Erinnerung: Eine Menge an Aussagen $A \subseteq \mathrm{L}$ bedingt logisch eine Aussage $p \in \mathrm{L}$ (geschrieben als $A \vdash p$), wenn $A \cup \{\neg p\}$ inkonsistent ist.

114 Statt Systematizität werden teilweise schwächere Kriterien verwendet, insbesondere Monotonizität (kein negatives Stimmgewicht) und Bewahrung der Einstimmigkeit (was von allen Abstimmenden individuell akzeptiert wird, muss auch Teil der kollektiven Entscheidung sein).

115 Grundlegend (für eine bestimmte Art von Agenden) *P. Gärdenfors*, A Representation Theorem for Voting With Logical Consequences, Econ. Philos. 22 (2006), S. 181 ff. Verallgemeinert von *F. Dietrich/C. List*, Judgment Aggregation Without Full Rationality, Soc. Choice Welf. 31 (2008), S. 15 ff.; *E. Dokow/R. Holzman*, Aggregation of Binary Evaluations With Abstentions, J. Econ. Theory 145 (2010), S. 544 ff.

116 Wie die ›Diktatur‹ (vgl. Fn. 60) ist auch die ›Oligarchie‹ an den gleichlautenden politikwissenschaftlichen Begriff nur angelehnt.

117 Vgl. *C. List/B. Polak*, Introduction to Judgment Aggregation, J. Econ. Theory 145 (2010), S. 441 (458).

118 *F. Dietrich/C. List*, Judgment Aggregation Without Full Rationality, Soc. Choice Welf. 31 (2008), S. 15 (23).

werden, wenn eine qualifizierte Mehrheit von $(k-1)/k$ der Abstimmenden ihr zustimmt, wobei k die Größe der größten minimal inkonsistenten Teilmenge der Agenda ist.[119] Im Beispielsfall, in dem die größte (und einzige) minimal inkonsistente Teilmenge $\{p, \neg q, p \rightarrow q\}$ ist, muss danach eine qualifizierte Mehrheit von mehr als zwei Dritteln der Abstimmenden gefordert werden. Um sich zu vergegenwärtigen, warum dann die kollektive Urteilsmenge notwendig konsistent ist, nehme man einmal an, eine minimal inkonsistente Teilmenge würde bei Anwendung des beschriebenen qualifizierten Mehrheitserfordernisses kollektiv akzeptiert.[120] Dann muss jede Aussage dieser minimal inkonsistenten Teilmenge jeweils von einer qualifizierten Mehrheit von $(k-1)/k$ der Abstimmenden akzeptiert werden. Abhängig von der genauen Größe der kollektiv akzeptierten minimal inkonsistenten Teilmenge, d. h. der Anzahl der in ihr enthaltenen Aussagen, beträgt die Anzahl jener verschiedenen qualifizierten Mehrheiten k oder weniger. Alle diese qualifizierten Mehrheiten müssen mindestens einen Abstimmenden gemeinsam haben[121] und dieser eine Abstimmende muss folglich alle Aussagen akzeptieren. Das bedeutet, dass seine individuelle Urteilsmenge identisch ist mit der kollektiv akzeptierten minimal inkonsistenten Teilmenge (oder diese enthält), was jedoch der Annahme individueller Rationalität widerspricht. Qualifizierte Mehrheiten mit einer bestimmten Schwelle können somit Konsistenz gewährleisten, doch gilt dies – unter Beibehaltung des Kriteriums der Systematizität[122] – ausschließlich für symmetrische qualifizierte Mehrheiten, also solche, die dieselbe Stimmenzahl für die Annahme einer Aussage oder die Annahme ihre Negation erfordern. Dass diese Stimmenzahl nicht unbedingt erreicht wird, ist der Grund, dass symmetrische qualifizierte Mehrheitserfordernisse nicht die Vollständigkeit oder zumindest die deduktive Geschlossenheit der kollektiven Urteilsmenge garantieren können.

Schließlich wäre es denkbar, schlichtweg das Desiderat der Konsistenz aufzugeben, denn die anderen Kriterien Universalität, Systematizität, Anonymität und Vollständigkeit werden vom (einfachen) Mehrheitsprinzip problemlos erfüllt. Damit ist die Frage aufzuwerfen, inwiefern von Gerichten Rationalität zu verlangen ist.

---

[119] *F. Dietrich/C. List*, Judgment Aggregation by Quota Rules, J. Theor. Politics 19 (2007), S. 391 (400 f.). Die Schreibweise mit k geht zurück auf *C. List/P. Pettit*, Aggregating Sets of Judgments: An Impossibility Result, Econ. Philos. 18 (2002), S. 89 (106).

[120] Zum Folgenden *C. List*, The Theory of Judgment Aggregation, Synthese 187 (2012), S. 179 (198).

[121] Zur Veranschaulichung: *Zwei* einfache Mehrheiten müssen einen Abstimmenden gemeinsam haben, ebenso *drei* (oder weniger) Mehrheiten von mehr als zwei Dritteln usw. Folglich müssen k (oder weniger) Mehrheiten der Größe $(k-1)/k$ ebenfalls einen Abstimmenden gemeinsam haben.

[122] Zur Lockerung der Systematizität unten d).

bb) Rationale Gerichtsentscheidungen

Rationalität ist ein vielgestaltiger und schwieriger Begriff. Trotz oder vielleicht gerade wegen seiner weitverbreiteten Verwendung hat sich eine eindeutige Definition nicht etabliert. Vielmehr besteht eine Vielzahl von Rationalitätskonzeptionen,[123] die sich nicht zuletzt je nach Anwendungsgebiet unterscheiden. In der Rechtswissenschaft ist vor allem das Problem rationaler Entscheidungsfindung und -begründung behandelt worden.[124] Im Verfassungsrecht stellt sich die spezielle Frage, welche Rationalitätsanforderungen an den Gesetzgeber zu stellen sind.[125] Dabei ist zu Recht vor zu anspruchsvollen Anforderungen gewarnt worden.[126]

Auch bei der Überlegung, mit welchen Rationalitätserwartungen der Judikative begegnet werden kann, ist Vorsicht walten zu lassen. Gleichwohl besteht die Möglichkeit, dass an die Rechtsprechung strengere Rationalitätsanforderungen zu stellen sind als an die Gesetzgebung.[127] Indes sind jedenfalls die in der Theorie der Urteilsaggregation verwendeten Rationalitätskriterien der Konsistenz und Vollständigkeit rein formale und vor allem äußerst schwache Anforderungen.[128] Es handelt sich dabei nur um etwas, das ohne Weiteres von jedem Richter erwartet wird. Einem Zivilrichter, der zwar die Tatbestandsvoraussetzungen eines Schadensersatzes bejaht, dem Kläger aber keinen Schadensersatz zuspricht, dem würde ein logischer Widerspruch und möglicherweise sogar Rechtsbeugung vorgeworfen. Gleiches gilt für einen Strafrichter, der wegen Betruges verurteilt, ohne sich Gedanken über den Vermögensschaden gemacht[129] und somit alle sich stellenden Fragen[130] beantwortet zu haben. Letztlich geht es also um das rechtsstaatliche Willkürverbot.[131]

---

[123] Vgl. *S. Hahn*, Rationalität, 2. Aufl. 2017.

[124] Vgl. m. w. N. *D. Buchwald*, Der Begriff der rationalen juristischen Begründung, 1990.

[125] Vgl. m. w. N. *A. Steinbach*, Rationale Gesetzgebung, 2017.

[126] Vgl. nur *U. Kischel*, Rationalität und Begründung, in: Kube u. a. (Hrsg.), FS Kirchhof, Bd. 1, 2013, § 34 Rn. 5 ff.

[127] So etwa (aus der anderen Richtung kommend) *U. Kischel*, a. a. O., § 34 Rn. 4 f. Deutlich der Supreme-Court-Richter Scalia in *Vieth v. Jubelirer*, 541 U. S. 267, 278 (2004): »Laws promulgated by the Legislative Branch can be inconsistent, illogical, and ad hoc; law pronounced by the courts must be principled, rational, and based upon reasoned distinctions.«

[128] Vgl. allgemein zum formalen (›thin theory‹) und materiellen (›broad theory‹) Verständnis von (individueller und kollektiver) Rationalität *J. Elster*, Sour Grapes, 1983, S. 2 ff.

[129] Zu Widersprüchen zwischen Strafzumessung und Urteilsausführungen vgl. mit Beispielen aus der Rechtsprechung des BGH *A. Mösl*, Zum Strafzumessungsrecht, NStZ 1983, S. 160 (161).

[130] Welche Fragen genau zu stellen sind, kann durchaus fraglich sein und muss möglicherweise bei einem Richterkollegium anders gehandhabt werden als bei einem Einzelrichter. Vgl. noch unten d)bb)(1)(b), cc)(2) zur Zuständigkeit des Kollegiums für die Festlegung der Fragen.

[131] Vgl. zur Bedeutung präferenztheoretischer Erkenntnisse für das Willkürverbot *M. Auer*, Willkür rechtlicher Entscheidungsverfahren?, ARSP 88 (2002), S. 1 (23 ff.).

Dass insbesondere »Entscheidungsausspruch und Entscheidungsgründe sich nicht widersprechen dürfen«[132], hat noch einen weiteren, in praktischer Hinsicht sehr bedeutsamen Grund. Inkonsistente Entscheidungen sind nämlich nicht zuletzt dann besonders problematisch, wenn sie Grundlage für Handlungen sein sollen.[133] Man stelle sich ein Strafurteil vor, in dem sowohl alle Voraussetzungen der Strafbarkeit, aber auch ein Freispruch bejaht werden – was soll die Strafvollstreckungsbehörde tun: einsperren oder nicht?[134] Konsistenz[135] und Vollständigkeit dürfen somit als grundlegende Desiderate jeder richterlichen Entscheidung gelten. Sie dienen dem Ziel, »dass der Bürger das Handeln des Staates verstehen, (intersubjektiv) nachvollziehen, für sachlich und begründbar, kurz: für vernünftig halten soll«[136], und tragen deshalb zur Legitimitation[137] von Gerichtsentscheidungen bei.

Ganz grundsätzlich muss bei der Diskussion um Rationalität beachtet werden, dass zwei Fragen auseinanderzuhalten sind. Zum einen ist zu überlegen, welche Rationalitätsanforderungen an eine bestimmte Tätigkeit, insbesondere an bestimmte Handlungen oder Entscheidungen, etwa die Auswahl einer Spei-

---

[132] *C. Starck*, Die Begründung mit Stimmengleichheit erlassener Entscheidungen des Bundesverfassungsgerichts, in: Fiedler/Ress (Hrsg.), GS Geck, 1989, S. 789 (798).

[133] Vgl. *C. List/P. Pettit*, Group Agency, 2011, S. 24 f. Ebenso (im Rahmen der Präferenzaggregation) *W. Popp/B. Schlink*, Rechts- und staatstheoretische Implikationen einer sozialen Präferenztheorie, in: Podlech (Hrsg.), Rechnen und Entscheiden, 1977, S. 87 (87 f.).

[134] Das Beispiel passt nicht ganz, da für die Vollstreckung allein die Urteilsformel maßgeblich ist (vgl. § 451 Abs. 1 StPO), zeigt aber gut, woraus sich die besondere Irritation eines Widerspruchs von Tenor und Entscheidungsgründen ergibt.

[135] Zu betonen ist, dass mit Konsistenz hier ausschließlich die logische Widerspruchsfreiheit innerhalb einer einzelnen Gerichtsentscheidung und nicht die Widerspruchsfreiheit über mehrere Entscheidungen oder verschiedene Instanzen hinweg gemeint ist. Freilich handelt es sich dabei ebenfalls um interessante Untersuchungsgegenstände, die teilweise auch unter Zugrundelegung des diskursiven Dilemmas betrachtet werden können. Allgemein zur diachronischen Variante des diskursiven Dilemmas *P. Pettit*, Collective Persons and Powers, Leg. Theory 8 (2002), S. 443 (448 ff.). Speziell zur Judikative *L. A. Kornhauser/L. G. Sager*, The One and the Many, Calif. Law Rev. 81 (1993), S. 1 (36 ff.); *L. A. Kornhauser*, Aggregate Rationality in Adjudication and Legislation, Politics Philos. Econ. 7 (2008), S. 5 (16 ff.); *S. Gageler/B. Lim*, Collective Irrationality and the Doctrine of Precedent, Melb. Univ. Law Rev. 38 (2014), S. 525 ff. Insb. zur Aufstellung rechtlicher Regeln durch Common-Law-Gerichte (dabei allerdings nicht auf der Urteils-, sondern auf der abstrakten Aggregation basierend) *D. Landa/J. R. Lax*, Disagreements on Collegial Courts, Univ. Pa. J. Const. Law 10 (2008), S. 305 ff.; *dies.*, Legal Doctrine on Collegial Courts, J. Politics 71 (2009), S. 946 ff. Zur Konsistenz des Stimmverhaltens einzelner Richter vgl. *P. M. Collins, Jr.*, The Consistency of Judicial Choice, J. Politics 70 (2008), S. 861 ff.; *J. Driver*, Judicial Inconsistency as Virtue, Georget. Law J. 99 (2011), S. 1263 (insb. 1270 ff.). Zur, auch zeit- und verbandsübergreifenden, Systemgerechtigkeit als Anforderung an Gesetzgebung *A. Steinbach*, Rationale Gesetzgebung, 2017, S. 86 ff.

[136] *U. Kischel*, Rationalität und Begründung, in: Kube u. a. (Hrsg.), FS Kirchhof, Bd. 1, 2013, § 34 Rn. 3 (speziell zur Rechtsprechung: Rn. 4).

[137] Allgemein zur Rationalität als Bedingung der Legitimation staatlichen Handelns vgl. *P. Pettit*, A Dilemma for Deliberative Democrats, in: van Aaken/List/Luetge (Hrsg.), Deliberation and Decision, 2004, S. 91 (102 ff.).

se im Restaurant,[138] den Kauf eines Autos, den Erlass eines Gesetzes oder das Fällen eines Gerichtsurteils, zu stellen sind. Zum anderen ist zu überlegen, ob diese Rationalitätsanforderungen abzuändern, insbesondere abzuschwächen sind, wenn die jeweilige Tätigkeit nicht von einem Einzelnen, sondern von einer Gruppe von Menschen ausgeübt wird. Diese beiden Fragen verschwimmen zwar dort, wo eine Tätigkeit nur kollektiv möglich ist, wie etwa bei demokratischer Gesetzgebung – aber von einem Solon könnten wir vielleicht doch anderes[139] erwarten als von einem Parlament.

In der Diskussion um die Rationalität von Gesetzgebung geht es vielfach darum, inwiefern von dieser Tätigkeit überhaupt Rationalität verlangt werden kann, denn die Frage, ob ein Nichtraucherschutzgesetz sub specie der Verhältnismäßigkeitsprüfung[140] ›folgerichtig‹ sein muss,[141] stellt sich zunächst einmal unabhängig davon, ob es von einem Einzelnen oder von einem Parlament erlassen wurde, wenngleich, wie schon angedeutet, ersterer Fall in einer Demokratie nicht vorstellbar ist.[142] Die vorliegende Untersuchung jedoch nimmt Rationalitätskriterien, die ohne Weiteres an jeden (Einzel-)Richter gestellt werden, und wendet sie auf Kollegialgerichte an. Zeigt die Untersuchung, dass kollegialgerichtliche Entscheidungen diese Rationalität nicht (immer) erreichen können, so kann sich als Konsequenz daraus auch ergeben, dass diese Rationalitätskriterien für Kollegialgerichte aufgegeben werden sollten. Dies kann sich aber erst im Anschluss an die Untersuchung zeigen, zunächst einmal sind die Rationalitätskriterien als normative Maßstäbe anzulegen und ist herauszufinden, ob sie unter bestimmten faktischen Bedingungen oder normativen Einschränkungen verwirklicht werden können.

---

[138] Ein klassisches Beispiel der Entscheidungstheorie: ›Auf der Mittagskarte haben wir heute Schnitzel, Spinatknödel und Erbsensuppe.‹ – ›Ich hätte gerne die Spinatknödel.‹ – ›Ich habe vergessen: Die Erbsensuppe ist aus.‹ – ›Dann nehme ich das Schnitzel.‹ Vgl. etwa *M. Allingham*, Choice Theory, 2002, S. 11 f. Die Reaktion des Gastes muss allerdings nicht unvernünftig sein, wenn er einen Grund für sie hat; es ist z. B. denkbar, dass er sich aus Rücksicht auf andere Gäste umentscheidet, weil er befürchtet, dass auch die Spinatknödel ausgehen und für Vegetarier kein Essen mehr bleibt (das setzt freilich voraus, dass er diese Rücksichtnahme höher gewichtet als seine Speisenvorliebe). Vgl. (mit einem Beispiel, in dem umgekehrt eine Option hinzukommt) *B. Chapman*, Law, Incommensurability, and Conceptually Sequenced Argument, Univ. Pa. Law Rev. 146 (1998), S. 1487 (1498 ff.).

[139] Rationaleres, nicht Besseres!

[140] Anders freilich dann, wenn das Demokratieprinzip als Grundlage für die Pflicht zu rationaler Gesetzgebung herangezogen wird; vgl. *F. Joel Reyes y Ráfales*, Das Umschlagen von Rationalitätsdefiziten in Verfassungsverletzungen am Beispiel des Atomausstiegs, Der Staat 52 (2013), S. 597 (625).

[141] Vgl. BVerfG, Urt. v. 11.06.2008 – 1 BvR 3263/07 u. a. –, BVerfGE 121, 317 (360 ff.), und ausführlich zur Folgerichtigkeit (und umfassender zur Systemgerechtigkeit) als Anforderung an Gesetzgebung *A. Steinbach*, Rationale Gesetzgebung, 2017, S. 89 ff.

[142] Eben darin liegt ja auch ein Unterschied von Gesetzgebung und Rechtsprechung: Nur die letztere der beiden Tätigkeiten kann in einer freiheitlichen Demokratie auch von einem Einzelnen ausgeübt werden.

c) Lockerung der Universalität

Der nächste Ansatz besteht darin, das Kriterium der Universalität abzuschwächen, sodass der Definitionsbereich der Aggregationsregel eingeschränkt wird. Zu untersuchen ist demnach, ob eine Entscheidungsregel existiert, die zumindest unter der Voraussetzung, dass die individuellen Urteilsmengen bestimmte Bedingungen erfüllen (nämlich eine gewisse Homogenität aufweisen[143]) die Kriterien Anonymität, Systematizität und Rationalität gleichzeitig erfüllt, mit anderen Worten: ob unter dieser Voraussetzung rationale Mehrheitsentscheidungen[144] garantiert sind. Sollte dies der Fall sein (wie sich zeigen wird, ist es der Fall), dann geht es im zweiten Schritt wohlgemerkt nicht um die normative Frage, ob nur noch bestimmte individuelle Urteilsmengen zugelassen werden sollen, sondern um die empirische Frage, ob bzw. inwieweit in der Realität der betroffenen Abstimmungen die jeweiligen Bedingungen von den individuellen Urteilsmengen eingehalten werden. Eine normative Fragestellung kann sich wiederum im Anschluss daran ergeben, nämlich ob es – sofern möglich – wünschenswert erscheint sicherzustellen, dass die Bedingungen von den individuellen Urteilsmengen erfüllt werden.

Es existiert eine ganze Reihe von möglichen Beschränkungen des Definitionsbereichs, die rationale oder zumindest konsistente (wenn auch nicht vollständige) Mehrheitsentscheidungen garantieren, indem sie eine bestimmte Struktur des Profils individueller Urteilsmengen erfordern.[145] Die meisten dieser Beschränkungen verlangen eine bestimmte Ordnung der Abstimmenden oder der zur Abstimmung stehenden Aussagen. Als wichtigste unter ihnen wird sogleich die eindimensionale Ausrichtung (›unidimensional alignment‹) der Abstimmenden diskutiert, da die anderen Beschränkungen von ihr umfasst werden.[146] Daneben ist das Kriterium der Wertbeschränktheit (›value-restriction‹) zu behandeln, welches sich nicht auf eine Ordnung der Abstimmenden bezieht. Gemein ist beiden Beschränkungen, dass sie eine gewisse Struktur der individuellen Urteilsmengen erfordern, die sich als ein Mindestmaß an Übereinstimmung, eine Art Homogenität, zwischen den Abstimmenden verstehen

[143] Bereits an dieser Stelle sei darauf hingewiesen, dass die Homogenität der Abstimmenden hier in einem anderen Zusammenhang auftaucht als sonst in Untersuchungen zum Mehrheitsprinzip; vgl. etwa *W. Heun*, Das Mehrheitsprinzip in der Demokratie, 1983, S. 176 ff.; *F. Hanschmann*, Der Begriff der Homogenität in der Verfassungslehre und Europarechtswissenschaft, 2008, S. 55 ff. Hier geht es ausschließlich um die Struktur der individuellen Urteilsmengen, nicht um die (ohnehin eher sozialpsychologische) Frage der Akzeptanz des Mehrheitsprinzips durch die Abstimmenden. Letztere dürfte sich für Gerichte schon aus der Akzeptanz des § 196 GVG durch die Richter ergeben.

[144] Für die allermeisten Definitionsbereiche kann die einzige konsistente, anonyme und (im May'schen Sinne) neutrale Aggregationsregel, wenn es eine solche überhaupt gibt, ausschließlich das Mehrheitsprinzip sein. Vgl. *F. Dietrich/C. List*, Majority Voting on Restricted Domains, J. Econ. Theory 145 (2010), S. 512 (518).

[145] Ausführlicher Überblick bei *F. Dietrich/C. List*, a. a. O., passim.

[146] Vgl. *F. Dietrich/C. List*, a. a. O., S. 524 ff.

lässt. Die entscheidende Frage wird deshalb sein, ob ein entsprechendes Maß an Homogenität zwischen den Richtern eines Spruchkörpers zu erwarten ist.

aa) Eindimensionale Ausrichtung

Ein Profil individueller Urteilsmengen ist eindimensional ausgerichtet, wenn die Abstimmenden so von links nach rechts[147] geordnet werden können, dass diejenigen Abstimmenden, die einer Aussage zustimmen, sich alle entweder links oder rechts befinden von denjenigen, die diese Aussage ablehnen.[148] Wie bei dem aus der Präferenzaggregation bekannten Kriterium der Eingipfligkeit (›single-peakedness‹)[149], zu dem die eindimensionale Ausrichtung eine gewisse strukturelle Ähnlichkeit aufweist, entspricht die Mehrheitsentscheidung im Fall eines eindimensional ausgerichteten Abstimmungsprofils stets der Urteilsmenge des mittleren Individuums, des so genannten Medianwählers,[150] und ist damit, da jede individuelle Urteilsmenge rational ist, selbst auch rational.[151]

Zur Erläuterung diene folgendes Beispiel:[152]

Tabelle D.9: eindimensional ausgerichtetes Abstimmungsprofil

	A	B	C	D	E	*Mehrheit*
p	Ja	Ja	Ja	Ja	Nein	*Ja*
$p \rightarrow q$	Nein	Nein	Nein	Ja	Ja	*Nein*
q	Nein	Nein	Ja	Ja	Ja	*Ja*

[147] Damit ist ausschließlich eine geometrische (und nicht etwa eine politische) Links-Rechts-Ausrichtung gemeint. Sie kann allerdings ggf. im Sinne des politischen Schemas interpretierbar sein (vgl. sogleich im Text).

[148] Grundlegend *C. List*, A Possibility Theorem on Aggregation Over Multiple Interconnected Propositions, Math. Soc. Sci. 45 (2003), S. 1 ff., mit Corrigendum, Math. Soc. Sci. 52 (2006), S. 109 f.

[149] Grundlegend *D. Black*, On the Rationale of Group Decision-Making, J. Political Econ. 56 (1948), S. 23 ff.; *ders.*, The Theory of Committees and Elections, 1958, S. 14 ff. Siehe auch *K. J. Arrow*, Social Choice and Individual Values, 3. Aufl. 2012, S. 75 ff.; ferner *W. Popp/B. Schlink*, Präferenztheoretische Bedingungen einer sozialen Wertordnung, in: Podlech (Hrsg.), Rechnen und Entscheiden, 1977, S. 61 (71 ff.); *dies.*, Rechts- und staatstheoretische Implikationen einer sozialen Präferenztheorie, in: Podlech (Hrsg.), a. a. O., S. 87 (92 ff.); *C. List*, Deliberation and Agreement, in: Rosenberg (Hrsg.), Deliberation, Participation and Democracy, 2007, S. 64 (67 ff.). Für eine Anwendung auf die parlamentarische Gesetzgebung siehe *G. S. Strom*, The Logic of Lawmaking, 1990, S. 21 ff.

[150] Vgl. *L. Kern/J. Nida-Rümelin*, Logik kollektiver Entscheidungen, 1994, S. 109 ff.

[151] Ist die Anzahl der Abstimmenden gerade, entspricht die Mehrheitsentscheidung der Schnittmenge der Urteilsmengen der beiden mittleren Abstimmenden. Die Mehrheitsentscheidung ist in der Folge zwar auf jeden Fall konsistent, muss aber nicht vollständig sein, nämlich dann nicht, wenn die beiden mittleren Abstimmenden hinsichtlich mancher Aussagen unterschiedlicher Ansicht sind, was wiederum genau bei Stimmengleichheit der Fall ist. Vgl. *C. List*, A Possibility Theorem on Aggregation Over Multiple Interconnected Propositions, Math. Soc. Sci. 45 (2003), S. 1 (6). Zum Problem der Stimmengleichheit siehe noch unten II.1.

[152] Zum Vergleich betrachte man auch nochmals Tabellen D.5 und D.8, die nicht eindimensional ausgerichtete Abstimmungsprofile enthalten.

Hier gilt für jede der Aussagen p, $p \rightarrow q$ und q, dass die zustimmenden Individuen sich alle links oder rechts von den ablehnenden Individuen befinden. A, B, C und D bejahen p und befinden sich links von E; D und E bejahen $p \rightarrow q$ und befinden sich rechts von A, B und C; C, D und E bejahen q und befinden sich rechts von A und B.

Eine solche Ausrichtung kann zum Beispiel das politische Links-Rechts-Spektrum einer Gesellschaft widerspiegeln. Bezogen auf die Frage der Aufnahme von Flüchtlingen[153] könnte p bedeuten: ›Es sollen Flüchtlinge aufgenommen werden‹; q: ›Es soll eine jährliche Obergrenze für Flüchtlinge geben‹; $p \rightarrow q$: ›Wenn Flüchtlinge aufgenommen werden sollen, dann soll es eine jährliche Obergrenze für Flüchtlinge geben‹. A und B sind politisch links eingestellt und setzen sich für die Aufnahme von Flüchtlingen ohne eine Obergrenze ein, bejahen deshalb p und verneinen $p \rightarrow q$ und q. D ist eine Vertreterin der rechten Mitte, sie befürwortet ebenfalls die Aufnahme von Flüchtlingen, hält dabei aber eine Obergrenze für notwendig, sie bejaht folglich p, $p \rightarrow q$ und q. E befindet sich in der politischen Landschaft noch weiter rechts, er will eigentlich schon nicht, dass überhaupt Flüchtlinge aufgenommen werden, und wenn doch, dann nur unter Beachtung einer Obergrenze, d. h. E verneint p und bejaht $p \rightarrow q$ und q. C schließlich befindet sich in der politischen Mitte, sie stimmt der Aufnahme von Flüchtlingen und der Festlegung einer Obergrenze zu, doch sieht sie eine Obergrenze nicht als zwangsläufige Notwendigkeit, sondern vielleicht nur angesichts der konkreten Situation, etwa der aus ihrer Sicht beschränkten Aufnahmefähigkeit des Landes, als richtige Entscheidung an.[154] C bejaht demnach p und q, verneint aber $p \rightarrow q$. Dies entspricht auch der Mehrheitsentscheidung,[155] denn bei einer Aufteilung der Stimmen auf zwei Seiten, wie sie bei eindimensionaler Ausrichtung vorliegt, wird eine Aussage genau dann kollektiv bejaht oder verneint, wenn der Medianwähler sie bejaht oder verneint.[156] Und da die

---

153 Mit diesem Beispiel soll nicht die Behauptung aufgestellt werden, dass dies der politischen Realität Deutschlands oder irgendeines anderen wirklich existierenden Landes entspricht, sondern nur eine mögliche Links-Rechts-Ausrichtung dargestellt werden.

154 Das bedeutet freilich, dass A, B, D und E eine recht grundsätzliche, man könnte ggf. sagen: ideologische, Einstellung zur Obergrenze haben.

155 Daran knüpfen zwei interessante demokratietheoretische Fragen an. Erstens: Nähern sich Parteien in ihren Programmen automatisch an, weil sie Richtung Mitte rücken, um die Stimmen der Medianwähler zu erhalten? Vgl. (für Zweiparteiensysteme bejahend) *A. Downs*, Ökonomische Theorie der Demokratie, 1968, S. 111 ff.; dazu *B. Grofman*, Downs and Two-Party Convergence, Annu. Rev. Political Sci. 7 (2004), S. 25 ff.; *E. V. Towfigh/N. Petersen*, Public und Social Choice Theorie, in: dies. (Hrsg.), Ökonomische Methoden im Recht, 2. Aufl. 2017, § 6 Rn. 342 ff. Zweitens: Wenn das Ergebnis ohnehin die mittlere Ansicht sein wird, inwiefern liegt dann in dem Umstand, dass daneben auch die anderen Optionen (die von den Wählern an den ›Rändern‹ präferiert werden) zur Auswahl stehen, ein demokratischer Gewinn? Vgl. *A. Przeworski*, Freedom to Choose and Democracy, Econ. Philos. 19 (2003), S. 265 ff.

156 Vgl. *C. List*, A Possibility Theorem on Aggregation Over Multiple Interconnected Pro-

individuelle Entscheidung von C rational ist, trifft dies zwangsläufig auch auf die kollektive Entscheidung zu.[157]

Ein juristisches Beispiel könnte demgegenüber folgendermaßen aussehen:[158] p steht für ›Der Angeklagte hat das Opfer mit einem beschuhten Fuß getreten‹; q für ›Der Angeklagte hat eine gefährliche Körperverletzung begangen‹; $p \rightarrow q$ für ›Wenn der Angeklagte das Opfer mit einem beschuhten Fuß getreten hat, dann hat er eine gefährliche Körperverletzung begangen‹. A und B sind der Meinung, dass der Angeklagte sein Opfer mit einem beschuhten Fuß getreten hat, verneinen aber eine gefährliche Körperverletzung. D stimmt ihnen im Tatsächlichen zu, bejaht aber eine gefährliche Körperverletzung. E ist zwar der Ansicht, dass ein Treten mit beschuhtem Fuß eine gefährliche Körperverletzung darstellt, widerspricht aber der Feststellung, dass der Angeklagte das Opfer mit einem beschuhten Fuß getreten habe; gleichwohl hält er aus anderen Gründen eine gefährliche Körperverletzung im konkreten Fall für gegeben, zum Beispiel weil er (anders als A und B) Schläge mit einem Wasserschlauch[159] als gefährliche Körperverletzung einordnet.[160] C schließlich ist wie A, B und D der Ansicht, dass der Angeklagte das Opfer mit einem beschuhten Fuß getreten hat, sieht darin wie A und B keine gefährliche Körperverletzung und bejaht aber wie E dennoch eine solche im konkreten Fall.

Wann tritt nun eine solche eindimensionale Ausrichtung eines Abstimmungsprofils auf? Die eindimensionale Ausrichtung setzt voraus, dass »die Alternativen von den Individuen nur unter einem Gesichtspunkt (in einer Dimension) beurteilt werden.«[161] Räumlich lässt sich eine eindimensionale Ausrichtung eines Abstimmungsprofils demnach folgendermaßen ausdrücken:[162] Alle zur Abstimmung stehenden Aussagen liegen auf einer einzigen Achse, auf der es für jede Aussage eine bestimmte Schwelle gibt, jenseits derer diese Aussage von allen Abstimmenden akzeptiert (bzw. abgelehnt) wird. In unserem (politi-

---

positions, Math. Soc. Sci. 45 (2003), S. 1 (6). Zur Veranschaulichung ändere man im Beispiel einmal die Ansicht von C zu $p \rightarrow q$ oder q. Zum Fall einer geraden Anzahl an Abstimmenden siehe bereits Fn. 151.

[157] Die Konsistenz der Urteilsmenge $\{p, \neg(p \rightarrow q), q\}$ setzt allerdings ein subjunktives Verständnis der Implikation voraus (siehe oben 3.b)bb)).

[158] Vgl. zu diesem Beispiel bereits oben 3.b)aa), bb).

[159] Vgl. BGH, Beschl. v. 25.11.1986 – 4 StR 605/86 –, NStZ 1987, S. 173 f.

[160] Freilich lautet die Agenda dann eigentlich nicht $X^+ = \{p, q, p \rightarrow q\}$, sondern $X^+ = \{p, q, r, p \rightarrow q, r \rightarrow q\}$, wobei r für ›Der Angeklagte hat das Opfer mit einem Wasserschlauch geschlagen‹ steht; auch dann lässt sich aber ohne Weiteres ein eindimensional ausgerichtetes Abstimmungsprofil vorstellen. Das gleiche Problem stellt sich für das Obergrenzenbeispiel, da C eine Obergrenze aus pragmatischen Gründen befürwortet; $r \rightarrow q$ könnte dabei bedeuten: ›Wenn die Aufnahmefähigkeit des Landes aktuell beschränkt ist, dann soll es eine jährliche Obergrenze für Flüchtlinge geben‹.

[161] *L. Kern/J. Nida-Rümelin*, Logik kollektiver Entscheidungen, 1994, S. 109.

[162] Vgl. *F. Dietrich/C. List*, Majority Voting on Restricted Domains, J. Econ. Theory 145 (2010), S. 512 (524 f.).

schen) Beispiel liegt die Schwelle für p ziemlich weit rechts, diejenige für $p \rightarrow q$ etwas rechts der Mitte und diejenige für q etwas links der Mitte:[163]

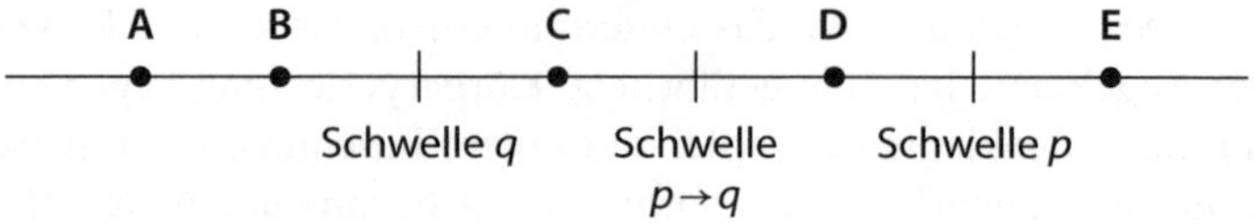

Grafik D.1: eindimensionale Ausrichtung

Die Eindimensionalität kann verstanden werden als eine gewisse Homogenität der Abstimmenden, als eine Art Meta-Übereinstimmung der Abstimmenden, die sich zwar nicht in der Sache einig sind, aber darin übereinstimmen, dass die Abstimmungsgegenstände unter einem einzigen Gesichtspunkt zu beurteilen sind.[164] Im obigen Beispiel lässt sich dieser Gesichtspunkt mit der Frage ›Wie viele Flüchtlinge sollen aufgenommen werden?‹ ausdrücken.[165] Abstimmende, die weiter links stehen, wollen eher möglichst viele Flüchtlinge, Abstimmende weiter rechts eher möglichst wenige, Abstimmende der Mitte Flüchtlinge bis zu einer gewissen, von der aktuellen Lage abhängigen Kapazitätsgrenze aufnehmen. Allen Abstimmenden geht es somit ausschließlich um die Zahl der aufzunehmenden Flüchtlinge, auch wenn sie sich nicht auf eine gemeinsame Zahl einigen können. Wird hingegen ein zusätzlicher Gesichtspunkt eingeführt, geht die Eindimensionalität verloren. Werden die Vorschläge nicht nur unter dem Aspekt der Zahl bewertet, sondern wird darüber hinaus zum Beispiel auch berücksichtigt, ob alle Flüchtlinge gleich behandelt werden, so ist ein Abstimmender F denkbar, der sich zwar grundsätzlich gegen jegliche Aufnahme von Flüchtlingen ausspricht, aber auch will, dass alle Flüchtlinge gleich behandelt werden, und deshalb eine Obergrenze ablehnt, da er darin eine Benachteiligung derjenigen Flüchtlinge sieht, die nicht unter die Obergrenze fallen. F verneint somit alle drei Aussagen p, $p \rightarrow q$ und q. Das Abstimmungsprofil verliert dadurch seine eindimensionale Ausrichtung, ein klares Links-Rechts-Schema existiert nicht mehr:

[163] In Grafik D.1 könnten A und B an sich an demselben Punkt eingezeichnet werden, sind hier aber getrennt, um besser zu zeigen, dass C der Medianwähler ist.

[164] Vgl. *C. List*, Two Concepts of Agreement, Good Soc. 11 (2002), S. 72 (73 ff., 77 f.); *ders.*, Substantive and Meta-Agreement, in: van Aaken/List/Luetge (Hrsg.), Deliberation and Decision, 2004, S. 119 (122 ff., 128 ff.); *ders.*, Deliberation and Agreement, in: Rosenberg (Hrsg.), Deliberation, Participation and Democracy, 2007, S. 64 (68 f., 76 ff.). Vgl. ferner *J. S. Dryzek/S. Niemeyer*, Reconciling Pluralism and Consensus as Political Ideals, Am. J. Political Sci. 50 (2006), S. 634 (641, 645 f.); *C. List/M. Koenig-Archibugi*, Can There Be a Global Demos?, Philos. Public Aff. 38 (2010), S. 76 (95 f., 100 ff.); *V. Ottonelli/D. Porello*, On the Elusive Notion of Meta-Agreement, Politics Philos. Econ. 12 (2013), S. 68 ff.

[165] Man beachte, dass die eine Dimension auch in der Abwägung zweier Gesichtspunkte liegen kann; vgl. *D. Miller*, Deliberative Democracy and Social Choice, Polical Stud. 40 (1992), Special Issue, S. 54 (63). Im hiesigen Beispiel könnte man die Dimension etwa als die Frage nach dem Verhältnis von Hilfsbereitschaft und Aufnahmefähigkeit verstehen.

Tabelle D.10: nicht eindimensional ausgerichtetes Abstimmungsprofil[166]

	A	B	C	D	E	F
p	Ja	Ja	Ja	Ja	Nein	Nein
$p \to q$	Nein	Nein	Nein	Ja	Ja	Nein
q	Nein	Nein	Ja	Ja	Ja	Nein

Räumlich sieht die Situation hier folgendermaßen aus. Einen klaren Medianwähler gibt es nicht:

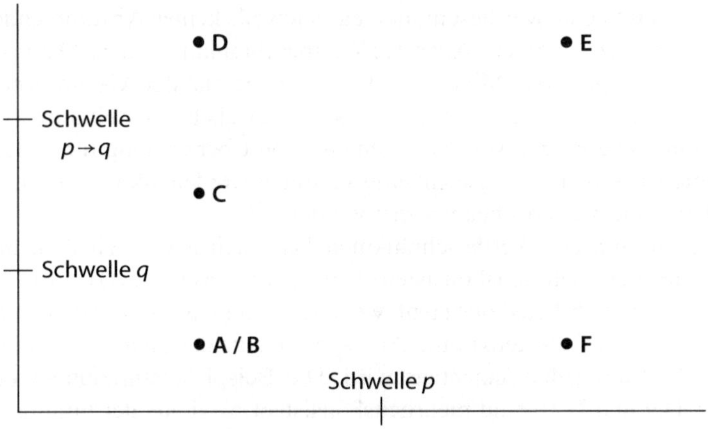

Grafik D.2: nicht eindimensionale Ausrichtung

bb) Wertbeschränktheit

Eine weniger anspruchsvolle, aber etwas abstraktere Beschränkung des Definitionsbereichs ist das Kriterium der Wertbeschränktheit.[167] Ein Abstimmungsprofil ist wertbeschränkt, wenn jede minimal inkonsistente Teilmenge der Agenda zwei Aussagen enthält, die von keinem Abstimmenden zusammen akzeptiert werden.[168] Bei unserer Beispielagenda $X^+ = \{p, p \to q, q\}$ ist die einzige mini-

[166] Dass eine eindimensionale Ausrichtung keine notwendige Bedingung für die Rationalität der kollektiven Urteilsmenge ist (siehe sogleich bb)), erkennt man, wenn man zu diesem Abstimmungsprofil (um wieder die Ungeradzahligkeit herzustellen) noch eine Abstimmende G mit beliebigen (aber konsistenten) Ansichten hinzufügt und sich die Mehrheitsentscheidung anschaut: Sowohl $\{p, \neg(p \to q), q\}$ als auch $\{p, \neg(p \to q), \neg q\}$ sind konsistent und vollständig.

[167] *F. Dietrich/C. List*, Majority Voting on Restricted Domains, J. Econ. Theory 145 (2010), S. 512 (533 f.). Die Wertbeschränktheit ist eine Verallgemeinerung der aus der Präferenzaggregation stammenden ›triplewise value-restriction‹; siehe zu dieser *A. Sen*, A Possibility Theorem on Majority Decisions, Econometrica 34 (1966), S. 491 ff.; *C. Elsholtz/C. List*, A Simple Proof of Sen's Possibility Theorem on Majority Decisions, Elem. Math. 60 (2005), S. 45 ff.

[168] Handelt es sich bei der logischen Verknüpfung um eine externe Anforderung (vgl. 3.b) cc)), so ist diese in die betreffenden inkonsistenten Teilmengen miteinzubeziehen.

mal inkonsistente Teilmenge $\{p, p \rightarrow q, \neg q\}$.[169] Im Beispiel der Flüchtlingsfrage ist ein Abstimmungsprofil somit dann wertbeschränkt, wenn entweder kein Abstimmender die Aufnahme von Flüchtlingen und die daraus folgende Notwendigkeit einer Obergrenze bejaht (p und $p \rightarrow q$) oder kein Abstimmender die Aufnahme von Flüchtlingen bejaht, aber sich konkret gegen eine Obergrenze ausspricht (p und $\neg q$), oder kein Abstimmender zwar die generelle Notwendigkeit einer Obergrenze bei Aufnahme von Flüchtlingen bejaht, aber konkret (zum Beispiel weil keine Flüchtlinge aufgenommen werden) gegen eine Obergrenze ist ($p \rightarrow q$ und $\neg q$). Die Abstimmungsprofile in den Tabellen D.9 und D.10 sind somit beide wertbeschränkt, da es jeweils keinen Abstimmenden gibt, der $p \rightarrow q$ und $\neg q$ akzeptiert. Auch die Wertbeschränktheit eines Abstimmungsprofils stellt ein gewisses Mindestmaß an Homogenität der Abstimmenden dar, doch fällt eine natürliche Interpretation schwerer als bei der eindimensionalen Ausrichtung. Die Frage, woher die gemeinsame Überzeugung rührt, dass zwei bestimmte Aussagen nicht gleichzeitig vertreten werden können, kann nicht in jedem Fall ohne Weiteres beantwortet werden.[170]

Das Kriterium der Wertbeschränktheit lässt sich noch weiter abstrahieren zur so genannten Mehrheitskonsistenz (›majority-consistency‹).[171] Ein Abstimmungsprofil ist mehrheitskonsistent, wenn jede minimal inkonsistente Teilmenge der Agenda (mindestens) eine Aussage enthält, die nicht von einer Mehrheit der Abstimmenden akzeptiert wird. Die Beispielabstimmungsprofile der Tabellen D.9 und D.10 sind mehrheitskonsistent, weil aus der minimal inkonsistenten Teilmenge $\{p, p \rightarrow q, \neg q\}$ sowohl $p \rightarrow q$ als auch $\neg q$ nicht von einer Mehrheit akzeptiert werden. Das Besondere an der Mehrheitskonsistenz liegt darin, dass es sich dabei, anders als bei eindimensionaler Ausrichtung und Wertbeschränktheit, nicht um eine lediglich hinreichende, sondern um eine notwendige und hinreichende Bedingung für die Konsistenz der Mehrheitsentscheidung handelt. Doch das Kriterium der Mehrheitskonsistenz weist im Vergleich zu den beiden anderen Kriterien auch zwei gravierende Nachteile auf:[172] Erstens scheint die Mehrheitskonsistenz keine natürliche Interpretation zu haben, insbesondere kann sie nicht als eine Art Homogenität der Abstimmenden interpretiert werden. Zweitens handelt es sich bei der Mehrheitskonsistenz nicht um ein strukturelles, sondern um ein numerisches Kriterium, d. h. während es für die eindimensionale Ausrichtung und die Wertbeschränktheit nur darauf ankommt, ob das Abstimmungsprofil eine bestimmte Struktur aufweist oder nicht,

---

169 Vgl. oben 3.a)bb).

170 Im Beispielsfall könnte jemand durchaus mit ›Nein – Ja – Nein‹ stimmen, wenn er generell gegen die Aufnahme von Flüchtlingen ist und deshalb auch keine Obergrenze für nötig hält.

171 *F. Dietrich/C. List*, Majority Voting on Restricted Domains, J. Econ. Theory 145 (2010), S. 512 (535).

172 Zum Folgenden *F. Dietrich/C. List*, a. a. O., S. 535.

hängt die Mehrheitskonsistenz davon ab, wie häufig eine Struktur (nämlich die Zustimmung zu den Aussagen aller minimal inkonsistenten Teilmengen) im Abstimmungsprofil vorkommt.[173] Die Überprüfung eines Abstimmungsprofils auf Mehrheitskonsistenz erfordert also ausdrückliches Zählen aller Stimmen.[174] Das Kriterium der Mehrheitskonsistenz eignet sich deshalb nicht, um das Unmöglichkeitsproblem aufzulösen, da es von vornherein unmöglich erscheint anzugeben, ob bzw. in welchen Fällen mit Mehrheitskonsistenz zu rechnen ist. Ob dies demgegenüber für die anderen beiden Kriterien, bezogen auf Kollegialgerichte, möglich ist, muss nun erörtert werden.

cc) Homogenität der Richter

Im Raum steht die Frage, ob zwischen Kollegialrichtern regelmäßig ein solches Mindestmaß an Homogenität herrscht, dass, für alle oder zumindest für die allermeisten Prozesse, davon ausgegangen werden kann, dass das Abstimmungsprofil der Richter eines der Kriterien eindimensionale Ausrichtung oder Wertbeschränktheit erfüllt.

Zweifelsohne stimmen Richter eines Kollegialgerichts immer in einigen relevanten Punkten überein. Insoweit dürfte auch eine gewisse Homogenität der Richter unerlässliche Voraussetzung für jegliche kollegialgerichtliche Entscheidungsfindung sein. Etwa ohne gemeinsame Anerkennung der Rechtsordnung, ohne gemeinsame Arbeitssprache oder ohne gewisse Formen der kollegialen Zusammenarbeit[175] kann ein Kollegialgericht kaum funktionieren.[176]

Wendet man den Blick aber auf die Entscheidung als solche, wird die Feststellung einer Homogenität schwieriger. Zunächst ist in Erinnerung zu rufen, dass es bei den Kriterien der eindimensionalen Ausrichtung und der Wertbeschränktheit nicht um eine konkret-inhaltliche Übereinstimmung der Richter, sondern um eine Art Meta-Übereinstimmung bezüglich gewisser Eigenschaften der Abstimmungsgegenstände geht. Bei der eindimensionalen Ausrichtung sind sich die Abstimmenden einig, dass die Abstimmungsgegenstände ausschließ-

---

[173] Vgl. *C. Elsholtz/C. List*, A Simple Proof of Sen's Possibility Theorem on Majority Decisions, Elem. Math. 60 (2005), S. 45 (54).

[174] *C. List/B. Polak*, Introduction to Judgment Aggregation, J. Econ. Theory 145 (2010), S. 441 (457).

[175] Zu informellen Normen der internen Organisationskultur des BVerfG vgl. *U. Kranenpohl*, Hinter dem Schleier des Beratungsgeheimnisses, 2010, S. 439 ff. Zum Problem zwischenpersönlicher Spannungen im Spruchkörper vgl. BVerfG (K), Beschl. v. 25.08.2016 – 2 BvR 877/16 –, NVwZ 2017, S. 51 ff. Zur Kollegialität an amerikanischen Gerichten vgl. *H. T. Edwards*, The Effects of Collegiality on Judicial Decision Making, Univ. Pa. Law Rev. 151 (2003), S. 1639 ff. m. w. N.

[176] Besonderen Herausforderungen begegnen insoweit internationale Gerichte. Vgl. etwa *A. Pellet*, The Anatomy of Courts and Tribunals, Law Pract. Int. Courts Tribunals 7 (2008), S. 275 (276 ff.). Auf das Zusammentreffen unterschiedlicher Kollegialitätskulturen hinweisend *W. Ernst*, Abstimmen über Rechtserkenntnis, JZ 2012, S. 637 (638).

lich unter einem bestimmten Gesichtspunkt zu beurteilen sind, bei der Wertbeschränktheit, dass zwei bestimmte Aussagen nicht gleichzeitig vertreten werden können. In gewisser Weise wird eine derartige Meta-Übereinstimmung leichter zu erreichen sein als eine inhaltliche Übereinstimmung.[177]

Das Problem, das sich aber bei Kollegialgerichten ergibt, liegt darin, dass keine Gründe für eine solche Meta-Übereinstimmung ersichtlich sind. Warum weist das Abstimmungsprofil in Tabelle D.9 eine eindimensionale Ausrichtung auf? Im politischen Beispiel wird ein politisches Links-Rechts-Schema widergespiegelt, das (vereinfacht gesagt) durch die Pole der Zustimmung und Ablehnung zur Aufnahme von Flüchtlingen festgelegt wird. Worin liegt aber die Eindimensionalität im juristischen Beispiel des beschuhten Fußes? Die Aussagen $p, p \to q$ und q werden nicht unter einem gemeinsamen Gesichtspunkt beurteilt. Die Ansicht eines Richters zur Tatsachenfeststellung p (›Der Angeklagte hat das Opfer mit einem beschuhten Fuß getreten‹) hängt von den Beweisen und seiner Bewertung dieser Beweise ab, seine Ansicht zur dogmatischen Aussage $p \to q$ (›Wenn der Angeklagte das Opfer mit einem beschuhten Fuß getreten hat, dann hat er eine gefährliche Körperverletzung begangen‹) von seiner Auslegung des Begriffs ›gefährliches Werkzeug‹ und schließlich seine Ansicht zur Rechtsfolge q (›Der Angeklagte hat eine gefährliche Körperverletzung begangen‹) von seinen Ansichten zu p und $p \to q$.[178] Eine den Abstimmungsgegenständen gemeinsame Dimension gibt es nicht. Man kann also nicht etwa sagen, dass der Abstimmende A das Treten mit beschuhtem Fuß stark befürwortet und die Abstimmende E das Treten mit beschuhtem Fuß stark ablehnt.[179] Die eindimensionale Ausrichtung des Abstimmungsprofils ist bloßer Zufall. Sie spiegelt nicht eine ex ante gegebene Ausrichtung wider, sondern tritt lediglich ex post ein, weil die Richter so und nicht anders abstimmen, also weil es zum Beispiel keinen Abstimmenden F gibt, der alle Aussagen verneint.[180] Fälle, in denen die Abstimmungsgegenstände – Fakten, dogmatische Regeln, Subsumtion – unter einem einzigen (juristischen/dogmatischen) Gesichtspunkt zu beurteilen sind, erscheinen kaum vorstellbar.[181]

Könnte es aber nicht sein, dass die Stimmen der Richter deren politische Ausrichtung wiedergeben und damit die Struktur des politischen Links-Rechts-Schemas aufweisen? Insbesondere beim Bundesverfassungsgericht erscheint dies angesichts der immanenten politischen Bedeutung vieler Verfahren nicht ausgeschlossen. Der amerikanische Supreme Court ist geradezu berühmt dafür,

---

[177] Allerdings stellen *V. Ottonelli/D. Porello*, On the Elusive Notion of Meta-Agreement, Politics Philos. Econ. 12 (2013), S. 68 (82 ff.), gerade dies in Frage.

[178] Und von weiteren Ansichten, falls die Agenda größer ist (vgl. Fn. 160).

[179] Lediglich für die Frage nach der Strafbarkeit als gefährliche Körperverletzung (also für die Aussage $p \to q$) könnten die Ansichten von A und E derart charakterisiert werden.

[180] Vgl. das nicht eindimensionale Abstimmungsprofil in Tabelle D.10.

[181] Im Ergebnis ebenso *D. Landa/J. R. Lax*, Disagreements on Collegial Courts, Univ. Pa. J. Const. Law 10 (2008), S. 305 (312 ff.); ihnen folgend *F. B. Cross/E. H. Tiller*, Understanding Collegiality on the Court, Univ. Pa. J. Const. Law 10 (2008), S. 257 (268).

dass sich die Richterschaft in ›conservatives‹ und ›liberals‹ aufteilt und die Entscheidung des Gerichts von einem einzigen ausschlaggebenden Richter abhängt, der einer der beiden Seiten zur Mehrheit verhilft – zumeist ein bestimmter Richter, der eher der politischen Mitte angehört und bald mit den einen, bald mit den anderen vier Richtern abstimmt.[182] Der Supreme Court wirkt dadurch fast als Paradebeispiel einer Links-Rechts-Ausrichtung mit ausschlaggebendem Medianwähler. Allerdings darf nicht unterschätzt werden, wie häufig auch beim Supreme Court mehrdimensionale Verfahren vorkommen.[183]

Eine solche ideologische Ausrichtung kann für das Bundesverfassungsgericht jedenfalls nicht allgemeinverbindlich behauptet werden. Dennoch lassen sich Entscheidungen finden, in denen eine Links-Rechts-Ausrichtung der Richter, ja geradezu eine Links-Rechts-Spaltung des jeweiligen Senats festzustellen ist – Entscheidungen nämlich, die mit 4:4 Stimmen entschieden wurden und in denen sich zwei Blöcke aus je vier von den Unionsparteien bzw. von der SPD nominierten Richtern[184] gegenüber standen:[185] allen voran die zweite Entscheidung zu Überhangmandaten[186], daneben die Entscheidung über die strafprozessuale Verwertbarkeit von Tagebüchern[187] sowie das Spiegel-Urteil[188], bei dem allerdings, da die Richter (noch) nicht namentlich genannt wurden,[189] die Aufteilung nur aufgrund zeitgenössischer Berichte aus der mündlichen Verhandlung[190] vermutet werden kann. Jedoch lassen sich mindestens genauso viele (wenn nicht gar mehr) Gegenbeispiele finden:[191] die Entscheidungen zum Arzt-

[182] Ausführlich *K. M. McGaver*, Getting Back to Basics: Recognizing and Understanding the Swing Voter on the Supreme Court of the United States, Minn. Law Rev. 101 (2017), S. 1247 ff. Zur Kritik an eindimensionalen Modellen des Supreme Court siehe *B. E. Lauderdale/T. S. Clark*, The Supreme Court's Many Median Justices, Am. Political Sci. Rev. 106 (2012), S. 847 ff. Vgl. ferner *C. W. Bonneau/T. H. Hammond/F. Maltzman/P. J. Wahlbeck*, Agenda Control, the Median Justice, and the Majority Opinion on the U. S. Supreme Court, Am. J. Political Sci. 51 (2007), S. 890 ff.

[183] Vgl. *M. L. Stearns*, Constitutional Law in Social Choice Perspective, Public Choice 163 (2015), S. 167 ff.

[184] Zur politischen Quotierung des BVerfG siehe bereits oben B.V.2.b)cc)(5)(b).

[185] Ein weiteres Beispiel ist die zweite Entscheidung über die Befangenheit des Richters Rottmann, bei der sich die vier konservativen und die drei (übrigen) sozialliberalen Richter gegenüberstanden; BVerfG, Beschl. v. 16.06.1973 – 2 BvQ 1/73 u. a. –, BVerfGE 35, 246 ff.

[186] BVerfG, Urt. v. 10.04.1997 – 2 BvF 1/95 –, BVerfGE 95, 335 (348 ff.).

[187] BVerfG, Beschl. v. 14.09.1989 – 2 BvR 1062/87 –, BVerfGE 80, 367 (376 ff.).

[188] BVerfG, Teilurt. v. 05.08.1966 – 1 BvR 586/62 u. a. –, BVerfGE 20, 162 (178 ff.).

[189] Zur Namensnennung bei 4:4-Entscheidungen des BVerfG siehe noch unten III.2.

[190] Vgl. die Berichterstattung der SZ nach Urteilsverkündung: »Schon in der Verhandlung hatten die zum Teil unerbittlich-kritischen Fragen von vieren der acht Richter (Scholtissek, Berger, Stein und Frau von Brünneck) an die Zeugen […] die Gespaltenheit des Gerichts deutlich gemacht, die sich dann wohl auch im Stimmenverhältnis 4:4 spiegelte, welches das Gericht bei der Entscheidungsverkündung ganz ungewöhnlicherweise selbst öffentlich kundtat«; zit. n. *o. V.*, »Der Zorn des Widerspruchs«, Der Spiegel, Nr. 34, 1966, S. 9 (9).

[191] Ebenso *G. Lübbe-Wolff*, Wie funktioniert das Bundesverfassungsgericht?, 2015, S. 45 En. 56.

haftungsprozess[192], zu ›out-of-area‹-Einsätzen[193], zur Überprüfung von Abgeordneten auf Stasi-Tätigkeit (Gysi III)[194], zum Ladenschluss[195], zur erschlichenen Einbürgerung[196] und zu Nebeneinkünften von Abgeordneten[197]. Freilich ist auch bei diesen Entscheidungen eine Links-Rechts-Ausrichtung nicht ausgeschlossen, da die beiden Seiten ja nicht stets mit der Parteinominierung übereinstimmen müssen. Insbesondere Richter, die eher der politischen Mitte angehören, können sich in verschiedenen Fällen der einen oder der anderen Seite anschließen, so etwa Richterin Graßhof, die zwar von der SPD nominiert, aber als politisch eher konservativ eingeschätzt wurde[198] und die in den Urteilen ›out-of-area‹-Einsätze und Gysi III jeweils die ›Seite gewechselt‹ hatte.[199] Überhaupt setzt eine politische Links-Rechts-Ausrichtung eines Senats keine Spaltung in zwei gleich große Lager voraus, sondern kann auch bei Entscheidungen bestehen, die 5:3, 6:2 oder 7:1 ausgegangen sind. Innerhalb des Senats kann sich sogar eine Vielzahl politischer Ansichten ausdrücken, solange das Abstimmungsprofil eindimensional ausgerichtet bleibt. Doch je stärker klare politische Positionen verschwimmen, umso weniger kann davon ausgegangen werden, dass die eindimensionale Ausrichtung eine ex ante bestehende politische Ausrichtung der Richter wiedergibt. Genaueres könnte nur eine groß angelegte empirische Untersuchung ans Licht bringen. Bestehende Forschung zeigt indes, dass die Parteinähe der Bundesverfassungsrichter zwar durchaus Einfluss auf ihre Entscheidungen hat, aber nur einen von mehreren Faktoren darstellt.[200] Auch sind die Problemlagen in verfassungsrechtlichen Streitfällen zumeist derart vielgestaltig, dass sie sich »nicht ausnahmslos auf eine Dichotomie zwischen ›konservativ‹ und ›progressiv‹ reduzieren lassen«[201]. Dementsprechend ist von der Mehrdimensionalität bundesverfassungsgerichtlicher Entscheidungen auszugehen.

Angesichts der Mehrdimensionalität richterlicher Entscheidungen können auch demokratietheoretische Überlegungen, ob mittels Deliberation eine eindimensionale Abstimmungsstruktur erzeugt werden kann,[202] für Kollegialge-

---

[192] BVerfG, Beschl. v. 25.07.1979 – 2 BvR 878/74 –, BVerfGE 52, 131 (143 ff.).

[193] BVerfG, Urt. v. 12.07.1994 – 2 BvE 3/92 u. a. –, BVerfGE 90, 286 (359 ff.).

[194] BVerfG, Urt. v. 20.07.1998 – 2 BvE 2/98 –, BVerfGE 99, 19 (35 ff.).

[195] BVerfG, Urt. v. 09.06.2004 – 1 BvR 636/02 –, BVerfGE 111, 10 (38 ff.).

[196] BVerfG, Urt. v. 24.05.2006 – 2 BvR 669/04 –, BVerfGE 116, 24 (51 ff.).

[197] BVerfG, Urt. v. 04.07.2007 – 2 BvE 1–4/06 –, BVerfGE 118, 277 (323 ff.).

[198] Vgl. *o. V.*, Richter: Auf dem Altar, Der Spiegel, Nr. 27, 1986, S. 61 ff. Vgl. auch (im Zusammenhang der Entscheidung zum Schwangerschaftsabbruch) *K. Gelinsky*, Wise Old Men and Wise Old Women, in: Stolleis (Hrsg.), Herzkammern der Republik, 2011, S. 82 (106).

[199] In den Urteilen zur Einbürgerung und zu Nebeneinkünften waren es die Richter Broß und Hassemer, die beide Male die ›Seiten‹ getauscht hatten.

[200] Vgl. *B. G. Engst u. a.*, Zum Einfluss der Parteinähe auf das Abstimmungsverhalten der Bundesverfassungsrichter, JZ 2017, S. 816 ff.

[201] *U. Kranenpohl*, Hinter dem Schleier des Beratungsgeheimnisses, 2010, S. 241.

[202] Vgl. (für den Bereich der Präferenzaggregation) *D. Miller*, Deliberative Democracy

richte keinen Erfolg haben. Ein positiver Effekt von Deliberation ist nur dann denkbar, wenn überhaupt die Möglichkeit einer Bewertung der Abstimmungsfragen aus dem Blickwinkel einer einzigen Dimension besteht. Nur unter dieser Voraussetzung kann eine Deliberation bewirken, dass die Abstimmenden gemeinsam eine bestimmte Dimension herausarbeiten, die sie ihren Ansichten zugrunde legen. Sind Gerichtsentscheidungen aber inhärent mehrdimensional, ist die erforderliche Meta-Einigung der Richter auf eine einzige Dimension nicht vorstellbar. Eine der Eindimensionalität als Struktur des Abstimmungsprofils zugrundeliegende Eindimensionalität der Entscheidungsgegenstände existiert nicht.

Diese Analyse der Eindimensionalität gilt für das Kriterium der Wertbeschränktheit erst recht. Kommt letztere vor, so weist das Abstimmungsprofil diese Struktur nur zufällig auf, nicht weil darin eine zugrundeliegende Homogenität der Richter zum Ausdruck kommt. Das Abstimmungsprofil im Beispiel ist wertbeschränkt, weil es keinen Abstimmenden gibt, der gleichzeitig $p \rightarrow q$ und $\neg q$ akzeptiert, der also das Treten mit beschuhtem Fuß als gefährliche Körperverletzung einordnet, aber eine gefährliche Körperverletzung im konkreten Fall verneint. Zeigt sich darin eine gemeinsame, der konkreten Abstimmung vorgelagerte Einschätzung aller Richter, dass diese beiden Ansichten nicht gleichzeitig vertreten werden können? Offensichtlich ist das nicht der Fall, denn die beiden Aussagen können ohne Weiteres zusammen vertreten werden, solange man ein Treten mit beschuhtem Fuß im konkreten Fall verneint (also nicht p bejaht). Dass $p \rightarrow q$ und $\neg q$ nicht gleichzeitig vertreten werden können, steht für das Gericht erst dann fest, wenn alle Richter darin einig sind, dass der Angeklagte das Opfer mit beschuhtem Fuß getreten hat. Dann liegt aber bereits eine gewisse inhaltliche Übereinstimmung zwischen den Richtern vor. Konstellationen jedoch, in denen von vornherein gesagt werden kann, dass zwei bestimmte zur Abstimmung stehende Aussagen miteinander inkompatibel sind, scheinen so gut wie ausgeschlossen.

---

and Social Choice, Political Stud. 40 (1992), Special Issue, S. 54 (60 ff.); *J. Knight/J. Johnson*, Aggregation and Deliberation, Political Theory 22 (1994), S. 277 (282 ff.); *J. S. Dryzek/ C. List*, Social Choice Theory and Deliberative Democracy, Br. J. Political Sci. 33 (2003), S. 1 (12 ff.); *C. List*, Deliberation and Agreement, in: Rosenberg (Hrsg.), Deliberation, Participation and Democracy, 2007, S. 64 (69 ff.). Empirisch untersucht von *C. Farrar u. a.*, Disaggregating Deliberation's Effects, Br. J. Political Sci. 40 (2010), S. 333 ff.; *C. List u. a.*, Deliberation, Single-Peakedness, and the Possibility of Meaningful Democracy, J. Politics 75 (2012), S. 80 ff. Kritisch *J. Aldred*, Social Choice Theory and Deliberative Democracy: A Comment, Br. J. Political Sci. 34 (2004), S. 747 ff. (mit Erwiderung von *J. S. Dryzek/C. List*, Social Choice Theory and Deliberative Democracy: A Response to Aldred, Br. J. Political Sci. 34 [2004], S. 752 ff.); *J. Cohen*, Deliberative Democracy, in: Rosenberg (Hrsg.), a. a. O., S. 219 (224 ff.); *V. Ottonelli/D. Porello*, On the Elusive Notion of Meta-Agreement, Politics Philos. Econ. 12 (2013), S. 68 ff. Zur Transformation von Urteilen durch Deliberation im Rahmen der Urteilsaggregation vgl. *C. List*, Group Communication and the Transformation of Judgments, J. Political Philos. 19 (2011), S. 1 ff.

Damit kann als Fazit festgehalten werden, dass die erforderliche Homogenität bei Kollegialgerichten in Fällen, in denen keine inhaltliche Übereinstimmung erreicht ist, als unwahrscheinlich gelten darf und deshalb eine Beschränkung des Definitionsbereichs keine Auflösung der Unmöglichkeit verspricht.

d) Lockerung der Systematizität

Schließlich bleibt als vierter und, wie sich sogleich zeigen wird, am meisten Erfolg versprechender Ansatzpunkt eine Beschränkung der Systematizität, welche sich, zur Erinnerung, aus zwei Anforderungen zusammensetzt: Zum einen darf die kollektive Entscheidung über eine Aussage nur von den individuellen Urteilen der Abstimmenden über diese Aussage, nicht von den Urteilen über andere Aussagen der Agenda abhängen *(Unabhängigkeit)*. Zum anderen muss das Kriterium, mit dem das kollektive Urteil über eine Aussage festgelegt wird, für jede Aussage gleich sein *(Neutralität)*.

Zunächst ist kurz über eine Absenkung der Neutralität nachzudenken. Ein schwächeres Desiderat ist die Neutralität im May'schen Sinne. Während Letztere lediglich eine Gleichbehandlung von Aussage und Negation verlangt (und damit asymmetrische qualifizierte Mehrheiten ausschließt),[203] aber unterschiedliche Abstimmungsregeln für unterschiedliche Aussagen gestattet, erfordert Erstere zudem, dass für jede Aussage dieselbe Entscheidungsregel (sei es Mehrheitsprinzip, symmetrische qualifizierte Mehrheit, Einstimmigkeit oder sonst etwas), angewandt wird.[204] Um die May'sche Neutralität von jener der Systematizität zu unterscheiden, wird sie im Rahmen der Urteilsaggregation auch als »unbiasedness«[205] bezeichnet. In diesem Begriff kommt zum Ausdruck, dass ein nicht-neutrales Abstimmungsprinzip, wie etwa eine asymmetrische qualifizierte Mehrheit, eine bestimmte Entscheidung in gewisser Weise bevorzugt, indem diese Entscheidung a priori eine höhere Chance hat, kollektiv akzeptiert zu werden.[206] Nun ist jedoch eine Aggregationsregel, die das Gebot der (schwachen) Neutralität erfüllt und gleichzeitig die Rationalität kollektiver Entscheidungen gewährleistet, notwendig diktatorisch.[207] Insbesondere sind symmetri-

---

[203] Vgl. oben B.V.2.a)bb)(4).

[204] Vgl. *F. Dietrich/C. List*, The Impossibility of Unbiased Judgment Aggregation, Theory Decis. 68 (2010), S. 281 (286). Vgl. auch die Unterscheidung zwischen »neutrality *within* issues« und »neutrality *across* issues« von *K. Nehring/C. Puppe*, The Structure of Strategy-Proof Social Choice. Part II, Working Paper, 2005, S. 18 f. (Herv. i. O.).

[205] *F. Dietrich/C. List*, a. a. O., S. 286.

[206] Vgl. oben B.V.2.a)bb)(4) und speziell zur Frage, wann eine Abweichung von der Neutralität gerechtfertigt ist, oben B.V.2.b)bb) sowie C.I.3.

[207] *F. Dietrich/C. List*, Judgment Aggregation With Consistency Alone, Working Paper, 2007; *dies.*, The Impossibility of Unbiased Judgment Aggregation, Theory Decis. 68 (2010), S. 281 (286).

sche qualifizierte Mehrheiten zwar neutral, können aber, wie bereits gesehen,[208] nicht die Vollständigkeit der kollektiven Urteilsmenge garantieren.[209]

Deutlich vielversprechender erscheint demgegenüber eine Abschwächung der Unabhängigkeit, der sich deshalb dieser Abschnitt im Folgenden ausführlich widmet.

aa) Lockerung der Unabhängigkeit: Stufen- und Totalabstimmung

Das Kriterium der Unabhängigkeit besagt, dass die Entscheidung über eine Aussage nur von den individuellen Urteilen der Abstimmenden über diese Aussage, nicht von den Urteilen über andere Aussagen der Agenda abhängen darf. Dabei mag es sich in vielen Fällen durchaus um ein naheliegendes Desiderat handeln. Etwa wäre es merkwürdig, wenn die Entscheidung darüber, ob das Tun des Beklagten einen Vertragsbruch darstellt, sich darauf auswirken würde, ob das Vorliegen eines Vertrags bejaht wird. Andererseits gibt es durchaus Entscheidungen, die sinnvollerweise von anderen Entscheidungen abhängen können, nämlich gerade dort, wo logische Verknüpfungen bestehen. So macht ein Richter ganz selbstverständlich die Frage nach dem Schadensersatz vom Vorliegen eines Vertrags und eines Vertragsbruchs abhängig. Das Kriterium der Unabhängigkeit erscheint dadurch als problematisch, beinhaltet es doch die Möglichkeit, dass logische Verknüpfungen zwischen Abstimmungsgegenständen ignoriert werden.[210]

Deshalb liegt, unter Aufgabe der Unabhängigkeit, die Wahl einer Aggregationsregel nahe, die bestehende logische Verknüpfungen berücksichtigt. Um eine solche handelt es sich bei der Stufenabstimmung, bei der eine Teilmenge der Agenda als Voraussetzungen[211] festgelegt wird, aus denen das Ergebnis aufgrund einer logischen Verbindung ableitbar ist.[212] Über diese Voraussetzungen wird nach dem Mehrheitsprinzip abgestimmt, sodass eine kollektive Urteils-

[208] Siehe oben b)aa).

[209] Ihnen fehlt also, in der Sprache des May'schen Theorems, die Entscheidungsfähigkeit (vgl. oben B.V.2.a)bb)(1)).

[210] Vgl. *B. Chapman*, Rational Aggregation, Politics Philos. Econ. 1 (2002), S. 337 (341 ff.); *P. Mongin*, Factoring Out the Impossibility of Logical Aggregation, J. Econ. Theory 141 (2008), S. 100 (106); *G. Pigozzi*, The Logic of Group Decisions, J. Philos. Log. 44 (2015), S. 755 (760); ferner *F. Dietrich*, Aggregation Theory and the Relevance of Some Issues to Others, J. Econ. Theory 160 (2015), S. 463 ff. Zu Verknüpfungen zwischen Optionen siehe auch *B. Chapman*, Law, Incommensurability, and Conceptually Sequenced Argument, Univ. Pa. Law Rev. 146 (1998), S. 1487 ff.

[211] Im Englischen wird die Stufenabstimmung als ›premise-based rule‹ bezeichnet, die Totalabstimmung als ›conclusion-based rule‹; vgl. *C. List*, The Theory of Judgment Aggregation, Synthese 187 (2012), S. 179 (185). In der amerikanischen Rechtswissenschaft wird speziell für die Judikative zumeist von ›issue voting‹ und ›outcome voting‹ gesprochen; begriffsprägend *D. G. Post/S. C. Salop*, Rowing Against the Tidewater: A Theory of Voting by Multijudge Panels, Georget. Law J. 80 (1992), S. 743 (744).

[212] Siehe bereits oben 1.a), 2.

menge von Teilentscheidungen aggregiert wird. Als Ergebnis kollektiv akzeptiert ist dann die Aussage (oder die Menge an Aussagen) aus der Agenda, die logisch aus diesen Teilentscheidungen folgt.[213]

Die Stufenabstimmung überträgt die Rationalität des Individuums, das ein begründetes, da aus Voraussetzungen abgeleitetes Ergebnis vertritt, auf die kollektive Ebene. Treffend ist von einer ›Kollektivierung der Vernunft‹ durch die Stufenabstimmung gesprochen worden.[214] Die Stufenabstimmung stellt also kollektive Rationalität sicher, indem sie das Ergebnis der kollektiven Abstimmung an Gründe koppelt – es wird deshalb auch von einer ›Abstimmung über die Gründe‹ gesprochen[215] – und insofern, also teilweise, die Responsivität der Abstimmung, d. h. die Anknüpfung an die individuellen Ansichten der Abstimmenden über das Ergebnis, aufgibt. Bei der Stufenabstimmung ist nicht einmal garantiert, dass sie in einem Fall, in dem alle Abstimmenden dasselbe Ergebnis befürworten, zu diesem Ergebnis führt.[216] Nicht selten wird gerade diese Situation als besonders irritierend empfunden.[217]

Genau umgekehrt verhält sich die Totalabstimmung, die den Gegensatz zur Stufenabstimmung darstellt.[218] Bei der Totalabstimmung wird eine Teilmenge der Agenda als Ergebnis festgelegt – wobei es sich in der Regel um eine einzige Aussage und ihre Negation handelt – und allein über diese Teilmenge per Mehrheitsprinzip abgestimmt. Die Totalabstimmung erfüllt zwar eigentlich nicht das Kriterium der Vollständigkeit, da über diejenigen Teile der Agenda, die nicht zu den Ergebnissen zählen, nicht abgestimmt und insoweit keine Entscheidung getroffen wird, doch ist diese Unvollständigkeit erträglich, wenn es ausschließlich auf die kollektive Entscheidung über das Ergebnis ankommt.[219] Die Un-

[213] Aufgegeben wird also die Unabhängigkeit zwischen dem Ergebnis und den Voraussetzungen, während im Verhältnis der Voraussetzungen untereinander die Unabhängigkeitsbedingung gewahrt bleibt. Vgl. *F. Dietrich*, Judgment Aggregation: (Im)Possibility Theorems, J. Econ. Theory 126 (2006), S. 286 (296 ff.).

[214] *P. Pettit*, Collective Persons and Powers, Leg. Theory 8 (2002), S. 443 (451 ff.): »collectivizing reason«.

[215] Wie noch zu sehen sein wird (unten bb)(2)(a)), muss für Gerichte terminologisch feiner differenziert werden.

[216] Vgl. das Beispiel in Tabelle D.7 (oben 1.c)). Die Stufenabstimmung weist also nicht die Eigenschaft der ›unanimity preservation‹ (Bewahrung der Einstimmigkeit) hinsichtlich des Ergebnisses auf; vgl. *K. Nehring*, The Impossibility of a Paretian Rational, Econ. Lett. 96 (2007), S. 45 ff.; *F. Dietrich/P. Mongin*, The Premiss-Based Approach to Judgment Aggregation, J. Econ. Theory 145 (2010), S. 562 ff.; *K. Nehring/M. Pivato/C. Puppe*, Unanimity Overruled, J. Theor. Politics 28 (2016), S. 552 ff.; ferner *P. Mongin*, Factoring Out the Impossibility of Logical Aggregation, J. Econ. Theory 141 (2008), S. 100 (107 ff.).

[217] Vgl. *K.-G. Zierlein*, in: Umbach/Clemens (Hrsg.), BVerfGG, 1. Aufl. 1992, § 15 Rn. 45 mit Fn. 135; *O. Katholnigg*, Strafgerichtsverfassungsrecht, 3. Aufl. 1999, § 194 GVG Rn. 4 Fn. 18.

[218] Siehe bereits oben 1.a), 2.

[219] Damit liegt ein Argument gegen die Totalabstimmung nahe: dass es nämlich auch auf die (kollektiv akzeptierten) Gründe ankomme. Dazu unten bb)(2)(b).

abhängigkeit wird bei der Totalabstimmung dadurch aufgegeben, dass das Ergebnis davon abhängt, wie sich die Stimmen hinsichtlich der Voraussetzungen auf die einzelnen Richter verteilen. Man vergleiche dabei das Eingangsbeispiel des ›doctrinal paradox‹ mit der Abwandlung in Tabelle D.11, bei der die Stimmen von B und C bei der zweiten Voraussetzung getauscht werden.

Tabelle D.11: Abwandlung des Eingangsbeispiels

	Vertrag	*vertragswidrige Handlung*	*Vertragsbruch*
A	Ja	Ja	Ja
B	Ja	Ja	Ja
C	Nein	Nein	Nein
Mehrheit	*Ja*	*Ja*	*Ja*

Obwohl die Anzahl der Stimmen bei den beiden Voraussetzungen gleich bleibt, ändert sich die Mehrheit hinsichtlich des Ergebnisses. Das Ergebnis bleibt damit bei einer Stufenabstimmung gleich, während es bei einer Totalabstimmung unterschiedlich ausfällt.[220]

Bei der Wahl zwischen Stufen- und Totalabstimmung – einer Alternative, vor die sich nahezu jede Gruppe gestellt sieht, die einen gemeinsamen Zweck verfolgt[221] – geht es folglich zentral um die Frage, ob eine Entscheidung, der eine kollektive Schlussfolgerung zugrunde liegt, einer Entscheidung vorzuziehen ist, die auf das mehrheitlich befürwortete Ergebnis zurückzuführen ist.[222]

220 Kritisch deshalb bereits *C. de Fontenay*, Ueber die Abstimmung in Richtercollegien, 2. Aufl. 1868, S. 24: »Ob eine einzelne relevante Frage von 2 Votanten oder nur von Einem bejahet oder verneint wird, kann wohl als ein beachtenswerthes Moment betrachtet werden, ob aber der Eine, welcher sie bejahet oder verneint, A. oder B. ist, stellt sich in Wahrheit als bedeutungslos und gleichgültig dar, denn die Stimme des Einen muß in einem Collegium dasselbe Gewicht haben, als die des Andern.« Siehe auch *A. Zeiler*, Unbestimmtheit der Rechtsanwendung, salomonische Entscheidung und Mehrheitsregel, 1915, S. 34.

221 Vgl. *P. Pettit*, Collective Persons and Powers, Leg. Theory 8 (2002), S. 443 (452 f.). Beispiele für Anwendungen außerhalb der Judikative: *K. Shockley*, Environmental Policy With Integrity, Environ. Values 18 (2009), S. 177 ff.; *C. A. Claussen/Ø. Røisland*, A Quantitative Discursive Dilemma, Soc. Choice Welf. 35 (2010), S. 49 ff.; *dies.*, The Discursive Dilemma in Monetary Policy, Scand. J. Econ. 116 (2014), S. 702 ff.

222 *K. Miller*, Collective Reasoning and the Discursive Dilemma, Philos. Explor. 6 (2003), S. 182 ff., führt eine dritte Abstimmungsmethode ein, bei der über die Prämissen separat abgestimmt, das Mehrheitsprinzip aber auf die Prämissen gemeinsam (als Kon- oder Disjunktion) angewendet wird, sodass das Ergebnis mit dem der Totalabstimmung übereinstimmt. Ziel dieser Abstimmungsmethode ist es, die Prämissen aller Abstimmenden offenzulegen (›publicizing reason‹). Diese Idee ist deshalb höchstens relevant für Gerichte, die nicht gemeinsam beraten; in deutschen Kollegialgerichten sind hingegen die maßgeblichen Prämissen bereits durch die Beratung offengelegt, sodass die entscheidende Frage alleine lautet, ob das Mehrheitsprinzip separat auf die Prämissen oder auf das Ergebnis (und damit alle Prämissen zusammen) angewendet werden soll. – Interessant ist auch die (allgemeine) Idee von *A. Knops*, Representing Collective Reasons for Group Decisions, J. Theor. Politics 23 (2011), S. 448 ff., dass für das Ergebnis alle Stimmen, für die Gründe aber nur die Stimmen derjenigen, die für dieses Ergebnis

Insoweit zeigt das diskursive Dilemma einen Zielkonflikt von Rationalität und Responsivität auf.[223] Es stellt sich sodann die Frage, ob den verschiedenen Ansätzen zur Rechtfertigung des Mehrheitsprinzips je eine eindeutig bestimmbare Präferenz einer der beiden Abstimmungsmethoden korrespondiert. Auf die teleologischen Argumente, die allein auf die Übereinstimmung des kollektiv gewollten Ergebnisses mit den diesbezüglichen Individualansichten abstellen,[224] trifft dies zweifelsohne zu, da die Totalabstimmung notwendige und hinreichende Bedingung ist, um diese Übereinstimmung (in größtmöglichem Maße) herbeizuführen.[225] Aber für die anderen Begründungsansätze, insbesondere für die zur Rechtfertigung des Mehrheitsprinzips in der Judikative jeweils teilweise tragfähigen Richtigkeits- und Fairnessargumente, kann diese Frage nicht ohne Weiteres beantwortet werden.

Um der Funktion von Stufen- und Totalabstimmung für Kollegialgerichte nachzugehen, soll zunächst die prozessrechtliche und prozessrechtswissenschaftliche Beurteilung der Abstimmungsmethode in Deutschland in ihrem historischen Verlauf, aktuellen Stand sowie im Kontrast zur angelsächsischen Tradition skizziert werden. In der Darstellung des aktuellen Stands werden dabei auch die vorgebrachten Argumente für die eine oder die andere Abstimmungsmethode beleuchtet. Darauf aufbauend werden die Stufen- und Totalabstimmung aus der hier eingenommenen Social-Choice-Perspektive betrachtet. Für die Stufenabstimmung ist das spezielle Problem der Manipulierbarkeit zu erörtern. Schließlich können die eigentlichen Fragen gestellt werden: die für das Richtigkeitsargument entscheidende nach der epistemischen Qualität der beiden Abstimmungsmethoden und die für das Fairnessargument maßgebliche, ob die kollegialgerichtliche Entscheidungsfindung responsiv gegenüber den Ansichten der Richter bezüglich des Ergebnisses oder bezüglich der einzelnen Prämissen sein soll.

---

gestimmt haben, berücksichtigt werden sollten. Dies ist letztlich eine Abwandlung der unten (siehe bb)(2)(b) und III.3.) erörterten Möglichkeit, im Wege der Totalabstimmung das Ergebnis zu bestimmen und danach über die Gründe abzustimmen.

[223] Vgl. *P. Pettit*, Collective Persons and Powers, Leg. Theory 8 (2002), S. 443 (450 f.).

[224] Nämlich indem die Übereinstimmung von kollektivem und individuellem Willen als Maß entweder – so Kelsen (siehe oben B.IV.1.) – der (individuellen) Autonomie oder – so die utilitaristische Begründung (siehe oben B.IV.3.) – des (individuellen) Nutzens aufgefasst wird.

[225] Betreffend Kollegialgerichte zeigt sich eine gewisse Ähnlichkeit zu teleologischen Argumenten in dem Gedanken von *E. Beling*, Rechtsfrage und revisionsinstanzliche Abstimmung im Strafprozeß, Archiv für Strafrecht und Strafprozeß 67 (1919), S. 141 (143), bei der richterlichen Entscheidung handle es sich um einen »volitiven Denkakt«, weswegen eine Totalabstimmung über diesen Willen stattzufinden habe. Vgl. dazu *G. Mellinghoff*, Fragestellung, Abstimmungsverfahren und Abstimmungsgeheimnis im Strafverfahren, 1988, S. 69 ff., der zu Recht entgegenhält, dass damit noch nichts darüber gesagt ist, ob sich der Wille der Richter auf die Rechtsfolge oder auf ihre Voraussetzungen bezieht. Zu dem verbreiteten Argument, Ziel der strafgerichtlichen Abstimmung sei ein mehrheitlich gewolltes Ergebnis, siehe noch unten bb)(2)(c).

bb) Abstimmungsmethoden im deutschen Prozessrecht

(1) Historische Entwicklung

(a) Kontroverse im 19. Jahrhundert

Seit Beginn des 19. Jahrhunderts bis weit über den Erlass des Gerichtsverfassungsgesetzes im Jahr 1877 hinaus wurde über die richtige Abstimmungsmethode für die kollegialgerichtliche Entscheidungsfindung diskutiert.[226] Vorausgegangen war eine Wandlung des Verständnisses eines Kollegialgerichts.[227] Wurde ursprünglich jedem Richter für sich ›Gerichtsbarkeit‹ zugesprochen und das Urteil durch Zählen der individuellen Voten gewonnen, war im frühen 19. Jahrhundert eine Entwicklung zu Ende gegangen, die das Richterkollegium als Ganzes als ›moralische Person‹ und damit als Urheber eines einheitlichen Urteils sah. Erst dieses Erfordernis eines einheitlichen, d. h. dem Kollegium zurechenbaren, und zu begründenden Urteils warf die Frage auf, wie innerhalb des Spruchkörpers abzustimmen sei.[228] Der Unterschied zwischen Total- und Stufenabstimmung wurde dabei klar herausgearbeitet. Stellvertretend sei folgende Definition zitiert:

> Der eine Weg besteht darin, daß jedes stimmberechtigte Mitglied des Collegii alle bei der Erledigung des vorliegenden Falles in Betracht kommenden Fragen für sich beantwortet, aus seinen Antworten selbst ein Endresultat zieht und letzteres als sein votum mittheilt, worauf das Directorium diese vota der einzelnen Mitglieder zusammenstellt und daraus nach dem Grundsatz der Stimmenmehrheit ein schließliches Resultat ableitet, welches als der entscheidende Ausspruch des Collegii gilt. Dahingegen besteht der zweite Weg darin, daß über jede einzelne Frage, welche als für die schließliche Entscheidung präjudicirlich in Betracht kommt, nach vorgängiger Berathschlagung abgestimmt wird, worauf das Directorium aus den verschiedenen votis über jede einzelne dieser vorbereitenden Fragen ein conclusum zieht und demnächst aus diesen einzelnen conclusis ein Endresultat entlehnt, welches als der schließliche Ausspruch des Collegii gilt.[229]

Die »schwierige und verwickelte Frage« der Abstimmungsmethode wurde im Schrifttum »mit Gründlichkeit und Scharfsinn nach beiden Seiten hin verhandelt.«[230] In dieser literarischen Kontroverse[231] wurde für die – zeitgleich mehr und mehr in den partikularrechtlichen Prozessordnungen verankerte[232] – ›Ab-

---

[226] Siehe *W. Ernst*, Abstimmen nach den Gründen oder nach dem Endresultat, in: Kiehnle/Mertens/Schiemann (Hrsg.), FS Schröder, 2013, S. 309 ff.

[227] Zum Folgenden *W. Ernst*, a. a. O., S. 310 ff.

[228] Siehe auch bereits oben A.IV.2.

[229] *C. de Fontenay*, Ueber die Abstimmung in Richtercollegien, 1. Aufl. 1847, S. 7.

[230] *F. C. v. Savigny*, System des heutigen Römischen Rechts, Bd. VI, 1847, S. 407 f.

[231] Dazu *W. Ernst*, Abstimmen nach den Gründen oder nach dem Endresultat, in: Kiehnle/Mertens/Schiemann (Hrsg.), FS Schröder, 2013, S. 309 (315 ff.). Umfangreicher Überblick mit Nachweisen bis ins 18. Jahrhundert bei *A. Zacke*, Ueber die Beschlussfassung in Versammlungen und Collegien, 1867, insb. S. 60 ff.

[232] Dazu *W. Ernst*, a. a. O., S. 321 ff.

stimmung nach Gründen‹ vor allem angeführt, dass sie (jedenfalls für den Zivilprozess[233]) die allein richtige Abstimmungsmethode sei[234] und ausschließlich sicherstelle, dass die Begründung des Urteils auch von der Mehrheit des Richterkollegiums getragen werde.[235] Von den Verfechtern der ›Abstimmung nach dem Endresultat‹[236] wurde nicht zuletzt entgegengehalten, dass die Entscheidung in immer weitere einzelne Elemente aufgelöst werden könne und deshalb das Urteil davon abhängig sei, wie weit man bei dieser Aufspaltung gegangen sei.[237] Daneben wurde auch eine Art Kombination aus Stufen- und Totalabstimmung vorgeschlagen.[238]

(b) Regelung im Gerichtsverfassungsgesetz

Im 1877 erlassenen Gerichtsverfassungsgesetz wurde der Gang der Beratung und Abstimmung[239] bei Kollegialgerichten in § 196 (heute § 194) folgendermaßen geregelt:

---

[233] Die noch heute bestehende Unterscheidung zwischen Zivil- und Strafprozess (unten (b), (c)) geht zurück auf die Anwendung der Totalabstimmung bei der Beantwortung der Schuldfrage durch die Geschworenen. Vgl. aus der damaligen Literatur *C. de Fontenay*, Ueber die Abstimmung in Richtercollegien, 2. Aufl. 1868, S. 26 ff.; rechtshistorisch *W. Ernst*, Rechtserkenntnis durch Richtermehrheiten, 2016, S. 184 f., 219.

[234] *C. de Fontenay*, Ueber die Abstimmung in Richtercollegien, 1. Aufl. 1847, insb. S. 16 ff.; 2. Aufl. 1868, insb. S. 15 ff.

[235] *C. de Fontenay*, a. a. O., 1. Aufl. 1847, S. 20 ff.; 2. Aufl. 1868, S. 20 f. Vgl. auch *F. C. v. Savigny*, System des heutigen römischen Rechts, Bd. VI, 1847, S. 408.

[236] Zu nennen sind insb. *Dorguth*, Bemerkungen über die Art des Abstimmens bei der Urteilsfindung, besonders über das Votiren hinsichts der Urteilsgründe, Juristische Wochenschrift für die preussischen Staaten 1841, Sp. 153 ff., 173 ff.; *Waldeck*, Beiträge zur Beantwortung der Frage: Ob über den Tenor oder die Gründe eines Urtheils abzustimmen?, Neues Archiv für Preußisches Recht und Verfahren, sowie für Deutsches Privatrecht 7 (1841), S. 427 ff.; *Silberschlag*, Ueber die sogenannte Abstimmung nach Gründen, Preußische Anwalts-Zeitung 1865, Sp. 185 ff.; *A. Zacke*, Ueber die Beschlussfassung in Versammlungen und Collegien, 1867, S. 44 ff. Siehe ferner *Dorguth*, Ueber die Computation der Stimmen bei Entscheidungen im Civil-Prozesse, Juristische Zeitung für die königlich preußischen Staaten 1832, Sp. 608 ff., 640 ff.; *ders.*, Ueber die Stimmen-Komputation, Juristische Zeitung für die königlich preußischen Staaten 1832, Sp. 1121 ff.; *ders.*, Noch einige Worte über das Abstimmen des erkennenden Gerichts, Juristische Wochenschrift für die preussischen Staaten 1841, Sp. 625 ff., 645 ff.; *ders.*, Der Begriff der »Pluralität der Stimmen,« abstrakt und dem Gesetz gegenüber, Juristische Wochenschrift für die preussischen Staaten 1841, Sp. 647 ff., 671 ff.

[237] Zuerst vorgetragen von *Waldeck*, a. a. O., S. 449 f.; siehe etwa auch *L. v. Bar*, Recht und Beweis im Civilprocesse, 1867, S. 179. Das Argument wurde auch in der amerikanischen Diskussion behandelt; siehe einerseits *J. M. Rogers*, »Issue Voting« by Multimember Appellate Courts, Vanderbilt Law Rev. 49 (1996), S. 997 (1001 ff.); andererseits *D. G. Post/S. C. Salop*, Issues and Outcomes, Guidance, and Indeterminacy, Vanderbilt Law Rev. 49 (1996), S. 1069 (1074 ff.); ferner *M. L. Stearns*, How Outcome Voting Promotes Principled Issue Identification, Vanderbilt Law Rev. 49 (1996), S. 1045 (1065 ff.).

[238] *L. v. Bar*, a. a. O., S. 180 ff.; *ders.*, Zur Lehre von der Abstimmung in Richtercollegien, KritVJSchr 10 (1868), S. 467 (474 ff.).

[239] Die in Gesetzessammlungen (z. B. dem Schönfelder) und Kommentaren zumeist gewählte inoffizielle Überschrift »Gang der Beratung« vernachlässigt, dass § 194 GVG in glei-

Der Vorsitzende leitet die Beratung, stellt die Fragen und sammelt die Stimmen. / Meinungsverschiedenheiten über den Gegenstand, die Fassung und die Reihenfolge der Fragen oder über das Ergebnis der Abstimmung entscheidet das Gericht.

Das Gesetz enthält damit lediglich eine Zuständigkeitsregelung. Es bestimmt zwar, wer die Fragen formuliert, über die der Spruchkörper abstimmen soll, enthält sich darüber hinaus aber selbst jeglicher inhaltlichen Festlegung der Abstimmungsgegenstände und damit auch der Abstimmungsmethode. Waren in früheren Entwürfen einer Zivilprozessordnung noch Vorschriften über die Abstimmungsmethode, hauptsächlich zugunsten der ›Abstimmung nach Gründen‹, vorgesehen,[240] ging der Gesetzgeber des Gerichtsverfassungsgesetzes unter Berücksichtigung der kontroversen rechtswissenschaftlichen Diskussion über die richtige Abstimmungsmethode davon aus, dass »es nicht Sache des Gesetzes ist, in diesen theoretischen Streit durch positive Bestimmungen einzugreifen.«[241] Da es zum einen unmöglich sei, eine pauschale Entscheidung zwischen Stufen- und Totalabstimmung zu treffen, zum anderen auch erschöpfende kasuistische Unterscheidungen durch das Gesetz nicht aufgestellt werden könnten, sei die Frage den gerichtlichen Kollegien zur Entscheidung »nach der besonderen Lage des Falls« anzuvertrauen.[242]

---

chem Maße die Abstimmung betrifft. Darin kommt einmal mehr zum Ausdruck, wie wenig Aufmerksamkeit der kollegialgerichtlichen Abstimmung seitens der Rechtswissenschaft zuteil wird (vgl. oben A.I.1.).

240 § 345 des preußischen Entwurfs enthielt (im Anschluss an § 350 Hannoversche Prozessordnung und Art. 104 Genfer Prozessordnung) den einfachen Satz: »Die Abstimmung erfolgt nach Gründen.« § 255 des hannoverschen Entwurfs formulierte ausführlicher: »Sowohl über die rechtliche Erheblichkeit als über den Beweis einer jeden einzelnen als Angriffs- oder Vertheidigungsgrund geltend gemachten Thatsache ist die Abstimmung, wenn eine solche nöthig wird, besonders vorzunehmen. / Über Vorfragen ist stets gesondert abzustimmen«, fügte aber in § 256 an: »Die näheren Bestimmungen über die Art der Abstimmung und über die Fassung der Beschlüsse bleiben der Landesgesetzgebung vorbehalten.« § 323 des norddeutschen Entwurfs schließlich enthielt folgende differenzierte Regelung: »Sowohl über die rechtliche Erheblichkeit eines jeden selbstständigen Angriffs- oder Vertheidigungsmittels als über den Beweis der Thatsache, auf welcher dasselbe beruht, muß die Abstimmung, wenn sie erforderlich wird, getrennt erfolgen. / Durch die Bestimmung des ersten Absatzes wird eine getrennte Abstimmung in anderen dazu geeigneten Fällen nicht ausgeschlossen. / Inwieweit nach freier richterlicher Ueberzeugung zu entscheiden ist, ob eine thatsächliche Behauptung für wahr oder für nichtwahr zu erachten sei, wird über die für die Ueberzeugung maßgebenden Gründe nicht getrennt abgestimmt.« Alle zit. n. *C. Hahn* (Hrsg.), Die gesammten Materialien zu den Reichs-Justizgesetzen, Bd. 1, Abt. 1, 2. Aufl. 1883, S. 179. Siehe auch *W. Ernst*, Rechtserkenntnis durch Richtermehrheiten, 2016, S. 185 ff.

241 *C. Hahn* (Hrsg.), a. a. O., S. 180. Kritisch *A. Zeiler*, Unbestimmtheit der Rechtsanwendung, salomonische Entscheidung und Mehrheitsregel, 1915, S. 39: »Der Streit wird kaum jemals durch eine allgemein gültige und anerkannte Formel entschieden werden. Nur der Gesetzgeber wird sie entscheiden; solange er vor der Lösung der Frage zurückschreckt, wird die Praxis schwanken.«

242 *C. Hahn* (Hrsg.), a. a. O., S. 180. Siehe auch *ders.* (Hrsg.), Die gesammten Materialien zu den Reichs-Justizgesetzen, Bd. 1, Abt. 2, 2. Aufl. 1883, S. 983.

(c) Rechtswissenschaftliche Debatte im 20. Jahrhundert

Während für den Zivilprozess nach Erlass der Reichsjustizgesetze relativ bald weitgehende Einigkeit darüber bestand, dass über die einzelnen Voraussetzungen der Entscheidung abzustimmen sei,[243] wurde in der Strafprozessrechtswissenschaft bis Ende der 1920er Jahre[244] intensiv über die richtige Abstimmungsmethode (bzw. die richtigen Abstimmungsmethoden für verschiedene strafprozessuale Entscheidungen) diskutiert.[245] Nachdem sich das Thema in den folgenden Jahrzehnten weitestgehend[246] nur mehr in der Kommentarliteratur wiederfand,[247] wurde es in den 1980er Jahren wieder Gegenstand einer ausführlichen monographischen Untersuchung[248]. Heute dürfen rechtsdogmatisch

[243] *G. Pfizer*, Abstimmung und Revision, ZZP 15 (1891), S. 365 (368 f., 377); *v. Lang*, Ueber die Abstimmung in Kollegien, ZZP 26 (1899), S. 63 (67 ff.); *J. Struckmann/R. Koch*, Die Zivilprozeßordnung für das Deutsche Reich, 9. Aufl. 1910, § 196 GVG Anm. 3; *K. Hellwig*, System des Deutschen Zivilprozeßrechts, Teil 1, 1912, S. 83 f.; *E. Breetzke*, Abstimmung, Spruch, Gründe, DRiZ 1962, S. 5 (5). Für Totalabstimmung auch im Zivilprozess hingegen *F. Haymann*, Die Mehrheitsentscheidung, in: Tatarin-Tarnheyden (Hrsg.), FG Stammler, 1926, S. 395 (426 f.); ebenso auch noch *O. Katholnigg*, Strafgerichtsverfassungsrecht, 3. Aufl. 1999, § 194 GVG Rn. 4 Fn. 18. Für Ausnahmen vom Grundsatz der Stufenabstimmung *C. Bolgiano*, Zur Lehre von der Urtheilsschöpfung, ZZP 15 (1891), S. 387 (391 ff.); *ders.*, Ueber den Abstimmungsmodus im Richtercollegium nach dem deutschen Gerichtsverfassungsgesetz, AcP 78 (1892), S. 145 (147 ff.).

[244] Umfassend zur Abstimmungsmethode im Straf- und im Zivilprozess noch *C. G. v. Coelln*, Das Beratungsgeheimnis, 1931, S. 16 ff.; zur Abstimmungsmethode in den Finanzgerichten noch *Jahn*, Die Abstimmung, insbesondere bei den Steuergerichten, ZStW 53 (1934), S. 490 ff. In den 1930er Jahren stand die Frage im Vordergrund, ob im Sinne des nationalsozialistischen Führerprinzips der Vorsitzende des Kollegialgerichts allein entscheiden solle (siehe oben A. Fn. 195).

[245] *A. v. Kries*, Lehrbuch des Deutschen Strafprozeßrechts, 1892, S. 439 ff.; *H. Heinemann*, Die Abstimmung in Strafgerichten, ZStW 115 (1895), S. 1 ff.; *ders.*, Zur Lehre von der Abstimmung in den Strafgerichten, ZStW 15 (1895), S. 217 ff.; *K. Binding*, Grundriss des Deutschen Strafprocessrechts, 4. Aufl. 1900, S. 162 ff.; *ders.*, Strafrechtliche und strafprozessuale Abhandlungen, Bd. 2, 1915, S. 150 ff.; *A. Zeiler*, Unbestimmtheit der Rechtsanwendung, salomonische Entscheidung und Mehrheitsregel, 1915, S. 29 ff.; *ders.*, Ein neuer Lösungsversuch zur Frage der Abstimmung im Ratsgericht, ZStW 41 (1920), S. 528 ff.; *E. Beling*, Bindings Lehre von der Abstimmung im Strafgericht, ZStW 37 (1916), S. 365 ff.; *ders.*, Rechtsfrage und revisionsinstanzliche Abstimmung im Strafprozeß, Archiv für Strafrecht und Strafprozeß 67 (1919), S. 141 ff.; *ders.*, Zur Lehre von der ratsgerichtlichen Abstimmung, ZStW 42 (1921), S. 599 ff.; *Sachse*, Die Abstimmung über die Schuldfrage im Strafgericht, ZStW 49 (1929), S. 306 ff. Zu dem damit zusammenhängenden Problem der Fragestellung im Schwurgericht vgl. *A. Dalcke*, Zur Lehre von der Fragestellung, Archiv für Preußisches Strafrecht 14 (1866), S. 153 ff.; *ders.*, Fragestellung und Verdikt im schwurgerichtlichen Verfahren, 2. Aufl. 1898; vgl. ferner rückblickend *P. Rieß*, Über das Schwurgericht im deutschen Strafprozess, in: Schöch u. a. (Hrsg.), FS Widmaier, 2008, S. 473 (489 ff.).

[246] Ausnahmen: *E. Breetzke*, Abstimmung, Spruch, Gründe, DRiZ 1962, S. 5 ff.; *A. Schafft-Stegemann*, Die Abstimmung im Strafprozess, 1964, insb. S. 27 ff.

[247] Allen voran *E. Schmidt*, Lehrkommentar StPO und GVG, Teil III, 1960, § 194 GVG Rn. 7 ff. m. w. N.

[248] *G. Mellinghoff*, Fragestellung, Abstimmungsverfahren und Abstimmungsgeheimnis

»die wesentlichen Fragen als gelöst gelten«[249], wenngleich manche Einzelheiten weiterhin ungeklärt bleiben, was auch daran liegen mag, dass dem Problem der Abstimmungsmethode, von manchen Ausnahmen im Schrifttum[250] abgesehen, keine allzu große Aufmerksamkeit zuteil wird.

(2) Heutiger prozessrecht(swissenschaft)licher Stand

(a) Grundlagen

Zunächst ist festzuhalten, dass § 194 GVG unverändert die Entscheidung über das »Abstimmungsdesign«[251], also über »den Gegenstand, die Fassung und die Reihenfolge der Fragen« (§ 194 Abs. 2 GVG), dem jeweiligen Richterkollegium anvertraut. Fest steht außerdem, dass in einem einzigen Gerichtsverfahren möglicherweise mehrere einzelne Entscheidungen zu fällen sind[252] und über jede dieser Einzelentscheidungen eine eigene Abstimmung stattfinden muss.[253] Erst auf der Ebene jeder Einzelentscheidung stellt sich die Frage, wie die Abstimmung ablaufen soll.

Sodann ist es erforderlich, für Kollegialgerichte weitere Differenzierungen als lediglich die eine zwischen Total- und Stufenabstimmung einzuführen. Denn auf der einen Seite kann das Ergebnis, über das eine Totalabstimmung stattfindet, unterschiedlich bestimmt werden, auf der anderen Seite kann die Entscheidung für eine Stufenabstimmung auf verschiedene Weise in einzelne Fragen unterteilt werden. Eine ›echte‹ Stufenabstimmung liegt ausschließlich dann vor, wenn die einzelnen Fragen nicht unverbundene Teile sind, sondern Voraussetzungen eines daraus logisch ableitbaren Ergebnisses. Demnach kann eine Gesamtentscheidung sich auch aus mehreren Totalabstimmungen über unterschiedliche Einzelentscheidungen ergeben, ohne dass ein echter Fall einer Stufenabstimmung vorliegt.

Zu unterscheiden sind deshalb vier mögliche Bezugspunkte der kollegialgerichtlichen Abstimmung.[254] Als Gegenstand einer Totalabstimmung kommt

---

im Strafverfahren, 1988. Siehe aus dieser Zeit ferner *N. Michel*, Beratung, Abstimmung und Beratungsgeheimnis, DRiZ 1992, S. 263 ff.

[249] *T. Wickern*, in: Löwe/Rosenberg (Begr.), StPO, Bd. 10, 26. Aufl. 2010, § 194 GVG Rn. 2.

[250] Für den Zivilprozess *W. Ernst*, Abstimmen über Rechtserkenntnis, JZ 2012, S. 637 (641 ff.); für den Strafprozess (allerdings mit manchen Unklarheiten in der Darstellung) *T. Wickern*, a. a. O., § 194 GVG Rn. 2 ff.; für das BVerfG *R. Mellinghoff*, in: Maunz u. a. (Hrsg.), BVerfGG, 21. EL Juli 2002, § 15 Rn. 60 ff.

[251] *W. Ernst*, a. a. O., S. 643.

[252] Neben der eigentlichen Entscheidung über den Streitgegenstand sind Zwischen- und Nebenentscheide, z. B. über ein Ablehnungsgesuch oder über die Kosten, möglich.

[253] Vgl. *W. Ernst*, Abstimmen über Rechtserkenntnis, JZ 2012, S. 637 (643). Siehe auch bereits *J. W. Planck*, Lehrbuch des Deutschen Civilprozessrechts, Bd. 1, 1887, S. 161: »Alles, was Gegenstand einer abgesonderten Entscheidung nach aussen werden kann, muss erforderlichen Falls auch im Innern des Collegs Gegenstand einer gesonderten Abstimmung sein.«

[254] Ich folge bei dieser Unterscheidung, auch (weitestgehend) in der Begrifflichkeit,

zum einen allein die Entscheidung als solche, d. h. die Entscheidungsformel, in Betracht (›Tenorabstimmung‹). Zum anderen ist es denkbar, über die der in der Entscheidung auszusprechenden Rechtsfolge zugrundeliegende Rechtsnorm, also ihre sämtlichen Voraussetzungen als Ganzes,[255] abzustimmen;[256] dabei ist zwangsläufig jede Rechtsnorm, aus der die Rechtsfolge sich ergeben kann, jeweils zum Gegenstand einer eigenen Totalabstimmung zu machen (›Abstimmung nach Teilen‹[257]). Im ersten Fall würde zum Beispiel lediglich über den Herausgabeanspruch (im prozessualen Sinne[258]) des Klägers gegen den Beklagten abgestimmt, im zweiten Fall über die konkrete Anspruchsgrundlage und dies für jede Anspruchsgrundlage getrennt, also je isoliert über § 985, § 861 Abs. 1, § 1007 Abs. 1 BGB usw. Als Gegenstände einer Stufenabstimmung kommen demgegenüber zum einen die einzelnen (rechtlichen und tatsächlichen) Voraussetzungen einer Rechtsnorm (›Abstimmung nach Elementen‹), zum anderen die zugrundeliegenden, d. h. die Annahme oder Ablehnung der Voraussetzungen motivierenden Entscheidungsgründe (›Abstimmung nach Gründen‹) in Betracht. Im ersten Fall würde zum Beispiel bei § 861 Abs. 1 BGB isoliert über die Besitzentziehung beim Anspruchsteller, die verbotene Eigenmacht, den fehlerhaften Besitz des Anspruchsgegners usw. abgestimmt, im zweiten Fall (zusätzlich) über die einzelnen Gründe, etwa die Glaubwürdigkeit eines Zeugen.

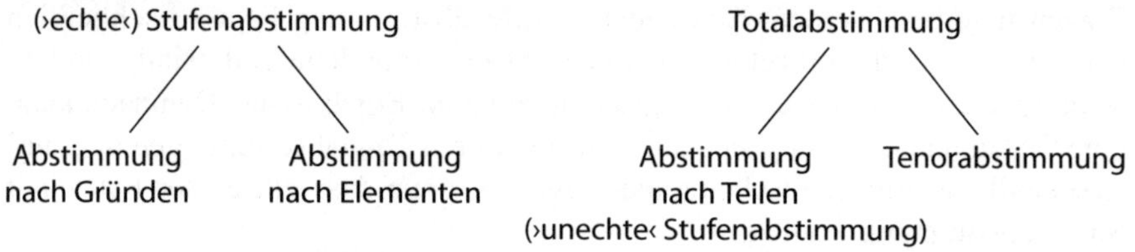

Grafik D.3: Abstimmungsmethoden

G. Mellinghoff, Fragestellung, Abstimmungsverfahren und Abstimmungsgeheimnis im Strafverfahren, 1988, S. 23 ff.

[255] Dabei können sich die Voraussetzungen auch aus mehr als einer einzigen Rechtsnorm im Sinne eines Paragraphen ergeben, z. B. aus § 280 Abs. 1, 3, § 283 BGB (Schadensersatz wegen anfänglicher Unmöglichkeit) oder § 212 Abs. 1, § 13 Abs. 1, §§ 22, 23 Abs. 1 StGB (versuchter Totschlag durch Unterlassen).

[256] *G. Mellinghoff*, Fragestellung, Abstimmungsverfahren und Abstimmungsgeheimnis im Strafverfahren, 1988, S. 25, nennt (nur) diesen Fall »Totalabstimmung« und bezeichnet die allgemeine Totalabstimmung als »Ergebnisabstimmung«.

[257] Dieser Begriff ist übernommen von *T. Wickern*, in: Löwe/Rosenberg (Begr.), StPO, Bd. 10, 26. Aufl. 2010, § 194 GVG Rn. 4.

[258] Prozessualer Anspruch ist der Streitgegenstand, der durch Klageantrag sowie zugrundeliegenden Lebenssachverhalt bestimmt wird und von den möglichen, den Klageantrag rechtfertigenden materiellen Ansprüchen zu trennen ist. Vgl. etwa BGH, Beschl. v. 10.12.2002 – X ARZ 208/02 –, BGHZ 153, 173 (175).

Offensichtlich handelt es sich bei der Abstimmung nach Teilen insoweit um eine Art Stufenabstimmung, als eine Mehrzahl von Abstimmungen stattfindet und der Tenor als Endergebnis sich aus diesen Abstimmungsergebnissen ergibt. Der Unterschied dieser ›unechten‹ zur ›echten‹ Stufenabstimmung liegt darin, dass das Ergebnis nicht aus vorangehenden Prämissen gefolgert wird, sondern nur in einer Zusammenfassung der Teilergebnisse besteht. Aus dem Vorliegen eines Vertrags und einer vertragswidrigen Handlung ist der Vertragsbruch logisch abzuleiten; dass der Kläger Herausgabe aus § 985, § 861 Abs. 1 und § 1007 Abs. 1 BGB verlangen kann, ist hingegen nur die Aneinanderreihung dreier Ergebnisse.[259]

Nicht auf die logische Verknüpfung zwischen den Teilentscheidungen und dem Ergebnis, sondern auf das Verhältnis der Teilentscheidungen zueinander abstellend liegt der Unterschied darin, dass bei der Stufenabstimmung über ›sequenzielle‹, bei der Abstimmung nach Teilen hingegen über ›nicht-sequenzielle‹ Teilfragen entschieden wird.[260] Sequenziell meint, dass eine Teilfrage in eine bestimmte Richtung entschieden sein muss, damit das Gericht die nächste Teilfrage stellen kann. Im Ausgangsbeispiel stellt sich die Frage nach einer vertragswidrigen Handlung erst, wenn das Vorliegen eines Vertrags bejaht wurde. Wird der Vertrag verneint, so gewinnt der Beklagte im Ergebnis; wird er bejaht, so ist über die zweite Teilfrage zu entscheiden. Wer hier gewinnt, gewinnt auch im Ergebnis. Das Gericht arbeitet in diesem Sinne eine Stufenfolge von Fragen ab.[261] Bei der Abstimmung nach Teilen hingegen stehen die einzelnen Abstimmungen nicht in einem sequenziellen Verhältnis zueinander. Ein Herausgabeanspruch aus Vertrag steht gleichrangig neben einem deliktischen Herausgabeanspruch: Unabhängig davon, wie über den einen Anspruch entschieden wird, muss auch eine Entscheidung über den anderen Anspruch getroffen werden.[262] Von der Differenzierung zwischen sequenziellen und nicht-sequen-

---

[259] Freilich liegt auch in der bloßen Konjunktion mehrerer Einzelentscheidungen eine logische Verknüpfung. Doch besteht ein erheblicher qualitativer Unterschied zwischen der Notwendigkeit, mehrere bereits akzeptierte Aussagen auch zusammen zu akzeptieren, und der Notwendigkeit, eine weitere Aussage zu akzeptieren.

[260] Diese Differenzierung stammt von *M. I. Meyerson*, The Irrational Supreme Court, Neb. Law Rev. 84 (2006), S. 895 (921 f.). Seine Bezeichnungen lauten »sequential« und »independent«; mit ›unabhängig‹ soll hier aber logische Unabhängigkeit zwischen verschiedenen Entscheidungen gemeint sein (*M. I. Meyerson*, a. a. O., S. 922, nennt dies »distinct«).

[261] Das Bild wird dadurch etwas verkompliziert, dass auch eine einzelne Rechtsnorm (bzw. Rechtsfolge) Voraussetzungen haben kann, die nicht kumulativ, sondern alternativ sind und deshalb als nicht-sequenziell erscheinen. Doch verhält es sich hier lediglich umgekehrt zum Fall kumulativer Voraussetzungen: Liegt die erste *kumulative* Voraussetzung *nicht* vor, so gewinnt der Beklagte und die weiteren Voraussetzungen müssen nicht mehr geprüft werden; liegt die erste *alternative* Voraussetzung vor, so gewinnt der Kläger und die weiteren Voraussetzungen müssen nicht mehr (können aber freilich noch) geprüft werden.

[262] Hier besteht eine weitere Komplikation: Eine getrennte Abstimmung über die verschiedenen Anspruchsgrundlagen setzt voraus, dass über die Begründetheit getrennt von der Zulässigkeit entschieden wird. Zulässigkeit und Begründetheit stehen indes in einem sequen-

ziellen Fragen zu unterscheiden ist das Problem, ob einzelne Fragen auch logisch unabhängig voneinander sind, ob also jede Kombination inhaltlicher Entscheidungen logisch möglich ist. So kann es durchaus der Fall sein, dass bei zwei nicht-sequenziellen Fragen die eine Entscheidung sich auf die andere auswirkt.[263] Umgekehrt sind auch sequenzielle Fragen in der Regel logisch unabhängig voneinander.[264]

Aus der beschriebenen Ähnlichkeit der Abstimmung nach Teilen mit der Stufenabstimmung folgt auch, dass sich aus § 195 GVG, der von Abstimmungen über mehrere Fragen ausgeht, kein grundsätzlicher Vorrang der Stufenabstimmung ableiten lässt,[265] da auch die Abstimmung nach Teilen eine Mehrzahl von Abstimmungen erfordert. § 195 GVG lässt sich somit lediglich entnehmen, dass die Aufspaltung der Abstimmung in einzelne Fragen zulässig,[266] eine Tenorabstimmung also nicht zwingend ist.

(b) Zivilgerichtsbarkeit

Für den Zivilprozess[267] ist die Stufenabstimmung in Form der Abstimmung nach Elementen einhellig[268] als richtige Abstimmungsmethode anerkannt.[269] Zur Begründung wird argumentiert, dass allein diese Abstimmungsmethode

---

ziellen Verhältnis. Das bedeutet, dass insoweit eine Abstimmung nach Teilen auf der Ebene der Ansprüche eine Stufenabstimmung auf einer höheren Ebene voraussetzt. Es kann nur betont werden: Die logischen Verknüpfungen im Recht sind vielfältig und wie immer ist die Realität komplizierter, als die Theorie abzubilden vermag.

[263] Beispiel: Ein Schadensersatzanspruch aus Eigentümer-Besitzer-Verhältnis (§§ 989, 990 Abs. 1 BGB) schließt (grundsätzlich) einen Anspruch aus § 823 Abs. 1 BGB aus.

[264] Beispiel: Aus dem Vorliegen eines Vertrags folgt nicht, ob eine vertragswidrige Handlung begangen wurde oder nicht. Sogar einen Vertrag zu verneinen, aber – unterstellt, es bestünde ein Vertrag – eine vertragswidrige Handlung zu bejahen, ist im Sinne eines ›eventuellen Votierens‹ (siehe oben Fn. 8) logisch möglich.

[265] So aber *E. Breetzke*, Abstimmung, Spruch, Gründe, DRiZ 1962, S. 5 (6); *H. Brox*, Rechtsprobleme der Abstimmungen beim Bundesverfassungsgericht, in: Ritterspach/Geiger (Hrsg.), FS Müller, 1970, S. 1 (1); *R. Mellinghoff*, in: Maunz u. a. (Hrsg.), BVerfGG, 21. EL Juli 2002, § 15 Rn. 61; *R. Eschelbach*, in: Umbach/Clemens/Dollinger (Hrsg.), BVerfGG, 2. Aufl. 2005, § 15 Rn. 105. Kritisch *G. Mellinghoff*, Fragestellung, Abstimmungsverfahren und Abstimmungsgeheimnis im Strafverfahren, 1988, S. 73 Fn. 266.

[266] Vgl. *W. Zimmermann*, in: MüKo ZPO, Bd. 3, 5. Aufl. 2017, § 195 GVG Rn. 1; *K. Schreiber*, in: Wieczorek/Schütze (Hrsg.), ZPO, Bd. 13, Tbd. 1, 4. Aufl. 2018, § 195 GVG Rn. 2.

[267] Gleiches dürfte, nicht zuletzt in der Praxis, für die sonstigen Fachgerichtsbarkeiten mit Ausnahme des Strafprozesses gelten. Für die Finanzgerichte vgl. *Jahn*, Die Abstimmung, insbesondere bei den Steuergerichten, ZStW 53 (1934), S. 490 ff.; für das BPatG vgl. *I. Schnurr*, in: BeckOK Patentrecht, § 70 PatG Rn. 10.

[268] Vgl. bereits *E. Breetzke*, Abstimmung, Spruch, Gründe, DRiZ 1962, S. 5 (5): »Im Zivilprozeß gibt es über die Art der Abstimmung keine Meinungsverschiedenheit.«

[269] Vgl. *M. Jacobs*, in: Stein/Jonas (Hrsg.), ZPO, Bd. 10, 22. Aufl. 2011, § 194 GVG Rn. 6; *K. Schreiber*, in: Wieczorek/Schütze (Hrsg.), ZPO, Bd. 13, Tbd. 1, 4. Aufl. 2018, § 194 GVG Rn. 7; *A. Baumbach/W. Lauterbach/J. Albers/P. Hartmann*, ZPO, 78. Aufl. 2020, § 194 GVG Rn. 1.

der Pflicht zur Begründung des Gerichtsurteils[270] gerecht werde.[271] Dass die Entscheidung begründet werden muss, erfordert aber zunächst einmal lediglich eine begründ*bare* Entscheidung und nicht, dass die Begründung, genauer: jeder Schritt der Begründung,[272] von der bzw. jeweils einer Mehrheit getragen wird. Diesem Begründungserfordernis könnte an sich auch dadurch Genüge getan werden,[273] dass die verschiedenen Begründungen der Richter aufgeführt werden[274] oder dass der Verfasser des Urteils eine einheitliche Begründungslinie aussucht[275]. Das eigentliche Problem besteht darin, dass im ersten Fall keine einheitliche Begründung ergeht, in zweitem Fall die einheitliche Begründung nicht von der Richtermehrheit getragen wird.[276]

Doch auch wenn die Begründungspflicht beides erfordern sollte – dass eine einheitliche Begründung des Urteils ergeht und diese von der Mehrheit des Spruchkörpers getragen wird –, so folgt daraus nicht ohne Weiteres, dass die mehrheitlich akzeptierte Begründung das Ergebnis bestimmen muss, denn es könnte auch umgekehrt zuerst das Ergebnis per Mehrheitsbeschluss festgestellt und sodann über eine Begründung abgestimmt werden.[277] In der Tat ist es gerichtliche Praxis, die Entscheidungsgründe erst nach der eigentlichen Entscheidungsfindung (und nicht selten, insbesondere bei Stuhlurteilen, auch erst nach

[270] Vgl. § 286 Abs. 1 Satz 2, § 311 Abs. 3, § 313 Abs. 1 Nr. 6, Abs. 3 ZPO.

[271] *E. Breetzke*, Abstimmung, Spruch, Gründe, DRiZ 1962, S. 5 (5); *K. Schreiber*, in: Wieczorek/Schütze (Hrsg.), ZPO, Bd. 13, Tbd. 1, 4. Aufl. 2018, § 194 GVG Rn. 7; *A. Baumbach/W. Lauterbach/J. Albers/P. Hartmann*, ZPO, 78. Aufl. 2020, § 194 GVG Rn. 1. Siehe auch bereits *C. de Fontenay*, Ueber die Abstimmung in Richtercollegien, 1. Aufl. 1847, S. 20 ff.; *G. Pfizer*, Abstimmung und Revision, ZZP 15 (1891), S. 365 (368 f.). Vgl. ferner *K. F. Röhl/H. C. Röhl*, Allgemeine Rechtslehre, 3. Aufl. 2008, S. 279, die dieses Argument als »einleuchtend« bezeichnen.

[272] Vgl. *H. Brox*, Rechtsprobleme der Abstimmungen beim Bundesverfassungsgericht, in: Ritterspach/Geiger (Hrsg.), FS Müller, 1970, S. 1 (3): »Nur diese Methode gewährleistet, daß die Begründung der Entscheidung *in allen Punkten* auf dem Mehrheitswillen beruht« (Herv. des Verf.).

[273] Vgl. zu beiden Möglichkeiten *A. Zacke*, Ueber Beschlussfassung in Versammlungen und Collegien, 1867, S. 64 f.

[274] So im angelsächsischen Rechtssystem (siehe unten (3)) und nach ganz h. M. auch im Strafprozess (siehe unten III.3.).

[275] So für das Verhältnis von Berufsrichter und Schöffen (vgl. dazu noch unten III.1.) *M. Alsberg*, Die Urteilsbegründung des überstimmten Richters, JW 1926, S. 2164 (2165); *ders.*, Anmerkung zu RG v. 24.10.1929 – 3 D 844/29 –, JW 1930, S. 762 (762 f.), mit Erwiderung von *Sachse*, Die Urteilsbegründung des von den Schöffen überstimmten Berufsrichters, JW 1930, S. 2520 f., und Replik von *M. Alsberg*, Die Urteilsbegründung des von den Schöffen überstimmten Berufsrichters, JW 1930, S. 2521 f.

[276] Deshalb diese beiden Arten der Begründung ablehnend *C. de Fontenay*, Ueber die Abstimmung in Richtercollegien, 1. Aufl. 1847, S. 21 f.

[277] Dafür *K. Binding*, Grundriss des Deutschen Strafprocessrechts, 4. Aufl. 1900, S. 163; *ders.*, Strafrechtliche und strafprozessuale Abhandlungen, Bd. 2, 1915, S. 149 f. Vgl. auch *J. Ferejohn*, Positive Theory and the Internal View of Law, Univ. Pa. J. Const. Law 10 (2008), S. 273 (294, 299).

der Entscheidungsverkündung[278]) abzufassen,[279] wobei im Falle von Meinungsverschiedenheiten zwischen den Richtern über Inhalt und Formulierung die Mehrheit entscheidet.[280] Dabei handelt es sich sogar auch um eine Art – wenn man so möchte: eine umgekehrte – Stufenabstimmung. Erneut mag ein politisches Beispiel[281] zur Veranschaulichung dienen. Angenommen, einer Regierung ist bewusst, dass sie zwar die Verteidigungs- oder die Sozialausgaben jeweils einzeln, beide zusammen aber nur dann erhöhen kann, wenn sie auch die Steuern erhöht. Im April entscheidet die Regierung (mit Mehrheit), die Verteidigungsausgaben zu erhöhen; im Juli entscheidet sie (ebenfalls mit Mehrheit), auch die Sozialausgaben zu erhöhen. In der Folge müssen die Steuern erhöht werden. Es wäre aber auch folgender umgekehrter Ablauf denkbar. Bei Regierungsantritt (oder im Wahlkampf davor) legt sich die Regierung (aufgrund eines Mehrheitsbeschlusses) darauf fest, die Steuern nicht zu erhöhen. Wiederum entscheidet sie im April, die Verteidigungsausgaben zu erhöhen. Bei der im Juli zu treffenden Entscheidung über die Sozialausgaben ist die Regierung nun, will sie nicht inkonsequent erscheinen,[282] gezwungen, diese nicht zu erhöhen, selbst wenn eine Mehrheit der Regierungsmitglieder an sich dafür ist.

So wie es in diesem politischen Beispiel möglich ist, das Ergebnis – Steuererhöhung ja oder nein – von vorangehenden Abstimmungen – über die Verteidigungs- und Sozialausgaben – bestimmen zu lassen, es umgekehrt aber auch möglich ist, zuerst das Ergebnis festzulegen, sodass nachfolgende Abstimmungen daran gebunden sind, so kann auch ein Gericht seine Entscheidung mittels Abstimmungen über die einzelnen Elemente gewinnen oder die Entscheidungsgründe nachträglich dem mehrheitlich akzeptierten Ergebnis anpassen.[283] Soll-

[278] Das Stuhlurteil ist im Strafprozess (§ 268 Abs. 3 StPO) die Regel, im Zivilprozess (§ 311 Abs. 2–4 ZPO) die Ausnahme. Selbst im Falle eines Verkündigungstermins ist die vorherige Abfassung der Begründung für den Strafprozess nur als Soll-Vorschrift (§ 268 Abs. 4 StPO) geregelt und für den Zivilprozess sogar generell entbehrlich; vgl. *H.-J. Musielak*, in: MüKo ZPO, Bd. 1, 5. Aufl. 2016, § 311 Rn. 4. – Beim BVerfG liegt zwar die ausformulierte Entscheidung zum Zeitpunkt der Verkündung stets schon vor, aber auch hier sind Entscheidungsfindung und Entscheidungsformulierung (jedenfalls bei den Senaten) als zwei Stufen zeitlich getrennt. Vgl. zu Entscheidungs- und Leseberatung *U. Kranenpohl*, Hinter dem Schleier des Beratungsgeheimnisses, 2010, S. 94 ff.

[279] Deutlich wird dies nicht zuletzt an der strafprozessualen Unterscheidung zwischen den mündlichen Urteilsgründen und den Gründen der Urteilsurkunde. Vgl. §§ 267, 268 Abs. 1, 4 StPO und *K. Peters*, Strafprozeß, 4. Aufl. 1985, § 53 II 5 (S. 493).

[280] Siehe auch noch unten III. vor 1.

[281] Angelehnt an *P. Pettit*, Collective Persons and Powers, Leg. Theory 8 (2002), S. 443 (453 f.).

[282] Das Beispiel betrifft das Problem der zeitübergreifenden Konsistenz, also die diachronische Variante der Stufenabstimmung (siehe oben Fn. 135). Es soll hier nur verdeutlichen, wie sich die Änderung der Abstimmungsreihenfolge auswirkt.

[283] Insofern in letzterem Fall die Mehrheitsentscheidung über das Ergebnis in Verbindung mit Mehrheitsentscheidungen über alle Prämissen außer einer die Entscheidung über diese Prämisse bestimmt, liegt damit eine Modus-tollens-Form der Stufenabstimmung vor; vgl. *P. Pettit*, Collective Persons and Powers, Leg. Theory 8 (2002), S. 443 (450). Es handelt sich dabei

te sich das Mehrheitserfordernis des § 196 Abs. 1 GVG sowohl auf den Tenor als auch auf die Entscheidungsgründe beziehen, kann daraus also nicht abgeleitet werden, dass die Abstimmung über diese Gründe »vor oder wenigstens zugleich mit«[284] der Abstimmung über das Ergebnis stattfinden muss.[285] Daraus, dass über zwei Gegenstände je ein Mehrheitsbeschluss stattfinden muss, ergibt sich nicht automatisch die Reihenfolge der Abstimmungen.

Ausgeschlossen werden kann zunächst lediglich die Tenorabstimmung,[286] da sie nicht einmal die Möglichkeit garantiert, eine Rechtsnorm als Grundlage für die Entscheidung anzugeben. Es ist also zumindest über solche Teilfragen abzustimmen, die in dem Sinne unabhängig voneinander sind, dass sie nicht in einem ›sequenziellen‹ Verhältnis, also in einer auf ein logisch abzuleitendes Ergebnis gerichteten Stufenfolge zueinander stehen.[287] Zur Begründung dafür, dass innerhalb dieser Teile auch über die einzelnen Elemente, also die sequenziellen Fragen, abzustimmen ist, wäre weitergehend zu zeigen, dass die kollegialgerichtliche Entscheidung auf jeweils mehrheitlich akzeptierten Entscheidungsgründen basieren soll, dass also die Begründung der Entscheidung im Sinne der logischen Herleitung der Entscheidung Vorrang hat vor dem mehrheitlich gewollten Ergebnis.

Der praktischen Anwendung der Abstimmung nach Elementen zugewendet ist zu beachten, dass mit deren Festlegung als der richtigen Abstimmungsmethode noch nicht geklärt ist, welche »Elemente der Entscheidung«[288] es ganz genau sind, über die das Kollegium abzustimmen hat. Hier stellt sich das schon im 19. Jahrhundert beobachtete[289] Problem, dass eine Entscheidung potentiell in immer weitere Elemente aufgespaltet werden kann. Zunächst ist aber auf den Unterschied zwischen der Abstimmung nach Elementen und der Abstimmung nach Gründen hinzuweisen. Erstere umfasst ausschließlich die »Thatbestands-

---

eigentlich nicht um eine Stufenabstimmung im Sinne einer ›premise-based rule‹, sondern allgemeiner um eine ›sequential priority rule‹, bei der die Fragen in eine Reihenfolge der Priorität gebracht werden und für jede Frage die Mehrheitsentscheidung nur dann akzeptiert wird, wenn sie mit den davor getroffenen Mehrheitsentscheidungen konsistent ist. Vgl. *C. List/P. Pettit*, Aggregating Sets of Judgments: An Impossibility Result, Econ. Philos. 18 (2002), S. 89 (104 f.); *C. List*, A Model of Path-Dependence in Decisions Over Multiple Propositions, Am. Political Sci. Rev. 98 (2004), S. 495 (500); *ders./B. Polak*, Introduction to Judgment Aggregation, J. Econ. Theory 145 (2010), S. 441 (460). Gegen eine modus-tollens-Abstimmung bei Gerichten *B. Chapman*, Rational Aggregation, Politics Philos. Econ. 1 (2002), S. 337 (346 ff.).

[284] *C. de Fontenay*, Ueber die Abstimmung in Richtercollegien, 1. Aufl. 1847, S. 22.

[285] In diese Richtung aber *W. Ernst*, Abstimmen über Rechtserkenntnis, JZ 2012, S. 637 (643 f.).

[286] So auch *W. Ernst*, a. a. O., S. 643 f., wenngleich ohne ausreichende Differenzierung zwischen Abstimmung nach Teilen und echter Stufenabstimmung (Abstimmung nach Elementen oder Gründen).

[287] Zur Definition von ›sequenziellen‹ und ›nicht-sequenziellen‹ Fragen siehe oben (a).

[288] *A. Baumbach/W. Lauterbach/J. Albers/P. Hartmann*, ZPO, 78. Aufl. 2020, § 194 GVG Rn. 1.

[289] Vgl. oben (1)(a) mit Fn. 237.

momente«[290], also die rechtlichen Voraussetzungen der Rechtsfolge, nicht aber die subjektiven, allein der freien richterlichen Überzeugung unterfallenden[291] Gründe für die Bejahung oder Verneinung der verschiedenen Einzelfragen. Was sodann die Frage anbelangt, wie die einzelnen zur Abstimmung zu stellenden Voraussetzungen festgelegt werden, so kann diesem Problem begegnet werden, indem, ganz im Sinne der Zuständigkeitsregel des § 194 Abs. 2 GVG, eine Abstimmung über jede Einzelfrage stattfindet, für die das Kollegium durch Mehrheitsbeschluss eine Abstimmung verlangt.[292]

(c) Strafgerichtsbarkeit

Für den Strafprozess ist meist davon die Rede, dass im Gegensatz[293] zum Zivilprozess die Totalabstimmung Anwendung finde. Genauer gesagt darf die Abstimmung nach Teilen als Grundsatz des Strafprozesses gelten.[294] Doch muss die Frage nach der Abstimmungsmethode für verschiedene Abstimmungsthemen der Strafgerichtsbarkeit[295] je für sich aufgeworfen und beantwortet werden. Für die Tatsacheninstanz ist mindestens zu differenzieren zwischen Schuldfrage, Rechtsfolgenfrage, Prozessvoraussetzungen und sonstigen Fragen. Zudem ist das Problem für die Revisionsinstanz gesondert zu betrachten.

Zunächst ist festzuhalten, dass – wie bereits die Differenzierung im Wortlaut des § 263 Abs. 1 StPO nahelegt – über Schuldfrage und Rechtsfolgenfrage getrennt abzustimmen ist.[296] Betreffend die Schuldfrage ist nach allgemeiner

---

290 *G. Pfizer*, Abstimmung und Revision, ZZP 15 (1891), S. 365 (375, 377).

291 Vgl. *v. Lang*, Ueber die Abstimmung in Kollegien, ZZP 26 (1899), S. 63 (66, 76 f.); ferner *W. Ernst*, Abstimmen über Rechtserkenntnis, JZ 2012, S. 637 (645).

292 Ebenso *W. Ernst*, a. a. O., S. 644. Zu Maßstab und Folgeproblemen dieser Entscheidung noch unten cc)(2).

293 Kritisch *E. Breetzke*, Abstimmung, Spruch, Gründe, DRiZ 1962, S. 5 (6): »Dieser Gegensatz ist der Einheit des Rechts abträglich.« Für eine einheitliche Lösung auch *A. Zeiler*, Ein neuer Lösungsversuch zur Frage der Abstimmung im Ratsgericht, ZStW 41 (1920), S. 528 ff. (Stufenabstimmung); *F. Haymann*, Die Mehrheitsentscheidung, in: Tatarin-Tarnheyden (Hrsg.), FG Stammler, 1926, S. 395 (426 f.); *O. Katholnigg*, Strafgerichtsverfassungsrecht, 3. Aufl. 1999, § 194 GVG Rn. 4 Fn. 18 (beide Totalabstimmung). Kritisch zu Breetzkes Argument der Einheitlichkeit der Rechtsordnung *G. Mellinghoff*, Fragestellung, Abstimmungsverfahren und Abstimmungsgeheimnis im Strafverfahren, 1988, S. 52 f.

294 Insoweit zutreffend *T. Wickern*, in: Löwe/Rosenberg (Begr.), StPO, Bd. 10, 26. Aufl. 2010, § 194 GVG Rn. 4. Siehe auch *E. Schmidt*, Lehrkommentar StPO und GVG, Teil III, 1960, § 194 GVG Rn. 11.

295 Vgl. nur die Gliederung von *G. Mellinghoff*, Fragestellung, Abstimmungsverfahren und Abstimmungsgeheimnis im Strafverfahren, 1988, S. 5 ff.

296 *C.-F. Stuckenberg*, in: Löwe/Rosenberg (Begr.), StPO, Bd. 6, Tbd. 2, 26. Aufl. 2013, § 263 Rn. 2; *P. Velten*, in: SK StPO, Bd. V, 5. Aufl. 2016, § 263 Rn. 8; siehe auch bereits *A. Zacke*, Ueber Beschlussfassung in Versammlungen und Collegien, 1867, S. 42. Darin liegt zugleich eine Teillösung für das Problem der Nicht-Binarität der strafgerichtlichen Entscheidung (siehe noch unten II.2.a)); vgl. allgemein *C. Bolgiano*, Zur Lehre von der Urtheilsschöpfung, ZZP 15 (1891), S. 387 (388 ff.).

Ansicht[297] über die Schuld als solche, aber nicht in abstracto im Wege der Tenorabstimmung, sondern für jeden Straftatbestand einzeln abzustimmen (Abstimmung nach Teilen).[298] Folglich handelt es sich bei der Abstimmung über die Schuldfrage keineswegs um eine Ausnahme vom Grundsatz der Abstimmung nach Teilen.[299] Über die »Unterfragen«[300], also Tatbestandsmäßigkeit, Rechtswidrigkeit und Schuld bzw. deren jeweilige einzelne Voraussetzungen wird jedoch nicht abgestimmt,[301] denn dies, so das Argument,

> würde auf eine künstliche, dem Wesen der Sache widerstreitende Zergliederung der »Tat« hinauslaufen und dahin führen können, dass jemand verurteilt würde, den die Mehrheit nicht für schuldig hält und freisprechen will.[302]

Bereits das Reichsgericht hatte argumentiert, dass

> es nicht angängig ist, durch Teilung der Fragen nach den einzelnen Momenten, aus deren Zusammenhang sich das Schuldig ergibt, eine künstliche Majorität zu gewinnen, wenn der Gerichtshof tatsächlich das Gesamtresultat mit der vom Gesetz vorgeschriebenen Majorität nicht will.[303]

Auch in der Literatur ist angeführt worden, dass ausschließlich »die Totalabstimmung gewährleistet, daß eine Entscheidung zustande kommt, hinter der richterlicher Entscheidungswille mit der gesetzlich geforderten Majorität«[304] stehe, wohingegen bei einer Abstimmung nach Elementen das Resultat sogar der einhelligen Ansicht aller Richter widersprechen könne.[305] In dieser Argu-

---

297 BGH, Urt. v. 15.07.1976 – 4 StR 7/76 –, DRiZ 1976, S. 319; *H. Frister*, in: SK StPO, Bd. IX, 5. Aufl. 2016, § 194 GVG Rn. 9 m. w. N.; *Y. Ott*, in: Karlsruher Kommentar StPO, 8. Aufl. 2019, § 263 Rn. 3; *U. Franke*, in: Satzger/Schluckebier (Hrsg.), StPO, 4. Aufl. 2020, § 263 Rn. 4.

298 Ausnahmen von diesem Grundsatz werden für bestimmte Aspekte (abstrakte Rechtsfragen, objektive Bedingungen der Strafbarkeit, besondere Umstände im Sinne des § 263 Abs. 2 StPO, Konkurrenzen und Wahlfeststellung), großteils kontrovers, diskutiert. Vgl. *G. Mellinghoff*, Fragestellung, Abstimmungsverfahren und Abstimmungsgeheimnis im Strafverfahren, 1988, S. 32 ff.

299 So aber *T. Wickern*, in: Löwe/Rosenberg (Begr.), StPO, Bd. 10, 26. Aufl. 2010, § 194 GVG Rn. 6, der von einer »Ausnahme vom Grundsatz, dass über einzelne Teilfragen abzustimmen ist«, schreibt und damit nicht ausreichend zwischen Abstimmung nach Teilen und Abstimmung nach Elementen unterscheidet.

300 *T. Wickern*, a. a. O., § 194 GVG Rn. 6.

301 Möglich sind Abstimmungen über Teil- und Vorfragen, um das Meinungsbild im Kollegium einzufangen, ohne jedoch für die allein entscheidende Totalabstimmung über die Schuldfrage bindende Wirkung zu entfalten; vgl. RG, Urt. v. 28.02.1927 – II 46/27 –, RGSt 61, 217 (220); BGH, Urt. v. 15.07.1976 – 4 StR 7/76 –, DRiZ 1976, S. 319; OLG Hamm, Urt. v. 10.07.1981 – 1 Ss 778/81 –, juris; siehe ferner *T. Wickern*, a. a. O., § 194 GVG Rn. 13 f.

302 *T. Wickern*, a. a. O., § 194 GVG Rn. 6.

303 RG, Urt. v. 13.10.1880 – 2059/80 –, RGSt 2, 379 (381); in der Sache ebenso RG, Urt. v. 17.04.1883 – 598/83 –, RGSt 8, 218 (220).

304 *E. Schmidt*, Lehrkommentar StPO und GVG, Teil III, 1960, § 194 GVG Rn. 12.

305 Vgl. (auch für den Zivilprozess) *v. Schlieben*, Grundlinien der Psephistik, Juristische Zeitung für die königlich preußischen Staaten 1834, Sp. 561 (569 f.).

mentation kommt einerseits genau die Lehre des ›doctrinal paradox‹ zum Ausdruck, wie folgendes (drastisches) Beispiel verdeutlichen mag:

Tabelle D.12: strafrechtliches Beispiel für das ›doctrinal paradox‹

	Tatbestand	*Rechtswidrigkeit*	*Schuld*	*Schuldfrage*
A	Nein	Ja	Ja	Nein
B	Ja	Nein	Ja	Nein
C	Ja	Ja	Nein	Nein
Mehrheit	*Ja*	*Ja*	*Ja*	*Nein*

Andererseits wird dabei die Antwort auf die vom diskursiven Dilemma aufgeworfene Frage, ob nämlich für die Kollegialentscheidung die Herleitung oder das mehrheitlich befürwortete Ergebnis ausschlaggebend sein soll, eher vorausgesetzt denn begründet. Wird das Schrifttum eingehender daraufhin befragt, warum das Ziel der Abstimmung das mehrheitlich gewollte Ergebnis sei, so zeigt sich,[306] dass dem letztlich die Annahme zugrunde liegt, dass die Mehrheitsentscheidung das wahrscheinlich richtige Urteil sei.[307] Auf die damit aufgeworfene Frage nach der epistemischen Qualität von Total- und Stufenabstimmung wird noch einzugehen sein.[308] Als weitere Begründung wird angeführt, nur die Totalabstimmung gewährleiste die Beachtung des Grundsatzes ›in dubio pro reo‹ für den Fall, dass jeder Richter aus einem anderen Grund die Schuld verneint.[309] Dem ist zwar grundsätzlich zutreffend entgegengehalten worden, dass damit nicht gesagt ist, warum der Zweifel je eines Richters nicht jeweils durch die (Zweidrittel-)Mehrheit der anderen Richter beseitigt werden kann.[310] Aber unter dem für den Strafprozess maßgeblichen epistemischen

[306] Zuerst erkannt von *G. Mellinghoff*, Fragestellung, Abstimmungsverfahren und Abstimmungsgeheimnis im Strafverfahren, 1988, S. 75 f.

[307] Vgl. *Waldeck*, Beiträge zur Beantwortung der Frage: Ob über den Tenor oder die Gründe eines Urtheils abzustimmen?, Neues Archiv für Preußisches Recht und Verfahren, sowie für Deutsches Privatrecht 7 (1841), S. 427 (434); *A. Zacke*, Ueber Beschlussfassung in Versammlungen und Collegien, 1867, S. 57; *A. v. Kries*, Lehrbuch des Deutschen Strafprozeßrechts, 1892, S. 441 ff.; *E. H. Rosenfeld*, Der Reichs-Strafprozeß, 4./5. Aufl. 1912, S. 151; *F. Haymann*, Die Mehrheitsentscheidung, in: Tatarin-Tarnheyden (Hrsg.), FG Stammler, 1926, S. 395 (422 ff.). Damit hingegen die Stufenabstimmung begründend *C. de Fontenay*, Ueber die Abstimmung in Richtercollegien, 1. Aufl. 1847, S. 17 ff.; 2. Aufl. 1868, S. 15 ff. Kritisch gegenüber einer auf die (Wahrscheinlichkeit der) Richtigkeit der Entscheidung abstellenden Betrachtung *C. G. v. Coelln*, Das Beratungsgeheimnis, 1931, S. 40 f., dem insofern zuzustimmen ist, als es für die Rechtsfindung keinen Richtigkeitsmaßstab gibt (vgl. oben B.III.2.b)cc)(1)).

[308] Siehe unten dd).

[309] *A. v. Kries*, Lehrbuch des Deutschen Strafprozeßrechts, 1892, S. 441; *E. H. Rosenfeld*, Der Reichs-Strafprozeß, 4./5. Aufl. 1912, S. 151; *E. Schmidt*, Lehrkommentar StPO und GVG, Teil III, 1960, § 194 GVG Rn. 13; *E. Schlüchter*, Das Strafverfahren, 2. Aufl. 1983, Rn. 582.

[310] *G. Mellinghoff*, Fragestellung, Abstimmungsverfahren und Abstimmungsgeheimnis im Strafverfahren, 1988, S. 73. Zweifel auch bei *F. Haymann*, Die Mehrheitsentscheidung, in: Tatarin-Tarnheyden (Hrsg.), FG Stammler, 1926, S. 395 (415); *E. Breetzke*, Abstimmung,

Blickwinkel lautet die entscheidende Frage gerade, ob die Totalabstimmung oder die Stufenabstimmung ein geringeres Risiko falsch-positiver Entscheidungen aufweist.[311]

Betreffend die Rechtsfolgenfrage[312] wird ganz überwiegend ebenfalls Abstimmung nach Teilen, also eine gesonderte Abstimmung über jede einzelne Rechtsfolge gefordert.[313] Unter den sonstigen Abstimmungssituationen[314] ist insbesondere für die Frage der Prozessvoraussetzungen, oder anders formuliert: der Prozesshindernisse, die richtige Abstimmungsmethode umstritten, ob nämlich über das Vorliegen aller Prozessvoraussetzungen abzustimmen sei[315] (Tenorabstimmung) oder wiederum jedes Prozesshindernis zum Gegenstand einer selbstständigen Abstimmung gemacht werden müsse[316] (Abstimmung nach Teilen).[317] Für die Abstimmung nach Teilen und gegen die Tenorabstimmung wird angeführt, dass nur so die Entscheidung begründet werden könne.[318] Doch eine umfassende einheitliche Begründung kann ausschließlich durch eine Abstimmung nach Elementen oder gar nach Gründen sichergestellt werden. Richtigerweise ist deshalb vielmehr gemeint, dass die Abstimmung nach Teilen im Gegensatz zur Tenorabstimmung überhaupt erst die Angabe einer Rechtsnorm, also eines bestimmten Prozesshindernisses, und insoweit eine Begründung der Entscheidung ermöglicht.[319]

Schließlich gilt für die Revisionsinstanz ebenfalls der Grundsatz der Abstimmung nach Teilen, wenngleich manche Einzelheiten (ganz abgesehen von der umstrittenen Frage, ob bzw. inwieweit die Zweidrittelmehrheit des § 263 Abs. 1 StPO für die Revisionsinstanz gilt[320]) weiterhin ungeklärt sind.[321]

Spruch, Gründe, DRiZ 1962, S. 5 (8). Zur Rechtfertigung der Zweidrittelmehrheit durch den Zweifelssatz siehe oben C.I.1.a), b).

[311] Auch dazu siehe unten dd).

[312] Meist wird (synonym) der Begriff Straffrage (so auch § 196 Abs. 3 Satz 2 GVG) gebraucht, doch umfassen die »Rechtsfolgen der Tat« (§ 263 Abs. 1 StPO) neben der (Haupt-) Strafe auch andere mögliche Sanktionen. Vgl. *C.-F. Stuckenberg*, in: Löwe/Rosenberg (Begr.), StPO, Bd. 6, Tbd. 2, 26. Aufl. 2013, § 263 Rn. 14.

[313] *C.-F. Stuckenberg*, a. a. O., § 263 Rn. 14 m. w. N.

[314] Für die teilweise umstrittenen Einzelheiten sei verwiesen auf *E. Schmidt*, Lehrkommentar StPO und GVG, Teil III, 1960, § 194 GVG Rn. 7 ff.; *G. Mellinghoff*, Fragestellung, Abstimmungsverfahren und Abstimmungsgeheimnis im Strafverfahren, 1988, S. 27 ff.; *T. Wickern*, in: Löwe/Rosenberg (Begr.), StPO, Bd. 10, 26. Aufl. 2010, § 194 GVG Rn. 4 ff., jeweils m. w. N.

[315] Zuvorderst *E. Schmidt*, a. a. O., § 194 GVG Rn. 14 m. w. N.

[316] So *H. Heinemann*, Zur Lehre von der Abstimmung in den Strafgerichten, ZStW 15 (1895), S. 217 (231 ff.); *T. Wickern*, in: Löwe/Rosenberg (Begr.), StPO, Bd. 10, 26. Aufl. 2010, § 194 GVG Rn. 4.

[317] Vgl. zu diesem Streit und insb. auch zur Terminologie *G. Mellinghoff*, Fragestellung, Abstimmungsverfahren und Abstimmungsgeheimnis im Strafverfahren, 1988, S. 41 ff.

[318] *T. Wickern*, in: Löwe/Rosenberg (Begr.), StPO, Bd. 10, 26. Aufl. 2010, § 194 GVG Rn. 4.

[319] Vgl. dazu oben (b).

[320] Nach h. M. gilt für die (lediglich über abstrakte Rechtsfragen entscheidende) Revisi-

(d) Verfassungsgerichtsbarkeit

Für die Abstimmung im Bundesverfassungsgericht[322] hat sich eine Kombination aus Stufen- und Totalabstimmung dergestalt etabliert, dass grundsätzlich jene, ausnahmsweise jedoch bei bestimmten Verfahrensarten diese zur Anwendung kommt. Als Grundsatz ist die Abstimmung nach Elementen[323] anerkannt.[324] Nicht durchgesetzt hat sich eine Mindermeinung,[325] die eine Totalabstimmung in den Fällen fordert, in denen zwischen allen Richtern Einigkeit bezüglich des Ergebnisses herrscht, die Stufenabstimmung aber zu dem anderen Ergebnis führt.[326] Wie für den Zivilprozess wird die Anwendung der Abstimmung nach Elementen damit begründet, dass »das Gericht die Entscheidungsgründe bis ins einzelne darzulegen hat und diese deshalb auf der Auffassung der Mehrheit des Kollegiums beruhen müssen.«[327] Dabei wird auch darauf hingewiesen, dass eine besondere Bedeutung der Notwendigkeit, die Entscheidungsgründe auf den Mehrheitswillen zurückzuführen, sich für das Bundesverfassungsgericht aus § 31 BVerfGG ergebe,[328] an dessen Bindungswirkung nach ständiger Rechtsprechung[329] neben dem Entscheidungsausspruch auch die

---

onsinstanz grundsätzlich die einfache Mehrheit des § 196 Abs. 1 GVG, die Zweidrittelmehrheit nur ausnahmsweise, wenn das Revisionsgericht nach § 354 Abs. 1–1b StPO eine Entscheidung in der Sache selbst zu Ungunsten des Angeklagten trifft. Siehe bereits oben A.V.2.b).

[321] Vgl. *G. Mellinghoff*, Fragestellung, Abstimmungsverfahren und Abstimmungsgeheimnis im Strafverfahren, 1988, S. 46 ff., 131 ff.

[322] Für die Landesverfassungsgerichte scheint das Problem der Abstimmungsmethode bisher nicht diskutiert worden zu sein. Man wird aber von einer Übertragung der für das BVerfG aufgestellten Grundsätze ausgehen können.

[323] Explizit *H. Lechner/R. Zuck*, BVerfGG, 7. Aufl. 2015, § 15 Rn. 15: »Elemente der Entscheidung« (in der 8. Aufl. 2019 nicht mehr enthalten).

[324] *H. Brox*, Rechtsprobleme der Abstimmungen beim Bundesverfassungsgericht, in: Ritterspach/Geiger (Hrsg.), FS Müller, 1970, S. 1 (3); *R. Mellinghoff*, in: Maunz u. a. (Hrsg.), BVerfGG, 21. EL Juli 2002, § 15 Rn. 61; *R. Eschelbach*, in: Umbach/Clemens/Dollinger (Hrsg.), BVerfGG, 2. Aufl. 2005, § 15 Rn. 105, 108; *A. Braun*, in: Barczak (Hrsg.), BVerfGG, 2018, § 15 Rn. 26; *B. Grünewald*, in: BeckOK BVerfGG, § 15 Rn. 39. Zu den einzelnen Elementen, also den zu stellenden Fragen, einer bundesverfassungsgerichtlichen Entscheidung siehe *R. Mellinghoff*, a. a. O., § 15 Rn. 63 ff.

[325] *G. Leibholz/R. Rupprecht*, BVerfGG. Nachtrag, 1971, § 15 Anm. 3; *K.-G. Zierlein*, in: Umbach/Clemens (Hrsg.), BVerfGG, 1. Aufl. 1992, § 15 Rn. 45. Explizit kritisch zu dieser Ansicht *G. Barbey*, Der Status des Richters, in: Isensee/Kirchhof (Hrsg.), HStR, Bd. III, 1. Aufl. 1988, § 74 Rn. 50 Fn. 125; *H. Sodan*, Der Status des Richters, in: Isensee/Kirchhof (Hrsg.), HStR, Bd. V, 3. Aufl. 2007, § 113 Rn. 46.

[326] Vgl. zu dieser besonders auffälligen Form des ›doctrinal paradox‹ oben 1.c) und aa) mit Fn. 216 und 217.

[327] *H. Brox*, Rechtsprobleme der Abstimmungen beim Bundesverfassungsgericht, in: Ritterspach/Geiger (Hrsg.), FS Müller, 1970, S. 1 (1).

[328] *R. Mellinghoff*, in: Maunz u. a. (Hrsg.), BVerfGG, 21. EL Juli 2002, § 15 Rn. 61; *R. Eschelbach*, in: Umbach/Clemens/Dollinger (Hrsg.), BVerfGG, 2. Aufl. 2005, § 15 Rn. 108.

[329] Seit BVerfG, Urt. v. 23.10.1951 – 2 BvG 1/51 –, BVerfGE 1, 14 (37); zuletzt BVerfG (K), Beschl. v. 08.09.2010 – 2 BvL 3/10 –, NJW 2011, S. 441 (442). Siehe ferner *A. v. Ungern-Sternberg*, in: BeckOK BVerfGG, § 31 Rn. 25 m. w. N.

Entscheidungsgründe teilhaben. In der Tat kann damit die Ableitung der Stufenabstimmung aus der Begründungspflicht deutlich besser als im Fall des Zivilprozesses begründet werden.[330]

Wenn aber noch weitergehend argumentiert wird, dass allein die Abstimmung nach Elementen dem für Organstreit und Verfassungsbeschwerde geltenden gesetzlichen Gebot, in der Entscheidung festzustellen, gegen welche Bestimmung des Grundgesetzes verstoßen wurde,[331] gerecht werde,[332] so wird damit verkannt,[333] dass eine solche Feststellung zwar nicht bei einer Tenorabstimmung, aber bei einer Abstimmung nach Teilen stets gewährleistet ist. Ebenso ist fraglich, ob die Abstimmung nach Elementen, wie angedeutet wird,[334] einen Niederschlag in § 27 Satz 2 GOBVerfG gefunden hat. Diese Vorschrift lautet: »Wirft die Sache mehrere Rechtsfragen auf, so wird über sie in der Regel nacheinander abgestimmt, bevor über den Tenor entschieden wird.« Hier ist nur die Rede davon, dass der Entscheidung über den Tenor mehrere Abstimmungen vorausgehen, was ebenso bei der Abstimmung nach Teilen der Fall ist. Dass eine Sache »mehrere Rechtsfragen« aufwirft, kann dementsprechend schlicht bedeuten, dass ein Verstoß gegen mehrere Verfassungsvorschriften, etwa die Verletzung verschiedener Grundrechte, in Betracht kommt. Dafür spricht auch, dass § 27 Satz 2 GOBVerfG davon auszugehen scheint, dass eine Sache nicht zwangsläufig mehrere Rechtsfragen aufwirft, denn in der Tat kann es vorkommen, dass nur ein Verstoß gegen eine einzige Verfassungsvorschrift in Betracht kommt (mit der Folge, dass Tenorabstimmung und Abstimmung nach Teilen so gut wie deckungsgleich sind), wohingegen es als ausgeschlossen gelten darf, dass ein Verfassungsverstoß nicht mehrere Voraussetzungen hat. Sollte also der Grundsatz der Abstimmung nach Elementen festgelegt werden, hätte dies ohne Konditionalsatz erfolgen können.

Interessant an der Regelung des § 27 Satz 2 GOBVerfG ist auch, dass eine Abstimmung über den Tenor ausdrücklich vorgesehen ist, selbst wenn vorher

---

[330] Vgl. auch *F. C. v. Savigny*, System des heutigen römischen Rechts, Bd. VI, 1847, S. 408: »Wenn diese Lehre richtig ist, d. h. wenn die objectiven Gründe wahre Bestandtheile des Urtheils sind, und mit demselben rechtskräftig werden sollen, so muß nothwendig über jeden objectiven Grund, nicht bloß über Verurtheilung oder Freisprechung, besonders abgestimmt und entschieden werden, weil sonst die Rechtskraft dieser Gründe nicht von dem Collegium in seiner Mehrheit entschieden seyn würde.« Die Lehre von der Rechtskraft der Gründe hat sich für den Zivilprozess gerade nicht durchgesetzt; vgl. BGH, Urt. v. 05.11.2009 – IX ZR 239/07 –, BGHZ 183, 77 (80) m. w. N. Eine Ausnahme gilt für die Aufrechnung des Beklagten (§ 322 Abs. 2 ZPO).

[331] Vgl. § 67 Satz 1, 2, § 95 Abs. 1 BVerfGG.

[332] *H. Brox*, Rechtsprobleme der Abstimmungen beim Bundesverfassungsgericht, in: Ritterspach/Geiger (Hrsg.), FS Müller, 1970, S. 1 (3).

[333] Den umgekehrten Fehler begeht ein Teil der strafprozessualen Literatur in der Verteidigung der Abstimmung nach Teilen gegen die Tenorabstimmung. Vgl. soeben (c).

[334] *R. Mellinghoff*, in: Maunz u. a. (Hrsg.), BVerfGG, 21. EL Juli 2002, § 15 Rn. 60 Fn. 1; *R. Eschelbach*, in: Umbach/Clemens/Dollinger (Hrsg.), BVerfGG, 2. Aufl. 2005, § 15 Rn. 108; *B. Grünewald*, in: BeckOK BVerfGG, § 15 Rn. 39.

verschiedene Einzelentscheidungen gefällt werden, aus denen sich der Tenor eigentlich logisch von alleine ergibt. Dass damit aber eine Verbindung von Stufen- und Totalabstimmung vorgeschrieben werden soll,[335] ist fraglich. Eher dürfte als Regelungsziel die Gewährleistung anzunehmen sein, dass die Abstimmung mit einer Feststellung des Tenors durch den Senat, nicht durch den Vorsitzenden allein endet. Freilich garantiert aber auch § 194 Abs. 2 GVG, der auch »Meinungsverschiedenheiten […] über das Ergebnis der Abstimmung« umfasst, die Verantwortlichkeit des Spruchkörpers für den Tenor.

Eine Ausnahme vom Grundsatz der Stufenabstimmung soll für die Verfahren der Grundrechtsverwirkung, des Parteiverbots, der Präsidenten- sowie der Richteranklage gelten. Wegen der, vor allem durch ihre Eingriffsintensität begründeten und nicht zuletzt im Erfordernis einer Zweidrittelmehrheit (§ 15 Abs. 4 S. 1 BVerfGG) zum Ausdruck kommenden, Strafrechtsähnlichkeit dieser Verfahrensarten[336] wird eine Totalabstimmung, genauer: eine Abstimmung nach Teilen, verlangt.[337]

Eine weitere Ausnahme wird für den Nichtannahmebeschluss einer Kammer nach § 93b Satz 1 Alt. 1 BVerfGG[338] angenommen. Wegen der Freistellung von der Begründungspflicht (§ 93d Abs. 1 Satz 3 BVerfGG)[339] müsse sich die Einstimmigkeit[340] nur auf das Ergebnis, nicht auf die Begründung der Entscheidung beziehen.[341] Dieses Argument vermischt allerdings die Frage des schriftlichen Beschlusses mit der Abstimmungsmethode. Daraus, dass die Gründe der Nichtannahme nicht veröffentlicht werden müssen, folgt keineswegs, dass sich die Kammer nur über das Ergebnis einigen muss: Wenn das Gericht sich über einen Ablehnungsgrund einigen muss, wäre es ja immer noch möglich, den Beschluss nicht schriftlich zu begründen.[342] Höchstens könnte umgekehrt argu-

---

[335] In diese Richtung *G. Lübbe-Wolff*, Cultures of Deliberation in Constitutional Courts, in: Maraniello (Hrsg.), Justicia Constitucional, Bd. 1, 2016, S. 37 (48).

[336] Vgl. oben C.I.2. vor a).

[337] *H. Brox*, Rechtsprobleme der Abstimmungen beim Bundesverfassungsgericht, in: Ritterspach/Geiger (Hrsg.), FS Müller, 1970, S. 1 (3); *K.-G. Zierlein*, in: Umbach/Clemens (Hrsg.), BVerfGG, 1. Aufl. 1992, § 15 Rn. 47; *R. Mellinghoff*, in: Maunz u. a. (Hrsg.), BVerfGG, 21. EL Juli 2002, § 15 Rn. 67 f.; *R. Eschelbach*, in: Umbach/Clemens/Dollinger (Hrsg.), BVerfGG, 2. Aufl. 2005, § 15 Rn. 107, 109.

[338] Für die Stattgabe gemäß § 93b Satz 1 Alt. 2 BVerfGG soll dies aber – mangels Ausnahme vom Begründungszwang – gerade nicht gelten.

[339] Umfassend dazu *J. Hilpert*, Begründungspflicht des Bundesverfassungsgerichts?, 2019.

[340] Dazu oben C.III.2.

[341] *K. Graßhof*, in: Maunz u. a. (Hrsg.), BVerfGG, 20. EL 2001, § 93b Rn. 15, § 93d Rn. 17; *F. Schemmer*, in: Umbach/Clemens/Dollinger (Hrsg.), BVerfGG, 2. Aufl. 2005, § 93d Rn. 21; *F. Scheffczyk*, in: BeckOK BVerfGG, § 93d Rn. 17. Vgl. auch *U. Kischel*, Die Begründung, 2003, S. 213; *U. Kranenpohl*, Hinter dem Schleier des Beratungsgeheimnisses, 2010, S. 125.

[342] Vgl. auch *K. Binding*, Grundriss des Deutschen Strafprocessrechts, 4. Aufl. 1900, S. 162: »Der Streit [über die Abstimmungsmethode] hängt mit dem gesetzlichen Erfordernisse von sog. ›Entscheidungsgründen‹ […] nur geschichtlich, nicht dogmatisch zusammen: denn

mentiert werden, dass aus der Methode der Totalabstimmung die Notwendigkeit folge, keine Gründe zu veröffentlichen, weil eine Einigung insoweit nicht gewiss sei.[343]

Auch das Argument, die Totalabstimmung folge daraus, dass mit dem Nichtannahmebeschluss keine Sachentscheidung[344] ergeht,[345] kann nicht überzeugen, denn es gibt keinen Grundsatz, der einen derartigen Zusammenhang postuliert. Wäre die Entscheidung der Kammer eine freie Annahmeentscheidung wie am US Supreme Court, käme es in der Tat von vornherein nur auf die Übereinstimmung in der Ablehnung an.[346] Es handelt sich jedoch um eine Rechtsentscheidung, eine Entscheidung anhand subsumierbarer rechtlicher Vorgaben.[347] Nun sind indes im Gegensatz etwa zu den Zulässigkeitsvoraussetzungen die Annahmevoraussetzungen des § 93a Abs. 2 lit. a und b BVerfGG keine kumulativen, sondern alternative Voraussetzungen. Totalabstimmung muss also auch hier nicht Tenorabstimmung bedeuten, sondern kann in Form einer Abstimmung nach Teilen über zwei nicht-sequenzielle Fragen erfolgen. Zugleich bedeutet dies, dass Einstimmigkeit über das Ergebnis ›Nichtannahme‹ nur bestehen kann, wenn auch Einigkeit über die Ablehnung beider alternativen Annahmevoraussetzungen herrscht. Die nächste und maßgebliche Frage lautet dann, ob die Annahmekriterien[348] selbst kumulative Voraussetzungen haben, sodass die Verneinung eines Kriteriums durch die Verneinung unterschiedlicher Voraussetzungen erfolgen kann. In der Praxis ist dies schon deshalb der Fall, weil in einem ersten Prüfungsschritt danach gefragt wird, ob die Verfassungsbeschwerde eindeutig unzulässig oder offensichtlich unbegründet ist.[349] Dadurch kann es zu der Situation kommen, dass die Annahme einstimmig, aber wegen der Bejahung unterschiedlicher (alternativer) Voraussetzungen abgelehnt wird. Hier ist nicht der Platz, um weiter auf die intrikaten Einzelheiten der Annahmeprüfung

---

die nicht zu motivirende Entscheidung der Schuldfrage durch die Jury muss wesentlich auf die gleiche Art wie die zu motivirende Entscheidung der Schuldfrage durch die Strafkammer beschafft werden.«

[343] Vgl. *K. Graßhof*, in: Maunz u. a. (Hrsg.), BVerfGG, 20. EL 2001, § 93d Rn. 9; *F. Schemmer*, in: Umbach/Clemens/Dollinger (Hrsg.), BVerfGG, 2. Aufl. 2005, § 93d Rn. 6; *F. Scheffczyk*, in: BeckOK BVerfGG, § 93d Rn. 12; zurecht ablehnend *U. Kischel*, Die Begründung, 2003, S. 213 ff. Zum Problem der Begründung bei Totalabstimmung siehe noch unten III.3.

[344] *F. Scheffczyk*, a. a. O., § 93b Rn. 6: »Nichtentscheidung«; ebenso *K. Graßhof*, a. a. O., 25. EL 2006, § 93a Rn. 47; ausführlich *J. Hilpert*, Begründungspflicht des Bundesverfassungsgerichts?, 2019, S. 99 ff.

[345] Vgl. *K. Graßhof*, a. a. O., 20. EL 2001, § 93d Rn. 17; *F. Schemmer*, in: Umbach/Clemens/Dollinger (Hrsg.), BVerfGG, 2. Aufl. 2005, § 93d Rn. 21.

[346] Dazu, dass dann auch die Ausnahme von der Begründungspflicht zwingend wäre, *U. Kischel*, Die Begründung, 2003, S. 210 f.

[347] *U. Kischel*, a. a. O., S. 211 f.

[348] Dazu *J. Hilpert*, Begründungspflicht des Bundesverfassungsgerichts?, 2019, S. 85 ff.

[349] *K. Graßhof*, in: Maunz u. a. (Hrsg.), BVerfGG, 25. EL 2006, § 93a Rn. 63.

einzugehen.[350] Festzuhalten ist aber, dass die Methode der Totalabstimmung zu dem großen Spielraum und dem gewissen Maß an Willkürlichkeit bei der Annahmeentscheidung beiträgt.

(3) Vergleich zum angloamerikanischen Rechtskreis

Es lohnt sich, einen Blick über die deutsche Rechtsordnung hinaus auf die kollegialgerichtliche Abstimmung im angloamerikanischen Rechtskreis zu werfen.[351] Kollegialgerichte kommen dort überwiegend in den Rechtsmittelinstanzen vor, während in den Eingangsinstanzen zumeist Einzelrichter entscheiden. Im maßgeblichen Unterschied zur kontinentaleuropäischen Rechtstradition wird das Kollegialgericht im angelsächsischen Raum nicht als institutionalisierter Spruchkörper, sondern als Richterbank verstanden: Das Gericht erlässt kein einheitliches Kollegialurteil, sondern jeder Richter gibt, da er für sich rechtsprechende Gewalt ausübt, sein eigenes Urteil ab.[352] Traditionell wird die Entscheidung des Gerichts dadurch herbeigeführt, dass nacheinander jeder Richter sein Urteil verkündet (›seriatim opinions‹)[353] und aus diesen ›multiple judgments‹ durch Anwendung des Mehrheitsprinzips die ›order of the court‹, das eigentliche Prozessergebnis, gewonnen wird.[354] Eine Beratung und Abstimmung zwischen den Richtern findet vor der Urteilsverkündung nicht statt. Es ist allerdings seit jeher möglich, dass sich ein oder mehrere Richter einem anderen Richter anschließen, mit der Folge, dass die Zahl der verschiedenen ›opinions‹ geringer ist als die Zahl der Richter; im äußersten Fall schließen sich alle anderen Richter einer einzigen Meinung an (›single opinion‹).

Verschiedene Entwicklungen haben dieses System stärker in Richtung einer kollegialen Zusammenarbeit innerhalb des Gerichts gerückt. Erster Schritt war die Einführung des so genannten ›lead judgment‹, bei dem einem Richter die Aufgabe zufällt, in seinem Urteil den Tatbestand des Falls darzustellen.[355] Während es hier lediglich um eine Effizienzsteigerung in der Sachverhaltsdarstellung ging, betreffen nachfolgende Entwicklungen den eigentlichen Entscheidungsinhalt. In England geht die Entwicklung seit Ende des 20. Jahrhunderts dahin, zunehmend so genannte ›composite judgments‹ zu verfassen, welche die

---

[350] Vgl. dazu *U. Kranenpohl*, Hinter dem Schleier des Beratungsgeheimnisses, 2010, S. 105 ff.

[351] Ausführlich *W. Ernst*, Rechtserkenntnis durch Richtermehrheiten, 2016, S. 255 ff.; siehe auch *ders.*, Abstimmen über Rechtserkenntnis, JZ 2012, S. 637 (639 ff.).

[352] *W. Ernst*, Rechtserkenntnis durch Richtermehrheiten, 2016, S. 256.

[353] Zum römisch-rechtlichen Hintergrund und zur Entwicklung am US Supreme Court *J. M. Austin*, The Law of Citations and Seriatim Opinions, North. Ill. Univ. Law Rev. 31 (2010), S. 19 ff.

[354] *W. Ernst*, Rechtserkenntnis durch Richtermehrheiten, 2016, S. 262, 265 f.

[355] *W. Ernst*, a. a. O., S. 263, der darauf hinweist, dass dies nicht mit der Rolle des Berichterstatters an deutschen Gerichten gleichzusetzen ist, dem die Aufgabe zukommt, das einheitliche Urteil des Spruchkörpers vorzubereiten.

Ansicht aller bzw. der Mehrheit der Richter wiedergeben.[356] Am stärksten institutionalisiert wurde die Vorberatung[357] mit dem Ziel der Vereinheitlichung der Urteile indes am Supreme Court der Vereinigten Staaten.[358] Nachdem das Meinungsbild innerhalb des Gerichts erkundet worden ist, wird, wenn kein einstimmiges Urteil ergeht, ein Richter bestimmt, der das Urteil der Mehrheit (›majority opinion‹) schreibt. Die Richter der Minderheit können ihrer abweichenden Meinung in ›dissenting opinions‹ Ausdruck verleihen. Daneben bleibt es auch den sonstigen Richtern der Mehrheit unbenommen, eine eigene der Mehrheitsmeinung zustimmende ›concurring opinion‹ zu schreiben.[359] Ergibt sich bei einer Vielzahl von Ansichten keine Mehrheit, genauer gesagt: gibt es unter den Richtern, die dem Mehrheitsergebnis zustimmen, keine Einigung über die Begründung,[360] so wird die Ansicht mit der meisten Zustimmung unter den Richtern als ›plurality opinion‹ veröffentlicht.[361]

Diese Entwicklungen betreffen die Fragen, wie das Kollegium berät und wie die Urteile abgefasst werden. Demgegenüber[362] unverändert geblieben ist, wie

[356] *W. Ernst*, a.a.O., S. 275, 278 ff. Ausführlich *R. Munday*, »All for One and One for All«, Camb. Law J. 61 (2002), S. 321 ff.; *ders.*, Judicial Configurations, Camb. Law J. 61 (2002), S. 612 ff. Vgl. auch kritisch *F. A. Mann*, The Single Speech, Law Q. Rev. 107 (1991), S. 519 ff.

[357] Vergleich der Beratungskulturen von Verfassungsgerichten bei *M. Cohen*, Ex Ante Versus Ex Post Deliberations, Am. J. Comp. Law 61 (2014), S. 951 ff.; *G. Lübbe-Wolff*, Cultures of Deliberation in Constitutional Courts, in: Maraniello (Hrsg.), Justicia Constitucional, Bd. 1, 2016, S. 37 ff.; vgl. auch *J. Ferejohn/P. Pasquino*, Constitutional Courts as Deliberative Institutions, in: Sadurski (Hrsg.), Constitutional Justice, East and West, 2002, S. 21 (33 ff.); *dies.*, Constitutional Adjudication: Lessons From Europe, Tex. Law Rev. 82 (2004), S. 1671 (1692 ff.); *P. Pasquino*, E pluribus unum, in: Elster (Hrsg.), Secrecy and Publicity in Votes and Debates, 2015, S. 196 ff.

[358] Vgl. *W. Ernst*, Rechtserkenntnis durch Richtermehrheiten, 2016, S. 275 f.

[359] Es gibt zwei Arten von ›concurring opinion‹: (1) Der Richter gehört der Mehrheit oder ›plurality‹ (dazu sogleich im Text) an, schreibt aber eine eigene Meinung (›regular concurrence‹); (2) Der Richter stimmt mit der Mehrheit oder ›plurality‹ nur im Ergebnis überein und schreibt seine abweichende Begründung auf (›special concurrence‹).

[360] Die Differenzen können inhaltlicher, aber auch rein stilistischer Art sein. Ein eindrückliches Beispiel dafür ist die Entscheidung des Supreme Court im Fall *Flood v. Kuhn*, 407 U. S. 258 (1972): Die Richter Burger und White stimmten der von Richter Blackmun verfassten Mehrheitsmeinung in der Sache zu, weigerten sich aber, dem ersten Teil dieser Meinung beizutreten, in dem Blackmun auf mehreren Seiten die Geschichte des Baseball-Sports mitsamt Auflistung Dutzender Namen berühmter Spieler und Zitierung mehrerer Gedichte über Baseball beschrieben hatte.

[361] Empirisch dazu *J. F. Spriggs II/D. R. Stras*, Explaining Plurality Decisions, Georget. Law J. 99 (2011), S. 515 ff. Diese Fälle sind entscheidungstheoretisch besonders interessant, da sie alle zumindest potentiell paradox sind; vgl. *L. A. Kornhauser/L. G. Sager*, The One and the Many, Calif. Law Rev. 81 (1993), S. 1 (29): »Any plurality opinion case is a paradoxical case lurking in disguise«; ausführlich *S. Levmore*, Ruling Majorities and Reasoning Pluralities, Theor. Inq. Law 3 (2002), S. 125 ff.

[362] Vgl. auch die Unterscheidung zwischen »voting protocol« (Entscheidungsregel) und »voting practice« (Praxis der Urteilsabfassung) bei *J. R. Nash*, A Context-Sensitive Voting Protocol Paradigm for Mulitmember Courts, Stanf. Law Rev. 56 (2003), S. 75 (85 f.).

aus den verschiedenen Ansichten der Richter das Gerichtsurteil ermittelt wird: Es gilt das mehrheitlich befürwortete Prozessergebnis.[363] Dies entspricht, ohne dass eine tatsächliche Abstimmung stattfindet,[364] der Totalabstimmung, und zwar in Form der Tenorabstimmung. In diesem System ist also allein der mehrheitlich befürwortete Tenor maßgeblich. Die Responsivität der Entscheidungsregel ist insoweit sichergestellt, allerdings um den Preis, dass die Begründungen auch für die Mehrheitsentscheidung auseinandergehen können. Das Folgeproblem lautet dann, wie mit einer solchen Entscheidung im Präzedenziensystem des Common Law umzugehen ist.[365]

cc) Problem der Manipulierbarkeit

Die Stufenabstimmung wirft neben dem Verlust der Responsivität hinsichtlich des Ergebnisses ein zweites Problem auf: Der Preis, der für die Konsistenz der kollektiven Entscheidung zu bezahlen ist, besteht in der Pfadabhängigkeit der Entscheidung. Indem die Entscheidung abhängt von der Reihenfolge, in der die Fragen gestellt werden, wird sie anfällig für Manipulationen von demjenigen, der die Reihenfolge festlegt, oder von den Abstimmenden, die absichtlich entgegen ihrer eigentlichen Meinung abstimmen können.[366]

---

[363] Gleichwohl wurde ab den frühen 1990er Jahren in den USA eine wissenschaftliche Diskussion über die richtige Abstimmungsmethode geführt. Siehe *D. G. Post/S. C. Salop*, Rowing Against the Tidewater: A Theory of Voting by Multijudge Panels, Georget. Law J. 80 (1992), S. 743 ff.; *dies.*, Issues and Outcomes, Guidance, and Indeterminacy, Vanderbilt Law Rev. 49 (1996), S. 1069 ff. (Stufenabstimmung); *L. A. Kornhauser/L. G. Sager*, The One and the Many, Calif. Law Rev. 81 (1993), S. 1 ff. (Beschluss des Kollegiums über die Abstimmungsmethode); *J. M. Rogers*, »Issue Voting« by Multimember Appellate Courts, Vanderbilt Law Rev. 49 (1996), S. 997 ff.; *M. L. Stearns*, How Outcome Voting Promotes Principled Issue Identification, Vanderbilt Law Rev. 49 (1996), S. 1045 ff. (beide Totalabstimmung); *J. R. Nash*, a. a. O., passim (Abstimmungsmethode abhängig vom Fallkontext); vgl. ferner *M. L. Stearns*, Constitutional Process, 2000, S. 97 ff.; *M. I. Meyerson*, The Irrational Supreme Court, Neb. Law Rev. 84 (2006), S. 895 (946 ff.).

[364] Vgl. *W. Ernst*, Abstimmen über Rechtserkenntnis, JZ 2012, S. 637 (641).

[365] Dazu *W. Ernst*, Rechtserkenntnis durch Richtermehrheiten, 2016, S. 266 ff.

[366] Das Problem der Manipulierbarkeit ist in der Präferenzaggregation durch das Gibbard-Satterthwaite-Theorem bekannt. Siehe *A. Gibbard*, Manipulation of Voting Schemes, Econometrica 41 (1973), S. 587 ff.; *M. A. Satterthwaite*, Strategy-Proofness and Arrow's Conditions, J. Econ. Theory 10 (1975), S. 187 ff. Vgl. auch *S. Barberà/J. Massó/A. Neme*, Voting Under Constraints, J. Econ. Theory 76 (1997), S. 298 ff.; *A. D. Taylor*, Social Choice and the Mathematics of Manipulation, 2005. Für Beispiele der Agendasetzung siehe *E. V. Towfigh/N. Petersen*, Public und Social Choice Theorie, in: dies. (Hrsg.), Ökonomische Methoden im Recht, 2. Aufl. 2017, § 6 Rn. 374 ff. Eine gute Einführung bietet *M. Pauly*, Changing the Rules of Play, Topoi 24 (2005), S. 209 ff. – *K. Dowding/M. van Hees*, In Praise of Manipulation, Br. J. Political Sci. 38 (2007), S. 1 ff., argumentieren, dass nicht jede Form der Manipulation verwerflich ist. Wie sich zeigen wird, passt ihre Argumentation nicht für die Stimmabgabe von Richtern (siehe Fn. 407).

(1) Pfadabhängigkeit der Stufenabstimmung

Bei dem (primär) wirtschafts- und sozialwissenschaftlichen Begriff der ›Pfadabhängigkeit‹ geht es allgemein – soweit besteht trotz unterschiedlicher Anwendungsbereiche und Definitionen Klarheit – darum, dass getroffene Entscheidungen sich auf künftige Entscheidungen auswirken oder diese gar determinieren können und es dementsprechend schwer fallen oder unmöglich sein kann, einen einmal eingeschlagenen Weg zu verlassen, um alternative Entscheidungen zu treffen.[367]

Die Pfadabhängigkeit der Stufenabstimmung[368] folgt daraus, dass sie die Festlegung einer Reihenfolge voraussetzt, in der die verschiedenen Abstimmungsgegenstände zur Abstimmung gestellt werden, woraus sich gleichzeitig ergibt, welche Entscheidungen (die in der Reihenfolge früheren) welche anderen Entscheidungen (die in der Reihenfolge späteren) beeinflussen bzw. determinieren.[369] Um ein bereits verwendetes Beispiel[370] aufzugreifen: Wenn die Regierung sich erst dafür entscheidet, die Steuern nicht zu erhöhen, und sodann eine Erhöhung der Verteidigungsausgaben beschließt, ist sie gezwungen, eine Erhöhung der Sozialausgaben abzulehnen; beschließt sie hingegen erst die Erhöhung der Verteidigungs- und Sozialausgaben, muss sie die Steuern erhöhen. Das Gesamtergebnis hängt also von der Reihenfolge der einzelnen Entscheidungen ab. Für die kollegialgerichtliche Stufenabstimmung ergibt sich die Pfadabhängigkeit daraus, dass die Frage der Rechtsfolge als Ergebnis der Abstimmungen über ihre einzelnen Voraussetzungen festgelegt wird und deshalb von diesen Abstimmungen abhängt.[371] Das Problem der Pfadabhängigkeit liegt hier freilich nicht darin, dass das Ergebnis von den Vorfragen abhängt – das ist rechtlich gewollt –, sondern in einer Konsequenz, nämlich der Manipulierbarkeit der Abstimmung im Wege der Agendasetzung oder des strategischen Abstimmungsverhaltens.

---

[367] Vgl. *L. Münkler*, Pfadabhängigkeiten im Rechtssystem, DÖV 2016, S. 839 (840).

[368] Die Totalabstimmung weist ihre eigene Art der Pfadabhängigkeit auf: Wie verschiedene Fälle entschieden werden, kann von ihrer zeitlichen Reihenfolge abhängen. Die Pfadabhängigkeit folgt hier daraus, dass es sich insoweit um eine diachronische Variante der Stufenabstimmung (vgl. Fn. 135) handelt. Zur Erörterung dieses Problems im Zusammenhang des Präzedenzienrechts siehe *F. H. Easterbrook*, Ways of Criticizing the Court, Harv. Law Rev. 95 (1982), S. 802 (817); *D. G. Post/S. C. Salop*, Rowing Against the Tidewater: A Theory of Voting by Multijudge Panels, Georget. Law J. 80 (1992), S. 743 (762 ff.); *J. M. Rogers*, »Issue Voting« by Multimember Appellate Courts, Vanderbilt Law Rev. 49 (1996), S. 997 (1014 ff.).

[369] Grundlegend *C. List*, A Model of Path-Dependence in Decisions Over Multiple Propositions, Am. Political Sci. Rev. 98 (2004), S. 495 ff. (insb. S. 510 zur Stufenabstimmung im engeren Sinn).

[370] Siehe oben bb)(2)(b).

[371] Vgl. auch *M. Auer*, Willkür rechtlicher Entscheidungsverfahren?, ARSP 88 (2002), S. 1 (11), die die kollegialgerichtliche Abstimmung allerdings als Fall der Präferenzaggregation behandelt.

(2) Manipulation durch Agendasetzung

Die erste offene Flanke einer pfadabhängigen Abstimmung ist, dass sie demjenigen, der die Agenda setzt, d. h. die Reihenfolge der einzelnen Abstimmungen bestimmt, die Möglichkeit zur Manipulation eröffnen kann (›agenda setting‹). Wenn das Gesamtergebnis der Abstimmung von der Reihenfolge der Fragen abhängt, kann derjenige, der diese Reihenfolge festlegt, das Ergebnis entscheidend beeinflussen – vorausgesetzt, er verfügt über die nötigen Informationen und die erforderlichen Fähigkeiten der Berechnung. Wenn etwa im Regierungsbeispiel der Regierungschef die Abstimmungsgegenstände bestimmt und die Verteilung der Ansichten innerhalb der Regierung kennt, kann er eine Erhöhung von Verteidigungs- und Sozialausgaben erreichen, indem er eine Abstimmung über Steuererhöhungen blockiert. Umgekehrt könnte eine fiskalkonservative Gruppierung innerhalb der Regierung (etwa der Finanzminister und Verbündete) versuchen, Druck auszuüben, um eine frühe Behandlung des Themas Steuererhöhungen zu erzwingen. Mit zunehmender Größe der abstimmenden Gruppe (und Anzahl an Fragen) wird es allerdings zunehmend schwierig, das zukünftige Stimmverhalten der Gruppenmitglieder vorauszusagen und die richtige Reihenfolge der Fragen zu berechnen.[372]

Bei Kollegialgerichten ist zwar die Kenntnis des geplanten Stimmverhaltens der anderen Richter wegen der einer jeden Abstimmung vorangehenden Beratung nahezu garantiert und auch die Berechnung dürfte angesichts der in aller Regel überschaubaren Mitgliederzahl des Spruchkörpers nicht allzu schwer fallen. Die Gefahr einer manipulierten Agendasetzung wird aber durch zwei Faktoren deutlich abgeschwächt. Erstens ist die Reihenfolge der kollegialgerichtlichen Stufenabstimmung zumindest insofern vorgegeben, als immer ein bestimmter Abstimmungsgegenstand, nämlich die Rechtsfolge, a priori als dasjenige Ergebnis feststeht, welches von den anderen Abstimmungsgegenständen als seinen Voraussetzungen abhängt. Anders als beim Regierungsbeispiel, bei dem es zunächst offen ist, ob die Entscheidung über Steuererhöhungen zusammen mit einer Ausgabenentscheidung die andere Ausgabenentscheidung beeinflusst oder ob die beiden Ausgabenentscheidungen die Entscheidung über Steuererhöhungen vorgeben, kann im juristischen Ausgangsbeispiel des diskursiven Dilemmas niemand daran rütteln, dass es sich beim (zum Schadensersatz verpflichtenden) Vertragsbruch um die Rechtsfolge und bei Vertrag und vertragswidriger Handlung um deren Voraussetzungen handelt. Eine Manipulation käme insoweit nur in Betracht, wenn zuerst (im Wege einer Totalabstimmung)

[372] Vgl. *D. C. Mueller*, Public Choice III, 2003, S. 155 f. Formal zum Schwierigkeitsgrad der für Manipulationen erforderlichen Berechnungen *U. Endriss/U. Grandi/D. Porello*, Complexity of Judgment Aggregation, J. Artif. Intell. Res. 45 (2012), S. 481 (496 ff.). Vgl. ferner (im Kontext der Präferenzaggregation) *J. J. Bartholdi III/C. A. Tovey/M. A. Trick*, The Computational Difficulty of Manipulating an Election, Soc. Choice Welf. 6 (1989), S. 227 ff.

über die Rechtsfolge abgestimmt würde und eine abschließende Willensbildung über Vorliegen oder Fehlen der einzelnen Voraussetzungen erst bei Abfassung der Begründung stattfände.

Eine Manipulation ist im Übrigen aber durch Bestimmung der einzelnen Fragen möglich.[373] Zur Veranschaulichung wird das Ausgangsbeispiel dadurch erweitert, dass das Vorliegen eines Vertrags (p) zwei übereinstimmende Willenserklärungen (n) und die Einhaltung einer bestimmten Form (o) voraussetzt. Wiederum sind q die vertragswidrige Handlung und r der Vertragsbruch. Die logischen Verknüpfungen $p \leftrightarrow n \wedge o$ und $r \leftrightarrow p \wedge q$ werden von allen Richtern vorausgesetzt. Das Abstimmungsverhalten im Kollegium sei Folgendes:

Tabelle D.13: manipulierbares Abstimmungsprofil

	n	o	p	q	r
A	Ja	Ja	Ja	Ja	Ja
B	Ja	Nein	Nein	Nein	Nein
C	Nein	Ja	Nein	Ja	Nein
Mehrheit	*Ja*	*Ja*	*Nein*	*Ja*	*Nein*

Wird hier direkt über p abgestimmt, d. h. wird die Frage gestellt, ob ein Vertrag vorliegt, so wird dies mehrheitlich verneint mit der Folge, dass auch der Vertragsbruch vom Gericht verneint wird. Wird jedoch über die beiden Voraussetzungen von p, also n und o, abgestimmt, dann werden diese jeweils von einer Mehrheit bejaht, sodass auch p und r kollektiv bejaht werden. Derjenige, der die Fragen festlegt, hat es hier demnach in der Hand, das eine oder das andere Ergebnis herbeizuführen. Wie unschwer zu erkennen ist, liegt bei dieser Situation der Fall eines diskursiven Dilemmas bezüglich einer der Voraussetzungen (p) der Rechtsfolge (r) vor. Je nachdem, ob über diese Voraussetzung eine Total- oder eine Stufenabstimmung stattfindet, ändert sich die Entscheidung über p und damit auch die Entscheidung über r. Es handelt sich hierbei letztlich um das altbekannte Problem, dass die Entscheidung bei einer Stufenabstimmung potentiell in immer weitere Elemente zerlegt werden kann.[374]

Als mögliche Lösung dieses Problems wurde bereits ins Spiel gebracht, was sich nun als zweiter der Gefahr einer Manipulation durch Agendasetzung entgegenwirkender Faktor darstellt[375]: die in § 194 Abs. 2 GVG niedergelegte (Letzt-)Zuständigkeit des gesamten Richterkollegiums, selbst per »Ordnungsbeschluss«[376] die Formulierung und Reihenfolge der Fragen festzusetzen. Durch diesen kollegialen Metabeschluss wird jedenfalls ausgeschlossen, dass

[373] Vgl. dazu *F. Dietrich*, Judgment Aggregation and Agenda Manipulation, Games Econ. Behav. 95 (2016), S. 113 ff.

[374] Siehe bereits oben bb)(1)(a).

[375] Siehe bereits oben bb)(2)(b).

[376] *W. Ernst*, Abstimmen über Rechtserkenntnis, JZ 2012, S. 637 (643).

ein Einzelner – zu denken ist insbesondere an den Vorsitzenden[377] – es in der Hand hat, per Agendasetzung das Ergebnis der Abstimmung zu manipulieren. Jedoch muss das Kollegium im Rahmen des § 194 Abs. 2 GVG auch per Mehrheitsbeschluss entscheiden,[378] was wiederum das Problem der Manipulation auf dieser Metaebene aufwirft.[379] So könnte im Beispiel die aus den Richtern B und C bestehende Mehrheit dafür Sorge tragen, dass nicht über *n* und *o*, sondern allein über *p* abgestimmt wird, und dadurch das von ihnen favorisierte Ergebnis herbeiführen. Zu bedenken ist allerdings, dass eine gemeinsame Manipulation durch mehrere Richter deutlich schwieriger zu bewerkstelligen sein dürfte als die eines einzelnen Richters. Gänzlich ausgeschlossen ist sie indes nicht.[380]

Auf einem anderen Blatt steht die Frage, an welchem Maßstab sich die Richter bei ihrem Metabeschluss orientieren sollen. Die Vorgabe, ausschlaggebend sollten »logische, prozeßrechtliche und materiellrechtliche Gesichtspunkte«[381] des Einzelfalls sein, bleibt vage. Geht man vom Grundsatz der Stufenabstimmung aus, so wird man den Metabeschluss dahin verstehen müssen, dass das Kollegium nicht zwischen Stufen- und Totalabstimmung entscheidet, sondern die im Rahmen der Stufenabstimmung zu beantwortenden Fragen festlegt. Das Gericht entscheidet also nicht, ob über *p* oder *o* und *n* abzustimmen ist, sondern ob die Teilfrage *p* überhaupt weiter in *o* und *n* aufgeteilt werden kann. Die Stufen der Abstimmung enden demnach dort, wo eine Mehrheit des Gerichts die Möglichkeit einer weiteren Aufteilung der Teilfragen verneint.

(3) Manipulation durch strategisches Abstimmen

Die zweite Möglichkeit der Manipulation einer Stufenabstimmung besteht darin, dass die Richter sich bei bestimmten Fragen strategisch verhalten, indem sie unaufrichtig, also entgegen ihren eigentlichen Ansichten, abstimmen.[382] Die Gelegenheit zu einer solchen Manipulation durch strategisches Abstimmen bietet sich immer dann, wenn mindestens eine Abstimmende dadurch, dass sie bei mindestens einer Frage statt ihres eigentlichen Urteils für das Gegenteil stimmt, das ihren Ansichten entsprechende Endergebnis herbeiführen kann.[383] Wird im

---

[377] In Österreich etwa ist die Zuständigkeit für die Fragestellung dem Vorsitzenden zugewiesen (vgl. § 12 Abs. 2 ÖstJN).

[378] Vgl. *W. Ernst*, Abstimmen über Rechtserkenntnis, JZ 2012, S. 637 (643).

[379] Zur Manipulation des Ergebnisses durch Festlegung des Verfahrens vgl. auch *J. Elster*, Securities Against Misrule, 2013, S. 77 ff.

[380] Hier spielt z. B. eine Rolle, ob die Richter bereits vor der eigentlichen Beratung und Abstimmung untereinander Gespräche über den Fall führen. Dazu, dass dies beim BVerfG im Gegensatz etwa zu den obersten Gerichtshöfen des Bundes kaum der Fall ist, vgl. *U. Kranenpohl*, Hinter dem Schleier des Beratungsgeheimnisses, 2010, S. 173 ff.

[381] *E. Schmidt*, Lehrkommentar StPO und GVG, Teil III, 1960, § 194 GVG Rn. 18.

[382] Vgl. dazu auch *L. A. Kornhauser/L. G. Sager*, The One and the Many, Calif. Law Rev. 81 (1993), S. 1 (51 ff.).

[383] Neben dem hier beschriebenen Fall der Stufenabstimmung gibt es im institutionellen

Beispiel von Tabelle D.13 über *n*, *o* und *q* abgestimmt und stimmen alle Richter aufrichtig, so wird die Rechtsfolge *r* bejaht. Verhält sich nun beispielsweise B bei der Abstimmung über *n* strategisch und gibt statt einer Ja- eine Nein-Stimme ab, so ändert sich das Gesamtergebnis, da in der Folge *p* und *r* kollektiv verneint werden. Dass solche Gelegenheiten für strategisches Abstimmen bestehen, folgt allein aus der Pfadabhängigkeit der Stufenabstimmung. Eine pfadabhängige Aggregationsregel ist ausschließlich dann nicht manipulierbar, wenn es sich bei ihr um eine Diktatur handelt.[384]

Von dem Vorliegen von Gelegenheiten zur Manipulation ist die Frage nach dem Anreiz eines Abstimmenden zu strategischem Verhalten zu unterscheiden.[385] Dabei geht es darum, unter welchen Bedingungen ein Richter strategisch abstimmt, also darum, was ihn zur unaufrichtigen Stimmabgabe bewegt und ob es Faktoren gibt, die ihn davon abhalten können. Als Anreizbedingung für strategisches Abstimmen ist die Einstellung des Abstimmenden identifiziert worden, nämlich dass er das Ergebnis für wichtiger hält als die Gründe.[386] Im Beispiel der Tabelle D.13 müsste Richter B die kollektive Urteilsmenge $\{\neg n, o, \neg p, q, \neg r\}$ der Urteilsmenge $\{n, o, p, q, r\}$ vorziehen. Eine solche Präferenz[387] wird er dann haben, wenn ihm die Entscheidung für das Ergebnis $\neg r$ wichtiger ist als die Entscheidung über *n*, *o* und *p*. Ihm müsste es also besonders darauf ankommen, dass der Beklagte nicht zu Schadensersatz verurteilt wird, und weniger darauf, dass hinsichtlich des Vorliegens übereinstimmender Willenserklärungen die richtige Entscheidung getroffen wird. In gewisser Weise erscheint

Setting einer Richterin weitere Gelegenheiten und Gründe, von ihrer eigentlichen Ansicht abzuweichen, sich also ›strategisch‹ zu verhalten. Manche dieser Situationen werden für legitim erachtet, z. B. kollegiale Rücksichtnahme und Kompromissbildung, andere als unzulässig abgelehnt, z. B. Tauschgeschäfte (›vote trading‹ oder ›logrolling‹) zwischen den Richtern. Vgl. dazu am Beispiel des US Supreme Court und m. w. N. aus der amerikanischen Rechtswissenschaft *E. H. Caminker*, Sincere and Strategic Voting Norms on Multimember Courts, Mich. Law Rev. 97 (1999), S. 2297 ff.; zur Berücksichtigung der Stimmen anderer Richter *E. A. Posner/A. Vermeule*, The Votes of Other Judges, Georget. Law J. 105 (2016), S. 159 ff.; vgl. ferner für eine empirische Untersuchung von ›panel effects‹ *P. T. Kim*, Deliberation and Strategy on the United States Courts of Appeals, Univ. Pa. Law Rev. 157 (2009), S. 1319 ff. Zu den ungeschriebenen kollegialen Normen des BVerfG (die insb. Vorabsprachen und Stimmentausch untersagen) vgl. *U. Kranenpohl*, Hinter dem Schleier des Beratungsgeheimnisses, 2010, S. 470 ff.

384 *F. Dietrich/C. List*, Strategy-Proof Judgment Aggregation, Econ. Philos. 23 (2007), S. 269 (281 f.). Zu Situationen, in denen das Abstimmungsverhalten der anderen nicht vollständig bekannt ist, vgl. *Z. Terzopoulou/U. Endriss*, Strategyproof Judgment Aggregation Under Partial Information, Soc. Choice Welf. 53 (2019), S. 415 ff.

385 Grundlegend *F. Dietrich/C. List*, a. a. O., S. 279: »opportunity« und »incentive«.

386 *F. Dietrich/C. List*, a. a. O., S. 289 f.: »outcome-oriented preferences« und »reason-oriented preferences«.

387 Dass in der kollegialgerichtlichen Abstimmung Urteile der Richter, also Akzeptanz oder Ablehnung von Aussagen, und nicht Präferenzen aggregiert werden (vgl. oben A.II.2.a)), steht nicht im Widerspruch dazu, dass die Richter Präferenzen hinsichtlich der verschiedenen möglichen Ausgänge der kollektiven Entscheidung haben, die sich auch auf ihr (strategisches) Stimmverhalten auswirken können.

eine solche Einstellung naheliegend, da sich unmittelbare Konsequenzen nur aus dem Endergebnis der Abstimmung, also dem Urteilstenor, ergeben.[388] Andererseits kommt auch der Entscheidung von Vorfragen Bedeutung zu, insbesondere indem diese sich auf die weitere Entwicklung der juristischen Dogmatik auswirken können. Ob bzw. in welchen Situationen das Ergebnis oder die Elemente der Entscheidung höher gewertet werden, ist letztlich eine empirische[389] rechtspsychologische Frage.[390]

Des Weiteren stellt sich die Frage, ob es tatsächliche und rechtliche Faktoren gibt, die einen Richter von strategischem Abstimmen abhalten (können).[391] Zunächst ist in tatsächlicher Hinsicht an eine Sanktionierung durch die anderen Mitglieder des Spruchkörpers zu denken. Im Kontext deliberativer Demokratietheorie ist darauf hingewiesen worden, dass es entscheidend auf solche Umstände ankommt, welche die Kosten strategischen Verhaltens erhöhen und dadurch Anreize für Aufrichtigkeit schaffen.[392] Äußert der Richter in der Beratung seine wahre Ansicht und stimmt im Anschluss anders ab, entlarvt er sich als Lügner mit der Folge, dass die anderen ihm bei zukünftigen Beratungen keinen Glauben mehr schenken werden.[393] Versucht der Richter dieses Problem zu vermeiden, indem er bereits bei der Beratung entgegen seiner eigentlichen Ansicht argumentiert, entstehen ebenfalls Nachteile. Denn ein solches Vorgehen ist nur möglich, wenn er entweder spekuliert, welche Ansichten die anderen Richter bei den noch zu beratenden Fragen haben werden, oder wenn er sich während der gesamten Beratung nicht äußert und erst am Ende seine (angeblichen) Ansichten mitteilt. In ersterem Fall läuft er Gefahr, unnötigerweise für eine von ihm nicht geteilte Entscheidung zu argumentieren, in letzterem Fall, dass sich

388 Instruktiv zur vorrangigen Bedeutung des Ergebnisses gegenüber der Begründung bei Entscheidungen des US-amerikanischen Supreme Court *E. A. Hartnett*, A Matter of Judgment, Not a Matter of Opinion, N. Y. Univ. Law Rev. 74 (1999), S. 123 ff., der dabei auch auf die Tradition der Totalabstimmung eingeht.

389 Bestehende empirische Forschung betrifft die Frage, ob Abstimmende die Stufen- oder die Totalabstimmung bevorzugen. Vgl. *J.-F. Bonnefon*, How Do Individuals Solve the Doctrinal Paradox in Collective Decisions?, Psychol. Sci. 18 (2007), S. 753 ff.; *ders.*, Behavioral Evidence for Framing Effects in the Resolution of the Doctrinal Paradox, Soc. Choice Welf. 34 (2010), S. 631 ff.; *T. Sekiguchi*, Preferences Over Procedures and Outcomes in Judgment Aggregation, Theory Decis 86 (2019), S. 239 ff.; dazu auch *J. Elster*, Décisions individuelles et décisions collectives, Soc. Sci. Inf. 49 (2010), S. 11 (19 f.).

390 Vgl. zum Ganzen auch *F. Dietrich/C. List*, Strategy-Proof Judgment Aggregation, Econ. Philos. 23 (2007), S. 269 (289 f.).

391 Zu betonen ist, dass die Frage, ob sich ein Richter strategisch verhält (um seine favorisierte Entscheidung zu erreichen), von der Frage zu trennen ist, wie der Richter zu dieser Entscheidung kommt (ob er sich etwa an einer bestimmten Methode orientiert oder seinen politischen Vorstellungen entsprechend abstimmt). Vgl. *A. Vermeule*, The System of the Constitution, 2011, S. 154 f. mit En. 35.

392 *J. S. Dryzek/C. List*, Social Choice Theory and Deliberative Democracy, Br. J. Political Sci. 33 (2003), S. 1 (10 f.).

393 Vgl. allgemein *G. Mackie*, All Men Are Liars: Is Democracy Meaningless?, in: Elster (Hrsg.), Deliberative Democracy, 1998, S. 69 (84 f.); *J. S. Dryzek/C. List*, a. a. O., S. 10.

die für ihn ungünstige Meinung während der (faktisch ohne seine Beteiligung abgelaufenen) Beratung bereits weitestgehend durchgesetzt hat und es ihm nun schwerfällt, noch plausibel für die gegenteilige Ansicht zu argumentieren[394] und die anderen Richter mehrheitlich zu überzeugen.

Neben diesen tatsächlichen Umständen ist in rechtlicher Hinsicht § 195 GVG in den Blick zu nehmen. Dieser statuiert die Pflicht des überstimmten Richters, sich auch an der Abstimmung über nachfolgende Fragen zu beteiligen. Die Norm sagt damit lediglich aus, dass der Richter weiterhin mitabstimmen muss, nicht aber, wie er die nachfolgenden Fragen zu beantworten hat.[395] Die darüber hinaus vielfach angenommene Bindung an den Mehrheitsbeschluss[396] ist schon deshalb fraglich, weil es für die Beantwortung der nachfolgenden Fragen in aller Regel nicht auf die bereits entschiedenen Fragen ankommt.[397] Vorangehende Fragen sind an sich nicht präjudiziell für spätere Fragen, sondern logisch unabhängig voneinander. Ein gewisser innerer Zusammenhang besteht aber dann, wenn zwei Fragen ›sequenziell‹ sind, d. h. wenn die zweite Frage nur dann zu beantworten ist, wenn die Entscheidung über eine vorhergehende Frage in eine bestimmte Richtung ausgefallen ist[398] – oder anders formuliert: insoweit eine Frage »gar nicht zur Abstellung gestellt worden wäre, wenn die Antwort auf eine früher aufgeworfene Frage anders ausgefallen wäre«.[399] Im Ausgangsbeispiel kann eine vertragswidrige Handlung nur dann begangen worden sein (q), wenn überhaupt ein Vertrag vorliegt (p). Ein hinsichtlich p überstimmter Richter darf nun die Frage nach q nicht einfach deshalb mit Nein beantworten, weil er schon das Vorliegen eines Vertrages verneint. Insoweit besteht tatsächlich eine von § 195 GVG sachnotwendig mitgegebene[400] Pflicht zum Weiterstimmen ›stante concluso (venerando conclusum maioritatis)‹:[401] Der überstimmte Richter muss sich bei der weiteren Abstimmung auf den Standpunkt der Mehrheit stellen.[402]

---

394 Vgl. *J. S. Dryzek/C. List*, a. a. O., S. 11.

395 *G. Mellinghoff*, Fragestellung, Abstimmungsverfahren und Abstimmungsgeheimnis im Strafverfahren, 1988, S. 66; *T. Wickern*, in: Löwe/Rosenberg (Begr.), StPO, Bd. 10, 26. Aufl. 2010, § 195 GVG Rn. 1.

396 Vgl. *E. Schmidt*, Lehrkommentar StPO und GVG, Teil III, 1960, § 195 GVG Rn. 1; *A. Schafft-Stegemann*, Die Abstimmung im Strafprozess, 1964, S. 47; *N. Michel*, Beratung, Abstimmung und Beratungsgeheimnis, DRiZ 1992, S. 263 (265); *H. Frister*, in: SK StPO, Bd. IX, 5. Aufl. 2016, § 195 GVG Rn. 2; *T. Kulhanek*, in: MüKo StPO, Bd. 3/2, 2018, § 195 GVG Rn. 1 f.; *C. Graf*, in: BeckOK GVG, § 195 Rn. 3.

397 Darauf hinweisend auch *C. de Fontenay*, Ueber die Abstimmung in Richtercollegien, 1. Aufl. 1847, S. 30; *G. Mellinghoff*, Fragestellung, Abstimmungsverfahren und Abstimmungsgeheimnis im Strafverfahren, 1988, S. 67.

398 Siehe bereits oben bb)(2)(a).

399 *C. de Fontenay*, Ueber die Abstimmung in Richtercollegien, 1. Aufl. 1847, S. 30 f.

400 *W. Ernst*, Abstimmen über Rechtserkenntnis, JZ 2012, S. 637 (647 Fn. 84).

401 Dazu rechtshistorisch *W. Ernst*, Rechtserkenntnis durch Richtermehrheiten, 2016, S. 233 ff.

402 So bereits *C. de Fontenay*, Ueber die Abstimmung in Richtercollegien, 1. Aufl. 1847,

Das Problem hingegen, ob es einem Richter untersagt ist, nachdem er bei einer Frage überstimmt wurde, das ihm genehme Ergebnis dadurch herbeizuführen, dass er bei einer nachfolgenden Frage entgegen seiner eigentlichen Überzeugung abstimmt, ist eine von dem Thema der Bindung an den Mehrheitsbeschluss zu trennende Frage,[403] die nicht aus § 195 GVG beantwortet werden kann. Richtigerweise folgt das Verbot eines solchen strategischen Verhaltens aus der Gesetzesbindung des Richters, der er bei jeder einzelnen Frage unterliegt.[404] Ein Richter darf das Gesetz nicht bei einer Abstimmung links liegen lassen, um etwas »zu erreichen, was er in der vorangegangenen Abstimmung nicht hat erreichen können«,[405] sondern muss die Beantwortung jeder Frage jeweils ausschließlich nach dem Gesetz richten. Ein überstimmtes Mitglied einer Strafkammer, das den Angeklagten für nicht schuldig hält, darf nicht einfach deshalb bei der Abstimmung über die Rechtsfolgen für eine milde Strafe stimmen.[406] Anders gewendet: Wenn Stufenabstimmung kollegiales Voranschreiten von einer Prämisse zur nächsten bedeutet,[407] darf ein Richter sie nicht durch einen Trick in eine Totalabstimmung umwandeln.[408] Ein strategisches Abstimmen ist unzulässig. Ob allerdings ein Abstimmen wider die eigene Überzeu-

S. 29 ff.; *Abegg*, Beiträge zur Lehre von der Rechtsfindung durch Richter-Kollegien, Archiv für preußisches Strafrecht 7 (1859), S. 145 (148 f.); *A. Zacke*, Ueber Beschlussfassung in Versammlungen und Collegien, 1867, S. 42 ff.; ebenso *G. Mellinghoff*, Fragestellung, Abstimmungsverfahren und Abstimmungsgeheimnis im Strafverfahren, 1988, S. 68 m. w. N. aus der älteren Literatur. Für das Recht eines Richters, im »Falle eines Gewissenskonflikts« die Stimmabgabe zu verweigern, aber *K. Peters*, Strafprozeß, 4. Aufl. 1985, § 17 IV 3, 4 (S. 114 f.); siehe auch *ders.*, »Gericht« und »Richter«, in: Geppert/Dehnicke (Hrsg.), GS Meyer, 1990, S. 331 (335 f.); de lege lata zurecht ablehnend *E. Schmidt*, Lehrkommentar StPO und GVG, Teil III, 1960, § 195 GVG Rn. 2. – Das österreichische Strafprozessrecht (§ 42 Abs. 3 ÖstStPO) erlaubt demjenigen, der für ›nicht schuldig‹ gestimmt hat, sich bei der Abstimmung über die Strafe zu enthalten (seine Stimme wird dann der für den Angeklagten jeweils günstigsten Meinung hinzugezählt; dazu unten Fn. 620).

403 Nicht ausreichend differenzierend *T. Wickern*, in: Löwe/Rosenberg (Begr.), StPO, Bd. 10, 26. Aufl. 2010, § 195 GVG Rn. 2; *W. Ernst*, Abstimmen über Rechtserkenntnis, JZ 2012, S. 637 (647); *C. Graf*, in: BeckOK GVG, § 195 Rn. 3.

404 Zutreffend erkannt von *G. Mellinghoff*, Fragestellung, Abstimmungsverfahren und Abstimmungsgeheimnis im Strafverfahren, 1988, S. 66 f.

405 *W. Ernst*, Abstimmen über Rechtserkenntnis, JZ 2012, S. 637 (647).

406 Vgl. *T. Wickern*, in: Löwe/Rosenberg (Begr.), StPO, Bd. 10, 26. Aufl. 2010, § 195 GVG Rn. 2.

407 Vgl. zu diesem Gedanken noch unten ee). Deshalb passt die Argumentation von *K. Dowding/M. van Hees*, In Praise of Manipulation, Br. J. Political Sci. 38 (2007), S. 1 (6 f.), hier nicht, weil es nicht nur auf das vom Richter gewünschte Ergebnis, sondern auf jede einzelne Prämisse ankommt.

408 Folgerichtig mag man sich auch fragen, ob in den zu Beginn dieses Kapitels beschriebenen Entscheidungen des amerikanischen Supreme Court (siehe oben 1.b)) diejenigen Richter sich noch korrekt verhalten haben, die umgekehrt aus einer Total- eine Stufenabstimmung gemacht haben. Kritisch *J. M. Rogers*, »I Vote This Way Because I'm Wrong«, Ky. Law J. 79 (1991), S. 439 (463 ff.); weitergehend auch die Richter der Minderheit (für die Offenlegung ihrer nicht ergebnisrelevanten Ansichten) kritisierend *E. A. Hartnett*, A Matter of Judgment, Not a Matter of Opinion, N. Y. Univ. Law Rev. 74 (1999), S. 123 (142 ff.).

gung sogar den Straftatbestand der Rechtsbeugung verwirklicht,[409] hängt von der in der Strafrechtsdogmatik umstrittenen Frage ab, welche Anforderungen an eine Rechtsbeugung zu stellen sind.[410]

dd) Epistemische Begründung der Abstimmungsmethode

Aus der Sicht des Richtigkeitsarguments, das für die gerichtliche Tatsachenfeststellung Geltung beanspruchen kann,[411] sind die beiden kollegialgerichtlichen Abstimmungsmethoden anhand ihrer epistemischen Qualität zu beurteilen.

(1) Epistemische Qualität von Stufen- und Totalabstimmung

Dazu kann Folgendes gesagt werden:[412] Ob die eine oder die andere Abstimmungsmethode überlegen ist, hängt von den Umständen der Entscheidung ab. Maßgeblich ist, ob die für das Condorcet-Jury-Theorem unerlässliche Kompetenzbedingung – eine Wahrscheinlichkeit, dass die Abstimmenden richtig liegen, von mehr als 50 % – hinsichtlich der Voraussetzungen oder hinsichtlich des Ergebnisses zutrifft.

Gilt die Kompetenzannahme, wie es dem Normalfall entspricht, für die Voraussetzungen, so ist die Stufen- der Totalabstimmung epistemisch überlegen. Beträgt nämlich beispielsweise die (positive und negative) Kompetenz[413] eines Abstimmenden bei einer konjunktiven Entscheidungssituation ($p \wedge q \rightarrow r$) hinsichtlich jeder der beiden Elemente p und q jeweils 60 %, so beträgt seine positive Kompetenz hinsichtlich des Ergebnisses r, also die Wahrscheinlichkeit, dass er r richtigerweise bejaht (was nur dann der Fall ist, wenn er sowohl p als auch

---

409 In diese Richtung *W. Ernst*, Abstimmen über Rechtserkenntnis, JZ 2012, S. 637 (647).

410 Vgl. *M. Uebele*, in: MüKo StGB, Bd. 5, 2. Aufl. 2014, § 339 Rn. 26 ff. m. w. N. Das Abstimmen wider die eigene Überzeugung ist für sich allein genommen wohl nur dann eine Rechtsbeugung, wenn man entgegen der h. M. der subjektiven Theorie folgt.

411 Siehe oben B.III.2.b)bb).

412 Ausführlich zum Ganzen *C. List*, The Discursive Dilemma and Public Reason, Ethics 116 (2006), S. 362 (380 ff.). Vgl. ferner *P. Pettit/W. Rabinowicz*, The Jury Theorem and the Discursive Dilemma, Philos. Issues 11 (2001), S. 295 ff.; *L. Bovens/W. Rabinowicz*, Democracy and Argument: Tracking Truth in Complex Social Decisions, in: van Aaken/List/Luetge (Hrsg.), Deliberation and Decision, 2004, S. 143 ff.; *dies.*, Democratic Answers to Complex Questions – An Epistemic Perspective, Synthese 150 (2006), S. 131 ff.; *T. Schmidt*, Deliberative Democracy and Collective Truth-Tracking, in: van Aaken/List/Luetge (Hrsg.), a. a. O., S. 158 ff.; *D. Fallis*, Epistemic Value Theory and Judgment Aggregation, Episteme 2 (2005), S. 39 ff.; *S. Hartmann/G. Pigozzi/J. Sprenger*, Reliable Methods of Judgment Aggregation, J. Log. Comput. 20 (2010), S. 603 ff.; *S. Hartmann/J. Sprenger*, Judgment Aggregation and the Problem of Tracking the Truth, Synthese 187 (2012), S. 209 ff.; *G. de Clippel/K. Eliaz*, Premise-Based Versus Outcome-Based Information Aggregation, Games Econ. Behav. 89 (2015), S. 34 ff.

413 Zur Erinnerung: Positive Kompetenz meint die Wahrscheinlichkeit, die Aussage zu bejahen, wenn sie wahr ist; negative Kompetenz meint die Wahrscheinlichkeit, die Aussage zu verneinen, wenn sie falsch ist (siehe oben B.III.2.a)bb)).

q richtigerweise bejaht), $0{,}6 \times 0{,}6 = 0{,}36$, also lediglich 36 % und damit weniger als die vom Jury-Theorem erforderten 50 %.[414] Dies gilt immer, solange die individuelle Kompetenz unter einer bestimmten Schwelle liegt, nämlich, abhängig von der Anzahl der zu entscheidenden Teilfragen (*k*), unterhalb der *k*-ten Wurzel von 0,5 (geschrieben: $\sqrt[k]{0{,}5}$).[415] Gleichzeitig steigt für das Ergebnis die negative Kompetenz; im Beispiel beträgt sie stolze 84 %.[416] Wendet man nun darauf das Jury-Theorem an, so liegt die positive Kompetenz der Gruppe noch niedriger, die negative Kompetenz noch höher als die jedes Abstimmenden.[417] In der Tendenz ist demnach die epistemische Qualität der Totalabstimmung hinsichtlich falsch-positiver Entscheidungen zu bejahen, hinsichtlich falsch-negativer Entscheidungen zu verneinen: Das Ergebnis wird sehr wahrscheinlich nicht bejaht, wenn es falsch ist, aber auch ziemlich sicher verneint, wenn es wahr ist. Genau umgekehrt verhält es sich bei einer disjunktiven Entscheidungssituation ($p \vee q \rightarrow r$), bei der das Ergebnis *r* ausschließlich dann zu verneinen ist, wenn keine der beiden Prämissen, also weder *p* noch *q*, vorliegt, und bereits dann zu bejahen ist, wenn wenigstens eine der beiden Prämissen vorliegt. Die Totalabstimmung ähnelt damit einem krankheitsdiagnostischen Test, der fast immer das Ergebnis ›gesund‹ liefert – und deshalb als Diagnoseinstrument nicht zu gebrauchen ist.[418]

Wird hingegen über jede einzelne Voraussetzung abgestimmt, so gilt für jede Teilfrage das Jury-Theorem: Die kollektive (positive und negative) Kompetenz beträgt für jede Voraussetzung mehr als 50 %. Bei der Stufenabstimmung verhält es sich betreffend die Gruppe also wie bei einem einzelnen kompetenten Abstimmenden: Hinsichtlich des Ergebnisses einer konjunktiven Entscheidung liegt die positive Kompetenz niedriger,[419] die negative Kompetenz höher als hinsichtlich der einzelnen Elemente; bei einer disjunktiven Entscheidung verhält es sich andersherum.

---

[414] Vgl. (mit anderen Werten) *C. List*, The Discursive Dilemma and Public Reason, Ethics 116 (2006), S. 362 (382).

[415] Bei zwei Voraussetzungen wie im Beispiel darf die Kompetenz 70,71 % nicht übersteigen, bei drei Voraussetzungen 79,37 %, bei vier 84,09 %, bei fünf 87,06 %, bei zehn 93,30 %.

[416] Ein Abstimmender verneint *r* zurecht, wenn er bei beiden Voraussetzungen *p* und *q* oder zumindest bei einer der Voraussetzungen richtig liegt. Die Wahrscheinlichkeit beträgt also $(0{,}6 \times 0{,}6) + (0{,}6 \times 0{,}4) + (0{,}4 \times 0{,}6) = 0{,}84$.

[417] Mit steigender Gruppengröße geht die positive Kompetenz gegen 0, die negative Kompetenz gegen 1.

[418] Vgl. auch oben B.III.2.a)bb).

[419] Unterhalb von 50 % liegt die positive Kompetenz hinsichtlich des Ergebnisses allerdings nur, wenn die kollektive Kompetenz hinsichtlich der Voraussetzungen kleiner als $\sqrt[k]{0{,}5}$ ist. Aufgrund des Effekts des Jury-Theorems besteht indes die Möglichkeit, dass auch bei individueller Kompetenz unterhalb von $\sqrt[k]{0{,}5}$ die kollektive Kompetenz diese Schwelle überschreitet. Die kollektive Kompetenz hinsichtlich des Ergebnisses wird dann oberhalb von 50 % liegen.

Der Vergleich zur Totalabstimmung ergibt folgendes Bild: Die jeweils niedrigere Kompetenz (die positive Kompetenz bei konjunktiver, die negative Kompetenz bei disjunktiver Entscheidung) ist bei der Stufenabstimmung, die andere, höhere Kompetenz bei der Totalabstimmung höher.

Tabelle D.14: epistemische Qualität bei konjunktiver Entscheidung

	Stufenabstimmung	*Totalabstimmung*
positive Kompetenz	niedrig	sehr niedrig
negative Kompetenz	hoch	sehr hoch

Tabelle D.15: epistemische Qualität bei disjunktiver Entscheidung

	Stufenabstimmung	*Totalabstimmung*
positive Kompetenz	hoch	sehr hoch
negative Kompetenz	niedrig	sehr niedrig

Die Totalabstimmung produziert also eine Art von Fehlentscheidung deutlich häufiger, während die Stufenabstimmung bezüglich falsch-positiver und falsch-negativer Entscheidungen eher ausgewogen ist. Grundsätzlich kann deshalb die Stufenabstimmung als epistemisch besser bewertet werden.[420]

(2) Abstimmung nach Teilen im Strafprozess

Anders fällt die Bewertung aus, wenn speziell eine Art von Fehlentscheidungen vermieden werden soll. Die Totalabstimmung ist bei einer konjunktiven Entscheidung besser darin, richtig-negative Entscheidungen herbeizuführen und falsch-positive Entscheidungen zu vermeiden. Demnach ist die Total- der Stufenabstimmung vorzuziehen, wenn eine falsch-negative Entscheidung eher in Kauf zu nehmen ist als eine falsch-positive Entscheidung.[421] Diese Voraussetzung kann im Strafprozess wegen des Grundsatzes ›in dubio pro reo‹ bejaht werden,[422] sodass sich ein epistemisches Argument für die im Strafprozess angewandte Abstimmung nach Teilen[423] gewinnen lässt. Mit Hilfe der Social-Choice-Theorie lassen sich also zwei im strafprozessualen Schrifttum zuguns-

[420] Insb. gilt für die Stufenabstimmung, dass mit zunehmender Gruppengröße sowohl die positive als auch die negative Kompetenz gegen 1 streben, während dies bei der Totalabstimmung nur für eine der beiden Kompetenzen gilt. Fraglich ist allerdings, ob es einen Kompetenzbereich gibt, innerhalb dessen die Totalabstimmung insgesamt besser abschneidet als die Stufenabstimmung, weil bei jener eher die Möglichkeit besteht, dass die Gruppe das richtige Ergebnis aus den falschen Gründen wählt. Vgl. *L. Bovens/W. Rabinowicz*, Democratic Answers to Complex Questions – An Epistemic Perspective, Synthese 150 (2006), S. 131 (143 f.); *C. List*, The Discursive Dilemma and Public Reason, Ethics 116 (2006), S. 362 (382 f. mit Fn. 25 f.).

[421] *L. Bovens/W. Rabinowicz*, a. a. O., S. 146; *C. List*, a. a. O., S. 386 f.

[422] Siehe oben C.I.1.a).

[423] Zum Begriff oben bb)(2)(a).

ten der Totalabstimmung vorgebrachte Argumente[424] rekonstruieren. Dass bei der Abstimmung nach Teilen aber nicht über die Schuld in abstracto, sondern über jeden Straftatbestand gesondert abgestimmt und insoweit das Prinzip der (›unechten‹) Stufenabstimmung zum Tragen kommt, lässt sich damit begründen, dass es sich dabei um eine disjunktive Entscheidungssituation handelt, bei der gerade die Stufenabstimmung weniger falsch-positive Entscheidungen als die Totalabstimmung produziert[425].

(3) Probleme der epistemischen Begründung

Der epistemischen Begründung der Abstimmung nach Teilen stehen allerdings zwei Probleme im Weg. Erstens ist fraglich, ob bzw. inwieweit die Bedingungen des epistemischen Arguments, wie es gerade formuliert wurde, bei kollegialgerichtlichen Abstimmungen zutreffen. Soweit die epistemische Qualität von Stufen- und Totalabstimmung bisher untersucht wurde, setzen die oben aufgeführten Ergebnisse nämlich (zusätzlich zu der schon generell für das Jury-Theorem erforderlichen Unabhängigkeit der einzelnen Kompetenzen der Abstimmenden[426]) die Erfüllung einiger Unabhängigkeitsbedingungen voraus: die Unabhängigkeit der einzelnen Elemente; die Unabhängigkeit der Kompetenz bei einem Element davon, ob dieses Element wirklich vorliegt oder nicht; die Unabhängigkeit der Kompetenz bei einem Element von der Kompetenz bei einem anderen Element; und die Unabhängigkeit der Kompetenz bei einem Element von der Kompetenz der anderen Abstimmenden bei anderen Elementen.[427] Insbesondere erscheint die zweite dieser Bedingungen fraglich, ob also die Richter mit derselben Wahrscheinlichkeit falsch-positive wie falsch-negative Entscheidungen fällen.[428] Annäherungsweise wird man wohl von der Erfüllung der genannten Voraussetzungen ausgehen dürfen. Gleichwohl kann nicht in Abrede gestellt werden, dass die Geltung des epistemischen Arguments für die kollegialgerichtliche Realität zweifelhaft wird.

Zweitens ist daran zu erinnern, dass die Strafrichter nicht ausschließlich über Tatsachen abstimmen, sondern über deren Vorliegen und deren rechtliche Bewertung. Hinsichtlich der rechtlichen Bewertung versagt aber mangels Richtigkeitsmaßstabs jedes epistemische Argument.[429] Wegen der maßgeblichen Bedeutung der Tatsachenfragen für das Strafurteil ist jedoch eine epistemische

---

424 Siehe oben bb)(2)(c). Gegen eine Begründung der Totalabstimmung mit dem Zweifelssatz aber *E. Breetzke*, Abstimmung, Spruch, Gründe, DRiZ 1962, S. 5 (8).

425 Vgl. *C. List*, The Discursive Dilemma and Public Reason, Ethics 116 (2006), S. 362 (387).

426 Siehe oben B.III.2.b)dd).

427 *L. Bovens/W. Rabinowicz*, Democratic Answers to Complex Questions – An Epistemic Perspective, Synthese 150 (2006), S. 131 (137).

428 Siehe bereits oben B.III.2.a)bb).

429 Siehe oben B.III.2.b)cc)(1).

Betrachtung für die gesamte Entscheidung der strafgerichtlichen Tatsacheninstanzen gerechtfertigt,[430] sodass das epistemische Argument, das die Abstimmung nach Teilen jedenfalls für die Tatsachenfragen rechtfertigt, durchaus auf die gesamte Abstimmung über die Schuldfrage übertragen werden kann.[431]

Lässt man also in doppelter Hinsicht dasjenige Maß an Vorsicht walten, welches die Anwendung eines epistemischen Arguments auf die Realität stets erfordert, so vermag die jeweilige epistemische Qualität von Stufen- und Totalabstimmung durchaus das Prinzip der Abstimmung nach Teilen für den Strafprozess zu begründen. Hinsichtlich des Zivilprozesses hingegen kann ein epistemisches Argument kaum Geltung beanspruchen. Für die dort angewendete Abstimmungsmethode der Abstimmung nach Elementen kommt nur eine Rechtfertigung durch Responsivität[432] in Betracht.

ee) Responsivität der Abstimmungsmethode

Stufen- und Totalabstimmung weisen beide im Vergleich zueinander gewisse Nachteile auf, die indes jeweils ausgeglichen werden können. Die Stufenabstimmung ist in bestimmten Fällen manipulierbar; die Manipulationsgefahr kann jedoch, insbesondere durch das Institut des kollegialen Ordnungsbeschlusses, erheblich reduziert werden. Mit dem Mittel des Ordnungsbeschlusses kann auch der immer weiteren Aufspaltung der Entscheidung in Einzelfragen Einhalt geboten werden. Die Totalabstimmung kennt diese Probleme nicht, kann aber nicht gewährleisten, dass die Gerichtsentscheidung auf mehrheitlich akzeptierten Prämissen beruht, und wirft deshalb ein Problem der Urteilsbegründung auf. Dem könnte jedoch durch eine alternative oder durch eine nachträgliche einheitliche Abfassung der Entscheidungsgründe begegnet werden.[433]

Als maßgebliche Differenz bleibt somit die unterschiedliche Responsivität von Stufen- und Totalabstimmung. Beide Abstimmungsmethoden garantieren eine konsistente kollektive Urteilsmenge dadurch, dass sie die Responsivität der kollektiven Entscheidung einschränken. Bei der Stufenabstimmung wird eine kollektive Entscheidung über alle Elemente der Agenda gefällt, für das Ergebnis aber ist nicht die diesbezügliche Mehrheitsmeinung, sondern die logische Konsequenz der mehrheitlich festgestellten Prämissen ausschlaggebend. Bei der Totalabstimmung hingegen wird die Agenda der Abstimmung von vornherein auf das Ergebnis allein reduziert. Welcher der beiden Abstimmungsmethoden der Vorzug zu geben ist, hängt demnach davon ab, ob die kollektive Entscheidung auf mehrheitlich akzeptierten Prämissen gründen oder die Mehrheitsmeinung hinsichtlich des Ergebnisses ausschlaggebend sein soll.

---

[430] Siehe oben B.III.2.c).

[431] Für die Revisionsinstanz hingegen scheidet eine epistemische Rechtfertigung der Abstimmungsmethode aus.

[432] Vgl. dazu oben B.VI.1.

[433] Siehe noch unten III.3.

Diese Frage lässt sich nicht allgemeingültig für alle Kollegien oder auch nur für alle staatlichen Kollegialorgane beantworten.[434] Vielmehr ist spezifisch die jeweilige Tätigkeit in den Blick zu nehmen. Für die Rechtsprechung steht zunächst einmal fest, dass sich ein Einzelrichter über alle Elemente der Entscheidung Gedanken machen muss, um die Rechtsfolge bejahen zu können.[435] Für ein Kollegium muss jedoch nicht unbedingt dasselbe gelten wie für einen Einzelnen. Was für ein Kollegialgericht gilt, hängt vielmehr vom Zweck kollegialer Rechtsprechung ab. Damit kommt es für die Frage nach Stufen- oder Totalabstimmung maßgeblich auf das Verständnis des Richterkollegiums an.

Dies zeigt auch die im 19. Jahrhundert geführte Debatte über die richtige Abstimmungsmethode, war sie doch im Grunde ein Streit über das richtige Verständnis von Kollegialgerichten. Gingen die Verfechter der Totalabstimmung davon aus, dass sich ein Spruchkörper aus eigenständig rechtsprechenden Richtern zusammensetzt,[436] lag für die Befürworter der Stufenabstimmung die Aufgabe des Richterkollegiums darin, als Einheit zu agieren und durch eine einheitliche Schlussfolgerung ein Urteil herbeizuführen.[437]

Wiederum ist auch das ›richtige‹ Verständnis von Kollegialgerichtsbarkeit keineswegs zwingend. Selbst aus den Vorteilen der kollegialen Beratung[438] folgt nicht, dass im Anschluss an die gemeinsame Diskussion aller Entscheidungselemente auch eine kollegiale Abstimmung über alle Elemente stattfinden muss.[439] Es gibt deshalb »keine schlechthin und grundsätzlich richtige Abstimmungsmethode«[440] von Richterkollegien. Vielmehr bleibt es eine rechtspolitische Dezision, ob das Kollegialgericht als bloße Mehrzahl selbstständiger Richter oder als echtes Kollegium entscheiden soll und ob das Urteil den Willen

---

434 Für einen Vorrang der Stufenabstimmung aber *P. Pettit*, A Dilemma for Deliberative Democrats, in: van Aaken/List/Luetge (Hrsg.), Deliberation and Decision, 2004, S. 91 (103 ff.); in diese Richtung auch *B. Chapman*, Rational Aggregation, Politics Philos. Econ. 1 (2002), S. 337 ff.; *ders.*, Rational Choice and Categorical Reason, Univ. Pa. Law Rev. 151 (2003), S. 1169 (1189 ff.); *N. Gold*, Collective Rationality, in: van Aaken/List/Luetge (Hrsg.), a. a. O., S. 108 ff. Kritisch *L. A. Kornhauser/L. G. Sager*, The Many as One, Philos. Public Aff. 32 (2004), S. 249 (259 ff.); *J. Elster*, Décisions individuelles et décisions collectives, Soc. Sci. Inf. 49 (2010), S. 11 (24). Für einen Vorrang der Totalabstimmung *G. Tuzet*, More Votes, More Irrationality, Am. J. Jurisprudence 64 (2019), S. 61 (74 ff.).

435 Siehe bereits oben b)bb).

436 Vgl. *Dorguth*, Bemerkungen über die Art des Abstimmens bei der Urteilsfindung, besonders über das Votiren hinsichts der Urteilsgründe, Juristische Wochenschrift für die preussischen Staaten 1841, Sp. 153 (157 ff.); *Waldeck*, Beiträge zur Beantwortung der Frage: Ob über den Tenor oder die Gründe eines Urtheils abzustimmen?, Neues Archiv für Preußisches Recht und Verfahren, sowie für Deutsches Privatrecht 7 (1841), S. 427 (441 ff.).

437 Vgl. *C. de Fontenay*, Ueber die Abstimmung in Richtercollegien, 1. Aufl. 1847, S. 16; *G. Pfizer*, Abstimmung und Revision, ZZP 15 (1891), S. 365 (368).

438 Vgl. oben B. Fn. 231.

439 Ähnlich *G. Mellinghoff*, Fragestellung, Abstimmungsverfahren und Abstimmungsgeheimnis, 1988, S. 85.

440 *C. G. v. Coelln*, Das Beratungsgeheimnis, 1931, S. 41 Fn. 3.

der Richtermehrheit hinsichtlich des Ergebnisses wiedergeben oder aus mehrheitlich akzeptierten Prämissen folgen soll. Beinhaltet das Gerichtsverfassungsrecht[441] ein Verständnis des Kollegialgerichts als eines einheitlichen Entscheidungsorgans,[442] wie es sich in Deutschland im Gegensatz zur angelsächsischen Tradition historisch herausgebildet hat, so liegt die Schlussfolgerung jedenfalls nahe, dass das Gericht als Ganzes den logischen Schluss bilden soll, aus dem die Rechtsfolge sich ergibt.[443]

Es ist dabei nur anzumerken, dass ein solches Verständnis von Kollegialgerichten auch sozialontologisch tragfähig ist. Unabhängig von der Frage, ob bzw. in welchem Sinne einem Kollegialgericht ein ›Wille‹ zukommen kann,[444] können Kollegialgerichte als kollektive Akteure (›group agents‹)[445] angesehen werden.[446] Bei einem Verständnis von Richterkollegien als kollektiven Akteuren und der entsprechenden Redeweise (›das Gericht‹, ›die Kammer‹ usw.) handelt es sich nicht um bloße Fiktionen,[447] die lediglich die Zusammenfassung individueller Intentionen und Handlungen der Richter beschreiben. Das Kollegialgericht fällt sein Urteil zwar durch Aggregation der individuellen Ansichten der Richter, d. h. das kollektive Urteil superveniert auf den individuellen Ansichten.[448] Aus dem diskursiven Dilemma (und damit der Wahl zwischen Stufen-

441 Vgl. auch *C. G. v. Coelln*, a. a. O., S. 41: »Welche Abstimmungsmethode richtig sei, das kann [...] nur das geltende Prozeßrecht erweisen.«

442 Vgl. *W. Ernst*, Abstimmen über Rechtserkenntnis, JZ 2012, S. 637 (639); ferner *K. Peters*, »Gericht« und »Richter«, in: Geppert/Dehnicke (Hrsg.), GS Meyer, 1990, S. 331 (333 f.).

443 Möglich bleibt freilich, dass der Gesetzgeber im Gerichtsverfassungsrecht die Abstimmungsmethode (für die verschiedenen Gerichtsbarkeiten und Entscheidungsarten) ausdrücklich festlegt. Von Bedeutung wären dabei v. a. die Festlegung, dass das Kollegialgericht im Zivilprozess nicht zwischen Stufen- und Totalabstimmung wählt, sondern ausschließlich die Einzelfragen bestimmt, und Vorgaben dazu, wie es dies zu tun hat (vgl. oben cc)(2)). Außerdem könnte die ›Pflicht zum Weiterstimmen‹ in ihrer gesamten Bedeutung (vgl. oben cc)(3)) explizit gesetzlich verankert werden. Schließlich könnten auch Fragen der kollegialgerichtlichen Begründung, insb. bei Totalabstimmung (dazu unten III.3.), ebenso geregelt werden wie eine Pflicht zur Protokollierung der Abstimmung. Für Letzteres *W. Ernst*, Abstimmen über Rechtserkenntnis, JZ 2012, S. 637 (642 Fn. 44). De lega lata muss nicht einmal protokolliert werden, dass überhaupt eine Beratung (und Abstimmung) stattgefunden hat; vgl. dazu BGH, Beschl. v. 14.10.2008 – 4 StR 260/08 –, NStZ 2009, S. 105 f.

444 Einen Willen des Kollegialgerichts als »psychologische Tatsache« (!) zu Recht verneinend *W. Ernst*, a. a. O., S. 646. Die Frage, ob es sich bei einem Kollegialorgan um einen Akteur handelt, und die Frage, ob bzw. in welchem Sinn dieses Kollegialorgan einen Willen haben kann, dürfen nicht vorschnell vermengt werden.

445 Dazu ausführlich *C. List/P. Pettit*, Group Agency, 2011.

446 Für Jurys vgl. *M. S. Pardo*, Group Agency and Legal Proof, William Mary Law Rev. 56 (2015), S. 1793 ff.

447 Vgl. *P. Pettit*, Group Agents are Not Expressive, Pragmatic or Theoretical Fictions, Erkenntnis 79 (2014), S. 1641 ff.

448 Deshalb handelt es sich bei Kollegialgerichten wie generell bei kollektiven Akteuren nicht um metaphyische Wesen, die in mysteriöser Weise unabhängig von Individuen existieren. Anschaulich zur Supervenienz *M. S. Pardo*, Group Agency and Legal Proof, William Mary Law Rev. 56 (2015), S. 1793 (1808 ff.).

und Totalabstimmung) folgt aber gerade, dass das kollegiale Urteil im Sinne der kollektiven Urteilsmenge aus Ergebnis und Teilfragen nicht einfach eine Funktion der jeweiligen individuellen Ansichten sein kann.[449] Das Urteil des Gerichts muss vielmehr auf den individuellen Antworten aller Fragen *als Ganzes* supervenieren.[450] Bei der Stufenabstimmung zeigt sich dies deutlich, weil das Ergebnis nicht von dem mehrheitlich akzeptierten Ergebnis, sondern von den mehrheitlich akzeptierten Prämissen abhängt. Deshalb ist es an sich nicht einmal zwingend, dass die Richter sich gemeinsam des Ergebnisses bewusst sind:[451] Im Extremfall kann jeder Richter zu demselben Ergebnis kommen, aber das kollektive Ergebnis steht erst fest, wenn der Vorsitzende[452] die Stimmen bezüglich der Prämissen aggregiert und daraus das Ergebnis abgeleitet hat.[453] Bei der Totalabstimmung ist es umgekehrt: Zwar beruht das Ergebnis auf den diesbezüglichen individuellen Ansichten, soll aber eine widerspruchsfreie Begründung gefunden werden, können nicht stets einfach die jeweils mehrheitlich akzeptierten Prämissen herangezogen werden. Es zeigt sich demnach: Ob Stufen- oder Totalabstimmung, aus den Ansichten der einzelnen Richter geht letztlich eine originäre Entscheidung des Kollegialgerichts als kollektiven Akteurs hervor.

II. Erweiterungen

Bisher hat sich die Untersuchung ausschließlich auf Abstimmungen über binäre Fragen innerhalb eines aus einer ungeraden Anzahl von Richtern bestehenen Spruchkörpers bezogen. Notwendige Erweiterungen hinsichtlich der Mitglie-

[449] Vgl. auch *W. Ernst*, Abstimmen über Rechtserkenntnis, JZ 2012, S. 637 (646 f.). Das unterscheidet die kollegialgerichtliche Abstimmung bspw. von einer Telefonbefragung, bei der für jede Frage die Antworten aller Befragten aggregiert werden, ohne dass es sich bei der Menge der Befragten um einen kollektiven Akteur handeln würde. *C. List*, Three Kinds of Collective Attitudes, Erkenntnis 79 (2014), S. 1601 (1602 ff.), beschreibt dies als »aggregate attitudes«.

[450] *C. List/P. Pettit*, Group Agency, 2011, S. 69, nennen dies »holistic supervenience«. Siehe auch *C. List*, a. a. O., S. 1617 f.

[451] Vgl. *C. List*, a. a. O., S. 1620 f.

[452] Vgl. § 194 Abs. 1 GVG.

[453] Das bedeutet auch, dass das kollegialgerichtliche Urteil nicht zwingend ›Wir-Intentionalität‹ voraussetzt. In einem solchen Sinne verstanden wird die Eigenschaft des Kollegialgerichts als kollektiven Akteurs etwa von *F. Michl*, Unionsgrundrechte aus der Hand des Gesetzgebers, 2018, S. 15 Fn. 15; der Begriff stammt von *J. R. Searle*, Die Konstruktion der gesellschaftlichen Wirklichkeit, 1997, S. 34 ff. Nicht ausgeschlossen ist aber, dass Handlungen des Kollegialgerichts jenseits der Entscheidung als solcher auf ›Wir-Intentionalität‹ beruhen. Dabei geht es allerdings nicht um den Status des Spruchkörpers als kollektiven Akteurs, sondern um die Lösung von Koordinationsproblemen, z. B. die Durchführung einer mündlichen Verhandlung. Vgl. dazu *C. List*, Three Kinds of Collective Attitudes, Erkenntnis 79 (2014), S. 1601 (1611 f.). Nicht übersehen werden darf auch, dass das Richterkollegium betreffs bestimmter Angelegenheiten in Hobbes'schem Sinne vom Vorsitzenden repräsentiert wird; vgl. *T. Hobbes*, Leviathan, 1651, S. 82.

derzahl und der Fragestellung sollen in diesem Abschnitt vorgenommen werden.

1. Gerade Mitgliederzahl und Stimmengleichheit

Manche Spruchkörper der deutschen Gerichtsverfassung sind als Ausnahme vom Grundsatz einer ungeraden Besetzung mit einer geraden Anzahl von Richtern bestückt. Das erweiterte Schöffengericht und die besetzungsreduzierte große Strafkammer entscheiden in einer Besetzung mit vier, die Senate des Bundesverfassungsgerichts bekanntermaßen (bei Vollständigkeit[454]) in einer Besetzung mit acht Richtern.[455] Aus der Geradzahligkeit ergeben sich zwei Folgen: Zum einen wird das Erreichen einer Mehrheit im Vergleich zu einem ungerade besetzten Spruchkörper erschwert, zum anderen stellt sich das spezifische Problem der Stimmengleichheit. Dabei verlangt die Frage nach der Auflösung der Stimmengleichheit primär nach einer prozeduralen Antwort, hat aber auch Konsequenzen für die epistemische Betrachtung des Mehrheitsprinzips in der Judikative. Zunächst soll jedoch den Gründen für eine gerade Besetzung auf den Grund gegangen werden.[456]

a) Gründe für die geradzahlige Besetzung

Angesichts des Ausnahmecharakters geradzahlig besetzter Kollegialgerichte stellt sich zuallererst die Frage nach den Gründen für die Einführung derartiger Spruchkörper. Dabei soll es um die Gründe für die im deutschen Recht bestehenden, nicht für potentielle Besetzungen gehen.

Die geradzahlige Besetzung der Senate des Bundesverfassungsgerichts hat einen verfassungsrechtlichen Hintergrund. Die in Art. 94 Abs. 1 Satz 2 GG vorgeschriebene Parität zwischen Bundestag und Bundesrat bei der Richterwahl, die sich auf das Bundesverfassungsgericht als Ganzes bezieht,[457] ist einfachgesetzlich auf die einzelnen Senate erstreckt worden, mit der Folge, dass jeder der beiden Senate eine gerade Anzahl von Richtern umfasst.[458] Es ist indes hinsichtlich des Grunds der geradzahligen Senatsbesetzung auch die Vermutung geäußert worden, »dass eine gerade Zahl von Richtern es den Parteien ermög-

---

[454] Gemäß § 15 Abs. 2 Satz 1 BVerfGG kann ein Senat auch in einer Besetzung mit sieben oder sechs Richtern entscheiden (vgl. oben A.V.1.b)).

[455] Dazu und zu weiteren Fällen der Geradzahligkeit siehe oben A.V.2.e).

[456] Dazu, dass gerade in der Erschwernis ein Grund für die geradzahlige Besetzung liegen kann, siehe noch unten c)cc)(2).

[457] Siehe bereits oben B.V.2.b)cc)(5)(a).

[458] Vgl. *P. Heinrichsmeier*, in: Umbach/Clemens/Dollinger (Hrsg.), BVerfGG, 2. Aufl. 2005, § 2 Rn. 10; *D. Hömig*, in: Maunz u. a. (Hrsg.), BVerfGG, 36. EL 2011, § 2 Rn. 9; *D. Volp*, in: Barczak (Hrsg.), BVerfGG, 2018, § 2 Rn. 18; *C. Walter*, in: Maunz/Dürig (Begr.), GG, 88. EL 2019, Art. 94 Rn. 11; ebenso *BMJ* (Hrsg.), Entlastung des Bundesverfassungsgerichts, 1998, S. 97.

licht, das ungeschriebene ›Recht‹ zur Besetzung dieser Stellen gleichmäßig untereinander aufzuteilen.«[459] Dass dies einen Grund zumindest für die Beibehaltung der Besetzungsregelung darstellen mag, liegt zwar nicht gänzlich fern, muss aber letztlich im Reich der Spekulation verbleiben. Eindeutig ist demgegenüber der Grund für die Besetzung der für die Entscheidung über Verzögerungsbeschwerden eingerichteten Beschwerdekammer des Bundesverfassungsgerichts mit vier Richtern, nämlich je zwei jedes Senats. Sie beruht darauf, dass einerseits nicht eine Selbstkontrolle des jeweiligen Senats eingeführt, andererseits aber auch eine systemwidrige Kontrolle durch den anderen Senat vermieden werden sollte.[460] Die geradzahlige Besetzung trägt somit der Gleichordnung der beiden Senate[461] Rechnung.

Ob am Bundesgerichtshof der Große Senat für Zivilsachen und die Vereinigten Großen Senate geradzahlig oder ungeradzahlig besetzt sind, hängt nach der Regelung des § 132 Abs. 5 Satz 1 und 3 GVG allein von der Anzahl der Zivilsenate ab. Seit Einführung des dreizehnten Zivilsenats sind der Große Senat für Zivilsachen und die Vereinigten Großen Senate geradzahlig besetzt.[462] Der Große Senat für Strafsachen ist nur im Sonderfall des § 132 Abs. 5 Satz 2 GVG gerade besetzt, wenn ein Senat vorlegt, der nicht zu den Strafsenaten zählt, oder von der Entscheidung eines solchen Senats abgewichen werden soll. Es liegt auf der Hand, dass der Grund darin besteht, dass auch ein Mitglied dieses betroffenen, aber normalerweise nicht im Großen Senat vertretenen Senats über die Vorlagefrage mitentscheiden soll.

Bei den strafgerichtlichen Spruchkörpern des erweiterten Schöffengerichts und der besetzungsreduzierten großen Strafkammer hängt die geradzahlige Besetzung jeweils von der Frage ab, ob der Umfang der Sache[463] eine größere oder eine kleinere Anzahl an Richtern erfordert. Die Besetzungsreduktion der großen Strafkammer[464] diente ursprünglich der Entlastung der Justiz nach der Wiedervereinigung.[465] Nachdem dieser Grund weggefallen war, wurde die Regelung aus Haushaltsgründen beibehalten.[466] Die Besetzungserweiterung des

---

[459] *R. A. Lorz*, Die Gefahr der Stimmengleichheit, ZRP 2003, S. 36 (39).

[460] BT-Drs. 17/3802, S. 27; *M. Marx*, in: ders./Roderfeld, Rechtsschutz bei überlangen Gerichts- und Ermittlungsverfahren, 2013, § 97c BVerfGG Rn. 1; *G. Ott*, in: Steinbeiß-Winkelmann/Ott (Hrsg.), Rechtsschutz bei überlangen Gerichtsverfahren, 2013, §§ 97c–97d BVerfGG Rn. 3.

[461] *O. Klein*, in: Benda/Klein/Klein, Verfassungsprozessrecht, 3. Aufl. 2012, § 6 Rn. 172; *K. Maciejewski*, in: Burkiczak/Dollinger/Schorkopf (Hrsg.), BVerfGG, 2015, § 97c Rn. 1.

[462] Vgl. oben A.V.1.a)aa) mit Fn. 201.

[463] Vgl. den Wortlaut von § 29 Abs. 2 Satz 1 und § 76 Abs. 2 Satz 3 Nr. 3 GVG.

[464] Zur Entstehungsgeschichte und zur Anwendung durch die Gerichte vgl. *P. Rieß*, Die reduzierte Besetzung der großen Strafkammer, in: Dölling u. a. (Hrsg.), FS Schöch, 2010, S. 895 ff.

[465] BT-Drs. 12/1217, S. 1, 47 f.

[466] BT-Drs. 17/6905, S. 19 f.

Schöffengerichts[467] zielt seit jeher auf eine Qualitätsgarantie in umfangreichen Strafsachen.[468] Nun führt somit zwar beim Schöffengericht eine Besetzungserweiterung, bei der großen Strafkammer hingegen eine Besetzungsreduktion zur Geradzahligkeit, doch handelt es sich auch in letzterem Fall bei der kleineren Besetzung um den Regelfall,[469] sodass es bei beiden Spruchkörpern im Kern um die Frage geht, ob der zusätzliche Richter vonnöten ist oder nicht.[470] Zusammenfassend kann demnach gesagt werden, dass die Vorschriften dazu dienen sollen, einerseits bei umfangreichen Verfahren die Qualität der Rechtsprechung zu sichern, andererseits bei nicht umfangreichen Sachen eine Entscheidungsfindung unter Schonung personeller Ressourcen zu ermöglichen.[471]

Die Viererbesetzung der technischen Beschwerdesenate des Bundespatentgerichts schließlich hat den folgenden Hintergrund. Die Senate waren ursprünglich mit drei technischen Mitgliedern besetzt. Als der Gesetzgeber ein zusätzliches rechtskundiges Mitglied in den technischen Beschwerdesenat aufnahm, entschied er sich dafür, dieses rechtskundige Mitglied nicht an die Stelle eines der drei technischen Mitglieder zu setzen, da er den nur bei einer solchen Dreierbesetzung möglichen Fall vermeiden wollte, dass bei einer Meinungsverschiedenheit der beiden technischen Mitglieder die Stimme des rechtskundigen Mitglieds den Ausschlag gibt.[472]

b) Erschwernis der Mehrheitsentscheidung

Es ist leicht zu erkennen, dass bei einer geraden Mitgliederzahl eine Mehrheit schwerer zu erreichen ist als bei einer ungeraden Mitgliederzahl.[473] Dies liegt

---

[467] Dass die kleine Strafkammer bei Berufungen gegen Entscheidungen des erweiterten Schöffengerichts ebenfalls mit vier Richtern besetzt ist (§ 76 Abs. 6 GVG), soll sicherstellen, dass in der zweiten nicht weniger Richter entscheiden als in der ersten Instanz. Vgl. *T. Schuster*, in: MüKo StPO, Bd. 3/2, 2018, § 76 GVG Rn. 21.

[468] *T. Schuster*, a. a. O., § 29 GVG Rn. 1. Vgl. auch *M. Heghmanns*, Anmerkung zu OLG Karlsruhe, Beschl. v. 16.10.2000 – 2 Ws 304/99 –, StV 2003, S. 14 (15), mit Hinweis auf die real geringe Anzahl an Verfahren vor dem erweiterten Schöffengericht.

[469] *O. R. Kissel/H. Mayer*, GVG, 9. Aufl. 2018, § 76 Rn. 3; *T. Schuster*, a. a. O., § 76 GVG Rn. 4. Anders aber BGH, Beschl. v. 04.02.2016 – 4 StR 79/15 –, StV 2016, S. 631. Die Regelhaftigkeit der Viererbesetzung bedeutet, dass der Gesetzgeber hier ganz untypisch ein geradzahlig besetztes Kollegialgericht als Standardfall eingerichtet hat.

[470] Zur höheren Qualität der voll besetzten großen Strafkammer vgl. BGH, Beschl. v. 07.07.2010 – 5 StR 555/09 –, NJW 2010, S. 3045 (3047).

[471] Zur Frage, ob dieses Ziel erreicht wird, vgl. *B. Heß/M. Wenske*, Die Besetzungsreduktion der Großen Strafkammern auf dem endgültigen gesetzgeberischen Prüfstand, DRiZ 2010, S. 262 ff.

[472] BT-Drs. 03/1749, S. 40. Vgl. auch *G. Hiete*, Soll es in den technischen Beschwerdesenaten des Bundespatentgerichts bei dem Stichentscheid des Vorsitzenden bleiben?, GRUR 1965, S. 347 (349). Zur Verfassungsmäßigkeit dieser Besetzung siehe VG München, Beschl. v. 19.06.1961 – VIII 4129/57 u. a. –, GRUR 1961, S. 472 (474).

[473] Zum Ganzen *K. L. Dougherty/J. Edward*, Odd or Even: Assembly Size and Majority Rule, J. Politics 71 (2009), S. 733 ff.

daran, dass die für die einfache Mehrheit notwendige Zahl an Abstimmenden bei gerader Mitgliederzahl einen höheren Anteil der Gesamtabstimmendenzahl ausmacht. Sind bei drei Abstimmenden zwei Stimmen (66,67%) und bei fünf Abstimmenden drei Stimmen (60%) erforderlich, so sind es bei vier Abstimmenden ebenfalls drei Stimmen und damit 75%. Das Verhältnis zwischen Gesamtabstimmendenzahl und der für die Mehrheit erforderlichen Stimmenzahl ist somit für eine gerade Zahl N an Abstimmenden stets größer als bei $N - 1$ oder $N + 1$, woraus folgt, dass die Wahrscheinlichkeit einer von einer Mehrheit getragenen Entscheidung bei einer geraden Mitgliederzahl stets niedriger ist als bei den angrenzenden ungeraden Zahlen (›even-odd effect‹).[474] Mit zunehmender Größe der Mitgliederzahl nimmt zwar die Wahrscheinlichkeit einer Stimmengleichheit[475] und damit auch der ›even-odd effect‹ ab.[476] Aber Richterkollegien bestehen in aller Regel aus einer solch kleinen Anzahl an Richtern, dass der Effekt relevant bleibt.[477]

Die Auswirkungen dieses Effekts konnten auch empirisch nachgewiesen werden: Amerikanische Berufungsgerichte heben die Entscheidungen niederer Instanzen seltener auf, wenn sie in geradzahliger Spruchkörperbesetzung entscheiden.[478] Freilich hängt dies ganz offensichtlich davon ab, wie die Entscheidung bei Stimmengleichheit lautet, dem eigentlichem Hauptproblem geradzahliger Richterkollegien.

c) *Entscheidung bei Stimmengleichheit*

Für Fälle der Stimmengleichheit in abstimmenden Kollegialorganen existiert eine Vielzahl möglicher Entscheidungsregeln.[479] Vier Arten sind für Kollegialgerichte zu diskutieren.

---

[474] *K. L. Dougherty/J. Edward*, a. a. O., S. 735 f.

[475] Vgl. *T. I. Schmidt*, Die Entscheidung trotz Stimmengleichheit, JZ 2003, S. 133 (134).

[476] Vgl. *K. L. Dougherty/J. Edward*, Odd or Even: Assembly Size and Majority Rule, J. Politics 71 (2009), S. 733 (735).

[477] Vgl. *E. Völcker*, Das Entscheidungsrisiko des geradzahlig besetzten Kollegialgerichts, MittdtPatA 1971, S. 161 (162 f.).

[478] *K. L. Dougherty/J. Edward*, Odd or Even: Assembly Size and Majority Rule, J. Politics 71 (2009), S. 733 (740 ff.).

[479] Überblick für das deutsche und europäische Recht bei *T. I. Schmidt*, Die Entscheidung trotz Stimmengleichheit, JZ 2003, S. 133 (135 ff.), der zehn Lösungsmöglichkeiten (Verweigerung der Entscheidung, Verlagerung der Entscheidung auf andere Stellen, Wiederholung der Abstimmung, Ablehnung des Antrags, Annahme des Antrags, Stichentscheid des Vorsitzenden, Stimmverlust des jüngsten Mitglieds, Wahl des ältesten Kandidaten und Losverfahren) untersucht. Anders *W. Heun*, Das Mehrheitsprinzip in der Demokratie, 1983, S. 129, der nur Los, Stichentscheid und Ablehnung benennt; so auch *U. K. Jacobs*, »Man soll die Stimmen wägen und nicht zählen«, NJW 1989, S. 3205 (3206).

aa) Verweigerung einer Entscheidung

Die erste Möglichkeit besteht darin, dass in einer Pattsituation gar keine Entscheidung getroffen wird. Das Gerichtsverfahren endet dann mit einem non liquet oder einer absolutio ab instantia. Die Entscheidungsregel ist damit für den spezifischen Fall des Stimmenpatts zwar hinsichtlich der beiden Optionen neutral, da keiner (a priori) der Vorzug gegeben wird, aber im oben[480] definierten Sinne nicht entscheidungsfähig. Wenn auch ein solcher Grundsatz für das Bundesverfassungsgericht in dessen Anfangsjahrzehnten vereinzelt für möglich gehalten wurde,[481] so widerspricht er doch eklatant dem Rechtsverweigerungsverbot.[482] Die Entscheidung bei Stimmengleichheit kommt einer Rechtsschutzverweigerung gleich,[483] denn »Kläger und Beklagter erwarten doch vom Gericht einen Ausspruch darüber, was rechtens ist, und nicht darüber, daß die Richter uneins resp[ektive] zur Verfahrenseinstellung genötigt sind.«[484] Dass bei Stimmengleichheit unter Schiedsrichtern ausnahmsweise keine Entscheidung getroffen wird,[485] ist nur hinnehmbar, weil dann an die Stelle des privaten Schiedsgerichts ein staatliches Gericht tritt.[486] Hinzu kommt schließlich, dass es sich bei dieser Lösung lediglich scheinbar um eine neutrale Entscheidungsregel handelt, da die Verweigerung einer Entscheidung letztlich zulasten des Klägers oder Rechtsmittelführers geht.[487]

---

480 Siehe B.V.2.a)bb)(1).

481 *W. Roemer*, Das Gesetz über das Bundesverfassungsgericht, JZ 1951, S. 193 (194); ihm folgend noch *H. Lechner*, BVerfGG, 3. Aufl. 1973, § 15 Abs. 2 Anm. 3. Mit der Entstehungsgeschichte des BVerfGG dagegen argumentierend *R. Mellinghoff*, in: Maunz u. a. (Hrsg.), BVerfGG, 21. EL 2002, § 15 Rn. 80.

482 Zur Ableitung des Gebots der Entscheidungsfähigkeit aus dem Rechtsverweigerungsverbot siehe bereits oben B.V.2.b)aa).

483 *H. Brox*, Rechtsprobleme der Abstimmungen beim Bundesverfassungsgericht, in: Ritterspach/Geiger (Hrsg.), FS Müller, 1970, S. 1 (10); *R. Mellinghoff*, in: Maunz u. a. (Hrsg.), BVerfGG, 21. EL 2002, § 15 Rn. 79; *T. I. Schmidt*, Die Entscheidung trotz Stimmengleichheit, JZ 2003, S. 133 (135).

484 *E. Völcker*, Das Entscheidungsrisiko des geradzahlig besetzten Kollegialgerichts, MittdtPatA 1971, S. 161 (170).

485 § 1033 Nr. 2 ZPO a. F. sah explizit vor, dass der Schiedsvertrag in dieser Situation außer Kraft tritt. Heute ergibt sich aus § 1052 Abs. 1, § 1056 Abs. 2 Nr. 3 Var. 2 ZPO, dass bei Verfehlen der nötigen Mehrheit das Verfahren durch Beschluss beendet wird. Vgl. *J. Münch*, in: MüKo ZPO, Bd. 3, 5. Aufl. 2017, § 1052 Rn. 9, § 1056 Rn. 33; *A. Baumbach/W. Lauterbach/J. Albers/P. Hartmann*, ZPO, 78. Aufl. 2020, § 1056 Rn. 6. Gleiches gilt nach § 102 Abs. 2 Nr. 4, § 108 Abs. 1 ArbGG; vgl. *C.-H. Germelmann*, in: ders./Matthes/Prütting (Hrsg.), ArbGG, 9. Aufl. 2017, § 108 Rn. 5.

486 *H. Brox*, Rechtsprobleme der Abstimmungen beim Bundesverfassungsgericht, in: Ritterspach/Geiger (Hrsg.), FS Müller, 1970, S. 1 (10 Fn. 33); *T. I. Schmidt*, Die Entscheidung trotz Stimmengleichheit, JZ 2003, S. 133 (135), der zutreffend festhält, dass für staatliche Gerichte eine solche Lösung der Pattsituation durch Verlagerung der Entscheidung auf eine andere Stelle schon wegen des Anspruchs auf den gesetzlichen Richter nicht in Betracht kommt.

487 Ebenso *E. Völcker*, Das Entscheidungsrisiko des geradzahlig besetzten Kollegialgerichts, MittdtPatA 1971, S. 161 (170): »Pseudoneutralität«.

bb) Änderung des Stimmgewichts

Die zweite Möglichkeit, eine Pattsituation aufzulösen, besteht darin, das Stimmgewicht eines Richters zu ändern, sodass insgesamt eine ungerade Stimmenzahl und damit eine Mehrheit für eine der beiden Optionen entsteht.

(1) Stichentscheid des Vorsitzenden

Die am nächsten liegende und im deutschen Prozessrecht am häufigsten gewählte Variante sieht einen Stichentscheid des Vorsitzenden vor.[488] Insbesondere gibt gemäß § 196 Abs. 4 GVG bei den geradzahlig besetzten Strafgerichten die Stimme des Vorsitzenden den Ausschlag. Wohlgemerkt gilt dies nur für solche Entscheidungen, die nicht die Zweidrittelmehrheit des § 263 StPO erfordern, da eine qualifizierte Mehrheit ein Stimmenpatt ausschließt.

Gegen den Stichentscheid des Vorsitzenden sind mitunter verfassungsrechtliche Bedenken erhoben worden.[489] Dabei ist zutreffend darauf hingewiesen worden, dass der Stichentscheid nicht allein in der Pattsituation, sondern generell ein doppeltes Stimmgewicht des Vorsitzenden bedeutet, denn beispielsweise bei einer Viererbesetzung kann der Vorsitzende nur von allen drei anderen Richtern gemeinsam überstimmt werden, während er für die Durchsetzung der eigenen Ansicht lediglich der Zustimmung eines einzigen Beisitzers bedarf.[490] Nach der hier vertretenen Ansicht ist ein ungleiches Stimmgewicht verfassungsrechtlich unproblematisch, solange sich ein hinreichender Differenzierungsgrund finden lässt.[491] Dabei ist allerdings gerade ein erhöhtes Stimmgewicht des Vorsitzenden als nicht sachgemäß abgelehnt worden.[492] Den Stichentscheid des Vorsitzenden mit dessen richtungsweisendem Einfluss[493] zu rechtfertigen,[494] muss vor diesem Hintergrund als fragwürdig erscheinen.[495] Soweit allerdings nicht Entscheidungen in der Sache, sondern allein verfahrensleitende Beschlüsse betroffen sind, wird man den Stichentscheid des Vorsitzenden angesichts der ihm auch sonst im Bereich der Verfahrensleitung vom Gerichtsverfassungsrecht eingeräumten (teilweise sogar in einem Alleinentscheidungsrecht[496] bestehenden) Sonder-

---

488 Vgl. oben A.V.2.e).

489 Siehe nur *G. Hiete*, Soll es in den technischen Beschwerdesenaten des Bundespatentgerichts bei dem Stichentscheid des Vorsitzenden bleiben?, GRUR 1965, S. 347 (347 f.). Vgl. auch oben B. Fn. 384.

490 *G. Hiete*, a. a. O., S. 349.

491 Siehe oben B.V.2.b)cc).

492 Siehe oben B.V.2.b)cc)(4)(b).

493 Auch dazu oben B.V.2.b)cc)(4)(b).

494 So *E. Völcker*, Das Entscheidungsrisiko des geradzahlig besetzten Kollegialgerichts, MittdtPatA 1971, S. 161 (161).

495 Kritisch gegenüber einem Stichentscheid des Vorsitzenden auch *A.-G. Meier-Scherling*, Abstimmungsergebnis bei Stimmengleichheit, DRiZ 1966, S. 341; *T. I. Schmidt*, Die Entscheidung trotz Stimmengleichheit, JZ 2003, S. 133 (136).

496 Z. B. § 272 Abs. 2 ZPO, § 213 Abs. 1 StPO.

stellung,[497] die insoweit lediglich eine Fortsetzung für den Fall des Stimmenpatts erfährt,[498] hinnehmen können.[499] Freilich treffen die geradzahlig besetzten Spruchkörper nicht nur verfahrensleitende, sondern auch inhaltliche Entscheidungen.[500] Deshalb wäre, zumindest für Sachentscheidungen, zu überlegen, ob eine bessere Lösung nicht darin bestünde, die Stimme des Berichterstatters als des fachkundigsten Richters den Ausschlag geben zu lassen.[501] Beim Bundesverfassungsgericht ist der Anwendungsbereich des Stichentscheids des Vorsitzenden bereits auf zwei Entscheidungen beschränkt,[502] die nicht die eigentliche Entscheidung im Verfahren betreffen.[503]

(2) Stimmverlust des jüngsten Richters

Nach einer anderen Variante der Stimmgewichtsveränderung wird die Stimme eines bestimmten Richters nicht mitgezählt. Im Regelfall wird das Patt dadurch aufgelöst, dass dem jüngsten Richter das Stimmrecht genommen wird. So befand sich in § 139 Abs. 2 Satz 2 der ursprünglichen Fassung des Gerichtsverfas-

---

[497] Vgl. *W. Sarstedt*, Der Vorsitzende des Kollegialgerichts, JJahrb (1967/68), S. 104 (104 f.); Überblick für Strafprozesse bei BGH, Urt. v. 16.11.1972 – 1 StR 418/72 –, BGHSt 25, 54 (55 f.); BGH, Beschl. v. 08.01.2009 – 5 StR 537/08 –, NJW 2009, S. 931 (932). Für das BVerfG vgl. *R. Mellinghoff*, in: Maunz u. a. (Hrsg.), BVerfGG, 21. EL 2002, § 15 Rn. 6 f.; *B. Grünewald*, in: BeckOK BVerfGG, § 15 Rn. 9.1.

[498] Zur Rechtfertigung des Stichentscheids als »konsequente[r] Fortsetzung der bereits in höherrangigem Recht verankerten Sonderstellung des Vorsitzenden eines Kollegialorgans« siehe *T. I. Schmidt*, Die Entscheidung trotz Stimmengleichheit, JZ 2003, S. 133 (136). Warum – sofern dies unausgesprochen mitgemeint ist – sich die Sonderstellung nicht (wie beim Gerichtsverfassungsrecht) auch aus gleichrangigem Recht ergeben können soll, bleibt offen.

[499] Ablehnend hingegen *U. K. Jacobs*, »Man soll die Stimmen wägen und nicht zählen«, NJW 1989, S. 3205 (3207 f.), der deshalb die Abschaffung der Geradzahligkeit bei den Strafgerichten befürwortet. Für einen Stichentscheid in »Angelegenheiten der Justizverwaltung« *R. Kiener*, Richterliche Unabhängigkeit, 2001, S. 220, 339.

[500] Man denke nur an die technischen Beschwerdesenate des BPatG oder an die (Vereinigten) Großen Senate. Für die Strafgerichte hängt alles von der Frage ab, welche Entscheidungen der Zweidrittelmehrheit unterliegen (vgl. A. Fn. 244).

[501] Dafür etwa bereits *v. Schlieben*, Grundlinien der Psephistik, Juristische Zeitung für die königlich preußischen Staaten 1834, Sp. 561 (565). Zum Gedanken eines erhöhten Stimmgewichts des Berichterstatters siehe bereits oben B.V.2.b)cc)(4)(a). Aus (nach hier vertretener Ansicht nicht überzeugenden) verfassungsrechtlichen Erwägungen gegen diese ansonsten aus seiner Sicht »sachgerechteste« Lösung *G. Hiete*, Soll es in den technischen Beschwerdesenaten des Bundespatentgerichts bei dem Stichentscheid des Vorsitzenden bleiben?, GRUR 1965, S. 347 (350). Vgl. ferner *E. Völcker*, Das Entscheidungsrisiko des geradzahlig besetzten Kollegialgerichts, MittdtPatA 1971, S. 161 (161).

[502] § 14 Abs. 5 Satz 2 (Sechserausschuss zur Festlegung der Senatszuständigkeit) sowie § 19 Abs. 1 Halbsatz 2 BVerfGG (Richterablehnung). In letzterem Fall kann eine Stimmengleichheit übrigens nur eintreten, wenn der Senat mit sieben Richtern besetzt ist oder mehrere Richter abgelehnt werden, da über das Ablehnungsgesuch ohne den oder die abgelehnten Richter entschieden wird. Vgl. *H. Sauer*, in: BeckOK BVerfGG, § 19 Rn. 18.

[503] Vgl. *H. Brox*, Rechtsprobleme der Abstimmungen beim Bundesverfassungsgericht, in: Ritterspach/Geiger (Hrsg.), FS Müller, 1970, S. 1 (13 f.).

sungsgesetzes von 1877 folgende Regelung für die Vereinigten Zivil- und Strafsenate sowie das Plenum des Reichsgerichts:[504]

Ist die Zahl der anwesenden Mitglieder gerade, so hat derjenige Rath, welcher zuletzt ernannt ist, und bei gleichem Dienstalter derjenige, welcher der Geburt nach der jüngere ist, oder, wenn dieser Berichterstatter ist, der nächst ältere kein Stimmrecht.

Wohlgemerkt handelt es sich nicht um eine Regelung zur Auflösung einer bei der Abstimmung sich ergebenden Pattsituation, vielmehr zielt die Vorschrift darauf, ein Stimmenpatt von vornherein zu vermeiden, indem bereits vor der Abstimmung durch Stimmentzug beim jüngsten Richter eine ungerade Stimmenzahl hergestellt wird.[505] Die Bundesdisziplinarordnung von 1952 hingegen sah für den Großen Disziplinarsenat des Bundesdisziplinarhofs den Stimmverlust des jüngsten Richters explizit nur für den Fall bereits eingetretener Stimmengleichheit vor.[506] Gleiches galt ab 1930 für die Senate des Reichs- bzw. Bundesfinanzhofs.[507] Interessanterweise findet sich eine inhaltlich dem § 139 Abs. 2 Satz 2 GVG a. F. weitgehend entsprechende Regelung heute noch für den Europäischen Gerichtshof (Art. 33 EuGHVerfO[508]).

Eine solche Regelung vermeidet es im Gegensatz zum Stichentscheid des Vorsitzenden, dessen Stellung weiter zu erhöhen, und knüpft mit dem Dienstalter an ein Kriterium an, das wegen der Besetzungswechsel einem häufigeren Wandel unterliegt als die Vorsitzendenstellung, sodass eine personale Perpetuierung des Stimmungleichgewichts vermieden wird.[509] Auch lässt sich anhand des Vorbehalts zugunsten des Berichterstatters sicherstellen, dass der fachkundigste Richter mitstimmen kann.[510] Umsetzungsprobleme entstehen allerdings bei Kollegialorganen, denen ehrenamtliche Mitglieder angehören, die über kein Dienst-, sondern nur ein Lebensalter verfügen, da sich daraus die

---

[504] RGBl., S. 41 (67).

[505] Zutreffend eingeordnet von *H. Brox*, Rechtsprobleme der Abstimmungen beim Bundesverfassungsgericht, in: Ritterspach/Geiger (Hrsg.), FS Müller, 1970, S. 1 (8). Ohne diese Differenzierung *A.-G. Meier-Scherling*, Abstimmungsergebnis bei Stimmengleichheit, DRiZ 1966, S. 341; *T. I. Schmidt*, Die Entscheidung trotz Stimmengleichheit, JZ 2003, S. 133 (137).

[506] § 42 Abs. 4 BDO v. 18.11.1952, BGBl. I, S. 761 (768).

[507] § 32 Abs. 3 Satz 3 AO i. d. F. der Verordnung des Reichspräsidenten zur Sicherung von Wirtschaft und Finanzen v. 01.12.1930, RGBl. I, S. 517 (551), bzw. § 52 Abs. 3 Satz 3 AO i. d. F. v. 22.05.1931, RGBl. I, S. 161 (170). Guter Überblick dazu bei BVerfG, Beschl. v. 18.05.1965 – 2 BvR 40/60 –, BVerfGE 19, 52 (56 f.).

[508] »Ergibt sich infolge Verhinderung eine gerade Zahl von Richtern, so nimmt der im Sinne des Artikels 7 dienstjüngste Richter an der Beratung nicht teil, es sei denn, er ist Berichterstatter. Im letzten Fall nimmt der Richter mit dem nächstniedrigen Dienstaltersrang an der Beratung nicht teil.«

[509] *T. I. Schmidt*, Die Entscheidung trotz Stimmengleichheit, JZ 2003, S. 133 (137). Für den EuGH trifft dies freilich in geringerem Maße zu.

[510] *T. I. Schmidt*, a. a. O., S. 137. Diese Möglichkeit verkennt *G. Hiete*, Soll es in den technischen Beschwerdesenaten des Bundespatentgerichts bei dem Stichentscheid des Vorsitzenden bleiben?, GRUR 1965, S. 347 (350).

Möglichkeit ergibt, durch Bestellung alter Personen Einfluss auf die Entscheidung zu nehmen.[511] Für Schöffen[512] dürfte diese Manipulationsmöglichkeit jedoch angesichts ihrer von plural besetzten Ausschüssen aufgrund gemeindlicher Vorschlagslisten vorgenommenen und für mehrere Jahre geltenden Wahl sowie der durch Losentscheid erfolgenden Zuteilung auf einzelne Sitzungstage[513] äußerst hypothetisch sein.

Viel gravierender sind hingegen die verfassungsrechtlichen Bedenken gegen einen Stimmverlust des jüngsten Richters. Eine Regelung, die einem Richter das Stimmrecht vollständig nimmt, muss im Hinblick auf Art. 92 GG als verfassungsrechtlich problematisch gelten.[514] Der jüngste Richter wird nicht lediglich in Bezug auf das Stimmgewicht ungleich behandelt, vielmehr wird ihm die Mitwirkung an der ihm in Sinne des Art. 92 GG anvertrauten Rechtsprechung völlig versagt. Das Bundesverfassungsgericht hat jedoch die entsprechende (frühere) Vorschrift der Abgabenordnung für verfassungsrechtlich unbedenklich erklärt, dabei indes nur einen Verstoß gegen Art. 101 Abs. 1 Satz 2 GG geprüft.[515] Dass ein Stimmverlust des jüngsten Richters im deutschen Prozessrecht nicht mehr vorgesehen ist, erscheint vor dem Hintergrund der hier vertreten Ansicht jedenfalls nicht als Manko.

cc) Gesetzliche Vorzugsregel

Die dritte Möglichkeit der Auflösung eines Stimmenpatts besteht in einer gesetzlichen Regelung, die festlegt, welche der beiden Abstimmungsoptionen, also Annahme oder Ablehnung des Antrags, als getroffene Entscheidung gilt. Derartige Vorzugsregeln bestehen ausschließlich für das Bundesverfassungsgericht.[516]

(1) Stimmengleichheit beim Bundesverfassungsgericht

Im Fall der Stimmengleichheit in einem Senat kann gemäß § 15 Abs. 4 Satz 3 BVerfGG »ein Verstoß gegen das Grundgesetz oder gegen sonstiges Bundesrecht nicht festgestellt werden.« An dieser Vorschrift muss zunächst auffallen, dass darin nicht schlicht die Ablehnung des Antrags,[517] sondern ein bestimmtes

---

511 *T. I. Schmidt*, a. a. O., S. 137.

512 Dass Schöffen kein Dienstalter im Sinne des § 20 DRiG haben, zeigt sich etwa in der Regelung des § 197 Satz 1 GVG.

513 Vgl. §§ 36 ff., 77 GVG.

514 Vgl. bereits oben B.V.2.b)cc)(1). Ohne verfassungsrechtliche Bedenken hingegen *A.-G. Meier-Scherling*, Abstimmungsergebnis bei Stimmengleichheit, DRiZ 1966, S. 341; *T. I. Schmidt*, Die Entscheidung trotz Stimmengleichheit, JZ 2003, S. 133 (137).

515 BVerfG, Beschl. v. 18.05.1965 – 2 BvR 40/60 –, BVerfGE 19, 52 (62 f.).

516 Und für Landesverfassungsgerichte. Vgl. oben A.V.2.e) sowie unten Fn. 517 und 533.

517 So hingegen die Regelung in § 11 Abs. 2 Satz 2 BlnVerfGHG, § 28 Abs. 1 Satz 2 BbgVerfGG, § 25 Abs. 1 Satz 2 NRWVerfGHG.

inhaltliches Ergebnis festgelegt wird.[518] Damit zieht das Bundesverfassungsgerichtsgesetz die Lehre aus der Erkenntnis, dass das Ergebnis in ersterem Fall von der Formulierung des Antrags abhinge, nämlich je nachdem, ob dieser vom Antragsteller positiv (›Verstoß‹) oder negativ (›kein Verstoß‹) gefasst wurde.[519] Zwar mag sich etwa für die abstrakte Normenkontrolle die korrekte Antragstellung aus dem Gesetz (§ 76 Abs. 1 BVerfGG) ergeben,[520] aber dann bedeutet Ablehnung im Fall des § 76 Abs. 1 Nr. 1 BVerfGG Gültigkeit der Norm, im Fall des § 76 Abs. 1 Nr. 2 BVerfGG (Normbestätigungsverfahren) hingegen Ungültigkeit der Norm.[521] § 15 Abs. 4 Satz 3 BVerfGG legt deshalb fest, dass bei Stimmengleichheit kein Verstoß des Prüfungsgegenstands[522] gegen den Prüfungsmaßstab feststellbar ist.[523] Nun hängt damit das Ergebnis immer noch von der genauen Festlegung des Prüfungsgegenstands ab. So wird als Gegenstand des

---

[518] Vgl. *R. Mellinghoff*, in: Maunz u. a. (Hrsg.), BVerfGG, 21. EL 2002, § 15 Rn. 79. Der Wortlaut stellt aber nicht klar, ob bei Stimmengleichheit die Verfassungs*mäßigkeit* positiv festgestellt ist. Das wäre irrelevant, wenn es dabei nur um die Formulierung des Tenors ginge; es stellt sich aber auch die Frage, ob die Gründe der im Ergebnis obsiegenden Richter an der Bindungswirkung des § 31 BVerfGG teilhaben. Man wird das BVerfGG letztlich so verstehen müssen. Das BVerfG hat insoweit mit unklaren Formulierungen in zwei Entscheidungen über Sitzblockaden für Verwirrung und Kritik gesorgt (BVerfG, Beschl. v. 14.07.1987 – 1 BvR 242/86 –, BVerfGE 76, 211 [217]: »weder für verfassungswidrig noch für verfassungsmäßig erklärt«; BVerfG, Beschl. v. 10.01.1995 – 1 BvR 718/89 u. a. –, BVerfGE 92, 1 [14]: »verfassungsrechtliche Frage […] unentschieden geblieben«), sich zwischenzeitlich aber deutlich zur positiven Feststellung der Verfassungsmäßigkeit bekannt. Vgl. zum Ganzen *R. Mellinghoff*, a. a. O., § 15 Rn. 84. – An dieser Stelle sei auf die bereits jahrzehntelang anhaltende US-amerikanische Diskussion um die Bindungswirkung von Entscheidungen des Supreme Court ohne mehrheitliche Begründung hingewiesen; vgl. *R. C. Williams*, Questioning Marks, Stanf. Law Rev. 69 (2017), S. 795 ff. Zur Bindungswirkung von Entscheidungen, bei denen die Mehrheit der entscheidenden Richter nicht zugleich die Mehrheit aller entscheidungsberechtigten Richter ist, siehe *J. R. Nash*, The Majority That Wasn't, Emory Law J. 58 (2009), S. 831 ff.

[519] *W. Geiger*, BVerfGG, 1952, § 15 Anm. 8; *E. Friesenhahn*, Die Verfassungsgerichtsbarkeit in der Bundesrepublik Deutschland, 1963, S. 104; *H. Brox*, Rechtsprobleme der Abstimmungen beim Bundesverfassungsgericht, in: Ritterspach/Geiger (Hrsg.), FS Müller, 1970, S. 1 (14 ff.); *T. I. Schmidt*, Die Entscheidung trotz Stimmengleichheit, JZ 2003, S. 133 (136); *N. Magsaam*, Mehrheit entscheidet, 2014, S. 325. Vgl. zu diesem Problem auch *E. Völcker*, Das Entscheidungsrisiko des geradzahlig besetzten Kollegialgerichts, MittdtPatA 1971, S. 161 (172).

[520] *T. I. Schmidt*, a. a. O., S. 136 Fn. 24.

[521] So auch *H. Brox*, Rechtsprobleme der Abstimmungen beim Bundesverfassungsgericht, in: Ritterspach/Geiger (Hrsg.), FS Müller, 1970, S. 1 (15 mit Fn. 49).

[522] An einer Stelle zu eng auf Vorschriften, an anderer zutreffend auf »zu überprüfende Rechtsakte« abstellend *T. I. Schmidt*, Die Entscheidung trotz Stimmengleichheit, JZ 2003, S. 133 (136).

[523] § 15 Abs. 4 Satz 3 BVerfGG gilt nach heute ganz h. M. auch für die Zulässigkeit. Vgl. BVerfG, Beschl. v. 18.05.1982 – 1 BvR 602/78 –, BVerfGE 60, 360 (369); *R. Mellinghoff*, in: Maunz u. a. (Hrsg.), BVerfGG, 21. EL 2002, § 15 Rn. 81; *A. Braun*, in: Barczak (Hrsg.), BVerfGG, 2018, § 15 Rn. 34; *B. Grünewald*, in: BeckOK BVerfGG, § 15 Rn. 50. A. A. *H. Brox*, Rechtsprobleme der Abstimmungen beim Bundesverfassungsgericht, in: Ritterspach/Geiger (Hrsg.), FS Müller, 1970, S. 1 (20); kritisch auch *N. Magsaam*, Mehrheit entscheidet, 2014, S. 326 f.

besonderen Bund-Länder-Streits nach Art. 84 Abs. 4 GG wegen dessen Formulierung »gegen den Beschluss« die Entscheidung des Bundesrates und nicht die Gesetzesausführung durch das Land angesehen,[524] mit der Folge, dass bei Stimmengleichheit der Bundesratsbeschluss Bestand haben muss.[525] Dasselbe Problem stellt sich, wenn die Entscheidung des Bundestages über die Gültigkeit der Wahl oder den Verlust der Mitgliedschaft eines Abgeordneten[526] angefochten wird. Auch hier soll Verfahrensgegenstand allein der Beschluss des Bundestages sein,[527] dessen Gültigkeit bei Stimmengleichheit zu bestätigen ist.[528] In fast allen Verfahren ist jedoch von vornherein offenkundig, welche Maßnahme den Prüfungsgegenstand der verfassungsgerichtlichen Kontrolle bildet.

Größere Probleme ergeben sich, wenn das Bundesverfassungsgericht in einem Verifikations- oder Qualifizierungsverfahren (Art. 100 Abs. 2 bzw. Art. 126 GG) entscheiden muss, da hier nicht über die Feststellung eines Verfassungsverstoßes zu entscheiden ist. Für diese Verfahren ist ein im Mehrheitserfordernis implizit enthaltener Grundsatz der Ablehnung bei Stimmengleichheit angenommen worden, wonach in der Pattsituation die richtig gestellte Frage als abgelehnt gelte, da sie die erforderliche Mehrheit nicht erreicht habe.[529] Diese Ansicht verkennt, dass das Mehrheitserfordernis des § 15 Abs. 4 Satz 2 BVerfGG – auch seinem Wortlaut nach – nicht nur für eine positive Entschei-

---

524 Vgl. *F. Kirchhof*, in: Maunz/Dürig (Begr.), GG, 61. EL 2011, Art. 84 Rn. 213, 227; *H.-H. Trute*, in: v. Mangoldt/Klein/Starck (Begr.), GG, Bd. 3, 7. Aufl. 2018, Art. 84 Rn. 93. Dass mit der Entscheidung über den Bundesratsbeschluss auch eine Entscheidung über das Verhalten des Landes getroffen wird, ist nur sachlogische Konsequenz, macht Letzteres aber nicht zum Gegenstand des Verfahrens; vgl. *H. Bethge*, in: Maunz u. a. (Hrsg.), BVerfGG, 38. EL 2012, § 70 Rn. 32; ferner *F. Schorkopf*, in: Umbach/Clemens/Dollinger (Hrsg.), BVerfGG, 2. Aufl. 2005, § 70 Rn. 10.

525 *R. Mellinghoff*, in: Maunz u. a. (Hrsg.), BVerfGG, 21. EL 2002, § 15 Rn. 81. A. A. *H. Brox*, Rechtsprobleme der Abstimmungen beim Bundesverfassungsgericht, in: Ritterspach/Geiger (Hrsg.), FS Müller, 1970, S. 1 (18), nach dem bei Stimmengleichheit kein Verstoß der Maßnahme oder Unterlassung des Landes gegen das GG festgestellt werden kann (die zitierte Stelle wird anders verstanden von *R. Mellinghoff*, a. a. O., § 15 Rn. 81 Fn. 17).

526 Art. 41 Abs. 2 GG, § 13 Nr. 3, § 48 BVerfGG.

527 *U. Schliesky*, in: v. Mangoldt/Klein/Starck (Begr.), GG, Bd. 2, 7. Aufl. 2018, Art. 41 Rn. 59; *L. Brocker*, in: BeckOK GG, Art. 41 Rn. 23.

528 *R. Mellinghoff*, in: Maunz u. a. (Hrsg.), BVerfGG, 21. EL 2002, § 15 Rn. 81. A. A. wiederum *H. Brox*, Rechtsprobleme der Abstimmungen beim Bundesverfassungsgericht, in: Ritterspach/Geiger (Hrsg.), FS Müller, 1970, S. 1 (18), der § 15 Abs. 4 Satz 3 BVerfGG auf die zugrundeliegende Sachfrage anwenden will.

529 *H. Brox*, a. a. O., S. 19; ihm folgend *R. Mellinghoff*, a. a. O., § 15 Rn. 83. Weitergehend der Ansicht, dass der Grundsatz der Ablehnung des Antrags bereits § 15 Abs. 4 Satz 2 BVerfGG zu entnehmen ist und Satz 3 allein eine Lösung des Problems der Antragsformulierung enthält, *E. Friesenhahn*, Die Verfassungsgerichtsbarkeit in der Bundesrepublik Deutschland, 1963, S. 104; *H. Brox*, a. a. O., S. 17; *C. Starck*, Die Begründung mit Stimmengleichheit erlassener Entscheidungen des Bundesverfassungsgerichts, in: Fiedler/Ress (Hrsg.), GS Geck, 1989, S. 789 (799 f.); *K.-G. Zierlein*, in: Umbach/Clemens (Hrsg.), BVerfGG, 1. Aufl. 1992, § 15 Rn. 46, 50; *M. Graßhof*, Auswirkungen der neuen Sitzblockade-Entscheidung des BVerfG, NJW 1995, S. 3085 (3090).

dung über den Antrag, sondern für jegliche Entscheidung, in die eine oder andere Richtung, gilt. Sowohl Annahme als auch Ablehnung des Antrags bedürfen einer Mehrheit.[530] Aus dem Mehrheitsprinzip selbst ergibt sich eben keine Lösung für den Fall des Stimmenpatts. Allerdings trifft die Meinung im Ergebnis zu, da sich der genannte Grundsatz dem § 15 Abs. 4 Satz 3 BVerfGG durch Auslegung[531] entnehmen lässt, da diese Vorschrift erst gegen Ende des Gesetzgebungsverfahrens so gefasst wurde,[532] um die oben beschriebenen Probleme betreffend die Antragsformulierung zu vermeiden.[533] Damit wird man auch begründen können, warum ein Patt bei der Abstimmung über die Zulässigkeit die Unzulässigkeit zur Folge haben soll.[534]

Schließlich stellt sich für Plenumsentscheidungen ebenso die Frage, wie mit Stimmengleichheit umzugehen ist, genauer gesagt: wie § 15 Abs. 4 Satz 3 BVerfGG entsprechend[535] anzuwenden ist. Stellt man auf einen Grundsatz der Antragsablehnung ab, so muss die Abweichung,[536] d. h. die vom abweichungs-

---

[530] Dies betont auch *G. Barbey*, Der Status des Richters, in: Isensee/Kirchhof (Hrsg.), HStR, Bd. III, 1. Aufl. 1988, § 74 Rn. 58.

[531] Ähnlich *A. Braun*, in: Barczak (Hrsg.), BVerfGG, 2018, § 15 Rn. 35: »Rechtsgedanke« des Art. 15 Abs. 4 BVerfGG; ebenso *D. Diehm*, in: Burkiczak/Dollinger/Schorkopf (Hrsg.), BVerfGG, 2015, § 15 Rn. 27. Auf eine »sinnentsprechend[e]« Anwendung abstellend hingegen *B. Grünewald*, in: BeckOK BVerfGG, § 15 Rn. 52. Explizit gegen eine Analogie *H. Brox*, Rechtsprobleme der Abstimmungen beim Bundesverfassungsgericht, in: Ritterspach/Geiger (Hrsg.), FS Müller, 1970, S. 1 (19). Nach einer heute nicht mehr vertretenen Mindermeinung soll außerhalb des Anwendungsbereichs von § 15 Abs. 4 Satz 3 BVerfGG bei Stimmengleichheit keine Entscheidung gefällt sein; vgl. *W. Roemer*, Das Gesetz über das Bundesverfassungsgericht, JZ 1951, S. 193 (194); *H. Lechner*, BVerfGG, 3. Aufl. 1973, § 15 Abs. 2 Anm. 3; *K. Kruis*, Richterverantwortung und Abstimmungsquoren in der Verfassungsgerichtsbarkeit, in: BayVerfGH (Hrsg.), FS 50 Jahre Bayerischer Verfassungsgerichtshof, 1997, S. 63 (70); explizit nur für Art. 100 Abs. 2 und Art. 126 GG *G. Leibholz/R. Rupprecht*, BVerfGG, 1968, § 15 Rn. 5.

[532] Vgl. *H. Brox*, a. a. O., S. 15 f. Vgl. auch die Äußerung von Adolf Arndt im Bundestag (BT-PlProt. 01/116, S. 4414B), dass die Regelung einen »Hinweis auf diesen Grundsatz« darstelle, nach dem »es immer einer Mehrheit bedarf, um eine Abweichung von der bestehenden Lage, von der eingetretenen Verfassungswirklichkeit zu begründen.«

[533] Explizit den Grundsatz der Ablehnung enthalten demgegenüber die Formulierungen von § 9 Abs. 4 Satz 2 NdsStGHG, § 9 Abs. 3 Satz 3 SächsVerfGHG, § 13 Abs. 3 Satz 2, 3 LSALVerfGG und § 11 Abs. 2 Satz 2, 3 SHLVerfGG. Der SaarlVerfGH, Urt. v. 02.06.1998 – Lv 4/97 –, LVerfGE 8, 257 (265), hat in Ermangelung einer gesetzlichen Regelung entschieden, dass bei Stimmengleichheit eine Verletzung der Verfassung nicht festgestellt werden kann; ob dem ein Grundsatz der Ablehnung zugrundeliegt, ist offen.

[534] Vgl. Fn. 523.

[535] Früher wurde auf diese Vorschrift für Plenarentscheidungen in § 16 Abs. 4 BVerfGG explizit verwiesen. Bei der 1956 erfolgten Streichung dieser Verweisung ist der Gesetzgeber wohl davon ausgegangen, dass die Vorschriften über die Abstimmung bei Senats- auch für Plenarentscheidungen gelten sollen. Vgl. *D. Hömig*, in: Maunz u. a. (Hrsg.), BVerfGG, 43. EL 2014, § 16 Rn. 14; ferner *C. Pestalozza*, Verfassungsprozeßrecht, 3. Aufl. 1991, § 2 Rn. 19. Kritisch gegenüber der ursprünglichen Verweisung *W. Geiger*, BVerfGG, 1952, § 16 Anm. 2.

[536] Vgl. auch das Zitat von Arndt in Fn. 532: Die ›eingetretene Verfassungswirklichkeit‹ wäre als ›bestehende Rechtsprechung des einen Senats‹ zu verstehen.

willigen Senat vertretene Rechtsauffassung als abgelehnt gelten.[537] Nimmt man hingegen, was wegen der expliziten Formulierung näher liegt, die inhaltliche Festlegung des § 15 Abs. 4 Satz 3 BVerfGG ernst, so muss man mit der ganz herrschenden Meinung zu der Überzeugung kommen, dass bei Stimmengleichheit im Plenum für die Zukunft diejenige Rechtsauffassung maßgebend ist, die einen Verstoß gegen das Grundgesetz oder sonstiges Bundesrecht verneint.[538]

Eine Sonderregelung kennt das Bundesverfassungsgerichtsgesetz für die Entscheidungen über Verzögerungsbeschwerden durch die Beschwerdekammern, die mit je zwei Richtern aus jedem Senat besetzt werden.[539] Bei Stimmengleichheit[540] gilt die Verzögerungsbeschwerde gemäß § 97d Abs. 2 Satz 2 BVerfGG als zurückgewiesen.[541] Damit wird der allgemeine verfassungsprozessuale Gedanke der Antragsablehnung[542] als Pattauflösung für den Sonderfall der Beschwerdekammer wiederholt.

(2) Rechtfertigung

Das normativ Bedeutende an einer gesetzlichen Regelung, die für eine Pattsituation die Ablehnung des Antrags vorsieht, liegt darin, dass dadurch die Neutralität[543] der Abstimmung in einem gewissen Umfang preisgegeben wird. Die Entscheidungsregel funktioniert ähnlich einer qualifizierten Mehrheit,[544] da die Annahme des Antrags die Stimmenmehrheit erfordert, während für die Ablehnung bereits die Hälfte der Stimmen ausreicht.[545] Deshalb stellt sich die

[537] So *W. Geiger*, BVerfGG, 1952, § 16 Anm. 2; *R. Mellinghoff*, in: Maunz u. a. (Hrsg.), BVerfGG, 21. EL 2002, § 15 Rn. 83.

[538] Vgl. *G. Leibholz/R. Rupprecht*, BVerfGG, 1968, § 16 Rn. 3; *E. Niebler*, Plenarentscheidungen des Bundesverfassungsgerichts gemäß § 16 BVerfGG, in: Badura/Scholz (Hrsg.), FS Lerche, 1993, S. 801 (804); *R. Eschelbach*, in: Umbach/Clemens/Dollinger (Hrsg.), BVerfGG, 2. Aufl. 2005, § 16 Rn. 24; *O. Klein*, in: Benda/Klein/Klein, Verfassungsprozessrecht, 3. Aufl. 2012, § 6 Rn. 168; *D. Hömig*, in: Maunz u. a. (Hrsg.), BVerfGG, 43. EL 2014, § 16 Rn. 14; *N. Magsaam*, Mehrheit entscheidet, 2014, S. 334; *C. Burkiczak*, in: ders./Dollinger/Schorkopf (Hrsg.), BVerfGG, 2015, § 16 Rn. 45; *A. Hopfauf*, in: Schmidt-Bleibtreu/Hofmann/Henneke (Hrsg.), GG, 14. Aufl. 2018, Art. 94 Rn. 105; *M. Jerxsen*, in: Barczak (Hrsg.), BVerfGG, 2018, § 16 Rn. 29; *H. Lechner/R. Zuck*, BVerfGG, 8. Aufl. 2019, § 16 Rn. 11.

[539] § 97c Abs. 1 Satz 1 BVerfGG.

[540] Auch dass die Beschwerdekammer mit Mehrheit entscheidet, ist in § 97d Abs. 2 Satz 1 BVerfGG besonders festgeschrieben.

[541] Ebenso § 58c Abs. 2 Satz 2 BlnVerfGHG.

[542] An dieser Stelle sei angemerkt: Vorschriften, die für die Stimmengleichheit eine Annahme des Antrags festlegen, sind insgesamt sehr selten (siehe aber z. B. Art. 159 Abs. 2 GOEP) und kommen im deutschen Prozessrecht gar nicht vor. Für eine Einführung der Regel »in dubio pro Anmeldung« in das PatG *G. Hiete*, Soll es in den technischen Beschwerdesenaten des Bundespatentgerichts bei dem Stichentscheid des Vorsitzenden bleiben?, GRUR 1965, S. 347 (350).

[543] Zur Neutralität als normativer Anforderung siehe oben B.V.2.b)bb).

[544] Zu qualifizierten Mehrheiten siehe oben C.I.

[545] Vgl. *E. Völcker*, Das Entscheidungsrisiko des geradzahlig besetzten Kollegialgerichts,

Frage nach der Rechtfertigung des § 15 Abs. 4 Satz 3 BVerfGG, zumal diese Vorschrift sich bei Verfassungsbeschwerden[546] zulasten des Bürgers auswirkt. Es ist sogar die Verfassungswidrigkeit dieser Regelung wegen Verstoßes gegen Art. 92 und Art. 97 Abs. 1 GG behauptet worden.[547] Der Vorwurf richtet sich dabei allerdings eigentlich gegen ein gleichsam vorgelagertes Verschulden des Gesetzgebers, der in der Regelung der Gerichtsverfassung des Bundesverfassungsgerichts die Senate mit einer geraden Anzahl von Richtern ausgestattet hat. Für die Rechtfertigung liegt deshalb ein Verweis auf die Gründe nahe, auf denen die gerade Mitgliederzahl beruht. Schließlich ist bei einer geradzahligen Besetzung eine Einschränkung der Neutralität zwingend, wenn bei Stimmengleichheit eine Entscheidung gefällt werden soll, man aber weder das gleiche Stimmgewicht der Richter aufgeben noch das neutrale Prinzip des Losentscheids[548] wählen will. Damit ist aber noch nichts darüber ausgesagt, ob für die Pattsituation eine positive oder eine negative Entscheidung des Gerichts festgelegt werden soll. Ein generelles normatives[549] Primat des Status quo und damit der Ablehnung gegenüber der Annahme des Antrags einfach zu postulieren,[550] vermag dabei vor dem Hintergrund des Neutralitätsprinzips nicht zu befriedigen. Anderes gilt freilich dort, wo auch eine qualifizierte Mehrheit gerechtfertigt werden kann, nämlich im Strafrecht.[551] In der Erschwernis der Ent-

---

MittdtPatA 1971, S. 161 (170), der (auf S. 172) auch auf die Neutralität des Gerichts abstellt. Zur Ähnlichkeit mit einer qualifizierten Mehrheit ferner *R. Mellinghoff*, in: Maunz u. a. (Hrsg.), BVerfGG, 21. EL 2002, § 15 Rn. 79; *U. Sacksofsky*, Wellen der Empörung, Merkur 68 (2014), S. 711 (716). Grund ist wohlgemerkt nicht, dass die für die Mehrheit erforderliche Stimmenzahl gleichzeitig eine (bestimmte) qualifizierte Mehrheit bildet. Dass z. B. in den Beschwerdekammern nach § 97c Abs. 1 Satz 1, § 97d Abs. 2 Satz 1 BVerfGG die einfache Mehrheit zugleich eine Dreiviertelmehrheit bedeutet, ist schlichtweg Folge der Besetzung des Spruchkörpers mit nur vier Richtern (selbst 51 von 100 Richtern würde streng genommen eine, wenn auch sehr geringe, qualifizierte Mehrheit bedeuten). Deshalb kann die Kritik von *C. Lenz/R. Hansel*, BVerfGG, 2. Aufl. 2015, § 97d Rn. 6, nur Bestand haben, soweit sie sich auf § 97d Abs. 2 Satz 2 BVerfGG bezieht.

546 Vgl. *H. Brox*, Rechtsprobleme der Abstimmungen beim Bundesverfassungsgericht, in: Ritterspach/Geiger (Hrsg.), FS Müller, 1970, S. 1 (17).

547 *G. Barbey*, Der Status des Richters, in: Isensee/Kirchhof (Hrsg.), HStR, Bd. III, 1. Aufl. 1988, § 74 Rn. 58; *H. Sodan*, Der Status des Richters, in: Isensee/Kirchhof (Hrsg.), HStR, Bd. V, 3. Aufl. 2007, § 113 Rn. 55. Dagegen *R. Mellinghoff*, in: Maunz u. a. (Hrsg.), BVerfGG, 21. EL 2002, § 15 Rn. 79; *R. Eschelbach*, in: Umbach/Clemens/Dollinger (Hrsg.), BVerfGG, 2. Aufl. 2005, § 15 Rn. 118; ebenso *K.-H. Hall/C. Peter*, Dissenting opinion, Pressefreiheit und Strafverfolgungsinteresse, JuS 1967, S. 355 (356).

548 Dazu sogleich dd).

549 Zum faktischen ›status quo bias‹ menschlicher Entscheidungen vgl. *W. Samuelson/R. Zeckhauser*, Status Quo Bias in Decision Making, J. Risk Uncertain. 1 (1988), S. 7 ff.

550 In diese Richtung *T. I. Schmidt*, Die Entscheidung trotz Stimmengleichheit, JZ 2003, S. 133 (136).

551 Vgl. dazu oben C.I.1.a). Historisch hat sich dies im so genannten ›Zwei-Stimmen-Mehr‹ niedergeschlagen, wonach eine Verurteilung mehr als eine Stimme Übergewicht erforderte; dazu *W. Ernst*, Rechtserkenntnis durch Richtermehrheiten, 2016, S. 147 f., 201 f.

scheidung kann dann zugleich ein Grund liegen, einen Spruchkörper überhaupt erst geradzahlig zu besetzen.[552]

Zur Rechtfertigung der Regelung in § 15 Abs. 4 Satz 3 BVerfGG sind zwei verschiedene, aber verwandte Argumente angeführt worden. Die Überlegungen, die zum Erlass dieser Vorschrift führten, hat Adolf Arndt im Bundestag wie folgt zusammengefasst:

> Dabei sind wir von der Erwägung ausgegangen, daß das öffentliche Recht, insbesondere das Staats- und Verfassungsrecht, von dem Grundsatz beherrscht ist, daß ein Gesetzgebungsakt und ein Verwaltungsakt die Vermutung der Gültigkeit so lange für sich haben, bis durch einen anderen Akt der Staatsgewalt die Ungültigkeit des angefochtenen Aktes ausgesprochen ist. Wir sind der gemeinsamen Überzeugung, daß das Bundesverfassungsgericht die Verfassungswirklichkeit nur dann wird ändern können, wenn sich im Bundesverfassungsgericht für die Änderung der Verfassungswirklichkeit eine echte Mehrheit zusammenfindet.[553]

Die Regelung basiert also auf einer Gültigkeitsvermutung zugunsten des zu überprüfenden Rechtsakts, der Vermutung, dass die kontrollierte Staatsgewalt verfassungsgemäß handle,[554] die erst durch eine Mehrheit im Bundesverfassungsgericht widerlegt werde.[555] Daneben ist angeführt worden, was auch bereits im zweiten Satz der zitierten Begründung anklingt, dass nämlich der Willensakt eines Organs nur aufgrund einer qualifizierten Anstrengung eines anderen Organs aufgehoben werden könne.[556]

---

552 Vgl. *Heffter*, Ueber die juristische Intelligenz, ihre Bedeutung und Repräsentanten in der Rechtsverwaltung, AcP 13 (1830), S. 48 (69): »[E]s muß aber der Staat für wichtigere, und zum wenigsten für Criminalsachen, eine bestimmte gleiche Zahl von Richtern niedersetzen und heischen, damit wenigstens zu Verurtheilungen eine Mehrheit von zwei Stimmen gegen die Minorität für die Majorität streite […].« – Denkbar wäre dies auch als Argument der geradzahligen Besetzung der Senate des BVerfG, wenngleich dies nicht das gesetzgeberische Motiv gewesen sein dürfte. In diese Richtung *C. Lenz/R. Hansel*, BVerfGG, 2. Aufl. 2015, § 2 Rn. 2, § 15 Rn. 9.

553 BT-PlProt. 01/116, S. 4414B.

554 Vgl. *J. Isensee*, Verfassungsrecht als »politisches Recht«, in: ders./Kirchhof (Hrsg.), HStR, Bd. XII, 3. Aufl. 2014, § 268 Rn. 88 f. Eine solche ›presumption of constitutionality‹ wird auch zur Begründung der verfassungskonformen Auslegung angeführt; vgl. BVerfG, Beschl. v. 07.05.1953 – 1 BvL 104/52 –, BVerfGE 2, 266 (282); *K. Hesse*, Grundzüge des Verfassungsrechts, 20. Aufl. 1995, Rn. 83.

555 Vgl. *W. Roemer*, Das Gesetz über das Bundesverfassungsgericht, JZ 1951, S. 193 (194); *W. Geiger*, BVerfGG, 1952, § 15 Anm. 8; *ders.*, Zur Lage unserer Verfassungsgerichtsbarkeit, in: Spanner u. a. (Hrsg.), FG Maunz, 1971, S. 117 (127); *C. Starck*, Die Begründung mit Stimmengleichheit erlassener Entscheidungen des Bundesverfassungsgerichts, in: Fiedler/Ress (Hrsg.), FS Geck, 1989, S. 789 (800); *J. Krüper*, Das Glück der größten Zahl, ZJS 2009, S. 477 (483); *E. Klein*, in: Benda/Klein/Klein, Verfassungsprozessrecht, 3. Aufl. 2012, § 5 Rn. 118; *N. Magsaam*, Mehrheit entscheidet, 2014, S. 325; ferner *G. Roellecke*, Bio-Recht oder die Sanftmut von Gesäß-Protestierern, NJW 1995, S. 1525 (1526). Hingegen stützen *K.-H. Hall/C. Peter*, Dissenting opinion, Pressefreiheit und Strafverfolgungsinteresse, JuS 1967, S. 355 (356), die Regel lediglich darauf, dass es *keine* Vermutung für eine Verfassungs*verletzung* gebe.

556 *H. Brox*, Rechtsprobleme der Abstimmungen beim Bundesverfassungsgericht, in: Rit-

Bei beiden Argumenten handelt es sich letztlich um eine Begründung unter dem Gesichtspunkt der Gewaltenteilung. Dabei darf allerdings nicht übersehen werden, dass hier nicht nur das besonders sensible Verhältnis der Judikative zur Legislative, sondern ebenso der Judikative zur Exekutive sowie innerhalb der Judikative, nämlich der Verfassungs- zur Fachgerichtsbarkeit, betroffen ist. Was für Normenkontrollen und Verfassungsbeschwerden gegen Parlamentsgesetze gilt, muss nicht unbedingt (kann aber) auch für Verfassungsbeschwerden gegen Urteile oder nicht-parlamentarische Rechtssätze zutreffen.[557] Aber auch unabhängig von einer solchen Differenzierung könnte man insgesamt dort, wo es um die Vereinbarkeit mit Grundrechten geht, auch einen dem Bürger zugutekommenden Gedanken des ›in dubio pro libertate‹ unter Vorrang vor dem Gewaltenteilungsgedanken zur Anwendung kommen lassen. Auch dieser Gedanke ist aber alles andere als zwingend.[558]

Des Weiteren muss berücksichtigt werden, dass § 15 Abs. 4 Satz 3 BVerfGG auch auf Organstreite Anwendung findet, bei denen das Bundesverfassungsgericht als Schiedsrichter zwischen zwei gleichgeordneten Streitparteien auftritt und die Neutralität der verfassungsgerichtlichen Entscheidungsregel der Absicherung dieser Gleichordnung dient.[559] Die Regelung, dass bei Stimmengleichheit ein Verfassungsverstoß nicht feststellbar ist, geht nicht nur in jedem Einzelfall zu Lasten eines Verfassungsorgans, sondern in globaler Betrachtung zu Lasten derjenigen Organe, die zur Durchsetzung ihrer Rechte besonders auf das Bundesverfassungsgericht angewiesen sind, weil sie nicht von sich aus handeln können, d. h. vor allem zu Lasten der Opposition.[560] Gleichwohl ist zu bedenken, dass auch hier bei einer positiven Entscheidung des Bundesverfassungsgerichts stets ein Eingriff dieses Gerichts in die bestehende »Verfassungswirklichkeit«[561] vorliegt. Im Zweifel den politischen Pro-

terspach/Geiger (Hrsg.), FS Müller, 1970, S. 1 (17), unter Berufung auf *W. Geiger*, Zur Reform des Bundesverfassungsgesetzes, in: Maunz (Hrsg.), FS Nawiasky, 1956, S. 211 (233), der dieses Argument jedoch nicht im Zusammenhang der Stimmengleichheit, sondern zur Begründung seiner Forderung nach einer qualifizierten Mehrheit für normverwerfende Entscheidungen (vgl. oben C.I.3.) anführt. Wie Brox auch *K.-G. Zierlein*, in: Umbach/Clemens (Hrsg.), BVerfGG, 1. Aufl. 1992, § 15 Rn. 50; *R. Eschelbach*, in: Umbach/Clemens/Dollinger (Hrsg.), BVerfGG, 2. Aufl. 2005, § 15 Rn. 118. Vgl. ferner *T. I. Schmidt*, Die Entscheidung trotz Stimmengleichheit, JZ 2003, S. 133 (136).

[557] Auf diesen Unterschied weisen auch *C. Lenz/R. Hansel*, BVerfGG, 2. Aufl. 2015, § 15 Rn. 10 f., hin, die deshalb für die zweite Fallgruppe einen Stichentscheid des Vorsitzenden ins Spiel bringen. Vertrauen auch gegenüber Gerichten fordert *C. Starck*, Die Begründung mit Stimmengleichheit erlassener Entscheidungen des Bundesverfassungsgerichts, in: Fiedler/Ress (Hrsg.), FS Geck, 1989, S. 789 (800 f.).

[558] Ähnliches kann für die Entscheidung über die Verzögerungsbeschwerde gesagt werden.

[559] Vgl. oben C.I.3.

[560] Zur verfassungsprozessrechtlichen Stellung der Opposition vgl. *A. Ingold*, Das Recht der Oppositionen, 2015, S. 248 ff.

[561] Vgl. das vorstehende Zitat von Arndt.

zess von einem solchen Eingriff von außen freizuhalten, erscheint keineswegs unplausibel.

Dabei allerdings in der Tat bisher wenig beachtet[562] ist der Umstand, dass die Verfassungswirklichkeit mitunter mehr oder wenig zufällig in die eine oder andere Richtung ausschlagen kann. Am Beispiel der Entscheidung über das Zuwanderungsgesetz[563] ist dies gezeigt worden: Hätte sich im Bundesverfassungsgericht ein 4:4 ergeben, wäre ein Verfassungsverstoß bei der Abstimmung im Bundesrat nicht feststellbar und das Gesetz folglich gültig gewesen; wäre der Fall demgegenüber anders gelegen, hätte nämlich der Bundesratspräsident (zum Beispiel weil er einer anderen Partei angehört hätte) das Nichtvorliegen der erforderlichen Mehrheit festgestellt und hätte daraufhin der Bundestag im Wege eines Organstreits versucht, die Ausfertigung des Gesetzes durch den Bundespräsidenten zu erzwingen, so wäre im Fall des Stimmenpatts ein Verfassungsverstoß des Bundespräsidenten nicht feststellbar gewesen, mit der Folge, dass es bei der Nichtausfertigung des Gesetzes geblieben wäre.[564] Bedenkt man nun, dass die Bundesratspräsidentschaft einem Rotationsprinzip unterliegt, wird ersichtlich, dass das Ergebnis von dem Zufall der aktuellen Besetzung der Bundesratspräsidentschaft und der politischen Couleur des Inhabers hätte abhängen können.[565] Als grundlegendes Problem ist hier aber zunächst einmal zu identifizieren, welch große Bedeutung der Verfahrensherrschaft für das Zustandekommen eines Gesetzes zukommen kann. Erster Ansatzpunkt für Reformüberlegungen müssten folglich der politische Prozess und dessen Rahmenbedingungen sein. Freilich ist es im zweiten Schritt Aufgabe des Bundesverfassungsgerichts, politischen Machtmissbrauch zu kontrollieren. Dass bei Stimmengleichheit, also wenn die Beurteilung des politischen Geschehens gerade auch unter den Kontrolleuren umstritten ist, die Zufälligkeiten des politischen Prozesses perpetuiert werden, mag zwar misslich erscheinen, ist aber keinesfalls unerträglich – dass das Bundesverfassungsgericht diejenige Instanz ist, die den politischen Prozess gerade rückt und jede Unvernunft ausschließt, war wohl ohnehin schon immer eher Wunschvorstellung denn Realität. Festzuhalten bleibt noch, dass eine verfassungsprozessrechtliche Lösung des beschriebenen Problems ausschließlich durch eine Änderung der Besetzung hin zur Ungeradzahligkeit ermöglicht werden könnte,[566] die sich allerdings wegen

---

[562] Vgl. den Untertitel bei *R. A. Lorz*, Die Gefahr der Stimmengleichheit, ZRP 2003, S. 36 ff.

[563] BVerfG, Urt. v. 18.12.2002 – 2 BvF 1/02 –, BVerfGE 106, 310 ff.

[564] *R. A. Lorz*, Die Gefahr der Stimmengleichheit, ZRP 2003, S. 36 (38). Siehe auch (ohne Lorz zu zitieren) *N. Magsaam*, Mehrheit entscheidet, 2014, S. 325 f.

[565] *R. A. Lorz*, a. a. O., S. 38. Der Beispielsfall ist noch erweiterbar, da der Bundespräsident sich über die Entscheidung des Bundesratspräsidenten hinwegsetzen kann, sodass das Ergebnis auch vom Verhalten des Bundespräsidenten abhängt; auch dazu *R. A. Lorz*, a. a. O., S. 38.

[566] Dafür *R. A. Lorz*, a. a. O., S. 39; vorsichtig die Geradzahligkeit in Frage stellend *R. Eschelbach*, in: Umbach/Clemens/Dollinger (Hrsg.), BVerfGG, 2. Aufl. 2005, § 15 Rn. 4 f.,

der beim Bundesverfassungsgericht bestehenden Möglichkeit der Verhinderung eines Richters nur dann für jedes Verfahren garantieren ließe, wenn eine Vertretungsregelung eingeführt würde.

dd) Losentscheid

Als vierte Möglichkeit, bei Stimmengleichheit eine Entscheidung herbeizuführen, kommt abschließend der Losentscheid in Betracht.[567] Das Los ist die einzige Variante, die eine echte Entscheidung herbeiführt und dabei sowohl die Gleichheit der abstimmenden Richter als auch die Neutralität gegenüber den Streitparteien wahrt.

Für die Bewertung kann hier umfassend auf die oben[568] angestellten Überlegungen zum Los als Entscheidungsmodus in der Judikative Bezug genommen werden, die zu dem Ergebnis geführt haben, dass ein Losentscheid zwar dem Gedanken Rechnung trägt, dass eine bis ins Letzte rational bestimmte Entscheidung eines Rechtsstreits unmöglich ist, aber die menschliche Verantwortung, die für den Inhalt und die Begründung der Entscheidung zu übernehmen ist, ignoriert. Danach ist für einen Losentscheid in der Judikative letztlich kein Platz.

d) Epistemische Folgen der geraden Mitgliederzahl

Eine geradzahlige Besetzung eines Kollegialgerichts und das damit einhergehende Problem der Stimmengleichheit wirken sich auch auf die epistemische Betrachtung des Mehrheitsprinzips aus.[569] Zur Veranschaulichung sei ein vierköpfiger Spruchkörper vorgestellt, dessen Mitglieder je mit einer (positiven und negativen) Kompetenz von 60 % abstimmen. Bei Anwendung des Jury-Theorems[570] auf einen Spruchkörper aus drei bzw. fünf Richtern mit derselben Kompetenz von 60 % ergibt sich eine Wahrscheinlichkeit von 64,80 % bzw. 68,26 %, dass die Mehrheit des Spruchkörpers richtig entscheiden wird. Die Wahrscheinlichkeit, dass drei (oder vier) von vier Richtern richtig entscheiden werden, beträgt hingegen nur 47,52 %.[571] Die Entscheidung des vierköpfigen Richtergremiums wird also mit größerer Wahrscheinlichkeit falsch denn richtig sein – ein Münzwurf wäre epistemisch besser. Dies gilt aber freilich nur für den Fall,

---

116; eine Änderung andenkend auch *K.-H. Hall/C. Peter*, Dissenting opinion, Pressefreiheit und Strafverfolgungsinteresse, JuS 1967, S. 355 (356). Zur Vermeidung von Geradzahligkeit noch unten e). Siehe auch *N. Magsaam*, Mehrheit entscheidet, 2014, S. 325.

[567] Vgl. *T. I. Schmidt*, Die Entscheidung trotz Stimmengleichheit, JZ 2003, S. 133 (137).

[568] Siehe B.VI.

[569] Vgl. zusätzlich zu den nachstehenden Überlegungen auch *E. Völcker*, Das Entscheidungsrisiko des geradzahlig besetzten Kollegialgerichts, MittdtPatA 1971, S. 161 ff.

[570] Zur Berechnung siehe oben B. Fn. 81 (Formel B.1).

[571] Die Wahrscheinlichkeit für Stimmengleichheit beträgt 34,56 %, die Wahrscheinlichkeit, dass die Mehrheit falsch entscheiden wird, 17,92 %.

dass keine Entscheidungsregel für eine Pattsituation existiert. Die verschiedenen Entscheidungsregeln wirken sich folgendermaßen aus: Ein Losentscheid geht in 50 % der Fälle zugunsten der richtigen Option, in den anderen 50 % zugunsten der falschen Option aus, sodass die Wahrscheinlichkeit des Stimmenpatts von 34,56 % sich gleichmäßig verteilt – es sei denn, die a-priori-Wahrscheinlichkeiten der beiden Entscheidungsoptionen divergieren, zum Beispiel weil die Schuld des Angeklagten wahrscheinlicher ist als seine Unschuld.[572] Ist Letzteres nicht der Fall (d. h. betragen die a-priori-Wahrscheinlichkeiten 50 %), so liegt die Wahrscheinlichkeit einer richtigen Entscheidung unseres Beispielgerichts nun bei 64,80 %, also wie bei drei Richtern – erstaunliches Ergebnis: Der vierte Richter steigert die epistemische Qualität nicht.[573]

Dasselbe gilt für eine gesetzliche Regelung, die für den Fall der Stimmengleichheit eine Ablehnung oder Annahme des Antrags festlegt, nur dass sich das Ergebnis hier offensichtlich drastisch ändern kann, wenn die a-priori-Wahrscheinlichkeiten nicht mehr gleich sind. Schließlich gilt das Ergebnis grundsätzlich auch für den Stichentscheid, da ein Richter (der Vorsitzende oder der Berichterstatter) statistisch betrachtet in je der Hälfte der Fälle der einen oder der anderen Seite der Abstimmenden angehört. Hier ändert sich das Ergebnis indes nicht nur, wenn die a-priori-Wahrscheinlichkeiten divergieren, sondern auch, wenn der betreffende Richter eine Neigung hat, in die eine oder andere Richtung zu entscheiden, zum Beispiel wenn er zu Verurteilungen oder Freisprüchen tendiert. Epistemisch sind also die verschiedenen Entscheidungsregeln für den Fall des Stimmenpatts – unter der Bedingung gleicher a-priori-Wahrscheinlichkeiten der beiden Entscheidungsoptionen – grundsätzlich gleichwertig. Beim Stichentscheid zeigt sich aber der individuelle Einfluss, den der Richter mit ausschlaggebender Stimme auf das Prozessergebnis ausübt.

e) Primat der Vermeidung

Für Fälle der Stimmengleichheit in geradzahlig besetzten Kollegialgerichten haben sich zwei Lösungen als grundsätzlich brauchbar herausgestellt: der Stichentscheid eines Richters oder eine gesetzliche Festlegung des Ergebnisses. Für Verfahrensentscheidungen liegt ein Stichentscheid des Vorsitzenden nahe. Für Sachentscheidungen kommen ein Stichentscheid, vor allem des Berichterstatters, oder eine gesetzliche Vorzugsregel in Frage. Der Stichentscheid wirft das Problem des besonderen Einflusses dieses einen Richters auf, das sich aber zum Beispiel durch dessen besondere Kenntnis des Falls rechtfertigen lässt. Eine

---

572 Vgl. dazu auch oben C.I.1.b).

573 Der Grund liegt darin, dass sowohl bei drei als auch bei vier Richtern die Zustimmung von zwei Richtern für den Sieg einer Option ausreicht. Anderes gilt aber bei Strafgerichten, die mit vier statt drei Richtern besetzt sind, insoweit die Zweidrittelmehrheit erforderlich ist, da die Schwelle dann von zwei auf drei Richter steigt.

gesetzliche Festlegung zugunsten eines Prozessausgangs widerspricht wie das Erfordernis einer qualifizierten Mehrheit dem Grundsatz der Neutralität und bedarf deshalb einer entsprechenden Rechtfertigung. Wo sich eine solche Rechtfertigung für die Bevorzugung eines Ergebnisses finden lässt, dort kann, insbesondere wenn zudem gute Gründe für eine Gleichbehandlung aller Richter im Kollegium sprechen,[574] eine gesetzliche Festlegung dem Stichentscheid vorzuziehen sein.

Als vorzugswürdig muss nach alledem aber die Vermeidung von Pattsituationen betrachtet werden.[575] Diese lässt sich zum einen durch qualifizierte Mehrheiten erreichen. In den geradzahlig besetzten Strafgerichten kann es deshalb überhaupt nur außerhalb des Anwendungsbereichs von § 263 StPO zu einer Stimmengleichheit kommen. Diese verbleibenden Fälle wird man angesichts der nicht unerheblichen personellen und finanziellen Belastung durch den Einsatz eines weiteren Richters[576] hinnehmen können. Wo aber nicht generell eine qualifizierte Mehrheit vorgesehen werden kann, dort sollte über eine ungeradzahlige Besetzung nachgedacht werden.[577] Dementsprechend ist für die beiden Senate des Bundesverfassungsgerichts die zusätzliche Besetzung mit einem »unzweifelhaft unparteiliche[n]« neunten Richter gefordert worden, der in Fällen einer 4:4-Spaltung des Senats entlang (partei)politischer Linien den Ausschlag gibt.[578] Unabhängig davon, ob eine Person mit dieser Eigenschaft überhaupt existiert, ist die normative Attraktivität dieser Lösung in Frage zu stellen, denn es kann nicht ernsthaft als »erstrebenswertes Ziel«[579] angesehen werden, dass das Ergebnis von der Entscheidung des neunten Richters abhängt, die ebenfalls mehr oder weniger zufällig zugunsten der einen oder anderen Seite ausfallen mag.[580] Die Rolle, die Richter Anthony Kennedy lange Jahre am amerikanischen Supreme Court gespielt hat,[581] mag hier als abschreckendes Beispiel dienen. Freilich würde das Fehlen eines neunten Richters bedeuten, dass das Bundesverfassungsgericht in Pattsituationen keine Maßnahmen anderer Gewalten mehr beanstanden könnte, und würde folglich bei gehäuftem Auftreten solcher Situationen zu einem weitgehenden Stillstand der verfassungsgerichtlichen Kontrollfunktion führen. Das wirkliche Problem bestünde dabei

---

574 Zur beschränkten Möglichkeit der Differenzierung innerhalb des BVerfG siehe oben B.V.2.b)cc)(5)(c).

575 So auch *T. I. Schmidt*, Die Entscheidung trotz Stimmengleichheit, JZ 2003, S. 133 (138).

576 Vgl. zum Entlastungseffekt auch *K. Weber*, Vier Augen sehen mehr als zwei, ZRP 1997, S. 134 (136).

577 Für eine Ausweitung geradzahliger Kollegialgerichte aber *K. Weber*, a. a. O., passim.

578 *R. A. Lorz*, Die Gefahr der Stimmengleichheit, ZRP 2003, S. 36 (39).

579 *R. A. Lorz*, a. a. O., S. 39.

580 Je nachdem welche Seite des Gerichts besser überzeugt oder überredet oder den besseren Handel vorschlägt. Vgl. zum Zufall knapper Gerichtsentscheidungen auch bereits oben B.VI.2.

581 Vgl. zum Medianwähler am Supreme Court oben I.4.c)cc).

allerdings in der politischen Spaltung des Gerichts; ein neunter Richter könnte dann zwar dafür sorgen, dass das Gericht mal so und mal so entscheidet, aber das zugrundeliegende (und wenn man in die USA blickt: gesamtgesellschaftliche) Problem nicht beseitigen. Solange jedenfalls die Gefahr einer solchen Spaltung für die Senate des Bundesverfassungsgerichts nicht abzusehen ist, besteht kein Zwang für eine Reform der Besetzung.

2. *Nicht-binäre Entscheidungen*

Die zweite Erweiterung des Standardschemas des kollegialgerichtlichen Mehrheitsprinzips betrifft nicht-binäre Entscheidungen, also Fragestellungen, die nicht mit Ja oder Nein beantwortet werden können. Ganz zu Beginn ist erörtert worden, dass Gerichte häufig nicht-binäre Entscheidungen treffen, die deutsche Rechtsordnung diese aber grundsätzlich in eine Abfolge binärer Entscheidungen aufteilt.[582] Deshalb hat die Untersuchung bisher die Binarität der Fragestellung zugrundegelegt. Nun ist es an der Zeit, sich grundsätzlich mit den verschiedenen Lösungsmöglichkeiten bei nicht-binären Entscheidungen sowie mit den konkreten Lösungen des deutschen Gerichtsverfassungsrechts zu befassen.

Das Problem nicht-binärer Entscheidungen besteht darin, dass anders als bei nur zwei Entscheidungsoptionen nicht notwendig auf eine der Optionen mehr als die Hälfte der Stimmen entfällt.[583] Das Erfordernis einer absoluten Mehrheit[584] garantiert also keine Entscheidung. Eine naheliegende Lösung liegt darin, die relative Mehrheit ausreichen zu lassen, d. h. die Entscheidung gelten zu lassen, welche die meisten Stimmen erhält.[585] Allerdings ist auch hier keine Entscheidung garantiert, denn es kann sein, dass alle Optionen gleich viele Stimmen erhalten, zum Beispiel wenn in einem dreiköpfigen Strafgericht der erste Richter für Freispruch, der zweite Richter für eine Geldstrafe von 100 Tagessätzen und der dritte Richter für eine Freiheitsstrafe von einem Jahr stimmt

---

[582] Siehe oben A.II.2.b). Dort auch grundsätzlich zu den social-choice-theoretischen Problemen nicht-binärer Entscheidungen.

[583] Die unter B. behandelten Rechtfertigungsargumente setzen weitestgehend eine binäre Entscheidung voraus. Für Versuche, das Richtigkeitsargument (Condorcet-Jury-Theorem) bzw. das Fairnessargument (May-Theorem) zu erweitern, vgl. *C. List/R. E. Goodin*, Epistemic Democracy: Generalizing the Condorcet Jury Theorem, J. Political Philos. 9 (2001), S. 277 ff.; *R. E. Goodin/C. List*, A Conditional Defense of Plurality Rule, Am. J. Political Sci. 50 (2006), S. 940 ff.

[584] Zum Begriff oben A.III., zu § 196 Abs. 1 GVG oben A.V.2.a).

[585] So bspw. der Codex Juris Bavarici Criminalis von 1751, 2. Teil, Kap. 10, § 12 (mit Ablehnung jeglicher Stimmenkombination): »[S]o sollen die Stimmen, welche in der Haupt-Sache nicht durchaus übereinskommen, unter dem Vorwand, daß sie gleichwohl näher als andere zusammen treffen, niemahls combiniret, sondern pro Disparibus gehalten, sofort die Majora vel paria ohne Unterscheid, ob sie ad Condemnationem vel Absolutionem gehen, darnach ausgerechnet werden.«; vgl. dazu *W. X. A. v. Kreittmayr*, Anmerkungen über den Codicem Juris Bavarici Criminalis, 2. Aufl. 1774, S. 105 f.; *W. Ernst*, Rechtserkenntnis durch Richtermehrheiten, 2016, S. 106 ff.

(im Folgenden ›Beispiel A‹). Spätestens jetzt müsste eine andere Lösung gefunden werden – das deutsche Gerichtsverfassungsrecht lässt allerdings von vornherein eine relative Mehrheit nicht ausreichen.[586]

An dieser Stelle ist für die weitere Analyse eine Unterscheidung zwischen qualitativen und quantitativen nicht-binären Entscheidungen einzuführen.[587] Qualitative nicht-binäre[588] Entscheidungen betreffen Optionen, die sich der Art nach unterscheiden: Freispruch – Geldstrafe – Freiheitsstrafe.[589] Quantitative Entscheidungen wie zum Beispiel das Strafmaß sind zahlenmäßig bestimmbar: So kann die Höhe der Geldstrafe irgendwo zwischen fünf und 360 Tagessätzen,[590] die Dauer der zeitigen Freiheitsstrafe irgendwo zwischen einem Monat und 15 Jahren[591] liegen. Möglicherweise bestehen unterschiedliche Lösungen oder funktionieren Lösungen zumindest unterschiedlich, je nachdem ob es um eine qualitative oder quantitative nicht-binäre Entscheidung geht. Es sei deshalb noch folgendes Beispiel B eingeführt:[592] Die drei Strafrichter sind sich nur über die Höhe der Freiheitsstrafe uneins; je ein Richter stimmt für 5, 10 bzw. 15 Jahre.

Zunächst kommen bei nicht-binären Entscheidungen dieselben Lösungen in Betracht wie bei einem Stimmengleichstand zwischen nur zwei Optionen:[593] non liquet, Stichentscheid[594], Vorzugsregel.[595] Dafür gelten auch dieselben nor-

---

586 Zur historischen Diskussion vgl. *v. Schlieben*, Grundlinien der Psephistik, Juristische Zeitung für die königlich preußischen Staaten 1834, Sp. 561 (565 ff.).

587 Die Kritik von *W. Ernst*, Rechtserkenntnis durch Richtermehrheiten, 2016, S. 112, an dieser Unterscheidung ist insofern berechtigt, als die beiden Arten nicht notwendig und real eher selten isoliert voneinander vorkommen. Dennoch ist die Unterscheidung analytisch hilfreich.

588 Die Entscheidung ›schuldig‹ – ›unschuldig‹ ist dementsprechend eine binäre qualitative Entscheidung.

589 Zur Frage, ob darin ein steigender Schweregrad der Strafe liegt, siehe noch b).

590 § 40 Abs. 1 Satz 2 StGB.

591 § 38 Abs. 2 StGB. Für konkrete Delikte ist der Strafrahmen jeweils enger.

592 In Anlehnung an D.4,8,27,3: »Si plures arbitri fuerint et diversas sententias dixerint, licebit sententia eorum non stari: sed si maior pars consentiat, ea stabitur, alioquin poena committetur. inde quaeritur apud iulianum, si ex tribus arbitris unus quindecim, alius decem, tertius quinque condemnent, qua sententia stetur: et iulianus scribit quinque debere praestari, qua in hanc summam omnes consenserunt.« Zu dieser ›Julianschen Lösung‹ siehe noch Fn. 596.

593 Vgl. oben 1.c). Lediglich der Stimmverlust eines Richters brächte hier in aller Regel keine Lösung. Ein dritter (seltener) Anwendungsfall dieser ›tie-breakers‹ sind symmetrische qualifizierte Mehrheiten; vgl. *R. E. Goodin/C. List*, Special Majorities Rationalized, Br. J. Political Sci. 36 (2006), S. 213 (231 ff.).

594 So etwa der Codex Juris Bavarici Judiciarii von 1753, Kap. 14, § 6; vgl. dazu *W. X. A. v. Kreittmayr*, Anmerkungen über den Codicem Juris Bavarici Judiciarii, 1755, S. 480; *W. Ernst*, Rechtserkenntnis durch Richtermehrheiten, 2016, S. 108 f.

595 Eine weitere Möglichkeit ist, dass einer der Richter seine Stimme ändert. Auf diese Weise sind bisher immer die Situationen am US Supreme Court gelöst worden, in denen es ausnahmsweise bei den drei Optionen ›affirm‹, ›reverse‹ und ›remand‹ keine absolute Mehrheit gab; vgl. dazu *H. R. Davidson*, The Mechanics of Judicial Vote Switching, Suffolk Univ. Law Rev. 38 (2004), S. 17 ff.

mativen Überlegungen wie im Fall der Stimmengleichheit. Zur Vorzugsregel ist auf folgende beiden hauptsächlichen Möglichkeiten hinzuweisen. Es kann die für den Beklagten günstigste Entscheidung gelten:[596] im Beispiel A Freispruch, im Beispiel B 5 Jahre Freiheitsstrafe. Oder es gilt die mittlere Ansicht: sechs Monate Freiheitsstrafe bzw. 10 Jahre.

Beide Arten der Vorzugsregel können sowohl auf qualititative als auch auf quantitative Entscheidungen angewendet werden.[597] Manche Lösungen funktionieren hingegen ausschließlich bei quantitativen Divergenzen. Dies gilt vor allem für die Lösung, die alle Ansichten proportional zusammenführt,[598] also das arithmetische Mittel bildet (im Beispiel B wären dies 10 Jahre[599]).[600]

a) ›Sukzessivabstimmung‹

Nur bei qualitativen Divergenzen hingegen funktioniert die Methode, die Optionen in eine Abfolge binärer Entscheidungen zu bringen. Sie sei hier als ›Sukzessivabstimmung‹ bezeichnet.[601] Wir hatten bereits gesehen, dass sich die deutsche Rechtsordnung grundsätzlich für diese Methode entschieden hat: So wird im Zivilprozess zuerst über die Zulässigkeit, dann über die Begründet-

---

[596] Diese Lösung ist v. a. bei Zugrundelegung einer Regel wie ›in dubio pro reo‹ attraktiv. Sie kann aber auch damit begründet werden, dass die für den Beklagten günstigste Entscheidung in den anderen Ansichten enthalten ist, also gleichsam als »kleinster gemeinsamer Nenner« (*W. Ernst*, Rechtserkenntnis durch Richtermehrheiten, 2016, S. 16) einstimmig angenommen ist (so die Juliansche Lösung des römischen Rechts; vgl. Fn. 592 und *W. Ernst*, a. a. O., S. 15 ff., 58). Dabei stellt sich allerdings die Frage, warum insofern das Einstimmigkeitsprinzip gelten soll.

[597] Zum Problem des Rankings noch b).

[598] Siehe oben B.II.1. und v. a. *A. Zeiler*, Unbestimmtheit der Rechtsanwendung, salomonische Entscheidung und Mehrheitsregel, 1915, insb. S. 24 ff. zum Strafprozess.

[599] Das arithmetische Mittel fällt hier zufällig mit der mittleren Ansicht zusammen. Ein anderes Beispiel mit fünf Richtern: einer stimmt für 5, zwei für 10 und zwei für 15 Jahre; das arithmetische Mittel beträgt 11 Jahre.

[600] Der Grund, dass eine derartige Proportionalitätslösung gemeinhin abgelehnt wird, liegt darin, dass die daraus resultierende kollektive Entscheidung nicht, d. h. (grundsätzlich) von keinem der Richter, begründet ist.

[601] Treffend wäre auch die Bezeichnung ›Sequenzabstimmung‹; dem Begriff ›sequenziell‹ ist allerdings eine besondere Bedeutung gegeben worden (oben I.4.d)bb)(2)(a)). Wichtig ist die Abgrenzung der Sukzessivabstimmung von der Stufenabstimmung: Beide beschreiben Ähnliches, entstammen aber unterschiedlichen Problemen. Die Sukzessivabstimmung kann sowohl als ›echte‹ Stufenabstimmung in Form der Abstimmung nach Elementen als auch als ›unechte‹ Stufenabstimmung (Abstimmung nach Teilen) realisiert werden (auch zu diesen Begriffen siehe ebd.). – Zur Sukzessivabstimmung (und zu ihrem Verhältnis zu dem insb. in angelsächsischen Parlamenten verwendeten ›amendment procedure‹) vgl. auch *G. H. Kramer*, Some Procedural Aspects of Majority Rule, in: Pennock/Chapman (Hrsg.), Due Process, 1977, S. 264 (281 ff.); *B. Chapman*, Rational Environmental Choice, Can. J. Law Jurisprudence 6 (1993), S. 63 (80 ff.). Zu Abstimmungsmethoden bei nicht-binären Entscheidungen in Parlamenten vgl. *B. E. Rasch*, Parliamentary Voting Procedures, in: Döring (Hrsg.), Parliaments and Majority Rule in Western Europe, 1995, S. 488 (516 ff.).

heit abgestimmt.[602] Das Bundesverfassungsgericht stimmt über verschiedene geltend gemachte Verfassungsverstöße eines Gesetzes getrennt ab.[603] Und im strafrechtlichen Beispiel A wird zuerst über die Schuld (mehrheitlich bejaht), sodann über die Strafart (Freiheits- oder Geldstrafe) und schließlich über das Strafmaß abgestimmt.[604] Was aber, wenn auf der Ebene des Strafmaßes eine quantitative nicht-binäre Divergenz besteht, wie in Beispiel B? Die Höhe der Freiheitsstrafe kann nicht weiter in binäre Ebenen aufgeteilt werden. Die Grafik D.4 verdeutlicht die Abfolge der Sukzessivabstimmung.

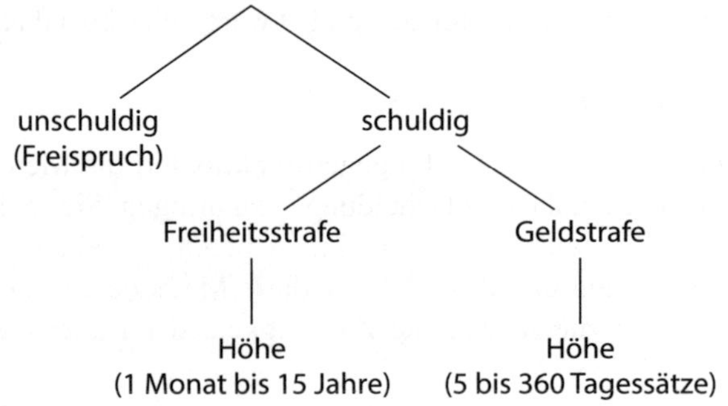

Grafik D.4: Sukzessivabstimmung

b) Kombinationsmethode

Bei verbleibenden nicht-binären Fragen behilft sich das deutsche Gerichtsverfassungsrecht[605] mit der so genannten Kombinationsmethode[606]. Danach wer-

[602] Siehe oben A.II.2.b).

[603] Das Beispiel der Entscheidung über das HessRBesG (BVerfG, Urt. v. 15.11.1971 – 2 BvF 1/70 –, BVerfGE 32, 199 ff.) zeigt, dass dabei das ›doctrinal paradox‹ auftreten kann. In diesem Urteil – das insofern einen »Extremfall« (*F. Klein/H. Bethge*, in: Maunz u. a. [Hrsg.], BVerfGG, 9. EL 1987, § 30 Rn. 6) in der Geschichte des BVerfG darstellt, als alle sieben beteiligten Richter in drei Sondervoten eine abweichende Meinung vertraten – wurde jeweils mehrheitlich ein Verstoß des gesamten HessRBesG gegen Bundesrecht (p) verneint, aber ein Verstoß speziell des § 11 Abs. 1 HessRBesG (q) bejaht. Das so gefundene Gesamtergebnis ($\neg p \wedge q$) wurde lediglich von einem einzigen Richter (Leibholz) für richtig befunden. Es handelt sich dabei um eine nicht-binäre Entscheidung, weil durch Kombination der Ergebnisse der beiden Teilfragen vier Gesamtergebnisse möglich sind: $p \wedge q$, $\neg p \wedge q$, $p \wedge \neg q$, $\neg p \wedge \neg q$.

[604] Vgl. zum Vorrang dieser binären Abstimmungen vor der Kombinationsmethode *E. Schmidt*, Lehrkommentar StPO und GVG, Teil III, 1960, § 196 GVG Rn. 3.

[605] § 196 Abs. 2 GVG regelt nicht-binäre Entscheidungen über Summen im Zivil- und ausnahmsweise im Strafprozess (welche Fragen im Strafprozess genau darunter fallen, ist umstritten; vgl. *H. Frister*, in: SK StPO, Bd. IX, 5. Aufl. 2016, § 196 Rn. 5 m. w. N.). § 196 Abs. 3 Satz 1 GVG betrifft die Rechtsfolgen der Tat im Strafprozess. Zur Sonderregelung des § 196 Abs. 3 Satz 2 GVG siehe bereits oben C. Fn. 55.

[606] Begriff bereits bei *G. Geib*, Beiträge zur Erörterung criminalistischer Fragen, Archiv des Criminalrechts 1839, S. 118 (119) m. w. N. zu Befürwortern dieser Lösung. Vgl. ferner

den bei quantitativen[607] Divergenzen die Stimmen für die höchste Zahl den Stimmen für die nächstniedrigere Zahl so lange zugerechnet, bis die erforderliche Mehrheit erreicht ist. Im Beispiel B wird also die Stimme für 15 Jahre der Stimme für 10 Jahre zugerechnet, sodass mit 2:1 Stimmen auf ein Strafmaß von 10 Jahren entschieden ist. Das Gesetz geht demnach davon aus, dass eine Stimme für 15 Jahre zumindest hypothetisch auch eine Stimme für 10 Jahre enthält.[608] Was die Kombinationsmethode letztlich macht, ist, Präferenzordnungen der Richter anzunehmen und darauf hypothetisch die Condorcet-Methode der paarweisen Abstimmung[609] anzuwenden. Im Beispiel B sehen die hypothetischen Präferenzordnungen folgendermaßen aus (dabei stehen x für 5, y für 10 und z für 15 Jahre):[610]

Tabelle D.16: Profil hypothetischer Präferenzordnungen

	1	2	3
A	x	y	z
B	y	z	x
C	z	y	x

In paarweisen Vergleichen gewinnt y gegen z, y gegen x und z gegen x.[611] Die kollektive Präferenzordnung lautet demnach: $y \succ z \succ x$.[612] Die kollektive Entscheidung fällt auf y, also 10 Jahre Freiheitsstrafe.

Nun handelt es sich allerdings bei diesen Präferenzordnungen nicht um reale, sondern um solche, die das Gesetz den Richtern unterstellt. Bei folgendem Profil möglicher Präferenzordnungen würde sich ein Problem ergeben:

Abegg, Beiträge zur Lehre von der Rechtsfindung durch Richter-Kollegien, Archiv für preußisches Strafrecht 7 (1859), S. 145 (159 f.).

607 Qualitative Divergenzen werden, wie gesehen, durch die Sukzessivabstimmung, also eine Abfolge binärer Abstimmungen, aufgelöst. Im partikularen Recht war hingegen eine Anwendung der Kombinationsmethode auf die gesamte Straffrage vorgesehen; vgl. Art. 350 Abs. 4 Strafgesetzbuch für das Königreich Baiern 1813; aus dem Schrifttum *J. B. Sartorius*, Teutschlands Rechtspflege durch Kollegial-Gerichte, 1832, S. 243 f. Für eine Anwendung auch im Verhältnis verschiedener Tatbestände später noch *K. Binding*, Grundriss des Deutschen Strafprocessrechts, 4. Aufl. 1900, S. 165; *ders.*, Strafrechtliche und strafprozessuale Abhandlungen, Bd. 2, 1915, S. 160 f.

608 Dass die Kombinationsmethode teils als »Prinzip des kleinsten gemeinsamen Nenners« (*H. Frister*, in: SK StPO, Bd. IX, 5. Aufl. 2016, § 196 GVG Rn. 4 f.), teils als Entscheidung »durch den größten gemeinsamen Nenner« (*C. Graf*, in: BeckOK GVG, § 196 Rn. 7) bezeichnet wird, ist nicht einer inhaltlichen Differenz, sondern allein der Ungenauigkeit der mathematischen Metapher geschuldet.

609 Dazu *E. V. Towfigh/N. Petersen*, Public und Social Choice Theorie, in: dies. (Hrsg.), Ökonomische Methoden im Recht, 2. Aufl. 2017, § 6 Rn. 378 f. Vgl. auch A. Fn. 114.

610 Die präferenztheoretische Perspektive ist hier angemessen, weil die Strafzumessung nicht aus bestimmten Vorgaben abzuleiten ist und insb. nicht aus bestimmten Prämissen logisch folgt. Siehe zum Unterschied zwischen Präferenz- und Urteilsaggregation oben A.II.2.

611 Bei Richter B könnten x und z auch vertauscht sein, sodass x gegen z gewönne. Für das Ergebnis y würde das keinen Unterschied machen.

612 Die Schreibweise $y \succ z$ bedeutet ›y wird gegenüber z präferiert‹.

Tabelle D.17: Beispiel für Condorcet-Paradox

	1	2	3
A	*x*	*y*	*z*
B	*y*	*z*	*x*
C	*z*	*x*	*y*

In diesem Fall gewinnt *x* gegen *y*, *y* gegen *z* und *z* gegen *x*. Es gibt keinen ›Condorcet-Sieger‹, also keine Option, die alle paarweisen Abstimmungen gewinnt. Die kollektive Präferenzordnung ist ›zirkulär‹ (oder ›zyklisch‹)[613]: $x > y > z > x$ usw. Das ist das von Condorcet entdeckte Abstimmungsparadox.[614]

Worin liegt der Unterschied zwischen den beiden Profilen? Die Präferenzordnungen des ersten Profils sind ›eingipflig‹[615]: Allen drei Präferenzordnungen liegt eine gemeinsame Dimension zugrunde, nämlich die Schwere, d. h. Dauer, der Freiheitsstrafe. Das zeigt sich besonders gut bei Richter A und Richterin C, deren Präferenzordnungen $5 > 10 > 15$ Jahre bzw. $15 > 10 > 5$ Jahre lauten. Auch Richterin B geht von derselben Prämisse aus, wenn sie als erste Präferenz 10 Jahre wählt und die beiden anderen Optionen auf die Plätze zwei und drei setzt: $10 > 15 > 5$. Alle drei Richter stellen ihre Präferenzordnung also allein danach auf, wie lange die Freiheitsstrafe dauert. Die kollektive Präferenzordnung entspricht bei Eindimensionalität der des Medianwählers.[616] Die Entscheidung fällt demnach auf die mittlere Ansicht (im Beispiel *y*). Graphisch sieht das eingipflige Abstimmungsprofil folgendermaßen aus:

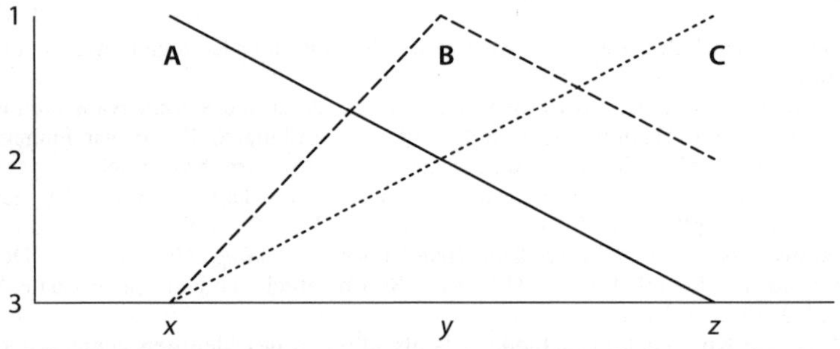

Grafik D.5: eingipflige Präferenzen

[613] Zur Zirkularität vgl. *W. Popp/B. Schlink*, Präferenztheoretische Bedingungen einer sozialen Wertordnung, in: Podlech (Hrsg.), Rechnen und Entscheiden, 1977, S. 61 (76 ff.); *J. M. Enelow*, Cycling and Majority Rule, in: Mueller (Hrsg.), Perspectives on Public Choice, 1997, S. 149 ff.; *R. Zintl*, Zyklizität demokratischen Regierens, in: Brodocz/Llanque/Schaal (Hrsg.), Bedrohungen der Demokratie, 2008, S. 235 ff.

[614] Vgl. oben B. Fn. 74.

[615] Eingipfligkeit (›single-peakedness‹) ist das präferenztheoretische Äquivalent zur eindimensionalen Ausrichtung in der Urteilsaggregation. Vgl. oben I.4.c)aa).

[616] Vgl. auch dazu oben I.4.c)aa).

Hingegen ist im zweiten Profil die Präferenzordnung von C nicht mehr eingipflig: 15 > 5 > 10 Jahre. Richterin C stellt ihre Präferenzordnung nicht ausschließlich nach der Dauer der Freiheitsstrafe auf. Man beachte die entsprechende Änderung in der gepunkteten Linie, die jetzt zwei ›Gipfel‹ aufweist:

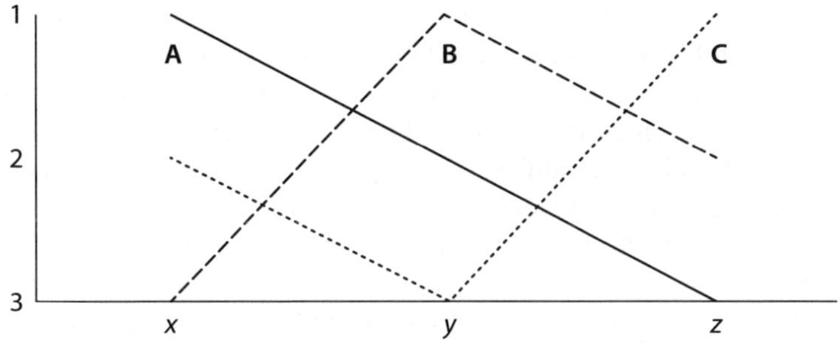

Grafik D.6: nicht eingipflige Präferenzen

Die gesetzliche Kombinationsmethode löst allerdings nicht nur Situationen des Abstimmungsparadoxes auf. Indem sie stets die Eindimensionalität der Strafzumessung unterstellt, kann sie auch bewirken, dass die Entscheidung von derjenigen bei einer paarweisen Abstimmung abweicht. Folgendes Beispiel mag dies zeigen.

Tabelle D.18: nicht eingipfliges Abstimmungsprofil ohne Paradox

	1	2	3
A	*x*	*y*	*z*
B	*y*	*x*	*z*
C	*z*	*x*	*y*

Die Präferenzordnung von B ist hier von $y > z > x$ zu $y > x > z$ geändert. Das Profil ist wegen der Präferenzen von C weiterhin nicht eingipflig. Es gibt aber nun einen Condorcet-Sieger, denn es gewinnt x gegen y, x gegen z und y gegen z. Die kollektive Präferenzordnung lautet demnach $x > y > z$. Bei einer paarweisen Abstimmung fällt die Entscheidung auf x, bei Anwendung der Kombinationsmethode auf y. Die Kombinationsmethode führt also nicht notwendig zum Condorcet-Sieger als Ergebnis.

Die Kombinationsmethode setzt demnach voraus, dass alle Abstimmenden ihrer Entscheidung dieselbe Rangordnung der möglichen Strafen zugrundelegen.[617] Die maßgebliche Frage lautet, ob es realistisch ist, die Eindimensionalität der Strafzumessung anzunehmen, oder ob das Gesetz damit etwas unterstellt, das vielleicht nur aus Gründen der Praktikabilität gerechtfertigt ist. Insgesamt

[617] Ebenso *K. F. Röhl/H. C. Röhl*, Allgemeine Rechtslehre, 3. Aufl. 2008, S. 278.

betrachtet ist die strafgerichtliche Entscheidung zweifelsfrei mehrdimensional, denn ein Richter kann zum Beispiel für einen Freispruch stimmen, aber bei unterstellter Schuld eine höhere Strafe im Vergleich zu einer niedrigeren Strafe für angemessen halten.[618] Die Mehrdimensionalität der Strafentscheidung wird indes durch die Sukzessivabstimmung abgeschichtet. Zunächst wird zwischen Schuld[619] und Strafe getrennt,[620] die Strafzumessung sodann in Strafart[621] und Höhe[622] der Strafe aufgeteilt. Auf der letzten Ebene geht es demnach nurmehr um die tat- und schuldangemessene Höhe der Strafe. Für diese Entscheidung müssen zwar immer noch verschiedene Faktoren berücksichtigt werden, deren Zusammenspiel findet aber auf einer einzigen Dimension, nämlich der Dauer der Freiheitsstrafe (bzw. bei Geldstrafe der Anzahl an Tagessätzen) statt. Es ist folglich nicht realistisch, dass ein Richter – wie Richterin C im zweiten und dritten Abstimmungsprofil (Tabellen D.17 und D.18) – die Präferenzordnung 15 ≻ 5 ≻ 10 Jahre hat. Vielmehr ist der Gesetzgeber des Gerichtsverfassungsgesetzes berechtigt, die Eindimensionalität zu unterstellen.[623] Die Kombinationsmethode bedeutet also, dass ein paarweises Abstimmen nicht stattfinden muss, sondern der Condorcet-Sieger bereits durch Anwendung der gesetzlichen Regel festgestellt werden kann.

---

[618] Vgl. auch *S. Levmore*, Ruling Majorities and Reasoning Pluralities, Theor. Inq. Law 3 (2002), S. 87 (103). Die sog. ›Marks doctrine‹ besagt, dass bei Entscheidungen des US Supreme Court, bei denen es in der Begründung keine Mehrheit, sondern nur ›plurality opinions‹ gibt (vgl. oben I.4.d) (bb)(3)), der ›narrowest-majority rule‹ Präzedenzwirkung zukommt. Sie funktioniert ähnlich wie die Kombinationsmethode, indem sie eine paarweise Abstimmung unter Annahme der Eindimensionalität ersetzt. Diese Annahme ist aber bei der Tenorabstimmung gerade nicht gerechtfertigt. Siehe dazu auch *M. L. Stearns*, Constitutional Process, 2000, S. 133 ff. Kritisch zur ›Marks doctrine‹ *R. M. Re*, Beyond the Marks Rule, Harv. Law Rev. 132 (2019), S. 1942 ff.

[619] Die Kombinationsmethode gilt erst recht nicht bei Divergenzen hinsichtlich mehrerer Tatbestände. Es ist über jedes Delikt einzeln abzustimmen. Siehe bereits oben I.4.d)bb)(2) (c) und vgl. *C. G. v. Coelln*, Das Beratungsgeheimnis, 1931, S. 29 f.; *K. Peters*, Strafprozeß, 4. Aufl. 1985, § 53 I 2.a)dd) g) (S. 487).

[620] Das österreichische Strafprozessrecht kennt eine gewisse Durchbrechung dieses Trennungsgedankens: Enthält sich ein Richter, der für ›nicht schuldig‹ gestimmt hat und dabei überstimmt worden ist, bei der Abstimmung über die Strafe seiner Stimme (dazu oben Fn. 402), so wird diese der für den Angeklagten günstigsten Meinung zugezählt (Art. 42 Abs. 2 ÖstStPO). Insoweit findet also die Kombinationsmethode die Schuld- und Straffrage übergreifend Anwendung.

[621] Vgl. *A. Schafft-Stegemann*, Die Abstimmung im Strafprozess, 1964, S. 42. Darauf hinweisend, dass die Strafarten nicht in einem eindeutigen Rangverhältnis zueinander stehen, *K. F. Röhl/H. C. Röhl*, Allgemeine Rechtslehre, 3. Aufl. 2008, S. 278: »Zumindest das Verhältnis von Geldstrafe und Freiheitsstrafe mit Bewährung sowie die Bewertung der Entziehung der Fahrerlaubnis und des Fahrverbots dürften, fragte man nach der Meinung des Angeklagten, sehr zweifelhaft sein.« Erst recht gilt dies, wenn man Strafart und Strafhöhe verbindet.

[622] Bei der Geldstrafe ist zudem zwischen Anzahl an Tagessätzen und Höhe des einzelnen Tagessatzes zu trennen.

[623] Gleiches gilt für Summen im Sinne des § 196 Abs. 2 GVG.

Ist eine einfache Mehrheit erforderlich, so führt die Kombinationsmethode, wie gesehen, zur mittleren Ansicht. Allerdings gilt im Strafprozess für alle dem Angeklagten nachteiligen Entscheidungen und damit auch bei der Strafzumessung[624] das Erfordernis der Zweidrittelmehrheit. Hier kann sich auch eine andere als die mittlere Ansicht durchsetzen. Stimmen beispielsweise von fünf Richtern zwei für 5, zwei weitere Richter für 10 und die fünfte Richterin für 15 Jahre, so lautet die Entscheidung auf 5 Jahre. Was die Kombinationsmethode hier ersetzt, ist eine Abfolge paarweiser Abstimmungen, bei denen die qualifizierte Mehrheit dadurch eingefügt wird, dass jeweils das höhere Strafmaß nur dann gewählt ist, wenn es von einer qualifizierten Mehrheit präferiert wird. Im Beispiel sehen die Präferenzordnungen unter der Annahme der Eindimensionalität folgendermaßen aus:

Tabelle D.19: Profil hypothetischer Präferenzordnungen von fünf Richtern

	1	2	3
A	x	y	z
B	x	y	z
C	y	z	x
D	y	z	x
E	z	y	x

Die Abfolge paarweiser Abstimmungen läuft folgendermaßen ab. Zunächst werden z und y gegenübergestellt. Dabei ist z kollektiv nur dann gewählt, wenn zwei Drittel der Abstimmenden, d. h. vier der fünf Richter, z gegenüber y präferieren. Da dies nicht der Fall ist, werden sodann y und x gegenübergestellt. Wiederum ist die höhere Strafe, also y, nur dann gewählt, wenn vier Richter y gegenüber x präferieren. Da auch dies nicht der Fall ist, lautet die kollektive Entscheidung auf x. Eine Gegenüberstellung von x und z ist nicht mehr erforderlich.[625]

Um zu rekapitulieren: Die Kombinationsmethode stellt unter der Annahme der Eindimensionalität auf hypothetische Zweit- (und Dritt-)Präferenzen der Abstimmenden ab und ermittelt den Condorcet-Sieger. Ist eine qualifizierte Mehrheit erforderlich, muss bei den hypothetischen paarweisen Vergleichen zusätzlich die Vorzugsregel zugunsten des Angeklagten berücksichtigt werden.

---

624 Zur Kritik siehe oben C.I.1.d).

625 Deshalb handelt es sich bei diesem Verfahren nicht um die Condorcet-Methode, sondern das so genannte Agenda-Verfahren. Das Besondere am Agenda-Verfahren ist, dass nicht alle Optionen paarweise verglichen werden, sondern die siegreiche Option in einer Art KO-Verfahren ermittelt wird – mit der Folge, dass im Fall einer zirkulären kollektiven Präferenzordnung der Sieger von der Agenda, also der Reihenfolge der paarweisen Abstimmungen, abhängt; vgl. *E. V. Towfigh/N. Petersen*, Public und Social Choice Theorie, in: dies. (Hrsg.), Ökonomische Methoden im Recht, 2. Aufl. 2017, § 6 Rn. 374 ff. Ganz unabhängig davon, ob ein solcher Zirkel tatsächlich auftreten kann oder realistischerweise auch wird, ist die (hypothetische) Agenda der Kombinationsmethode dadurch gerechtfertigt, dass sie sich zugunsten des Angeklagten auswirkt.

III. Begründung

Zum Abschluss der Untersuchung soll noch das bereits an verschiedenen Stellen angerissene Verhältnis der Abstimmung nach dem Mehrheitsprinzip zur Begründung der Entscheidungen in seinen Problemen überblicksweise dargestellt werden. Dabei sind zwei Komplexe zu betrachten: zum einen der Zusammenhang von Abstimmungsmethode und Begründung, zum anderen der Umgang mit dem überstimmten Richter, insbesondere die Frage nach der Zulässigkeit eines Sondervotums.

Wer das schriftliche Urteil verfasst, ist gesetzlich nicht festgelegt. In der Praxis wird in aller Regel der Berichterstatter mit dieser Aufgabe betraut.[626] Die Urteilsgründe müssen das mehrheitlich beschlossene Ergebnis der Beratung und Abstimmung vollständig und wahrheitsgetreu wiedergeben.[627] Ergeben sich über die Abfassung Meinungsverschiedenheiten zwischen den Richtern, muss das Kollegium[628] beraten und per Mehrheitsbeschluss entscheiden.[629] Dabei ist es möglich, aber keinesfalls zwingend, auch auf die Argumente der Minderheit einzugehen.[630]

---

[626] Vgl. *C. Graf*, in: BeckOK GVG, § 194 Rn. 9; ferner *K.-M. Ortloff/K.-U. Riese*, in: Schoch/Schneider/Bier (Hrsg.), VwGO, 17. EL 2008, vor § 81 Rn. 21; *K. Schreiber*, in: Wieczorek/Schütze (Hrsg.), ZPO, Bd. 13, Tbd. 1, 4. Aufl. 2018, § 197 GVG Rn. 2. Zur Abfassung eines Urteilsentwurfs durch den Berichterstatter als Vorbereitung auf die mündliche Verhandlung vgl. *H. Sendler*, Anspruch auf Gehör und Effizienz richterlicher Tätigkeit, in: Badura/Scholz (Hrsg.), FS Lerche, 1993, S. 833 ff.

[627] BGH, Urt. v. 03.02.1959 – 1 StR 644/58 –, BGHSt 12, 374 (376); BGH, Urt. v. 25.02.1975 – 1 StR 558/74 –, BGHSt 26, 92 (93).

[628] Beim Strafprozess sind die Schöffen nicht an der Urteilserstellung beteiligt; vgl. § 275 Abs. 2 Satz 3 StPO; *O. R. Kissel/H. Mayer*, GVG, 9. Aufl. 2018, § 195 Rn. 5; kritisch *R. Börner*, Die Ungleichheit von Schöffen und Berufsrichtern, ZStW 122 (2010), S. 157 (174 ff.). Das kann beim erweiterten Schöffengericht und der erweiterten kleinen Strafkammer (vgl. oben A.V.1.a)aa)) dazu führen, dass ein Meinungsstreit zwischen zwei Berufsrichtern besteht. Zur Lösung dieses Stimmenpatts bestehen drei denkbare Möglichkeiten: (1) Anwendung des § 196 Abs. 4 GVG, mit der Folge, dass der Vorsitzende letztlich allein entscheidet (zu diesem Problem vgl. auch oben B.V.2.b)cc)(1)); (2) Beschlussfassung unter Einbezug der Schöffen; (3) neue Hauptverhandlung. Vgl. zum Streitstand *R. Börner*, a. a. O., S. 175 ff.; *H. Frister*, in: SK StPO, Bd. IX, 5. Aufl. 2016, § 196 GVG Rn. 6.

[629] RG, Urt. v. 12.12.1895 – 4734/95 –, RGSt 28, 54 (58); RG, Urt. v. 07.11.1910 – I 728/10 –, RGSt 44, 120 (121); BGH, Urt. v. 25.02.1975 – 1 StR 558/74 –, BGHSt 26, 92 (93); *H. Diemer*, in: Karlsruher Kommentar StPO, 8. Aufl. 2019, § 194 GVG Rn. 4; *O. R. Kissel/ H. Mayer*, a. a. O., § 195 Rn. 5; ferner *A. Schafft-Stegemann*, Die Abstimmung im Strafprozess, 1964, S. 46; *G. Mellinghoff*, Fragestellung, Abstimmungsverfahren und Abstimmungsgeheimnis im Strafverfahren, 1988, S. 178 ff. Vgl. auch *Sachs*, Vorsitzender und Beisitzer im erweiterten Schöffengericht, DRiZ 1925, Sp. 154 f.; *Sachse*, Richterliche Meinungsverschiedenheiten über die Fassung der Urteilsgründe, Archiv für Strafrecht und Strafprozeß 70 (1926), S. 161 ff. In der Praxis der Fachgerichte dürfte es allerdings an einer förmlichen Beratung über den Urteilsentwurf fehlen; so (für den Strafprozess) *R. Eschelbach*, Feststellungen, in: Schöch u. a. (Hrsg.), FS Widmaier, 2008, S. 127 (129). Beim BVerfG findet eine eigene ›Leseberatung‹ statt; vgl. *U. Kranenpohl*, Hinter dem Schleier des Beratungsgeheimnisses, 2010, S. 98 ff.

[630] Vgl. *O. R. Kissel/H. Mayer*, a. a. O., § 193 Rn. 10. Kritisch zur Nichtberücksichtigung

1. Überstimmter Berichterstatter

Immer mal wieder hat es Fälle gegeben, in denen der das Urteil verfassende Berichterstatter,[631] wenn er von den anderen Richtern überstimmt worden war,[632] versucht hat, durch mehr oder weniger subtile Formulierungen auf seine Ablehnung der Mehrheitsmeinung aufmerksam zu machen. Insbesondere ist dies vorgekommen, wenn der Vorsitzende des Schöffengerichts (oder der kleinen Strafkammer) von den beiden Schöffen überstimmt[633] worden war.[634] So gab es einen Vorsitzenden, der in solchen Situationen den ersten Bestandteil des Wortes ›Schöffengericht‹ unterstrich, um dem Berufungsgericht zu signalisieren, dass er in der Minderheit geblieben war.[635] Ein anderer Vorsitzender formulierte die Begründung eines Freispruchs derart, dass »die den Angekl[agten] belastenden Gesichtspunkte besonders ausführlich dargestellt, während die Zweifel an seiner Täterschaft begründenden Umstände recht knapp und teilweise mit relativierenden Zusätzen mitgeteilt«[636] wurden. Rechtsprechung[637] und Schrifttum[638] sind sich einig, dass derartige Versuche, die Mehrheitsmei-

---

der Minderheit in den Urteilsgründen *G. Willms*, Mißliches beim Beratungsgeheimnis, JZ 1976, S. 317.

[631] Es gibt, sofern der Spruchkörper mehrere Berufsrichter umfasst, die Möglichkeit, dass der Vorsitzende die Abfassung des Urteils einem anderen Richter als dem überstimmten Berichterstatter zuweist. Vgl. *O. R. Kissel/H. Mayer*, a. a. O., § 21g Rn. 41.

[632] Laut *C. Seibert*, Der überstimmte Richter, MDR 1957, S. 597, pflegt dies den Berichterstatter »meist zu verstimmen«. In ironischer Brechung attestiert *H. A. Stöcker*, Beratungsgeheimnis und Richterbildung, JZ 1969, S. 33 (34), der Situation eine positive, nämlich den Hang zur Rechthaberei reduzierende Wirkung.

[633] Zum Problem der möglichen Majorisierung des Berufsrichters durch die Schöffen vgl. oben B.V.2.b)cc)(4)(a). *M. Alsberg*, Die Urteilsbegründung des überstimmten Richters, JW 1926, S. 2164 (2164), weist darauf hin, dass die (anders als für die früheren Geschworenen) im Schöffengericht geltende Begründungspflicht zur (ohnehin schon bestehenden) Überlegenheit der Berufsrichter gegenüber den Schöffen beiträgt: »Daß man [die Berufsrichter] nun nicht in der Beratung, soweit die Schöffen einmal eine selbständige Meinung an den Tag legen – in schwierigen Fällen, bei denen jeder Satz, jedes Wort ihnen Blamage droht, verlassen sie sich im allgemeinen nur zu gern auf die Meinung der ›gelehrten Herren‹, von denen sie zudem durch die Vorgabe des Aktenstudiums gehandikapt sind –[,] zu Konzessionen gezwungen ist, dafür sorgen im allgemeinen die Urteilsgründe. ›Wie soll ich das Urteil begründen, die höhere Instanz hebt es ja doch auf.‹ Ein Argument, das selten versagt, schon weil der Laie Theorie und Praxis der Urteilsbegründung nicht kennt, nicht kennen kann.«

[634] Da die Schöffen nicht an der schriftlichen Abfassung des Urteils beteiligt sind (vgl. Fn. 628), ist der Vorsitzende des Schöffengerichts allein verantwortlich. Vgl. OLG Oldenburg, Urt. v. 21.02.2005 – Ss 29/05 –, NStZ 2005, S. 469.

[635] Vgl. *Jonas*, »Das Schöffengericht in seiner Mehrheit ...«, JW 1912, S. 439; *C. Seibert*, Der überstimmte Richter, MDR 1957, S. 597.

[636] OLG Oldenburg, Urt. v. 21.02.2005 – Ss 29/05 –, NStZ 2005, S. 469.

[637] OLG Oldenburg, a. a. O.

[638] *C. Seibert*, Der überstimmte Richter, MDR 1957, S. 597; *A. Schafft-Stegemann*, Die Abstimmung im Strafprozess, 1964, S. 46; *T. Wickern*, in: Löwe/Rosenberg (Hrsg.), StPO, Bd. 10, 26. Aufl. 2010, § 193 GVG Rn. 42; *H. Frister*, in: SK StPO, Bd. IX, 5. Aufl. 2016, § 195 GVG Rn. 5; *T. Kulhanek*, in: MüKo StPO, Bd. 3/2, 2018, § 195 GVG Rn. 4; *H. Rosenau/*

nung zu »desavouieren«[639], unzulässig sind. Der Berichterstatter ist demnach bei der Urteilsformulierung ebenso an das »Gebot der loyalen Darstellung der Mehrheitsmeinung«[640] gebunden wie der Vorsitzende bei der Verkündung des Urteils.[641]

2. Sondervotum

Die meisterörterte Frage lautet, ob der überstimmte Richter das Recht haben soll, seine abweichende Meinung im Urteil des Kollegialgerichts zu veröffentlichen. Bereits bei Erlass des Gerichtsverfassungsgesetzes wurde diese Frage diskutiert[642] und letztlich »im Interesse strikter Durchführung«[643] des Beratungs- und Abstimmungsgeheimnisses[644] verneint. Ziel ist die Wahrung von Einheit und Anonymität des Kollegialgerichts.[645] In der seit den 1950er Jah-

---

C. Dorneck, in: Satzger/Schluckebier (Hrsg.), StPO, 4. Aufl. 2020, § 195 GVG Rn. 2; *C. Graf*, in: BeckOK GVG, § 195 Rn. 4. Ebenso bereits *Jonas*, »Das Schöffengericht in seiner Mehrheit ...«, JW 1912, S. 439.

[639] *C. Seibert*, a. a. O.

[640] *O. R. Kissel/H. Mayer*, GVG, 9. Aufl. 2018, § 195 Rn. 3.

[641] Vgl. *C. Seibert*, Der überstimmte Richter, MDR 1957, S. 597; *T. Wickern*, in: Löwe/Rosenberg (Hrsg.), StPO, Bd. 10, 26. Aufl. 2010, § 195 GVG Rn. 6; *K. Schreiber*, in: Wieczorek/Schütze (Hrsg.), ZPO, Bd. 13, Tbd. 1, 4. Aufl. 2018, § 195 GVG Rn. 2. Zur Frage, ob der Berufsrichter die Gründe der Laienrichter ›verbessern‹ darf (bzw. soll), vgl. *M. Alsberg*, Die Urteilsbegründung des überstimmten Richters, JW 1926, S. 2164 (2165); *ders.*, Anmerkung zu RG v. 24.10.1929 – 3 D 844/29 –, JW 1930, S. 762 (762 f.); *ders.*, Die Urteilsbegründung des von den Schöffen überstimmten Berufsrichters, JW 1930, S. 2521 f.; *H. Jung*, Die Urteilsbegründung des überstimmten Strafrichters, JW 1927, S. 363 ff.; *Sachse*, Die Urteilsbegründung des von den Schöffen überstimmten Berufsrichters, JW 1930, S. 2520 f.

[642] Vgl. *C. Hahn* (Hrsg.), Die gesammten Materialien zu den Reichs-Justizgesetzen, Bd. 1, Abt. 1, 2. Aufl. 1883, S. 361 ff., 845 ff.

[643] *O. R. Kissel/H. Mayer*, GVG, 9. Aufl. 2018, § 193 Rn. 5.

[644] Das Beratungsgeheimnis ist für Berufs- und Laienrichter der Fachgerichte in §§ 43, 45 Abs. 1 Satz 2 DRiG und für die Richter des BVerfG speziell in § 30 Abs. 1 Satz 1 BVerfGG geregelt. Allgemein zum Inhalt *J. Schmidt-Räntsch*, DRiG, 6. Aufl. 2009, § 43 Rn. 5 ff.; *J.-F. Staats*, DRiG, 2012, § 43 Rn. 2 ff. Auf eine interessante Differenzierung von *J. Werber*, Geheime Beratung und Zeugnispflicht, DRiZ 1911, Sp. 130, bezüglich des Gegenstands des Beratungsgeheimnisses sei hingewiesen: »Es muß [meines Erachtens] unterschieden werden zwischen dem äußeren Vorgang der Beratung im allgemeinen – der Sitzung im Beratungszimmer – und der Beratung und Abstimmung über den konkreten, einzelnen Fall. Ob ein Richter während der Beratung raucht, ein Schläfchen macht, ob die Zivilkammer des Landgerichts während der Beratungen einen Skat spielt, ob die Richter sich über das letzte Weihnachtsfest in der Familie unterhalten, einen Erlaß des Ministeriums, eine Verfügung des Präsidenten besprechen, das sind alles Begebenheiten, die auch, wenn sie im Beratungszimmer vorgenommen werden, nicht der Verpflichtung zur Geheimhaltung unterliegen, ebensowenig wie der Vorgang, daß während der Beratung ein Gauner im Zimmer erscheint und die Ueberzieher der Anwesenden mitgehen heißt. Geheim zu halten ist nur das sachliche Vorbringen für den einzelnen Fall, das dann in der Abstimmung seinen Ausdruck findet.«

[645] Vgl. *G. Schmidt-Räntsch*, Gegenstand, Sinn und Grenzen des Beratungsgeheimnisses, JZ 1958, S. 329 (329 ff.); *J. Schmidt-Räntsch*, a. a. O., § 43 Rn. 4; ferner *G. Pfizer*, Abstimmung

ren[646] umfangreich geführten und nicht endenden rechtspolitischen Diskussion um die Einführung des Sondervotums[647] geht es vor allem um die Themen Ansehen des Gerichts, Überzeugungsfähigkeit des Urteils sowie Unabhängigkeit der Richter. Ein zweiter, sich teilweise damit überschneidender Diskus-

und Revision, ZZP 15 (1891), S. 365 (368). Allgemein kritisch gegenüber den Argumenten für ein striktes Beratungsgeheimnis *J. Bröhmer*, Transparenz als Verfassungsprinzip, 2004, S. 281 ff.

[646] Früher aber bereits etwa *G. Pfizer*, a. a. O., S. 383 f. (für eine allen Beteiligten zugängliche Protokollierung der Abstimmung mitsamt der Ansichten überstimmter Richter). Zur bereits Anfang des 19. Jahrhunderts geführten rechtspolitischen Diskussion um das Beratungsgeheimnis insgesamt *C. G. v. Coelln*, Das Beratungsgeheimnis, 1931, S. 112 ff. Zur Geschichte des Beratungsgeheimnisses *L. Semar*, Das richterliche Beratungsgeheimnis, 1934, S. 17 ff.; *W. Heyde*, Das Minderheitsvotum des überstimmten Richters, 1966, S. 80 ff.; *W. Hülle*, Geschichtliches vom Beratungsgeheimnis, DRiZ 1986, S. 384 ff.

[647] Vgl. *Kohlhaas*, Das Beratungsgeheimnis, NJW 1953, S. 401 (401 f.); *W. A. Scheuerle*, Richterliches Beratungsgeheimnis und richterliche Meinungsfreiheit, ZZP 68 (1955), S. 317 ff.; *K. H. Nadelmann*, Das Minderheitsvotum im Kollegialgericht, AöR 86 (1961), S. 39 ff.; *B. Bergerfurth*, Zur Anonymität des Kollegialgerichts, DRiZ 1962, S. 124 f.; *W. Heyde*, Das Minderheitsvotum des überstimmten Richters, 1966, insb. S. 120 ff.; *H. G. Rupp*, Zur Frage der dissenting opinion, in: Bracher u. a. (Hrsg.), FS Leibholz, Bd. 2, 1966, S. 531 ff.; *M. Baring*, Wider die dissenter, DVBl. 1968, S. 609 ff.; *H. Berger*, Empfiehlt sich die Bekanntgabe abweichender Meinungen überstimmter Richter?, NJW 1968, S. 961 ff.; *J. Federer*, Die Bekanntgabe der abweichenden Meinung des überstimmten Richters, JZ 1968, S. 511 ff.; *P. Möhring*, Die Anonymität des Richters, in: Glanzmann (Hrsg.), Ehrengabe Heusinger, 1968, S. 63 (72 ff.); *E. K. Pakuscher*, Wider den Zwang zum Einheitsurteil der Revisionsgerichte, JR 1968, S. 294 ff.; *E. Paul*, Für und Wider das Minderheitsvotum, DÖV 1968, S. 513 ff.; *M. Vollkommer*, Empfiehlt es sich, die Bekanntgabe der abweichenden Meinung des überstimmten Richters (dissenting opinion) in den deutschen Verfahrensordnungen zuzulassen?, JR 1968, S. 241 ff.; *A. Wagner*, Zur Veröffentlichung des Votums des überstimmten Richters, DRiZ 1968, S. 253 ff.; *K. Zweigert*, Empfiehlt es sich, die Bekanntgabe der abweichenden Meinung des überstimmten Richters (dissenting opinion) in den deutschen Verfahrensordnungen zuzulassen?, in: Verhandlungen des 47. Deutschen Juristentages, Bd. I, 1968, S. D 1 ff.; *E. J. Cohn*, Zur Bekanntgabe der abweichenden Meinung des überstimmten Richters, JZ 1969, S. 330 ff.; *E. Friesenhahn*, Empfiehlt es sich, die Bekanntgabe der abweichenden Meinung des überstimmten Richters (dissenting opinion) in den deutschen Verfahrensordnungen zuzulassen?, in: Verhandlungen des 47. Deutschen Juristentages, Bd. II, 1969, S. R 33 ff.; *R. Pehle*, Empfiehlt es sich, die Bekanntgabe der abweichenden Meinung des überstimmten Richters (dissenting opinion) in den deutschen Verfahrensordnungen zuzulassen?, in: Verhandlungen des 47. Deutschen Juristentages, Bd. II, 1968, S. R 9 ff.; *H. A. Stöcker*, Beratungsgeheimnis und Richterbildung, JZ 1969, S. 33 ff. (dazu *W. Sarstedt*, Postglosse, JZ 1969, S. 116); *M. Grünhut*, Das Minderheitsvotum, in: Bockelmann/Gallas (Hrsg.), FS Schmidt, 2. Aufl. 1971, S. 620 ff.; *D. Homberger-Stäheli*, Das Minderheitsvotum des überstimmten Richters, 1973, insb. S. 98 ff.; *E. Niebler*, Beratungsgeheimnis und abweichende Meinung, in: Jescheck/Vogler (Hrsg.), FS Tröndle, 1989, S. 585 ff.; *R. Lamprecht*, Anonymität oder Transparenz in der Urteilsfindung, DRiZ 1992, S. 325 ff.; *ders.*, Die autistische Gewalt, DRiZ 1992, S. 237; *ders.*, Beratungsgeheimnis, »dissenting vote« und richterliche Unabhängigkeit, DRiZ 1996, S. 233 ff.; *P. Caesar*, Vom »stummen« und vom »lauten« dissenting, ZRP 1994, S. 402 f.; *H. J. Faller*, Beratungsgeheimnis, »dissenting vote« und richterliche Unabhängigkeit, DVBl. 1995, S. 985 (988 ff.); *F. Lansnicker*, Richteramt in Deutschland, 1996, S. 140 ff.; *J. Bröhmer*, Transparenz als Verfassungsprinzip, 2004, S. 286 ff.; *T. Fischer*, Beratungsgeheimnis, Sondervoten, Richterbilder, in: Herzog/Neumann (Hrsg.), FS Hassemer, 2010, S. 1001 ff.

sionsstrang beschäftigt sich seit der 1970 erfolgten Einführung des Sondervotums beim Bundesverfassungsgericht[648] mit den dortigen Erfahrungen.[649]

In beiden Diskussionen wird – jenseits explizit rechtsvergleichender Beiträge[650] – vor allem in der Begrifflichkeit (»dissenting vote«[651]), aber auch hin-

[648] § 30 Abs. 2 BVerfGG. Vgl. *W. Heyde*, Dissenting Opinions in der deutschen Verfassungsgerichtsbarkeit, JöR 19 (1970), S. 201 ff.; *C. Arndt*, Sondervotum – Richterstatus – Nichtigkeitswirkung, DRiZ 1971, S. 37 (37 f.); *H. Schneider*, Die Einführung des offenen Sondervotums beim Bundesverfassungsgericht, in: Spanner u. a. (Hrsg.), FG Maunz, 1971, S. 345 ff. Von *W. Geiger*, BVerfGG, 1952, vor § 17 Anm. 2, wurde ein Sondervotum auch bereits ohne gesetzliche Regelung für zulässig erachtet. – Sondervoten sind für folgende Landesverfassungsgerichte vorgesehen: Art. 25 Abs. 5 BayVerfGHG, § 29 Abs. 2 BlnVerfGHG, § 27 Abs. 2 BbgVerfGG, § 17 Abs. 3 BremStGHG, § 22 Abs. 3 HmbVerfGG, § 16 Abs. 3 Satz 2 HessStGHG, § 27 Abs. 5 MVLVerfGG, § 25 Abs. 4 NRWVerfGHG, § 28 Abs. 2 LSALVerfGG, § 28 Abs. 2 SHLVerfGG, § 24 Abs. 2 ThürVerfGHG.

[649] Vgl. *F. K. Fromme*, Das Sondervotum in der Bewährung, in: Leibholz u. a. (Hrsg.), FS Geiger, 1974, S. 867 ff.; *H. Spanner*, Zur Praxis des Sondervotums beim Bundesverfassungsgericht, in: Leibholz u. a. (Hrsg.), a. a. O., S. 891 ff.; *H. Schäfer*, Anmerkung zu BVerfG, Beschl. v. 25.06.1974 – 2 BvF 2/73 u. a. –, DVBl. 1975, S. 101 (102 f.); *W. Geiger*, Die Abweichende Meinung beim Bundesverfassungsgericht und ihre Bedeutung für die Rechtsprechung, in: Vogel/Simon/Podlech (Hrsg.), FS Hirsch, 1981, S. 455 ff.; *K.-G. Zierlein*, Erfahrungen mit dem Sondervotum beim Bundesverfassungsgericht, DÖV 1981, S. 83 ff.; *ders.*, Sondervoten beim BVerfG, NJW 1993, S. 1048 ff.; *W. Hill*, Die Stimme der Minderheit, ZRP 1985, S. 15 ff.; *T. Ritterspach*, Gedanken zum Sondervotum, in: Fürst/Herzog/Umbach (Hrsg.), FS Zeidler, Bd. 2, 1987, S. 1379 ff.; *C. Pestalozza*, Verfassungsprozeßrecht, 3. Aufl. 1991, § 20 Rn. 38 ff.; *R. Lamprecht*, Richter contra Richter, 1992; *B. Rüthers*, Krieg der roten Richter?, JZ 1996, S. 784 f.; *G. Roellecke*, Sondervoten, in: Badura/Dreier (Hrsg.), FS 50 Jahre BVerfG, 2001, S. 363 ff.; *M. Reissenberger*, Rückzug zum »Palladium für die Unabhängigkeit«?, ZRP 2003, S. 164 ff.; *E. Klein*, in: Benda/Klein/Klein, Verfassungsprozessrecht, 3. Aufl. 2012, § 16 Rn. 366 ff.; *H. J. Lietzmann*, Kontingenz und Geheimnis, in: van Ooyen/Möllers (Hrsg.), Handbuch Bundesverfassungsgericht im politischen System, 2. Aufl. 2015, S. 459 ff. – Zu Sondervoten bei Landesverfassungsgerichten vgl. *W. K. Geck*, Sondervoten bei Landesverfassungsgerichten de lege ferenda, in: Starck/Stern (Hrsg.), Landesverfassungsgerichtsbarkeit, Tbd. I, 1983, S. 315 ff.; *C. Starck*, Sondervoten überstimmter Richter und Bekanntgabe des Abstimmungsergebnisses – de lega lata, in: ders./Stern (Hrsg.), a. a. O., S. 285 ff.; *C. Eggeling*, Das Sondervotum in der Verfassungsgerichtsbarkeit der neuen Bundesländer, 2006; ferner *C. Koch*, Die Landesverfassungsgerichtsbarkeit der Freien Hansestadt Bremen, 1981, S. 141 ff.

[650] Vgl. *K. H. Nadelmann*, Zur Veröffentlichung von Sondervoten, DRiZ 1958, S. 37 ff.; *W. Heyde*, Das Minderheitsvotum des überstimmten Richters, 1966, S. 19 ff.; *R. Adam*, Die dissenting opinion in der Gerichtspraxis der USA, DRiZ 1968, S. 201 f.; *D. Homberger-Stäheli*, Das Minderheitsvotum des überstimmten Richters, 1973, S. 14 ff.; *K.-H. Millgramm*, Separate Opinion und Sondervotum in der Rechtsprechung des Supreme Court of the United States und des Bundesverfassungsgerichts, 1985; *F. Halle*, Sondervotum und separate opinion im Rechtsvergleich, in: Großfeld/Roth (Hrsg.), Verfassungsrichter, 1995, S. 141 ff.; *M. Kau*, United States Supreme Court und Bundesverfassungsgericht, 2007, S. 467 ff.; ferner *M. Kirby*, Judicial Dissent – Common Law and Civil Law Traditions, Law Q. Rev. 123 (2007), S. 379 ff.; *P. Pasquino*, E pluribus unum, in: Elster (Hrsg.), Secrecy and Publicity in Votes and Debates, 2015, S. 196 ff.; mit Fokus auf Estland *J. Laffranque*, Dissenting Opinion and Judicial Independence, Juridica Int. 8 (2003), S. 162 ff.; europaweiter Vergleich bei *K. Kelemen*, Dissenting Opinions in Constitutional Courts, Ger. Law J. 14 (2013), S. 1345 ff. Rechtsvergleichend zum Beratungsgeheimnis *C. G. v. Coelln*, Das Beratungsgeheimnis, 1931, S. 103 ff.

[651] So etwa *G. Schmidt-Räntsch*, Gegenstand, Sinn und Grenzen des Beratungsgeheimnisses, JZ 1958, S. 329 (330); *O. R. Kissel/H. Mayer*, GVG, 9. Aufl. 2018, § 193 Rn. 5.

sichtlich mancher Erfahrungen auf die Praxis des angloamerikanischen Rechtskreises[652] zurückgegriffen. Zutreffend ist aber auf den wichtigen Unterschied hingewiesen worden, dass die Veröffentlichung von ›dissenting‹ oder ›concurring opinions‹ an angelsächsischen Gerichten aus einem anderen Verständnis der kollegialgerichtlichen Rechtsprechungstätigkeit[653] folgt:[654] Wenn jeder Richter originär für sich Rechtsprechung ausübt, kommt ihm auch das Recht, ja im Ausgangspunkt sogar die Pflicht zu, seine Ansicht eigenständig zu begründen. Aus dieser Perspektive ist die gemeinsame Begründung durch mehrere Richter oder gar das gesamte Kollegium sowohl theoretisch als auch in der historischen Entwicklung eine Abweichung vom Ursprungsgrundsatz. Die deutsche Rechtsordnung[655] hingegen versteht das Kollegialgericht als echte Einheit: Durch gemeinsame Beratung und Abstimmung wird ein einheitliches Kollegialurteil geschaffen. Das schriftliche Urteil soll diese Einheit widerspie-

---

[652] Zu abweichenden Meinungen am US Supreme Court vgl. *K. M. ZoBell*, Division of Opinion in the Supreme Court, Cornell Law Q. 44 (1959), S. 186 ff.; *C. Aikin*, The United States Supreme Court: The Judicial Dissent, JöR 18 (1969), S. 467 ff.; *K. M. Stack*, The Practice of Dissent in the Supreme Court, Yale Law J. 105 (1996), S. 2235 ff.; *P. J. Wahlbeck/J. F. Spriggs, II/F. Maltzman*, The Politics of Dissents and Concurrences on the U. S. Supreme Court, Am. Politics Res. 27 (1999), S. 488 ff.; *M. S. Hurwitz/D. N. Lanier*, I Respectfully Dissent, Rev. Policy Res. 21 (2004), S. 429 ff.; *B. Goff*, Supreme Court Consensus and Dissent, Public Choice 127 (2006), S. 375 ff.; *M. T. Henderson*, From Seriatim to Consensus and Back Again, Supreme Court Rev. 2007, S. 283 ff.; *R. Bader Ginsburg*, The Role of Dissenting Opinions, Minn. Law Rev. 95 (2010), S. 1 ff.; *P. Bozzo/S. Edwards/A. A. Christine*, Many Voices, One Court, J. Supreme Court Hist. 36 (2011), S. 193 ff.; *L. Epstein/W. M. Landes/R. A. Posner*, Why (And When) Judges Dissent, J. Leg. Anal. 3 (2011), S. 101 ff.; *o. V.*, From Consensus to Collegiality, Harv. Law Rev. 124 (2011), S. 1305 ff.; *M. I. Urofsky*, Dissent and the Supreme Court, 2015. Zu den Erfahrungen einer Richterin eines Court of Appeals *D. P. Wood*, When to Hold, When to Fold, and When to Reshuffle, Calif. Law Rev. 100 (2012), S. 1445 ff.; ausführlich zu abweichenden Meinungen an Courts of Appeals *V. A. Hettinger/S. A. Lindquist/W. L. Martinek*, Judging on a Collegial Court, 2006. – Eine interessante rechtstatsächliche Frage lautet, wie sich das Stimmverhältnis auf die öffentliche Wahrnehmung von Entscheidungen auswirkt; vgl. *M. F. Salamone*, Judicial Consensus and Public Opinion, Political Res. Q. 67 (2014), S. 320 ff. Eine andere betrifft die Auswirkungen abweichender Meinungen innerhalb des Richterkollegiums; vgl. *M. S. Berzon*, Dissent, »Dissentals,« and Decision Making, Calif. Law Rev. 100 (2012), S. 1479 ff.

[653] Vgl. auch bereits oben I.4.d)bb)(3).

[654] *C. Möllers*, Legalität, Legitimität und Legitimation des Bundesverfassungsgerichts, in: Jestaedt u. a., Das entgrenzte Gericht, 2011, S. 281 (386 f.); *W. Ernst*, Rechtserkenntnis durch Richtermehrheiten, 2016, S. 308.

[655] Auf europäischer Ebene sind beim EGMR Sondervoten (Art. 45 Abs. 2 EMRK), beim EuGH ausschließlich Einheitsurteile vorgesehen (vgl. Art. 35, 36 EuGH-Satzung); dazu *J. Bröhmer*, Transparenz als Verfassungsprinzip, 2004, S. 292 ff. Zu Sondervoten am EGMR vgl. *S. Wolf*, Zur Interpretationsoffenheit europäischer Grundrechte, in: Frick/Lembcke/Lhotta (Hrsg.), Politik und Recht, 2017, S. 303 ff. Zur kollegialen Anonymität des EuGH vgl. *J. Gundel*, Gemeinschaftsrichter und Generalanwälte als Akteure des Rechtsschutzes im Lichte des gemeinschaftsrechtlichen Rechtsstaatsprinzips, in: Müller-Graff/Scheuing (Hrsg.), Gemeinschaftsgerichtsbarkeit und Rechtsstaatlichkeit, 2008, S. 23 (28 ff.); *M. Höreth*, Richter contra Richter, Der Staat 50 (2011), S. 191 ff.

geln. Die Zulassung eines Sondervotums ist hier folglich eine begründungsbedürftige Ausnahme.

Ein besonderes Problem beim Bundesverfassungsgericht stellt sich bei Entscheidungen, die mit Stimmengleichheit ergehen. In der Praxis des Bundesverfassungsgerichts wird in den Entscheidungsgründen neben derjenigen Ansicht, die bei Anwendung von § 15 Abs. 4 Satz 3 BVerfGG die Entscheidung trägt, auch die Ansicht der unterlegenen vier Richter aufgeführt.[656] Im Schrifttum wird dagegen vorgebracht, dass die nicht tragende Ansicht ausschließlich in einem Sondervotum geäußert werden könne.[657] Eine andere, aber damit zusammenhängende Frage ist die der Namensnennung. Regelmäßig finden sich bei den beiden Ansichten auch die Namen der sie jeweils vertretenden vier Richter.[658] Die rechtliche Grundlage dafür ist fraglich, denn dem Beratungsgeheimnis wird an sich das Verbot entnommen zu benennen, welcher Richter wie votiert hat,[659] und eine Ausnahme ist nur für Sondervoten (und selbst hier nicht im Gesetz, sondern lediglich in der Geschäftsordnung[660]) vorgesehen. Indes wird im Schrifttum allein darüber diskutiert, ob die Namensnennung die Zustimmung aller mitwirkenden Richter[661] oder nur einen normalen Mehrheitsbeschluss[662] voraussetzt.[663] Nicht erörtert wird hingegen, wie es dem Senat überhaupt möglich sein kann, eine Ausnahme vom gesetzlich vorgeschriebenen und an sich nicht der Dispositionsbefugnis der Richter unterliegenden[664] Be-

[656] Zuletzt BVerfG, Urt. v. 24.04.2013 – 1 BvR 1215/07 –, BVerfGE 133, 277 (341 ff.); siehe ferner die Nachweise bei *R. Mellinghoff*, in: Maunz u. a. (Hrsg.), BVerfGG, 21. EL 2002, § 15 Rn. 84 Fn. 26.

[657] *C. Starck*, Die Begründung mit Stimmengleichheit erlassener Entscheidungen des Bundesverfassungsgerichts, in: Fiedler/Ress (Hrsg.), GS Geck, 1989, S. 789 (797 ff.); *R. Mellinghoff*, in: Maunz u. a. (Hrsg.), BVerfGG, 21. EL 2002, § 15 Rn. 79 mit Fn. 10; *C. Burkiczak*, in: ders./Dollinger/Schorkopf (Hrsg.), BVerfGG, 2015, § 30 Rn. 57 f. Gegenkritik bei *D. B. Rein*, Die besondere Gerichtsentscheidung: Unzulässigkeit von Sitzblockaden, VR 1987, S. 99 (100), der auf die Möglichkeit, das Stimmenverhältnis mitzuteilen (§ 30 Abs. 2 Satz 2 BVerfGG) hinweist, und auch einen Einbezug gegenteiliger Auffassungen in das Urteil für möglich hält; für die Veröffentlichung beider Ansichten auch *R. Eschelbach*, in: Umbach/Clemens/Dollinger (Hrsg), BVerfGG, 2. Aufl. 2005, § 15 Rn. 121.

[658] Vgl. etwa BVerfG, Urt. v. 09.06.2004 – 1 BvR 636/02 –, BVerfGE 111, 10 (38, 43). Die Praxis ist aber uneinheitlich: Auch bei jüngeren Entscheidungen werden die Richter nicht immer benannt, wie etwa bei einem Teilaspekt der Entscheidung über das Antiterrordateigesetz; vgl. BVerfG, Urt. v. 24.04.2013 – 1 BvR 1215/07 –, BVerfGE 133, 277 (341 ff.).

[659] Vgl. *F. Klein/H. Bethge*, in: Maunz u. a. (Hrsg.), BVerfGG, 9. EL 1987, § 30 Rn. 6.5; allgemein *T. Wickern*, in: Löwe/Rosenberg (Begr.), StPO, Bd. 10, 26. Aufl. 2010, § 193 Rn. 40; *O. R. Kissel/H. Mayer*, GVG, 9. Aufl. 2018, § 193 Rn. 10.

[660] § 55 Abs. 5 GOBVerfG.

[661] So *F. Klein/H. Bethge*, in: Maunz u. a. (Hrsg.), BVerfGG, 9. EL 1987, § 30 Rn. 6.5.

[662] So *B. Grünewald*, in: BeckOK BVerfGG, § 30 Rn. 23.

[663] Kein Problembewusstsein bei *M. Reissenberger*, Rückzug zum »Palladium für die Unabhängigkeit«?, ZRP 2003, S. 164 (164), der nur anführt, dass »der Wortlaut des Gesetzes« die Namensnennung »nicht vorschreibt«.

[664] *J. Bröhmer*, Transparenz als Verfassungsprinzip, 2004, S. 277. Für § 193 GVG HessVGH, Urt. v. 14.05.1980 – IX OE 71/79 –, NJW 1981, S. 599 (600).

ratungsgeheimnis zu beschließen. Gleiches gilt für die Frage, ob die namentliche Kennzeichnung des Sondervotums von der Geschäftsordnungsbefugnis des § 30 Abs. 2 Satz 3 BVerfGG umfasst ist oder einer expliziten gesetzlichen Grundlage bedürfte.[665]

3. Begründung bei Totalabstimmung

Bei der im Zivilprozess angewendeten Abstimmungsmethode der Stufenabstimmung, genauer: Abstimmung nach Elementen, fällt die schriftliche Abfassung der Mehrheitsmeinung insofern leicht, als in der Abstimmung alle Teilschritte der rechtlichen Prüfung mehrheitlich festgestellt worden sind. Divergenzen können sich aber insbesondere hinsichtlich der Formulierung ergeben, die es durch Mehrheitsbeschluss zu überwinden gilt.[666]

Demgegenüber weist die vor allem im Strafprozess praktizierte Totalabstimmung bei der Begründung eine spezifische »Schwachstelle«[667] auf. Denn stimmt eine Mehrheit von Richtern aus unterschiedlichen Gründen für dasselbe Ergebnis, so existiert keine mehrheitlich tragfähige Begründung. Dies ist zum Beispiel der Fall, wenn von drei Richtern je einer die Tatbestandsmäßigkeit, die Rechtswidrigkeit bzw. die Schuld verneint.[668] Relativ schnell hat sich als herrschende Meinung im Schrifttum[669] wie in der Rechtsprechung[670] etab-

---

[665] Dass ein (verfassungsgerichtliches) Sondervotum nicht unbedingt namentlich ergehen muss, zeigt die Regelung des § 25 Abs. 5 BayVerfGHG. Allgemein zum Verhältnis von GO-BVerfG und BVerfGG *R. Zuck*, Die Neufassung der Geschäftsordnung des Bundesverfassungsgerichts, EuGRZ 2015, S. 362 (362, 367); *H. Bethge*, in: Maunz u. a. (Hrsg.), BVerfGG, 55. EL 2018, § 1 Rn. 65 ff.

[666] Siehe oben vor 1.

[667] *R. Eschelbach*, in: Umbach/Clemens/Dollinger (Hrsg.), BVerfGG, 2. Aufl. 2005, § 15 Rn. 107 Fn. 119.

[668] Eine andere Variante bietet *A. Schafft-Stegemann*, Die Abstimmung im Strafprozess, 1964, S. 45: Vier von fünf Richtern bejahen die Schuld, aber jeweils aufgrund eines anderen mehrerer alternativer Tatbestandsmerkmale (z. B. bei § 267 StGB). Wegen des Erfordernisses einer Zweidrittelmehrheit kann das Ergebnis (Freispruch) auch nur von einer Minderheit im Kollegium getragen sein. Auch hier besteht die Möglichkeit, dass sich diese Minderheit nicht einig ist; vgl. das Beispiel von *T. Wickern*, in: Löwe/Rosenberg (Begr.), StPO, Bd. 10, 26. Aufl. 2010, § 194 GVG Rn. 7: ein Richter für Freispruch wegen Schuldunfähigkeit, ein weiterer Richter wegen Notwehr und die restlichen drei Richter für Verurteilung. Siehe als Beispiel auch die Entscheidung des EGMR im Fall *Fretté gegen Frankreich* (oben I.1.b)).

[669] *E. H. Rosenfeld*, Der Reichs-Strafprozeß, 4./5. Aufl. 1912, S. 153; *E. Beling*, Bindings Lehre von der Abstimmung im Strafgericht, ZStW 37 (1916), S. 365 (383 ff.); *Sachse*, Die Abstimmung über die Schuldfrage im Strafgericht, ZStW 49 (1929), S. 306 (309 f.); *C. G. v. Coelln*, Das Beratungsgeheimnis, 1931, S. 59 ff.; *H. Gerland*, Einige Bemerkungen zur Lehre von der schriftlichen Urteilsbegründung, in: Lehmann/Bohne (Hrsg.), FG Schmidt, Bd. I, 1932, S. 201 (215 ff.); *L. Semar*, Das richterliche Beratungsgeheimnis, 1934, S. 34 ff.; *G. Spendel*, Das richterliche Beratungsgeheimnis, ZStW 65 (1953), S. 403 (411 f.); *E. Schmidt*, Lehrkommentar StPO und GVG, Teil III, 1960, § 194 GVG Rn. 36; *A. Schafft-Stegemann*, a. a. O., S. 45 f.; *K. Peters*, Strafprozeß, 4. Aufl. 1985, § 53 I 2 b) (S. 490); *J. Schmidt-Räntsch*, DRiG, 6. Aufl. 2009, § 43 Rn. 13; *T. Wickern*, in: Löwe/Rosenberg (Begr.), StPO, Bd. 10,

liert, dass in einem solchen Fall der Grundsatz der Wahrheit der Urteilsgründe das Beratungsgeheimnis überwiegt[671] und im schriftlichen Urteil die verschiedenen Ansichten aufzuführen sind. Die nur vereinzelt vertretene Gegenauffassung, die eine mehrheitlich beschlossene Urteilsbegründung verlangt,[672] ist gerade wegen des Dissenses zwischen den Richtern als »praktisch unerfüllbar«[673] abgelehnt worden. Aus entscheidungstheoretischer Perspektive ist allerdings zu sagen, dass eine ›umgekehrte‹ Stufenabstimmung möglich wäre, bei der die Konsistenz der Entscheidung dadurch erreicht wird, dass das per Totalabstimmung ermittelte Ergebnis vorausgesetzt und sodann über die einzelnen Voraussetzungen abgestimmt wird.[674] Stimmen drei Strafrichter aus je einem anderen Grund für Freispruch, so würden in diesem Verfahren die Tatbestandsmäßigkeit und die Rechtswidrigkeit jeweils mit 2:1 Stimmen bejaht und die Schuld müsste folglich verneint werden – die Pfadabhängigkeit[675] dieses Vorgehens ist offensichtlich.

Die Entscheidungstheorie kann hier lediglich das Problem und mögliche Lösungen aufzeigen. Welche Lösung zu wählen ist, kann sich nur aus dem positivrechtlichen Verhältnis von Beratungsgeheimnis und Wahrheit der Urteilsgründe ergeben. Für den Fall divergenter Begründungen bei Totalabstimmung wird, wie gesehen, ganz überwiegend letzterem Grundsatz der Vorrang eingeräumt. Der Vollständigkeit halber sei darauf hingewiesen, dass sich aus dem Konflikt der beiden Grundsätze weitergehend das Problem ergibt, ob bzw. in welchen Fällen die Einzelheiten des Abstimmungsverfahrens (Fragestellung, Reihenfolge, Stimmenverhältnis) in die Urteilsgründe aufzunehmen sind, um der Revisionsinstanz eine Überprüfung auf Fehler zu ermöglichen.[676] Umfassend stellt sich schließlich die Frage, ob das Beratungsgeheimnis durch eine Beweisaufnahme über die Abstimmung durchbrochen werden kann, um in der Revision

---

26. Aufl. 2010, § 194 GVG Rn. 7; *J.-F. Staats*, DRiG, 2012, § 43 Rn. 8; *T. Kulhanek*, in: MüKo StPO, Bd. 3/2, 2018, § 194 GVG Rn. 5.

670 RG, Urt. v. 29.06.1926 – I 359/26 –, RGSt 60, 295 (296); BayObLG, Urt. v. 24.10.1927 – II 283/27 –, Archiv für Strafrecht und Strafprozess 73 (1929), S. 130 (132 f.). Vgl. auch OLG Hamm, Urt. v. 07.10.1963 – 4 Ss 883/63 –, MDR 1964, S. 863 f.

671 Vgl. *J. Baumann*, Wahrheit der Urteilsgründe, NJW 1957, S. 1017 f.

672 *K. Binding*, Grundriss des Deutschen Strafprocessrechts, 4. Aufl. 1900, S. 168; *ders.*, Strafrechtliche und strafprozessuale Abhandlungen, Bd. 2, 1915, S. 149 f.

673 *E. Beling*, Bindings Lehre von der Abstimmung im Strafgericht, ZStW 37 (1916), S. 365 (383); ebenso *E. Schmidt*, Lehrkommentar StPO und GVG, Teil III, 1960, § 194 GVG Rn. 35.

674 Siehe bereits oben I.4.d)bb).

675 Vgl. oben I.4.d)cc)(1), (2).

676 Vgl. BGH, Urt. v. 15.07.1976 – 4 StR 7/76 –, DRiZ 1976, S. 319; *G. Mellinghoff*, Fragestellung, Abstimmungsverfahren und Abstimmungsgeheimnis im Strafverfahren, 1988, S. 175 ff.; *N. Michel*, Beratung, Abstimmung und Beratungsgeheimnis, DRiZ 1992, S. 263 (266); *T. Wickern*, in: Löwe/Rosenberg (Begr.), StPO, Bd. 10, 26. Aufl. 2010, § 193 GVG Rn. 48 f.

Abstimmungsfehler aufdecken zu können[677] oder um eine straf-, disziplinar- oder amtshaftungsrechtliche Sanktionierung richterlichen Fehlverhaltens[678] zu ermöglichen. Diese Fragen hängen allerdings nicht mehr mit dem Mehrheitsprinzip zusammen.[679]

[677] Vgl. *T. Wickern*, a. a. O., § 193 GVG Rn. 50; *O. R. Kissel/H. Mayer*, GVG, 9. Aufl. 2018, § 193 Rn. 12.

[678] Vgl. OLG Naumburg, Beschl. v. 06.10.2008 – 1 Ws 504/07 –, NJW 2008, S. 3585 (3586 f.); *T. Wickern*, a. a. O., § 193 GVG Rn. 51 ff.; *O. R. Kissel/H. Mayer*, a. a. O., § 193 Rn. 13 ff. Siehe auch bereits *Braun*, Richterhaftung und Beratungsgeheimnis, JW 1917, S. 132 ff.

[679] Eine Beziehung besteht noch zur Frage, ob einen überstimmten Richter eine rechtliche Mitverantwortung für den Kollegialbeschluss trifft. Vgl. OLG Naumburg, a. a. O., NJW 2008, S. 3585 ff.; *V. Erb*, Zur Verfolgung von Rechtsbeugung in Kollegialgerichten, NStZ 2009, S. 189 (191 ff.); allgemein *C. Knauer*, Die Kollegialentscheidung im Strafrecht, 2001, S. 203 ff.

E. Schluss

Die Untersuchung des Mehrheitsprinzips in der Judikative hat gezeigt, dass seiner Anwendung nicht für alle Gerichtsbarkeiten und Entscheidungstypen dieselbe Logik zugrundeliegt. Vielmehr sind bereichsspezifisch verschiedene Argumente heranzuziehen, um zu erklären, warum und wie das Mehrheitsprinzip zur Anwendung kommt. Dabei hat sich eine grundlegende Unterscheidung als zentral herausgestellt und durch alle Kapitel hindurchgezogen: diejenige zwischen einem epistemischen und einem prozeduralen Verständnis der kollegialgerichtlichen Abstimmung. In der epistemischen Perspektive zielt die Abstimmung des Richterkollegiums auf die Feststellung der Wahrheit, eine in diesem Sinne ›richtige‹ Entscheidung. Sie ist angebracht für das tatsachengerichtliche Urteil über die Schuld im Strafprozess und für die besonderen ›strafprozessähnlichen‹ Verfahren des Bundesverfassungsgerichts. Für alle sonstigen Gerichtsverfahren, insbesondere für den paradigmatischen streitigen Zivilprozess, ist die prozedurale Perspektive des ›fairen‹ Verfahrens einzunehmen.

Epistemisch ist das Mehrheitsprinzip mit der Wahrscheinlichkeit der richtigen Entscheidung zu rechtfertigen: Die Mehrheit wird mit höherer Wahrscheinlichkeit richtig liegen als die Minderheit. Das ist das einfache mathematische Ergebnis des Condorcet-Jury-Theorems. Demgegenüber gelingt eine prozedurale Rechtfertigung weniger leicht. Sie gelingt dann und nur dann, wenn man das normative Postulat der Gleichheit aller Richter anerkennt. Diese weist aber eine deutlich geringere Gewichtigkeit auf, als es bei der Gleichheit von Wählern oder Parlamentsabgeordneten – dem klassischen demokratischen Anwendungsbereich des Mehrheitsprinzips – der Fall ist. Stimmgewichtungen zwischen Richtern sind nicht von vornherein ausgeschlossen.

Stark ist der Kontrast zwischen den beiden Sichtweisen nicht zuletzt, wenn Gründe für qualifizierte Mehrheiten in Frage stehen. Aus epistemischer Sicht sind qualifizierte Mehrheiten geradezu naheliegend, wenn eine Art der Entscheidung – zum Beispiel die strafrechtliche Verurteilung – besonders gravierende Folgen zeitigt, weil dadurch sichergestellt wird, dass diese Entscheidung ausschließlich bei einer (besonders) hohen Wahrscheinlichkeit ihrer Richtigkeit ergeht. Die Abweichung von der Neutralität als normativem Maßstab des Entscheidungsprinzips findet darin ihre Rechtfertigung. Eine solche in prozeduralen Gründen zu finden, gestaltet sich demgegenüber deutlich schwieriger. Prozedural lässt sich nur schwer begründen, warum eine Entscheidung erschwert werden, geschweige denn in welchem Maße dies geschehen sollte. Eine Sonderstellung nehmen insoweit die Einstimmigkeitserfordernisse bei Verfahrensverkürzungen ein. Sie sind mit dem epistemischen Argument des Condorcet-Jury-Theorems zu rechtfertigen, aber nicht zwecks Wahrheitsfeststellung, sondern um sicherzustellen, dass mit hoher Wahrscheinlichkeit die Entscheidung unter Einhaltung normaler Verfahrensregeln ebenso ausgefallen wäre.

Ein rein prozeduraler Grund steht hinter dem Minderheitsquorum bei der Annahme von Verfassungsbeschwerden durch die Senate des Bundesverfassungsgerichts. Einer Minderheit des Senats soll ermöglicht werden, eine Sachentscheidung herbeizuführen, oder umgekehrt formuliert: Die Möglichkeit der Mehrheit, Verfahren ohne echte Entscheidung in der Sache zu beenden, soll beschränkt werden.

Schließlich zeigt sich die Bedeutung des Unterschieds auch bei der Frage der Abstimmungsmethode. Grundsätzlich darf die Stufenabstimmung als epistemisch besser gelten. Mit derselben Logik wie die qualifizierte Mehrheit lässt sich indes die Anwendung der Totalabstimmung für den Strafprozess begründen: Sie reduziert die Wahrscheinlichkeit falsch-positiver Entscheidungen. Bei der prozeduralen Bewertung der Abstimmungsmethode kommt es demgegenüber auf die Frage der Responsivität an. Soll das Urteil den Willen der Richter hinsichtlich des Ergebnisses wiedergeben, sodass die Totalabstimmung die richtige Methode ist? Oder soll das Richterkollegium im Wege der Stufenabstimmung gemeinsam die logische Schlussfolge durchgehen, aus der sich das Gerichtsurteil ergibt? Maßgeblich dafür ist letztlich das Verständnis vom Kollegialgericht als Mehrzahl selbstständiger Richter oder als echtem, einheitlichem Kollegium. Letzteres ist das Verständnis des deutschen Gerichtsverfassungsrechts.

Thesenartig lassen sich die wesentlichen Ergebnisse der Untersuchung zu Rechtfertigung, Grenzen und Umsetzung des Mehrheitsprinzips in der Judikative wie folgt zusammenfassen:

1. Urteile von Kollegialgerichten sind kollektive Entscheidungen. Das Mehrheitsprinzip – die Entscheidungsregel, dergemäß in der Abstimmung die einzelnen Stimmen der Richter zu einem Urteil des Gerichts aggregiert werden – kann mit den Mitteln der Social-Choice-Theorie auf seine axiomatischen und zugleich normativ relevanten Eigenschaften untersucht werden. Soll die kollegialgerichtliche Abstimmung rechtsphilosophisch und -theoretisch beleuchtet werden, können die Erkenntnisse der Social-Choice-Theorie nicht ignoriert werden.

2. Das Teilgebiet der Social-Choice-Theorie, das sich für die Untersuchung der kollegialgerichtlichen Abstimmung eignet, ist grundsätzlich nicht die Theorie der Präferenz-, sondern die der Urteilsaggregation. Die gerichtliche Entscheidungsfindung erfolgt nicht dadurch, dass die Richter unter den möglichen Ge-

samtergebnissen ihre Präferenz(en) auswählen, sondern indem sie eine Reihe von Einzelfragen beantworten, aus denen sich die Entscheidung ergibt.

3. Das Mehrheitsprinzip ist als kollektive Entscheidungsregel Teil des kollegialgerichtlichen Verfahrens, an dessen Ende eine legitimierte Gerichtsentscheidung stehen soll, und bedarf deshalb der Rechtfertigung. Seine Anwendung versteht sich nicht von selbst.

4. Angesichts einer Vielzahl denkbarer, real möglicher und teilweise auch genutzter Alternativen rechtfertigt sich das Mehrheitsprinzip nicht durch seine Natürlichkeit. Jeder Rechtfertigungsversuch kann nur darin bestehen, normativ relevante Eigenschaften des Mehrheitsprinzips aufzuzeigen, die es von anderen Entscheidungsregeln abheben.

5. Ob das Mehrheitsprinzip besonders geeignet ist, Kompromisse hervorzubringen, ist fraglich. Jedenfalls besteht kein normativer Grund, dass Gerichtsurteile gerade Kompromisse zwischen den Richtern sein sollten.

6. Das Richtigkeitsargument basiert auf dem Jury-Theorem des Marquis de Condorcet. Dieses besagt, dass bei kompetenten, unabhängigen Abstimmenden die Kompetenz der Mehrheit die Kompetenz der Minderheit und der einzelnen Abstimmenden übersteigt und mit zunehmender Anzahl der Abstimmenden immer weiter steigt. Das Mehrheitsprinzip ist danach die epistemisch optimale Entscheidungsregel.

7. Die beiden zentralen Bedingungen des Jury-Theorems sind die Kompetenz und die statistische Unabhängigkeit der Abstimmenden. Für die Frage der Kompetenz von Richtern ist zwischen Tatsachen- und Rechtsfindung zu differenzieren. Dabei stellt sich zuerst die Frage, ob jeweils ein verfahrensunabhängiger Richtigkeitsmaßstab existiert, und sodann, ob die Wahrscheinlichkeit der Richter, eine in diesem Sinne richtige Entscheidung zu treffen, 50 % übersteigt.

8. Für die Tatsachenfindung sind beide Fragen zu bejahen. Richtigkeitsmaßstab ist in diesem Fall die Wahrheit, d. h. die Übereinstimmung der festgestellten Tatsachen mit der Wirklichkeit. Die epistemische Perspektive der kollegialgerichtlichen Abstimmung ist deshalb für jene Gerichtsverfahren angebracht, in denen es primär um die Feststellung von Tatsachen geht, allen voran für die tatrichterlichen Entscheidungen im Strafprozess. Aufbauend auf den Erkenntnissen der Fehlurteilsforschung ist hierbei auch von der Kompetenz der Strafrichter auszugehen.

9. Bezüglich der Rechtsfindung fehlt es hingegen am Richtigkeitsmaßstab. Hier gibt es nur vertretbare, d. h. methodengerecht begründbare, Entscheidungen, aber nicht die eine richtige Entscheidung. Eine ergänzende Überlegung stellt darauf ab, dass, selbst wenn es einen verfahrensunabhängigen Richtig-

keitsmaßstab gäbe, aus der Sicht der unterlegenen Partei kein Grund besteht, eine ausreichende Kompetenz der Richtermehrheit anzunehmen.

10. Die Unabhängigkeitsbedingung des Jury-Theorems dürfte bei Kollegialgerichten schon deshalb nicht eingehalten sein, weil die gemeinsame Hauptverhandlung, Beweisaufnahme und Beratung stets auf alle Richter einwirken. Soweit es nur um die Rechtfertigung des Mehrheitsprinzips geht, ergibt sich daraus jedoch kein Problem, da das Mehrheitsprinzip gleichwohl die epistemisch beste Entscheidungsregel bleibt.

11. Teleologische Argumente stellen darauf ab, dass das Mehrheitsprinzip ein Höchstmaß eines bestimmten Wertes verwirkliche. Bedeutend ist vor allem das Argument der Freiheitsmaximierung von Hans Kelsen, das auf der Autonomie der Abstimmenden basiert, für Kollegialgerichte aber nicht herangezogen werden kann, da Gerichtsentscheidungen nicht auf die Verwirklichung des Willens der Richter zielen. In ähnlicher Weise ist das utilitaristische Argument der Nutzenmaximierung abzulehnen, da Gerichtsurteile weder den Nutzen der Richter noch den gesellschaftlichen Gesamtnutzen maximieren. Die Idee der Gleichheitsmaximierung von Gerhard Leibholz schließlich ist schon logisch unbrauchbar.

12. Prozedurale Argumente begründen die Rechtfertigung des Mehrheitsprinzips nicht mit Eigenschaften der getroffenen Entscheidung, sondern mit bestimmten Eigenschaften des Verfahrens seiner Anwendung. Das in der Staatsrechtswissenschaft auftauchende Verfahrensargument verfehlt jedoch das eigentliche Rechtfertigungsziel. Es stellt auf die legitimierenden Eigenschaften des Verfahrens ab, an dessen Ende die Abstimmung nach dem Mehrheitsprinzip steht. Doch die angewendete Entscheidungsregel ist selbst Teil des Verfahrens, das die letztendliche Entscheidung legitimieren soll. Die Wahl der Entscheidungsregel kann deshalb nicht mit dem vorherigen Verfahren, sondern nur mit deren eigenen speziellen Eigenschaften begründet werden.

13. Das Fairnessargument rechtfertigt das Mehrheitsprinzip aus der prozeduralen Gleichheit. Es basiert auf dem mathematischen Beweis von Kenneth O. May, nach dem das Mehrheitsprinzip als einzige Entscheidungsregel gleichzeitig die vier normativen Anforderungen Entscheidungsfähigkeit, Responsivität, Anonymität und Neutralität erfüllt. Entscheidungsfähigkeit und Responsivität sind Minimalanforderungen, die sicherstellen, dass stets eine Entscheidung gefällt wird und diese auf den Ansichten der Richter basiert.

14. Neutralität meint die Indifferenz gegenüber den zur Entscheidung stehenden Optionen. Das bedeutet, dass beide Prozessausgänge a priori gleich wahrscheinlich sind. Die Neutralität als normative Anforderung an die kollegialgerichtliche Entscheidungsregel kann als Teil der Neutralität des

Gerichtsverfahrens und damit der Gleichheit vor dem Richter verstanden werden.

15. Anonymität bedeutet gleiches Stimmgewicht. Sie ist als demokratisches Recht der Wähler und Abgeordneten das zentrale Element der Anwendung des Fairnessarguments auf demokratische Entscheidungen. Für Richterkollegien ist ihre normative Wertigkeit demgegenüber deutlich geringer. Die Gleichwertigkeit der Stimmen von Richtern wird weder von Art. 92 GG noch von der richterlichen Unabhängigkeit nach Art. 97 GG verlangt, noch ist sie zwingende Konsequenz der gleichen demokratischen Legitimation der Richter. Differenzierungen des Stimmgewichts sind zwischen Berufs- und Laienrichtern, Richtern auf Lebenszeit und Proberichtern sowie dem Berichterstatter und den übrigen Richtern denkbar; für ein erhöhtes Stimmgewicht des Vorsitzenden lassen sich hingegen keine Gründe finden.

16. Das Fairnessargument funktioniert dann, wenn man die Gleichheit der Richter postuliert. Dies hat vor allem für das Bundesverfassungsgericht Bedeutung. Während in der Fachgerichtsbarkeit Unterschiede zwischen Richtern bestehen, die sich in ihrem formalen Status äußern und an die angeknüpft werden kann, ist dies für Verfassungsrichter nicht der Fall. Ihre Unterschiede können sich individuell in den Entscheidungen zeigen, sind aber gerichtsverfassungsrechtlich unberücksichtigt zu lassen.

17. Das Praktikabilitätsargument schließlich versucht, das Mehrheitsprinzip mit seiner Effizienz zu rechtfertigen. Das Mehrheitsprinzip muss dann aber einen Vorzug gegenüber der deutlich effizienteren Zufallsentscheidung aufweisen. Dies ist die Responsivität. Das Gerichtsurteil soll sich aus der richterlichen Tatsachen- und Rechtsfindung und damit letztlich aus dem Inhalt des Verfahrens ergeben. Das kollegiale Urteil soll aus den Ansichten der Richter folgen – selbst dort, wo das Ausschwingen der Mehrheit auf die eine Seite letzten Endes auf einem gewissen Maß subjektiver Willkür beruht.

18. Qualifizierte Mehrheiten (in der üblichen asymmetrischen Variante) weichen von dem Grundsatz der Neutralität ab, da sie die Chancen eines bestimmten Prozessausgangs erhöhen. Für den Strafprozess (§ 263 Abs. 1 StPO) ist dies dadurch gerechtfertigt, dass die qualifizierte Mehrheit die Wahrscheinlichkeit einer richtigen Verurteilung erhöht. Die Zahl falsch-positiver Entscheidungen wird reduziert, um den Preis einer höheren Anzahl falsch-negativer Entscheidungen. Der Zweifelssatz (›in dubio pro reo‹) wird auf diese Weise von der Ebene der individuellen Entscheidung auf die kollektive Ebene des Kollegialurteils übertragen. Diese Logik greift allerdings nur dort, wo die Tatsachenfindung im Vordergrund steht, nicht jedoch für reine Rechtsentscheidungen, wie insbesondere in der Revisionsinstanz.

19. Derselbe epistemische Gedanke gilt für die bundesverfassungsgerichtlichen Verfahren der Verfassungsverteidigung (§ 15 Abs. 4 Satz 1 BVerfGG). Auch in diesen ›strafähnlichen‹ Verfahren steht die Tatsachenfindung im Vordergrund und zielt die qualifizierte Mehrheit auf den Schutz des Antragsgegners. Daneben können – mit Vorsicht – auch prozedurale Erwägungen der institutionellen Stabilität und des Minderheitenschutzes angestellt werden.

20. Im Zivilprozess gibt es hingegen keinen Grund, eine der beiden Seiten zu bevorzugen. Hier muss sich uneingeschränkt die Neutralität der Entscheidungsregel entfalten. Grundsätzlich gilt dies auch für das Bundesverfassungsgericht außerhalb der strafähnlichen Verfahren. Zwar könnte über eine Ausweitung der qualifizierten Mehrheit, insbesondere auf normverwerfende Entscheidungen, nachgedacht werden; doch zur Austarierung des Verhältnisses von Verfassungsgericht und Gesetzgeber gibt es geeignetere Mittel als diesen starren Mechanismus.

21. Einstimmigkeitserfordernisse finden bei Verfahrensvereinfachungen Anwendung: bei vereinfachter Ablehnung bzw. Stattgabe von Rechtsmitteln im Zivil- und Strafprozess, bei den Kammern des Bundesverfassungsgerichts sowie bei der einstweiligen Anordnung durch den so genannten ›Notsenat‹ des Bundesverfassungsgerichts. Grundlage ist jeweils eine besondere Anwendung des Condorcet-Jury-Theorems: Die Einstimmigkeit erhöht die Wahrscheinlichkeit, dass das Gericht bei Beachtung des normalen Verfahrens genauso entschieden hätte.

22. Minderheitsquoren schließlich sind prozedural gerechtfertigt: Sie ermöglichen es der Minderheit, eine Sachentscheidung durch den Spruchkörper zu erzwingen. Einziger Anwendungsfall ist die Annahme von Verfassungsbeschwerden durch die Senate des Bundesverfassungsgerichts.

23. Bei der Umsetzung des Mehrheitsprinzips in der Judikative folgt die erste Herausforderung daraus, dass bei Gerichtsurteilen nie nur über eine einzige isolierte Frage, sondern stets über eine Mehrzahl logisch verknüpfter Fragen zu entscheiden ist. Dabei kann die Situation eintreten, dass das mehrheitlich bejahte Ergebnis den mehrheitlich angenommenen Antworten auf die Vorfragen logisch widerspricht. Dies wird als ›doctrinal paradox‹ oder diskursives Dilemma bezeichnet.

24. In der Theorie der Urteilsaggregation ist das diskursive Dilemma zu einem Unmöglichkeitstheorem verallgemeinert worden: Es existiert keine Regel zur Aggregation von Stimmen bezüglich mehrerer logisch verknüpfter Fragen, die die vier normativen Kriterien Universalität, Rationalität, Anonymität und Systematizität erfüllt. Versuche zur Auflösung der Unmöglichkeit ergeben sich aus Lockerungen dieser Anforderungen.

25. Eine Lockerung der Anonymität verspricht keinen Erfolg, da die Erfüllung der anderen Kriterien ausschließlich dann sichergestellt ist, wenn einer der Richter aus dem Kollegium alleine entscheidet.

26. Die Rationalität erfordert zum einen, dass auf jede sich stellende Frage eine Antwort gegeben wird (Vollständigkeit), zum anderen, dass zwischen Prämissen und Ergebnis kein logischer Widerspruch besteht (Konsistenz). Dabei handelt es sich um Anforderungen, die ohne Weiteres an jeden einzelnen Richter gestellt werden. Sie sind grundsätzlich auch von Kollegialgerichten zu fordern.

27. Interessanter sind Lockerungen der Universalität. Das bedeutet, dass die anderen drei Kriterien nicht für jedes Stimmprofil der Richter, sondern nur unter der Voraussetzung bestimmter Strukturen erfüllt werden müssen. Mögliche Strukturen sind die eindimensionale Ausrichtung und die Wertbeschränktheit. In beiden kommt eine gewisse Homogenität der Abstimmenden in Form einer Meta-Übereinstimmung zum Ausdruck. Das Problem für die kollegialgerichtliche Abstimmung besteht indes darin, dass hier die Homogenität keine natürliche Entsprechung hat, sodass nicht absehbar ist, ob bzw. in welchen Fällen eine ausreichende Struktur des Abstimmungsprofils zu erwarten ist.

28. Schließlich kann die Systematizität gelockert werden. Sie erfordert insbesondere, dass für jede vom Gericht zu beantwortende Frage ausschließlich die Ansichten der Richter bezüglich dieser Frage, nicht die Ansichten bezüglich anderer Fragen ausschlaggebend sein sollen. Wird diese Bedingung aufgegeben, eröffnet sich die Wahlmöglichkeit zwischen Stufen- und Totalabstimmung. Bei Letzterer wird allein über das Endergebnis abgestimmt; bei Ersterer beantwortet das Gericht jede Einzelfrage per Mehrheit und folgert daraus das Endergebnis. Bei dieser Wahl geht es um die Frage, ob eine Entscheidung, der eine kollektive Schlussfolgerung zugrunde liegt, einer Entscheidung vorzuziehen ist, die auf das mehrheitlich befürwortete Ergebnis zurückzuführen ist. Es besteht ein Zielkonflikt zwischen Rationalität und Responsivität.

29. Über die richtige Abstimmungsmethode ist in Deutschland bereits im 19. Jahrhundert diskutiert worden. 1877 hat der Gesetzgeber des Gerichtsverfassungsgesetzes die Frage absichtlich offengelassen und im heutigen § 194 GVG lediglich die Letztverantwortung des Kollegiums für das Abstimmungsdesign festgelegt. Im 20. Jahrhundert ist die Debatte, insbesondere in der Strafprozessrechtswissenschaft, fortgeführt worden.

30. Bei der Untersuchung der kollegialgerichtlichen Abstimmungsmethode müssen je zwei Unterformen der Stufen- und Totalabstimmung, also insgesamt vier Varianten differenziert werden. Bei der ersten Variante der Totalabstimmung wird lediglich über die Urteilsformel abgestimmt (Tenorabstimmung). Bei der zweiten Variante wird über jede Rechtsnorm, aus der sich die betreffen-

de Rechtsfolge ergeben kann, separat abgestimmt (Abstimmung nach Teilen); es handelt sich dabei um eine Art ›unechte‹ Stufenabstimmung. Bei der echten Stufenabstimmung werden entweder alle einzelnen Voraussetzungen einer Rechtsnorm zur Abstimmung gestellt (Abstimmung nach Elementen). Oder es wird darüber hinaus sogar über die diesen Teilentscheidungen zugrundeliegenden Entscheidungsgründe abgestimmt (Abstimmung nach Gründen).

31. In der Zivilgerichtsbarkeit kommt nach heute einhelliger Auffassung die Abstimmung nach Elementen zum Einsatz. Dies wird darauf gestützt, dass nur auf diese Weise das Kollegialgericht seiner Begründungspflicht nachkommen könne. Entscheidungstheoretisch ist dagegen jedoch einzuwenden, dass es auch möglich wäre, zuerst über das Ergebnis und erst danach über die Gründe abzustimmen.

32. In der Strafgerichtsbarkeit wird der Grundsatz der Abstimmung nach Teilen angewendet. Das bedeutet, dass über die Schuld einheitlich, aber für jede Straftat separat abgestimmt wird. Dies wird damit begründet, dass der Schuldspruch auf den Mehrheitswillen der Richter zurückzuführen sein müsse. Letztlich kommt es für den Strafprozess aber maßgeblich auf die epistemische Qualität der Abstimmungsmethode an.

33. Beim Bundesverfassungsgericht erfolgt die Abstimmung grundsätzlich als Abstimmung nach Elementen, in den ›strafähnlichen‹ Verfahren ausnahmsweise als Abstimmung nach Teilen. Die Überlegungen sind hier dieselben wie in der Zivil- bzw. Strafgerichtsbarkeit.

34. Im Vergleich zum angloamerikanischen Rechtskreis ist zu betonen, dass dort – trotz mancher Änderungen in der Beratungs- und Entscheidungskultur – das Kollegialgericht nicht als echtes Kollegium, sondern als Mehrzahl selbstständig zur Rechtsprechung berufener Richter verstanden wird. Demgemäß wird dort die Methode der Tenorabstimmung praktiziert.

35. Entscheidungstheoretisch ist im Hinblick auf die Stufenabstimmung vor allem auf deren Manipulierbarkeit hinzuweisen. Sie ist Konsequenz der Pfadabhängigkeit der Stufenabstimmung. In Fällen des diskursiven Dilemmas eröffnet sich erstens demjenigen eine Manipulationsmöglichkeit, der über die zur Abstimmung zu stellenden Fragen bestimmt. Dies ist gemäß § 194 GVG im ersten Zugriff der Vorsitzende, letztlich aber die Mehrheit des Kollegiums. Eine Manipulation ist so zwar denkbar, aber realistisch nur schwer möglich. Zweitens kann ein überstimmter Richter die Möglichkeit haben, die Abstimmung durch strategisches Abstimmen zu manipulieren. Aus der Gesetzesbindung ergibt sich aber die rechtliche Pflicht des überstimmten Richters, bei anderen Fragen nur mit Blick auf Recht und Gesetz und nicht mit dem Ziel abzustimmen, doch noch das gewünschte Ergebnis herbeizuführen.

36. Epistemisch ist grundsätzlich die Stufenabstimmung als besser zu bewerten. Die Totalabstimmung ist jedoch dann vorzuziehen, wenn falsch-negative Entscheidungen eher in Kauf zu nehmen sind als falsch-positive. Daraus erklärt sich die Anwendung der Abstimmung nach Teilen für die tatgerichtlichen Entscheidungen des Strafprozesses.

37. Aus prozeduraler Sicht kann keine Abstimmungsmethode per se den Vorrang beanspruchen. Maßgeblich ist letztlich das zugrundeliegende Verständnis von Kollegialgerichten, das entweder rechtspolitischer Dezision oder der Justiztradition eines Landes entstammt. Beinhaltet das Gerichtsverfassungsrecht ein Verständnis des Kollegialgerichts als eines einheitlichen Entscheidungsorgans, wie es sich in Deutschland im Gegensatz zum angloamerikanischen Rechtskreis historisch herausgebildet hat, so liegt es zumindest nahe, dass das Gericht als Ganzes im Wege der Stufenabstimmung den logischen Schluss vollziehen soll, aus dem sich die Rechtsfolge ergibt.

38. Zweites Problem der Umsetzung sind Fälle geradzahlig besetzter Spruchkörper, in denen Stimmengleichheit auftreten kann. Die Gründe für die geradzahlige Besetzung sind unterschiedlich. In den Strafgerichten (erweitertes Schöffengericht und besetzungsreduzierte große Strafkammer) geht es darum, die Größe des Spruchkörpers dem Schwierigkeitsgrad des Prozesses – unter Schonung personeller und finanzieller Ressourcen – anzupassen. Mit der geradzahligen Besetzung der Senate des Bundesverfassungsgerichts sollte die verfassungsrechtliche Vorgabe der paritätischen Richterwahl durch Bundestag und Bundesrat (Art. 94 Abs. 1 Satz 2 GG) auf die einzelnen Senate erstreckt werden.

39. Für Fälle der Stimmengleichheit in einem Kollegialorgan existiert eine Vielzahl möglicher Entscheidungsregeln. Für Kollegialgerichte sind vier Arten von Interesse: die Verweigerung einer Entscheidung, die Änderung des Stimmgewichts eines Richters, die gesetzliche Vorzugsregel zugunsten einer Entscheidungsoption sowie die Losentscheidung. Die Verweigerung einer Entscheidung widerspricht jedoch dem Rechtsverweigerungsverbot, der Losentscheid der Responsivität und Rationalität der Gerichtsentscheidung.

40. Die Änderung des Stimmgewichts kann in Form eines Stichentscheids oder eines Stimmverlusts (zumeist des jüngsten Richters) erfolgen. Während Letzteres mit Blick auf Art. 92 GG verfassungsrechtliche Bedenken hervorrufen muss, ist ein Stichentscheid zumindest grundsätzlich möglich. Dem Vorsitzenden sollte aber höchstens für verfahrensleitende Beschlüsse, nicht für Sachentscheidungen ein erhöhtes Stimmgewicht zugesprochen werden. Denkbar wäre demgegenüber ein Stichentscheid des Berichterstatters.

41. Eine Vorzugsregel besteht beim Bundesverfassungsgericht. Gemäß § 15 Abs. 4 Satz 3 BVerfGG kann im Fall der Stimmengleichheit ein Verstoß gegen

das Grundgesetz oder gegen sonstiges Bundesrecht nicht festgestellt werden. Diese Vorschrift ähnelt in der Wirkung einer qualifizierten Mehrheit, da die Annahme eines Verfassungsverstoßes die Stimmenmehrheit erfordert, während für die Ablehnung bereits die Hälfte der Stimmen ausreicht. Gerechtfertigt wird diese Regelung mit einem Gewaltenteilungsgedanken, nämlich einer Gültigkeitsvermutung zugunsten des zu überprüfenden Rechtsakts. Die ›Verfassungswirklichkeit‹ wird erst dann geändert, wenn eine Mehrheit des Gerichts dies befürwortet.

42. Vorzugswürdig ist jedoch die Vermeidung von Pattsituationen durch die ungeradzahlige Besetzung von Spruchkörpern. Indes können die nur wenigen bestehenden Fälle geradzahliger Besetzung hingenommen werden. Insbesondere würde eine Erhöhung in den Senaten des Bundesverfassungsgerichts auf neun Richter gerade in der Situation, für die sie als Abhilfe gedacht ist, das Problem eher verstärken. Kommt es nämlich zu einer dauerhaften (politischen) Spaltung des Gerichts, so bewirkt der neunte Richter entweder, dass eine Seite eine längerfristige Mehrheit hat oder dass die Entscheidungen mal so, mal so ausfallen und eher willkürlich erscheinen. Das zugrundeliegende Problem würde dadurch nicht gelöst.

43. Drittes Problem der Umsetzung sind nicht-binäre Entscheidungen. Bei mehr als zwei Optionen ist nicht garantiert, dass auf eine der Optionen eine (absolute) Mehrheit der Stimmen entfällt. Das deutsche Gerichtsverfassungsrecht behilft sich hier grundsätzlich mit einer ›Sukzessivabstimmung‹: Die Optionen werden in eine Abfolge binärer Entscheidungen gebracht. So wird im Strafprozess erst über die Schuld, sodann über die Strafart abgestimmt. Für verbleibende (quantitative) nicht-binäre Abstimmungen, zum Beispiel über die Strafhöhe, findet bei Divergenzen die Kombinationsmethode Anwendung. Dabei werden die Stimmen für die höchste Zahl den Stimmen für die nächstniedrigere Zahl so lange hinzugerechnet, bis die erforderliche Mehrheit erreicht ist. Diese Methode geht letztlich von hypothetischen eingipfligen Präferenzordnungen der Richter aus und wählt den Condorcet-Sieger aus.

44. Schließlich stellen sich besondere Probleme bei der Begründung kollegialgerichtlicher Mehrheitsentscheidungen. Wichtig ist vor allem, dass den Richter, der die Urteilsbegründung formuliert, insbesondere auch dann, wenn er bei der Abstimmung überstimmt worden ist, die Verpflichtung trifft, die Mehrheitsmeinung loyal darzustellen. Eine viel und kontrovers diskutierte Frage ist die nach der Zulassung eines Sondervotums für überstimmte Richter.

45. Tritt bei Anwendung der Totalabstimmung der Fall auf, dass das Ergebnis der Mehrheit nicht auf einheitlichen Gründen beruht, stellt sich die Frage, wie das Urteil zu begründen ist. Schrifttum und Rechtsprechung sind sich hier einig, dass in diesem Fall wahrheitsgemäß die verschiedenen Ansichten aufzuführen sind.

Literaturverzeichnis

Aarnio, Aulis, One Right Answer and the Majority Principle, in: Hans-Joachim Koch/Ulfrid Neumann (Hrsg.), Praktische Vernunft und Rechtsanwendung. Verhandlungen des 15. Weltkongresses der Internationalen Vereinigung für Rechts- und Sozialphilosophie (IVR) in Göttingen, August 1991, Bd. 4, ARSP-Beiheft 53, Stuttgart 1994, S. 36–48.

Abegg, Beiträge zur Lehre von der Rechtsfindung durch Richter-Kollegien, Archiv für Preußisches Strafrecht 6 (1858), S. 738–754; 7 (1859), S. 3–13 und 145–162.

Abel, Günter, Was ist und was kann Philosophie?, in: Hans Jörg Sandkühler (Hrsg.), Philosophie, wozu?, Frankfurt am Main 2008, S. 15–39.

Abramowicz, Michael, En Banc Revisited, Columbia Law Rev. 100 (2000), S. 1600–1642.

–, A Compromise Approach to Compromise Verdicts, Calif. Law Rev. 89 (2001), S. 231–314.

Abramowicz, Michael/Stearns, Maxwell L., Beyond Counting Votes: The Political Economy of Bush v. Gore, Vanderbilt Law Rev. 54 (2001), S. 1849–1952.

Abromeit, Heidrun, Mehrheitsprinzip und Föderalismus, in: Bernd Guggenberger/Claus Offe (Hrsg.), An den Grenzen der Mehrheitsdemokratie. Politik und Soziologie der Mehrheitsregel, Opladen 1984, S. 132–147.

Achenbach, Jelena von, Demokratische Gesetzgebung in der Europäischen Union. Theorie und Praxis der dualen Legitimationsstruktur europäischer Hoheitsgewalt, Heidelberg 2014.

Achterberg, Norbert, Parlamentsrecht, Tübingen 1984.

Ackerman, Bruce A., Social Justice in the Liberal State, New Haven 1980.

Adam, Robert, Die dissenting opinion in der Gerichtspraxis der USA, DRiZ 1968, S. 201–202.

Adamovich, Ludwig, Akzeptabilität und Akzeptanz von Gerichtsentscheidungen am Beispiel der Verfassungsgerichtsbarkeit, in: Johannes W. Pichler (Hrsg.), Rechtsakzeptanz und Handlungsorientierung, Wien 1998, S. 247–255.

Adomeit, Klaus, Zur Einführung: Rechtswissenschaft und Wahrheitsbegriff, JuS 1972, S. 628–634.

–, Juristische Methode und Sicherheit des Ergebnisses, JZ 1980, S. 343–347.

Aikin, Charles, The United States Supreme Court: The Judicial Dissent, JöR 18 (1969), S. 467–474.

Alarie, Benjamin/Green, Andrew/Iacobucci, Edward M., Panel Selection on High Courts, Univ. Tor. Law J. 65 (2015), S. 335–381.

Aldred, Jonathan, Social Choice Theory and Deliberative Democracy: A Comment, Br. J. Political Sci. 34 (2004), S. 747–752.

Alexy, Robert, Begriff und Geltung des Rechts, 3. Aufl. der Studienausgabe (= 5. Aufl.), Mannheim 2011.

–, Die Doppelnatur des Rechts, Der Staat 50 (2011), S. 389–404.
–, Theorie der juristischen Argumentation. Die Theorie des rationalen Diskurses als Theorie der juristischen Begründung, 8. Aufl., Frankfurt am Main 2015.
Allingham, Michael, Choice Theory. A Very Short Introduction, Oxford 2002.
Alsberg, Max, Die Urteilsbegründung des überstimmten Richters, JW 1926, S. 2164–2165.
–, Anmerkung zu RG v. 24.10.1929 – 3 D 844/29 –, JW 1930, S. 762–764.
–, Die Urteilsbegründung des von den Schöffen überstimmten Berufsrichters, JW 1930, S. 2521–2522.
Alternativkommentar zum Grundgesetz für die Bundesrepublik Deutschland, hrsg. v. Erhard Denninger/Wolfgang Hoffmann-Riem/Hans-Peter Schneider/Ekkehart Stein, 3. Aufl., Loseblattsammlung, Neuwied 2001, Stand: 2. AL 2002.
Amar, Akhil Reed, Choosing Representatives by Lottery Voting, Yale Law J. 93 (1984), S. 1283–1308.
–, Reinventing Juries: Ten Suggested Reforms, Univ. Calif. Davis Law Rev. 28 (1995), S. 1169–1194.
–, America's Unwritten Constitution. The Precedents and Principles We Live By, New York 2012.
Anderson, Elizabeth, The Epistemology of Democracy, Episteme 3 (2006), S. 8–22.
Aristoteles, Werke in deutscher Übersetzung, begr. v. Ernst Grumach, hrsg. v. Hellmut Flashar, Bd. 9, Teil II, Berlin 1991.
Arndt, Adolf, Umwelt und Recht, NJW 1962, S. 783–785.
Arndt, Claus, Sondervotum – Richterstatus – Nichtigkeitswirkung. Zum Inkrafttreten des vierten Gesetzes zur Änderung des Bundesverfassungsgerichtsgesetzes, DRiZ 1971, S. 37–39.
Arnim, Hans Herbert von, Gemeinwohl und Gruppeninteressen. Die Durchsetzungsschwäche allgemeiner Interessen in der pluralistischen Demokratie. Ein Beitrag zu verfassungsrechtlichen Grundfragen der Wirtschaftsordnung, Frankfurt am Main 1977.
Arrow, Kenneth J., Social Choice and Individual Values, 3. Aufl., New Haven 2012.
Arrow, Kenneth J./Sen, Amartya/Suzumura, Kotaro (Hrsg.), Handbook of Social Choice and Welfare, Bd. 1, Amsterdam 2002; Bd. 2, Amsterdam 2010.
Atkins, Burton M., Some Theoretical Effects of the Decision-Making Rules on the United States Courts of Appeals, Jurimetrics 11 (1970), S. 13–23.
Atkins, Burton M./Green, Justin J., Consensus on the United States Courts of Appeals: Illusion or Reality?, Am. J. Political Sci. 20 (1976), S. 735–748.
Auer, Marietta, Willkür rechtlicher Entscheidungsverfahren? Die Auswirkungen von Arrows »General Possibility Theorem« auf Wahl und Abstimmungsverfahren des geltenden Rechts, ARSP 88 (2002), S. 1–27.
Austen-Smith, David/Banks, Jeffrey S., Information Aggregation, Rationality, and the Condorcet Jury Theorem, Am. Political Sci. Rev. 90 (1996), S. 34–45.
Austin, Joshua M., The Law of Citations and Seriatim Opinions: Were the Ancient Romans and the Early Supreme Court on the Right Track?, North. Ill. Univ. Law Rev. 31 (2010), S. 19–36.
Ayad, Patrick, Optimierung des Rechtsschutzes und effektiver Richtereinsatz?, ZRP 2000, S. 229–234.
Bachrach, Peter/Baratz, Morton S., Decisions and Nondecisions: An Analytical Framework, Am. Political Sci. Rev. 57 (1963), S. 632–642.

Bäcker, Carsten, Begründen und Entscheiden. Kritik und Rekonstruktion der Alexyschen Diskurstheorie des Rechts, 2. Aufl., Baden-Baden 2012.

Bader Ginsburg, Ruth, The Role of Dissenting Opinions, Minn. Law Rev. 95 (2010), S. 1–8.

Badinter, Elisabeth/Badinter, Robert, Condorcet (1743–1794). Un intellectuelle en politique, Paris 1988.

Badura, Peter, Die parlamentarische Demokratie, in: Josef Isensee/Paul Kirchhof (Hrsg.), Handbuch des Staatsrechts der Bundesrepublik Deutschland, Bd. II, 3. Aufl., Heidelberg 2004, § 25.

Baker, Dennis/Knopff, Rainer, Minority Retort: A Parliamentary Power to Resolve Judicial Disagreement in Close Cases, Windsor Yearb. Access Justice 21 (2002), S. 347–359.

Baker, Keith Michael, Condorcet: From Natural Philosophy to Social Mathematics, Chicago 1975.

Baker, Thomas E., Constitutional Theory in a Nutshell, William Mary Bill Rights J. 13 (2004), S. 57–123.

Bar, Carl Ludwig von, Recht und Beweis im Civilprocesse. Ein Beitrag zur Kritik und Reform des deutschen Civilprocesses, Leipzig 1867.

–, Zur Lehre von der Abstimmung in Richtercollegien, KritVJSchr 10 (1868), S. 467–508.

Barber, N. W., Prelude to the Separation of Powers, Camb. Law J. 60 (2001), S. 59–88.

Barberà, Salvador/Massó, Jordi/Neme, Alejandro, Voting Under Constraints, J. Econ. Theory 76 (1997), S. 298–231.

Barbey, Günther, Der Status des Richters, in: Josef Isensee/Paul Kirchhof (Hrsg.), Handbuch des Staatsrechts der Bundesrepublik Deutschland, Bd. III, 1. Aufl., Heidelberg 1988, § 74.

Barczak, Tristan (Hrsg.), BVerfGG. Mitarbeiterkommentar zum Bundesverfassungsgerichtsgesetz, Berlin 2018.

Baring, Martin, Wider die dissenter, DVBl. 1968, S. 609–618.

Barker, Robert S., Judicial Review in Costa Rica: Evolution and Recent Developments, Southwest. J. Law Trade Am. 7 (2000), S. 267–290.

Barroso, Luís Roberto, Reason Without Vote: The Representative and Majoritarian Function of Constitutional Courts, in: Thomas Bustamante/Bernardo Gonçalves Fernandes (Hrsg.), Democratizing Constitutional Law. Perspectives on Legal Theory and the Legitimacy of Constitutionalism, Cham 2016, S. 71–90.

Barry, Brian, The Public Interest, Aristot. Soc. Suppl. Vol. 38 (1964), S. 1–18.

–, Political Argument, London 1965.

–, Is Democracy Special?, in: ders., Democracy, Power and Justice. Essays in Political Theory, Oxford 1989, S. 24–60.

Bartholdi III, J. J./Tovey, C. A./Trick, M. A., The Computational Difficulty of Manipulating an Election, Soc. Choice Welf. 6 (1989), S. 227–241.

Barton, Stephan/Dubelaar, Marieke/Kölbel, Ralf/Lindemann, Michael, Aspekte der Fehlurteilsforschung: Zur Einführung in den Band, in: dies. (Hrsg.), »Vom hochgemuten, voreiligen Griff nach der Wahrheit«. Fehlurteile im Strafprozess, Baden-Baden 2018, S. 9–30.

Basdorf, Clemens/Sander, Günther M./Schneider, Ursula/Dölp, Michael/König, Peter/Berger, Nikolaus/Bellay, Thomas, Zur Beratung von Revisionsentscheidungen im Beschlussverfahren, NStZ 2013, S. 563.

Battenberg, J. Friedrich, Das Römisch-Deutsche Königtum und die Legitimation mehrheitlicher Entscheidungen im Spätmittelalter, ZRGGA 103 (1986), S. 1–41.

Bauer, Thomas, Die Vereindeutigung der Welt. Über den Verlust an Mehrdeutigkeit und Vielfalt, Stuttgart 2018.

Baumann, Jürgen, Wahrheit der Urteilsgründe, NJW 1957, S. 1017–1018.

Baumbach, Adolf/Lauterbach, Wolfgang/Albers, Jan/Hartmann, Peter, Zivilprozessordnung mit FamFG, GVG und anderen Nebengesetzen, 78. Aufl., München 2020.

Becker, H.-J., Art. »Mehrheitsprinzip«, in: Adalbert Erler/Ekkehard Kaufmann (Hrsg.), Handwörterbuch zur deutschen Rechtsgeschichte, Bd. III, Berlin 1984, Sp. 431–438.

Beck'scher Online-Kommentar Bundesverfassungsgerichtsgesetz, hrsg. v. Christian Walter/Benedikt Grünewald, 7. Edition, Stand: 01.06.2019.

Beck'scher Online-Kommentar Gerichtsverfassungsgesetz, hrsg. v. Jürgen-Peter Graf, 6. Edition, Stand: 01.02.2020.

Beck'scher Online-Kommentar Grundgesetz, hrsg. v. Volker Epping/Christian Hillgruber, 42. Edition, Stand: 01.12.2019.

Beck'scher Online-Kommentar Patentrecht, hrsg. v. Uwe Fitzner/Raimund Lutz/Theo Bodewig, 15. Edition, Stand: 15.01.2020.

Beck'scher Online-Kommentar Strafprozessordnung, hrsg. v. Jürgen-Peter Graf, 35. Edition, Stand: 01.10.2019.

Behnke, Joachim, Das Wahlsystem der Bundesrepublik Deutschland. Logik, Technik und Praxis der Verhältniswahl, Baden-Baden 2007.

–, Condorcet und die »soziale Mathematik«. Eine kurze Einführung in Leben und Werk, in: Marie Jean Antoine Nicolas Caritat, Marquis de Condorcet, Ausgewählte Schriften zu Wahlen und Abstimmungen, hrsg. v. Joachim Behnke/Carolin Stange/Reinhard Zintl, Tübingen 2011, S. 1–48.

Beisse, Heinrich, Von der Aufgabe des Großen Senats, in: Franz Klein/Klaus Vogel (Hrsg.), Der Bundesfinanzhof und seine Rechtsprechung. Grundfragen – Grundlagen. Festschrift für Hugo von Wallis zum 75. Geburtstag am 12. April 1985, Bonn 1985, S. 45–59.

Beitz, Charles R., Procedural Equality in Democratic Theory: A Preliminary Examination, in: J. Roland Pennock/John W. Chapman (Hrsg.), Liberal Democracy. Nomos XXV, New York 1983, S. 69–91.

–, Political Equality. An Essay in Democratic Theory, Princeton 1989.

Beling, Ernst, Bindings Lehre von der Abstimmung im Strafgericht, ZStW 37 (1916), S. 365–385.

–, Rechtsfrage und revisionsinstanzliche Abstimmung im Strafprozeß, Archiv für Strafrecht und Strafprozeß 67 (1919), S. 141–177.

–, Zur Lehre von der ratsgerichtlichen Abstimmung, ZStW 42 (1921), S. 599–626.

Benda, Ernst, Aktuelle Probleme der Praxis des Bundesverfassungsgerichts, NJW 1980, S. 2097–2103.

–, Zur gesellschaftlichen Akzeptanz verwaltungs- und verfassungsgerichtlicher Entscheidungen, DÖV 1983, S. 305–310.

–, Konsens und Mehrheitsprinzip im Grundgesetz und in der Rechtsprechung des Bundesverfassungsgerichts, in: Hans Hattenhauer/Werner Kaltefleiter (Hrsg.), Mehrheitsprinzip, Konsens und Verfassung. Kieler Symposium vom 14.–16. Juni 1984, Heidelberg 1986, S. 61–77.

–, ZRP-Rechtsgespräch, ZRP 1995, S. 427–431.

Benda, Ernst/Klein, Eckart/Klein, Oliver, Verfassungsprozessrecht. Ein Lehr- und Handbuch, 3. Aufl., Heidelberg 2012.

Bender, Rolf, Der Irrtum ist der größte Feind der Wahrheitsfindung vor Gericht. Bericht über die Durchführung eines Wirklichkeitsexperimentes im Rahmen der Aus- und Fortbildung von Juristen in den Sparten »Aussage- und Vernehmungspsychologie«, StV 1982, S. 484–486.

Bentham, Jeremy, Essay on Political Tactics, London 1791.

Ben-Yashar, Ruth C./Nitzan, Shmuel I., The Optimal Decision Rule for Fixed-Size Committees in Dichotomous Choice Situations: The General Result, Int. Econ Rev. 38 (1997), S. 175–186.

Ben-Yashar, Ruth/Paroush, Jacob, A Nonasymptotic Condorcet Jury Theorem, Soc. Choice Welf. 17 (2000), S. 189–199.

Berend, Daniel/Harmse, Jørgen E., Expert Rule Versus Majority Rule Under Partial Information, Theory Decis. 35 (1993), S. 179–197.

Berend, Daniel/Paroush, Jacob, When is Condorcet's Jury Theorem Valid?, Soc. Choice Welf. 15 (1998), S. 481–488.

Berg, Sven, Condorcet's Jury Theorem, Dependency Among Jurors, Soc. Choice Welf. 10 (1993), S. 87–95.

–, Condorcet's Jury Theorem Revisited, Eur. J. Political Econ. 9 (1993), S. 437–446.

–, Evaluation of Some Weighted Majority Decision Rules Under Dependent Voting, Math. Soc. Sci. 28 (1994), S. 71–83.

–, Condorcet's Jury Theorem and the Reliability of Majority Voting, Group Decis. Negot. 5 (1996), S. 229–238.

Berg, Wilfried, Die Verwaltung des Mangels. Verfassungsrechtliche Determinanten für Zuteilungskriterien bei knappen Ressourcen, Der Staat 15 (1976), S. 1–30.

Berger, Hugo, Empfiehlt sich die Bekanntgabe abweichender Meinungen überstimmter Richter?, NJW 1968, S. 961–966.

Bergerfurth, Bruno, Zur Anonymität des Kollegialgerichts, DRiZ 1962, S. 124–125.

Berkemann, Jörg, Anmerkung zu BVerfG (Plenum), Beschl. v. 08.04.1997 – 1 PBvU 1/95 –, JR 1997, S. 281–284.

Berliner Kommentar zum Grundgesetz, hrsg. v. Karl Heinrich Friauf/Wolfram Höfling, Loseblattsammlung, Berlin, Stand: EL 3/19.

Berzon, Marsha S., Dissent, »Dissentals,« and Decision Making, Calif. Law Rev. 100 (2012), S. 1479–1492.

Besson, Samantha, The Morality of Conflict. Reasonable Disagreement and the Law, Oxford 2005.

Bettermann, Karl August, Der gesetzliche Richter in der Rechtsprechung des Bundesverfassungsgerichts, AöR 94 (1969), S. 263–312.

–, Opposition und Verfassungsrichterwahl, in: Herbert Bernstein/Ulrich Drobnig/Hein Kötz (Hrsg.), Festschrift für Konrad Zweigert zum 70. Geburtstag, Tübingen 1981, S. 723–746.

Binding, Karl, Grundriss des Deutschen Strafprocessrechts, 4. Aufl., Leipzig 1900.

–, Strafrechtliche und strafprozessuale Abhandlungen, Bd. 2, München 1915.

Black, Duncan, On the Rationale of Group Decision-Making, J. Political Econ. 56 (1948), S. 23–34.

–, The Theory of Committees and Elections, Cambridge 1958.

Blackorby, Charles/Bossert, Walter/Donaldson, David, Utilitarianism and the Theory of Justice, in: Kenneth J. Arrow/Amartya Sen/Kotaro Suzumura (Hrsg.), Handbook of Social Choice and Welfare, Bd. 1, Amsterdam 2002, S. 543–596.

Blackstone, William, Commentaries on the Laws of England, Bd. 4, Oxford 1769.

Block, Cheryl D., Truth and Probability – Ironies in the Evolution of Social Choice Theory, Wash. Univ. Law Q. 76 (1998), S. 975–1037.

Bobbio, Norberto, Die Mehrheitsregel: Grenzen und Aporien, in: Bernd Guggenberger/Claus Offe (Hrsg.), An den Grenzen der Mehrheitsdemokratie. Politik und Soziologie der Mehrheitsregel, Opladen 1984, S. 108–131.

Böckenförde, Ernst-Wolfgang, Verfassungsgerichtsbarkeit: Strukturfragen, Organisation, Legitimation, NJW 1999, S. 9–17 [auch abgedruckt in: *ders.*, Staat, Nation, Europa. Studien zur Staatslehre, Verfassungstheorie und Rechtsphilosophie, Frankfurt am Main 1999, S. 157–182].

–, Demokratie als Verfassungsprinzip, in: Josef Isensee/Paul Kirchhof (Hrsg.), Handbuch des Staatsrechts der Bundesrepublik Deutschland, Bd. II, 3. Aufl., Heidelberg 2004, § 24.

Boland, Philip J., Majority Systems and the Condorcet Jury Theorem, The Statistician 38 (1989), S. 181–189.

Bolgiano, Carl, Zur Lehre von der Urtheilsschöpfung, ZZP 15 (1891), S. 387–397.

–, Ueber den Abstimmungsmodus im Richtercollegium nach dem deutschen Gerichtsverfassungsgesetz, AcP 78 (1892), S. 145–159.

Bonneau, Chris W./Hammond, Thomas H./Maltzman, Forrest/Wahlbeck, Paul J., Agenda Control, the Median Justice, and the Majority Opinion on the U. S. Supreme Court, Am. J. Political Sci. 51 (2007), S. 890–905.

Bonnefon, Jean-François, How Do Individuals Solve the Doctrinal Paradox in Collective Decisions? An Empirical Investigation, Psychol. Sci. 18 (2007), S. 753–755.

–, Behavioral Evidence for Framing Effects in the Resolution of the Doctrinal Paradox, Soc. Choice Welf. 34 (2010), S. 631–641.

Bonner Kommentar zum Grundgesetz, hrsg. v. Wolfgang Kahl/Christian Waldhoff/Christian Walter, Loseblattsammlung, Heidelberg, Stand: 201. Akt. 2019.

Börner, René, Die Ungleichheit von Schöffen und Berufsrichtern. Schöffen als Garanten der Unmittelbarkeit, ZStW 122 (2010), S. 157–198.

Bovens, Luc/Rabinowicz, Wlodek, Democracy and Argument: Tracking Truth in Complex Social Decisions, in: Anne van Aaken/Christian List/Christoph Luetge (Hrsg.), Deliberation and Decision. Economics, Constitutional Theory and Deliberative Democracy, Aldershot 2004, S. 143–157.

–, Democratic Answers to Complex Questions – An Epistemic Perspective, Synthese 150 (2006), S. 131–153.

Bozzo, Peter/Edwards, Shimmy/Christine, April A., Many Voices, One Court: The Origin and Role of Dissent in the Supreme Court, J. Supreme Court Hist. 36 (2011), S. 193–215.

Bradley, Richard, Decision Theory: A Formal Philosophical Introduction, in: Sven Ove Hansson/Vincent F. Hendricks (Hrsg.), Introduction to Formal Philosophy, Cham 2018, S. 611–655.

Braun, Richterhaftung und Beratungsgeheimnis, JW 1917, S. 132–134.

Breetzke, Ernst, Abstimmung, Spruch, Gründe, DRiZ 1962, S. 5–8.

Brennan, Geoffrey, Collective Coherence?, Int. Rev. Law Econ. 21 (2001), S. 197–211.

Brennan, Geoffrey/Pettit, Philip, Unveiling the Vote, Br. J. Political Sci. 20 (1990), S. 311–333.
Bridel, Marcel, Réflexions sur le principe majoritaire dans les démocraties, in: Ulrich Häfelin/Walter Haller/Dietrich Schindler (Hrsg.), Menschenrechte, Föderalismus, Demokratie. Festschrift zum 70. Geburtstag von Werner Kägi, Zürich 1979, S. 45–53.
Brighouse, Harry/Fleurbaey, Marc, Democracy and Proportionality, J. Political Philos. 18 (2010), S. 137–155.
Brinkmann, Moritz, Das Beweismaß im Zivilprozess aus rechtsvergleichender Sicht, Köln 2005.
Bröhmer, Jürgen, Transparenz als Verfassungsprinzip. Grundgesetz und Europäische Union, Tübingen 2004.
Broome, John, Selecting People Randomly, Ethics 95 (1984), S. 38–55.
Brox, Hans, Rechtsprobleme der Abstimmungen beim Bundesverfassungsgericht, in: Theo Ritterspach/Willi Geiger (Hrsg.), Festschrift für Gebhard Müller. Zum 70. Geburtstag des Präsidenten des Bundesverfassungsgerichts, Tübingen 1970, S. 1–20.
Brünneck, Alexander von, Verfassungsgerichtsbarkeit in den westlichen Demokratien. Ein systematischer Verfassungsvergleich, Baden-Baden 1992.
Buchstein, Hubertus, Demokratie und Lotterie. Das Los als politisches Entscheidungsinstrument von der Antike bis zur EU, Frankfurt am Main 2009.
Buchwald, Delf, Der Begriff der rationalen juristischen Begründung. Zur Theorie der juridischen Vernunft, Baden-Baden 1990.
Bull, Auch Beisitzer sind Richter!, DRiZ 1959, S. 84–85.
Bulygin, Eugenio, The Objectivity of the Law (2004), in: ders., Essays in Legal Philosophy, hrsg. v. Carlos Bernal/Carla Huerta/Tecla Mazzarese/José Juan Moreso/Pablo E. Navarro/Stanley L. Paulson, Oxford 2015, S. 302–310.
Bumke, Erwin, Erläuterungen zur Verordnung über Gerichtsverfassung und Strafrechtspflege vom 4. Januar 1924, Berlin 1924.
Bundesministerium der Justiz (Hrsg.), Entlastung des Bundesverfassungsgerichts. Bericht der vom Bundesminister der Justiz eingesetzten Kommission, Bonn 1998.
Bürgle, Kollegium aus Waschlappen?, ZRP 1972, S. 199–200.
Burkiczak, Christian/Dollinger, Franz-Wilhelm/Schorkopf, Frank (Hrsg.), Bundesverfassungsgerichtsgesetz, Heidelberg 2015.
Bustamante, Thomas, The Ongoing Search for Legitimacy: Can a ›Pragmatic yet Principled‹ Deliberative Model Justify the Authority of Constitutional Courts?, Mod. Law Rev. 78 (2015), S. 372–393.
Caesar, Peter, Vom »stummen« und vom »lauten« dissenting. »Die Justiz ist immer gläserner geworden«, ZRP 1994, S. 402–403.
Caminker, Evan H., Sincere and Strategic Voting Norms on Multimember Courts, Mich. Law Rev. 97 (1999), S. 2297–2380.
–, Thayerian Deference to Congress and Supreme Court Supermajority Rule: Lessons From the Past, Indiana Law J. 78 (2003), S. 73–122.
Campbell, Donald E./Kelly, Jerry S., Impossibility Theorems in the Arrovian Framework, in: Kenneth J. Arrow/Amartya K. Sen/Kotaro Suzumura (Hrsg.), Handbook of Social Choice and Welfare, Bd. 1, Amsterdam 2002, S. 35–94.
Cariani, Fabrizio, Judgment Aggregation, Philos. Compass 6 (2011), S. 22–32.
Chapman, Bruce, Law, Morality, and the Logic of Choice: An Economist's View, Univ. Tor. Law J. 29 (1979), S. 114–137.

–, Rational Environmental Choice: Lessons for Economics From Law and Ethics, Can. J. Law Jurisprudence 6 (1993), S. 63–87.

–, The Rational and the Reasonable: Social Choice Theory and Adjudication, Univ. Chic. Law Rev. 61 (1994), S. 41–122.

–, Law, Incommensurability, and Conceptually Sequenced Argument, Univ. Pa. Law Rev. 146 (1998), S. 1487–1528.

–, More Easily Done Than Said: Rules, Reasons and Rational Social Choice, Oxf. J. Leg. Stud. 18 (1998), S. 293–329.

–, Rational Aggregation, Politics Philos. Econ. 1 (2002), S. 337–354.

–, Rational Choice and Categorical Reason, Univ. Pa. Law Rev. 151 (2003), S. 1169–1210.

Chatziathanasiou, Konstantin, Der hungrige, ein härterer Richter? Zur heiklen Rezeption einer vielzitierten Studie, JZ 2019, S. 455–458.

Chiao, Vincent, List and Pettit on Group Agency and Group Responsibility, Univ. Tor. Law J. 64 (2014), S. 753–770.

Chilton, Adam/Tingley, Dustin, The Doctrinal Paradox & International Law, Univ. Pa. J. Int. Law 34 (2012), S. 67–147.

Christiano, Thomas, Political Equality, in: John W. Chapman/Alan Wertheimer (Hrsg.), Majorities and Minorities. Nomos XXXII, New York 1990, S. 151–183.

–, Social Choice and Democracy, in: David Copp/Jean Hampton/John E. Roemer (Hrsg.), The Idea of Democracy, Cambridge 1993, S. 173–195.

–, The Constitution of Equality. Democratic Authority and Its Limits, Oxford 2008.

Clarry, Daniel/Sargeant, Christopher, Judicial Panel Selection in the UK Supreme Court: Bigger Bench, More Authority?, in: Daniel Clarry (Hrsg.), The UK Supreme Court Yearbook, Bd. 7, London 2016, S. 1–16.

Claussen, Carl Andreas/Røisland, Øistein, A Quantitative Discursive Dilemma, Soc. Choice Welf. 35 (2010), S. 49–64.

–, The Discursive Dilemma in Monetary Policy, Scand. J. Econ. 116 (2014), S. 702–733.

Coan, Andrew B., Well, Should They? A Response to If People Would Be Outraged by Their Rulings, Should Judges Care?, Stanf. Law Rev. 60 (2007), S. 213–240.

Coelln, Carl Günther von, Das Beratungsgeheimnis. Sein Gegenstand und seine Wirkungen mit Berücksichtigung der Abstimmungsmethode, Berlin 1931.

Cohen, David S., The Precedent-Based Voting Paradox, Boston Univ. Law Rev. 90 (2010), S. 183–253.

Cohen, Joshua, An Epistemic Conception of Democracy, Ethics 97 (1986), S. 26–38.

–, Deliberation and Democratic Legitimacy, in: Alan Hamlin/Philip Pettit (Hrsg.), The Good Polity. Normative Analysis of the State, Oxford 1989, S. 17–34.

–, Deliberative Democracy, in: Shawn W. Rosenberg (Hrsg.), Deliberation, Participation and Democracy. Can the People Govern?, Basingstoke 2007, S. 219–236.

Cohen, Mathilde, Ex Ante Versus Ex Post Deliberations: Two Models of Judicial Deliberations in Courts of Last Resort, Am. J. Comp. Law 61 (2014), S. 951–1007.

Cohn, Ernst J., Zur Bekanntgabe der abweichenden Meinung des überstimmten Richters, JZ 1969, S. 330–332.

Coleman, Jules/Ferejohn, John, Democracy and Social Choice, Ethics 97 (1986), S. 6–25.

Collins, Paul M., Jr., The Consistency of Judicial Choice, J. Politics 70 (2008), S. 861–873.

Colomer, Josep. M., The Strategy and History of Electoral System Choice, in: ders. (Hrsg.), Handbook of Electoral System Choice, Basingstoke 2004, S. 3–73.

Colomer, Josep M./McLean, Iain, Electing Popes: Approval Balloting and Qualified-Majority Rule, J. Interdiscip. Hist. 29 (1998), S. 1–22.

Condorcet, Marie Jean Antoine Nicolas Caritat, Marquis de, Darlegung der Prinzipien und Gründe des Verfassungsentwurfs, in: ders., Freiheit, Revolution, Verfassung. Kleine politische Schriften, hrsg. v. Daniel Schulz, Berlin 2010, S. 173–213.

–, Freiheit, Revolution, Verfassung. Kleine politische Schriften, hrsg. v. Daniel Schulz, Berlin 2010.

–, Ausgewählte Schriften zu Wahlen und Abstimmungen, hrsg. v. Joachim Behnke/Carolin Stange/Reinhard Zintl, Tübingen 2011.

–, Essay über die Anwendung der Wahrscheinlichkeitsrechnung auf Mehrheitsentscheidungen, in: ders., Ausgewählte Schriften zu Wahlen und Abstimmungen, hrsg. v. Joachim Behnke/Carolin Stange/Reinhard Zintl, Tübingen 2011, S. 49–177.

Cook, John/Nuccitelli, Dana/Green, Sarah A./Richardson, Mark/Winkler, Bärbel/Painting, Rob/Way, Robert/Jacobs, Peter/Skuce, Andrew, Quantifying the Consensus on Anthropogenic Global Warming in the Scientific Literature, Environ. Res. Lett. 8 (2013), 024024.

Cossio, Carlos, El derecho en el derecho judicial, 3. Aufl., Buenos Aires 1967.

Coughlan, Peter J., In Defense of Unanimous Jury Verdicts: Mistrials, Communication, and Strategic Voting, Am. Political Sci. Rev. 94 (2000), S. 375–393.

Craven, John, Social Choice. A Framework for Collective Decisions and Individual Judgements, Cambridge 1992.

Cross, Frank B./Tiller, Emerson H., Understanding Collegiality on the Court, Univ. Pa. J. Const. Law 10 (2008), S. 257–271.

Currie, David P., Ermessen im Annahmeverfahren: »Certiorari« im amerikanischen Supreme Court, in: Harald Bogs (Hrsg.), Urteilsverfassungsbeschwerde zum Bundesverfassungsgericht. Ein Grundrechts-Colloquium, Baden-Baden 1999, S. 39–45.

Czuber, Emanuel, Die Entwicklung der Wahrscheinlichkeitstheorie und ihrer Anwendungen, in: Jahresbericht der Deutschen Mathematiker-Vereinigung VII (1899), Heft 2, S. 1–279.

Czybulka, Detlef, Akzeptanz als staatsrechtliche Kategorie?, Die Verwaltung 26 (1993), S. 27–37.

Dahl, Robert A., Democracy and Its Critics, New Haven 1989.

–, A Preface to Democratic Theory, erw. Aufl., Chicago 2006.

–, On Political Equality, New Haven 2006.

Dalcke, A., Zur Lehre von der Fragestellung, inbesondere über die Nothwendigkeit und das Maaß der Spezialisirung des konkreten Thatbestandes, Archiv für Preußisches Strafrecht 14 (1866), S. 153–167.

–, Fragestellung und Verdikt im schwurgerichtlichen Verfahren. Auf Grund der Bestimmungen der Deutschen Strafprozeßordnung und der Rechtsprechung des Reichsgerichts, 2. Aufl., Berlin 1898.

Danwitz, Thomas von, Qualifizierte Mehrheiten für normverwerfende Entscheidungen des BVerfG?, JZ 1996, S. 481–489.

Danziger, Shai/Levav, Jonathan/Avnaim-Pesso, Liora, Extraneous Factors in Judicial Decisions, Proc. Natl. Acad. Sci. 108 (2011), S. 6889–6892.

d'Aspremont, Claude/Gevers, Louis, Social Welfare Functionals and Interpersonal Comparability, in: Kenneth J. Arrow/Amartya Sen/Kotaro Suzumura (Hrsg.), Handbook of Social Choice and Welfare, Bd. 1, Amsterdam 2002, S. 459–541.
Däubler, Wolfgang, Die Vorbereitung der mündlichen Verhandlung im Kollegialgericht – ein Rechtsproblem?, JZ 1984, S. 355–361.
Däubler-Gmelin, Herta, Justizreform, ZRP 2000, S. 457–463.
–, Reform des Zivilprozesses, ZRP 2000, S. 33–38.
Dauster, Manfred, Eckpunkte einer Justizreform, ZRP 2000, S. 338–345.
Davidson, H. Ron, The Mechanics of Judicial Vote Switching, Suffolk Univ. Law Rev. 38 (2004), S. 17–71.
–, The Law of Voting and the Voting for Law, J. Int. Crim. Justice 16 (2018), S. 527–541.
de Clippel, Geoffroy/Eliaz, Kfir, Premise-Based Versus Outcome-Based Information Aggregation, Games Econ. Behav. 89 (2015), S. 34–42.
Dederer, Hans-Georg, Korporative Staatsgewalt. Integration privat organisierter Interessen in die Ausübung von Staatsfunktionen. Zugleich eine Rekonstruktion der Legitimationsdomatik, Tübingen 2004.
Degenhart, Christoph, Gerichtsverfahren, in: Josef Isensee/Paul Kirchhof (Hrsg.), Handbuch des Staatsrechts der Bundesrepublik Deutschland, Bd. V, 3. Aufl. 2007, § 115.
Denninger, Erhard, Staatsrecht. Einführung in die Grundprobleme des Verfassungsrechts der Bundesrepublik Deutschland, Bd. 2, Reinbek 1979.
Depenheuer, Otto, Zufall als Rechtsprinzip? Der Losentscheid im Rechtsstaat, JZ 1993, S. 171–180.
Detel, Wolfgang, Grundkurs Philosophie, Bd. 1, Stuttgart 2007.
Dichgans, Hans, Vom Grundgesetz zur Verfassung. Überlegungen zu einer Gesamtrevision, Düsseldorf 1970.
–, Entscheidung bei Rechtsunsicherheit, AöR 97 (1972), S. 596–598.
–, Recht und Politik in der Judikatur des Bundesverfassungsgerichts, in: Gerhard Leibholz/Hans Joachim Faller/Paul Mikat/Hans Reis (Hrsg.), Menschenwürde und freiheitliche Rechtsordnung. Festschrift für Willi Geiger zum 65. Geburtstag, Tübingen 1974, S. 945–962.
Dietrich, Franz, General Representation of Epistemically Optimal Procedures, Soc. Choice Welf. 26 (2006), S. 263–283.
–, Judgment Aggregation: (Im)Possibility Theorems, J. Econ. Theory 126 (2006), S. 286–298.
–, A Generalised Model of Judgment Aggregation, Soc. Choice Welf. 28 (2007), S. 529–565.
–, Judgment Aggregation: A General Theory of Collective Decisions, Habil. Karlsruhe 2008, online abrufbar unter: URL = http://www.franzdietrich.net/Papers/Dietrich-Habilitationsschrift.pdf; zuletzt abgerufen am 15.03.2020.
–, The Premises of Condorcet's Jury Theorem Are Not Simultaneously Justified, Episteme 5 (2008), S. 56–73.
–, The Possibility of Judgment Aggregation on Agendas With Subjunctive Implications, J. Econ. Theory 145 (2010), S. 603–638.
–, Aggregation Theory and the Relevance of Some Issues to Others, J. Econ. Theory 160 (2015), S. 463–493.
–, Judgment Aggregation and Agenda Manipulation, Games Econ. Behav. 95 (2016), S. 113–136.

Dietrich, Franz/List, Christian, A Model of Jury Decisions Where All Jurors Have the Same Evidence, Synthese 142 (2004), S. 175–202.

–, Arrow's Theorem in Judgment Aggregation, Soc. Choice Welf. 29 (2007), S. 19–33.

–, Judgment Aggregation by Quota Rules. Majority Voting Generalized, J. Theor. Politics 19 (2007), S. 391–424.

–, Judgment Aggregation With Consistency Alone, Working Paper, London School of Economics, 2007, online abrufbar unter: URL = https://eprints.lse.ac.uk/20110/1/Judgment_aggregation_with_consistency_alone_(LSERO).pdf; zuletzt abgerufen am 15.03.2020.

–, Strategy-Proof Judgment Aggregation, Econ. Philos. 23 (2007), S. 269–300.

–, Judgment Aggregation Without Full Rationality, Soc. Choice Welf. 31 (2008), S. 15–39.

–, Judgment Aggregation Under Constraints, in: Thomas A. Boylan/Ruvin Gekker (Hrsg.), Economics, Rational Choice and Normative Philosophy, London 2009, S. 111–123.

–, Majority Voting on Restricted Domains, J. Econ. Theory 145 (2010), S. 512–543.

–, The Aggregation of Propositional Attitudes: Towards a General Theory, in: Tamar Szabó Gendler/John Hawthorne (Hrsg.), Oxford Studies in Epistemology, Bd. 3, Oxford 2010, S. 215–234.

–, The Impossibility of Unbiased Judgment Aggregation, Theory Decis. 68 (2010), S. 281–299.

–, The Problem of Constrained Judgment Aggregation, in: Friedrich Stadler (Hrsg.), The Present Situation in the Philosophy of Science, Dordrecht 2010, S. 125–139.

Dietrich, Franz/Mongin, Philippe, The Premiss-Based Approach to Judgment Aggregation, J. Econ. Theory 145 (2010), S. 562–582.

Dietrich, Franz/Spiekermann, Kai, Epistemic Democracy With Defensible Premises, Econ. Philos. 29 (2013), S. 87–120.

–, Independent Opinions? On the Causal Foundations of Belief Formation and Jury Theorems, Mind 122 (2013), S. 655–685.

Dietrich, Thorsten Erwin, Richterwahlausschüsse und demokratische Legitimation, Frankfurt am Main 2007.

Di Fabio, Udo, Vom Recht, Recht zu sprechen: Die Legitimation des Bundesverfassungsgerichts, APuZ 2011, Heft 35/36, S. 3–7.

Dinslage, Karl-Heinz, Demokratisierung der Justiz?, DRiZ 1968, S. 5–7.

Djeffal, Christian, Die herrschende Meinung als Argument. Ein didaktischer Beitrag in historischer und theoretischer Perspektive, ZJS 2013, S. 463–466.

Doehring, Karl, Die Praxis der Vorbereitung mündlicher Verhandlungen durch Kollegialgerichte in verfassungsrechtlicher Sicht, NJW 1983, S. 851–855.

Doemming, Klaus-Berto von/Füßlein, Rudolf Werner/Matz, Werner, Entstehungsgeschichte der Artikel des Grundgesetzes, JöR 1 (1951).

Doerr, Friedrich, Allgemeine Lehren der Gerichtsverfassung, AöR 41 (1921), S. 53–85.

Dokow, Elad/Holzman, Ron, Aggregation of Binary Evaluations of Truth-Functional Agendas, Soc. Choice Welf. 32 (2009), S. 221–241.

–, Aggregation of Binary Evaluations, J. Econ. Theory 145 (2010), S. 495–511.

–, Aggregation of Binary Evaluations With Abstentions, J. Econ. Theory 145 (2010), S. 544–561.

–, Aggregation of Non-Binary Evaluations, Adv. Appl. Math. 45 (2010), S. 487–504.

Dopatka, Friedrich-Wilhelm, Zur Bedeutung des Bundesverfassungsgerichts in der politischen und gesellschaftlichen Entwicklung der Bundesrepublik 1951 bis 1978, in: Wolfgang Däubler/Gudrun Küsel (Hrsg.), Verfassungsgericht und Politik. Kritische Beiträge zu problematischen Urteilen, Hamburg 1979, S. 31–48.
–, Das Bundesverfassungsgericht und seine Umwelt. Zur Analyse der Entwicklung des Bundesverfassungsgerichts und der adressatenspezifischen Bezüge seiner Rechtsprechung, Berlin 1982.
Dorguth, Ueber die Computation der Stimmen bei Entscheidungen im Civil-Prozesse, Juristische Zeitung für die königlich preußischen Staaten 1832, Sp. 608–611 und 640–643.
–, Ueber die Stimmen-Komputation, Juristische Zeitung für die königlich preußischen Staaten 1832, Sp. 1121–1126.
–, Bemerkungen über die Art des Abstimmens bei der Urteilsfindung, besonders über das Votiren hinsichts der Urteilsgründe, Juristische Wochenschrift für die preussischen Staaten 1841, Sp. 153–168 und 173–182.
–, Der Begriff der »Pluralität der Stimmen,« abstrakt und dem Gesetz gegenüber, Juristische Wochenschrift für die preussischen Staaten 1841, Sp. 647–650 und 671–674.
–, Noch einige Worte über das Abstimmen des erkennenden Gerichts, Juristische Wochenschrift für die preussischen Staaten 1841, Sp. 625–628 und 645–647.
Dougherty, Keith L./Edward, Julien, Odd or Even: Assembly Size and Majority Rule, J. Politics 71 (2009), S. 733–747.
Dowding, Keith/van Hees, Martin, In Praise of Manipulation, Br. J. Political Sci. 38 (2007), S. 1–15.
Downs, Anthony, Ökonomische Theorie der Demokratie, Tübingen 1968.
Dreier, Horst, Das Majoritätsprinzip im demokratischen Verfassungsstaat, ZParl 17 (1986), S. 94–118 [wieder abgedruckt in: ders., Idee und Gestalt des freiheitlichen Verfassungsstaates, Tübingen 2014, S. 125–158].
–, (Hrsg.), Grundgesetz. Kommentar, Bd. II, 3. Aufl., Tübingen 2015; Bd. III, 3. Aufl., Tübingen 2018.
Drews, Bill/Wacke, Gerhard/Vogel, Klaus/Martens, Wolfgang, Gefahrenabwehr. Allgemeines Polizeirecht (Ordnungsrecht) des Bundes und der Länder, 9. Aufl., Köln 1986.
Driver, Justin, Judicial Inconsistency as Virtue: The Case of Justice Stevens, Georget. Law J. 99 (2011), S. 1263–1278.
Drosdeck, Thomas, Die herrschende Meinung – Autorität als Rechtsquelle. Funktionen einer juristischen Argumentationsfigur, Berlin 1989.
Dryzek, John S./List, Christian, Social Choice Theory and Deliberative Democracy: A Reconciliation, Br. J. Political Sci. 33 (2003), S. 1–28.
–, Social Choice Theory and Deliberative Democracy: A Response to Aldred, Br. J. Political Sci. 34 (2004), S. 752–758.
Dryzek, John S./Niemeyer, Simon, Reconciling Pluralism and Consensus as Political Ideals, Am. J. Political Sci. 50 (2006), S. 634–649.
Duttge, Gunnar, Laienrichter in der Strafgerichtsbarkeit – Anspruch und Wirklichkeit, JR 2006, S. 358–363.
Duxbury, Neil, Random Justice. On Lotteries and Legal Decision-Making, Oxford 1999.
Dworkin, Ronald, Law's Empire, Oxford 1986.
–, Bürgerrechte ernstgenommen, Frankfurt am Main 1990.
–, Response, Boston Univ. Law Rev. 90 (2010), S. 1059–1087.

–, Gerechtigkeit für Igel, Berlin 2014.

Easterbrook, Frank H., Ways of Criticizing the Court, Harv. Law Rev. 95 (1982), S. 802–832.

–, Some Tasks in Understanding Law Through the Lens of Public Choice, Int. Rev. Law Econ. 12 (1992), S. 284–288.

Eckhoff, Torstein, Lotteries in Allocative Situations, Soc. Sci. Inf. 28 (1989), S. 5–22.

Edelman, Paul H., On Legal Interpretations of the Condorcet Jury Theorem, J. Leg. Stud. 31 (2002), S. 327–349.

Edwards, Harry T., The Effects of Collegiality on Judicial Decision Making, Univ. Pa. Law Rev. 151 (2003), S. 1639–1690.

Eggeling, Christian, Das Sondervotum in der Verfassungsgerichtsbarkeit der neuen Bundesländer, Berlin 2006.

Eichenberger, Kurt, Die richterliche Unabhängigkeit als staatsrechtliches Problem, Bern 1960.

Eisel, Stephan, Plädoyer für die Mehrheitsregel, ZParl 16 (1985), S. 576–580.

Elsener, Ferdinand, Zur Geschichte des Majoritätsprinzips (Pars maior und Pars sanior), insbesondere nach schweizerischen Quellen, ZRGKA 42 (1956), S. 73–116.

Elsholtz, Christian/List, Christian, A Simple Proof of Sen's Possibility Theorem on Majority Decisions, Elem. Math. 60 (2005), S. 45–56.

Elster, Jon, Sour Grapes. Studies in the Subversion of Rationality, Cambridge 1983.

–, The Market and the Forum: Three Varieties of Political Theory, in: ders./Aanund Hylland (Hrsg.), Foundations of Social Choice Theory, Cambridge 1986, S. 103–132.

–, Custody by the Toss of a Coin?, Soc. Sci. Inf. 27 (1988), S. 517–535.

–, Solomonic Judgments. Studies in the Limitations of Rationality, Cambridge 1989.

–, Décisions individuelles et décisions collectives, Soc. Sci. Inf. 49 (2010), S. 11–28.

–, Securities Against Misrule. Juries, Assemblies, Elections, Cambridge 2013.

Endriss, Ulle/Grandi, Umberto/Porello, Daniele, Complexity of Judgment Aggregation, J. Artif. Intell. Res. 45 (2012), S. 481–514.

Enelow, James M., Cycling and Majority Rule, in: Dennis C. Mueller (Hrsg.), Perspectives on Public Choice. A Handbook, Cambridge 1997, S. 149–162.

Engelstad, Fredrik, The Assignment of Political Office by Lot, Soc. Sci. Inf. 28 (1989), S. 23–50.

Engisch, Karl, Wahrheit und Richtigkeit im juristischen Denken, München 1963.

Engst, Benjamin G./Gschwend, Thomas/Schaks, Nils/Sternberg, Sebastian/Wittig, Caroline, Zum Einfluss der Parteinähe auf das Abstimmungsverhalten der Bundesverfassungsrichter – eine quantitative Untersuchung, JZ 2017, S. 816–826.

Entin, Jonathan L., Judicial Supermajorities and the Validity of Statutes: How Mapp Became a Fourth Amendment Landmark Instead of a First Amendment Footnote, Case West. Reserve Law Rev. 52 (2001), S. 441–470.

Epstein, Lee/Landes, William M./Posner, Richard A., Why (and When) Judges Dissent: A Theoretical and Empirical Analysis, J. Leg. Anal. 3 (2011), S. 101–137.

Erb, Volker, Zur »Legitimation« von Fehlverurteilungsrisiken, in: Ernst-Walter Hanack/Hans Hilger/Volkmar Mehle/Gunter Widmaier (Hrsg.), Festschrift für Peter Rieß zum 70. Geburtstag am 4. Juni 2002, Berlin 2002, S. 77–92.

–, Zur Verfolgung von Rechtsbeugung in Kollegialgerichten – Eine Besprechung von OLG Naumburg, Beschl. v. 6.10.2008 – 1 Ws 504/07 –, NStZ 2009, S. 189–193.

Erbel, Günter, Der Streit um die »öffentliche Ordnung« als polizeirechtliches Schutzgut, DVBl. 1972, S. 475–481.

–, Öffentliche Sicherheit und Ordnung, DVBl. 2001, S. 1714–1724.

Erdsiek, Gerhard, Umwelt und Recht. Anmerkungen zur Gesetzlichkeit des Richters a) zur Geschäftsverteilung in überbesetzten Kollegien; b) zum Ausmaß der Beteiligung des Vorsitzenden, NJW 1963, S. 240–242.

Ernst, Wolfgang, Abstimmen über Rechtserkenntnis. Gedanken zur Entscheidungsfindung in Richterkollegien, JZ 2012, S. 637–648.

–, Abstimmen nach den Gründen oder nach dem Endresultat. Eine Prozessrechtskontroverse im 19. Jahrhundert, in: Arndt Kiehnle/Bernd Mertens/Gottfried Schiemann (Hrsg.), Festschrift für Jan Schröder zum 70. Geburtstag am 28. Mai 2013, Tübingen 2013, S. 309–334.

–, Schiedsrichtermehrheiten im klassischen römischen Recht, in: Jan Hallebeek/Martin Schermaier/Roberto Fiori/Ernest Metzger/Jean-Pierre Coriat (Hrsg.), Inter cives necnon peregrinos. Essays in Honour of Boudewijn Sirks, Göttingen 2014, S. 161–180.

–, Maior pars – Mehrheitsdenken in der römischen Rechtskultur, ZRGRA 132 (2015), S. 1–67.

–, Rechtserkenntnis durch Richtermehrheiten. »group choice« in europäischen Rechtstraditionen, Tübingen 2016.

Eschelbach, Ralf, Feststellungen, in: Heinz Schöch/Helmut Satzger/Gerhard Schäfer/Alexander Ignor/Christoph Knauer (Hrsg.), Strafverteidigung, Revision und die gesamten Strafrechtswissenschaften. Festschrift für Gunter Widmaier zum 70. Geburtstag, Köln 2008, S. 127–146.

Eschenburg, Theodor, Der Mechanismus der Mehrheitsentscheidung. Ein Vortrag vor der ADAC-Hauptversammlung 1970 in Freiburg, o. O. 1970.

Eser, Albin, Der »gesetzliche Richter« und seine Bestimmung für den Einzelfall. Rechtsvergleichende Beobachtungen und rechtspolitische Überlegungen zur spruchkörperinternen Geschäftsverteilung, in: ders./Hans Josef Kullmann/Lutz Meyer-Goßner/Walter Odersky/Rainer Voss (Hrsg.), Straf- und Strafverfahrensrecht, Recht und Verkehr, Recht und Medizin. Festschrift für Hannskarl Salger zum Abschied aus dem Amt als Vizepräsident des Bundesgerichtshofes, Köln 1995, S. 247–271.

Esser, Josef, Vorverständnis und Methodenwahl in der Rechtsfindung. Rationalitätsgarantien der richterlichen Entscheidungspraxis, Frankfurt am Main 1970.

Estlund, David M., Opinion Leaders, Independence, and Condorcet's Jury Theorem, Theory Decis. 36 (1994), S. 131–162.

–, Democratic Authority. A Philosophical Framework, Princeton 2008.

Estlund, David M./Waldron, Jeremy/Grofman, Bernard/Feld, Scott L., Democratic Theory and the Public Interest: Condorcet and Rousseau Revisited, Am. Political Sci. Rev. 83 (1989), S. 1317–1340.

Fach, Wolfgang, Demokratie und Mehrheitsprinzip, ARSP 61 (1975), S. 201–222.

–, Demokratie und Effizienz, ARSP 64 (1978), S. 35–48.

Faller, Hans Joachim, Beratungsgeheimnis, »dissenting vote« und richterliche Unabhängigkeit, DVBl. 1995, S. 985–992.

Fallis, Don, Epistemic Value Theory and Judgment Aggregation, Episteme 2 (2005), S. 39–55.

Farber, Daniel A., Positive Theory as Normative Critique, South. Calif. Law Rev. 68 (1995), S. 1565–1593.

Farber, Daniel A./Frickey, Philip P., Law and Public Choice. A Critical Introduction, Chicago 1991.

Farrar, Cynthia/Fishkin, James S./Green, Donald P./List, Christian/Luskin, Robert C./ Levy Paluck, Elizabeth, Disaggregating Deliberation's Effects: An Experiment Within a Deliberative Poll, Br. J. Political Sci. 40 (2010), S. 333–347.

Feddersen, Timothy/Pesendorfer, Wolfgang, Convicting the Innocent: The Inferiority of Unanimous Jury Verdicts Under Strategic Voting, Am. Political Sci. Rev. 92 (1998), S. 23–35.

Federer, Julius, Die Bekanntgabe der abweichenden Meinung des überstimmten Richters, JZ 1968, S. 511–521.

Feinberg, William E., Teaching the Type I and II Errors: The Judicial Process, Am. Stat. 25 (1971), S. 30–32.

Feldmann, Börries von, Vorsitzender und Kollegialität, ZRP 1972, S. 199.

Ferejohn, John, Instituting Deliberative Democracy, in: Ian Shapiro/Stephen Macedo (Hrsg.), Designing Democratic Institutions. Nomos XLII, New York 2000, S. 75–104.

–, Positive Theory and the Internal View of Law, Univ. Pa. J. Const. Law 10 (2008), S. 273–303.

–, The Lure of Large Numbers, Harv. Law Rev. 123 (2010), S. 1969–1997.

Ferejohn, John/Pasquino, Pasquale, Constitutional Courts as Deliberative Institutions: Towards an Institutional Theory of Constitutional Justice, in: Wojciech Sadurski (Hrsg.), Constitutional Justice, East and West. Democratic Legitimacy and Constitutional Courts in Post-Communist Europe in a Comparative Perspective, Den Haag 2002, S. 21–36.

–, Constitutional Adjudication: Lessons From Europe, Tex. Law Rev. 82 (2004), S. 1671–1704.

Feteris, Evelin T., Fundamentals of Legal Argumentation. A Survey of Theories on the Justification of Judicial Decisions, 2. Aufl., Dordrecht 2017.

Fischer, Thomas, Beratungsgeheimnis, Sondervoten, Richterbilder. Einige Bemerkungen zu einer fast vergessenen Frage, in: Felix Herzog/Ulfrid Neumann (Hrsg.), Festschrift für Winfried Hassemer, Heidelberg 2010, S. 1001–1015.

–, Der Einfluss des Berichterstatters auf die Ergebnisse strafrechtlicher Revisionsverfahren, NStZ 2013, S. 425–432.

–, Gesetzliche Richter im Strafverfahren. Zugleich: Kleine Nachlese großer Aufregungen, in: Christian Fahl/Eckhart Müller/Helmut Satzger/Sabine Swoboda (Hrsg.), Festschrift für Werner Beulke zum 70. Geburtstag, Heidelberg 2015, S. 709–722.

–, Warum lässt das Revisionsrecht Fehlurteile zu?, in: Stephan Barton/Marieke Dubelaar/Ralf Kölbel/Michael Lindemann (Hrsg.), »Vom hochgemuten, voreiligen Griff nach der Wahrheit«. Fehlurteile im Strafprozess, Baden-Baden 2018, S. 253–273.

Fischer, Thomas/Eschelbach, Ralf/Krehl, Christoph, Das Zehn-Augen-Prinzip – Zur revisionsgerichtlichen Beschlusspraxis in Strafsachen, StV 2013, S. 395–402.

–, Erwiderung auf Basdorf u. A. [sic], NStZ 2013, S. 563–565.

Fischer, Thomas/Krehl, Christoph, Strafrechtliche Revision, »Vieraugenprinzip«, gesetzlicher Richter und rechtliches Gehör. Eine Anknüpfung an BVerfG, Beschl. v. 23.05.2012 – 2 BvR 610/12 u. a. –, StV 2012, S. 550–559.

Fishburn, Peter C., The Theory of Social Choice, Princeton 1973.

Flaig, Egon, Die spartanische Abstimmung nach der Lautstärke. Überlegungen zu Thukydides 1,87, Historia 42 (1993), S. 139–160.

–, Die Mehrheitsentscheidung. Entstehung und kulturelle Dynamik, Paderborn 2013.

–, Die Mehrheitsentscheidung – ihre multiple Genesis und ihre kulturelle Dynamik, in: ders. (Hrsg.), Genesis und Dynamiken der Mehrheitsentscheidung, München 2013, S. VII–XXXII.

–, Die Mehrheitsentscheidung – ihre kulturelle Bedeutung, EWE 25 (2014), S. 369–381.

Flanagan, Brian, What Do Aggregation Results Really Reveal About Group Agency?, Philos. Stud. 175 (2018), S. 261–276.

Floridia, Antonio, The Origins of the Deliberative Turn, in: André Bächtiger/John S. Dryzek/Jane Mansbridge/Mark Warren (Hrsg.), The Oxford Handbook of Deliberative Democracy, Oxford 2018, S. 35–54.

Flotho, Manfred, Richterpersönlichkeit und Richterauslese, DRiZ 1988, S. 167–171.

Fögen, Marie Theres, Rechtsverweigerungsverbot. Anmerkungen zu einer Selbstverständlichkeit, in: Cornelia Vismann/Thomas Weitin (Hrsg.), Urteilen/Entscheiden, München 2006, S. 37–50.

Foisneau, Luc, Rawls et la justification de la règle de majorité, Raisons politiques 2014, S. 63–79.

Fontenay, C. de, Ueber die Abstimmung in Richtercollegien, 1. Aufl., Schleswig 1847.

–, Ueber die Abstimmung in Richtercollegien, 2. Aufl., Kiel 1868.

Forsyth, William, History of Trial by Jury, Cambridge 1852.

Frampton, Thomas Ward, The Jim Crow Jury, Vanderbilt Law Rev. 71 (2018), S. 1593–1654.

Frank, Björn, Würfeln, VuR 2018, S. 1–2.

Frank, Henning, Die »neutralen« Richter des Bundesverfassungsgerichts, in: Walther Fürst/Roman Herzog/Dieter C. Umbach (Hrsg.), Festschrift für Wolfgang Zeidler, Bd. 1, Berlin 1987, S. 163–173.

Frankena, William K., Ethik. Eine analytische Einführung, 6. Aufl., Wiesbaden 2017.

Frey, Bruno S./Steiner, Lasse, Zufall als gesellschaftliches Entscheidungsverfahren, in: Wulf A. Kaal/Matthias Schmidt/Andreas Schwartze (Hrsg.), Festschrift zu Ehren von Christian Kirchner. Recht im ökonomischen Kontext, Tübingen 2014, S. 749–761.

Friesenhahn, Ernst, Die Verfassungsgerichtsbarkeit in der Bundesrepublik Deutschland, Köln 1963.

–, Empfiehlt es sich, die Bekanntgabe der abweichenden Meinung des überstimmten Richters (dissenting opinion) in den deutschen Verfahrensordnungen zuzulassen?, in: Verhandlungen des 47. Deutschen Juristentages, Bd. II, München 1969, S. R 33–R 68.

Frisch, Wolfgang, Anmerkung zu BGH, Urt v. 07.06.1983 – 4 StR 9/83 –, NStZ 1984, S. 86–89.

Fromme, Friedrich Karl, Das Sondervotum in der Bewährung, in: Gerhard Leibholz/Hans Joachim Faller/Paul Mikat/Hans Reis (Hrsg.), Menschenwürde und freiheitliche Rechtsordnung. Festschrift für Willi Geiger zum 65. Geburtstag, Tübingen 1974, S. 867–890.

–, Verfassungsrichterwahl, NJW 2000, S. 2977–2978.

Frowein, Jochen Abr./Meyer, Hans/Schneider, Peter (Hrsg.), Bundesverfassungsgericht im dritten Jahrzehnt. Symposion zu Ehren von Ernst Friesenhahn anläßlich seines 70. Geburtstages am 8. Januar 1972 im Senatssaal der Rheinischen Friedrich-Wilhelms-Universität zu Bonn, Frankfurt am Main 1973.

Gaertner, Wulf, De jure naturae et gentium: Samuel von Pufendorf's Contribution to Social Choice Theory and Economics, Soc. Choice Welf. 25 (2005), S. 231–241.

–, A Primer in Social Choice Theory, überarb. Aufl., Oxford 2009.

Gageler, Stephen, Why Write Judgments?, Syd. Law Rev. 36 (2014), S. 189–203.

Gageler, Stephen/Lim, Brendan, Collective Irrationality and the Doctrine of Precedent, Melb. Univ. Law Rev. 38 (2014), S. 525–553.

Ganghof, Steffen, Politische Gleichheit und echte Mehrheitsdemokratie. Über die normativen Grundlagen institutioneller Arrangements, ZPol 15 (2005), S. 741–763.

Ganghof, Steffen/Stecker, Christian, Das institutionelle Design parlamentarischer Demokratien: Zum Zusammenspiel von Wahl- und Gesetzgebungssystemen, in: Steffen Ganghof/Christoph Hönnige/Christian Stecker (Hrsg.), Parlamente, Agendasetzung und Vetospieler. Festschrift für Herbert Döring, Wiesbaden 2009, S. 215–236.

Gärdenfors, Peter, A Representation Theorem for Voting With Logical Consequences, Econ. Philos. 22 (2006), S. 181–190.

Gärditz, Klaus Ferdinand, Anmerkung zu BVerfG (K), Beschl. v. 23.05.2012 – 2 BvR 610/12 u. a. –, DVBl. 2012, S. 966–970.

Garrn, Heiko, Zur Rationalität rechtlicher Entscheidungen, Wiesbaden 1986.

Gaus, Gerald, Does Democracy Reveal the Voice of the People? Four Takes on Rousseau, Australas. J. Philos. 75 (1997), S. 141–162.

Geck, Wilhelm Karl, Sondervoten bei Landesverfassungsgerichten de lege ferenda, in: Christian Starck/Klaus Stern (Hrsg.), Landesverfassungsgerichtsbarkeit, Tbd. I, Baden-Baden 1983, S. 315–401.

Gehrlein, Markus, Beschlusszurückweisung einer Berufung im Zivilprozess, NJW 2014, S. 3393–3398.

Gehrlein, William V., Condorcet's Paradox, Theory Decis. 15 (1983), S. 161–197.

–, Condorcet's Paradox, Berlin 2006.

Geib, Gustav, Beiträge zur Erörterung criminalistischer Fragen, Archiv des Criminalrechts 1839, S. 118–131.

Geiger, Willi, Gesetz über das Bundesverfassungsgericht vom 12. März 1951, Berlin 1952.

–, Zur Reform des Bundesverfassungsgesetzes [sic], in: Theodor Maunz (Hrsg.), Vom Bonner Grundgesetz zur gesamtdeutschen Verfassung. Festschrift zum 75. Geburtstag von Hans Nawiasky, München 1956, S. 211–236.

–, Zur Lage unserer Verfassungsgerichtsbarkeit, in: Hans Spanner/Peter Lerche/Hans Zacher/Peter Badura/Axel Freiherr von Campenhausen (Hrsg.), Festgabe für Theodor Maunz zum 70. Geburtstag am 1. September 1971, München 1971, S. 117–143.

–, Zum verfassungsrechtlichen Status der Richter, in: Eckart Schiffer/Helmut Karehnke (Hrsg.), Verfassung, Verwaltung, Finanzkontrolle. Festschrift für Hans Schäfer zum 65. Geburtstag am 26. Januar 1975, Köln 1975, S. 79–92.

–, Die Abweichende Meinung beim Bundesverfassungsgericht und ihre Bedeutung für die Rechtsprechung, in: Hans Jochen Vogel/Helmut Simon/Adalbert Podlech (Hrsg.), Die Freiheit des Anderen. Festschrift für Martin Hirsch, Baden-Baden 1981, S. 455–463.

–, Über den Umgang mit dem Recht bei der Besetzung des Bundesverfassungsgerichts, EuGRZ 1983, S. 397–401.

Gelfand, Alan E./Solomon, Herbert, A Study of Poisson's Models for Jury Verdicts in Criminal and Civil Trials, J. Am. Stat. Assoc. 68 (1973), S. 271–278.

Gelinsky, Katja, Wise Old Men and Wise Old Women. Vom Rätselraten über den Einfluss der Frauen am Bundesverfassungsgericht und am Supreme Court, in: Michael Stolleis (Hrsg.), Herzkammern der Republik. Die Deutschen und das Bundesverfassungsgericht, München 2011, S. 82–109.

Genest, Christian/Zidek, James V., Combining Probability Distributions: A Critique and an Annotated Bibliography, Stat. Sci. 1 (1986), S. 114–135.

Gerardi, Dino, Jury Verdicts and Preference Diversity, Am. Political Sci. Rev. 94 (2000), S. 395–406.

Gerhards, Wolfgang, Anmerkungen zu den »Thesen zur Justizreform« in der DDR, NJ 1990, S. 140–142.

Gerhardt, Rudolf/Kepplinger, Hans Mathias/Stefan Geiß, Auf dem Weg zur Wahrheit? Die Kunst der richterlichen Urteilsfindung, ZRP 2012, S. 213–217.

Gerland, Heinrich, Einige Bemerkungen zur Lehre von der schriftlichen Urteilsbegründung, in: Heinrich Lehmann/Gotthold Bohne (Hrsg.), Festgabe für Richard Schmidt zu seinem 70. Geburtstag, Bd. I, Leipzig 1932, S. 201–221.

Germelmann, Claas-Hinrich/Matthes, Hans-Christoph/Prütting, Hanns (Hrsg.), Arbeitsgerichtsgesetz. Kommentar, 9. Aufl., München 2017.

Gerß, Wolfgang, Paradoxe Ergebnisse von Mehrheitsentscheidungen. Ein aktueller Disput aus der Gründerzeit der modernen aufgeklärten Demokratie, Frankfurt am Main 2016.

Gibbard, Allan, Manipulation of Voting Schemes: A General Result, Econometrica 41 (1973), S. 587–601.

Gierke, Otto von, Das deutsche Genossenschaftsrecht, Bd. 3, Berlin 1881.

–, Über die Geschichte des Majoritätsprinzipes, Schmoll. Jb 39 (1915), S. 565–587 [auch abgedruckt in: Bernd Guggenberger/Claus Offe (Hrsg.), An den Grenzen der Mehrheitsdemokratie. Politik und Soziologie der Mehrheitsregel, Opladen 1984, S. 22–38].

Gillispie, Charles Coulston, Probability and Politics: Laplace, Condorcet, and Turgot, Proc. Am. Philos. Soc. 116 (1972), S. 1–20.

Ginsburg, Tom, Economic Analysis and the Design of Constitutional Courts, Theor. Inq. Law 3 (2002), S. 49–85.

–, Judicial Review in New Democracies. Constitutional Courts in Asian Cases, Cambridge 2003.

Girard, Charles, La règle de majorité en démocratie: équité ou vérité?, Raisons politiques 2014, S. 107–137.

Glasser, Michael H., Letting the Supermajority Rule: Nonunanimous Jury Verdicts in Criminal Trials, Fla. State Univ. Law Rev. 24 (1997), S. 659–677.

Glomb, Alexander, Sententia plurimorum. Das Mehrheitsprinzip in den Quellen des kanonischen Rechts und im Schrifttum der klassischen Kanonistik, Köln 2008.

Goff, Brian, Supreme Court Concensus and Dissent: Estimating the Role of the Selection Screen, Public Choice 127 (2006), S. 375–391.

Gold, Natalie, Collective Rationality: A Dilemma for Democrats With a Solution Through Deliberation? Comment on Philip Pettit, in: Anne van Aaken/Christian List/Christoph Luetge (Hrsg.), Deliberation and Decision. Economics, Constitutional Theory and Deliberative Democracy, Aldershot 2004, S. 108–112.

Goldman, Sheldon, Conflict and Consensus in the United States Courts of Appeals, Wis. Law Rev. 1968, S. 461–482.

–, Voting Behavior on the United States Courts of Appeals, Am. Political Sci. Rev. 69 (1975), S. 491–506.

Good, I. J./Tullock, Gordon, Judicial Errors and a Proposal for Reform, J. Leg. Stud. 13 (1984), S. 289–298.

Goodin, Robert E., The Epistemic Benefits of Deliberative Democracy, Policy Sci. 50 (2017), S. 351–366.

Goodin, Robert E./Estlund, David, The Persuasiveness of Democratic Majorities, Politics Philos. Econ. 3 (2004), S. 131–142.

Goodin, Robert E./List, Christian, A Conditional Defense of Plurality Rule: Generalizing May's Theorem in a Restricted Informational Environment, Am. J. Political Sci. 50 (2006), S. 940–949.

–, Special Majorities Rationalized, Br. J. Political Sci. 36 (2006), S. 213–241.

Goodin, Robert E./Spiekermann, Kai, An Epistemic Theory of Democracy, Oxford 2018.

Gradstein, Mark/Nitzan, Shmuel, Performance Evaluation of Some Special Classes of Weighted Majority Rules, Math. Soc. Sci. 12 (1986), S. 31–46.

Grant, Ruth W., John Locke's Liberalism, Chicago 1987.

Graßhof, Malte, Auswirkungen der neuen Sitzblockade-Entscheidung des BVerfG. Wiederaufnahme aller bisherigen Verfahren oder nur der nach der ersten verfassungsgerichtlichen Entscheidung ergangenen Strafurteile?, NJW 1995, S. 3085–3090.

Greely, Hank, The Equality of Allocation by Lot, Harv. Civ. Rights-Civ. Liberties Law Rev. 12 (1977), S. 113–141.

Gribbohm, Günter, Richterliches Wollen und Urteilsfindung, MDR 1966, S. 975–977.

Grofman, Bernard, Downs and Two-Party Convergence, Annu. Rev. Political Sci. 7 (2004), S. 25–46.

Grofman, Bernard/Feld, Scott L., Rousseau's General Will: A Condorcetian Perspective, Am. Political Sci. Rev. 82 (1988), S. 567–576.

Grofman, Bernard/Feld, Scott L./Owen, Guillermo, Group Size and the Performance of a Composite Group Majority: Statistical Truths and Empirical Results, Organ. Behav. Hum. Perform. 33 (1984), S. 350–359.

Grofman, Bernard/Owen, Guillermo/Feld, Scott L., Thirteen Theorems in Search of the Truth, Theory Decis. 15 (1983), S. 261–278.

Groß, Thomas, Das Kollegialprinzip in der Verwaltungsorganisation, Tübingen 1999.

Grossi, Davide/Pigozzi, Gabriella, Judgment Aggregation: A Primer, San Rafael 2014.

Grotius, Hugo, De iure belli ac pacis libri tres, 2. Aufl., Amsterdam 1631.

Grünhut, Max, Das Minderheitsvotum, in: Paul Bockelmann/Wilhelm Gallas (Hrsg.), Festschrift für Eberhard Schmidt zum 70. Geburtstag, 2. Aufl., Göttingen 1971, S. 620–633.

Guarnaschelli, Serena/McKelvey, Richard D./Palfrey, Thomas R., An Experimental Study of Jury Decision Rules, Am. Political Sci. Rev. 94 (2000), S. 407–423.

Guggenberger, Bernd, An den Grenzen der Mehrheitsdemokratie, in: ders./Claus Offe (Hrsg.), An den Grenzen der Mehrheitsdemokratie. Politik und Soziologie der Mehrheitsregel, Opladen 1984, S. 184–195.

Guggenberger, Bernd/Offe, Claus (Hrsg.), An den Grenzen der Mehrheitsdemokratie. Politik und Soziologie der Mehrheitsregel, Opladen 1984.

Guilbaud, Georges-Théodule, Les théories de l'intérêt général et le problème logique de l'agrégation, Économie appliquée 5 (1952), S. 501–551 [auch abgedruckt in: Revue économique 63 (2012), S. 659–720].

Guilliard, Dorothee, Einzelrichter und Kollegialgericht seit der Reichszivilprozeßordnung von 1877 bis zur Zivilprozeßnovelle von 1933, Diss. Tübingen 1989.

Gundel, Jörg, Gemeinschaftsrichter und Generalanwälte als Akteure des Rechtsschutzes im Lichte des gemeinschaftsrechtlichen Rechtsstaatsprinzips, in: Peter-Christian

Müller-Graff/Dieter H. Scheuing (Hrsg.), Gemeinschaftsgerichtsbarkeit und Rechtsstaatlichkeit. EuR-Beiheft 3, Baden-Baden 2008, S. 23–44.

Gundermann, Ignaz, Ueber die Einstimmigkeit der Geschwornen. Beitrag zu Geschichte und Verständniss des Schwurgerichts, München 1849.

Gusy, Christoph, Das Mehrheitsprinzip im demokratischen Staat, AöR 106 (1981), S. 329–354.

–, Konsensprinzip oder Demokratie. Zur Auseinandersetzung um das Mehrheitsprinzip, ZfP 1985, S. 133–152.

Gutmann, Amy, Deliberative Democracy and Majority Rule: Reply to Waldron, in: Harold Hongju Koh/Ronald C. Slye (Hrsg.), Deliberative Democracy and Human Rights, New Haven 1999, S. 227–234.

Gutmann, Amy/Thompson, Dennis, Democratic Disagreement, in: Stephen Macedo (Hrsg.), Deliberative Politics. Essays on Democracy and Disagreement, New York 1999, S. 243–279.

Haberland, Stephan, Die verfassungsrechtliche Bedeutung der Opposition nach dem Grundgesetz, Berlin 1995.

Habermas, Jürgen, Faktizität und Geltung. Beiträge zur Diskurstheorie des Rechts und des demokratischen Rechtsstaats, Frankfurt am Main 1992.

Häcker, Hartmut, Die experimentelle Methode in der Rechtstatsachenforschung: Empirische Untersuchungen zum Problem Einzelrichter und Kollegium, in: Rolf Bender (Hrsg.), Tatsachenforschung in der Justiz. Einführung in die Methoden. Mit Untersuchungen zu: Prozeßbeschleunigung. Berufungsgründe. Einzelrichter und Kollegium. Gerichtsorganisation, Tübingen 1972, S. 143–166.

Hahn, Carl (Hrsg.), Die gesammten Materialien zu den Reichs-Justizgesetzen, Bd. 1, Abt. 1 und 2, 2. Aufl., Berlin 1883.

Hahn, Susanne, Rationalität. Eine Kartierung, 2. Aufl., Münster 2017.

Haire, Susan B./Moyer, Laura P./Treier, Shawn, Diversity, Deliberation, and Judicial Opinion Writing, J. Law Courts 1 (2013), S. 303–330.

Hall, Karl-Heinrich/Peter, Christoph, Dissenting opinion, Pressefreiheit und Strafverfolgungsinteresse – BVerfGE 20, 162, JuS 1967, S. 355–366.

Hall, Matthew E. K./Ura, Joseph Daniel, Judicial Majoritarianism, J. Politics 77 (2015), S. 818–832.

Halle, Frank, Sondervotum und separate opinion im Rechtsvergleich, in: Bernhard Großfeld/Herbert Roth (Hrsg.), Verfassungsrichter. Rechtsfindung am U. S. Supreme Court und am Bundesverfassungsgericht, Münster 1995, S. 141–150.

Hallowell, John H., The Moral Foundation of Democracy, Chicago 1954.

Hamann, Andreas, Das Kollegialprinzip und der »Einzelrichter« nach der 4. Novelle zur VwGO, VerwArch 83 (1992), S. 201–212.

Hamann, Andreas/Lenz, Helmut, Das Grundgesetz für die Bundesrepublik Deutschland vom 23. Mai 1949. Ein Kommentar für Wissenschaft und Praxis, 3. Aufl., Neuwied 1970.

Hamel, Christopher/Roussin, Juliette, L'injustifiable majorité? Loi naturelle et logiques majoritaires dans la pensée politique de John Locke, Raisons politiques 2014, S. 81–106.

Hamilton, Alexander/Madison, James/Jay, John, The Federalist With Letters of »Brutus«, hrsg. v. Terence Ball, Cambridge 2003.

Hamm, Rainer/Krehl, Christoph, Vier oder zehn Augen bei der strafprozessualen Revisionsverwerfung durch Beschluss? – Worum es wirklich geht, NJW 2014, S. 903–905.

Hanschmann, Felix, Der Begriff der Homogenität in der Verfassungslehre und Europarechtswissenschaft. Zur These von der Notwendigkeit homogener Kollektive unter besonderer Berücksichtigung der Homogenitätskriterien »Geschichte« und »Sprache«, Berlin 2008.

Hardin, Russell, Public Choice Versus Democracy, in: David Copp/Jean Hampton/John E. Roemer (Hrsg.), The Idea of Democracy, Cambridge 1993, S. 157–172.

Harsanyi, John C., Rational-Choice Models of Political Behavior vs. Functionalist and Conformist Theories, World Politics 21 (1969), S. 513–538.

Hartmann, Stephan/Pigozzi, Gabriella/Sprenger, Jan, Reliable Methods of Judgment Aggregation, J. Log. Comput. 20 (2010), S. 603–617.

Hartmann, Stephan/Sprenger, Jan, Judgment Aggregation and the Problem of Tracking the Truth, Synthese 187 (2012), S. 209–221.

Hartnett, Edward A., A Matter of Judgment, Not a Matter of Opinion, N. Y. Univ. Law Rev. 74 (1999), S. 123–160.

Hattenhauer, Hans, Zur Geschichte von Konsens- und Mehrheitsprinzip, in: ders./Werner Kaltefleiter (Hrsg.), Mehrheitsprinzip, Konsens und Verfassung. Kieler Symposium vom 14.–16. Juni 1984, Heidelberg 1986, S. 1–22.

Hattenhauer, Hans/Kaltefleiter, Werner (Hrsg.), Mehrheitsprinzip, Konsens und Verfassung. Kieler Symposium vom 14.–16. Juni 1984, Heidelberg 1986.

Häußler, Richard, Der Konflikt zwischen Bundesverfassungsgericht und politischer Führung. Ein Beitrag zu Geschichte und Rechtsstellung des Bundesverfassungsgerichts, Berlin 1994.

Haymann, Franz, Die Mehrheitsentscheidung. Ihr Sinn und ihre Schranke, in: Edgar Tatarin-Tarnheyden (Hrsg.), Festgabe für Rudolf Stammler zum 70. Geburtstage am 19. Februar 1926, Berlin 1926, S. 395–476.

Heffter, Ueber die juristische Intelligenz, ihre Bedeutung und Repräsentanten in der Rechtsverwaltung, insbesondere über das Collegial-System, AcP 13 (1830), S. 48–95.

Heghmanns, Michael, Anmerkung zu OLG Karlsruhe, Beschl. v. 16.10.2000 – 2 Ws 304/99 –, StV 2003, S. 14–15.

Heinberg, John Gilbert, History of the Majority Principle, Am. Political Sci. Rev. 20 (1926), S. 52–68.

–, Theories of Majority Rule, Am. Political Sci. Rev. 26 (1932), S. 452–469.

Heinemann, Hugo, Die Abstimmung in Strafgerichten. Abstimmung nach Gründen oder nach dem Gesamtergebnis?, ZStW 15 (1895), S. 1–96

–, Zur Lehre von der Abstimmung in den Strafgerichten, ZStW 15 (1895), S. 217–247.

Heinrich, Jürgen, Verhandlungsverantwortung und Verhandlungsleitung im Kollegialgericht, Hamburg 2015.

Heinze, Die Einstimmigkeit des Juryverdiktes, Archiv für Preußisches Strafrecht 13 (1865), S. 616–627, 665–680 und 729–742; 14 (1866), S. 3–14.

Helfen, Thomas, Die Kritik am Mehrheitsprinzip als Herausforderung der repräsentativen Demokratie, 2 Bd., Diss. Bonn 1992.

Hellwig, Konrad, System des Deutschen Zivilprozeßrechts, Teil 1, Leipzig 1912.

Hendel, Dieter, Einzelrichter – oder Kollegialsystem. Hypothesen der Kleingruppenforschung, in: Rolf Bender (Hrsg.), Tatsachenforschung in der Justiz. Einführung in die Methoden. Mit Untersuchungen zu: Prozeßbeschleunigung. Berufungsgründe. Einzelrichter und Kollegium. Gerichtsorganisation, Tübingen 1972, S. 105–125.

–, Hypothesen der Kleingruppenforschung zum Thema »Einzelrichter oder Kollegium«, JZ 1973, S. 412–415.

Henderson, M. Todd, From Seriatim to Consensus and Back Again: A Theory of Dissent, Supreme Court Rev. 2007, S. 283–344.

Herr, Robert, Vorbereitung mündlicher Verhandlungen durch Kollegialgerichte, NJW 1983, S. 2131–2132.

–, Zum rechtlichen Gehör in Zivilsachen bei den Kollegialgerichten in erster Instanz, MDR 1983, S. 634–635.

–, Der »dritte« Mann und seine Aktenkenntnis, DRiZ 1984, S. 359–361.

Herzog, Roman, Art. »Mehrheitsprinzip«, in: ders./Hermann Kunst/Klaus Schlaich/Wilhelm Schneemelcher (Hrsg.), Evangelisches Staatslexikon, Bd. I, 3. Aufl., Stuttgart 1987, Sp. 2108–2112.

Heß, Birgit/Wenske, Marc, Die Besetzungsreduktion der Großen Strafkammern auf dem endgültigen gesetzgeberischen Prüfstand, DRiZ 2010, S. 262–269.

Hesse, Konrad, Der Gleichheitsgrundsatz im Staatsrecht, AöR 77 (1951/52), S. 167–224.

–, Grundzüge des Verfassungsrechts der Bundesrepublik Deutschland, 20. Aufl., Heidelberg 1995.

Hettinger, Michael, Der ›beschuhte Fuß‹ als Werkzeug i. S. des § 250 I Nr. 2 StGB – BGHSt 30, 375, JuS 1982, S. 895–900.

Hettinger, Virginia A./Lindquist, Stefanie A./Martinek, Wendy L., Judging on a Collegial Court. Influences on Federal Appellate Decision Making, Charlottesville 2006.

Heun, Werner, Das Mehrheitsprinzip in der Demokratie. Grundlagen – Struktur – Begrenzungen, Berlin 1983.

Heüveldop, Bettina, Verfassungsrechtliche Anforderungen an das Besetzungsverfahren für die Kammern des BVerfG, NJW 1990, S. 28–29.

Heyde, Wolfgang, Das Minderheitsvotum des überstimmten Richters, Bielefeld 1966.

–, Dissenting Opinions in der deutschen Verfassungsgerichtsbarkeit, JöR 19 (1970), S. 201–227.

Hiete, Gerd, Soll es in den technischen Beschwerdesenaten des Bundespatentgerichts bei dem Stichentscheid des Vorsitzenden bleiben?, GRUR 1965, S. 347–350.

Hill, Werner, Die Stimme der Minderheit. Zur Bedeutung des »abweichenden Votums« bei Entscheidungen des Bundesverfassungsgerichts, ZRP 1985, S. 15–18.

Hillenkamp, Thomas, Zur Teilhabe des Laienrichters, in: Hans-Jörg Albrecht/Frieder Dünkel/Hans-Jürgen Kerner/Josef Kürzinger/Heinz Schöch/Klaus Sessar/Bernhard Villmow (Hrsg.), Internationale Perspektiven in Kriminologie und Strafrecht. Festschrift für Günther Kaiser zum 70. Geburtstag, Hbd. 2, Berlin 1998, S. 1437–1459.

Hillgruber, Christian, Die Herrschaft der Mehrheit. Grundlagen und Grenzen des demokratischen Majoritätsprinzips, AöR 127 (2002), S. 460–473.

–, Mehrheitsprinzip, in: Hanno Kube/Rudolf Mellinghoff/Gerd Morgenthaler/Ulrich Palm/Thomas Puhl/Christian Seiler (Hrsg.), Leitgedanken des Rechts. Paul Kirchhof zum 70. Geburtstag, Bd. I, Heidelberg 2013, § 61.

Hills, Roderick M., Are Judges Really More Principled Than Voters?, Univ. San Franc. Law Rev. 37 (2002), S. 37–61.

Hilpert, Johannes, Begründungspflicht des Bundesverfassungsgerichts? § 93d Abs. 1 S. 3 BVerfGG im Widerstreit mit verfassungs- und konventionsrechtlichen Vorgaben, Tübingen 2019.

Hindriks, Frank, Corporate Responsibility and Judgment Aggregation, Econ. Philos. 25 (2009), S. 161–177.

Hobbes, Thomas, Leviathan or The Matter, Forme and Power of a Common-Wealth Ecclesiasticall and Civil, London 1651.

Höffe, Otfried, Entscheidungstheoretische Denkfiguren und die Begründung von Recht, in: Winfried Hassemer/Arthur Kaufmann/Ulfrid Neumann (Hrsg.), Argumentation und Recht. Vorträge auf der Tagung der Deutschen Sektion der Internationalen Vereinigung für Rechts- und Sozialphilosophie (IVR) in der Bundesrepublik Deutschland, München, 3. bis 6. September 1978. ARSP-Beiheft 14, Wiesbaden 1980, S. 21–57.

Höfling, Wolfram/Burkiczak, Christian M., Das Mehrheitsprinzip im deutschen Staatsrecht – ein systematisierender Überblick, Jura 2007, S. 561–567.

Hofmann, Hasso/Dreier, Horst, Repräsentation, Mehrheitsprinzip und Minderheitenschutz, in: Hans-Peter Schneider/Wolfgang Zeh (Hrsg.), Parlamentsrecht und Parlamentspraxis in der Bundesrepublik Deutschland, Berlin 1989, § 5.

Hofstee, Willem K. B., Allocation by Lot: A Conceptual and Empirical Analysis, Soc. Sci. Inf. 29 (1990), S. 745–763.

Hohlweck, Martin, Die Beweiswürdigung: Beurteilung von Zeugenaussagen, JuS 2002, S. 1105–1108 und 1207–1212.

Hollerbach, Alexander, Art. »Rechtswissenschaft«, in: Görres-Gesellschaft (Hrsg.), Staatslexikon. Recht, Wirtschaft, Gesellschaft, Bd. 4, 7. Aufl., Freiburg 1995, Sp. 751–760.

Holtappels, Peter, Die Entwicklungsgeschichte des Grundsatzes »in dubio pro reo«, Hamburg 1965.

Holtfort, Werner, Praktische Vorschläge, das Bundesverfassungsgericht in eine demokratieangemessene Rolle zurückzuführen, in: Wolfgang Däubler/Gudrun Küsel (Hrsg.), Verfassungsgericht und Politik. Kritische Beiträge zu problematischen Urteilen, Hamburg 1979, S. 191–203.

Homberger-Stäheli, Daniela, Das Minderheitsvotum des überstimmten Richters, Diss. Zürich 1973.

Hong, Joon Seok, Signaling the Turn: The Supermajority Requirement and Judicial Power on the Constitutional Court of Korea, Am. J. Comp. Law 67 (2019), S. 177–217.

Hong, Lu/Page, Scott E., Groups of Diverse Problem Solvers Can Outperform Groups of High-Ability Problem Solvers, Proc. Natl. Acad. Sci. 101 (2004), S. 16385–16389.

Höpker, Heinrich, Grundlagen, Entwicklung und Problematik des Mehrheitsprinzips und seine Stellung in der Demokratie, Diss. Köln 1957.

Höreth, Marcus, Richter contra Richter: Sondervoten beim EuGH als Alternative zum »Court Curbing«, Der Staat 50 (2011), S. 191–226.

Horn, Hans-Detlef, Mehrheit im Plebiszit. Zur Voraussetzung eines Zustimmungsquorums bei Volks- und Bürgerentscheiden, Der Staat 38 (1999), S. 399–422.

Hörnle, Tatjana, »Justice as Fairness« – Ein Modell auch für das Strafverfahren?, Rechtstheorie 35 (2014), S. 175–194.

Hübner Mendes, Conrado, Constitutional Courts and Deliberative Democracy, Oxford 2013.

Hufen, Friedhelm, Perspektiven des rechtswissenschaftlichen Studiums. Der Wissenschaftsrat betont die Wissenschaftlichkeit der Juristenausbildung, rennt aber auch offene Türen rein, ZDRW 2013, S. 5–20.

Hülle, Werner, Geschichtliches vom Beratungsgeheimnis, DRiZ 1986, S. 384–387.

Hurwitz, Mark S./Lanier, Drew Noble, I Respectfully Dissent: Consensus, Agendas, and Policymaking on the U. S. Supreme Court, 1888–1999, Rev. Policy Res. 21 (2004), S. 429–445.

Hyland, Richard, Rezension zu: Ernst, Wolfgang, Rechtserkenntnis durch Richtermehrheiten. »group choice« in europäischen Justiztraditionen, Tübingen 2016, Quad. fior. 47 (2018), S. 560–571.

Hylland, Aanund, The Purpose and Significance of Social Choice Theory: Some General Remarks and an Application to the ›Lady Chatterley Problem‹, in: Jon Elster/Aanund Hylland (Hrsg.), Foundations of Social Choice Theory, Cambridge 1986, S. 45–73.

Ingold, Albert, Das Recht der Oppositionen. Verfassungsbegriff – Verfassungsdogmatik – Verfassungstheorie, Tübingen 2015.

Ipsen, Jörn, Verfassungswidrig, aber nicht verboten. Das NPD-Urteil des Bundesverfassungsgerichts, RuP 53 (2017), S. 3–8.

Isensee, Josef, Bundesverfassungsgericht – quo vadis?, JZ 1996, S. 1085–1093.

–, Verfassungsrecht als »politisches Recht«, in: ders./Paul Kirchhof (Hrsg.), Handbuch des Staatsrechts der Bundesrepublik Deutschland, Bd. XII, 3. Aufl., Heidelberg 2014, § 268.

–, Die Rationalität des Staates und die Irrationalität des Menschen. Prämissen der Demokratie, AöR 140 (2015), S. 169–197.

Iuliano, Jason, Jury Voting Paradoxes, Mich. Law Rev. 113 (2014), S. 405–427.

Jacobi, Tonja, The Judiciary, in: Daniel A. Farber/Anne Joseph O'Connell (Hrsg.), Research Handbook on Public Choice and Public Law, Cheltenham 2010, S. 234–260.

Jacobs, Uwe Kai, »Man soll die Stimmen wägen und nicht zählen« – Über fragwürdige Begrenzungen des Mehrheitsprinzips, NJW 1989, S. 3205–3207.

Jaconelli, Joseph, Majority Rule and Special Majorities, Public Law 1989, S. 587–616.

–, Solomonic Justice and the Common Law, Oxf. J. Leg. Stud. 12 (1992), S. 480–506.

Jäger, Wolfgang, Art. »Mehrheit, Minderheit, Majorität, Minorität«, in: Otto Brunner/Werner Conze/Reinhart Koselleck (Hrsg.), Geschichtliche Grundbegriffe. Historisches Lexikon zur politisch-sozialen Sprache in Deutschland, Bd. 3, Stuttgart 1982, S. 1021–1062.

–, Art. »Mehrheit, Mehrheitsprinzip«, in: Görres-Gesellschaft (Hrsg.), Staatslexikon. Recht, Wirtschaft, Gesellschaft, Bd. 3, 7. Aufl., Freiburg 1987, Sp. 1082–1085.

Jäger, York, Entscheidungsverhalten und Hintergrundfaktoren der Bundesverfassungsrichter, ZRP 1987, S. 360–363.

Jahn, Die Abstimmung, insbesondere bei den Steuergerichten, ZStW 53 (1934), S. 490–506.

Jahn, Gerhard, Zur Justizreform, DRiZ 1970, S. 209–211 [mit Berichtigung auf S. 276].

Jarass, Hans D., Losverfahren und Grundrechte. Am Beispiel der Spielhallenerlaubnis, NVwZ 2017, S. 273–280.

Jellinek, Georg, Das Recht der Minoritäten. Vortrag gehalten in der Juristischen Gesellschaft zu Wien, Wien 1898.

Jestaedt, Matthias, Demokratieprinzip und Kondominialverwaltung. Entscheidungsteilhabe Privater an der öffentlichen Verwaltung auf dem Prüfstand des Verfassungsprinzips Demokratie, Berlin 1993.

–, Rechtswissenschaft als normative Disziplin. Banalität, Komplexität und Brisanz der Klassifikationsfrage, in: Stephan Kirste (Hrsg.), Interdisziplinarität in den Rechtswissenschaften. Ein interdisziplinärer und internationaler Dialog, Berlin 2016, S. 103–114.

Jestaedt, Matthias/Lepsius, Oliver, Der Rechts- und der Demokratietheoretiker Hans Kelsen – Eine Einführung, in: Hans Kelsen, Verteidigung der Demokratie. Abhandlungen zur Demokratietheorie, hrsg. v. Matthias Jestaedt/Oliver Lepsius, Tübingen 2006, S. VII–XXIX.

Jochum, Georg, Materielle Anforderungen an das Entscheidungsverfahren in der Demokratie, Berlin 1997.

Joel Reyes y Ráfales, Francisco, Das Umschlagen von Rationalitätsdefiziten in Verfassungsverletzungen am Beispiel des Atomausstiegs. Zugleich ein Beitrag zur »Verfassungspflicht zu optimaler Gesetzgebungsmethodik«, Der Staat 52 (2013), S. 597–629.

Joerden, Jan C., Deontische Logik, in: Eric Hilgendorf/Jan C. Joerden (Hrsg.), Handbuch Rechtsphilosophie, Stuttgart 2017, S. 242–245.

–, Logik im Recht. Grundlagen und Anwendungsbeispiele, 3. Aufl., Berlin 2018.

Johnson, Nevil, The Majority Principle and Consensus in the British Constitutional Tradition, in: Hans Hattenhauer/Werner Kaltefleiter (Hrsg.), Mehrheitsprinzip, Konsens und Verfassung. Kieler Symposium vom 14.–16. Juni 1984, Heidelberg 1986, S. 151–167.

Jonas, »Das Schöffengericht in seiner Mehrheit …«, JW 1912, S. 439.

Jones, Peter, Political Equality and Majority Rule, in: David Miller/Larry Siedentop (Hrsg.), The Nature of Political Theory, Oxford 1983, S. 155–182.

Jung, Heike, Über die Wahrheit und ihre institutionellen Garanten, JZ 2009, S. 1129–1135.

Jung, Heinz, Die Urteilsbegründung des überstimmten Strafrichters, JW 1927, S. 363–365.

Jürgenmeyer, Michael, Satzungsklauseln über qualifizierte Beschlussmehrheiten im Aufsichtsrat der Aktiengesellschaft, ZGR 2007, S. 112–143.

Kaiser, Roman, Mehrheitserfordernisse im Staatsrecht, JuS 2017, S. 221–224.

Kaiser, Roman/Wolff, Daniel, »Verfassungshütung« im Commonwealth als Vorbild für den deutschen Verfassungsstaat? Zugleich ein Beitrag zur Legitimation verfassungsgerichtlicher Normenkontrollrechte, Der Staat 56 (2017), S. 39–76.

Kaniovski, Serguei, Aggregation of Correlated Votes and Condorcet's Jury Theorem, Theory Decis. 69 (2010), S. 453–468.

Karlsruher Kommentar zur Strafprozessordnung mit GVG, EGGVG und EMRK, hrsg. v. Rolf Hannich, 8. Aufl., München 2019.

Karotkin, Drora, Justification of the Simple Majority and Chairman Rules, Soc. Choice Welf. 13 (1996), S. 479–486.

Karotkin, Drora/Paroush, Jacob, Variability of Decisional Ability and the Essential Order of Decision Rules, J. Econ. Behav. Organ. 23 (1994), S. 343–354.

Käßer, Wolfgang, Wahrheitserforschung im Strafprozeß. Methoden der Sachverhaltsaufklärung, Berlin 1974.

Kastellec, Jonathan P., Panel Composition and Voting on the U. S. Courts of Appeals Over Time, Political Res. Q. 64 (2010), S. 377–391.

Katholnigg, Oskar, Strafgerichtsverfassungsrecht. Kommentar, 3. Aufl., Köln 1999.

Katz, Leo, Why the Law Is So Perverse, Chicago 2011.

Kau, Marcel, United States Supreme Court und Bundesverfassungsgericht. Die Bedeutung des United States Supreme Court für die Errichtung und Fortentwicklung des Bundesverfassungsgerichts, Heidelberg 2007.

Kaufmann, Arthur, Rechtsphilosophie, Rechtstheorie, Rechtsdogmatik, in: Winfried Hassemer/Ulfrid Neumann/Frank Saliger (Hrsg.), Einführung in die Rechtsphilosophie und Rechtstheorie der Gegenwart, 9. Aufl., Heidelberg 2016, S. 1–22.

Kaufmann, E., Art. »Urteilsfindung – Urteilsschelte«, in: Adalbert Erler/Ekkehard Kaufmann/Dieter Werkmüller (Hrsg.), Handwörterbuch zur deutschen Rechtsgeschichte, Bd. V, Berlin 1998, Sp. 619–622.

Kelemen, Katalin, Dissenting Opinions in Constitutional Courts, Ger. Law J. 14 (2013), S. 1345–1371.

Kelsen, Hans, Allgemeine Staatslehre, Berlin 1925.

–, Vom Wesen und Wert der Demokratie, 2. Aufl., Tübingen 1929 [auch abgedruckt in: ders., Verteidigung der Demokratie. Abhandlungen zur Demokratietheorie, hrsg. v. Matthias Jestaedt/Oliver Lepsius, Tübingen 2006, S. 149–228].

–, Reine Rechtslehre. Mit einem Anhang: Das Problem der Gerechtigkeit, 2. Aufl., Wien 1960.

Kendall, Willmoore, The Majority Principle and the Scientific Elite, South. Rev. 4 (1938/39), S. 463–473.

–, John Locke and the Doctrine of Majority-Rule, Urbana 1941.

–, Prolegomena to Any Future Work on Majority Rule, J. Politics 12 (1950), S. 694–713.

Kendall, Willmoore/Carey, George W., The »Intensity« Problem and Democratic Theory, Am. Political Sci. Rev. 62 (1968), S. 5–24.

Kern, Eduard, Die qualifizierten Mehrheiten im Strafverfahren, DJ 1938, S. 1386–1389.

–, Geschichte des Gerichtsverfassungsrechts, München 1954.

–, Anmerkung zu VG Bebenhausen, Urt. v. 14.01.1959 – III a 176/58 –, JZ 1959, S. 320–322.

–, Die Ständigkeit der Gerichte und die Überbesetzung der Kammern und Senate, DRiZ 1959, S. 142–144.

Kern, Lucian, Neuere Ergebnisse der Theorie kollektiver Entscheidungen, ZgS 133 (1977), S. 652–680.

–, Sind demokratische Entscheidungsregeln verfälschungsfrei? Eine politische Interpretation einiger Ergebnisse der Theorie kollektiver Entscheidungen, PVS 20 (1979), S. 330–356.

Kern, Lucian/Nida-Rümelin, Julian, Logik kollektiver Entscheidungen, München 1994.

Kiener, Regina, Richterliche Unabhängigkeit. Verfassungsrechtliche Anforderungen an Richter und Gerichte, Bern 2001.

Kim, Pauline T., Deliberation and Strategy on the United States Courts of Appeals: An Empirical Exploration of Panel Effects, Univ. Pa. Law Rev. 157 (2009), S. 1319–1381.

Kinzig, Jörg/Stelly, Wolfgang, Neue statistische Analysen zum Freispruch, StV 2017, S. 610–615.

Kirby, Michael, Judicial Dissent – Common Law and Civil Law Traditions, Law Q. Rev. 123 (2007), S. 379–400.

Kirchhof, Paul, Die Identität der Verfassung, in: Josef Isensee/Paul Kirchhof (Hrsg.), Handbuch des Staatsrechts der Bundesrepublik Deutschland, Bd. II, 3. Aufl., Heidelberg 2004, § 21.

Kischel, Uwe, Die Begründung. Zur Erläuterung staatlicher Entscheidungen gegenüber dem Bürger, Tübingen 2003.

–, Amt, Unbefangenheit und Wahl der Bundesverfassungsrichter, in: Josef Isensee/Paul Kirchhof (Hrsg.), Handbuch des Staatsrechts der Bundesrepublik Deutschland, Bd. III, 3. Aufl., Heidelberg 2005, § 69.

–, Rationalität und Begründung, in: Hanno Kube/Rudolf Mellinghoff/Gerd Morgenthaler/Ulrich Palm/Thomas Puhl/Christian Seiler (Hrsg.), Leitgedanken des Rechts. Paul Kirchhof zum 70. Geburtstag, Bd. I, Heidelberg 2013, § 34.

Kissel, Otto Rudolf, Gerichtsinterne Demokratie, DRiZ 1995, S. 125–132.

Kissel, Otto Rudolf/Mayer, Herbert, Gerichtsverfassungsgesetz. Kommentar, 9. Aufl., München 2018.

Kleinknecht, Manfred, Diskussionspapier »Qualität in der Justiz«, DRiZ 2002, S. 77–80.

Kloepfer, Michael, Verfassungsrecht I. Grundlagen, Staatsorganisationsrecht, Bezüge zum Völker- und Europarecht, München 2011.

Klöhn, Lars/Stephan, Ekkehard, Psychologische Aspekte der Urteilsbildung bei juristischen Experten, in: Stephanie Holzwarth/Ulrich Lambrecht/Sebastian Schalk/Annette Späth/Eva Zach (Hrsg.), Die Unabhängigkeit des Richters. Richterliche Entscheidungsfindung in den Blick genommen, Tübingen 2009, S. 65–94.

Knauer, Christoph, Die Kollegialentscheidung im Strafrecht. Zugleich ein Beitrag zum Verhältnis von Kausalität und Mittäterschaft, München 2001.

Kniffka, Rolf, Das Ansehen der Justiz in der Öffentlichkeit, ZfRSoz 2 (1981), S. 225–240.

Knight, Jack/Johnson, James, Aggregation and Deliberation: On the Possibility of Democratic Legitimacy, Political Theory 22 (1994), S. 277–296.

Knops, Andrew, Representing Collective Reasons for Group Decisions: The Judgment Aggregation Problem Revisited, J. Theor. Politics 23 (2011), S. 448–462.

Knoth, Vorsitzender und Beisitzer im erweiterten Schöffengerichte, DRiZ 1925, Sp. 333.

Koch, Claudia, Die Landesverfassungsgerichtsbarkeit der Freien Hansestadt Bremen. Geschichte, Organisation, Zuständigkeit, Verfahren, Berlin 1981.

Kogelmann, Brian, The Supreme Court as the Fountain of Public Reason, Leg. Theory 24 (2018), S. 345–369.

Kohlhaas, Das Beratungsgeheimnis, NJW 1953, S. 401–404.

Kölbel, Ralf, Der Stand der internationalen Fehlurteilsforschung: Was kann man daraus für Deutschland lernen?, in: Stephan Barton/Marieke Dubelaar/Ralf Kölbel/Michael Lindemann (Hrsg.), »Vom hochgemuten, voreiligen Griff nach der Wahrheit«. Fehlurteile im Strafprozess, Baden-Baden 2018, S. 31–58.

Kölbel, Ralf/Puschke, Jens/Singelnstein, Tobias, Zum Stand, zur Notwendigkeit und zu den Aussichten der Prozessfehler- und Fehlurteilsforschung, GA 166 (2019), S. 129–148.

Kölz, Alfred, Fortschritt, unideologisch. Von der Aktualität Condorcets (1743–1794), in: ders., Der Weg der Schweiz zum modernen Bundesstaat: 1789 – 1798 – 1848 – 1998. Historische Abhandlungen, Chur 1998, S. 161–169.

Kopp, Ferdinand, Entlastung der Verwaltungsgerichte und Beschleunigung des Verfahrens nach dem Entwurf einer Verwaltungsprozeßordnung (EVwPO), DVBl. 1982, S. 613–622.

Kordana, Kevin A./Posner, Eric A., A Positive Theory of Chapter 11, N. Y. Univ. Law Rev. 74 (1999), S. 161–234.

Kornhauser, Lewis A., Modeling Collegial Courts I: Path-Dependence, Int. Rev. Law Econ. 12 (1992), S. 169–185.

–, Modeling Collegial Courts. II. Legal Doctrine, J. Law Econ. Organ. 8 (1992), S. 441–470.

–, Aggregate Rationality in Adjudication and Legislation, Politics Philos. Econ. 7 (2008), S. 5–27.

Kornhauser, Lewis A./Sager, Lawrence G., Unpacking the Court, Yale Law J. 96 (1986), S. 82–117.
–, Just Lotteries, Soc. Sci. Inf. 27 (1988), S. 483–516.
–, The One and the Many: Adjudication in Collegial Courts, Calif. Law Rev. 81 (1993), S. 1–59.
–, The Many as One: Integrity and Group Choice in Paradoxical Cases, Philos. Public Aff. 32 (2004), S. 249–276.
Kotsoglou, Kyriakos N., Über die Bedeutungslosigkeit des Satzes »in dubio pro reo«. Eine grammatisch-logische Rekonstruktion der Freispruchsdogmatik, ZIS 2014, S. 31–46.
–, Forensische Erkenntnistheorie. Der Inferentielle Kontextualismus und die Funktion der kontextrelevanten Zweifel im Strafverfahren – Zugleich eine analytische Perspektive zur Sachverhaltsfeststellungsdogmatik, Berlin 2015.
–, Das Fehlurteil gibt es nicht. Zur Aufgabe des Tatrichters, JZ 2017, S. 123–132.
Kramer, Gerald H., Some Procedural Aspects of Majority Rule, in: J. Roland Pennock/John W. Chapman (Hrsg.), Due Process. Nomos XVIII, New York 1977, S. 264–295.
Kranenpohl, Uwe, Hinter dem Schleier des Beratungsgeheimnisses. Der Willensbildungs- und Entscheidungsprozess des Bundesverfassungsgerichts, Wiesbaden 2010.
Krauß, Detlef, Das Prinzip der materiellen Wahrheit im Strafprozeß, in: Gerald Grünwald/Olaf Miehe/Hans-Joachim Rudolphi/Hans-Ludwig Schreiber (Hrsg.), Festschrift für Friedrich Schaffstein zum 70. Geburtstag am 28. Juli 1975, Göttingen 1975, S. 411–431.
Kreittmayr, Wiguläus Xaver Aloys von, Anmerkungen über den Codicem Juris Bavarici Judiciarii, München 1755 [anonym veröffentlicht].
–, Anmerkungen über den Codicem Juris Bavarici Criminalis, 2. Aufl., München 1774 [anonym veröffentlicht].
Kriele, Martin, Das demokratische Prinzip im Grundgesetz, in: VVDStRL 29 (1971), S. 46–84.
–, Recht und praktische Vernunft, Göttingen 1979.
–, Einführung in die Staatslehre. Die geschichtlichen Legitimitätsgrundlagen des demokratischen Verfassungsstaates, 6. Aufl., Stuttgart 2003.
Kries, August von, Lehrbuch des Deutschen Strafprozeßrechts, Freiburg 1892.
Krishnamurthi, Guha/Reidy, Jon/Stephan, Michael J./Pennington, Shane, An Elementary Defense of Judicial Majoritarianism, Tex. Law Rev. See Also 88 (2009), S. 33–38.
Kröpil, Karl, Wahrheitssuche und Gerechtigkeit im Strafverfahren. Joachim Wagner zur justiziellen Praxis und normativen Lage, RuP 54 (2018), S. 97–110.
Krüger, Herbert, Allgemeine Staatslehre, 2. Aufl., Stuttgart 1966.
Krüger, Ulrich, Kopf oder Zahl, myops, Heft 30 (2017), S. 73–78.
Krüger, Wolfgang, Unanfechtbarkeit des Beschlusses nach § 522 II ZPO. Ein Zwischenruf, NJW 2008, S. 945–947.
Kruis, Konrad, Richterverantwortung und Abstimmungsquoren in der Verfassungsgerichtsbarkeit, in: Bayerischer Verfassungsgerichtshof (Hrsg.), Verfassung als Verantwortung und Verpflichtung. Festschrift zum 50-jährigen Bestehen des Bayerischen Verfassungsgerichtshofs, München 1997, S. 63–77.
Krüper, Julian, Das Glück der größten Zahl – Zum Mehrheitsprinzip als Funktionsregel im Verfassungsstaat, ZJS 2009, S. 477–486.
Kuflik, Arthur, Majority Rule Procedure, in: J. Roland Pennock/John W. Chapman (Hrsg.), Due Process. Nomos XVIII, New York 1977, S. 296–332.

Kühne, Rudolf, Die Rechtsstellung der Beisitzer im Kollegialgericht, DRiZ 1960, S. 390–394.

Ladha, Krishna K., The Condorcet Jury Theorem, Free Speech, and Correlated Votes, Am. J. Political Sci. 36 (1992), S. 617–634.

–, Condorcet's Jury Theorem in Light of De Finetti's Theorem. Majority-Rule Voting With Correlated Votes, Soc. Choice Welf. 10 (1993), S. 69–85.

–, Information Pooling Through Majority-Rule Voting: Condorcet's Jury Theorem With Correlated Votes, J. Econ. Behav. Organ. 26 (1995), S. 353–372.

Laffranque, Julia, Dissenting Opinion and Judicial Independence, Juridica Int. 8 (2003), S. 162–172.

Lagerspetz, Eerik, Pufendorf on Collective Decisions, Public Choice 49 (1986), S. 179–182.

–, Wisdom and Numbers, Soc. Sci. Inf. 49 (2010), S. 29–59.

–, Albert Heckscher on Collective Decision-Making, Public Choice 159 (2014), S. 327–339.

–, Social Choice and Democratic Values, Berlin 2016.

–, Kelsen on Democracy and Majority Decision, ARSP 103 (2017), S. 155–179.

Lahno, Bernd, Challenging the Majority Rule in Matters of Truth, Erasmus J. Philos. Econ. 7 (2014), S. 54–72.

Lamprecht, Rolf, Anonymität oder Transparenz in der Urteilsfindung. Abweichende Meinungen und ihre Bedeutung für die Rechtskultur, DRiZ 1992, S. 325–335.

–, Die autistische Gewalt, DRiZ 1992, S. 237.

–, Richter contra Richter. Abweichende Meinungen und ihre Bedeutung für die Rechtskultur, Baden-Baden 1992.

–, Oligarchie in Karlsruhe: Über die Erosion der Gewaltenteilung, NJW 1994, S. 3272–3274.

–, Beratungsgeheimnis, »dissenting vote« und richterliche Unabhängigkeit, DRiZ 1996, S. 233–239.

–, Vom Mythos der Unabhängigkeit, 2. Aufl., Baden-Baden 1996.

–, Vom Untertan zum Bürger – Wie das Bonner Grundgesetz an seinem Karlsruher »Über-Ich« gewachsen ist, NJW 2009, S. 1454–1457.

–, Ein Gericht, zwei Lager. Der BGH zwischen Anonymität und Transparenz, NJW 2013, S. 3563–3565.

–, Rechtsfrieden durch Rotation im Vorsitz. Wie die obersten Gerichtshöfe des Bundes zur Ruhe kommen könnten, NJW 2016, S. 298–301.

Landa, Dimitri/Lax, Jeffrey R., Disagreements on Collegial Courts: A Case-Space Approach, Univ. Pa. J. Const. Law 10 (2008), S. 305–329.

–, Legal Doctrine on Collegial Courts, J. Politics 71 (2009), S. 946–963.

Landemore, Hélène, Democratic Reason. Politics, Collective Intelligence, and the Rule of Many, Princeton 2013.

–, Beyond the Fact of Disagreement? The Epistemic Turn in Deliberative Democracy, Soc. Epistemol. 31 (2017), S. 277–295.

Landfried, Christine, Die Wahl der Bundesverfassungsrichter und ihre Folgen für die Legitimität der Verfassungsgerichtsbarkeit, in: Robert Chr. van Ooyen/Martin H. W. Möllers (Hrsg.), Handbuch Bundesverfassungsgericht im politischen System, 2. Aufl., Wiesbaden 2015, S. 369–387.

Landwehr, Claudia, Deliberation, Aggregation und epistemischer Fortschritt, in: André Bächtiger/Susumu Shikano/Eric Linhart (Hrsg.), Jahrbuch für Handlungs- und Entscheidungstheorie, Bd. 9: Deliberation und Aggregation, Wiesbaden 2015, S. 41–63.

Lang, von, Ueber die Abstimmung in Kollegien, ZZP 26 (1899), S. 63–78.

Lansnicker, Frank, Richteramt in Deutschland. Im Spannungsfeld zwischen Recht und Politik. Darstellung und Analyse anhand von ausgewählten Fallbeispielen, Frankfurt am Main 1996.

Larenz, Karl, Methodenlehre der Rechtswissenschaft, 6. Aufl., Berlin 1991.

Lässig, Curt Lutz, Die Einführung der VwGO nach dem Einigungsvertrag – Licht und Schatten, NVwZ 1991, S. 1140–1144.

Lauderdale, Benjamin E./Clark, Tom S., The Supreme Court's Many Median Justices, Am. Political Sci. Rev. 106 (2012), S. 847–866.

Laufer, Heinz, Die demokratische Ordnung. Eine Einführung, Stuttgart 1966.

Lautmann, Rüdiger, Hierarchie im Richterkollegium. Zur Vereinheitlichung der Richtertitel, ZRP 1972, S. 129–132.

Lax, Jeffrey R., Certiorari and Compliance in the Judicial Hierarchy. Discretion, Reputation and the Rule of Four, J. Theor. Politics 15 (2003), S. 61–86.

Lechner, Hans, Bundesverfassungsgerichtsgesetz, 3. Aufl., München 1973.

Lechner, Hans/Zuck, Rüdiger, Bundesverfassungsgerichtsgesetz. Kommentar, 7. Aufl., München 2015; 8. Aufl., München 2019.

Lee, Jeth, Legal Positivism and Economics: A Positive Correlation?, Singap. Law Rev. 25 (2007), S. 124–135.

Lege, Joachim, Drei Versuche über Demokratie, JZ 2009, S. 756–762.

Leibholz, Gerhard, Strukturprobleme der modernen Demokratie, 3. Aufl., Karlsruhe 1967.

–, Die Repräsentation in der Demokratie, 3. Aufl., Berlin 1973.

Leibholz, Gerhard/Rupprecht, Reinhard, Bundesverfassungsgerichtsgesetz. Rechtsprechungskommentar, Köln 1968.

–, Bundesverfassungsgerichtsgesetz. Kommentar. Nachtrag, Köln 1971.

Leiman, Joan Maisel, The Rule of Four, Columbia Law Rev. 57 (1957), S. 975–992.

Leininger, Wolfgang, The Fatal Vote: Berlin versus Bonn, Finanzarchiv 50 (1993), S. 1–20.

Lenz, Christofer/Hansel, Ronald, Bundesverfassungsgerichtsgesetz. Handkommentar, 2. Aufl., Baden-Baden 2015.

Lepsius, Oliver, Zwischen Volkssouveränität und Selbstbestimmung. Zu Kelsens demokratietheoretischer Begründung einer sozialen Ordnung aus der individuellen Freiheit, in: Hauke Brunkhorst/Rüdiger Voigt (Hrsg.), Rechts-Staat. Staat, internationale Gemeinschaft und Völkerrecht bei Hans Kelsen, Baden-Baden 2008, S. 15–37.

–, Die maßstabsetzende Gewalt, in: Matthias Jestaedt/Oliver Lepsius/Christoph Möllers/Christoph Schönberger, Das entgrenzte Gericht. Eine kritische Bilanz nach sechzig Jahren Bundesverfassungsgericht, Berlin 2011, S. 159–279.

Letsas, George, No Human Right to Adopt?, Univ. Coll. Lond. Hum. Rights Rev. 1 (2008), S. 135–154.

Leu, Hans R./Werner, Ekkehard, Der Einzelne und die Gruppe im juristischen Entscheidungsprozeß, in: Rolf Bender (Hrsg.), Tatsachenforschung in der Justiz. Einführung in die Methoden. Mit Untersuchungen zu: Prozeßbeschleunigung. Berufungsgründe. Einzelrichter und Kollegium. Gerichtsorganisation, Tübingen 1972, S. 127–142.

Levmore, Saul, Parliamentary Law, Majority Decisionmaking, and the Voting Paradox, Va. Law Rev. 75 (1989), S. 971–1044.
–, Conjunction and Aggregation, Mich. Law Rev. 99 (2001), S. 723–756.
–, Ruling Majorities and Reasoning Pluralities, Theor. Inq. Law 3 (2002), S. 87–123.
Levy, Leonard W., The Palladium of Justice. Origins of Trial by Jury, Chicago 1999.
Levy, Marin K., Panel Assignment in the Federal Courts of Appeals, Cornell Law Rev. 103 (2017), S. 65–116.
Lewis, George Cornewall, An Essay on the Influence of Authority in Matters of Opinion, London 1849.
Lietzmann, Hans J., Kontingenz und Geheimnis. Die Veröffentlichung der Sondervoten beim Bundesverfassungsgericht, in: Robert Chr. van Ooyen/Martin H. W. Möllers (Hrsg.), Handbuch Bundesverfassungsgericht im politischen System, 2. Aufl., Wiesbaden 2015, S. 459–475.
Limbach, Jutta, Die Akzeptanz verfassungsgerichtlicher Entscheidungen. Vortrag in der Rechtswissenschaftlichen Fakultät am 2. Juli 1996, Münster 1997.
–, Die Akzeptanz verfassungsgerichtlicher Entscheidungen, in: Jürgen Brand/Dieter Strempel (Hrsg.), Soziologie des Rechts. Festschrift für Erhard Blankenburg zum 60. Geburtstag, Baden-Baden 1998, S. 207–219.
–, Die Akzeptanz verfassungsgerichtlicher Entscheidungen – Die Rolle der Demoskopie, in: Johannes W. Pichler (Hrsg.), Rechtsakzeptanz und Handlungsorientierung, Wien 1998, S. 257–273.
Lindemann, Klaus, Für den Alleinrichter 1. Instanz, ZRP 1989, S. 41–44.
Lindner, Josef Franz, Was kann die Rechtswissenschaft vom »Wiener Kreis« lernen?, RphZ 2016, S. 44–65.
–, Deutscher Ethikrat als praeceptor iurisdictionis? Kritik der Ad-hoc-Empfehlung »Suizidprävention statt Suizidunterstützung«, ZRP 2017, S. 148–151.
–, Rechtswissenschaft als Metaphysik. Das Münchhausenproblem einer Selbstermächtigungswissenschaft, Tübingen 2017.
–, Sein und Sollen. Zur Rekonstruktion des sog. »Methodendualismus«, RphZ 2017, S. 396–416.
–, Der Rechtswissenschaftler als sokratische Figur, NJW 2019, S. 279–283.
Lindner, Richard, Ist § 522 Abs. 3 ZPO verfassungswidrig? Zur Nichtanfechtbarkeit von Beschlüssen, mit denen zulässige Berufungen zurückgewiesen werden, ZIP 2003, S. 192–199.
Lindner, Tobias, Das Bundestagswahlrecht aus Perspektive der Social Choice-Theorie, PWP 12 (2011), S. 242–257.
List, Christian, Two Concepts of Agreement, Good. Soc. 11 (2002), S. 72–79.
–, A Possibility Theorem on Aggregation Over Multiple Interconnected Propositions, Math. Soc. Sci. 45 (2003), S. 1–13, mit Corrigendum, Math. Soc. Sci. 52 (2006), S. 109–110.
–, A Model of Path-Dependence in Decisions Over Multiple Propositions, Am. Political Sci. Rev. 98 (2004), S. 495–513.
–, On the Significance of the Absolute Margin, Br. J. Philos. Sci. 55 (2004), S. 521–544.
–, Substantive and Meta-Agreement, in: Anne van Aaken/Christian List/Christoph Luetge (Hrsg.), Deliberation and Decision. Economics, Constitutional Theory and Deliberative Democracy, Aldershot 2004, S. 119–134.
–, Group Knowledge and Group Rationality: A Judgment Aggregation Perspective, Episteme 2 (2005), S. 25–38.

–, The Probability of Inconsistencies in Complex Collective Decisions, Soc. Choice Welf. 24 (2005), S. 3–32.
–, The Discursive Dilemma and Public Reason, Ethics 116 (2006), S. 362–402.
–, Deliberation and Agreement, in: Shawn W. Rosenberg (Hrsg.), Deliberation, Participation and Democracy. Can the People Govern?, Basingstoke 2007, S. 64–81.
–, Group Communication and the Transformation of Judgments: An Impossibility Result, J. Political Philos. 19 (2011), S. 1–27.
–, Collective Wisdom: Lessons from the Theory of Judgment Aggregation, in: Hélène Landemore/Jon Elster (Hrsg.), Collective Wisdom. Principles and Mechanisms, Cambridge 2012, S. 203–229.
–, Judgment Aggregation: A Short Introduction, in: Uskali Mäki (Hrsg.), Philosophy of Economics, Amsterdam 2012, S. 799–822.
–, The Theory of Judgment Aggregation: An Introductory Review, Synthese 187 (2012), S. 179–207.
–, Art. »Social Choice Theory«, in: Edward N. Zalta (Hrsg.), The Stanford Encyclopedia of Philosophy, Edition Winter 2013, URL = https://plato.stanford.edu/archives/win2013/entries/social-choice; zuletzt abgerufen am 15.03.2020.
–, Three Kinds of Collective Attitudes, Erkenntnis 79 (2014), S. 1601–1622.
–, When to Defer to Supermajority Testimony – And When Not, in: Jennifer Lackey (Hrsg.), Essays in Collective Epistemology, Oxford 2014, S. 240–249.
–, Democratic Deliberation and Social Choice: A Review, in: André Bächtiger/John S. Dryzek/Jane Mansbridge/Mark Warren (Hrsg.), The Oxford Handbook of Deliberative Democracy, Oxford 2018, S. 463–489.
List, Christian/Goodin, Robert E., Epistemic Democracy: Generalizing the Condorcet Jury Theorem, J. Political Philos. 9 (2001), S. 277–306.
List, Christian/Koenig-Archibugi, Mathias, Can There Be a Global Demos? An Agency-Based Approach, Philos. Public Aff. 38 (2010), S. 76–110.
List, Christian/Luskin, Robert C./Fishkin, James S./McLean, Iain, Deliberation, Single-Peakedness, and the Possibility of Meaningful Democracy: Evidence from Deliberative Polls, J. Politics 75 (2012), S. 80–95.
List, Christian/Pettit, Philip, Aggregating Sets of Judgments: An Impossibility Result, Econ. Philos. 18 (2002), S. 89–110.
–, Aggregating Sets of Judgments: Two Impossibility Results Compared, Synthese 140 (2004), S. 207–235.
–, On the Many as One: A Reply to Kornhauser and Sager, Philos. Public Aff. 33 (2005), S. 377–390.
–, Group Agency and Supervenience, South. J. Philos. 44 (2006), Spindel Supplement, S. 85–105.
–, Group Agency. The Possibility, Design and Status of Corporate Agents, Oxford 2011.
List, Christian/Polak, Ben, Introduction to Judgment Aggregation, J. Econ. Theory 145 (2010), S. 441–466.
List, Christian/Puppe, Clemens, Judgment Aggregation, in: Paul Anand/Prasanta K. Pattanaik/Clemens Puppe (Hrsg.), The Handbook of Rational and Social Choice. An Overview of New Foundations and Applications, Oxford 2009, S. 457–482.
List, Christian/Vermeule, Adrian, Independence and Interdependence: Lessons from the Hive, Ration. Soc. 26 (2014), S. 170–207.
Locke, John, Two Treatises of Government, London 1689.

Lorz, Ralph Alexander, Die Gefahr der Stimmengleichheit. Ein wenig beachteter Sprengsatz in der Konstruktion des BVerfG, ZRP 2003, S. 36–39.

Lotz, Michael, Interdisziplinär besetzte Richterbank als Qualitätsfaktor, DRiZ 2014, S. 20–23.

Löwe, Ewald/Rosenberg, Werner (Begr.), Die Strafprozeßordnung und das Gerichtsverfassungsgesetz. Großkommentar, Bd. 6, Tbd. 1, 26. Aufl., Berlin 2010; Bd. 6, Tbd. 2, 26. Aufl., Berlin 2013; Bd. 10, 26. Aufl., Berlin 2010.

Löwe, Matthias/Knöpfel, Holger, Stochastik – Struktur im Zufall, 2. Aufl., München 2011.

Luban, David, Social Choice Theory as Jurisprudence, South. Calif. Law Rev. 69 (1996), S. 521–588.

Lübbe-Wolff, Gertrude, Die Beratungskultur des Bundesverfassungsgerichts, EuGRZ 2014, S. 509–512.

–, Wie funktioniert das Bundesverfassungsgericht?, Göttingen 2015.

–, Constitutional Courts and Democracy. Facets of an Ambivalent Relationship, in: Klaus Meßerschmidt/A. Daniel Oliver-Lalana (Hrsg.), Rational Lawmaking Under Review. Legisprudence According to the German Federal Constitutional Court, Cham 2016, S. 19–32.

–, Cultures of Deliberation in Constitutional Courts, in: Patricio Maraniello (Hrsg.), Justicia Constitucional, Bd. 1, Resistencia 2016, S. 37–52.

–, Rezension zu: Ernst, Wolfgang, Rechtserkenntnis durch Richtermehrheiten. »group choice« in europäischen Justiztraditionen, Tübingen 2016, Der Staat 56 (2017), S. 311–313.

Lüchinger, Stephan, Das politische Denken von Condorcet (1743–1794), Bern 2002.

Luhmann, Niklas, Das Recht der Gesellschaft, 6. Aufl., Frankfurt am Main 2013.

–, Legitimation durch Verfahren, 9. Aufl., Frankfurt am Main 2013.

Lupia, Arthur/McCubbins, Mathew D., Lost in Translation: Social Choice Theory is Misapplied Against Legislative Intent, J. Contemp. Leg. Issues 14 (2005), S. 585–617.

Macedo, Stephen, Against Majoritarianism: Democratic Values and Institutional Design, Boston Univ. Law Rev. 90 (2010), S. 1029–1042.

Mackenroth, Geert, Qualitätsdiskussion in der Justiz: Alter Wein in neuen Schläuchen?, DRiZ 2000, S. 301–311.

Mackie, Gerry, All Men Are Liars: Is Democracy Meaningless?, in: Jon Elster (Hrsg.), Deliberative Democracy, Cambridge 1998, S. 69–96.

–, The Values of Democratic Proceduralism, Ir. Political Stud. 26 (2011), S. 439–453.

–, The Reception of Social Choice Theory by Democratic Theory, in: Stéphanie Novak/ Jon Elster (Hrsg.), Majority Decisions. Principles and Practices, Cambridge 2014, S. 77–102.

–, Deliberation and Voting Entwined, in: André Bächtiger/John S. Dryzek/Jane Mansbridge/Mark Warren (Hrsg.), The Oxford Handbook of Deliberative Democracy, Oxford 2018, S. 218–236.

Magen, Stefan, Spieltheorie, in: Emanuel V. Towfigh/Niels Petersen (Hrsg.), Ökonomische Methoden im Recht, 2. Aufl., Tübingen 2017, § 4.

Magsaam, Niels, Mehrheit entscheidet. Ausgestaltung und Anwendung des Majoritätsprinzips im Verfassungsrecht des Bundes und der Länder, Berlin 2014.

Mahrenholz, Ernst Gottfried, Verfassungsinterpretation aus praktischer Sicht, in: Hans-Peter Schneider/Rudolf Sternberg (Hrsg.), Verfassungsrecht zwischen Wissenschaft und Richterkunst. Konrad Hesse zum 70. Geburtstag, Heidelberg 1990, S. 53–65.

Mangoldt, Hermann von/Klein, Friedrich/Starck, Christian (Hrsg.), Grundgesetz. Kommentar, Bd. 1, 6. Aufl., München 2010.
–, (Begr.), Grundgesetz. Kommentar, 3 Bd., 7. Aufl., München 2018.
Manin, Bernard, On Legitimacy and Political Deliberation, Political Theory 15 (1987), S. 338–368.
–, Kritik der repräsentativen Demokratie, Berlin 2007.
Mann, F. A., The Single Speech, Law Q. Rev. 107 (1991), S. 519–521.
Martí, José Luis, The Epistemic Conception of Deliberative Democracy Defended. Reasons, Rightness and Equal Political Autonomy, in: Samantha Besson/José Luis Martí (Hrsg.), Deliberative Democracy and Its Discontents, Aldershot 2006, S. 27–56.
Marx, Martin/Roderfeld, Werner, Rechtsschutz bei überlangen Gerichts- und Ermittlungsverfahren. Handkommentar, Baden-Baden 2013.
Mattern, G., Neues Schrifttum zum allgemeinen Abgabenrecht, JZ 1970, S. 556–558.
Mattes, Franz-Christian, Die Neuordnung der Verwaltungsgerichtsbarkeit in Baden-Württemberg nach dem 2. Weltkrieg unter besonderer Berücksichtigung der Verwaltungsgerichte in (Süd-)Baden, VBlBW 1998, S. 124–133.
Maunz, Theodor/Dürig, Günter (Begr.), Grundgesetz. Kommentar, Loseblattsammlung, München, Stand: 88. EL 2019.
Maunz, Theodor/Schmidt-Bleibtreu, Bruno/Klein, Franz/Bethge, Herbert (Hrsg.), Bundesverfassungsgerichtsgesetz. Kommentar, Loseblattsammlung, München, Stand: 57. EL 2019.
May, Kenneth O., A Set of Independent Necessary and Sufficient Conditions for Simple Majority Decision, Econometrica 20 (1952), S. 680–684.
–, A Note on the Complete Independence of the Conditions for Simple Majority Decision, Econometrica 21 (1953), S. 172–173.
Mayer-Maly, Theo, Iurare sibi non liquere und Rechtsverweigerungsverbot, in: Oskar J. Ballon/Johann J. Hagen (Hrsg.), Verfahrensgarantien im nationalen und internationalen Prozeßrecht, Festschrift Franz Matscher zum 65. Geburtstag, Wien 1993, S. 349–354.
McCannon, Bryan C., Jury Size in Classical Athens: An Application of the Condorcet Jury Theorem, Kyklos 64 (2011), S. 106–121.
McClosky, Herbert, The Fallacy of Absolute Majority Rule, J. Politics 11 (1949), S. 637–654.
McConway, K. J., Marginalization and Linear Opinion Pools, J. Am. Stat. Assoc. 76 (1981), S. 410–414.
McGann, Anthony J./Smith, Charles Anthony/Latner, Michael/Keena, Alex, Gerrymandering in America. The House of Representatives, the Supreme Court, and the Future of Popular Sovereignty, New York 2016.
McGaver, Kristin M., Getting Back to Basics: Recognizing and Understanding the Swing Voter on the Supreme Court of the United States, Minn. Law Rev. 101 (2017), S. 1247–1286.
McLean, Iain, The Borda and Condorcet Principles: Three Medieval Applications, Soc. Choice Welf. 7 (1990), S. 99–108.
–, The Strange History of Social Choice, and the Contribution of the Public Choice Society to Its Fifth Revival, Public Choice 163 (2015), S. 153–165.
McLean, Iain/Hewitt, Fiona, Introduction, in: dies. (Hrsg.), Condorcet. Foundations of Social Choice and Political Theory, Aldershot 1994, S. 1–90.

McLean, Iain/Urken, Arnold B., Did Jefferson or Madison Understand Condorcet's Theory of Social Choice?, Public Choice 73 (1992), S. 445–457.
–, (Hrsg.), Classics of Social Choice, Ann Arbor 1995.
Meier-Scherling, Anne-Gudrun, Abstimmungsergebnis bei Stimmengleichheit, DRiZ 1966, S. 341.
Mellinghoff, Georg, Fragestellung, Abstimmungsverfahren und Abstimmungsgeheimnis im Strafverfahren, Berlin 1988.
Merkl, Adolf, Allgemeines Verwaltungsrecht, Wien 1927.
Meyer, Sven Aurelius, Sichere Kenntnis von Recht und Tatsachen. Juristische Methode und Erkenntnistheorie, Diss. Zürich 1996.
Meyer, Wolfgang/Schmidt, Jürgen/Adomeit, Klaus, Noch einmal: Wahrheitsbegriff und Rechtswissenschaft, JuS 1973, S. 202–207.
Meyer-Ladewig, Jens/Nettesheim, Martin/Raumer, Stefan von (Hrsg.), Europäische Menschenrechtskonvention. Handkommentar, 4. Aufl., Baden-Baden 2017.
Meyerson, Michael I., The Irrational Supreme Court, Neb. Law Rev. 84 (2006), S. 895–961.
Meyke, Rolf, Entscheidungsfindung mit »richtungweisendem« Vorsitzenden, DRiZ 1990, S. 287–290.
Michel, Norbert, Beratung, Abstimmung und Beratungsgeheimnis. Dargestellt am Beispiel einer Großen Strafkammer am Landgericht, DRiZ 1992, S. 263–267.
Michl, Fabian, Unionsgrundrechte aus der Hand des Gesetzgebers, Tübingen 2018.
Mill, John Stuart, Considerations on Representative Government, London 1861.
Miller, David, Deliberative Democracy and Social Choice, Political Stud. 40 (1992), Special Issue, S. 54–67.
Miller, Kaarlo, Collective Reasoning and the Discursive Dilemma, Philos. Explor. 6 (2003), S. 182–200.
Miller, Michael K., Judgment Aggregation and Subjective Decision-Making, Econ. Philos. 24 (2008), S. 205–231.
Miller, Nicholas R., Information, Electorates, and Democracy: Some Extensions and Interpretations of the Condorcet Jury Theorem, in: Bernard Grofman/Guillermo Owen (Hrsg.), Information Pooling and Group Decision Making: Proceedings of the Second University of California, Irvine, Conference on Political Economy, Greenwich 1986, S. 173–192.
–, Information, Individual Errors, and Collective Performance: Empirical Evidence on the Condorcet Jury Theorem, Group Decis. Negot. 5 (1996), S. 211–228.
Millgramm, Karl-Heinz, Separate Opinion und Sondervotum in der Rechtsprechung des Supreme Court of the United States und des Bundesverfassungsgerichts, Berlin 1985.
Möhring, Philipp, Die Anonymität des Richters, in: Roderich Glanzmann (Hrsg.), Ehrengabe für Bruno Heusinger, München 1968, S. 63–83.
Möllers, Christoph, Demokratie – Zumutungen und Versprechen, Berlin 2008.
–, Legalität, Legitimität und Legitimation des Bundesverfassungsgerichts, in: Matthias Jestaedt/Oliver Lepsius/Christoph Möllers/Christoph Schönberger, Das entgrenzte Gericht. Eine kritische Bilanz nach sechzig Jahren Bundesverfassungsgericht, Berlin 2011, S. 281–422.
–, Individuelle Legitimation: Wie rechtfertigen sich Gerichte?, in: Anna Geis/Frank Nullmeier/Christopher Daase (Hrsg.), Der Aufstieg der Legitimitätspolitik. Rechtfertigung und Kritik politisch-ökonomischer Ordnungen. Leviathan Sonderband 27, Baden-Baden 2012, S. 398–415.

–, Die Möglichkeit der Normen. Über eine Praxis jenseits von Moralität und Kausalität, Berlin 2015.

Mongin, Philippe, Consistent Bayesian Aggregation, J. Econ. Theory 66 (1995), S. 313–351.

–, Factoring Out the Impossibility of Logical Aggregation, J. Econ. Theory 141 (2008), S. 100–113.

–, The Doctrinal Paradox, the Discursive Dilemma, and Logical Aggregation Theory, Theory Decis. 73 (2012), S. 315–355.

–, Judgment Aggregation, in: Sven Ove Hansson/Vincent F. Hendricks (Hrsg.), Introduction to Formal Philosophy, Cham 2018, S. 705–720.

Mongin, Philippe/Dietrich, Franz, Un bilan interprétatif de la théorie de l'agrégation logique, Rev. écon. polit. 120 (2010), S. 929–972.

Moore, Michael S., Metaphysics, Epistemology and Legal Theory, South. Calif. Law Rev. 60 (1987), S. 453–506.

–, Legal Principles Revisited, Iowa Law Rev. 82 (1997), S. 867–891.

–, The Plain Truth About Legal Truth, Harv. J. Law Public Policy 26 (2003), S. 23–47.

Morlok, Martin/Michael, Lothar, Staatsorganisationsrecht, 4. Aufl., Baden-Baden 2019.

Morscher, Edgar/Zecha, Gerhard, Wozu deontische Logik?, ARSP 58 (1972), S. 363–378.

Mosbacher, Andreas, Die Beratungspraxis der Strafsenate des BGH und das Gesetz, NJW 2014, S. 124–127.

Mosthaf, Oliver, Die Präsidialratsverfassung des Landesrichtergesetzes Baden-Württemberg, DRiZ 2012, S. 88–92.

Moulin, Léo, Sanior et maior pars. Note sur l'évolution des techniques électorales dans les Ordres religieux du VIe au XIIIe siècle, Rev. hist. droit fr. étr. 35 (1958), S. 368–397 und 491–529.

Mueller, Dennis C., Public Choice III, Cambridge 2003.

–, Public Choice, Social Choice, and Political Economy, Public Choice 163 (2015), S. 379–387.

Müller, Friedrich/Christensen, Ralph, Juristische Methodik, Bd. 1, 11. Aufl., Berlin 2013.

Müller, Paul, Anmerkung zu BGH, Urt. v. 28.05.1974 – 4 StR 37/74 –, NJW 1974, S. 2242–2244.

Müller-Dietz, Heinz, Von der Überzeugungskraft des richterlichen Urteils, in: Gerhard Lüke/Takehiko Mikami/Hanns Prütting (Hrsg.), Festschrift für Akira Ishikawa zum 70. Geburtstag am 27. November 2001, Berlin 2001, S. 361–369.

Münch, Ingo von/Kunig, Philip (Hrsg.), Grundgesetz. Kommentar, Bd. 2, 6. Aufl., München 2012.

Münch, Joachim, Die »neue« ZPO: bedeutende Änderungen im zivilgerichtlichen Verfahrensrecht (Teil I), DStR 2002, S. 85–95.

Münchbach, Werner/Lotz, Michael, Justizreform – Reform oder gut verkaufter Abbau des Rechtsschutzsystems?, ZRP 1999, S. 374–382.

Münchener Kommentar zum Bürgerlichen Gesetzbuch, hrsg. v. Franz Jürgen Säcker/Roland Rixecker/Hartmut Oetker/Bettina Limperg, Bd. 1, 8. Aufl., München 2018.

Münchener Kommentar zum Strafgesetzbuch, hrsg. v. Wolfgang Joecks/Klaus Miebach, Bd. 5, 3. Aufl., München 2019.

Münchener Kommentar zur Strafprozessordnung, hrsg. v. Christoph Knauer/Hans Kudlich/Hartmut Schneider, Bd. 3/1, München 2019; Bd. 3/2, München 2018.

Münchener Kommentar zur Zivilprozessordnung mit Gerichtsverfassungsgesetz und Nebengesetzen, hrsg. v. Wolfgang Krüger/Thomas Rauscher, Bd. 1, 5. Aufl., München 2016; Bd. 2, 5. Aufl., München 2016; Bd. 3, 5. Aufl., München 2017.

Munday, Roderick, »All for One and One for All«. The Rise to Prominence of the Composite Judgment Within the Civil Division of the Court of Appeal, Camb. Law J. 61 (2002), S. 321–350.

–, Judicial Configurations. Permutations of the Court and Properties of Judgment, Camb. Law J. 61 (2002), S. 612–656.

Münkler, Laura, Pfadabhängigkeiten im Rechtssystem. Außerrechtliche und rechtliche Faktoren, DÖV 2016, S. 839–848.

Musielak, Hans-Joachim, Reform des Zivilprozesses. Zum Entwurf eines Gesetzes zur Reform des Zivilprozesses (Zivilprozessreformgesetz – ZPO-RG), NJW 2000, S. 2769–2779.

Musielak, Hans-Joachim/Voit, Wolfgang (Hrsg.), Zivilprozessordnung mit Gerichtsverfassungsgesetz, 16. Aufl., München 2019.

Mußgnug, Reinhard, Das Mehrheitsprinzip, in: Martin Breuer/Astrid Epiney/Andreas Haratsch/Stefanie Schmahl/Norman Weiß (Hrsg.), Der Staat im Recht. Festschrift für Eckart Klein zum 70. Geburtstag, Berlin 2013, S. 249–258.

Nadelmann, Kurt H., Zur Veröffentlichung von Sondervoten, DRiZ 1958, S. 37–40.

–, Das Minderheitsvotum im Kollegialgericht – Bekanntgabe oder Geheimhaltung?, AöR 86 (1961), S. 39–62 [dt. Übers. v. ders., The Judicial Dissent, Am. J. Comp. Law 8 (1959), S. 415–432].

Nagel, Thomas, Waldron on Law and Politics, in: ders., Concealment and Exposure. And Other Essays, Oxford 2002, S. 141–146.

Nash, Jonathan Remy, A Context-Sensitive Voting Protocol Paradigm for Multimember Courts, Stanf. Law Rev. 56 (2003), S. 75–159.

–, The Majority That Wasn't: Stare Decisis, Majority Rule, and the Mischief of Quorum Requirements, Emory Law J. 58 (2009), S. 831–888.

Natus, Johannes, Verfassungsmissbrauch durch Zweidrittelmehrheit? Verfassungstheoretische und demokratietheoretische Anforderungen an die verfassungsändernde Gewalt auf Grundlage eines dualistischen Rechtsverständnisses zwischen Sein und Sollen, Berlin 2017.

Nef, Robert, Die Fortbildung der schweizerischen Demokratie, in: Max Imboden/Werner Kägi/Julius G. Lautner/Hans Nef/Werner Niederer/Karl Oftinger (Hrsg.), Demokratie und Rechtsstaat. Festgabe zum 60. Geburtstag für Zaccaria Giacometti (26. September 1953), Zürich 1953, S. 203–228.

Nehring, Klaus, The Impossibility of a Paretian Rational: A Bayesian Perspective, Econ. Lett. 96 (2007), S. 45–50.

Nehring, Klaus/Pivato, Marcus/Puppe, Clemens, Unanimity Overruled: Majority Voting and the Burden of History, J. Theor. Politics 28 (2016), S. 552–597.

Nehring, Klaus/Puppe, Clemens, The Structure of Strategy-Proof Social Choice. Part II: Non-Dictatorship, Anonymity and Neutrality, Working Paper, Karlsruher Institut für Technologie, 2005, online abrufbar unter: URL = https://micro.econ.kit.edu/downloads/Puppe_Working_Papers_08_The_Structure_of_Strategy-Proof_Social_Choice._Part_II.pdf; zuletzt abgerufen am 15.03.2020.

–, Abstract Arrowian Aggregation, J. Econ. Theory 145 (2010), S. 467–494.

Nelson, Alan, Explanation and Justification in Political Philosophy, Ethics 97 (1986), S. 154–176.

Nelson, William K., On Justifying Democracy, London 1980.
Neumann, Ulfrid, Materiale und prozedurale Gerechtigkeit im Strafverfahren, ZStW 101 (1989), S. 52–74.
–, Wahrheit im Recht. Zu Problematik und Legitimität einer fragwürdigen Denkform, Baden-Baden 2004.
–, Richtigkeitsanspruch und Überprüfbarkeit rechtlicher Entscheidungen, in: Felix Herzog/Ulfrid Neumann (Hrsg.), Festschrift für Winfried Hassemer, Heidelberg 2010, S. 143–157.
Neuner, Jörg, Die Rechtsfindung contra legem, 2. Aufl., München 2005.
Neupert, Michael, Was macht Rechtsauffassungen vertretbar?, JuS 2016, S. 489–494.
Neurath, Otto, Die Verirrten des Cartesius und das Auxiliarmotiv, in: Jahrbuch der Philosophischen Gesellschaft an der Universität zu Wien 1913, Leipzig 1913, S. 43–59 [auch abgedruckt in: Michael Stöltzner/Thomas Uebel (Hrsg.), Wiener Kreis. Texte zur wissenschaftlichen Weltauffassung von Rudolf Carnap, Otto Neurath, Moritz Schlick, Philipp Frank, Hans Hahn, Karl Menger, Edgar Zilsel und Gustav Bergmann, Hamburg 2006, S. 114–129].
Newerla, Abhängige Kollegialgerichte in der Verwaltungsgerichtsbarkeit Baden-Württembergs?, NJW 1959, S. 514–516.
Nida-Rümelin, Julian, Wahrheit und Begründung, StraFo 2015, S. 309–314.
–, Humanistische Reflexionen, Frankfurt am Main 2016.
Niebler, Engelbert, Beratungsgeheimnis und abweichende Meinung, in: Hans-Heinrich Jescheck/Theo Vogler (Hrsg.), Festschrift für Herbert Tröndle zum 70. Geburtstag am 24. August 1989, Berlin 1989, S. 585–596.
–, Plenarentscheidungen des Bundesverfassungsgerichts gemäß § 16 BVerfGG, in: Peter Badura/Rupert Scholz (Hrsg.), Wege und Verfahren des Verfassungslebens. Festschrift für Peter Lerche zum 65. Geburtstag, München 1993, S. 801–813.
Nierhaus, Michael, Beweismaß und Beweislast. Untersuchungsgrundsatz und Beteiligtenmitwirkung im Verwaltungsprozeß, München 1989.
Nieva-Fenoll, Jordi, Das Wesen der Unschuldsvermutung. Ein Beitrag aus spanischer Sicht, ZJS 2016, S. 138–146.
Nitzan, Shmuel/Paroush, Jacob, Optimal Decision Rules in Uncertain Dichotomous Choice Situations, Int. Econ. Rev. 23 (1982), S. 289–297.
Noelle-Neumann, Elisabeth, Welche Rolle spielt die öffentliche Meinung für die Entscheidung der Richter?, in: Burkhardt Ziemske/Theo Landheid/Heinrich Wilms/Görg Haverkate (Hrsg.), Staatsphilosophie und Rechtspolitik. Festschrift für Martin Kriele zum 65. Geburtstag, München 1997, S. 507–522.
Novak, Stéphanie, Decision Rules, Social Norms and the Expression of Disagreement: The Case of Qualified-Majority Voting in the Council of the European Union, Soc. Sci. Inf. 49 (2010), S. 83–97.
–, Majority Rule, Philos. Compass 9 (2014), S. 681–688.
Nyfeller, Franz, Rechtsfortbildung durch das Kollegialgericht, in: Peter Forstmoser/Heinrich Honsell/Wolfgang Wiegand (Hrsg.), Richterliche Rechtsfortbildung in Theorie und Praxis. Methodenlehre und Privatrecht, Zivilprozess- und Wettbewerbsrecht. Festschrift für Hans Peter Walter, Bern 2005, S. 99–122.
Oertzen, Jürgen von, Komplexe Abstimmungssituationen im Deutschen Bundestag: Ein Verfahrensvorschlag zur Sicherung parlamentarischer Legitimität, ZParl 34 (2003), S. 453–477.

Oestmann, Peter, Rezension zu: Ernst, Wolfgang, Rechtserkenntnis durch Richtermehrheiten. »group choice« in europäischen Justiztraditionen, Tübingen 2016, ZRGGA 135 (2018), S. 480–483.

Oetker, Die Strafgerichtsverfassung nach der Verordnung vom 4. Januar 1924, Der Gerichtssaal 90 (1924), S. 341–397.

Offe, Claus, Politische Legitimation durch Mehrheitsentscheidung?, in: Bernd Guggenberger/Claus Offe (Hrsg.), An den Grenzen der Mehrheitsdemokratie. Politik und Soziologie der Mehrheitsregel, Opladen 1984, S. 150–183.

Ohlin, Jens David, The One or the Many, Crim. Law Philos. 9 (2015), S. 285–299.

Ortmann, Günther, Organisation und Welterschließung. Dekonstruktionen, 2. Aufl., Wiesbaden 2008.

Ossenbühl, Fritz, Die Kontrolle von Tatsachenfeststellungen und Prognoseentscheidungen durch das Bundesverfassungsgericht, in: Christian Starck (Hrsg.), Bundesverfassungsgericht und Grundgesetz. Festgabe aus Anlaß des 25jährigen Bestehens des Bundesverfassungsgerichts, Bd. 1, Tübingen 1976, S. 458–518.

Ottonelli, Valeria/Porello, Daniele, On the Elusive Notion of Meta-Agreement, Politics Philos. Econ. 12 (2013), S. 68–92.

o. V., »Der Zorn des Widerspruchs«. Pressestimmen zum 4:4-Entscheid des Bundesverfassungsgerichts in Sachen SPIEGEL, Der Spiegel, Nr. 34, 1966, S. 9–11.

o. V., Richter: Auf dem Altar, Der Spiegel, Nr. 27, 1986, S. 61–63.

o. V., 95 Prozent der Delegiertenstimmen für Theo Waigel, SZ v. 11.09.1995, S. 2.

o. V., Bayern will, Saarbrücker Zeitung v. 24.08.1995.

o. V., Bundesjustizministerin: Karlsruher Entscheidung respektieren, Nürnberger Nachrichten v. 18.08.1995.

o. V., CDU-Rechtsexperte Eylmann für Änderung bei wichtigen Urteilen der Verfassungsrichter, Nürnberger Nachrichten v. 28.08.1995.

o. V., Unionspolitiker verschärfen Angriffe auf das Gericht, SZ v. 21.08.1995, S. 2.

o. V., Verfassungsgericht: Der nächste Streich, Focus, Nr. 34, 1995, S. 26–29.

o. V., Karlsruher Richter im Visier, Saarbrücker Zeitung v. 16.03.1996.

o. V., From Consensus to Collegiality: The Origins of the »Respectful« Dissent, Harv. Law Rev. 124 (2011), S. 1305–1326.

Owen, Guillermo/Grofman, Bernard/Feld, Scott L., Proving a Distribution-Free Generalization of the Condorcet Jury Theorem, Math. Soc. Sci. 17 (1989), S. 1–16.

Page, Scott E., The Difference. How the Power of Diversity Creates Better Groups, Firms, Schools, and Societies, Princeton 2007.

Pagenkopf, Martin, Vorschläge zu Verfahrensänderungen im BVerfGG, ZRP 2012, S. 42–45.

Pakuscher, Ernst Karl, Wider den Zwang zum Einheitsurteil der Revisionsgerichte – Ein Beitrag zum 47. Deutschen Juristentag –, JR 1968, S. 294–297.

Palla, Rudi, Die Welt der verschwundenen Berufe. Von Briefmalern, Planetenverkäufern und Lichtputzern, Berlin 2018.

Pappenberger, Karlheinz/Wahl, Jürgen, Der manipulierbare Bundestag? Die Abstimmung über § 218 StGB im Deutschen Bundestag am 25. Juni 1992 aus dem Blickwinkel der Social-Choice-Theorie, PVS 36 (1995), S. 630–654.

Papsthart, Alexander, Über die Form der Beratung im Kollegialgericht, DRiZ 1971, S. 18–20.

–, Übertrifft die Anforderungen erheblich, DRiZ 1992, S. 297–299.

Pardo, Michael S., Group Agency and Legal Proof; Or, Why the Jury is an »It«, William Mary Law Rev. 56 (2015), S. 1793–1858.

Pasquino, Pasquale, Voter et délibérer, Rev. eur. sci. soc. 45 (2007), S. 35–45.

–, Samuel Pufendorf: Majority Rule (Logic, Justification and Limits) and Forms of Government, Soc. Sci. Inf. 49 (2010), S. 99–109.

–, E pluribus unum. Disclosed and Undisclosed Votes in Constitutional/Supreme Courts, in: Jon Elster (Hrsg.), Secrecy and Publicity in Votes and Debates, Cambridge 2015, S. 196–208.

Patterson, Dennis, Law and Truth, Oxford 1996.

Pauer-Studer, Herlinde, A Constitutive Account of Group Agency, Erkenntnis 79 (2014), S. 1623–1639.

Paul, Egbert, Für und Wider das Minderheitsvotum, DÖV 1968, S. 513–515.

Pauly, Marc, Changing the Rules of Play, Topoi 24 (2005), S. 209–220.

Pauly, Marc/van Hees, Martin, Logical Constraints on Judgement Aggregation, J. Philos. Log. 35 (2006), S. 569–585.

Pauly, Walter, Das Wahlrecht in der neueren Rechtsprechung des Bundesverfassungsgerichts, AöR 123 (1998), S. 232–285.

Pehle, Rudolf, Empfiehlt es sich, die Bekanntgabe der abweichenden Meinung des überstimmten Richters (dissenting opinion) in den deutschen Verfahrensordnungen zuzulassen?, in: Verhandlungen des 47. Deutschen Juristentages, Bd. II, München 1969, S. R 9–R 31.

Pennock, J. Roland, Responsiveness, Responsibility, and Majority Rule, Am. Political Sci. Rev. 46 (1952), S. 790–807.

Pernthaler, Peter, Allgemeine Staatslehre und Verfassungslehre, Wien 1986.

Perote-Peña, Juan/Piggins, Ashley, A Model of Deliberative and Aggregative Democracy, Econ. Philos. 31 (2015), S. 93–121.

Perry, H. W., Jr., Deciding to Decide. Agenda Setting in the United States Supreme Court, Cambridge, Mass., 1991.

Pestalozza, Christian, Verfassungsprozeßrecht. Die Verfassungsgerichtsbarkeit des Bundes und der Länder mit einem Anhang zum Internationalen Rechtsschutz, 3. Aufl., München 1991.

–, Die Wahl der Mitglieder der Berliner Bezirksämter: D'Hondt, das Los und der Verfassungsgerichtshof des Landes Berlin, NVwZ 1993, S. 1067–1070.

Peter, Fabienne, Democratic Legitimacy, New York 2009.

Peters, Karl, Strafprozeß. Ein Lehrbuch, 4. Aufl., Heidelberg 1985.

–, »Gericht« und »Richter«. Institution und Persönlichkeit, in: Klaus Geppert/Diether Dehnicke (Hrsg.), Gedächtnisschrift für Karlheinz Meyer, Berlin 1990, S. 331–343.

Peterson, Martin, An Introduction to Decision Theory, 2. Aufl., Cambridge 2017.

Pettit, Philip, A Theory of Freedom. From the Psychology to the Politics of Agency, Cambridge 2001.

–, Deliberative Democracy and the Discursive Dilemma, Philos. Issues 11 (2001), S. 268–295.

–, Collective Persons and Powers, Leg. Theory 8 (2002), S. 443–470.

–, Deliberative Democracy, the Discursive Dilemma, and Republican Theory, in: James S. Fishkin/Peter Laslett (Hrsg.), Debating Deliberative Democracy. Philosophy Politics and Society 7, Oxford 2003, S. 138–162.

–, A Dilemma for Deliberative Democrats, in: Anne van Aaken/Christian List/Christoph Luetge (Hrsg.), Deliberation and Decision. Economics, Constitutional Theory and Deliberative Democracy, Aldershot 2004, S. 91–107.

–, When to Defer to Majority Testimony – And When Not, Analysis 66 (2006), S. 179–187.

–, Gruppen mit einem eigenen Geist, in: Hans Bernhard Schmid/David P. Schweikard (Hrsg.), Kollektive Intentionalität. Eine Debatte über die Grundlagen des Sozialen, Frankfurt am Main 2009, S. 586–625 [dt. Übers. v. ders., Groups with Minds of Their Own, in: Frederick F. Schmitt (Hrsg.), Socializing Metaphysics. The Nature of Social Reality, New York 2003, S. 167–193].

–, Group Agents are Not Expressive, Pragmatic or Theoretical Fictions, Erkenntnis 79 (2014), S. 1641–1662.

Pettit, Philip/Rabinowicz, Wlodek, The Jury Theorem and the Discursive Dilemma, Philos. Issues 11 (2001), S. 295–299.

Pfizer, G., Abstimmung und Revision, ZZP 15 (1891), S. 365–386.

Philippi, Klaus Jürgen, Tatsachenfeststellungen des Bundesverfassungsgerichts. Ein Beitrag zur rational-empirischen Fundierung verfassungsgerichtlicher Entscheidungen, Köln 1971.

Philipps, Lothar, Braucht die Rechtswissenschaft eine deontische Logik?, in: Günther Jahr/Werner Maihofer (Hrsg.), Rechtstheorie. Beiträge zur Grundlagendiskussion, Frankfurt am Main 1971, S. 352–368.

Pichler, Johannes W., Rechtsakzeptanz und Handlungsorientierung, Wien 1998.

Pichler, Johannes W./Giese, Karim J., Rechtsakzeptanz. Eine empirische Untersuchung zur Rechtskultur aus dem Blickwinkel der Ideen, Werte und Gesinnungen. Dargestellt am Beispiel einer österreichischen Demoskopie, Wien 1993.

Piepenbrink, Karen, Losverfahren, Demokratie und politische Egalität: Das Losprinzip im klassischen Athen und seine Rezeption im aktuellen Demokratiediskurs, Ant. Ab. 59 (2013), S. 17–31.

Pigozzi, Gabriella, Aggregation Problems and Models: What Comes First?, in: Friedrich Stadler (Hrsg.), The Present Situation in the Philosophy of Science, Dordrecht 2010, S. 141–152.

–, The Logic of Group Decisions: Judgment Aggregation, J. Philos. Log. 44 (2015), S. 755–769.

Pildes, Richard H., Is the Supreme Court a »Majoritarian« Institution?, Supreme Court Rev. 2011, S. 103–158.

Pildes, Richard H./Anderson, Elizabeth, Slinging Arrows at Democracy: Social Choice Theory, Value Pluralism, and Democratic Politics, Columbia Law Rev. 90 (1990), S. 2121–2214.

Pinger, Winfried, Der Spruchkörper des Eingangsgerichts im dreistufigen Gerichtsaufbau, ZRP 1973, S. 182–187.

Planck, Julius Wilhelm, Lehrbuch des Deutschen Civilprozessrechts, Bd. 1, Nördlingen 1887.

Plassmann, Norbert, Die Wirklichkeit der Richter, JZ 1977, S. 587–593.

Plott, Charles R., Axiomatic Social Choice Theory: An Overview and Interpretation, Am. J. Political Sci. 20 (1976), S. 511–596.

Podlech, Adalbert, Mathematische Methoden in der Rechtswissenschaft. Ein Überblick, in: ders. (Hrsg.), Rechnen und Entscheiden. Mathematische Modelle juristischen Argumentierens, Berlin 1977, S. 257–263.

Poisson, Siméon Denis, Recherches sur la probabilité des jugements en matière criminelle et en matière civile, précédées des règles générales du calcul des probabilités, Paris 1837.

Ponet, David/Leib, Ethan J., Deliberative Law, in: André Bächtiger/John S. Dryzek/Jane Mansbridge/Mark Warren (Hrsg.), The Oxford Handbook of Deliberative Democracy, Oxford 2018, S. 612–624.

Pope, Maurice, Upon the Country – Juries and the Principle of Random Selection, Soc. Sci. Inf. 28 (1989), S. 265–289.

Popp, Walter, Soziale Mathematik der Mehrheitsentscheidung. Zu Condorcets ›Essai sur l'application de l'analyse à la probabilité des décisions rendues à la pluralité des voix‹, in: Adalbert Podlech (Hrsg.), Rechnen und Entscheiden. Mathematische Modelle juristischen Argumentierens, Berlin 1977, S. 25–59.

Popp, Walter/Schlink, Bernhard, Präferenztheoretische Bedingungen einer sozialen Wertordnung, in: Adalbert Podlech (Hrsg.), Rechnen und Entscheiden. Mathematische Modelle juristischen Argumentierens, Berlin 1977, S. 61–86.

–, Rechts- und staatstheoretische Implikationen einer sozialen Präferenztheorie, in: Adalbert Podlech (Hrsg.), Rechnen und Entscheiden. Mathematische Modelle juristischen Argumentierens, Berlin 1977, S. 87–111.

Poscher, Ralf, Wozu Juristen streiten. Eine agonistische Theorie juristischer Meinungsverschiedenheiten, JZ 2013, S. 1–11.

Posner, Eric A./Sunstein, Cass R., The Law of Other States, Stanf. Law Rev. 59 (2006), S. 131–179.

–, On Learning from Others, Stanf. Law Rev. 59 (2007), S. 1309–1314.

Posner, Eric. A./Vermeule, Adrian, The Votes of Other Judges, Georget. Law J. 105 (2016), S. 159–190.

Posner, Richard A., An Economic Approach to the Law of Evidence, Stanf. Law Rev. 51 (1999), S. 1477–1546.

–, Is the Ninth Circuit too Large? A Statistical Study of Judicial Quality, J. Leg. Stud. 29 (2000), S. 711–719.

Post, David G./Salop, Steven C., Rowing Against the Tidewater: A Theory of Voting by Multijudge Panels, Georget. Law J. 80 (1992), S. 743–774.

–, Issues and Outcomes, Guidance, and Indeterminacy: A Reply to Professor John Rogers and Others, Vanderbilt Law Rev. 49 (1996), S. 1069–1085.

Powell, James Lawrence, Climate Scientists Virtually Unanimous: Anthropogenic Global Warming Is True, Bull. Sci. Technol. Soc. 35 (2015), S. 121–124.

–, The Consensus on Anthropogenic Global Warming Matters, Bull. Sci., Technol. Soc. 36 (2016), S. 157–163.

Primus, Richard A., When Democracy is Not Self-Government: Toward a Defense of the Unanimity Rule for Criminal Juries, Cardozo Law Rev. 18 (1997), S. 1417–1457.

Przeworski, Adam, Minimalist Conception of Democracy: A Defense, in: Ian Shapiro/Casiano Hacker-Cordón (Hrsg.), Democracy's Value, Cambridge 1999, S. 23–55.

–, Freedom to Choose and Democracy, Econ. Philos. 19 (2003), S. 265–279.

Pufendorf, Samuel von, De jure naturae et gentium libri octo, Lund 1672.

Quinn, Kevin M., The Academic Study of Decision Making on Multimember Courts, Calif. Law Rev. 100 (2012), S. 1493–1501.

Radtke, Henning, Das Strafverfahren als Diskurs?, in: Knut Amelung/Werner Beulke/Hans Lilie/Henning Rosenau/Hinrich Rüping/Gabriele Wolfslast (Hrsg.), Strafrecht,

Biorecht, Rechtsphilosophie. Festschrift für Hans-Ludwig Schreiber zum 70. Geburtstag am 10. Mai 2003, Heidelberg 2003, S. 375–385.
–, Wahrheitsermittlung im Strafverfahren. Leitprinzipien, Methoden und Grenzen, GA 2012, S. 187–201.
Rae, Douglas W., Decision Rules and Individual Values in Constitutional Choice, Am. Political Sci. Rev. 63 (1969), S. 40–56.
–, The Limits of Consensual Decision, Am. Political Sci. Rev. 69 (1975), S. 1270–1294.
Rae, Douglas W./Schickler, Eric, Majority Rule, in: Dennis C. Mueller (Hrsg.), Perspectives on Public Choice. A Handbook, Cambridge 1997, S. 163–180.
Ramsey, Michael D., Beyond the Text: Justice Scalia's Originalism in Practice, Notre Dame Law Rev. 92 (2017), S. 1945–1975.
Ranney, Austin/Kendall, Willmoore, Democracy and the American Party System, New York 1956.
Rasch, Bjørn Erik, Parliamentary Voting Procedures, in: Herbert Döring (Hrsg.), Parliaments and Majority Rule in Western Europe, Frankfurt 1995, S. 488–527.
Rath, Christian, Der Schiedsrichterstaat. Die Macht des Bundesverfassungsgerichts, Berlin 2013.
Rauscher, Anton (Hrsg.), Mehrheitsprinzip und Minderheitenrecht, Köln 1988.
Rawls, John, Politischer Liberalismus, 4. Aufl., Frankfurt am Main 2013.
–, Eine Theorie der Gerechtigkeit, 20. Aufl., Frankfurt am Main 2017.
Re, Richard M., Beyond the Marks Rule, Harv. Law Rev. 132 (2019), S. 1942–2008.
Rein, Detlev B., Die besondere Gerichtsentscheidung: Unzulässigkeit von Sitzblockaden – BVerfG 1 BvR 713/83 u. a., VR 1987, S. 99–101
Reinhardt, Michael, Konsistente Jurisdiktion. Grundlegung einer verfassungsrechtlichen Theorie der rechtsgestaltenden Rechtsprechung, Tübingen 1997.
Reissenberger, Michael, Rückzug zum »Palladium für die Unabhängigkeit«? Die Bekanntgabe von Abstimmungsergebnissen in den Senaten des BVerfG, ZRP 2003, S. 164–167.
Rennert, Klaus, Legitimation und Legitimität des Richters, JZ 2015, S. 529–538.
Rescher, Nicholas, Choice Without Preference. A Study of the History and of the Logic of the Problem of »Buridan's Ass«, Kant-Studien 51 (1959/60), S. 142–175.
Revesz, Richard L./Karlan, Pamela S., Nonmajority Rules and the Supreme Court, Univ. Pa. Law Rev. 136 (1988), S. 1067–1133.
Rieble, Volker, Karlsruher Leseschwäche, myops, Heft 13 (2011), S. 32–36.
Riedel, Joachim, Das Postulat der Unparteilichkeit des Richters. Befangenheit und Parteilichkeit im deutschen Verfassungs- und Verfahrensrecht, Berlin 1980.
Riemer, Neal, The Case for Bare Majority Rule, Ethics 62 (1951), S. 16–32.
Rieß, Peter, Über die Aufgaben des Strafverfahrens, JR 2006, S. 269–277.
–, Über das Schwurgericht im deutschen Strafprozess, in: Heinz Schöch/Helmut Satzger/Gerhard Schäfer/Alexander Ignor/Christoph Knauer (Hrsg.), Strafverteidigung, Revision und die gesamten Strafrechtswissenschaften. Festschrift für Gunter Widmaier zum 70. Geburtstag, Köln 2008, S. 473–504.
–, Die reduzierte Besetzung der großen Strafkammer. Gedanken zu einer (fast) unendlichen Geschichte, in: Dieter Dölling/Bert Götting/Bernd-Dieter Meier/Torsten Verrel (Hrsg.), Verbrechen – Strafe – Resozialisierung. Festschrift für Heinz Schöch zum 70. Geburtstag am 20. August 2010, Berlin 2010, S. 895–912.
Riggs, Robert E., When Every Vote Counts: 5–4 Decisions in the United States Supreme Court, 1900–90, Hofstra Law Rev. 21 (1993), S. 667–724.

Riker, William H., Liberalism Against Populism. A Confrontation Between the Theory of Democracy and the Theory of Social Choice, San Francisco 1982.

Risse, Mathias, Arguing for Majority Rule, J. Political Philos. 12 (2004), S. 41–64.

–, On the Philosophy of Group Decision Methods I: The Nonobviousness of Majority Rule, Philos. Compass 4 (2009), S. 793–802.

–, On the Philosophy of Group Decision Methods II: Alternatives of Majority Rule, Philos. Compass 4 (2009), S. 803–812.

Rissing-van Saan, Ruth, Das »Zehn-Augen-Prinzip« – Wunschvorstellung oder zwingendes Gebot?, in: Christian Fahl/Eckhart Müller/Helmut Satzger/Sabine Swoboda (Hrsg.), Festschrift für Werner Beulke zum 70. Geburtstag, Heidelberg 2015, S. 963–972.

Ritterspach, Theodor, Gedanken zum Sondervotum, in: Walther Fürst/Roman Herzog/Dieter C. Umbach (Hrsg.), Festschrift für Wolfgang Zeidler, Bd. 2, Berlin 1987, S. 1379–1389.

Rödig, Jürgen, Die Denkform der Alternative in der Jurisprudenz, Berlin 1969.

Roellecke, Gerd, Wortbeitrag, in: VVDStRL 29 (1971), S. 99–100.

–, Bio-Recht oder die Sanftmut von Gesäß-Protestierern, NJW 1995, S. 1525–1527.

–, Sondervoten, in: Peter Badura/Horst Dreier (Hrsg.), Festschrift 50 Jahre Bundesverfassungsgericht, Tübingen 2001, S. 363–384.

Roemer, Walter, Das Gesetz über das Bundesverfassungsgericht, JZ 1951, S. 193–199.

Rogers, John M., »I Vote This Way Because I'm Wrong«: The Supreme Court Justice as Epiminedes, Ky. Law J. 79 (1991), S. 439–475.

–, »Issue Voting« by Multimember Appellate Courts: A Response to Some Radical Proposals, Vanderbilt Law Rev. 49 (1996), S. 997–1044.

Röhl, Klaus F./Röhl, Hans Christian, Allgemeine Rechtslehre. Ein Lehrbuch, 3. Aufl., Köln 2008.

Romeijn, Jan-Willem/Atkinson, David, Learning Juror Competence: A Generalized Condorcet Jury Theorem, Politics Philos. Econ. 10 (2011), S. 237–262.

Rönnau, Thomas, Schöffen in der deutschen Strafgerichtsbarkeit – ausgewählte Problemfelder und Grundsatzkritik, in: Felix Herzog/Reinhold Schlothauer/Wolfgang Wohlers (Hrsg.), Rechtsstaatlicher Strafprozess und Bürgerrechte. Gedächtnisschrift für Edda Weßlau, Berlin 2016, S. 293–311.

Roos, Lothar, Mehrheitsregel im Entscheidungsprozeß. Zur Geschichte eines demokratischen Strukturelements und seiner Bedingungen, in: Anton Rauscher (Hrsg.), Mehrheitsprinzip und Minderheitenrecht, Köln 1988, S. 9–53.

Rosanvallon, Pierre, Demokratische Legitimität. Unparteilichkeit – Reflexivität – Nähe, Hamburg 2010.

Rosenau, Henning, Die Revision. Qualitätskontrolle und Qualitätssicherung im Strafverfahren, in: Heinz Schöch/Helmut Satzger/Gerhard Schäfer/Alexander Ignor/Christoph Knauer (Hrsg.), Strafverteidigung, Revision und die gesamten Strafrechtswissenschaften. Festschrift für Gunter Widmaier zum 70. Geburtstag, Köln 2008, S. 521–543.

Rosenfeld, Ernst Heinrich, Der Reichs-Strafprozeß. Ein Lehrbuch, 4. und 5. Aufl., Berlin 1912.

Rosenkrantz, Carlos F., The Epistemic Theory of Democracy Revisited, in: Harold Hongju Koh/Ronald C. Slye (Hrsg.), Deliberative Democracy and Human Rights, New Haven 1999, S. 235–246.

Rosenkranz, Nicholas Quinn, Condorcet and the Constitution: A Response to The Law of Other States, Stanf. Law Rev. 59 (2007), S. 1281–1308.
Rottleuthner, Hubert, Der Einzelrichter – Eine rechtstatsächliche Untersuchung, DRiZ 1989, S. 164–174.
Rottleuthner, Hubert/Böhm, Ellen/Gasterstädt, Daniel, Rechtstatsächliche Untersuchung zum Einsatz des Einzelrichters, Köln 1992.
Rubinstein, Ariel/Fishburn, Peter C., Algebraic Aggregation Theory, J. Econ. Theory 38 (1986), S. 63–77.
Rümelin, Max, Der Zufall im Recht. Akademische Antrittsrede, Freiburg 1896.
Rüping, Hinrich, »Im Namen des Volkes« – Zur gesellschaftlichen Akzeptanz von Gerichtsurteilen, RuP 2000, S. 180–185.
Rupp, Hans Georg, Zur Frage der dissenting opinion, in: Karl Dietrich Bracher/Christopher Dawson/Willi Geiger/Rudolf Smend (Hrsg.), Die moderne Demokratie und ihr Recht. Modern Constitutionalism and Democracy. Festschrift für Gerhard Leibholz zum 65. Geburtstag, Bd. 2, Tübingen 1966, S. 531–549.
Ruscheweyh, Herbert, Richteranklage und Richterwahl im Bonner Grundgesetzentwurf, MDR 1949, S. 258–261.
Rüthers, Bernd, Krieg der roten Richter?, JZ 1996, S. 784–785.
Rüthers, Bernd/Fischer, Christian/Birk, Axel, Rechtstheorie mit Juristischer Methodenlehre, 10. Aufl., München 2018.
Rzepka, Walter, Gegen den verstärkten Einsatz von Einzelrichtern im Verwaltungsprozeß, BayVBl. 1991, S. 460–461.
Sachs, Vorsitzender und Beisitzer im erweiterten Schöffengericht, DRiZ 1925, Sp. 154–155.
Sachs, Michael (Hrsg.), Grundgesetz. Kommentar, 8. Aufl., München 2018.
Sachse, Richterliche Meinungsverschiedenheiten über die Fassung der Urteilsgründe, Archiv für Strafrecht und Strafprozeß 70 (1926), S. 161–170.
–, Die Abstimmung über die Schuldfrage im Strafgericht, ZStW 49 (1929), S. 306–315.
–, Die Urteilsbegründung des von den Schöffen überstimmten Berufsrichters, JW 1930, S. 2520–2521.
Sacksofsky, Ute, Wellen der Empörung – Das Bundesverfassungsgericht und die Politik, Merkur 68 (2014), S. 711–717.
–, Wahlrecht und Wahlsystem, in: Martin Morlok/Utz Schliesky/Dieter Wiefelspütz (Hrsg.), Parlamentsrecht. Praxishandbuch, Baden-Baden 2016, § 6.
Sadurski, Wojciech, Equality and Legitimacy, Oxford 2008.
–, Legitimacy, Political Equality, and Majority Rule, Ratio Juris 21 (2008), S. 39–65.
Salamone, Michael F., Judicial Consensus and Public Opinion: Conditional Response to Supreme Court Majority Size, Political Res. Q. 67 (2014), S. 320–324.
Samaha, Adam M., Dead Hand Arguments and Constitutional Interpretation, Columbia Law Rev. 108 (2008), S. 606–680.
–, Randomization in Adjudication, William Mary Law Rev. 51 (2009), S. 1–86.
Samuelson, William/Zeckhauser, Richard, Status Quo Bias in Decision Making, J. Risk Uncertain. 1 (1988), S. 7–59.
Sangmeister, Bernd, Fließt aus dem Richtertum das Führertum?, ZRP 1995, S. 297–302.
Saretzki, Thomas, Das Mehrheitsprinzip – demokratisches Entscheidungsverfahren ohne Alternative?, Gegenwartskunde 1984, S. 239–271.
Sarstedt, Werner, Der Vorsitzende des Kollegialgerichts, JJahrb 8 (1967/68), S. 104–119.

–, Postglosse. Zu der Glosse »Beratungsgeheimnis und Richterbildung« in JZ 1969, 33, JZ 1969, S. 116.
Sartori, Giovanni, Selbstzerstörung der Demokratie? Mehrheitsentscheidungen und Entscheidungen von Gremien, in: Bernd Guggenberger/Claus Offe (Hrsg.), An den Grenzen der Mehrheitsdemokratie. Politik und Soziologie der Mehrheitsregel, Opladen 1984, S. 83–107.
Sartorius, Joh. Bapt., Teutschlands Rechtspflege durch Kollegial-Gerichte, ihre Natur und ihre Verhältnisse, Würzburg 1832.
Satterthwaite, Mark Allen, Strategy-Proofness and Arrow's Conditions: Existence and Correspondence Theorems for Voting Procedures and Social Welfare Functions, J. Econ. Theory 10 (1975), S. 187–217.
Satzger, Helmut/Schluckebier, Wilhelm (Hrsg.), Strafprozessordnung. Mit GVG und EMRK. Kommentar, 4. Aufl., Köln 2020.
Saunders, Ben, The Equality of Lotteries, Philosophy 83 (2008), S. 359–372.
–, Democracy, Political Equality, and Majority Rule, Ethics 121 (2010), S. 148–177.
–, Why Majority Rule Cannot Be Based Only on Procedural Equality, Ratio Juris 23 (2010), S. 113–122.
Sauter, Die Neuordnung der Verwaltungsgerichtsbarkeit in Baden-Württemberg, VerwP 1958, S. 241–245.
Savigny, Friedrich Carl von, System des heutigen Römischen Rechts, Bd. VI, Berlin 1847.
Scalia, Antonin, Originalism: The Lesser Evil, Univ. Cincinnati Law Rev. 57 (1989), S. 849–865.
Schaal, Gary S., Crisis? What Crisis! Der »Kruzifix-Beschluss« und seine Folgen, in: Robert Chr. van Ooyen/Martin H. W. Möllers (Hrsg.), Handbuch Bundesverfassungsgericht im politischen System, 2. Aufl., Wiesbaden 2015, S. 261–280.
Schäfer, Hans, Anmerkung zu BVerfG, Beschl. v. 25.06.1974 – 2 BvF 2/73 u. a. –, DVBl. 1975, S. 101–103.
Schäfer, Hans-Bernd, Kein Geld für die Justiz – Was ist uns der Rechtsfrieden wert?, DRiZ 1995, S. 461–470.
Schafft-Stegemann, Anke, Die Abstimmung im Strafprozeß, Diss. Köln 1964.
Schapp, Jan, Das Enthymem in der juristischen Methodenlehre, Rechtstheorie 42 (2011), S. 539–552.
Scharpf, Fritz W., Regieren in Europa. Effektiv und demokratisch?, Frankfurt am Main 1999.
Schelling, Friedrich Wilhelm Joseph, Philosophische Untersuchungen über das Wesen der menschlichen Freiheit und die damit zusammenhängenden Gegenstände, Reutlingen 1834.
Scheuerle, Wilhelm A., Richterliches Beratungsgeheimnis und richterliche Meinungsfreiheit, ZZP 68 (1955), S. 317–341.
Scheuner, Ulrich, Das Mehrheitsprinzip in der Demokratie, Opladen 1973.
–, Der Mehrheitsentscheid im Rahmen der demokratischen Grundordnung, in: Ulrich Häfelin/Walter Haller/Dietrich Schindler (Hrsg.), Menschenrechte, Föderalismus, Demokratie. Festschrift zum 70. Geburtstag von Werner Kägi, Zürich 1979, S. 301–325.
Schilken, Eberhard, Die Sicherung der Unabhängigkeit der Dritten Gewalt, JZ 2006, S. 860–868.
–, Gerichtsverfassungsrecht, 4. Aufl., Köln 2007.

Schlaich, Klaus/Korioth, Stefan, Das Bundesverfassungsgericht. Stellung, Verfahren, Entscheidungen. Ein Studienbuch, 11. Aufl., München 2018.

Schlicht, Ekkehart, Die Theorie der kollektiven Entscheidung und der individualistische Ansatz, Leviathan 2 (1974), S. 263–280.

Schlieben, von, Grundlinien der Psephistik, d. h. der Kunst, bei collegialischen Berathungen die Stimmen zu sammeln und aus denselben einen Beschluß darzustellen, Juristische Zeitung für die königlich preußischen Staaten 1834, Sp. 542–548, 561–571 und 586–588.

Schliesky, Utz, Parlamentsfunktionen, in: Martin Morlok/Utz Schliesky/Dieter Wiefelspütz (Hrsg.), Parlamentsrecht. Praxishandbuch, Baden-Baden 2016, § 5.

Schlink, Bernhard, Inwieweit sind juristische Entscheidungen mit entscheidungstheoretischen Modellen theoretisch zu erfassen und praktisch zu bewältigen?, JbRSoz 2 (1972), S. 322–346.

–, Das Spiel um den Nachlaß. Zum Problem der gerechten Teilung, seiner Diskussion in der Spieltheorie und seiner Lösung durch das Gesetz, in: Adalbert Podlech (Hrsg.), Rechnen und Entscheiden. Mathematische Modelle juristischen Argumentierens, Berlin 1977, S. 113–142.

Schlüchter, Ellen, Das Strafverfahren, 2. Aufl., Köln 1983.

Schlüter, Dietrich, Art. »Materialobjekt/Formalobjekt«, in: Joachim Ritter/Karlfried Gründer (Hrsg.), Historisches Wörterbuch der Philosophie, Bd. 5, Basel 1980, Sp. 870.

Schmidt, Eberhard, Politische Rechtsbeugung und Richteranklage, in: Zentral-Justizamt für die Britische Zone (Hrsg.), Justiz und Verfassung. Beiträge und Vorschläge zur Stellung der Rechtspflege im Staat aus Anlass der westdeutschen Verfassungsberatungen, Hamburg 1948, S. 55–102.

–, Lehrkommentar zur Strafprozeßordnung und zum Gerichtsverfassungsgesetz, Teil II, Göttingen 1957; Teil III, Göttingen 1960.

Schmidt, Johann, Die Besetzung der Richterbank (II), in: Carl Hermann Ule (Hrsg.), Zehn Jahre Verwaltungsgerichtsordnung. Bewährung und Reform, Berlin 1970, S. 85–95.

Schmidt, Thomas, Deliberative Democracy and Collective Truth-Tracking: Comment on Luc Bovens and Wlodek Rabinowicz, in: Anne van Aaken/Christian List/Christoph Luetge (Hrsg.), Deliberation and Decision. Economics, Constitutional Theory and Deliberative Democracy, Aldershot 2004, S. 158–162.

Schmidt, Thorsten Ingo, Die Entscheidung trotz Stimmengleichheit, JZ 2003, S. 133–138.

Schmidt, Volker H., Das Los des Loses. Zu einigen Grenzen rationalen Handelns, Leviathan 28 (2000), S. 363–377.

Schmidt-Bens, Walter, Wie richtig kann ein Gerichtsurteil sein?, Jura 2013, S. 1030–1037.

Schmidt-Bleibtreu, Bruno/Hofmann, Hans/Henneke, Hans-Günter (Hrsg,), Kommentar zum Grundgesetz, 14. Aufl., Köln 2018.

Schmidt-Räntsch, Günther, Gegenstand, Sinn und Grenzen des Beratungsgeheimnisses, JZ 1958, S. 329–335.

Schmidt-Räntsch, Jürgen, Deutsches Richtergesetz. Richterwahlgesetz. Kommentar, 6. Aufl., München 2009.

Schmitt, Bertram, Die richterliche Beweiswürdigung im Strafprozeß. Eine Studie zu Wesen und Funktion des strafprozessualen Grundsatzes der »freien Beweiswürdigung« sowie zu den Möglichkeiten und Grenzen einer Revision in Strafsachen; zugleich ein Beitrag zum Verhältnis von Kriminalistik und staatlicher Strafrechtspflege, Lübeck 1992.

Schmitt, Carl, Verfassungsrechtliche Aufsätze aus den Jahren 1924–1954. Materialien zu einer Verfassungslehre, Berlin 1958.

–, Gesetz und Urteil. Eine Untersuchung zum Problem der Rechtspraxis, 2. Aufl., München 1969.

–, Verfassungslehre, 10. Aufl., Berlin 2010.

–, Die geistesgeschichtliche Lage des heutigen Parlamentarismus, 10. Aufl., Berlin 2017.

Schmitt Glaeser, Walter, Der freiheitliche Staat des Grundgesetzes. Grundzüge, 3. Aufl., Tübingen 2016.

Schneider, Egon, Verfassungsrechtliche Pflichtlektüre im Kollegium?, DRiZ 1984, S. 361–363.

Schneider, Hans, Die Einführung des offenen Sondervotums beim Bundesverfassungsgericht, in: Hans Spanner/Peter Lerche/Hans Zacher/Peter Badura/Axel Freiherr von Campenhausen (Hrsg.), Festgabe für Theodor Maunz zum 70. Geburtstag am 1. September 1971, München 1971, S. 345–355.

Schneider, Hans-Peter, Richter oder Schlichter? Das Bundesverfassungsgericht als Integrationsfaktor, in: Walther Fürst/Roman Herzog/Dieter C. Umbach (Hrsg.), Festschrift für Wolfgang Zeidler, Bd. 1, Berlin 1987, S. 293–313.

Schneider, Jochen, Theorie juristischen Entscheidens, in: Winfried Hassemer/Ulfrid Neumann/Frank Saliger (Hrsg.), Einführung in die Rechtsphilosophie und Rechtstheorie der Gegenwart, 9. Aufl., Heidelberg 2016, S. 316–350.

Schneider, Michael, Die Beschlussfähigkeit und Beschlussfassung von Kollegialorganen, Diss. Bochum 2000.

Schnellenbach, Helmut, Das Spruchkörperprinzip in der Verwaltungsgerichtsbarkeit, in: Hans-Uwe Erichsen/Werner Hoppe/Albert von Mutius (Hrsg.), System des verwaltungsgerichtlichen Rechtsschutzes. Festschrift für Christian-Friedrich Menger zum 70. Geburtstag, Köln 1985, S. 341–358.

Schoch, Friedrich/Schneider, Jens-Peter/Bier, Wolfgang (Hrsg.), Verwaltungsgerichtsordnung. Kommentar, Loseblattsammlung, München, Stand: 37. EL 2019.

Schoen, Xaver, Die Neuordnung der Verwaltungsgerichtsbarkeit in Baden-Württemberg, DÖV 1958, S. 561–565.

Schönberger, Christoph, Das Bundesverfassungsgericht und die Fünf-Prozent-Klausel bei der Wahl zum Europäischen Parlament, JZ 2012, S. 80–86.

Schorn, Heinrich, Wie funktioniert Schwarmintelligenz?, Wissensmanagement 2015, Heft 7, S. 38–39.

Schorn, Hubert/Stanicki, Henning, Die Präsidialverfassung der Gerichte aller Rechtswege. Eine Studie aus der Praxis für die Praxis, 2. Aufl., Münster 1975.

Schröder, Meinhard, Verfassungsrichterwahl im transparenten Konsens?, ZG 2015, S. 150–167.

Schröter, Hans, »Der Jüngste stimmt zuerst«. Ein Beitrag zur Geschichte der Kollegialverfassung, Diss. Hamburg 1927.

Schultz, Günther, Blick in die Zeit, MDR 1963, S. 369–371.

–, Der aktenunkundige Zivilrichter, MDR 1983, S. 633–634.

Schulz, Lorenz, Wahrheit im Recht. Neues zur Pragmatik der einzig richtigen Entscheidung, ZIS 2007, S. 353–361.

Schulze, Winfried, Majority Decision in the Imperial Diet of the Sixteenth and Seventeenth Centuries, J. Mod. Hist. 58 (1986), S. S46–S63.

Schumann, Ekkehard, Das Rechtsverweigerungsverbot. Historische und methodologische Bemerkungen zur richterlichen Pflicht, das Recht auszulegen, zu ergänzen und fortzubilden, ZZP 81 (1968), S. 79–102.

–, Fehlurteil und Rechtskraft. Eine dogmengeschichtliche Auseinandersetzung mit den Leugnern des Fehlurteils, in: Karl August Bettermann/Albrecht Zeuner (Hrsg.), Festschrift für Eduard Bötticher zum 70. Geburtstag am 29. Dezember 1969, Berlin 1969, S. 289–320.

Schünemann, Bernd, Die Vorsitzendenkrise im 2. und 4. Strafsenat des BGH im Lichte der Verfassungsgarantie des gesetzlichen Richters, ZIS 2012, S. 1–10.

–, Legitimation durch Verfahren? Von den Mindestbedingungen, unter denen die Ausübung der furchtbaren Strafgewalt durch Menschen in samtbesetzter Robe gerecht sein kann, StraFo 2015, S. 177–187.

Schütz, Carsten, Der ökonomisierte Richter. Gewaltenteilung und richterliche Unabhängigkeit als Grenzen Neuer Steuerungsmodelle in den Gerichten, Berlin 2005.

–, Qualität trotz Unabhängigkeit? – Die Richterschaft im Fokus exekutiver Qualitätsoffensiven, ThürVBl. 2006, S. 81–88.

Schwartz, Edward P., Secret Ballot or a Show of Hands? Gain the Advantage With Your Preferred Voting Method, Jury Expert 2006, Heft 6, S. 9–11.

Schwartz, Edward P./Schwartz, Warren F., Decisionmaking by Juries Under Unanimity and Supermajority Voting Rules, Georget. Law J. 80 (1992), S. 775–807.

–, Deciding Who Decides Who Dies: Capital Punishment as a Social Choice Problem, Leg. Theory 1 (1995), S. 113–147.

–, And So Say Some of Us … What to Do When Jurors Disagree, South. Calif. Interdiscip. Law J. 9 (2000), S. 429–463.

Schwartzberg, Melissa, Voting the General Will: Rousseau on Decision Rules, Political Theory 36 (2008), S. 403–423.

–, Shouts, Murmurs and Votes: Acclamation and Aggregation in Ancient Greece, J. Political Philos. 18 (2010), S. 448–468.

–, The Arbitrariness of Supermajority Rules, Soc. Sci. Inf. 49 (2010), S. 61–82.

–, Counting the Many. The Origins and Limits of Supermajority Rule, Cambridge 2014.

–, Democracy, Judgment, and Juries, in: Stéphanie Novak/Jon Elster (Hrsg.), Majority Decisions. Principles and Practices, Cambridge 2014, S. 196–218.

–, Epistemic Democracy and Its Challenges, Annu. Rev. Political Sci. 18 (2015), S. 187–203.

–, Justifying the Jury: Reconciling Justice, Equality, and Democracy, Am. Political Sci. Rev. 112 (2018), S. 446–458.

Schwartzman, Micah, Judicial Sincerity, Va. Law Rev. 94 (2008), S. 987–1027.

Schwerdtfeger, Stefan, Legitimation von Quoren in der direkten Demokratie, Berlin 2018.

Searle, John R., Die Konstruktion der gesellschaftlichen Wirklichkeit. Zur Ontologie sozialer Tatsachen, Reinbek 1997.

Seibert, Claus, Der überstimmte Richter, MDR 1957, S. 597.

Sekiguchi, Takuya, Preferences Over Procedures and Outcomes in Judgment Aggregation: An Experimental Study, Theory Decis. 86 (2019), S. 239–258.

Sellert, W., Art. »Vollbort«, in: Adalbert Erler/Ekkehard Kaufmann/Dieter Werkmüller (Hrsg.), Handwörterbuch zur deutschen Rechtsgeschichte, Bd. V, Berlin 1998, Sp. 1023–1024.

Semar, Ludwig, Das richterliche Beratungsgeheimnis, Freiburg 1934.

Sen, Amartya, A Possibility Theorem on Majority Decisions, Econometrica 34 (1966), S. 491–499.

–, Social Choice Theory, in: Kenneth J. Arrow/Michael D. Intriligator (Hrsg.), Handbook of Mathematical Economics, Bd. III, Amsterdam 1986, S. 1073–1181.

–, Rationality and Social Choice, Am. Econ. Rev. 85 (1995), S. 1–24.

–, The Possibility of Social Choice, Am. Econ. Rev. 89 (1999), S. 349–378.

–, Rationality and Freedom, Cambridge, Mass., 2002.

–, Collective Choice and Social Welfare, erw. Aufl., London 2017.

Sendler, Horst, Guter Rechtsschutz und Verfahrensbeschleunigung. Zum Entwurf einer Verwaltungsprozeßordnung, DVBl. 1982, S. 812–821.

–, Der Maria-Theresien-Taler (MTT) als Hilfe zur Rechtsfindung. Ein Beitrag zur Austrifizierung der Welt auf dem Gebiet der Rechtspflege, DRiZ 1991, S. 158–167.

–, Anspruch auf Gehör und Effizienz richterlicher Tätigkeit. Urteilsentwurf vor mündlicher Verhandlung?, in: Peter Badura/Rupert Scholz (Hrsg.), Wege und Verfahren des Verfassungslebens. Festschrift für Peter Lerche zum 65. Geburtstag, München 1993, S. 833–850.

–, Richterliche Unabhängigkeit im Zwielicht? Zu Verständnis und Fehlverständnissen richterlicher Unabhängigkeit, in: Ingeborg Franke/Rudolf Summer/Hans-Dietrich Weiß (Hrsg.), Öffentliches Dienstrecht im Wandel. Festschrift für Walther Fürst, Präsident des Bundesverwaltungsgerichts a. D., zum 90. Geburtstag am 10. Februar 2002, Berlin 2002, S. 307–326.

Seuffert, Walter, Zum Verfahren nach Artikel 18 GG, in: Gerhard Leibholz/Hans Joachim Faller/Paul Mikat/Hans Reis (Hrsg.), Menschenwürde und freiheitliche Rechtsordnung. Festschrift für Willi Geiger zum 65. Geburtstag, Tübingen 1974, S. 797–808.

Seyfarth, Georg, Die Änderung der Rechtsprechung durch das Bundesverfassungsgericht, Berlin 1998.

Shapley, Lloyd/Grofman, Bernard, Optimizing Group Judgmental Accuracy in the Presence of Interdependencies, Public Choice 43 (1984), S. 329–343.

Shepsle, Kenneth A., Congress Is a »They,«, Not an »It«: Legislative Intent as Oxymoron, Int. Rev. Law Econ. 12 (1992), S. 239–256.

Sher, George, What Makes a Lottery Fair?, Noûs 14 (1980), S. 203–216.

Shockley, Kenneth, Environmental Policy With Integrity: A Lesson From the Discursive Dilemma, Environ. Values 18 (2009), S. 177–199.

Shugerman, Jed Handelsman, A Six-Three Rule: Reviving Consensus and Deference on the Supreme Court, Ga. Law Rev. 37 (2003), S. 893–1019.

Sickels, Robert J., The Illusion of Judicial Consensus: Zoning Decisions in the Maryland Court of Appeals, Am. Political Sci. Rev. 59 (1965), S. 100–104.

Siegel, Neil. S., Sen and the Hart of Jurisprudence: A Critique of the Economic Analysis of Judicial Behavior, Calif. Law Rev. 87 (1999), S. 1581–1608.

Silberschlag, Ueber die sogenannte Abstimmung nach Gründen, Preußische Anwalts-Zeitung 1865, Sp. 185–189.

Simmel, Georg, Exkurs über die Überstimmung [1908], in: Bernd Guggenberger/Claus Offe (Hrsg.), An den Grenzen der Mehrheitsdemokratie. Politik und Soziologie der Mehrheitsregel, Opladen 1984, S. 39–45.

Skuce, Andrew G./Cook, John/Richardson, Mark/Winkler, Bärbel/Rice, Ken/Green, Sarah A./Jacobs, Peter/Nuccitelli, Dana, Does It Matter if the Consensus on Anthropogenic Global Warming Is 97 % or 99.99 %?, Bull. Sci. Technol. Soc. 36 (2016), S. 150–156.

Smend, Rudolf, Staatsrechtliche Abhandlungen und andere Aufsätze, 2. Aufl., Berlin 1968.
Sodan, Helge, Qualitätsmaßstäbe für die Justiz?, NJW 2003, S. 1494–1496.
–, Das Spannungsverhältnis von Qualität und Quantität in der Justiz, DÖV 2005, S. 764–771.
–, Der Status des Richters, in: Josef Isensee/Paul Kirchhof (Hrsg.), Handbuch des Staatsrechts der Bundesrepublik Deutschland, Bd. V, 3. Aufl., Heidelberg 2007, § 113.
Sokol, D. Daniel, Explaining the Importance of Public Choice for Law, Mich. Law Rev. 109 (2011), S. 1029–1048.
Solan, Lawrence/Rosenblatt, Terri/Osherson, Daniel, False Consensus Bias in Contract Interpretation, Columbia Law Rev. 108 (2008), S. 1268–1300.
Solomon, Miriam, Groupthink versus The Wisdom of Crowds: The Social Epistemology of Deliberation and Dissent, South. J. Philos. 44 (2006), Spindel Supplement, S. 28–42.
Somek, Alexander, Das Mehrheitsprinzip in der Demokratie. Überlegungen zu einer Kontroverse zwischen Max Adler und Hans Kelsen, DZPhil 49 (2001), S. 397–420.
–, Rechtstheorie zur Einführung, Hamburg 2017.
Sonnenfels, Joseph von, Über die Stimmenmehrheit bey Kriminal-Urtheilen, 2. Aufl., Wien 1808.
Spaemann, Robert, Glück und Wohlwollen. Versuch über Ethik, 5. Aufl., Stuttgart 2009.
Spafford, Duff, Mill's Majority Principle, Can. J. Political Sci. 18 (1985), S. 599–608.
Spangenberg, Ueber die Stimmenmehrheit in Criminalsachen, Neues Archiv des Criminalrechts 3 (1820), S. 665–677.
Spanner, Hans, Zur Praxis des Sondervotums beim Bundesverfassungsgericht, in: Gerhard Leibholz/Hans Joachim Faller/Paul Mikat/Hans Reis (Hrsg.), Menschenwürde und freiheitliche Rechtsordnung. Festschrift für Willi Geiger zum 65. Geburtstag, Tübingen 1974, S. 891–907.
Spector, Horatio, The Right to a Constitutional Jury, Legisprudence 3 (2009), S. 111–123.
–, The Theory of Constitutional Review, in: Miodrag A. Jovanović (Hrsg.), Constitutional Review and Democracy, Den Haag 2015, S. 17–37.
Spendel, Günter, Das richterliche Beratungsgeheimnis und seine Grenzen im Strafprozeß, ZStW 65 (1953), S. 403–420.
Spiekermann, Kai/Goodin, Robert E., Courts of Many Minds, Br. J. Political Sci. 42 (2011), S. 555–571.
Spindler, Wolfgang, Qualität in der Justiz, in: Bundesrechtsanwaltskammer/Bundesnotarkammer (Hrsg.), Festschrift 50 Jahre Deutsches Anwaltsinstitut e. V. Ein Beitrag für die anwaltliche und notarielle Beratungs- und Gestaltungspraxis, Recklinghausen 2003, S. 145–154.
Spitz, Elaine, Majority Rule, Chatham 1984.
Spitzer, Matthew L., Multicriteria Choice Processes: An Application of Public Choice Theory to Bakke, the FCC, and the Courts, Yale Law J. 88 (1979), S. 717–779.
Spriggs, James F., II/Stras, David R., Explaining Plurality Decisions, Georget. Law J. 99 (2011), S. 515–570.
Spritzer, Ralph S., Multiple-Issue Cases and Multi-Member Courts: Observations on Decision Making by Discordant Minorities, Jurimetrics 28 (1988), S. 139–146.
Staats, Johann-Friedrich, Deutsches Richtergesetz, Baden-Baden 2012.
Stack, Kevin M., The Practice of Dissent in the Supreme Court, Yale Law J. 105 (1996), S. 2235–2259.

Stackelberg, Curt Freiherr von, Zum rechtlichen Gehör in Zivilsachen bei den Kollegialgerichten in erster Instanz, MDR 1983, S. 364–365.

Stamp, Frauke, Die Wahrheit im Strafverfahren. Eine Untersuchung zur prozessualen Wahrheit unter besonderer Berücksichtigung der Perspektive des erkennenden Gerichts in der Hauptverhandlung, Baden-Baden 1998.

Starck, Christian, Sondervoten überstimmter Richter und Bekanntgabe des Abstimmungsergebnisses – de lega lata, in: ders./Klaus Stern (Hrsg.), Landesverfassungsgerichtsbarkeit, Tbd. I, Baden-Baden 1983, S. 285–314.

–, Die Begründung mit Stimmengleichheit erlassener Entscheidungen des Bundesverfassungsgerichts, in: Wilfried Fiedler/Georg Ress (Hrsg.), Verfassungsrecht und Völkerrecht. Gedächtnisschrift für Wilhelm Karl Geck, Köln 1989, S. 789–802.

Starosolskyj, Wolodymyr, Das Majoritätsprinzip, Wien 1916.

Stearns, Maxwell L., The Misguided Renaissance of Social Choice, Yale Law J. 103 (1994), S. 1219–1293.

–, Standing and Social Choice: Historical Evidence, Univ. Pa. Law Rev. 144 (1995), S. 309–462.

–, Standing Back From the Forest: Justiciability and Social Choice, Calif. Law Rev. 83 (1995), S. 1309–1413.

–, How Outcome Voting Promotes Principled Issue Identification: A Reply to Professor John Rogers and Others, Vanderbilt Law Rev. 49 (1996), S. 1045–1067.

–, Should Justices Ever Switch Votes?: Miller v. Albright in Social Choice Perspective, Supreme Court Econ. Rev. 7 (1999), S. 87–156.

–, Constitutional Process. A Social Choice Analysis of Supreme Court Decision Making, Ann Arbor 2000.

–, The Condorcet Jury Theorem and Judicial Decisionmaking: A Reply to Saul Levmore, Theor. Inq. Law 3 (2002), S. 125–150.

–, An Introduction to Social Choice, in: Daniel A. Farber/Anne Joseph O'Connell (Hrsg.), Research Handbook on Public Choice and Public Law, Cheltenham 2010, S. 88–134.

–, Constitutional Law in Social Choice Perspective, Public Choice 163 (2015), S. 167–186.

Stein, Friedrich/Jonas, Martin (Hrsg.), Kommentar zur Zivilprozessordnung, Bd. 6, 23. Aufl., Tübingen 2018; Bd. 10, 22. Aufl., Tübingen 2011.

Stein, Peter, Legitimation, Praxisnähe, Transparenz – zur Rolle der ehrenamtlichen Richter in der Arbeitsgerichtsbarkeit, BB 2007, S. 2681–2686.

Steinbach, Armin, Rationale Gesetzgebung, Tübingen 2017.

Steinbeiß-Winkelmann, Christine/Ott, Georg (Hrsg.), Rechtsschutz bei überlangen Gerichtsverfahren. Kommentar zu dem Gesetz über den Rechtsschutz bei überlangen Gerichtsverfahren und strafrechtlichen Ermittlungsverfahren, Köln 2013.

Stelkens, Paul/Bonk, Heinz Joachim/Sachs, Michael (Hrsg.), Verwaltungsverfahrensgesetz. Kommentar, 9. Aufl., München 2018.

Sternberg, Sebastian/Gschwend, Thomas/Wittig, Caroline/Engst, Benjamin G., Zum Einfluss der öffentlichen Meinung auf Entscheidungen des Bundesverfassungsgerichts. Eine Analyse von abstrakten Normenkontrollen sowie Bund-Länder-Streitigkeiten 1974–2010, PVS 56 (2015), S. 570–598.

Sternberg-Lieben, Detlev/Sternberg-Lieben, Irene, Vorsatz im Strafrecht, JuS 2012, S. 884–888 und 976–980.

Stevens, John Paul, The Life Span of a Judge-Made Rule, N.Y. Univ. Law Rev. 58 (1983), S. 1–21.
Still, Jonathan W., Political Equality and Election Systems, Ethics 91 (1981), S. 375–394.
Stöcker, Hans A., Beratungsgeheimnis und Richterbildung, JZ 1969, S. 33–35.
Stone, Peter, Why Lotteries Are Just, J. Political Philos. 15 (2007), S. 276–295.
–, Introducing Difference Into the Condorcet Jury Theorem, Theory Decis. 78 (2015), S. 399–409.
Stötter, Viktor, Das Kollegialprinzip bei der Organisation der Zivilgerichte (oder: Empfiehlt es sich, im Wege einer Justizreform die erste Instanz in Zivilsachen nach dem Einzelrichterprinzip zu organisieren?), MDR 1971, S. 623–627.
Strom, Gerald S., The Logic of Lawmaking. A Spatial Theory Approach, Baltimore 1990.
Struckmann, J./Koch, R., Die Zivilprozeßordnung für das Deutsche Reich nebst den auf den Zivilprozeß bezüglichen Bestimmungen des Gerichtsverfassungsgesetzes und den Einführungsgesetzen, 9. Aufl., Berlin 1910.
Sturm, August, Die Bedeutung der Mehrheit in der Rechtsgebung und in der Rechtsprechung. Ein wissenschaftlicher Beitrag zur Lösung der Frage nach der Besetzung der Richterstellen und nach der Bedeutung des Anwaltsprozesses, Halle an der Saale 1908.
Stutzer, Alois, Where Can the Insights From the Condorcet Jury Theorem Be Applied? Comment on Luc Bovens and Wlodek Rabinowicz, in: Anne van Aaken/Christian List/Christoph Luetge (Hrsg.), Deliberation and Decision. Economics, Constitutional Theory and Deliberative Democracy, Aldershot 2004, S. 163–165.
Su, Zhuo-Ning, Der Aufbau der Gerichtsbarkeit in Taiwan, VRÜ 45 (2012), S. 72–97.
Sunstein, Cass R., If People Would be Outraged by Their Rulings, Should Judges Care?, Stanf. Law Rev. 60 (2007), S. 155–212.
–, A Constitution of Many Minds. Why the Founding Document Doesn't Mean What It Meant Before, Princeton 2009.
Surowiecki, James, Die Weisheit der Vielen. Warum Gruppen klüger sind als Einzelne und wie wir das kollektive Wissen für unser wirtschaftliches, soziales und politisches Handeln nutzen können, München 2005.
Suzumura, Kotaro, Introduction, in: Kenneth J. Arrow/Amartya Sen/Kotaro Suzumura (Hrsg.), Handbook of Social Choice and Welfare, Bd. 1, Amsterdam 2002, S. 1–32.
Systematischer Kommentar zur Strafprozessordnung. Mit GVG und EMRK, hrsg. v. Jürgen Wolter, Bd. V, 5. Aufl., Köln 2016; Bd. IX, 5. Aufl., Köln 2016.
Szpiro, George G., Die verflixte Mathematik der Demokratie, Berlin 2011.
Tangian, Andranik, Mathematical Theory of Democracy, Berlin 2014.
Taylor, Alan D., Social Choice and the Mathematics of Manipulation, Cambridge 2005.
Taylor, Michael, Proof of a Theorem on Majority Rule, Behav. Sci. 14 (1969), S. 228–231.
Terzopoulou, Zoi/Endriss, Ulle, Strategyproof Judgment Aggregation Under Partial Information, Soc. Choice Welf. 53 (2019), S. 415–442.
Thiele, Carmen, Regeln und Verfahren der Entscheidungsfindung innerhalb von Staaten und Staatenverbindungen. Staats- und kommunalrechtliche sowie europa- und völkerrechtliche Untersuchungen, Berlin 2008.
Thierfelder, Hans, Zur Tatsachenfeststellung durch das Bundesverfassungsgericht, JurA 1970, S. 879–903.
Thoma, Richard, Das Mehrheitsprinzip, DLZ 40 (1919), Sp. 761–765.

Thomson, William, Fair Allocation Rules, in: Kenneth J. Arrow/Amartya Sen/Kotaro Suzumura (Hrsg.), Handbook of Social Choice and Welfare, Bd. 2, Amsterdam 2010, S. 393–506.

Tideman, Nicolaus, Collective Decisions and Voting. The Potential for Public Choice, Aldershot 2006.

Tohidipur, Timo, Deliberative Rechtstheorie, in: Sonja Buckel/Ralph Christensen/Andreas Fischer-Lescano (Hrsg.), Neue Theorien des Rechts, 2. Aufl., Stuttgart 2009, S. 423–443.

Towfigh, Emanuel V./Petersen, Niels, Public und Social Choice Theorie, in: dies (Hrsg.), Ökonomische Methoden im Recht. Eine Einführung für Juristen, 2. Aufl., Tübingen 2017, § 6.

Trendelenburg, Adolf, Ueber die Methode bei Abstimmungen. Ein Vortrag, Berlin 1850.

–, Naturrecht auf dem Grunde der Ethik, Leipzig 1860.

Tschentscher, Axel, Demokratische Legitimation der dritten Gewalt, Tübingen 2006.

Tüxen, Markus, Kollegialprinzip oder Einzelrichter. Die Entwicklung des zivilrechtlichen Spruchkörpers bei den Landgerichten sowie den Oberlandesgerichten seit 1879 unter besonderer Berücksichtigung der Reformen von 1974 und 1976, Frankfurt am Main 2009.

Tuzet, Giovanni, More Votes, More Irrationality, Am. J. Jurisprudence 64 (2019), S. 61–78.

Ule, C. H., Anselm Feuerbach heute. Die Bedeutung seiner Lehren für Gerichtsverfassung und gerichtliches Verfahren, DVBl. 1979, S. 797–807.

Ulsamer, Gerhard, Neue gesetzliche Regelungen zur Entlastung und Sicherung der Funktionsfähigkeit des Bundesverfassungsgerichts, EuGRZ 1986, S. 110–116.

Umbach, Dieter C./Clemens, Thomas (Hrsg.), Bundesverfassungsgerichtsgesetz. Mitarbeiterkommentar und Handbuch, 1. Aufl., Heidelberg 1992.

–, Grundgesetz. Mitarbeiterkommentar und Handbuch, Bd. II, Heidelberg 2002.

Umbach, Dieter C./Clemens, Thomas/Dollinger, Franz-Wilhelm (Hrsg.), Bundesverfassungsgerichtsgesetz. Mitarbeiterkommentar und Handbuch, 2. Aufl., Heidelberg 2005.

Urfalino, Philippe, La décision par consensus apparent. Nature et propriétés, Rev. eur. sci. soc. 45 (2007), S. 47–70.

–, Deciding as Bringing Deliberation to a Close, Soc. Sci. Inf. 49 (2010), S. 111–140.

–, Rules and Tactics of Collective Decision, Soc. Sci. Inf. 49 (2010), S. 5–10.

–, Les conditions de l'obligation majoritaire, Raisons politiques 2014, S. 139–169.

–, Les justifications de la règle majorité, Raisons politiques 2014, S. 5–12.

Urken, Arnold B., The Condorcet-Jefferson Connection and the Origins of Social Choice Theory, Public Choice 72 (1991), S. 213–236.

Urofsky, Melvin I., Dissent and the Supreme Court. Its Role in the Court's History and the Nation's Constitutional Dialogue, New York 2015.

Utz, Arthur F., Das Mehrheitsprinzip in der Demokratie, ARSP 73 (1987), S. 526–540.

Vacca, Roberto, Opinioni Individuali e Deliberazioni Collettive, Rivista Internazionale di Filosofia del Diritto 1 (1921), S. 52–59.

van Dijk, Frans/Sonnemans, Joep/Bauw, Eddy, Judicial Error by Groups and Individuals, J. Econ. Behav. Organ. 108 (2014), S. 224–235.

van Mill, David, The Possibility of Rational Outcomes From Democratic Discourse and Procedures, J. Politics 58 (1996), S. 734–752.

van Ooyen, Robert Chr., Demokratie durch Verfahren, RuP 53 (2017), S. 375–380.

Van Reybrouck, David, Gegen Wahlen. Warum Abstimmen nicht demokratisch ist, Göttingen 2016.
Varain, Heinz Josef, Die Bedeutung des Mehrheitsprinzips im Rahmen unserer politischen Ordnung, ZfP 1964, S. 239–250 [auch abgedruckt in: Bernd Guggenberger/Claus Offe (Hrsg.), An den Grenzen der Mehrheitsdemokratie. Politik und Soziologie der Mehrheitsregel, Opladen 1984, S. 48–60].
Vašek, Markus, Relativität und Revisibilität. Zur Begrenzung der Mehrheitsregel in der Demokratietheorie Hans Kelsens, Rechtstheorie 41 (2010), S. 499–520.
Vermeule, Adrian, Submajority Rules: Forcing Accountability Upon Majorities, J. Political Philos. 13 (2005), S. 74–98.
–, Common-Law Constitutionalism and the Limits of Reason, Columbia Law Rev. 107 (2007), S. 1482–1532.
–, Should We Have Lay Justices?, Stanf. Law Rev. 59 (2007), S. 1569–1611.
–, Law and the Limits of Reason, Oxford 2009.
–, Many-Minds Arguments in Legal Theory, J. Leg. Anal. 1 (2009), S. 1–45.
–, The System of the Constitution, New York 2011.
–, Collective Wisdom and Institutional Design, in: Hélène Landemore/Jon Elster (Hrsg.), Collective Wisdom. Principles and Mechanisms, Cambridge 2012, S. 338–367.
–, The Force of Majority Rule, in: Stéphanie Novak/Jon Elster (Hrsg.), Majority Decisions, Cambridge 2014, S. 132–158.
Vismann, Cornelia, Das Drama des Entscheidens, in: dies./Thomas Weitin (Hrsg.), Urteilen/Entscheiden, München 2006, S. 91–100.
Vogel, Joachim, Juristische Methodik, Berlin 1998.
Vogel, Klaus, »Offensichtlich unbegründet«, JZ 1969, S. 801.
Vogel, Max, Das Recht auf den gesetzlichen Berichterstatter, jM 2018, S. 245–250.
Voigt, Alfred (Hrsg.), Der Herrschaftsvertrag, Neuwied 1965.
Völcker, Ehrhard, Entscheidungsrisiken des Einzelrichters und des Kollegialsystems, insbesondere bei der Beurteilung von Erfindungen, MittdtPatA 1970, S. 201–215.
–, Das Entscheidungsrisiko des geradzahlig besetzten Kollegialgerichts, insbesondere bei gleichem Stimmgewicht seiner Mitglieder, MittdtPatA 1971, S. 161–173.
Volk, Klaus, Diverse Wahrheiten, in: Albin Eser/Hans Josef Kullmann/Lutz Meyer-Goßner/Walter Odersky/Rainer Voss (Hrsg.), Straf- und Strafverfahrensrecht, Recht und Verkehr, Recht und Medizin. Festschrift für Hannskarl Salger zum Abschied aus dem Amt als Vizepräsident des Bundesgerichtshofes, Köln 1995, S. 411–419.
Vollkommer, Max, Empfiehlt es sich, die Bekanntgabe der abweichenden Meinung des überstimmten Richters (dissenting opinion) in den deutschen Verfahrensordnungen zuzulassen?, JR 1968, S. 241–252.
–, Der Grundsatz der Waffengleichheit im Zivilprozeß – eine neue Prozeßmaxime?, in: Peter Gottwald/Hanns Prütting (Hrsg.), Festschrift für Karl Heinz Schwab zum 70. Geburtstag, München 1990, S. 503–520.
Volokh, Alexander, n Guilty Men, Univ. Pa. Law Rev. 146 (1997), S. 173–216.
Vormbaum, Thomas, Die Lex Emminger vom 4. Januar 1924. Vorgeschichte, Inhalt und Auswirkungen. Ein Beitrag zur deutschen Strafrechtsgeschichte des 20. Jahrhunderts, Berlin 1988.
Voßkuhle, Andreas, Rechtsschutz gegen den Richter. Zur Integration der Dritten Gewalt in das verfassungsrechtliche Kontrollsystem vor dem Hintergrund des Art. 19 Abs. 4 GG, München 1993.

Voßkuhle, Andreas/Sydow, Gernot, Die demokratische Legitimation des Richters, JZ 2002, S. 673–682.

Wacke, A., Der Jüngste stimmt zuerst – Der Ältere teilt, der Jüngere wählt, JA 1981, S. 176.

Wagner, Albrecht, Zur Veröffentlichung des Votums des überstimmten Richters, DRiZ 1968, S. 253–258.

Wahlbeck, Paul J./Spriggs, James F., II/Maltzman, Forrest, The Politics of Dissents and Concurrences on the U. S. Supreme Court, Am. Politics Res. 27 (1999), S. 488–514.

Waldeck, Beiträge zur Beantwortung der Frage: Ob über den Tenor oder die Gründe eines Urtheils abzustimmen?, Neues Archiv für Preußisches Recht und Verfahren, sowie für Deutsches Privatrecht 7 (1841), S. 427–471.

Waldkirch, Conrad, Zufall und Zurechnung im Haftungsrecht, Tübingen 2018.

Waldron, Jeremy, Rights and Majorities: Rousseau Revisited, in: John W. Chapman/ Alan Wertheimer (Hrsg.), Majorities and Minorities. Nomos XXXII, New York 1990, S. 44–75.

–, Freeman's Defense of Judicial Review, Law Philos. 13 (1994), S. 27–41.

–, The Wisdom of the Multitude. Some Reflections on Book 3, Chapter 11 of Aristotle's Politics, Political Theory 23 (1995), S. 563–584.

–, Legislation, Authority, and Voting, Georget. Law J. 84 (1996), S. 2185–2214.

–, Deliberation, Disagreement, and Voting, in: Harold Hongju Koh/Ronald C. Slye (Hrsg.), Deliberative Democracy and Human Rights, New Haven 1999, S. 210–226.

–, Law and Disagreement, Oxford 1999.

–, The Dignity of Legislation, Cambridge 1999.

–, Legislation by Assembly, Loyola Law Rev. 46 (2000), S. 507–534.

–, God, Locke, and Equality. Christian Foundations of John Locke's Political Thought, Cambridge 2002.

–, The Core of the Case Against Judicial Review, Yale Law J. 115 (2006), S. 1346–1406.

–, A Majority in the Lifeboat, Boston Univ. Law Rev. 90 (2010), S. 1043–1057.

–, Five to Four: Why Do Bare Majorities Rule on Courts?, Yale Law J. 123 (2014), S. 1692–1730.

Walter, Robert, Wortbeitrag, in: VVDStRL 29 (1971), S. 90–93.

Wassermann, Rudolf, Wo das Los entscheidet, regiert der Zufall, DRiZ 1984, S. 410.

–, Wie das Bundesverfassungsgericht reformiert werden sollte, Die Welt v. 25.08.1995, online abrufbar unter: URL = https://www.welt.de/print-welt/article661500/Wie-das-Bundesverfassungsgericht-reformiert-werden-sollte.html; zuletzt abgerufen am 15.03.2020.

Weber, Klaus, Vier Augen sehen mehr als zwei. Überlegungen zu Einzelrichterentscheidung und Kollegialprinzip, ZRP 1997, S. 134–137.

Weber, Max, Wirtschaft und Gesellschaft. Studienausgabe, 5. Aufl., Tübingen 1972.

Weber-Grellet, Heinrich, Eigenständigkeit und Demokratisierung der Justiz, ZRP 2003, S. 145–149.

Weintraub, Ruth, What Can We Learn From Buridan's Ass?, Can. J. Philos. 42 (2012), S. 281–302.

Werber, J., Geheime Beratung und Zeugnispflicht, DRiZ 1911, Sp. 130.

Werner, Paul, Das neue Verwaltungsgerichtsgesetz, BWVBl. 1958, S. 113–118.

–, Neuordnung der Verwaltungsgerichtsbarkeit in Baden-Württemberg, DVBl. 1958, S. 534–537.

Wertheimer, Alan, Internal Disagreements. Deliberation and Abortion, in: Stephen Macedo (Hrsg.), Deliberative Politics. Essays on Democracy and Disagreement, New York 1999, S. 170–183.

Wesche, Eberhard, Tauschprinzip – Mehrheitsprinzip – Gesamtinteresse. Zur Methodologie normativer Ökonomie und Politik, Stuttgart 1979.

Wesel, Uwe, hM, Kursbuch 56 (1979), S. 88–109.

Wiebel, Markus, Die senatsinterne Geschäftsverteilung beim Bundesgerichtshof (Zivilsenate), BB 1992, S. 573–575.

Wieczorek, Bernhard/Schütze, Rolf A. (Hrsg.), Zivilprozessordnung und Nebengesetze. Großkommentar, Bd. 13, Tbd. 1, 4. Aufl., Berlin 2018.

Williams, David, Condorcet and Modernity, Cambridge 2004.

Williams, Ryan C., Questioning Marks: Plurality Decisions and Precedential Constraint, Stanf. Law Rev. 69 (2017), S. 795–865.

Willms, Günther, Mißliches beim Beratungsgeheimnis, JZ 1976, S. 317.

Wilson, Robert, On the Theory of Aggregation, J. Econ. Theory 10 (1975), S. 89–99.

Wimmer, Raimund, Die Wahrung des Grundsatzes des rechtlichen Gehörs. Dauerauftrag für das Bundesverfassungsgericht, DVBl. 1985, S. 773–780.

Winte, Hans-Heinrich, Große Justizreform – Quo Vadis?, ZRP 1999, S. 387–394.

Wittreck, Fabian, Die Verwaltung der Dritten Gewalt, Tübingen 2006.

Wolf, Manfred, Gerichtsverfassungsrecht aller Verfahrenszweige. Ein Studienbuch, 6. Aufl., München 1987.

Wolf, Sebastian, Zur Interpretationsoffenheit europäischer Grundrechte. Sondervoten und Abstimmungsverhalten im Europäischen Gerichtshof für Menschenrechte, in: Verena Frick/Oliver W. Lembcke/Roland Lhotta (Hrsg.), Politik und Recht. Umrisse eines politikwissenschaftlichen Forschungsfeldes, Baden-Baden 2017, S. 303–321.

Wolf, Thomas, Das negative Stimmgewicht als wahlgleichheitswidriger Effekt – Auswirkungen, Bewertung und Chancen einer Neuregelung. Staatsrechtliche Determinanten für ein verfassungskonformes Wahlsystem, Berlin 2016.

Wolfle, Dael, Chance, or Human Judgment?, Science 167 (1970), S. 1201.

Wood, Diane P., When to Hold, When to Fold, and When to Reshuffle: The Art of Decisionmaking on a Multi-Member Court, Calif. Law Rev. 100 (2012), S. 1445–1477.

Wrobel, Hans, Geh – schmeiß ihn von dem Tribunal herunter!, DRiZ 1995, S. 199–203.

Würtenberger, Thomas, Die Akzeptanz von Gerichtsentscheidungen, in: Hagen Hof/Martin Schulte (Hrsg.), Wirkungsforschung zum Recht III. Folgen von Gerichtsentscheidungen, Baden-Baden 2001, S. 201–210.

Yaniv, Ilan, Group Diversity and Decision Quality: Amplification and Attenuation of the Framing Effect, Int. J. Forecast. 27 (2011), S. 41–49.

Young, H. Peyton, Condorcet's Theory of Voting, Am. Political Sci. Rev. 82 (1988), S. 1231–1244.

–, Optimal Voting Rules, J. Econ. Perspect. 9 (1995), S. 51–64.

Zacher, Hans F., Die Selektion der Verfassungsbeschwerden – Die Siebfunktion der Vorprüfung, des Erfordernisses der Rechtswegerschöpfung und des Kriteriums der unmittelbaren und gegenwärtigen Betroffenheit des Beschwerdeführers, in: Christian Starck (Hrsg.), Bundesverfassungsgericht und Grundgesetz. Festgabe aus Anlaß des 25jährigen Bestehens des Bundesverfassungsgerichts, Bd. 1, Tübingen 1976, S. 396–431.

Zacke, A., Ueber Beschlussfassung in Versammlungen und Collegien, insbesondere über die Abstimmung in Richtercollegien, Leipzig 1867.

Zamir, Eyal/Teichman, Doron, Behavioral Law and Economics, Oxford 2018.

Zeiler, Alois, Unbestimmtheit der Rechtsanwendung, salomonische Entscheidung und Mehrheitsregel, Hannover 1915.

–, Ein neuer Lösungsversuch zur Frage der Abstimmung im Ratsgericht, ZStW 41 (1920), S. 528–561.

Zellmer, Sandra/Miller, Kathleen, The Fallacy of Judicial Supermajority Clauses in State Constitutions, Univ. Toledo Law Rev. 47 (2015), S. 73–88.

Zhang, Jiao/Hsee, Christopher K./Xiao, Zhixing, The Majority Rule in Individual Decision Making, Organ. Behav. Hum. Decis. Process. 99 (2006), S. 102–111.

Zierlein, Karl-Georg, Erfahrungen mit dem Sondervotum beim Bundesverfassungsgericht, DÖV 1981, S. 83–96.

–, Sondervoten beim BVerfG, NJW 1993, S. 1048–1050.

Zintl, Reinhard, Zyklizität demokratischen Regierens, in: André Brodocz/Marcus Llanque/Gary S. Schaal (Hrsg.), Bedrohungen der Demokratie, Wiesbaden 2008, S. 235–249.

Zippelius, Reinhold, Zur Rechtfertigung des Mehrheitsprinzips in der Demokratie, Stuttgart 1987.

–, Rechtsphilosophie. Ein Studienbuch, 6. Aufl., München 2011.

–, Juristische Methodenlehre, 11. Aufl., München 2012.

ZoBell, Karl M., Division of Opinion in the Supreme Court: A History of Judicial Disintegration, Cornell Law Q. 44 (1959), S. 186–214.

Zuck, Rüdiger, Danke, Richter Kirchhof, danke!, NJW 2000, S. 1087–1088.

–, Die Neufassung der Geschäftsordnung des Bundesverfassungsgerichts, EuGRZ 2015, S. 362–367.

Zurn, Christopher F., Deliberative Democracy and the Institutions of Judicial Review, Cambridge 2007.

Zweigert, Konrad, Empfiehlt es sich, die Bekanntgabe der abweichenden Meinung des überstimmten Richters (dissenting opinion) in den deutschen Verfahrensordnungen zuzulassen?, in: Verhandlungen des 47. Deutschen Juristentages, Bd. I, München 1968, S. D 1–D 59.

Sach- und Personenverzeichnis

Rechtstheorie · Legal Theory

Herausgegeben von
Thomas Gutmann, Tatjana Hörnle und Matthias Jestaedt

Die Schriftenreihe *Rechtstheorie · Legal Theory* versammelt innovative und herausragende Beiträge zur „Grammatik“ des Rechts. Angesichts der Komplexitätssteigerung und Pluralisierung rechtlicher Ordnungen einerseits und deren zunehmender Interaktionen und Verflechtungen andererseits wird das Wissen um Funktionsgesetzlichkeiten immer wichtiger. Die Schriftenreihe reflektiert in ihrer Anlage, dass Rechtstheorie als das juridische Grundlagenfach, welches – anders als namentlich die Rechtsgeschichte, die Rechtsphilosophie und die Rechtssoziologie – keine außerjuridische Mutterdisziplin kennt, zwar auf das Proprium des Rechts gerichtet, aber dabei grenzüberschreitend ausgelegt ist: Sie macht weder an den Grenzen der dogmatischen Fächer (Privatrecht, Strafrecht, Öffentliches Recht) noch an jenen des nationalen rechtswissenschaftlichen Diskurses halt. Um beidem Rechnung zu tragen, steht die Schriftenreihe rechtstheoretischen Abhandlungen jedweder dogmatischer Grundierung in englischer und deutscher Sprache offen.

ISSN: 2629-723X
Zitiervorschlag: RTh

Alle lieferbaren Bände finden Sie unter *www.mohrsiebeck.com/rth*

Mohr Siebeck
www.mohrsiebeck.com

Rechtstheorie / Legal Theory

Herausgegeben von

[illegible]

[illegible]

Mohr Siebeck